L'AFFAIRE DREYFUS

LE PROCÈS ZOLA

Devant la Cour d'Assises de la Seine
et la Cour de Cassation
(7 février-23 février — 31 mars-2 avril 1898)

COMPTE-RENDU STÉNOGRAPHIQUE "IN-EXTENSO"

ET

DOCUMENTS ANNEXES

TOME I

PARIS

AUX BUREAUX DU " SIÈCLE " | P.-V. STOCK, ÉDITEUR
12, rue de la Grange-Batelière, 12 | 8-9-10-11, galerie du Théâtre-Français
  | (PALAIS-ROYAL)

1898

Droits de traduction réservés

LES LETTRES DE M. ÉMILE ZOLA

ET LES POURSUITES

L'AFFAIRE DREYFUS

LE PROCÈS ZOLA

Devant la Cour d'Assises de la Seine et la Cour de Cassation

(7 février - 23 février — 31 mars - 2 avril 1898)

COMPTE-RENDU STÉNOGRAPHIQUE "IN-EXTENSO"

ET

DOCUMENTS ANNEXES

TOME I

PARIS

AUX BUREAUX DU "SIÈCLE"　　|　　P.-V. STOCK, ÉDITEUR
12, rue de la Grange-Batelière, 12　|　8-9-10-11, galerie du Théâtre-Français
　　　　　　　　　　　　　　　　　|　　　　(PALAIS-ROYAL)

1898

Droits de traduction réservés

LE PROCÈS ZOLA

DEVANT LA COUR D'ASSISES DE LA SEINE ET LA COUR DE CASSATION

LES LETTRES DE M. ÉMILE ZOLA

ET LES POURSUITES

Sommaire. — Lettre de M. Emile Zola au Président de la République. — L'assignation. — Lettre de M. Emile Zola au Ministre de la guerre. — La signification au Parquet. — Liste des jurés.

Le 13 janvier dernier, après qu'un Conseil de guerre eut acquitté Esterhazy, M. Emile Zola adressa la lettre suivante à M. le Président de la République :

LETTRE DE M. ÉMILE ZOLA

au Président de la République

Monsieur le Président,

Me permettez-vous, dans ma gratitude pour le bienveillant accueil que vous m'avez fait un jour, d'avoir le souci de votre juste gloire et de vous dire que votre étoile, si heureuse jusqu'ici, est menacée de la plus honteuse, de la plus ineffaçable des taches ?

Vous êtes sorti sain et sauf des basses calomnies, vous avez conquis les cœurs. Vous apparaissez rayonnant dans l'apothéose de cette fête patriotique que l'alliance russe a été pour la France, et vous vous préparez à présider au solennel triomphe de notre Exposition universelle, qui couronnera notre grand siècle de travail, de vérité et de liberté. Mais quelle tache de boue sur votre nom — j'allais dire sur votre règne — que cette abominable affaire Dreyfus! Un Conseil de guerre vient, par ordre, d'oser acquitter un Esterhazy, soufflet suprême à toute vérité, à toute justice. Et c'est fini, la France a sur la joue cette souillure, l'histoire écrira que c'est sous votre présidence qu'un tel crime social a pu être commis.

Puisqu'ils ont osé, j'oserai aussi, moi. La vérité, je la dirai, car j'ai promis de la dire, si la justice, régulièrement saisie, ne la faisait pas, pleine et entière. Mon devoir est de parler, je ne veux pas être complice. Mes nuits seraient hantées par le spectre de l'innocent qui expie là-bas, dans la plus affreuse des tortures, un crime qu'il n'a pas commis.

Et c'est à vous, monsieur le Président, que je la crierai, cette vérité, de toute la force de ma révolte d'honnête homme. Pour votre honneur, je suis convaincu que vous l'ignorez. Et à qui donc dénoncerai-je la tourbe malfaisante des vrais coupables, si ce n'est à vous, le premier magistrat du pays?

**

La vérité d'abord sur le procès et sur la condamnation de Dreyfus.

Un homme néfaste a tout mené, a tout fait, c'est le lieutenant-colonel du Paty de Clam, alors simple commandant. Il est l'affaire Dreyfus tout entière, on ne la connaîtra que lorsqu'une enquête loyale aura établi nettement ses actes et ses responsabilités. Il apparaît comme l'esprit le plus fumeux, le plus compliqué, hanté d'intrigues romanesques, se complaisant aux moyens des romans-feuilletons, les papiers volés, les lettres anonymes, les rendez-vous dans les endroits déserts, les femmes mystérieuses qui colportent, de nuit, des preuves accablantes. C'est lui qui imagina de dicter le bordereau à Dreyfus; c'est lui qui rêva de l'étudier dans une pièce entièrement revêtue de glaces; c'est lui que le commandant Forzinetti nous représente armé d'une lanterne sourde, voulant se faire introduire près de l'accusé endormi, pour projeter sur son visage un brusque flot de lumière et surprendre ainsi son crime dans l'émoi du réveil. Et je n'ai pas à tout dire, qu'on cherche, on trouvera. Je déclare simplement que le commandant du Paty de Clam, chargé d'instruire l'affaire Dreyfus, comme officier judiciaire, est, dans l'ordre des dates et des responsabilités, le premier coupable de l'effroyable erreur judiciaire qui a été commise.

Le bordereau était depuis quelque temps déjà entre les mains du colonel Sandherr, directeur du bureau des renseignements, mort depuis de paralysie générale. Des « fuites » avaient lieu, des papiers disparaissaient, comme il en disparaît aujourd'hui encore, et l'auteur du bordereau était recherché, lorsqu'un *à priori* se fit peu à peu que cet auteur ne pouvait être qu'un officier de l'état-major, et un officier d'artillerie : double erreur manifeste, qui montre avec quel esprit superficiel on avait étudié ce bordereau, car un examen raisonné démontre qu'il ne pouvait s'agir que d'un officier de troupe. On cherchait donc dans la maison, on examinait les écritures, c'était comme une affaire de famille, un traître à surprendre dans les bureaux mêmes, pour l'en expulser. Et, sans que je veuille refaire ici une histoire connue en partie, le commandant du Paty de Clam entre en scène, dès qu'un soupçon tombe sur Dreyfus. A partir de ce moment, c'est lui qui a inventé Dreyfus, l'affaire devient son affaire, il se fait fort de confondre le traître, de l'amener à des aveux complets. Il y a bien le Ministre de la guerre, le général Mercier, dont l'intelligence semble médiocre ; il y a bien le chef de l'état-major, le général de Boisdeffre, qui paraît avoir cédé à sa passion cléricale, et le sous-chef de l'état-major, le général Gonse, dont la conscience a pu s'accommoder de beaucoup de choses. Mais, au fond, il n'y a d'abord que le commandant du Paty de Clam, qui les mène tous, qui les hypnotise, car il s'occupe aussi de spiritisme, d'occultisme, il converse avec les esprits. On ne croira jamais les expériences auxquelles il a soumis le malheureux Dreyfus, les pièges dans lesquels il a voulu le faire tomber, les enquêtes folles, les imaginations monstrueuses, toute une démence torturante.

Ah ! cette première affaire, elle est un cauchemar pour qui la connaît dans ses détails vrais ! Le commandant du Paty de Clam arrête Dreyfus, le met au secret. Il court chez Mme Dreyfus, la terrorise, lui dit que, si elle parle, son mari est perdu. Pendant ce temps, le malheureux s'arrachait la chair, hurlait son innocence. Et l'instruction a été faite ainsi, comme dans une chronique du quinzième siècle, au milieu du mystère, avec une complication d'expédients farouches, tout cela basé sur une seule charge enfantine, ce bordereau imbécile, qui n'était pas seulement une trahison vulgaire, qui était aussi la plus impudente des escroqueries, car les fameux secrets livrés se trouvaient presque tous sans valeur. Si j'insiste, c'est que l'œuf est ici, d'où va sortir plus tard le vrai crime, l'épouvantable déni de justice dont la France est malade. Je voudrais faire toucher du doigt comment l'erreur judiciaire a pu être possible, comment elle est née des machinations du commandant du Paty de Clam, comment le général Mercier, les généraux de Boidefire et Gonse ont pu s'y laisser prendre, engager peu à peu leur responsabilité dans cette erreur, qu'ils ont cru devoir, plus tard, imposer comme la vérité sainte, une vérité qui ne se discute même pas. Au début, il n'y a donc de leur part que de l'incurie et de l'inintelligence. Tout au plus, les sent-on céder aux passions religieuses du milieu et aux préjugés de l'esprit de corps. Ils ont laissé faire la sottise.

Mais voici Dreyfus devant le Conseil de guerre. Le huis clos le plus absolu est exigé. Un traître aurait ouvert la frontière à l'ennemi, pour conduire l'empereur allemand jusqu'à Notre-Dame, qu'on ne prendrait pas des mesures de silence et de mystère plus étroites. La nation est frappée de stupeur, on chuchote des faits terribles, de ces trahisons monstrueuses qui indignent l'Histoire, et naturellement la nation s'incline. Il n'y pas de châtiment assez sévère, elle applaudira à la dégradation publique, elle voudra que le coupable reste sur son rocher d'infamie, dévoré par le remords. Est-ce donc vrai, les choses indicibles, les choses dangereuses, capables de mettre l'Europe en flammes, qu'on a dû enterrer soigneusement derrière ce huis clos? Non! il n'y a eu, derrière, que les imaginations romanesques et démentes du commandant du Paty de Clam. Tout cela n'a été fait que pour cacher le plus saugrenu des romans-feuilletons. Et il suffit, pour s'en assurer, d'étudier attentivement l'acte d'accusation, lu devant le Conseil de guerre.

Ah! le néant de cet acte d'accusation! Qu'un homme ait pu être condamné sur cet acte, c'est un prodige d'iniquité. Je défie les honnêtes gens de le lire, sans que leur cœur bondisse d'indignation et crie leur révolte, en pensant à l'expiation démesurée, là-bas, à l'île du Diable. Dreyfus sait plusieurs langues, crime; on n'a trouvé chez lui aucun papier compromettant, crime; il va parfois dans son pays d'origine, crime; il est laborieux, il a le souci de tout savoir, crime; il ne se trouble pas, crime; il se trouble, crime. Et les naïvetés de rédaction, les formelles assertions dans le vide! On nous avait parlé de quatorze chefs d'accusation : nous n'en trouvons qu'une seule en fin de compte, celle du bordereau; et nous apprenons même que les experts n'étaient pas d'accord, qu'un d'eux, M. Gobert, a été bousculé militairement, parce qu'il se permettait de ne pas conclure dans le sens désiré. On parlait aussi de vingt-trois officiers qui étaient venus accabler Dreyfus de leurs témoignages. Nous ignorons encore leurs interrogatoires, mais il est certain que tous ne l'avaient pas chargé; et il est à remarquer, en outre, que tous appartenaient aux bureaux de la guerre. C'est un procès de famille, on est là entre soi, et il faut s'en souvenir : l'état-major a voulu le procès, l'a jugé, et il vient de le juger une seconde fois.

Donc, il ne restait que le bordereau, sur lequel les experts ne s'étaient pas entendus. On raconte que, dans la chambre du Conseil, les juges allaient naturellement acquitter. Et, dès lors, comme l'on comprend l'obstination désespérée avec laquelle, pour justifier la condamnation, on affirme aujourd'hui l'existence d'une pièce secrète, accablante, la pièce qu'on ne peut montrer, qui légitime tout, devant laquelle nous devons nous incliner, le bon dieu invisible et inconnaissable. Je la nie, cette pièce, je la nie de toute ma puissance ! Une pièce ridicule, oui, peut-être la pièce où il est question de petites femmes, et où il est parlé d'un certain D.... qui devient trop exigeant ; quelque mari sans doute trouvant qu'on ne lui payait pas sa femme assez cher. Mais une pièce intéressant la défense nationale, qu'on ne saurait produire sans que la guerre fût déclarée demain, non, non ! c'est un mensonge. Et cela est d'autant plus odieux et cynique qu'ils mentent impunément sans qu'on puisse les convaincre. Ils ameutent la France, ils se cachent derrière sa légitime émotion, ils ferment les bouches en troublant les cœurs, en pervertissant les esprits. Je ne connais pas de plus grand crime civique.

Voilà donc, monsieur le Président, les faits qui expliquent comment une erreur judiciaire a pu être commise ; et les preuves morales, la situation de fortune de Dreyfus, l'absence de motifs, son continuel cri d'innocence, achèvent de le montrer comme une victime des extraordinaires imaginations du commandant du Paty de Clam, du milieu clérical où il se trouvait, de la chasse aux « sales juifs », qui déshonore notre époque.

**

Et nous arivons à l'affaire Esterhazy. Trois ans se sont passés, beaucoup de consciences restent troublées profondément, s'inquiètent, cherchent, finissent par se convaincre de l'innocence de Dreyfus.

Je ne ferai pas l'historique des doutes, puis de la conviction de M. Scheurer-Kestner. Mais, pendant qu'il fouillait de son côté, il se passait des faits graves à l'état-major même. Le colonel Sandherr était mort, et le lieutenant-colonel Picquart lui avait succédé comme chef du bureau des renseignements. Et c'est à ce titre, dans l'exercice de ses fonctions, que ce dernier eut un jour entre les mains une carte-télégramme, adressée au commandant Esterhazy par un agent d'une puissance étrangère. Son devoir strict était d'ouvrir une enquête. La certitude est qu'il n'a jamais agi en dehors de la volonté de ses supérieurs. Il soumit donc ses soupçons à ses supérieurs hiérarchiques, le général Gonse, puis le général de Boisdeffre, puis le général Billot, qui avait succédé au général Mercier comme Ministre de la guerre. Le fameux dossier Picquart, dont il a été tant parlé, n'a jamais été que le dossier Billot, j'entends le dossier fait par un subordonné pour son ministre, le dossier qui doit exister encore au ministère de la guerre. Les recherches durèrent de mai à septembre 1896, et ce qu'il faut affirmer bien haut, c'est que le général Gonse était convaincu de la culpabilité d'Esterhazy, c'est que le général de Boisdeffre et le général Billot ne mettaient pas en doute que le fameux bordereau fût de l'écriture d'Esterhazy. L'enquête du lieutenant-colonel Picquart avait abouti à cette constatation certaine. Mais l'émoi était grand, car la condamnation d'Esterhazy entraînait inévitablement la revision du procès Dreyfus; et c'était ce que l'état-major ne voulait à aucun prix.

Il dut y avoir une minute psychologique pleine d'angoisse. Remarquez que le général Billot n'était compromis dans rien, il arrivait tout frais, il pouvait faire la vérité. Il n'osa pas, dans la terreur sans doute de l'opinion publique, certainement aussi dans la crainte de livrer tout l'état-major, le général de Boisdeffre, le général Gonse, sans compter les sous-ordres. Puis ce ne fut là qu'une minute de combat entre sa conscience et ce qu'il croyait être l'intérêt militaire. Quand cette minute fut passée, il était déjà trop tard. Il s'était engagé, il était compromis. Et, depuis lors, sa responsabilité n'a fait que grandir, il a pris à sa charge le crime des autres, il est aussi coupable que les autres, il est plus coupable qu'eux, car il a été le maître de faire justice, et il n'a rien fait. Comprenez-vous cela! Voici un an que le général Billot, que les généraux de Boisdeffre et Gonse savent que Dreyfus est innocent, et ils ont gardé pour eux cette effroyable chose. Et ces gens-là dorment, et ils ont des femmes et des enfants qu'ils aiment!

Le colonel Picquart avait rempli son devoir d'honnête homme. Il insistait auprès de ses supérieurs, au nom de la justice. Il les suppliait même et leur disait combien leurs délais étaient impolitiques, devant le terrible orage qui s'amoncelait, qui devait éclater, lorsque la vérité serait connue. Ce fut, plus tard, le langage que M. Scheurer-Kestner tint également au général Billot, l'adjurant par patriotisme de prendre en main l'affaire, de ne pas la laisser s'aggraver, au point de devenir un désastre public. Non ! le crime était commis, l'état-major ne pouvait plus avouer son crime. Et le lieutenant-colonel Picquart fut envoyé en mission, on l'éloigna de plus loin en plus loin, jusqu'en Tunisie, où l'on voulut même un jour honorer sa bravoure en le chargeant d'une mission qui l'aurait fait sûrement massacrer, dans les parages où le marquis de Morès a trouvé la mort. Il n'était pas en disgrâce, le général Gonse entretenait avec lui une correspondance amicale. Seulement, il est des secrets qu'il ne fait pas bon avoir surpris.

A Paris, la vérité marchait, irrésistible, et l'on sait de quelle façon l'orage attendu éclata. M. Mathieu Dreyfus dénonça le commandant Esterhazy comme le véritable auteur du bordereau, au moment où M. Scheurer-Kestner allait déposer, entre les mains du garde des sceaux, une demande en revision du procès. Et c'est ici que le commandant Esterhazy paraît. Des témoignages le montrent d'abord affolé, prêt au suicide ou à la fuite. Puis, tout d'un coup, il paye d'audace, il étonne Paris par la violence de son attitude. C'est que du secours lui était venu, il avait reçu une lettre anonyme l'avertissant des menées de ses ennemis, une dame mystérieuse s'était même dérangée de nuit pour lui remettre une pièce volée à l'état-major, qui devait le sauver. Et je ne puis m'empêcher de retrouver là le lieutenant-colonel du Paty de Clam, en reconnaissant les expédients de son imagination fertile. Son œuvre, la culpabilité de Dreyfus, était en péril, et il a voulu sûrement défendre son œuvre. La revision du procès, mais c'était l'écroulement du roman-feuilleton si extravagant, si tragique, dont le dénouement abominable a lieu à l'île du Diable ! C'est ce qu'il ne pouvait permettre. Dès lors, le duel va avoir lieu entre le lieutenant-colonel Picquart et le lieutenant-colonel du Paty de Clam, l'un le visage découvert, l'autre masqué. On les retrouvera prochainement tous deux devant la justice civile. Au fond, c'est toujours l'état-major qui se défend, qui ne veut pas avouer son crime, dont l'abomination grandit d'heure en heure.

On s'est demandé avec stupeur quels étaient les protecteurs du commandant Esterhazy ? C'est d'abord, dans l'ombre, le lieutenant-colonel du Paty de Clam, qui a tout machiné, qui a tout conduit. Sa main se trahit aux moyens saugrenus. Puis, c'est le général de Boisdeffre, c'est le général Gonse, c'est le général Billot lui-même, qui sont bien obligés de faire acquitter le commandant, puisqu'ils ne peuvent laisser reconnaître l'innocence de Dreyfus, sans que les bureaux de la guerre croulent sous le mépris public. Et le beau résultat de cette situation prodigieuse, c'est que l'honnête homme là-dedans, le lieutenant-colonel Picquart, qui seul a fait son devoir, va être la victime, celui qu'on bafouera et qu'on punira. O justice! quelle affreuse désespérance serre le cœur! On va jusqu'à dire que c'est lui le faussaire, qu'il a fabriqué la carte-télégramme pour perdre Esterhazy. Mais, grand Dieu! pourquoi? dans quel but? donnez un motif. Est-ce que celui-là est aussi payé par les Juifs? Le joli de l'histoire est qu'il était justement antisémite. Oui! nous assistons à ce spectacle infâme : des hommes perdus de dettes et de crimes dont on proclame l'innocence, tandis qu'on frappe l'honneur même, un homme à la vie sans tache! Quand une société en est là, elle tombe en décomposition.

Voilà donc, monsieur le Président, l'affaire Esterhazy : un coupable qu'il s'agissait d'innocenter. Depuis bientôt deux mois, nous pouvons suivre heure par heure la belle besogne. J'abrège, car ce n'est ici, en gros, que le résumé de l'histoire dont les brûlantes pages seront un jour écrites tout au long. Et nous avons donc vu le général de Pellieux, puis le commandant Ravary conduire une enquête scélérate d'où les coquins sortent transfigurés et les honnêtes gens salis. Ensuite, on a convoqué le Conseil de guerre.

Comment a-t-on pu espérer qu'un Conseil de guerre déferait ce qu'un Conseil de guerre avait fait?

Je ne parle pas du choix toujours possible des juges. L'idée supérieure de discipline, qui est dans le sang de ces soldats, ne suffit-elle pas à infirmer leur pouvoir même d'équité? Qui dit discipline dit obéissance. Lorsque le Ministre de la guerre, le grand chef, a établi publiquement, aux acclamations de la représentation nationale, l'autorité absolue de la chose jugée, vous voulez qu'un Conseil de guerre lui donne un formel démenti? Hiérarchiquement, cela est impossible. Le général Billot a suggestionné les juges par sa déclaration, et ils ont jugé comme ils doivent aller au feu, sans raisonner. L'opinion préconçue qu'ils ont apportée sur leur siège est évidemment celle-ci : « Dreyfus a été condamné pour crime de trahison par un Conseil de guerre, il est donc coupable, et nous, Conseil de guerre, nous ne pouvons le déclarer innocent; or, nous savons que reconnaître la culpabilité d'Esterhazy, ce serait proclamer l'innocence de Dreyfus. » Rien ne pouvait les faire sortir de là.

Ils ont rendu une sentence inique, qui à jamais pèsera sur nos Conseils de guerre, qui entachera désormais de suspicion tous leurs arrêts. Le premier Conseil de guerre a pu être inintelligent, le second est forcément criminel. Son excuse, je le répète, est que le chef suprême avait parlé, déclarant la chose jugée inattaquable, sainte et supérieure aux hommes, de sorte que des inférieurs ne pouvaient dire le contraire. On nous parle de l'honneur de l'armée, on veut que nous l'aimions, que nous la respections. Ah ! certes, oui, l'armée qui se lèverait à la première menace, qui défendrait la terre française, elle est tout le peuple, et nous n'avons pour elle que tendresse et respect. Mais il ne s'agit pas d'elle, dont nous voulons justement la dignité, dans notre besoin de justice. Il s'agit du sabre, le maître qu'on nous donnera demain peut-être. Et baiser dévotement la poignée du sabre, le dieu, non !

Je l'ai démontré d'autre part : l'affaire Dreyfus était l'affaire des bureaux de la guerre, un officier de l'état-major, dénoncé par ses camarades de l'état-major, condamné sous la pression des chefs de l'état-major. Encore une fois il ne peut revenir innocent, sans que tout l'état-major soit coupable. Aussi les bureaux, par tous les moyens imaginables, par des campagnes de presse, par des communications, par des influences, n'ont-ils couvert Esterhazy que pour perdre une seconde fois Dreyfus. Quel coup de balai le gouvernement devrait donner dans cette jésuitière, ainsi que les appelle le général Billot lui-même ! Où est-il le ministère vraiment fort, et d'un patriotisme sage, qui osera tout y refondre et tout y renouveler ? Que de gens je connais qui, devant une guerre possible, tremblent d'angoisse, en sachant dans quelles mains est la défense nationale ! et quel nid de basses intrigues, de commérages et de dilapidations, est devenu cet asile sacré où se décide le sort de la patrie ! On s'épouvante devant le jour terrible que vient d'y jeter l'affaire Dreyfus, ce sacrifice humain d'un malheureux, d'un « sale juif ». Ah ! tout ce qui s'est agité là de démence et de sottise, des imaginations folles, des pratiques de basse police, des mœurs d'inquisition et de tyrannie, le bon plaisir de quelques galonnés mettant leurs bottes sur la nation, lui rentrant dans la gorge son cri de vérité et de justice, sous le prétexte menteur et sacrilège de la raison d'État !

Et c'est un crime encore que de s'être appuyé sur la presse immonde, que de s'être laissé défendre par toute la fripouille de Paris, de sorte que voilà la fripouille qui triomphe insolemment dans la défaite du droit et de la simple probité. C'est un crime d'avoir accusé de troubler la France ceux qui la veulent généreuse, à la tête des nations libres et justes, lorsqu'on ourdit soi-même l'impudent complot d'imposer l'erreur, devant le monde entier. C'est un crime d'égarer l'opinion, d'utiliser pour une besogne de mort cette opinion qu'on a pervertie, jusqu'à la faire délirer. C'est un crime d'empoisonner les petits et les humbles, d'exaspérer les passions de réaction et d'intolérance en s'abritant derrière l'odieux antisémitisme, dont la grande France libérale des Droits de l'homme mourra, si elle n'en est pas guérie. C'est un crime que d'exploiter le patriotisme pour des œuvres de haine, et c'est un crime enfin que de faire du sabre le dieu moderne, lorsque toute la science humaine est au travail pour l'œuvre prochaine de vérité et de justice.

Cette vérité, cette justice, que nous avons si passionnément voulues, quelle détresse à les voir ainsi souffletées, plus méconnues et plus obscurcies! Je me doute de l'écroulement qui doit avoir lieu dans l'âme de M. Scheurer-Kestner, et je crois bien qu'il finira par éprouver un remords, celui de n'avoir pas agi révolutionnairement, le jour de l'interpellation au Sénat, en lâchant tout le paquet, pour tout jeter à bas. Il a été le grand honnête homme, l'homme de sa vie loyale; il a cru que la vérité se suffisait à elle-même, surtout lorsqu'elle lui apparaissait éclatante comme le plein jour. A quoi bon tout bouleverser, puisque bientôt le soleil allait luire? Et c'est de cette sérénité confiante dont il est si cruellement puni. De même pour le lieutenant-colonel Picquart, qui, par un sentiment de haute dignité, n'a pas voulu publier les lettres du général Gonse. Ces scrupules l'honorent d'autant plus que, pendant qu'il restait respectueux de la discipline, ses supérieurs le faisaient couvrir de boue, instruisaient eux-mêmes son procès de la façon la plus inattendue et la plus outrageante. Il y a deux victimes, deux braves gens, deux cœurs simples, qui ont laissé faire Dieu, tandis que le diable agissait. Et l'on a même vu, pour le lieutenant-colonel Picquart, cette chose ignoble : un tribunal français, après avoir laissé le rapporteur charger publiquement un témoin, l'accuser de toutes les fautes, a fait le huis clos lorsque ce témoin a été introduit pour s'expliquer et se défendre. Je dis que cela est un crime de plus et que ce crime soulèvera la conscience universelle. Décidément, les tribunaux militaires se font une singulière idée de la justice.

Telle est donc la simple vérité, monsieur le Président, et

elle est effroyable, elle restera pour votre présidence une souillure. Je me doute bien que vous n'avez aucun pouvoir en cette affaire, que vous êtes le prisonnier de la Constitution et de votre entourage. Vous n'en avez pas moins un devoir d'homme, auquel vous songerez, et que vous remplirez. Ce n'est pas, d'ailleurs, que je désespère le moins du monde du triomphe. Je le répète avec une certitude plus véhémente : la vérité est en marche, et rien ne l'arrêtera. C'est d'aujourd'hui seulement que l'affaire commence, puisqu'aujourd'hui seulement les positions sont nettes : d'une part, les coupables, qui ne veulent pas que la justice se fasse ; de l'autre, les justiciers qui donneront leur vie pour qu'elle soit faite. Quand on enferme la vérité sous terre, elle s'y amasse, elle y prend une force telle d'explosion, que, le jour où elle éclate elle fait tout sauter avec elle. On verra bien si l'on ne vient pas de préparer, pour plus tard le plus retentissant des désastres.

**

Mais cette lettre est longue, monsieur le Président, et il est temps de conclure.

J'accuse le lieutenant-colonel du Paty de Clam d'avoir été l'ouvrier diabolique de l'erreur judiciaire, en inconscient, je veux le croire, et d'avoir ensuite défendu son œuvre néfaste, depuis trois ans, par les machinations les plus saugrenues et les plus coupables.

J'accuse le général Mercier de s'être rendu complice, tout au moins par faiblesse d'esprit, d'une des plus grandes iniquités du siècle.

J'accuse le général Billot d'avoir eu entre les mains les preuves certaines de l'innocence de Dreyfus et de les avoir étouffées, de s'être rendu coupable de crime de lèse-humanité et de lèse-justice, dans un but politique et pour sauver l'état-major compromis.

J'accuse le général de Boisdeffre et le général Gonse de s'être rendus complices du même crime, l'un sans doute par passion cléricale, l'autre peut-être par cet esprit de corps qui fait des bureaux de la guerre l'arche sainte, inattaquable.

J'accuse le général de Pellieux et le commandant Ravary d'avoir fait une enquête scélérate, j'entends par là une enquête de la plus monstrueuse partialité, dont nous avons, dans le rapport du second, un impérissable monument de naïve audace.

J'accuse les trois experts en écritures, les sieurs Belhomme, Varinard et Couard, d'avoir fait des rapports mensongers et frauduleux, à moins qu'un examen médical ne les déclare atteints d'une maladie de la vue et du jugement.

J'accuse les bureaux de la guerre d'avoir mené dans la presse, particulièrement dans l'*Eclair* et dans l'*Echo de Paris*, une campagne abominable, pour égarer l'opinion et couvrir leur faute.

J'accuse, enfin, le premier Conseil de guerre d'avoir violé le droit en condamnant un accusé sur une pièce restée secrète, et j'accuse le second Conseil de guerre d'avoir couvert cette illégalité par ordre, en commettant à son tour le crime juridique d'acquitter sciemment un coupable.

En portant ces accusations, je n'ignore pas que je me mets sous le coup des articles 30 et 31 de la loi sur la presse du 29 juillet 1881, qui punit les délits de diffamation. Et c'est volontairement que je m'expose.

Quant aux gens que j'accuse, je ne les connais pas, je ne les ai jamais vus, je n'ai contre eux ni rancune ni haine. Ils ne sont pour moi que des entités, des esprits de malfaisance sociale. Et l'acte que j'accomplis ici n'est qu'un moyen révolutionnaire pour hâter l'explosion de la vérité et de la justice.

Je n'ai qu'une passion, celle de la lumière, au nom de l'humanité qui a tant souffert et qui a droit au bonheur. Ma protestation enflammée n'est que le cri de mon âme. Qu'on ose donc me traduire en Cour d'assises et que l'enquête ait lieu au grand jour!

J'attends.

Veuillez agréer, monsieur le Président, l'assurance de mon profond respect.

EMILE ZOLA.

Huit jours s'écoulèrent après la publication de cette lettre, sans que le gouvernement s'en émût et parût vouloir y donner la suite qu'elle comportait.

Puis, le 20 janvier, après de longues et mûres réflexions, M. le Ministre de la guerre se décida à déposer une plainte entre les mains de M. le Procureur général près la Cour d'appel de Paris.

L'ASSIGNATION

Voici le texte de l'assignation que M. Georges Dupuy, doyen des huissiers du département de la Seine, remit à MM. Emile Zola et Perrenx, gérant de *l'Aurore*.

COUR D'ASSISES DE LA SEINE

L'an 1898, le 20 janvier, à la requête de M. le Procureur général près la Cour d'appel de Paris, lequel fait élection de domicile en son parquet sis en cette ville, au Palais de justice, agissant d'office sur la plainte déposée le 18 janvier 1898, par M. le Ministre de la guerre, dans les termes de l'article 47 de la loi du 29 juillet 1881, au nom du premier Conseil de guerre du gouvernement militaire de Paris, ayant jugé les 10 et 11 janvier 1898 le commandant Esterhazy, lequel tribunal relève de son département,

J'ai, Charles-Marie-Georges Dupuis, huissier audiencier à la Cour d'appel de Paris, demeurant même ville, au Palais de justice soussigné,

Donné assignation à M. A. Perrenx, gérant du journal *l'Aurore*, demeurant à Paris, 142, rue Montmartre, où étant et parlant à un employé du journal, puis à sa personne,

A comparaître devant la Cour d'assises de la Seine, sise au Palais de justice à Paris, le lundi, 7 février 1898, à onze heures et demie du matin,

Et par copie séparée à M. Zola,

Comme prévenus ;

I. — J.-A. Perrenx,

D'avoir, à Paris, depuis moins de trois mois, en sa qualité de gérant, dans le numéro quatre-vingt-sept, deuxième année, du journal *l'Aurore*, portant la date du jeudi 13 janvier 1898, lequel numéro a été vendu et distribué, mis en vente et exposé dans les lieux ou réunions publics, publié les passages suivants renfermés dans un article signé Emile Zola et intitulé :

Lettre à M. Félix Faure, président de la République

Première colonne de la première page :

« Un Conseil de guerre vient, par ordre, d'oser acquitter un
« Esterhazy, soufflet suprême à toute vérité, à toute justice. Et
« c'est fini, la France a sur la joue cette souillure. L'histoire écrira
« que c'est sous votre présidence qu'un tel crime social a pu être
« commis. »

Sixième colonne de la première page :

« Ils ont rendu cette sentence inique qui à jamais pèsera sur nos
« Conseils de guerre, qui entachera désormais de suspicion tous

« leurs arrêts. Le premier Conseil de guerre a pu être inintelligent,
« le second est forcément criminel. »

Deuxième colonne de la deuxième page :

« ... J'accuse le second Conseil de guerre d'avoir couvert cette
« illégalité par ordre, en commettant à son tour, le crime juridique
« d'acquitter sciemment un coupable. »

Lesdits passages contenant l'imputation de faits de nature à porter atteinte à l'honneur du gouvernement militaire de Paris ayant siégé les 10 et 11 janvier 1898, et relatifs à ses fonctions, et de l'avoir ainsi publiquement diffamé, et ce, à raison de ses fonctions ;

II. — Emile Zola,
De s'être, à la même époque et au même lieu, rendu complice du délit ci-dessus spécifié, en remettant soit au sieur Perrenx, gérant du journal l'Aurore, soit à tout autre rédacteur ou employé dudit journal, pour le faire parvenir audit gérant, afin d'être publié, l'écrit contenant les passages susvisés et procuré ainsi les moyens qui ont servi à commettre le délit, sachant qu'ils devaient y servir.

Délits prévus et punis par les articles 23, 29, 30, 31, 35, 42, 43, 45, 47 et 52 de la loi du 29 juillet 1881, 59 et 60 du Code pénal.

A ce que le susnommé n'en ignore, je lui ai, en parlant comme dessus, laissé la présente copie.

Coût, soixante-quinze centimes.

A la lecture de l'assignation lancée contre M. Emile Zola par le parquet de la Seine, sur l'ordre du gouvernement, la pensée est venue tout de suite à tous les esprits non prévenus que le désir du gouvernement était, non pas de faire la lumière complète sur les accusations formulées avec tant de précision et de vigueur par le grand écrivain, mais au contraire de réduire au minimum, « par des moyens de procureur », comme dit Emile Zola, le débat qu'il avait engagé maladroitement. L'auteur de la « Lettre au Président de la République », dans une nouvelle lettre au ministre de la guerre, stigmatise la pusillanimité du gouvernement.

LETTRE DE M. ÉMILE ZOLA

A Monsieur le Ministre de la Guerre.

En réponse à mes accusations contre vous, contre vos pairs et vos subordonnés, vous me faites citer à comparaître devant le jury de la Seine, le 7 février prochain.

Je serai au rendez-vous.

J'y serai pour un débat loyal, au grand jour.

Mais vous n'avez sans doute pas lu mon acte d'accusation, monsieur le Ministre. Quelque scribe vous aura dit que j'avais seulement accusé le Conseil de guerre « d'avoir rendu une sentence inique », d'avoir couvert une illégalité, par ordre, en commettant le crime juridique d'acquitter sciemment un coupable.

Cette affirmation n'aurait pas suffi à mon besoin de justice. Si j'ai voulu la discussion en pleine lumière, c'est que j'ai désiré faire éclater au yeux de la France entière la vérité, toute la vérité.

C'est pourquoi j'ai complété les accusations qu'il vous a plu de relever, aux termes de l'acte de l'huissier Dupuis, par d'autres accusations non moins formelles, non moins claires, non moins décisives.

J'ai dit :

J'accuse le lieutenant-colonel du Paty de Clam d'avoir été l'ouvrier diabolique de l'erreur judiciaire, en inconscient, je veux le croire, et d'avoir ensuite défendu son œuvre néfaste, depuis trois ans, par les machinations les plus saugrenues et les plus coupables.

J'ai dit :

J'accuse le général Mercier de s'être rendu complice, tout au moins par faiblesse d'esprit, d'une des plus grandes iniquités du siècle.

J'ai dit :

J'accuse le général Billot d'avoir eu entre les mains les preuves certaines de l'innocence de Dreyfus et de les avoir étouffées, de s'être rendu coupable de ce crime de lèse-humanité et de lèse-justice, dans un but politique et pour sauver l'état-major compromis.

J'ai dit :

J'accuse le général de Boisdeffre et le général Gonse de s'être rendus complices du même crime, l'un sans doute par passion cléricale, l'autre peut-être par cet esprit de corps qui fait des bureaux de la guerre l'arche sainte, inattaquable.

J'ai dit :

J'accuse le général de Pellieux et le commandant Ravary d'avoir fait une enquête scélérate, j'entends par là une enquête de la plus monstrueuse partialité, dont nous avons, dans le rapport du second, un impérissable monument de naïve audace.

J'ai dit :

J'accuse les trois experts en écritures, les sieurs Belhomme, Varinard et Couard, d'avoir fait des rapports mensongers et frauduleux, à moins qu'un examen médical ne les déclare atteints d'une maladie de la vue et du jugement.

J'ai dit :

J'accuse les bureaux de la guerre d'avoir mené dans la presse, particulièrement dans *l'Eclair* et dans *l'Echo de Paris*, une campagne abominable, pour égarer l'opinion et couvrir leur faute.

Relisez ces textes, monsieur le Ministre, et tout en pensant ce qu'il vous plaira de mon audace, reconnaissez que je n'ai péché ni par manque de précision ni par défaut de clarté.

Et si vous êtes obligé de le reconnaître, et si, dans votre silence prudent, tout le monde doit avec moi le reconnaître, dites-moi pourquoi aujourd'hui, après cinq jours de méditations, de consultations, d'hésitations, de tergiversations, vous vous précipitez dans une reculade.

Comment ! je puis écrire que « M. le lieutenant-colonel du Paty de Clam a été l'ouvrier diabolique d'une erreur judiciaire, en inconscient peut-être, et qu'il a défendu son œuvre par les machinations les plus coupables », je puis le dire, et on n'ose pas, pour l'avoir écrit, me poursuivre.

Je puis écrire que le général Mercier s'est rendu complice

d'une des plus grandes iniquités du siècle, et on n'ose pas, pour l'avoir écrit, me poursuivre.

Je puis écrire que vous, monsieur le général Billot, vous avez eu entre les mains les preuves certaines de l'innocence de Dreyfus, que vous les avez étouffées, que vous vous êtes rendu coupable de ce crime de lèse-humanité et de lèse-justice, dans un but politique et pour sauver l'état-major. Et vous n'osez pas, vous, Ministre de la guerre, pour l'avoir écrit, me poursuivre.

Je puis écrire que le général de Boisdeffre et le général Gonse se sont rendus complices du même crime, et on n'ose pas, pour l'avoir écrit, me poursuivre.

Je puis écrire que le général de Pellieux et le commandant Ravary avaient fait une enquête scélérate, et on n'ose pas, pour l'avoir écrit, me poursuivre.

Je puis écrire que les trois experts en écritures, les sieurs Belhomme, Varinard et Couard, avaient fait des rapports mensongers et frauduleux, et n'osant pas, pour l'avoir écrit, me poursuivre en Cour d'assises, on torture la loi et on m'assigne en police correctionnelle.

Je puis écrire que les bureaux de la guerre avaient mené dans la presse une campagne abominable, afin d'égarer l'opinion et de couvrir leurs fautes, et l'on n'ose pas, pour l'avoir écrit, me poursuivre.

J'ai dit ces choses, et je les maintiens. Est-il vraiment possible que vous n'acceptiez pas la discussion sur des accusations aussi nettement formulées, non moins graves pour l'accusateur que pour les accusés?

Je croyais trouver devant moi M. le colonel du Paty de Clam, M. le général Mercier, M. le général de Boisdeffre et M. le général Gonse, M. le général de Pellieux et M. le commandant Ravary, avec les trois experts en écritures.

J'ai attaqué loyalement, sous le regard de tous : on n'ose me répondre que par les outrages des journaux stipendiés et que par les vociférations des bandes que les cercles catholiques lâchent dans la rue. Je prends acte de cette obstinée volonté de ténèbres, mais je vous avertis, en toute loyauté, qu'elle ne vous servira de rien.

Pourquoi vous n'avez pas osé relever mes accusations, je vais vous le dire.

Redoutant le débat dans de la lumière, vous avez recours, pour vous sauver, à des moyens de procureur. On vous a découvert, dans la loi du 29 juillet 1881, un article 52 qui NE ME PERMET D'OFFRIR LA PREUVE QUE DES FAITS « *articulés et qualifiés dans la citation* ».

Et, maintenant, vous voilà bien tranquille, n'est-ce pas ?

Contre le colonel du Paty de Clam, contre le général Mercier, contre le général de Boisdeffre et le général Gonse, contre le général de Pellieux et le commandant Ravary, contre vos experts et contre vous-même, vous pensez que je ne pourrai pas faire la preuve.

Eh bien ! vous vous trompez, je vous en avertis d'avance : on vous a mal conseillé.

On avait songé d'abord à me traduire en police correctionnelle ; et l'on n'a point osé, car la Cour de cassation aurait culbuté toute la procédure.

Ensuite, on a eu la pensée de traîner les choses en longueur par une instruction ; mais on a craint de donner ainsi un nouveau développement à l'affaire et d'accumuler, contre vous, une masse écrasante de témoignages méthodiquement enregistrés.

Enfin, en désespoir de cause, on a décidé de m'imposer une lutte inégale, en me ligotant d'avance, pour vous assurer, par des procédés de basoche, la victoire, que vous n'attendez sans doute pas d'un libre débat.

Vous avez oublié que je vais avoir pour juges douze citoyens français, dans leur indépendance.

Je saurai vaincre par la force de la justice, je ferai la lumière dans les consciences par l'éclat de la vérité. On verra, dès les premiers mots, les arguties procédurières balayées par l'impérieuse nécessité de la preuve. Cette preuve, la loi m'ordonne de la faire, et la loi serait menteuse si, m'imposant ce devoir, elle m'en refusait le moyen.

Comment ferais-je la preuve des accusations que vous relevez contre moi, si je ne pouvais montrer l'enchaînement des faits et si l'on m'empêchait de mettre toute l'affaire en pleine clarté ?

La liberté de la preuve, voilà la force où je m'attache.

Emile ZOLA.

Après cette seconde lettre, M. Emile Zola et le gérant de *l'Aurore* firent signifier, le 25 janvier, au Procureur général la liste des témoins qu'ils voulaient faire entendre et des pièces qu'ils voulaient produire aux débats de la Cour d'assises.

SIGNIFICATION AU PARQUET

Les « requérants » déclarent d'abord : qu'ils entendent d'être admis à prouver la vérité des imputations diffamatoires qui leur sont reprochées, conformément aux dispositions de l'article 35 de la loi du 29 juillet 1881 ;

« Qu'en conséquence, et pour se conformer aux exigences de l'article 52 de ladite loi, ils articulent et offrent de prouver tant les faits suivants, comprenant tous les faits articulés et qualifiés dans la citation, que les autres faits imputés à diverses personnes ou à divers corps, dans l'article poursuivi, lesquels faits sont connexes avec les premiers, indivisibles d'avec eux et doivent être nécessairement prouvés tout d'abord pour permettre aux requérants d'établir la vérité des imputations expressément relevées contre eux » :

A. — Faits articulés et qualifiés expressément dans l'assignation.

1º Un Conseil de guerre vient par ordre d'oser acquitter un Esterhazy, soufflet suprême à toute vérité, à toute justice ;

2º Les magistrats de ce Conseil de guerre ont rendu une sentence inique qui, à jamais, pèsera sur nos Conseils de guerre, qui tachera désormais de suspicion leurs arrêts. Le premier Conseil de guerre a pu être inintelligent, le second est forcément criminel.

3º Le second Conseil de guerre a couvert une illégalité par ordre, en commettant à son tour le crime juridique d'acquitter sciemment un coupable.

B. — Faits connexes avec les précédents et indivisibles d'avec eux.

1º Le lieutenant-colonel du Paty de Clam a été l'ouvrier diabolique d'une erreur judiciaire, en inconscient peut-être, mais il a ensuite défendu son œuvre néfaste depuis trois ans par les machinations les plus saugrenues et les plus coupables ;

2º Le général Mercier s'est rendu complice, tout au moins par faiblesse d'esprit, d'une des plus grandes iniquités du siècle ;

3º Le général Billot a eu entre les mains les preuves certaines de l'innocence de Dreyfus et les a étouffées, il s'est rendu coupable de ce crime de lèse-humanité et de lèse-justice dans un but politique et pour sauver l'état-major compromis ;

4º Le général de Boisdeffre et le général Gonse se sont rendus complices du même crime, l'un sans doute par passion cléricale, l'autre peut-être par cet esprit de corps qui fait des bureaux de la guerre l'arche sainte, inattaquable ;

5º Le général de Pellieux et le commandant Ravary ont fait une enquête scélérate, c'est-à-dire une enquête de la plus monstrueuse partialité dont le rapport du second est un impérissable monument de naïve audace ;

6° Les trois experts en écritures, les sieurs Belhomme, Varinard et Couard, ont fait des rapports mensongers et frauduleux, à moins qu'un examen médical ne les déclare atteints d'une maladie de la vue et du jugement ;

7° Les bureaux de la guerre ont mené dans la presse, particulièrement dans *l'Eclair* et *l'Echo de Paris*, une campagne abominable pour égarer l'opinion et couvrir leur faute ;

8° Le premier Conseil de guerre a violé le droit en condamnant un accusé sur une pièce restée secrète.

Les Pièces.

Pour arriver à la preuve des faits ci-dessus, ils entendent se servir des pièces suivantes dont les exemplaires, copies ou photographies, dûment timbrés et enregistrés, énumérés au bordereau ci-après, sont remis par l'huissier en même temps que la copie du présent acte.

Suit le bordereau des exemplaires de journaux ou imprimés, copies ou photographies de pièces remises à M. le procureur général le 24 janvier 1898, conformément aux prescriptions de l'article 52 de la loi du 29 juillet 1881.

Les Témoins.

En outre et d'autre part, les requérants feront entendre les témoins suivants, tant au point de vue de la moralité que pour établir leur bonne foi et faire la preuve des faits articulés :

Capitaine Lebrun-Renault ; Georges Merzbach ; A. Hans, ancien officier d'artillerie, membre du Syndicat de la presse militaire ; Henri Fonbrune ; Henri Dumont, artiste peintre ; baron de Vaux, publiciste ; Emile Ferrari, directeur de la *Revue bleue*.

Commandant Forzinetti ; lieutenant-colonel du Paty de Clam ; Mme Lucie Dreyfus.

Souffrain ; Mlle Blanche de Comminges ; M. de Comminges, capitaine de cavalerie ; M. de la Batut, député.

Général Mercier, au Mans ; docteur Lutaud ; Vallecalle, greffier au premier Conseil de guerre de Paris.

Jean Casimir-Perier ; Charles Dupuy, député ; Guérin, sénateur ; Georges Leygues, député ; Th. Delcassé, député ; Raymond Poincaré, député ; Jules Develle, député ;

Sallès père, ancien avocat ; Edgar Demange, avocat à la Cour ; Collenot, avocat à la Cour ; Ludovic Trarieux, sénateur ; Darlan, député ; Alexandre Ribot, député ; René Goblet ; Eugène Dufeuille ; Arthur Ranc, sénateur ; Marius Thévenet, ancien ministre ;

Lieutenant-colonel Georges Picquart, lieutenant-colonel au 4e tirailleurs algériens, fort du Mont-Valérien ; général Gonse ; général de Boisdeffre, chef d'état-major général ;

Général Billot, ministre de la guerre ;

Lieutenant-colonel Henry ; Gribelin, archiviste ; Scheurer-Kestner, sénateur ; Leblois, avocat ;

Etienne Charavay ; A. Bertillon ; G.-A. Hubbard, député ; Yves Guyot ; Teyssonnières, expert près la Cour d'appel ; Pelletier, expert près la Cour d'appel ; Gobert, expert près la Cour d'appel ; Emile Couard, expert en écritures ; Etienne Belhomme, expert près le Tribunal de la Seine ; Pierre Varinard, expert près le Tribunal de la Seine ; Gustave Bridier, expert en écritures ; Célerier, expert en écritures ; E. de Marneffe, expert en écritures ; Louis Franck, avocat ; Paul Moriaud, professeur de droit à l'Université de Genève ; docteur Héricourt, directeur de la *Revue scientifique* ; Bourmont, archiviste-paléographe ; Paul Meyer, membre de l'Institut, professeur au Collège de France, directeur de l'Ecole des Chartes ; Auguste Molinier, archiviste-paléographe, professeur à l'Ecole des Chartes ; Emile Molinier, archiviste paléographe, professeur à l'Ecole du Louvre ; Giry, archiviste-paléographe, professeur à l'Ecole des Chartes ; Louis Havet, membre de l'Institut.

Commandant Esterhazy ; général de Pellieux ; Mme de Boulancy ; commandant Pauffin de Saint-Maurel ; Jules Huret ; Henri Casella ; Paulet, publiciste ; Gabriel Herbin, avocat ; Pierre Quillard, homme de lettres ;

Mme Séverine ; Jean Jaurès, députés ; Mme la générale Iung ; Auguste Lalance ;

Duclaux, membre de l'Institut ; Anatole Leroy-Beaulieu, membre de l'Institut ; Gabriel Séailles, professeur à la Faculté des lettres ; Grimaux, membre de l'Institut ; Frédéric Passy, membre de l'Institut ; Francis de Pressensé, publiciste ; Anatole France, de l'Académie française ; colonel Peigné ;

Et, en outre, les témoins ci-après qu'ils se réservent de faire comparaître, soit par la voie de la procédure ordinaire, soit par la voie de toute procédure exceptionnelle à raison de leur qualité :

M. de Giers, ministre de Russie à Bruxelles ;

M. de Narischkine, conseiller à l'ambassade de Russie ;

M. le lieutenant-général baron Freedricksz, aide de camp général de S. M. l'empereur de Russie, attaché militaire ;

M. de Bülow-Schlatau, conseiller à l'ambassade d'Allemagne ;

M. le comte de Groeben, secrétaire de l'ambassade d'Allemagne ;

M. le colonel Schwarzkoppen, ancien attaché militaire à l'ambassade d'Allemagne ;

M. Constantin Dumba, conseiller à l'ambassade d'Autriche ;

M. le colonel Schneider, attaché militaire à l'ambassade d'Autriche ;

M. G. Polacco, premier secrétaire à l'ambassade d'Italie ;

M. le marquis Paulucci dei Calboli, secrétaire de l'ambassade d'Italie ;

M. le colonel Panizzardi, attaché militaire à l'ambassade d'Italie ;

M. le lieutenant-colonel Douglas Dawson, attaché militaire à l'ambassade d'Angleterre ;

M. Martin Gosselin, ministre plénipotentiaire ;

M. le commandant du génie Echagüe y Santoyo, attaché militaire à l'ambassade d'Espagne.

Dossiers et Pièces.

Enfin, les requérants entendent invoquer encore, pour faire la preuve des faits dont il s'agit, tous les dossiers et pièces qui sont aux mains, soit de M. le Ministre de la guerre, partie plaignante, soit des divers magistrats chargés d'instruire actuellement sur diverses plaintes relatives aux faits susénoncés.

Etant dans l'impossibilité matérielle de fournir la copie des dites pièces, qui ne se trouvent point en leur possession, ils font par les présentes, sommation à M. le Procureur général, étant et parlant comme dessus, ledit Procureur général pris tant en son nom que ès-qualités et au nom de la partie plaignante pour laquelle il s'agit, d'avoir à produire au débat, dans les délais fixés par l'article 52 de la loi du 29 juillet 1881, tous les dossiers et pièces dont s'agit, et notamment :

1º Le dossier de l'affaire Dreyfus jugée en décembre 1894 par le premier Conseil de guerre du gouvernement militaire de Paris, y compris l'original du bordereau attribué à cette époque au capitaine Dreyfus et toutes les pièces communiquées ou non à la défense, qui ont été produites, soit à l'audience, soit en dehors de l'audience aux membres dudit Conseil de guerre;

2º Le dossier de l'affaire Esterhazy jugée en janvier 1898 par le premier Conseil de guerre, y compris les expertises, les lettres de M. le commandant Esterhazy et les lettres de M. le général Gonse qui auraient été déposées sur le bureau dudit Conseil au cours des débats par M. le lieutenant-colonel Picquart;

3º Le dossier de la plainte en faux déposée par M. le lieutenant-colonel Picquart contre Souffrain et autres qu'instruit en ce moment M. Bertulus, juge d'instruction près le Tribunal civil de la Seine.

La signification se termine par ces réserves :

Font d'ailleurs, mesdits requérants toutes réserves au cas où toutes les pièces dont s'agit ne seraient pas mises au débat dans le délai prévu et fixé par l'article 52 de la loi du 29 juillet 1881, d'en demander la production au cours des débats, suivant les besoins de la cause et en vertu du pouvoir discrétionnaire du président des Assises, sans qu'il puisse d'ailleurs leur être opposé aucune déchéance ou fin de non-recevoir, mes requérants s'étant par les présentes soumis dans toute la mesure possible aux exigences de l'article 52 susvisé.

DERNIÈRE SIGNIFICATION

au Procureur général

Nouvelles pièces et nouveaux témoins. — Expiration des délais de notification. — La preuve contraire.

On sait que, aux termes de l'article 52 de la loi sur la presse, « quand le prévenu voudra être admis à prouver la vérité des faits « diffamatoires, il devra, dans les cinq jours qui suivront la notifi- « cation de la citation, faire signifier au ministère public près la « Cour d'assises : 1º les faits articulés et qualifiés dans la citation « desquels il entend prouver la vérité ; 2º la copie des pièces ; 3º les

« noms, professions et demeures des témoins par lesquels il entend
« faire sa preuve, le tout à peine d'être déchu du droit de faire la
« preuve. »

Or, le 26 janvier dernier, expirait le délai de cinq jours accordé à M. Zola et au gérant de *l'Aurore* pour les notifications légales.

A cinq heures du soir. M. Emile Zola et le gérant de l'*Aurore* faisaient signifier à M. l'avocat général Vignon, représentant M. le procureur général Bertrand, malade, une nouvelle et dernière notification ainsi conçue :

L'an mil huit cent quatre-vingt-dix-huit, le vingt-cinq janvier, à cinq heures du soir ;

A la requête de :

1° M. A. Perrenx, gérant du journal *l'Aurore*, demeurant à Paris ;

2° M. Emile Zola, homme de lettres, demeurant à Paris, rue de Bruxelles, n° 21 bis.

J'ai, Florimond-Albert Baitry, huissier audiencier près le tribunal civil de la Seine,

Signifié à M. le Procureur général près la Cour d'appel de Paris, au domicile par lui élu, en son parquet, au Palais de justice, à Paris, où étant et parlant à M. Vignon, substitut de M. le Procureur général.

Premièrement, qu'indépendamment des pièces énumérées dans un exploit de mon ministère fait à mêmes requêtes que dessus à M. le Procureur général, en date d'hier, lesdits requérants entendent se servir des pièces suivantes, savoir :

1° Une photographie (extrait agrandi du bordereau produit au Conseil de guerre dans *l'affaire Dreyfus*) ;

2° Une photographie (extrait agrandi d'une lettre de M. Esterhazy commençant par les mots : « Je ne puis... ») ;

3° Les photographies d'une lettre de M. Esterhazy commençant par les mots : « Mon bon ami, tout d'abord... »

Lesquelles pièces ont été timbrées et enregistrées à Paris ;

4° Trois numéros du journal *l'Aurore* portant les dates des 23, 24, 25 janvier 1898 ;

5° Trois numéros du *Siècle* portant les dates des 23, 24 et 25 janvier 1898.

Lesquelles pièces timbrées et enregistrées ;

Deuxièmement, qu'indépendamment des témoins énumérés en l'exploit susénoncé, lesquels seront cités tant pour établir la preuve des faits articulés par les requérants qu'au point de vue de la moralité et pour établir leur bonne foi, mesdits requérants feront également entendre aux mêmes fins les témoins ci-après, savoir:

1° M. le docteur Gibert, membre correspondant de l'Académie de médecine, demeurant au Havre, rue de Léry, n° 41 ;

2° Mᵐᵉ Chapelon, demeurant à Paris, rue de Berne, n° 29 ;

3° M. de Castro, demeurant à Paris, avenue de la Grande-Armée, n° 22;

4° M. Thys, directeur de l'agence P du Crédit lyonnais, demeurant à Paris, rue de Clichy, n° 46 ;

5° M. Danelle-Bernardin fils, demeurant à Paris, rue Soufflot, n° 22;

6° M. Roudil, officier de paix, chef du service des voitures à la préfecture de la Seine ;

7° M. Lamare, gardien du service pénitentiaire colonial, actuellement en congé et en résidence à Paris, au ministère des colonies ;

8° Et MM. les officiers ayant composé les deux Conseils de guerre qui ont statué dans les affaires Dreyfus et Esterhazy.

Sous réserve de citer ultérieurement et sans notifications les témoins de moralité qu'il sera jugé utile.

Déclarant à M. le Procureur général que la présente notification lui est faite en conformité de la loi du 29 juillet 1881.

DOCUMENTS ET PHOTOGRAPHIES

Voici le détail des pièces, copies ou photographies, « dûment timbrées et enregistrées », auxquelles il est fait allusion dans la signification faite au parquet général par M. Zola et le gérant de *l'Aurore* :

1. Un album phototypie ; comparaison entre l'écriture du bordereau et l'écriture d'Esterhazy.
2. *Une Erreur judiciaire, la Vérité sur l'affaire Dreyfus*, un volume de M. Bernard Lazare.
3. *Une Erreur judiciaire, l'affaire Dreyfus*, deuxième mémoire avec des expertises d'écritures, de M. Bernard Lazare.
4. *Comment on condamne un innocent*, brochure de M. Bernard Lazare.
5. *Affaire Esterhazy : identité des écritures* (un placard avec *fac-similé* d'écritures).
6. *La Clef de l'affaire Dreyfus* (un placard avec *fac-similé* d'écritures).
7. *Dreyfus (?)*, par le capitaine Marin Paul (recueil d'articles et documents).
8. Texte de documents attribués au capitaine Dreyfus (*fac-similé*).
9. *Fac-similé* d'une lettre authentique du capitaine Dreyfus : « Mon cher Paul, te donner un conseil... »
10. *Fac-similé* d'une lettre authentique du capitaine Dreyfus : « Mon cher Paul, j'ai constaté avec plaisir... »
11. *Fac-similé* d'une lettre authentique du capitaine Dreyfus : « Mon cher Paul, quand tu te plaignais à moi... »
12. Le *Siècle* du jeudi 6 janvier 1898, avec, pages 1 et 2, les expertises de MM. de Rougemont et Burckhardt.
12 *bis*. Consultation graphologique, examen, vérification et comparaison d'écritures de M. Gustave Bridier, graphologue à Bourges (comprenant trois pièces : 1° consultation ; 2° complément d'études ; 3° question de décalque).
13. Consultation graphologique de M. Celerier, expert à Fontenay-le-Comte.
14. Consultation graphologique de M. Virgilio Curli, archiviste de la préfecture à Milan.
15. Consultation graphologique de M. le docteur Mackly, de Bâle.
16. Extrait du rapport d'expertise de M. le professeur Rossi, d'Udine.
17. Attestation de M. Gabriel Monod, de l'Institut, à M. Trarieux, et expertise d'écritures du même.
18. Une copie-lettre d'Alfred Dreyfus du 6 décembre 1897 : « Ma chère et bonne Lucie, je ne veux pas laisser partir le courrier.... »
19. Une copie-lettre d'Alfred Dreyfus du 24 novembre 1897 : « Chère Lucie, je t'ai écrit de bien longues lettres... »

20. Une copie-lettre d'Alfred Dreyfus du 4 septembre 1897 : « Chère Lucie, je viens de recevoir le courrier... »
21. Une copie-lettre d'Alfred Dreyfus du 4 novembre : « Ma chère Lucie, je viens à l'instant de recevoir ta lettre... »
22. Une copie-lettre d'Alfred Dreyfus du 22 octobre 1897 : « Ma chère et bonne Lucie, si je n'écoutais que mon cœur... »
23. Une copie-lettre d'Alfred Dreyfus du 2 octobre 1897 : « Ma chère Lucie, je viens de recevoir tes chères lettres... »
24. Copie d'un article du *Figaro* du 1er novembre 1893, relatif au commandant Esterhazy (signé A. Bataille).
25. Copie d'une lettre sans signature du 20 décembre 1893 adressée à M. Esterhazy.
26. Photographie d'une lettre du commandant Esterhazy du 28 décembre 1893 commençant par ces mots : « Monsieur, si, au lieu de m'écrire... » La photographie de l'enveloppe est jointe; d'autres pièces sont afférentes à la même affaire.
27. Photographie d'une lettre du commandant Esterhazy : « Mon cher ami, je vous rappelle quand vous livrerez... »
28. Photographie d'une lettre du commandant Esterhazy : « Mon cher ami, je tâcherai de vous demander au téléphone... »
29. Photographie d'une lettre du commandant Esterhazy : « Mon cher ami, vendez si possible l'Orient... »
30. Photographie d'une lettre du commandant Esterhazy : « Mon cher ami, je vous prie de vouloir bien me tenir adresse à Rouen... »
31. Photographie d'une lettre du commandant Esterhazy : « Cher ami, je viens accuser réception de F. cinq cents... »
32. Photographie d'une lettre du commandant Esterhazy : « Mon cher ami, j'arriverai probablement demain... »
33. Photographie d'une lettre du commandant Esterhazy : « Voulez-vous, chère madame... »
34. Photographie d'une lettre du commandant Esterhazy : « Mon cher ami, avec ma stupidité habituelle... »
35. Photographie d'une lettre du commandant Esterhazy : « Mon cher ami, j'ai reçu une lettre d'Aidé... »
36. Photographie d'une lettre du commandant Esterhazy : « Mon cher ami, je suis tellement irrité contre... »
37. *Lettre à la Jeunesse*, par M. Émile Zola.
38. *Lettre à la France*, par M. Émile Zola.
39. Collection du *Figaro* du 13 novembre au 20 décembre 1897 (notamment les articles de M. Émile Zola, les lettres et fac-similés des lettres du commandant Esterhazy).
40. Collection de l'*Aurore* : octobre, novembre et décembre 1897, janvier 1898.
41. Les numéros des 9, 10 et 11 novembre 1896 du *Matin*, ainsi que l'article du 19 novembre 1896 (campagne nouvelle).
42. Article du *Journal de médecine*, de Paris, du 23 janvier 1898 : l'« Affaire Didu et le capitaine Dreyfus. »
43. Copie de la pétition de Mme A. Dreyfus du 16 septembre 1896.
44. Extraits de journaux relatifs aux démentis des ambassades étrangères, en novembre 1894 (*Figaro, Gil Blas, Gazette de Cologne*).
45. Une brochure de M. Yves Guyot : *l'Affaire Dreyfus*, faits et documents.
46. Extrait du numéro de la *Kœlnische Zeitung* du 10 novembre.
47. Onze copies de lettres du commandant Esterhazy.

48. Collection des extraits de l'*Intransigeant* : numéros des 6, 8, 23, 24, 25, 26, 27, 28 décembre 1897 ; 2 et 4 janvier 1898.

49. Collection des extraits du *Siècle*, numéros des 4, 14, 15, 16, 17, 18, 19, 20, 21 et 22 janvier 1898.

50. Collection des extraits du *Matin* : numéros des 29 octobre 1897 ; 6, 17, 18, 19, 20, 21, 24, 25, 27, 29, 30 novembre 1897 ; 8, 10, 12, 13, 14, 22 janvier 1898.

51. Collection des extraits de l'*Eclair* : numéros des 10 et 13 septembre 1896 ; 31 octobre 1897 ; 1er, 18 et 19 novembre 1897 ; 6 et 13 décembre 1897 ; 9, 10, 11, 13, 14. 16, 18 janvier 1898.

52. Collection des extraits de l'*Echo de Paris* : numéros des 17, 18, 19, 20, 21 novembre 1897 ; 3, 21, 23, 25 décembre 1897 ; 9, 11, 13, 14, 16 et 20 janvier 1898.

53. Collection des extraits des *Débats*, article du 4 décembre 1896, rapport sur la pétition de Mme Dreyfus.

53 *bis*. Collection des extraits du *Jour* : numéros des 5, 17, 22, 23, 28 et 29 novembre 1897 ; 13 janvier 1898 ; 11 septembre 1896.

54. Collection des extraits du *Figaro*, article du 10 septembre 1896 : l' « Incident Chautemps-Dreyfus. »

55. Collection des extraits de *la Patrie* : numéros des 15 et 29 novembre 1896.

56. Collection des extraits de *l'Echo de Paris* : numéros des 17, 18, 19, 20 et 21 novembre 1897 ; 3, 21, 23 et 25 décembre 1897 ; 9, 11, 13, 14, 16, 20 et 23 janvier 1898.

57. Collection des extraits du *Temps* : numéros des 12, 13, 17, 18, 19, 20, 21 et 28 novembre 1897 ; 1er, 5, 16 et 23 décembre 1897 ; 4, 10, 13, 15 et 17 janvier 1898 ; 29 novembre 1894.

58. Collection des extraits de *la Libre Parole* : numéros des 15, 16, 17 et 19 novembre 1897 ; 12 janvier 1898 et 18 novembre 1896.

59. Collection des extraits du *Petit Temps* : numéros des 3 décembre 1897 et 19 novembre 1897.

LA DÉPOSITION DU GÉNÉRAL BILLOT

MM. Emile Zola et le gérant de *l'Aurore* ont fait déposer le 3 février après-midi, à cinq heures, au ministère de la justice, la requête suivante :

A Monsieur le Garde des sceaux, Ministre de la justice,

M. Emile Zola, homme de lettres, demeurant à Paris, 1 *bis*, rue de Bruxelles, et M. A. Perrenx, gérant du journal *l'Aurore*, demeurant à Paris, 142, rue Montmartre, ont l'honneur de vous exposer que, cités à comparaître devant la Cour d'assises de la Seine, le lundi 7 février 1898, pour y répondre du délit de diffamation envers le premier Conseil de guerre du gouvernement militaire de Paris, ils ont, pour se conformer aux prescriptions de l'article 52 de la loi du 19 juillet 1881, et suivant exploit de Baitry, huissier à Paris, en date du 24 janvier dernier, notifié à M. le Procureur général près la Cour d'appel de Paris les témoins qu'ils se proposent de faire entendre devant la Cour d'assises.

Que parmi ces témoins figure M. le général Billot, ministre de la guerre, dont ils estiment que la déposition est nécessaire pour leur défense, comme aussi pour la pleine manifestation de la vérité ;

Qu'aux termes de l'article 1er du décret du 4 mai 1812, les ministres ne peuvent être entendus comme témoins que dans le cas où, sur la demande du ministère public ou d'une partie, sur le rapport du Ministre de la justice, un décret spécial autorise leur audition ;

Pourquoi les requérants vous sollicitent de vouloir bien adresser votre rapport pour faire prendre, dans le plus bref délai, le décret spécial prévu par l'article 1er du décret du 4 mai 1812, qui autorisera l'audition de M. le général Billot, ministre de la guerre, devant la Cour d'assises de la Seine.

LA LISTE DES JURÉS

Voici la liste des jurés qui ont siégé à la Cour d'assises de la Seine, présidée par M. le conseiller Delegorgue, assisté de MM. les conseillers Bousquet et Lauth, dans le procès intenté à M. Emile Zola :

Jurés titulaires :

M. Pierre Emery, négociant, rue Saint-Antoine, 150 ;
M. Auguste Leblond (1), entrepreneur de couvertures, 53, rue Rochechouart ;
M. Charles Huet, maraîcher, rue Saint-Denis, 37, à Bobigny ;
M. Emile Nigon, mégissier, rue de Valence, 9 ;
M. Edouard Gressin, employé, boulevard Pasteur, 18 ;
M. Charles Fouquet, grainetier, 90, rue de Javel ;
M. Auguste Dutrieux, négociant, rue de la Chapelle, 94 ;
M. Albert Chevannier, marchand de vins, rue Monge, 3 ;
M. Joseph Moureire, tréfileur, rue Popincourt, 12 ;
M. Victor Bernier, monteur en cuivre, passage Saint-Sébastien, 15;
M. Jean Bouvier, rentier, rue du Pont, 17, à Joinville-le-Pont ;
M. Désiré Bruno, marchand de nouveautés, rue Carnot, 59, à Stains.

Jurés suppléants :

M. Antoine Jourde (1), commerçant, rue Vitruve, 25 ;
M. Alfred Boucreux, boucher, rue de Bezons, 4, à Courbevoie.

---

(1). A partir de la sixième audience, M. Jourde, juré suppléant, a remplacé M. Leblond, juré titulaire, malade.

LES DÉBATS

I. — INTERROGATOIRE DES PRÉVENUS

AUDITION DES TÉMOINS

PREMIÈRE AUDIENCE

AUDIENCE DU 7 FÉVRIER

Sommaire. — Interrogatoire des prévenus. — Exposé par M. l'Avocat général et conclusions; Réponse et conclusions de M° Labori. — Incident : Demande d'intervention des experts, MM. Belhomme, Varinard et Couard. — Arrêt sur les conclusions déposées par M° Labori. — Arrêt sur les conclusions déposées par les experts. — Lettres d'excuse d'un certain nombre de témoins; incidents et conclusions.

L'audience est ouverte à midi dix.

INTERROGATOIRE DES PRÉVENUS

M. LE PRÉSIDENT. — Je préviens le public que nous ne commencerons que lorsque tout le monde sera assis. Je préviens également le public que toute espèce de manifestation, soit contre les prévenus, soit en leur faveur, est formellement interdite, et qu'au premier bruit, au premier tapage qui aura lieu dans cette salle, je ferai immédiatement évacuer l'auditoire. Qu'on se le tienne pour dit une bonne fois et que je n'aie pas à le répéter.

M. L'AVOCAT GÉNÉRAL. — Messieurs, les débats de cette affaire pouvant se prolonger, j'ai l'honneur de requérir qu'il plaise à la Cour de décider qu'un troisième assesseur lui sera adjoint et que deux jurés supplémentaires seront adjoints au jury.

M. LE PRÉSIDENT. — La défense n'a pas d'observations à faire?

M° FERNAND LABORI. — Aucune.

(*La Cour rend un arrêt dans le sens des réquisitions de M. l'Avocat général.*)

M. LE PRÉSIDENT *à M. Perrenx.* — Comment vous appelez-vous?

M. PERRENX. — Alexandre Perrenx.

M. LE PRÉSIDENT. — Quel est votre âge ?

M. Perrenx. — Quarante-quatre ans.
M. le Président. — Quelle est votre profession ?
M. Perrenx. — Employé, gérant du journal *l'Aurore*.
M. le Président. — Quel est votre domicile ?
M. Perrenx. — 240, place des Pyrénées.
M. le Président à *M. Emile Zola*. — Vous vous appelez Emile Zola ?
M. Emile Zola. — Oui, monsieur.
M. le Président. — Quelle est votre profession ?
M. Emile Zola. — Homme de lettres.
M. le Président. - Quel est votre âge ?
M. Emile Zola. — Cinquante-huit ans.
M. le Président. — Quel est votre domicile ?
M. Emile Zola. — 21 *bis*, rue de Bruxelles.
M. le Président. — Avez-vous, Messieurs, des observations à faire ou des demandes en nullité à formuler contre la procédure qui a été intentée contre vous ?
Me Fernand Labori. — Aucune.
M. le Président. — Je vous préviens qu'aussitôt le nom du premier juré tiré au sort, aucune demande en nullité ne peut être admise.
Me Albert Clémenceau. — Est-ce qu'il n'y aurait pas lieu de lire dès à présent la plainte de M. le Ministre de la guerre qui a mis l'action publique en mouvement ?
M. le Président. — Nous ne statuons en ce moment que sur les questions de nullité, les questions de forme.
Avez-vous, monsieur Perrenx, une demande en nullité à faire contre la procédure suivie ?
M. Perrenx. — Aucune.
M. le Président. — Ainsi vous ne soulevez aucun moyen de nullité ? J'ajoute qu'aussitôt le premier juré tiré au sort, vous ne pourrez plus faire défaut.
Avez-vous, monsieur l'Avocat général, des demandes de nullité à formuler ?
M. l'Avocat général Van Cassel. — Aucune.
M. le Président. — Nous allons procéder au tirage au sort du jury.

(*La Cour se retire pour procéder au tirage au sort du jury.*)

Les jurés tirés au sort, après onze récusations, huit pour la défense et trois pour l'accusation, sont les suivants :

1º M. Dutrieux, négociant, rue de la Chapelle, 94 ;
2º M. Leblond, entrepreneur de couvertures, rue Rochechouart, 53 ;
3º M. Emery, négociant, rue Saint-Antoine, 159 ;
4º M. Bernier, monteur en cuivre, passage Saint-Sébastien, 15 ;
5º M. Gressin, employé, boulevard Pasteur, 18 ;
6º M. Moureire, tréfileur, rue Popincourt, 12 ;

7° M. Chevanier, marchand de vins, rue Monge, 3 ;
8° M. Nigon, mégissier, rue de Valence, 9 ;
9° M. Fouquet, grainetier, rue de Javel, 90 ;
10° M. Bouvier, rentier, rue du Pont, 17, à Joinville-le-Pont;
11 M. Huet, maraîcher, rue Saint-Denis, 37, à Bobigny ;
12° M. Bruno, marchand de nouveautés, rue Carnot, 59, à Stains.

Jurés suppléants :
1° M. Jourde, commerçant, rue Vitruve, 85 ;
2° M. Boucreux, boucher, rue de Bezons, 4, à Courbevoie.

M. LE PRÉSIDENT *à M. Perrenx.* — Vous avez déjà donné vos nom et prénoms ; vous vous appelez Alexandre Perrenx, employé, quarante-quatre ans, gérant du journal *l'Aurore;* vous demeurez 240, place des Pyrénées ?

M. PERRENX. — Oui, Monsieur.

M. LE PRÉSIDENT *à M. Emile Zola.* — Vous avez également déjà donné vos nom et prénoms ; vous vous appelez Emile Zola, homme de lettres, cinquante-huit ans ; vous demeurez, 21 *bis*, rue de Bruxelles ?

M. EMILE ZOLA. — Oui, Monsieur.

M. LE PRÉSIDENT. — Je rappelle aux défenseurs les dispositions de l'article 311 du Code d'instruction criminelle. Messieurs les jurés, veuillez vous lever, la Cour va recevoir votre serment.

(*MM. les jurés prêtent le serment.*)

M. LE PRÉSIDENT. — Messieurs Perrenx et Zola, soyez attentifs à ce que vous allez entendre. M. le greffier va donner lecture de la plainte de M. le Ministre de la guerre et de la citation qui vous a été délivrée.

M. LE GREFFIER *donne lecture de la lettre suivante :*

Paris, le 18 janvier 1898.

MONSIEUR LE MINISTRE ET CHER COLLÈGUE,

J'ai pris connaissance de l'article signé de M. Zola et publié dans le numéro du journal *l'Aurore* en date du jeudi 13 janvier 1898. Cet article renferme une série d'injures et de diffamations dirigées contre deux Ministres de la guerre, les bureaux de la guerre, des officiers généraux et des officiers de tous grades de l'armée placés sous leurs ordres.

Chefs et subordonnés sont au-dessus de pareils outrages et l'opinion du Parlement, du pays et de l'armée les a mis déjà en dehors de toute atteinte.

Si le Ministre de la guerre ne croit pas devoir porter plainte pour les personnes ci-dessus rappelées, non plus que pour le jugement de 1894 dont l'autorité doit rester entière, nous ne saurions admettre que la justice militaire soit suspectée dans son indépendance et accusée d'avoir rendu PAR ORDRE, le 11 janvier courant, une sentence inique et commis le crime juridique d'acquitter sciemment un coupable.

En conséquence, Monsieur le Ministre et cher Collègue, j'ai l'honneur, en vertu de l'article 47 de la loi du 29 juillet 1881, de porter plainte contre le gérant du journal *l'Aurore* et contre M. Zola, à raison de la diffamation dirigée contre le premier Conseil de guerre du gouvernement militaire de Paris, qui, dans les séances des 10 et 11 janvier 1898, a prononcé l'acquittement du commandant Esterhazy.

Veuillez agréer, etc.

M. LE GREFFIER *donne ensuite lecture de l'assignation :*

L'an 1898, le 20 janvier, à la requête de M. le Procureur général près la Cour d'appel de Paris, lequel fait élection de domicile en son parquet sis en cette ville, au Palais de justice, agissant d'office sur la plainte déposée le 18 janvier 1898, par M. le Ministre de la guerre, dans les termes de l'article 47 de la loi du 29 juillet 1881, au nom du premier Conseil de guerre du gouvernement militaire de Paris, ayant jugé les 10 et 11 janvier 1898 le commandant Esterhazy, lequel tribunal relève de son département.

J'ai, Charles-Marie-Georges Dupuis, huissier audiencier à la Cour d'appel de Paris, demeurant même ville, au Palais de justice, soussigné,

Donné assignation : 1º à M. A. Perrenx, gérant du journal *l'Aurore*, demeurant à Paris, 142, rue Montmartre, où étant et parlant à un employé du journal, puis à sa personne ; 2º à M. Emile Zola, homme de lettres, demeurant à Paris, 21 *bis*, rue de Bruxelles, où étant et parlant à une personne à son service,

A comparaître devant la Cour d'assises de la Seine, sise au Palais de justice à Paris, le lundi, 7 février 1898, à onze heures et demie du matin,

Comme prévenus :

I. — J.-A. Perrenx,

D'avoir, à Paris, depuis moins de trois mois, en sa qualité de gérant, dans le numéro quatre-vingt-sept, deuxième année, du journal *l'Aurore*, portant la date du jeudi 13 janvier 1898, lequel numéro a été vendu et distribué, mis en vente et exposé dans les lieux ou réunions publics, publié les passages suivants renfermés dans un article signé Emile Zola et intitulé :

Lettre à M. Félix Faure, président de la République

Première colonne de la première page :

« Un Conseil de guerre vient, par ordre, d'oser acquitter un « Esterhazy, soufflet suprême à toute vérité, à toute justice. Et « c'est fini, la France a sur la joue cette souillure. L'histoire écrira « que c'est sous votre présidence qu'un tel crime social a pu être « commis. »

Sixième colonne de la première page :

« Ils ont rendu cette sentence inique qui à jamais pèsera sur nos « Conseils de guerre, qui entachera désormais de suspicion tous « leurs arrêts. Le premier Conseil de guerre a pu être inintelligent, « le second est forcément criminel. »

Deuxième colonne de la deuxième page :

« ... J'accuse le second Conseil de guerre d'avoir couvert cette « illégalité par ordre, en commettant, à son tour, le crime juridique « d'acquitter sciemment un coupable. »

Lesdits passages contenant l'imputation de faits de nature à porter atteinte à l'honneur du gouvernement militaire de Paris ayant siégé les 10 et 11 janvier 1898, et relatifs à ses fonctions, et de l'avoir ainsi publiquement diffamé, et ce, à raison de ses fonctions ;

II. — Emile Zola,

De s'être, à la même époque et au même lieu, rendu complice du délit ci-dessus spécifié, en remettant soit au sieur Perrenx, gérant du journal *l'Aurore*, soit à tout autre rédacteur ou employé dudit journal, pour le faire parvenir audit gérant, afin d'être publié, l'écrit contenant les passages susvisés et procuré ainsi les moyens qui ont servi à commettre le délit, sachant qu'ils devaient y servir.

Délits prévus et punis par les articles 23, 29, 30, 31, 35, 42, 43, 45, 47 et 52 de la loi du 29 juillet 1881, 59 et 60 du Code pénal.

A ce que les susnommés n'en ignorent, je leur ai, en parlant comme dessus, laissé copie du présent.

M. LE PRÉSIDENT. — Messieurs Perrenx et Zola, vous êtes prévenus d'avoir, dans un article du journal *l'Aurore* intitulé « *J'accuse* », diffamé les membres du premier Conseil de guerre qui ont acquitté le commandant Esterhazy. Nous allons procéder à l'appel des témoins.

EXPOSÉ PAR M. L'AVOCAT GÉNÉRAL.

M. L'AVOCAT GÉNÉRAL VAN CASSEL. — Je demande la parole.

M. LE PRÉSIDENT. — Monsieur l'Avocat général, vous avez la parole.

M. L'AVOCAT GÉNÉRAL VAN CASSEL. — J'ai pensé, Messieurs, que c'était le cas d'user de la faculté qui est donnée au Ministère public par l'article 315 du Code d'instruction criminelle, et de faire ici, au moment précis auquel nous sommes arrivés, l'exposé du sujet de la prévention. Il ne s'agit, je n'ai pas besoin de le dire, aucunement de discuter; il s'agit seulement de poser la question, parce que poser la question, c'est faciliter la solution.

La loi sur la presse, Messieurs, décide qu'en matière de diffamation relative aux fonctions publiques, la poursuite n'aura lieu que sur la plainte du Ministre duquel ce corps relève, et, dans le cas qui nous occupe, sur la plainte de M. le Ministre de la guerre.

Dans sa plainte du 18 janvier 1898, dont lecture vient d'être donnée, M. le Ministre de la guerre relève la diffamation qui vise le Conseil de guerre jugeant l'affaire Esterhazy et l'imputation d'avoir jugé par ordre.

Dans la citation du 20 janvier, sur laquelle le débat doit porter, les propos qui, dans l'article déféré à la Cour d'assises, ont été seuls visés, sont tous relatifs à l'imputation seule relevée par M. le Ministre de la guerre, plaignant.

En droit, la citation ne pouvait pas dépasser la plainte, à peine de nullité. Cette règle de droit, Messieurs, est dictée par le bon sens, car chacun est juge — et seul juge — du débat qu'il entend provoquer. Il est assez naturel que ce soit le plaignant qui délimite le terrain sur lequel il entend appeler celui qui l'a outragé, sans quoi il serait trop facile à celui-ci de faire dévier le débat en portant la discussion sur des points étrangers à la diffamation relevée et de réaliser une diversion, qui est le grand art en Cour d'assises.

Une imputation est détachée dans l'article de M. Emile Zola, nette, précise, catégorique : l'affirmation qu'un Conseil de guerre avait jugé par ordre en acquittant sciemment un coupable ; que ce Conseil de guerre était criminel. C'était intolérable! M. le Ministre de la guerre entend vous faire juges des preuves décisives que l'écrivain et le journal qui lui a prêté sa publicité devaient avoir de leur audacieuse imputation. La justification doit être aussi précise que l'attaque.

Je vous ai dit, Messieurs, qu'en fait, en ne retenant qu'une prévention très nette, on avait voulu empêcher le débat de dévier. J'ajoute que les motifs les plus élevés ne permettaient pas en droit de faire le jeu des prévenus. Le principe de notre législation sur la presse est absolu ; les personnes individuelles ont le droit de mépriser les attaques dont elles sont l'objet, et même quand elles seraient naturellement portées à venger leurs injures, il faut les louer de faire le sacrifice de leurs préférences. Multiplier les points du débat, c'était l'obscurcir, l'envenimer par des questions personnelles, le faire dégénérer, empêcher la prévention, précise et nette, de la plus haute gravité, de se présenter en pleine lumière.

Le plan des prévenus, arrêté et largement exécuté au dehors, est de remettre en discussion devant la Cour d'assises, qui est incompétente, l'autorité absolue de deux décisions judiciaires rendues dans les affaires Dreyfus et Esterhazy. Toute tentative à cette audience contre ces décisions judiciaires serait d'une flagrante illégalité.

Ce n'est pas, Messieurs, pour les besoins de la cause que la jurisprudence s'est prononcée sur ces questions : il y a cinquante ans que ces questions ne se discutent plus. La Cour de cassation, dans son arrêt du 5 mai 1847, l'a formellement décidé. Il s'agissait, Messieurs, dans l'espèce, de diffamation contre les membres d'un Tribunal, et pour prouver la prétendue vérité de l'acte diffamatoire, le diffamateur avait émis la prétention de discuter les jugements qui avaient été rendus par les magistrats du Tribunal ; il entendait faire ressortir sa bonne foi, qu'il alléguait, d'appréciations sur des jugements définitifs. La Cour de cassation, Messieurs, a repoussé cette doctrine qui était, je l'ai dit, d'une flagrante illégalité.

Il est, Messieurs, trop clair qu'on ne peut pas mettre indirectement en question, sous prétexte de bonne foi, des décisions judiciaires, quand, en droit et au fond, on ne peut pas être admis à les discuter directement; on ne peut en un mot faire indirectement ce qu'il est défendu de faire directement.

Mais, Messieurs, si notre législation pose ces principes incontestables, elle est soucieuse au plus haut degré de l'erreur judiciaire, et nos lois ont tracé les règles de la revision. La loi récente de 1895, qui a élargi autant qu'il a paru possible au Parlement les cas dans lesquels cette procédure serait admise, est, remarquez-le, Messieurs, postérieure d'une année à l'affaire Dreyfus, et par conséquent on pouvait introduire une demande de revision si on avait eu tous les éléments nécessaires pour donner satisfaction à des intérêts, s'ils avaient été légitimes.

A l'heure où je parle, aucune demande de revision n'a jamais été faite, et cependant on ne recule devant rien en dehors de l'audience et même on cherche à y pénétrer sans qualité; on a tenté d'abord de faire condamner un deuxième officier pour le crime du premier, pour se trouver sous le coup de l'application de l'article 443, paragraphe premier, qui indique un cas de revision.

L'entreprise a échoué.

Il n'y a pas dans l'espèce de faux témoignage, même allégué; c'est un second cas de revision. Par conséquent, ce moyen ne peut pas être présenté.

Enfin, Messieurs, le dernier cas de revision qui puisse intéresser une affaire est celui-ci : un fait nouveau, une pièce inconnue. Et à quelles conditions ce fait nouveau ou cette pièce inconnue peut-il donner lieu à revision? C'est là, Messieurs, une simple règle de bon sens : ce n'est que quand ce fait nouveau, cette pièce inconnue, est — c'est le texte de la loi — de nature à établir l'innocence du condamné.

On veut ici, par un moyen révolutionnaire, et on l'avoue, provoquer un débat scandaleux. Au moyen révolutionnaire, Messieurs, il n'y a ici qu'un obstacle à opposer, c'est la loi, et c'est pour éviter ces excès que la prévention a été limitée à l'imputation qui n'a pas trait à la chose jugée, mais au crime imputé aux juges; c'est sur ce point que nous réclamons vos preuves nettes et décisives !

Les articles 35 et 52 de la loi sur la presse décident que les faits articulés dans la citation peuvent seuls être prouvés par les prévenus. A cette règle, qui est d'ordre public, il n'y a qu'une seule exception : c'est dans le cas où les faits étrangers à la citation, offerts cependant en preuve, sont indivisibles avec ceux de la citation, ne forment en réalité avec ceux-ci qu'un seul tout.

Je soutiens, Messieurs, devant vous, que la seule analyse des faits étrangers à la citation sur lesquels les prévenus, d'après leur signification, persistent à vouloir faire porter le débat, démontre qu'il n'existe pas d'indivisibilité.

En effet, d'abord, ces faits visent tous des personnes qui n'ont pas fait partie du Conseil de guerre diffamé. En second lieu, nulle part, il n'est allégué une circonstance, si insignifiante soit-elle, mettant sur la trace de prétendus ordres odieux et de l'acquittement criminel relativement à un seul des juges. Les prévenus, Messieurs, se sont si peu préoccupés de la personnalité des hommes qu'ils entendaient noter d'infamie que leurs noms ne sont même pas indiqués dans les notifications qui ont été faites, ni même dans l'article, malgré les développements inusités de ce document ; l'auteur de l'article y reconnaît même qu'il ne les connait pas.

Il n'y a entre les prétendus faits dont on veut se prévaloir et l'ordre de juger aucun lien de dépendance ni de conséquence. Si même, Messieurs, ces prétendus faits indivisibles correspondaient à une réalité, ils aboutiraient à dire que, les actes préliminaires d'instruction pouvant donner lieu à des critiques, les juges qui auraient apprécié auraient pu de la meilleure foi du monde se tromper, ce qui est l'antithèse exacte d'une complaisance criminelle.

Je ne fais cette supposition que pour démontrer aux prévenus que leur articulation supplémentaire, non seulement n'est pas indivisible avec la diffamation relevée, mais la contredit directement.

C'est là, Messieurs, une pure supposition ; tout a été régulier... Je m'arrête, c'est le fond, je ne veux pas y entrer.

Alors, Messieurs, permettez-moi de prendre devant vous des conclusions qui vont préciser nettement le débat sur lequel j'entends faire porter l'audience. Les voici :

Conclusions de M. l'Avocat général précisant le débat.

Le Procureur général près la Cour d'appel de Paris,
Vu la citation délivrée le 20 janvier à MM. Perrenx et Zola, ensemble les significations faites à leur requête à son parquet, les 24 et 25 janvier ;
Attendu que l'article 47 de la loi du 29 juillet 1881 décide que « la « poursuite des délits commis par la voie de la presse aura lieu d'of- « fice et à la requête du Ministère public, sous les modifications sui- « vantes : 1° Dans le cas... de diffamation envers les cours, tribu- « naux et autres corps indiqués en l'article 30, *la poursuite n'aura* « *lieu que* sur une délibération prise par eux en assemblée générale « et requérant les poursuites, ou, si le corps n'a pas d'assemblée gé- « nérale, *sur la plainte* du chef de corps ou *du ministre duquel ce* « *corps relève.* »
Attendu qu'en exécution de cette disposition légale, M. le Ministre de la guerre a déposé le 18 janvier une plainte au nom du premier Conseil de guerre du gouvernement militaire de Paris ;
Attendu que cette plainte vise uniquement « la diffamation dirigée « contre le premier Conseil de guerre du gouvernement militaire de « Paris qui, dans la séance des 10 et 11 janvier 1898, a prononcé

« l'acquittement du commandant Esterhazy, et l'imputation d'avoir
« rendu un jugement par ordre »;

Attendu que la citation donnée le 20 janvier à MM. Perrenx et Zola contient, conformément à l'article 50 de la loi précitée, « l'indi-
« cation précise des propos qui sont l'objet de la poursuite », que les passages visés se réfèrent exclusivement à l'accusation lancée contre le premier Conseil de guerre ;

Attendu que la preuve de la vérité des faits diffamatoires est interdite, sauf l'exception formulée dans les articles 35 et 57 de la loi du 29 juillet 1881, et que cette interdiction est d'ordre public ;

Attendu que l'article 35 permet la preuve de la vérité *du fait diffamatoire* relatif aux fonctions ;

Attendu que l'article 52 décide que « le prévenu qui voudra être
« admis à prouver la vérité du fait diffamatoire devra faire signifier
« au Ministère public... : 1° Les faits... *articulés dans la citation*
« desquels il entend prouver la vérité » ;

Attendu qu'il résulte de ces articles que les faits dont le prévenu peut être autorisé à faire la preuve sont exclusivement ceux des faits par lui imputés qui ont été articulés et qualifiés dans la citation, — que les textes susvisés démontrent à l'évidence que la plainte, la citation et la preuve offerte ne peuvent avoir que le même objet ;

Attendu que, dans la signification faite au Parquet le 24 janvier, MM. Perrenx et Zola déclarent qu'ils entendent être admis à prouver et offrent de prouver, outre les faits articulés et qualifiés dans la citation, d'autres faits qu'ils articulent sous la lettre B, et qui ont été imputés à d'autres personnes ou d'autres corps ; — qu'ils fondent leur prétention sur ce que ces faits « indivisibles d'avec ceux visés par la citation », doivent être nécessairement prouvés tout d'abord pour permettre aux requérants d'établir la vérité des imputations relevées contre eux ;

Attendu que ces prétendus faits énoncés sous la lettre B, savoir :

1° Les prétendues inconscience, machinations saugrenues et coupables d'un lieutenant-colonel ;

2° La prétendue faiblesse d'esprit d'un général ;

3° La prétendue connaissance par le Ministre de la guerre de l'innocence d'un condamné ;

4° Les prétendues passion cléricale et esprit de corps de deux généraux ;

5° La prétendue partialité et naïve audace qui auraient présidé à une enquête scélérate ;

6° Les prétendus rapports mensongers et frauduleux de trois experts ;

7° Une prétendue campagne de presse ;

8° La prétendue violation du droit imputée à un autre Conseil de guerre,

Sont absolument distincts de l'imputation au premier Conseil de guerre du gouvernement militaire de Paris, ayant jugé l'affaire Esterhazy, d'avoir : osé acquitter par ordre, rendu une sentence inique, été forcément criminel, couvert une illégalité par ordre, commis le crime juridique d'acquitter sciemment un coupable ;

Attendu que les faits énoncés sous la lettre B dans la signification du 24 janvier ne sont rattachés à l'imputation qui vient d'être précisée par aucun lien de dépendance ou de conséquence, d'identité de personnes ou de concert ;

Attendu qu'il est manifeste que la demande de prouver hors de la citation n'a d'autre but que de faire dévier le débat et de permettre d'ébranler par des moyens illicites et irréguliers l'autorité d'un jugement définitif, non attaqué par les voies légales ;

Attendu que la loi ne permet pas de livrer à une discussion, même pour en faire ressortir la vérité d'imputations diffamatoires, des décisions de justice définitives, et que le respect de l'autorité de la chose jugée s'oppose à l'admissibilité de toutes preuves constituées pour porter atteinte à cette autorité ;

Attendu que, si les prévenus peuvent établir leur bonne foi, il leur est interdit de le faire en essayant la démonstration de faits dont la preuve n'est pas admise par la loi ; que, s'il en était autrement, la loi n'aurait plus de sanction, puisqu'il serait permis de faire indirectement ce qu'elle prohibe expressément ;

Par ces motifs,

A l'honneur de conclure qu'il plaise à la Cour :

Rejeter des débats les huit faits ou prétendus faits énoncés par les prévenus sous la lettre B dans leur exploit du 24 janvier, en déclarer la preuve interdite.

Fait au Parquet, le 7 février 1898.

Pour le Procureur général empêché,

Signé : Van Cassel.

M. le Président à *M. Perrenx.* — En réponse au réquisitoire de M. l'Avocat général, avez-vous des observations à présenter, ou vous en rapportez-vous à ce que dira votre avocat ?

M. Perrenx. — Je m'en rapporte à ce que dira mon défenseur.

M. le Président à *M. Emile Zola.* — Vous en rapportez-vous à ce que dira votre défenseur ?

M. Emile Zola. — Je m'en rapporte à ce que dira Me Labori.

RÉPONSE DE Me LABORI

Me Labori. — Messieurs, tout est un peu exceptionnel, je ne dirai pas dans ce procès, mais dans cette affaire.

M. l'Avocat général, invoquant tout à l'heure un article du Code d'instruction criminelle, dont nous n'avons pas souvent ici l'occasion de voir faire usage, se levait pour faire ce qu'il appelait l'exposé de l'affaire. Je ne m'en plains pas ; je ferai seulement observer que cet exposé de l'affaire se ramène à peu près à l'exposé des exceptions de procédure par lesquelles M. l'Avocat général entend s'opposer à la preuve que M. Emile Zola a offerte au jury.

Ce n'est le moment, ni de discuter les reproches, ni de répondre aux insinuations ; quand le moment sera venu, nous expliquerons pourquoi une demande de revision n'a pas été introduite, et s'il plaît à Dieu que ces débats suivent le cours que pour ma part j'en attends, c'est peut-être à nous que reviendra le droit, à la fin de ces audiences, d'admirer que M. le Procureur général ne se soit pas servi de l'article 441 du Code d'instruction criminelle pour introduire, non pas une demande de revision, mais une demande d'annulation du jugement rendu en 1894 contre le capitaine Dreyfus, demande d'annulation dans l'intérêt de la loi, qui n'appartient qu'à M. le Procureur général, j'entends au Ministère public.

Mais le moment n'est pas venu de parler de ces choses. Aussi bien, Messieurs les jurés, ce serait peine perdue à l'heure qu'il est, car vous ne connaissez pas l'affaire, et nos adversaires — leur attitude en est la preuve — n'ont qu'une pensée, c'est de tout faire pour qu'il nous soit défendu de vous la faire connaître.

Laissez-moi, monsieur l'Avocat général, avec tout le respect que j'ai, et pour votre talent et pour votre connaissance du droit et pour votre loyauté, m'expliquer, au nom du droit de la défense, non pas sur l'attitude du Parquet, mais sur l'attitude de M. le Ministre de la guerre, et je ne les solidarise pas ; car vous avez les mains liées ici ; vous n'y venez pas librement, vous êtes obligé, quoi que vous en ayez, de vous enfermer dans le cercle étroit qui vous a été délimité par la plainte... (*Bruit dans l'auditoire.*)

M. LE PRÉSIDENT. — J'ai dit tout à l'heure qu'à la première manifestation je ferais évacuer la salle. Qu'on se le rappelle et qu'on ne me le fasse pas répéter.

M⁰ LABORI. — Je disais, Messieurs les jurés, que ce serait peine perdue que de vous exposer l'affaire en ce moment. Quand l'heure en sera venue, comptez sur moi ! Quelques obstacles qu'on ait pu mettre à la production des témoignages et des preuves que nous nous proposons d'apporter, je vous exposerai l'affaire sans dire un mot qui puisse offenser le respect que je dois à la justice. Mais vous devez bien sentir au ton de mes paroles que j'ai la conviction, quels que puissent être à l'heure actuelle vos sentiments personnels, que je ferai la lumière dans l'esprit et dans le cœur des douze citoyens français qui représentent ici la France entière, qui siègent, vous m'entendez bien ! devant le monde, et dans lesquels j'ai, quant à moi, la plus absolue confiance.

Je n'ai plus rien à dire sur cette première partie des explications de M. l'Avocat général.

De ce que contenait ce réquisitoire préliminaire, je ne retiens qu'une chose, c'est que, puisqu'il a été permis à l'accusation de s'expliquer en des paroles courtes, mais pleines de sous-entendus et de réserves, sur l'attitude des prévenus qui sont ici, en ce qui concerne l'affaire Dreyfus-Esterhazy, et de ceux qui sont derrière eux, il me sera permis à moi aussi, quand je prendrai la parole pour plaider au fond, de demander pour mes paroles, sous la réserve encore une fois que j'observerai le respect de la justice et de la loi, une indépendance entière.

J'arrive maintenant à quelque chose qui n'est pas moins élevé, mais qui est moins passionnant, je veux dire la question de droit.

Je ne m'étonne pas beaucoup, Messieurs, des difficultés que M. Zola rencontre dans cette affaire, et je compte bien que cet incident, qui est le premier, ne sera pas le dernier. Nous devions nous attendre à ce qu'on vous offrirait à vous, à ce qu'on nous imposerait à nous, une discussion restreinte. M. le Ministre de la guerre l'a voulu, c'était son droit. Ce sera le nôtre, à un moment donné, de nous demander quelles ont pu être les raisons profondes de l'exercice de ce droit dans les conditions où M. le Ministre de la guerre en a fait usage ?

Quoi qu'il en soit, c'était son droit, je n'y contredis pas. Mais je ne crois pas que l'étroitesse même de la plainte, dans laquelle il s'est renfermé, puisse avoir les conséquences qu'il a espérées et qu'il a voulu prévoir.

On vous a lu, Messieurs, l'assignation, on vous a lu les passages relevés.

Cependant, je demande à la Cour, pour laquelle au surplus j'ai l'honneur de plaider, puisqu'il s'agit ici d'une question de procédure qu'elle seule aura à juger, je demande à la Cour la permission de remettre sous ses yeux les dernières lignes de la lettre de M. Emile Zola :

« Mais cette lettre est longue, Monsieur le Président, il est
« temps de conclure.

« J'accuse le lieutenant colonel du Paty de Clam d'avoir été
« l'ouvrier diabolique d'une erreur judiciaire, en inconscient,
« je veux le croire, et d'avoir ensuite défendu son œuvre néfaste
« depuis trois ans, par les machinations les plus saugrenues et
« les plus coupables.

« J'accuse le général Mercier de s'être rendu complice, tout
« au moins par faiblesse d'esprit, d'une des plus grandes ini-
« quités du siècle.

« J'accuse le général Billot d'avoir eu entre les mains les
« preuves certaines de l'innocence de Dreyfus et de les avoir
« étouffées, de s'être rendu coupable de ce crime de lèse-huma-
« nité et de lèse-justice, dans un but politique et pour sauver
« l'état-major compromis.

« J'accuse le général de Boisdeffre et le général Gonse de
« s'être rendus complices du même crime, l'un sans doute par
« passion cléricale, l'autre peut-être par cet esprit de corps qui
« fait des bureaux de la guerre l'arche sainte, inattaquable.

« J'accuse le général de Pellieux et le commandant Ravary
« d'avoir fait une enquête scélérate, j'entends par là une enquête
« de la plus monstrueuse partialité, dont nous avons, dans le
« rapport du second, un impérissable monument de naïve
« audace.

« J'accuse les trois experts en écritures, les sieurs Belhomme,
« Varinard et Couard, d'avoir fait des rapports mensongers et
« frauduleux, à moins qu'un examen médical ne les déclare
« atteints d'une maladie de la vue et du jugement.

« J'accuse les bureaux de la guerre d'avoir mené dans la
« presse, particulièrement dans *l'Eclair* et dans *l'Echo de*

« *Paris*, une campagne abominable, pour égarer l'opinion et
« couvrir leur faute.

« J'accuse enfin le premier Conseil de guerre d'avoir violé le
« droit, en condamnant un accusé sur une pièce restée secrète,
« et j'accuse le second Conseil de guerre d'avoir couvert cette
« illégalité, par ordre, en commettant à son tour le crime juri-
« dique d'acquitter sciemment un coupable.

« En portant ces accusations, je n'ignore pas que je me mets
« sous le coup des articles 30 et 31 de la loi sur la presse du
« 29 juillet 1881, qui punit les délits de diffamation. Et c'est
« volontairement que je m'expose.

« Quant aux gens que j'accuse, je ne les connais pas, je ne les
« ai jamais vus, je n'ai contre eux ni rancune ni haine. Ils ne
« sont pour moi que des entités, des esprits de malfaisance
« sociale. Et l'acte que j'accomplis ici n'est qu'un moyen révo-
« lutionnaire pour hâter l'explosion de la vérité et de la justice.

« Je n'ai qu'une passion, celle de la lumière, au nom de
« l'humanité qui a tant souffert et qui a droit au bonheur. Ma
« protestation enflammée n'est que le cri de mon âme. Qu'on
« ose donc me traduire en Cour d'assises et que l'enquête ait
« lieu au grand jour ! »

Vous savez quelle est la réponse ; elle a commencé le jour où, après cinq journées et cinq nuits de délibérations et d'incertitudes, M. le Ministre de la guerre a lancé cette plainte dont vous connaissez la portée, et elle se continue aujourd'hui par les conclusions qu'au nom de la partie plaignante et en son propre nom M. le Procureur général prend à la barre.

Et vous croyez que cela va étrangler le débat ? Allons donc ! c'est comme si l'on voulait se placer au milieu d'un torrent pour l'empêcher de couler... Le débat est ouvert. Si on voulait l'étouffer, il ne fallait poursuivre ni Perrenx, ni Zola ; c'était votre droit ! Et en vérité l'opinion publique, à laquelle je parlerai, l'opinion publique qui n'est pas éclairée et qui, admirable de générosité et de bonne foi, mais aveugle, se fait actuellement le plus fidèle support des pouvoirs publics, l'opinion publique aurait peut-être encore donné ce jour-là son appui.

On a poursuivi M. Zola ! M. Zola est accusé, il va se défendre !

Est-ce bien sérieusement qu'on vient aujourd'hui nous dire : « Les trois paragraphes cités de cette longue lettre n'ont rien à voir ni avec l'intention profonde, la pensée générale, la conviction de M. Zola, d'une part, ni de l'autre avec l'ensemble de l'article et les autres accusations... » ? Est-ce que la Cour acceptera cela ?

Il y a entre les trois faits relevés par M. le Ministre de la guerre et l'ensemble des faits dont je viens d'avoir l'honneur de donner lecture à la Cour un lien étroit, je ne dis pas seulement de connexité, mais d'indivisibilité.

Tout d'abord, M. le commandant Esterhazy a été poursuiv

pour le même crime de trahison pour lequel avait été poursuivi l'ex-capitaine Dreyfus. La pièce capitale du procès, c'était, avec d'autres — nous nous en expliquerons quand le moment sera venu — c'était le bordereau, le bordereau sur lequel, dans le second procès, les experts ont déposé. — Et je comprends que les experts de l'un et de l'autre procès n'éprouvent pas autrement le désir de se rencontrer contradictoirement à la barre, dans un débat où la lumière serait complète. Quelques-uns d'entre eux nous ont poursuivis devant la police correctionnelle ; nous les retrouvons ici, nous a dit tout à l'heure très courtoisement M. le Président ; leurs honorables avocats sont à la barre ; tant mieux ! car j'imagine qu'ils vont aussi venir s'expliquer devant la Cour d'assises et qu'alors M. Zola, qui n'en est cependant pas à un procès près, verra se produire le 16 février prochain, devant le Tribunal correctionnel, un pur et simple désistement de leur part ; car autrement je ne comprendrais pas ce que les experts viennent faire ici.

Ce qui est certain, c'est que la pièce qui a été mise au débat et qui a fait l'objet de la discussion dans le procès Esterhazy et dans le procès Dreyfus, c'est le bordereau. Les deux crimes étaient les mêmes. M. Mathieu Dreyfus avait dénoncé M. le commandant Esterhazy ; si M. le commandant Esterhazy avait été condamné, la revision du jugement qui avait condamné le capitaine Dreyfus était nécessaire. M. le commandant Esterhazy a été acquitté ; la question reste ouverte, et nous nous en expliquerons.

Mais, dès le seuil du débat, il est constant que les deux procès étaient les mêmes. Alors, Messieurs, la question se pose en dilemme : ou bien on nous empêchera de faire aucune preuve et nous verrons... ou bien, au contraire, il faudra qu'on nous permette d'examiner la situation de l'ex-capitaine Dreyfus, en même temps que celle de M. le commandant Esterhazy, puisque l'une et l'autre sont étroitement liées et qu'il ne nous serait pas possible de faire ici la preuve de la culpabilité de M. le commandant Esterhazy et de l'acquittement par ordre dont il a été l'objet, si nous n'avions pas le droit de faire en même temps la preuve de l'innocence de l'ex-capitaine Dreyfus.

Sans compter que M. le Ministre de la guerre, ne s'apercevant peut-être pas d'un détail dangereux quand il rédigeait sa plainte, y a visé le passage où M. Zola dit que le second Conseil de guerre a couvert l'illégalité à laquelle s'était abandonné le premier. Or, comment démontrerions-nous qu'on a couvert une illégalité, si on ne nous laisse démontrer d'abord qu'une illégalité a été commise, à moins qu'on ne préfère par un arrêt de justice — j'avoue que cela me paraîtrait un préliminaire véritablement curieux à ce débat, — nous donner acte de ce que l'illégalité a été commise et de ce qu'elle est reconnue à la face de la France et du monde civilisé. Si cela n'est pas, il faudra bien, sur ce point comme sur les autres, qu'on nous permette la preuve.

Et si vous reprenez la série des faits dont je vous ai donné lecture, ne s'enchaînent-ils pas l'un à l'autre par un lien d'une étroitesse absolue ? Comment voulez-vous que nous arrivions à la démonstration de la dernière partie de notre argumentation, si nous ne commençons par la démonstration du commencement ? Comment voulez-vous que nous démontrions par suite de quelles circonstances, par quel enchaînement, une illégalité a dû être commise devant le premier Conseil de guerre de 1894, si on ne nous permet en même temps d'établir la raison pourquoi on a été amené à cette illégalité, à savoir qu'il n'existait dans l'affaire aucune charge qu'on pût avouer publiquement ?

Et ce n'est pas là de la connexité ? Ce n'est pas de l'indivisibilité ?

J'aurais pu produire de la jurisprudence sur ce point ; mais puisque M. l'Avocat général n'a discuté qu'en fait, je ferai comme lui.

Il est de règle constante qu'en dehors des faits cités et articulés dans la citation, la preuve est permise des faits qui se rattachent aux premiers par des liens de connexité et d'indivisibilité.

Je vous ai montré que les faits accessoires dont nous offrons de faire la preuve sont étroitement liés avec les faits principaux dont nous avons le droit de faire la preuve.

Il me reste seulement à répondre un mot à une dernière objection de M. l'Avocat général : l'objection tirée de la chose jugée.

La chose jugée ? qu'en restera-t-il, Messieurs, si nous réussissons à établir qu'elle a été irrégulièrement, illégalement jugée, cette chose dans laquelle l'opinion publique a une telle foi qu'elle considère comme des malfaiteurs publics ceux qui songent une seconde à la mettre en doute, quand cependant ils ont dit qu'ils offraient de faire la preuve de l'erreur ? Cette chose jugée, les citoyens la respectent ; ils ont le droit et le devoir de la respecter, mais seulement, encore une fois, parce qu'ils la croient régulièrement et légalement jugée. Là où il n'y a plus de droit, là où il n'y a plus de légalité, là où il n'y a plus de justice, il n'y a plus de chose jugée, Monsieur l'Avocat général, et ne parlons plus d'exception !

Mᵉ Clémenceau. — Je voudrais quant à moi faire seulement une observation qui consistera à mettre en lumière deux des points sur lesquels s'est expliqué M. l'Avocat général. Je veux seulement dire ceci :

M. l'Avocat général nous a indiqué qu'il avait les mains liées par le Ministre de la guerre, qu'il ne pouvait élargir le débat et que le débat se présentait ici tel que l'avait voulu M. le Ministre de la guerre. Nous nous en doutions, mais je crois qu'il est intéressant pour MM. les jurés de savoir que s'il avait voulu un débat général, M. le Ministre de la guerre aurait peut-être pu faire comme tous les citoyens français lorsqu'ils se croient lésés : porter une plainte entre les mains de M. le Procureur général. M. le Procureur général passe pour s'y connaître dans les choses du droit ; il aurait lu l'article de M. Emile Zola et il est vraisemblable qu'il nous aurait assignés pour des faits beaucoup plus nombreux que ceux qui ont été retenus aujourd'hui.

Voilà le premier point. Le second est celui-ci :

M. l'Avocat général, qui connaît la valeur des mots, a commencé ses observations en disant : « Messieurs, je vais vous faire un exposé de l'affaire. » Il a fait un réquisitoire et il a terminé d'une façon qui n'avait pas été annoncée à MM. les jurés ; il a demandé à la Cour de restreindre le débat que nous prétendions apporter à cette barre.

Je demande donc à MM. les jurés de retenir ceci : d'abord que le Parquet général n'est pas libre et qu'il a eu les mains liées dans cette poursuite par le Ministre de la guerre ; ensuite que le premier incident est un incident dans lequel le Ministère public demande à la Cour de restreindre la preuve que nous voulions lui apporter.

Conclusions de Me Labori en réponse à celles de M. l'Avocat général.

Me LABORI. — La Cour veut-elle me permettre, comme suite aux observations que je viens de lui présenter, de lui donner lecture des conclusions que je pose en réponse à celles de M. l'Avocat général ?

Plaise à la Cour :

Attendu qu'à la vérité les concluants ont été cités devant la Cour d'assises de la Seine pour y répondre seulement de trois passages de l'article publié par M. Emile Zola dans le numéro de *l'Aurore* du 13 janvier 1898 ;

Attendu en conséquence qu'il leur appartient de faire la preuve des faits suivants articulés et qualifiés dans la citation :

1° Un Conseil de guerre vient par ordre d'oser acquitter un Esterhazy, soufflet suprême à toute vérité, à toute justice ;

2° Les magistrats de ce Conseil de guerre ont rendu une sentence inique qui à jamais pèsera sur nos Conseils de guerre, qui entachera désormais de suspicion leurs arrêts. Le premier Conseil de guerre a pu être inintelligent, le deuxième est forcément criminel ;

3° Le deuxième Conseil de guerre a couvert une illégalité par ordre en commettant à son tour le crime juridique d'acquitter sciemment un coupable ;

Mais attendu, d'autre part, que l'illégalité qui aurait été commise lors du jugement rendu en 1894 contre le capitaine Dreyfus, aussi bien que l'acquittement prononcé en 1898 en faveur de M. le commandant Esterhazy par le premier Conseil de guerre, dans des conditions que les concluants se réservent d'établir, ont été la suite et la conséquence d'un ensemble de faits dont il est nécessaire de suivre l'enchaînement pour arriver à la démonstration des imputations relevées par M. le Procureur général ;

Attendu qu'il est indispensable, pour arriver à cette preuve, de faire la lumière sur les faits articulés sous les n°s 1, 2, 3, 4, 5, 6, 7 et 8 de la série B de la notification faite à M. le Procureur général, suivant exploit de Baitry, huissier à Paris, en date du 24 janvier 1898;

Attendu qu'il existe entre tous ces faits et les faits retenus par l'accusation un lien étroit de connexité et d'indivisibilité;

Attendu qu'il résulte d'une doctrine et d'une jurisprudence constantes que le juge doit, dans tous les cas, admettre la preuve des faits pertinents et concluants se rattachant par les liens de la connexité et de l'indivisibilité aux faits poursuivis;

Par ces motifs:

Ordonner que les faits articulés et cotés sous les n°s 1, 2, 3, 4, 5, 6, 7 et 8 de la série B de la notification faite à M. le Procureur général, suivant exploit de Baitry, huissier à Paris, en date du 24 janvier 1898, seront admis en preuve comme connexes avec ceux articulés et qualifiés dans la citation de M. le Procureur général et indivisibles d'avec eux.

Sous toutes réserves,
Et ce sera justice.

INCIDENT

Demande d'intervention des experts : MM. Belhomme, Varinard et Couard.

M° LAGNY. — Au nom des experts, nous estimons que la lecture faite de conclusions présentées au nom de M. Zola et de M. Perrenx est de nature à motiver notre intervention dans l'ordre d'idées développé tout à l'heure par M. l'Avocat général; nous demandons à la Cour de vouloir bien nous admettre à donner lecture de nos conclusions que nous développerons.

Conclusions pour les experts.

Plaise à la Cour :

Attendu qu'aux termes des articles 1036 du Code de procédure civile et 41 de la loi du 29 juillet 1881, les juges, cours et tribunaux de toute juridiction, pour toutes affaires portées devant eux et dans des circonstances de fait dont l'appréciation leur appartient, sont investis du droit d'ordonner la suppression des discours et écrits injurieux diffamatoires ou calomnieux produits en justice; que cette suppression est applicable à tous mémoires, pièces ou actes de procédure, visant soit les parties en cause, soit des tiers (avocats, avoués, témoins ou experts) auxquels un droit d'intervention est ouvert par voie de conclusions incidentes, à l'effet de formuler leur demande en suppression devant la juridiction saisie du fond. (Dalloz, *Supplément au Répertoire*, v° Presse-outrage, n°s 1420 et suivants. — Barbier, *Code expliqué de la Presse*, t. II, n°s 794 et suivants.)

Attendu en fait que, par acte du ministère de Baitry, huissier à Paris, en date du 24 janvier 1898, enregistré et versé aux débats pendants devant la Cour d'assises, les sieurs Perrenx et Zola ont fait connaître et dénoncé à M. le Procureur général leur prétention, à l'effet de se disculper de la prévention contre eux dirigée, d'établir, ainsi qu'il est articulé dans ledit exploit, que :

« Les trois experts en écritures, les sieurs Belhomme, Varinard et
« Couard, ont fait des rapports mensongers et frauduleux, à moins
« qu'un examen médical ne les déclare atteints d'une maladie de la
« vue et du jugement. »

Attendu que, sans s'arrêter ni avoir égard à l'étrange prétention des sieurs Perrenx et Zola, qui tendrait à ouvrir un débat public sur des rapports, documents et pièces de procédure criminelle non lus en audience publique, à l'égard desquels, par conséquent, toute publication totale ou partielle est prohibée par l'article 38 de la loi du 29 juillet 1881, il importe aux concluants de formuler toutes réserves et protestations contre le contenu de l'acte notifié à M. le Procureur général par les sieurs Perrenx et Zola le 24 janvier dernier ; que les concluants ne sauraient d'ailleurs tenir que pour nulles et non avenues toutes incitations plus ou moins directes par lesquelles on voudrait les amener à enfreindre, en même temps que l'article 38 de la loi précitée, une décision régulière de la justice militaire, passée en force de chose jugée et prononçant le huis clos des débats au sujet des expertises à eux confiées ;

Attendu enfin que l'articulation formulée par Perrenx et Zola à l'encontre des concluants dans l'écrit susvisé constitue en elle-même, et envisagée isolément, la production en justice d'un écrit injurieux, outrageant, diffamatoire ou calomnieux, dont les concluants sont admissibles à solliciter la suppression par application de l'article 1036 du Code de procédure civile et de l'article 41, paragraphe 4, de la loi du 29 juillet 1881, sous réserve de tous autres droits, actions, nés ou à naître, et dommages-intérêts ;

Par ces motifs :

Recevoir l'intervention des concluants sur l'incident comme régulière en la forme ;

Et l'accueillant au fond comme juste et bien fondée,

Leur donner acte des dires, réserves et protestations par eux formulés ;

Ordonner la suppression, quant au paragraphe les concernant, plus haut reproduit, de l'écrit notifié par les sieurs Perrenx et Zola à M. le Procureur général suivant exploit de Baitry, huissier à Paris, du 24 janvier 1898 ;

Et condamner les susnommés aux dépens de l'incident, comme ayant été causé par leur fait ;

Tous autres droits, moyens et actions des concluants demeurant par eux expressément réservés pour les faire valoir quand et comme il appartiendra,

Et ce sera justice.

M. LE PRÉSIDENT. — Maître Labori, vous avez entendu les conclusions ?...

M⁰ LABORI. — Malheureusement, je ne les ai pas entendues.

M⁰ CABANES. — On a renouvelé à notre encontre des imputations diffamatoires dont nous demandons réparation.

M⁰ LAGNY. — Au nom des experts, j'ai l'honneur de déposer

sur le bureau de la Cour les conclusions dont lecture vient d'être donnée.

Mᵉ CABANES. — Je demande à la Cour la permission de développer en quelques minutes les motifs des conclusions des experts.

Mᵉ LABORI. — Je me permettrai d'adresser une prière à la Cour.

Nous étions en présence d'un incident que M. l'Avocat général venait de soulever; en voici un autre. Je n'en fais pas grief à mon confrère; je ne lui fais même pas grief, dans un débat criminel de cette nature, de ne m'avoir pas fait l'honneur de me communiquer des conclusions qui ne sont pas de ce matin, puisqu'elles sont autographiées; nous ne sommes pas ici pour nous faire des politesses; seulement, je demanderai à la Cour de vouloir bien, ou statuer dès à présent sur le premier incident soulevé, ou en tous cas, si mon honorable contradicteur, avec l'assentiment de la Cour, croit devoir s'expliquer immédiatement, de vouloir bien nous autoriser à prendre, d'accord avec mon confrère Clémenceau, une délibération sur le nouveau point soumis à votre appréciation.

M. LE PRÉSIDENT. — Vous demandez que la Cour surseoie à statuer postérieurement?

Mᵉ CABANES. — Messieurs, je voudrais, en très peu de mots, avec la simplicité et la brièveté qui sont de mise, je crois, devant la Cour d'assises comme devant les Conseils de guerre, énoncer les quelques motifs juridiques qui nous ont amenés à déposer les conclusions dont je viens de vous donner lecture. Je me tiendrai d'ailleurs dans les termes stricts de l'incident qui a motivé le dépôt de ces conclusions, et je n'entends en rien toucher au fond du procès à propos de l'intervention de MM. Belhomme, Varinard et Couard, experts en écritures.

D'ailleurs, si l'incident qui vient de naître procédait de notre seul vouloir, au lieu d'avoir été causé par la volonté de nos adversaires, j'aurais à m'excuser ici, près de tous, de retarder ainsi, ne fût-ce que d'une minute, l'heure par tous si impatiemment attendue où justice sera enfin rendue à qui elle est due.

Il a plu aux deux prévenus — et leur prétention, disons-le bien haut, n'avait rien qui pût déplaire, si elle avait été compatible avec le respect dû à la loi — il leur a plu de nous enserrer dans les liens d'une prétendue connexité que nous estimerions des plus honorables si elle n'était illégale; et de même qu'ils nous avaient confondus avec ce que la France a de meilleur et de plus respectable, avec les chefs de l'armée, dans un même écrit de haine, d'outrages et d'insultes, de même ils viennent annoncer que la preuve sera faite de notre déshonneur en même temps que du crime de ceux qui auraient acquitté sciemment un coupable.

En portant ces accusations, je n'ignore pas que je me mets sous le coup des articles 30 et 31 de la loi sur la presse du 29 juillet 1881, qui punit les délits de diffamation. Et c'est volontairement que je m'expose.

Quant aux gens que j'accuse, je ne les connais pas, je ne les ai jamais vus, je n'ai contre eux ni rancune ni haine. Ils ne sont pour moi que des entités, des esprits de malfaisance sociale. Et l'acte que j'accomplis ici n'est qu'un moyen révolutionnaire pour hâter l'explosion de la vérité et de la justice.

Je n'ai qu'une passion, celle de la lumière, au nom de l'humanité qui a tant souffert et qui a droit au bonheur. Ma protestation enflammée n'est que le cri de mon âme. Qu'on ose donc me traduire en Cour d'assises et que l'enquête ait lieu au grand jour!

Le placard est du 13 janvier. L'attente de M. Zola ne fut pas longue; il fut à demi satisfait dès le 20 janvier par la citation qui a donné lieu au débat; il le fut tout à fait, nous aimons du moins à le croire, par la deuxième citation délivrée le lendemain, même, 21 janvier, à la requête des experts, lesquels ont visé dans leur exploit de citation un article 32, que vous avez omis d'indiquer dans votre manifeste du 13 janvier. Quoi qu'il en soit, dès ce jour, nos adversaires ont connu notre prétention — et elle n'est devenue la nôtre que parce qu'elle était, du reste, jusqu'à décision contraire, celle de la Cour suprême — de déférer à la juridiction correctionnelle, seule compétente dans l'état de la jurisprudence, les attaques et les diffamations dont nous avions été l'objet.

Entre vous et nous, la situation est donc bien nette : des juges sont saisis, une instance est engagée et pendante devant le Tribunal correctionnel depuis le 21 janvier. Il y a litispendance, c'est-à-dire que, depuis le 21 janvier, le tribunal de la Seine est saisi, en même temps que du fond de notre réclamation, du point de savoir si, comme l'affirme M. Zola, notre action relève de la Cour d'assises ou si, comme l'a décidé, dans des espèces semblables, la Cour de cassation, elle est justiciable du Tribunal correctionnel.

Quelle que soit à cet égard, je le dis ici bien haut, la finale décision de justice, elle nous trouvera respectueux et soumis, tout disposés, le cas échéant, à porter nos revendications devant le jury et devant la Cour d'assises, si la Cour suprême, se réformant elle-même, venait à en décider ainsi, n'ayant au fond et ne pouvant avoir, nous, auxiliaires de la justice, d'autre vœu et d'autre désir que celui de nous conformer au respect de la loi et de l'interprétation souveraine qui en a été et qui en sera faite.

Mais voici — et c'est ici qu'apparaît l'équivoque que notre intervention tend à dissiper — voici que, dès le 24 janvier, trois jours après l'instance par nous engagée, sous le couvert d'une connexité que nous ne sommes pas seuls à contester, dans un exploit par vous notifié à M. le Procureur général et versé au débat actuel, exploit qui constitue un écrit produit en justice dans le sens des articles 1036 du Code de procédure civile et 41 de la loi de 1881, vous produisez à notre encontre l'articulation suivante :

Les trois experts en écritures ont fait des rapports mensongers et frauduleux, à moins qu'un examen médical ne les déclare atteints d'une maladie de la vue et du jugement.

Et vous élevant contre les décisions de la Cour suprême, contre notre action conforme à ces décisions, contre l'instance engagée et qui met obstacle à toute instance nouvelle tant que les juges saisis n'auront pas statué, vous entendez, par un artifice de procédure, nous associer à vos prétentions; vous voudriez nous faire reconnaître que la preuve des diffamations à notre égard est bien admissible, c'est-à-dire que la Cour d'assises est bien compétente et non le Tribunal correctionnel, pour connaître de l'action dont nous avons saisi les juges de la 9ᵉ chambre dès le 21 janvier, trois jours avant la dénonciation de l'exploit visé dans nos conclusions: Voilà bien, tous voiles déchirés, quelle est votre prétention actuelle... (*Bruit de conversations dans l'auditoire.*)

M. LE PRÉSIDENT. — Le bruit des conversations continue. Monsieur l'audiencier, faites donc fermer les portes !

Mᵉ CABANES. — A cette prétention, nous vous répondons, sans faire fi des règles qui nous viennent de Bacon et de Descartes, qu'il est, dans le domaine juridique, d'autres règles au respect desquelles nous sommes et resterons tenus tant qu'elles resteront écrites et qui nous feront refuser à cette théorie de la connexité, du bloc indivisible, la vôtre, une adhésion qui ne saurait être qu'une surprise.

C'est aussi pour éviter toute surprise, se trouvant d'ailleurs en face d'un écrit nettement diffamatoire par vous produit en justice, que les experts vous dénoncent, avec réserves et protestations, l'attitude qu'ils entendent garder à votre égard.

Leurs conclusions peuvent se résumer d'un mot :

Ils protestent contre votre exploit du 24 janvier et, la loi à la main, ils en demandent la suppression. Ils déclarent, tirant motif de la litispendance, qu'ils ne sauraient tenir compte de vos injonctions, et cela, par les mêmes motifs qui ont amené l'autorité militaire à ne pas vous livrer ses dossiers. Une décision régulière a prononcé le huis clos des débats en ce qui concerne les expertises à nous confiées, qu'elles qu'eussent été nos préférences d'une décision contraire sur ce point; l'autorité compétente ayant apprécié, nous respectons sa sentence, et l'article 38 de la loi de 1881 interdisant d'autre part toute publication ou partielle ou totale d'actes de procédure criminelle avant qu'ils aient été lus en audience publique, n'espérez pas de nous, sous prétexte de connexité, un témoignage qui serait une atteinte aux prohibitions de la loi.

Vous avez dit, — et cette parole peut-être suffirait seule à vous juger, mais nous nous en expliquerons ailleurs, — vous avez dit que vous nous accusiez sans nous connaître, ne voyant en nous que des entités et des esprits de malfaisance. Laissez-nous vous dire à notre tour, et ce sera notre dernier mot, que jamais la pensée ne vous fût venue de nous inciter à commettre un délit et peut-être plus qu'un délit, si vous nous aviez connus, car nous sommes de ceux qui ont le ferme vouloir de n'être ni dupes, ni complices.

Me FÉLIX ROUSSEL, *autre avocat des parties civiles*. — Je m'associe aux observations de mon confrère.

Me LABORI. — Il me paraît bien qu'en droit l'intervention des experts n'est pas recevable; je me permets respectueusement d'en dire en deux mots les raisons.

En principe, il y a en matière criminelle ce qu'on appelle la *partie civile*. Les experts ne me paraissent pas recevables à se porter parties civiles dans le débat, — d'ailleurs, ils ne demandent pas à le faire — pour deux raisons : la première, c'est qu'il s'agit d'un débat parfaitement lié entre M. le Ministre de la guerre, M. le Procureur général et nous, et que, si les experts avaient entendu nous poursuivre, ils devaient le faire par voie d'exploit introduit à leur requête; la seconde raison, c'est que les experts ont introduit devant le Tribunal correctionnel un procès tendant à ce que nous soyons condamnés pour diffamation commise à leur égard dans les passages qui les concernent.

Je ne crois pas, au surplus, qu'en fait et en équité les experts soient recevables ici, alors qu'un procès est lié entre eux et nous devant le Tribunal correctionnel. Ils demanderont au Tribunal correctionnel devant lequel, choisissant leur juridiction, ils sont allés, toutes les satisfactions auxquelles ils pourront avoir droit, et notamment la suppression des passages injurieux qui les concernent... Et je me permets de signaler la singulière contradiction qu'il y aurait, dans la situation de droit qui nous serait faite, si nous comparaissions devant le Tribunal correctionnel le 16 février pour nous expliquer sur un délit de diffamation renfermée dans des passages dont déjà la Cour aurait ordonné la suppression.

Cela dit, et ces observations présentées uniquement pour montrer ce que peut valoir l'attitude des experts en droit, j'ajouterai que leur présence ne nous gêne en rien et que, dans nos conclusions, que je demanderai à la Cour la permission de lui faire passer ultérieurement, nous entendons nous en rapporter à justice.

M. LE PRÉSIDENT. — L'intérêt de ces conclusions est celui-ci: c'est que si la Cour donne acte des réserves, évidemment les experts poursuivront M. Emile Zola devant la Cour d'assises pour outrage à des témoins en raison de leur déposition devant le Conseil de guerre.

Me CLÉMENCEAU. — Quelques conclusions qu'on prenne devant la Cour, quelles que soient les personnes qui les prennent, toutes les fois que ces conclusions auront pour but d'amener un débat public devant la Cour d'assises, nous nous y associerons.

En l'espèce, je ne veux même pas savoir si, en droit, ces conclusions sont fondées; vous nous prévenez qu'elles tendraient à nous amener ici une autre fois, pour une autre accusation : nous acceptons toutes espèces de débats devant la Cour d'assises.

J'ai une autre observation à présenter. J'ai peur que MM. les jurés ne croient que ces incidents, qui ont l'air d'être des incidents de droit, leur passent par-dessus la tête, et qu'ils n'ont pas à s'en inquiéter. Ce serait une erreur. Ces incidents de droit ont une base que vous avez besoin de retenir. Ce qu'il faut que vous vous rappeliez des conclusions actuelles, c'est que les experts disent : « On a porté contre nous une accusation grave... »

Vous vous figurez qu'ils ajoutent : « Nous vous demandons la permission de venir nous en laver devant vous ». Pas du tout. Ils disent : « On nous a accusés d'une façon très grave, nous demandons à la Cour d'ordonner que les passages de l'article de M. Zola qui nous accusent soient supprimés. »

Nous, au contraire, nous estimons qu'il eût été préférable de dire : « On nous a accusés, nous venons apporter la preuve de notre innocence. »

M° FÉLIX ROUSSEL. — Les experts ont assigné devant le Tribunal correctionnel. Or, on a réédité dans les pièces du procès actuel les accusations et les diffamations dont ils se plaignent devant le Tribunal correctionnel. Les experts demandent, aujourd'hui, la suppression des diffamations contenues dans les écritures de ce procès. Quant à celles qui sont dans le journal *l'Aurore*, nous nous expliquerons devant le Tribunal correctionnel ; mais, pour l'instant, nous voulons seulement demander à être assistants au procès pour y prendre telles réserves et telles conclusions qui pourront être nécessaires. Nous n'avons pas l'intention d'abandonner notre rôle correctionnel, mais nous avons la prétention de ne pas être rejetés comme témoins pour déposer dans une affaire où nous sommes précisément les adversaires de M. Zola.

M. LE PRÉSIDENT. — Vous vous opposez à ce que la Cour sursoie à statuer ?

M° ROUSSEL. — La Cour fera ce qu'elle croira devoir faire.

M° LABORI. — Il est entendu, d'après les paroles de mon confrère, que les experts ne renoncent pas à nous assigner devant le Tribunal correctionnel, où la preuve n'est pas permise.

M. LE PRÉSIDENT. — La Cour va en délibérer. L'audience est suspendue.

ARRÊT

Sur les conclusions déposées par Mᵉ Labori, en réponse à celles de M. l'Avocat général précisant le débat.

M. LE PRÉSIDENT. — L'audience est reprise.

La Cour,

Statuant sur les conclusions prises par M. l'Avocat général et les prévenus,

Considérant qu'en exécution de l'article 47 de la loi du 29 juillet 1881, M. le Ministre de la guerre a déposé une plainte en diffamation, le 18 janvier dernier, au nom du premier Conseil de guerre du gouvernement militaire de Paris, contre le sieur Perrenx, gérant du journal l'Aurore, et le sieur Emile Zola, auteur d'un article intitulé « J'accuse » ;

Considérant que cette plainte vise uniquement la diffamation dirigée contre le premier Conseil de guerre du gouvernement militaire de Paris, qui, dans ses audiences des 10 et 11 janvier 1898, a prononcé l'acquittement du commandant Esterhazy ;

Considérant que la citation délivrée le 20 janvier à Perrenx et Zola, à la requête du Ministère public, précise les passages de l'article qui font l'objet des poursuites, lesquels se réfèrent uniquement à l'accusation dirigée contre le premier Conseil de guerre qui a acquitté le commandant Esterhazy ;

Considérant que l'article 35 de la loi du 29 juillet 1881 permet au prévenu d'établir la vérité des faits diffamatoires dans le cas d'imputation contre les armées de terre ou de mer, mais que l'article 52 de la même loi décide que, dans ce cas, le prévenu devra faire signifier au Ministère public les faits articulés et qualifiés dans la citation, desquels il entend prouver la vérité ;

Considérant qu'il résulte des termes mêmes de ces articles que la preuve des faits diffamatoires est limitée aux faits qualifiés et articulés dans la citation ; que la citation et la preuve offerte ne peuvent avoir que le même objet ;

Considérant toutefois que, dans la signification par eux faite au Parquet le 24 janvier 1898, les prévenus déclarent qu'ils entendent être admis à prouver, outre les faits articulés et qualifiés dans la citation, huit autres faits qu'ils précisent sous la lettre B et qui sont imputés à d'autres personnes ; qu'ils déclarent ces faits indivisibles avec ceux de la citation et qu'ils prétendent les établir tout d'abord afin de leur permettre de prouver ensuite la vérité des imputations relevées contre eux ;

Mais, considérant que les faits énoncés sous la lettre B dans la signification du 24 janvier dernier ne se rattachent en aucune façon aux faits nettement précisés et articulés dans la citation ; qu'il n'existe entre eux aucun lien de dépendance, d'identité de personnes, d'indivisibilité ou connexité ;

Considérant que la demande de prouver en dehors des limites fixées par la citation a pour but évident de détruire par tous les moyens l'autorité de la chose jugée ; que la loi ne permet pas la discussion des décisions de justice devenues définitives, même dans le but de faire ressortir la vérité d'imputations diffamatoires, et que le respect de la chose jugée s'oppose à l'admissibilité de toute preuve qui pourrait porter atteinte à son autorité ;

Par ces motifs :

Rejette du débat les huit faits énoncés par les prévenus sous la lettre B dans leur exploit du 24 janvier 1898 ; dit que la preuve leur en sera interdite ;

Rejette en conséquence les conclusions prises par les sieurs Perrenx et Zola et ordonne qu'il sera passé outre aux débats.

ARRÊT

Sur les conclusions déposées par les experts.

La Cour,

Statuant sur les conclusions prises par les experts Belhomme, Varinard et Couard ;

Considérant que les experts Belhomme, Varinard et Couard demandent, dans leurs conclusions, à intervenir dans l'instance pendante entre le Ministère public et les sieurs Perrenx et Zola et qu'ils demandent la suppression du passage les concernant dans la signification faite par les prévenus à M. le Procureur général, suivant exploit de Me Baitry, huissier à Paris, du mois de janvier 1898 ;

Considérant qu'aux termes de l'article 41 de la loi du 29 juillet 1881 les faits diffamatoires étrangers à la cause peuvent donner ouverture soit à l'action publique, soit à l'action civile des parties en cause, lorsque ces actions leur auront été réservées ;

Qu'il n'en est pas de même des tiers auxquels la loi ne donne aucun droit de solliciter des réserves ; qu'ils ne peuvent d'ailleurs en éprouver aucun préjudice puisqu'ils peuvent toujours établir la vérité des faits ou des propos diffamatoires par tous les moyens que la loi met à leur disposition ;

Considérant qu'en l'espèce les demandeurs en intervention ne sont que des tiers et qu'alors leur action ne saurait être admise ;

Par ces motifs,

Déclare la demande en intervention des experts Belhomme, Varinard et Couard non recevable, les en déboute et les condamne aux frais de l'incident.

LETTRES D'EXCUSE

D'un certain nombre de témoins

M. LE PRÉSIDENT. — Maître Labori, j'ai reçu d'un assez grand nombre de témoins des lettres d'excuse ; je vais vous donner lecture des motifs invoqués.

Voici d'abord la lettre de M. de Pressensé. Il m'a envoyé un certificat de médecin constatant qu'il est atteint d'influenza et qu'il lui est impossible de se présenter à l'audience.

Voici une lettre du général de Luxer.....

Me LABORI. — C'est par une erreur matérielle que les membres du Conseil de guerre qui ont jugé M. le commandant Esterhazy le 10 janvier 1898 avaient été cités par M° Baitry, huissier, et pour éviter à ces messieurs un dérangement inutile, comme nous étions décidés à renoncer à leur déposition, j'ai moi-même prié M° Baitry, huissier, de vouloir bien leur écrire pour les prier de ne pas se déranger.

M. LE PRÉSIDENT. — Vous renoncez à l'audition de ces témoins ?

M° LABORI. — Oui, monsieur le Président.

M. LE PRÉSIDENT. — Voici une lettre du colonel de Ramel, qui commande le 24° régiment d'infanterie. Il a également reçu une lettre de l'huissier Baitry lui disant de ne pas se déranger.

Voici une lettre de M. Frédéric Passy.

M° LABORI. — C'est entendu.

M. LE PRÉSIDENT. — Vous le saviez ?

M° LABORI. — Oui, de même que pour M. de Pressensé. Ces messieurs nous ont avertis. M. Frédéric Passy est à Cannes, je crois.

M. LE PRÉSIDENT. — Voici une lettre de M. le Garde des sceaux :

Monsieur l'Avocat général, je viens de recevoir la requête que MM. Perrenx et Zola m'ont adressée le 3 février. Je vous avise en même temps que le Ministre de la guerre n'a pas été autorisé à déférer à la citation qui lui a été délivrée. (*Rumeurs.*)

Maître Labori et Maître Clémenceau, vous renoncez à ces témoignages ?

M° CLÉMENCEAU. — En ce qui concerne le témoignage de M. le Ministre de la guerre, je crois que nous aurons une observation à faire.

M° LABORI. — Nous faisons à son égard toutes réserves.

M. LE PRÉSIDENT. — Voici une lettre du général Gonse. Il demande à être entendu dans les premiers, à cause de son service.

M° LABORI. — Nous pourrons entendre M. le général Gonse parmi les premiers. Telle était bien notre pensée ; mais nous ne pouvons, malgré notre grand désir de lui être agréable, tenir uniquement compte de ses convenances personnelles.

M. L'AVOCAT GÉNÉRAL. — De son service.

M° LABORI. — Ou de son service. (*Il sourit.*)

M. LE PRÉSIDENT. — Voici une lettre du commandant d'Ormescheville, qui déclare que, ayant été rapporteur au Conseil de guerre, il ne croit pas devoir déférer à la citation.

M° LABORI. — Je fais toutes réserves, comme pour M. le général Billot.

M. LE PRÉSIDENT. — Voici une lettre de M. le docteur Gibert :

Cité comme témoin par M. Zola, j'ai quitté le Havre hier étant très souffrant. Le voyage ayant aggravé mon état, je me vois dans l'impossibilité de venir déposer en personne et je viens d'envoyer ce que j'avais à dire à M⁰ Labori.

M⁰ LABORI. — Je ne l'ai pas encore reçu.
M. LE PRÉSIDENT. — Alors, c'est réservé ?
M⁰ LABORI. — Oui.
M. LE PRÉSIDENT. — Voici une lettre de M. Casimir-Perier :

Monsieur le Président,

Il m'a été remis, à la requête de MM. Perrenx et Zola, une citation à comparaître à l'audience de ce jour devant la Cour d'assises de la Seine pour dire et déposer vérité dans l'affaire instruite contre les requérants. Je ne puis éclairer la justice sur aucun fait postérieur à ma démission de Président de la République. J'ajoute que, si j'étais interrogé sur des faits qui se sont produits alors que j'occupais la présidence de la République, l'irresponsabilité constitutionnelle m'imposerait le silence. Je suis, par déférence pour la Cour, prêt à me rendre devant elle, si elle juge nécessaire que je reproduise verbalement cette déclaration. (*Rumeurs.*)

M⁰ LABORI. — Je fais toutes réserves en ce qui concerne M. Casimir-Perier.

INCIDENT

Relatif à la lettre d'excuse de M. le colonel du Paty de Clam.

M. LE PRÉSIDENT. — Voici une lettre du lieutenant-colonel du Paty de Clam :

J'ai reçu citation à venir déposer devant la Cour d'assises de la Seine à l'audience du 7 février courant, sous votre présidence. J'ai exercé les fonctions d'officier de police judiciaire dans l'affaire Dreyfus ; je ne suis intervenu dans les débats de l'affaire Esterhazy que par une déposition faite à huis clos et sur laquelle je suis tenu au secret professionnel. Dans ces conditions, j'ai l'honneur de vous prier de m'excuser de ne pas comparaître à l'audience, où je ne pourrais fournir aucun renseignement sur les faits relevés dans l'assignation.

M⁰ LABORI. — Ici, je demanderai à la Cour la permission de déposer immédiatement des conclusions. En ce qui concerne M. le lieutenant-colonel du Paty de Clam, MM. Zola et Perrenx considèrent qu'il s'agit d'un témoin de la plus haute importance qui se rattache, par les faits qui le concernent, non seulement à l'affaire de l'ex-capitaine Dreyfus, mais à celle de M. le commandant Esterhazy. En outre, M. le lieutenant-colonel du Paty de Clam doit être entendu au point de vue même de la bonne foi des prévenus ; car, s'il faut en croire certains renseignements qui ont été fournis à M. Zola et dont il demandera à faire la production à l'audience, M. le lieutenant-colonel du Paty de Clam a été mêlé à des faits qui concernent M. le colonel Picquart et dont certains seront curieux. Pour toutes ces raisons, la déposition de M. le lieutenant-colonel du Paty de Clam est indispensable. Nous ne pouvons pas produire ici certains témoignages qui le concernent sans qu'il soit appelé lui-même à s'expliquer en personne, et, dans ces conditions, je crois devoir dès à présent déposer sur le bureau de la Cour les conclusions suivantes :

Conclusions

Plaise à la Cour :

Attendu qu'à la vérité les concluants ont été cités devant la Cour d'assises de la Seine pour y répondre seulement de trois passages de l'article publié par M. Emile Zola dans le numéro de *l'Aurore* du 13 janvier 1898 ;

Attendu, en conséquence, qu'il leur appartient de faire la preuve des faits suivants, articulés et qualifiés dans la citation :

1° Un Conseil de guerre vient, par ordre, d'oser acquitter un Esterhazy, soufflet suprême à toute vérité, à toute justice ;

2° Les magistrats de ce Conseil de guerre ont rendu une sentence inique, qui à jamais pèsera sur nos Conseils de guerre, qui entachera désormais de suspicion leurs arrêts. Le premier Conseil de guerre a pu être inintelligent, le second est forcément criminel ;

3° Le second Conseil de guerre a couvert une illégalité par ordre en commettant à son tour le crime juridique d'acquitter sciemment un coupable ;

Attendu, en outre, que, si les concluants ont été cités devant la Cour d'assises de la Seine pour y répondre seulement des trois passages relevés dans la citation de M. le Procureur général, il n'en est pas moins vrai que l'article de M. Emile Zola constitue un tout et qu'il doit être, au point de vue de la responsabilité de son auteur et de la bonne foi de celui-ci, ainsi qu'au point de vue de la bonne foi du journal *l'Aurore*, envisagé dans son ensemble ;

Attendu que les trois passages incriminés sont parfaitement incompréhensibles si on les détache, et du reste de l'article, et des diverses circonstances qui ont provoqué ledit article ;

Attendu qu'il serait contraire au bon sens et à l'équité de soumettre à MM. les jurés de courts passages arbitrairement choisis dans la lettre de M. Emile Zola sans leur permettre d'apprécier toute la portée de son acte ; qu'il appartient au jury, pour juger en parfaite connaissance de cause les concluants, d'être éclairé sur la véritable intention de M. Emile Zola, et surtout de connaître les divers éléments d'information sur lesquels s'est fondée la conviction qui lui a inspiré le cri de protestation indignée dont sa lettre est l'expression ;

Attendu que, conformément au droit commun, les prévenus sont toujours admis, en matière de délits de presse déférés à la Cour d'assises, à faire entendre tous témoins ou à produire toutes pièces pour établir leur bonne foi ; qu'on ne saurait donc refuser aux concluants, sous peine d'aboutir à un véritable déni de justice, le droit de faire entendre au jury les témoignages par lesquels ils se proposent d'établir que M. Emile Zola a obéi, en écrivant sa lettre, aux considérations les plus élevées et qu'il a basé son opinion — qu'on la considère provisoirement comme vraie ou comme fausse — sur les faits les plus sérieux ;

Attendu notamment que des faits de la plus haute gravité ont été portés à sa connaissance, relativement aux conditions dans lesquelles M. le lieutenant-colonel du Paty de Clam a rempli ses fonctions d'officier de police judiciaire dans l'information relative au procès de l'ex-capitaine Dreyfus ;

Attendu, d'ailleurs, que cette information a été le point de départ des fautes et des irrégularités commises ultérieurement dans la même affaire et dans l'affaire Esterhazy ;

Attendu, en outre, qu'il y a lieu d'entendre M. du Paty de Clam sur son rôle postérieurement à la condamnation de l'ex-capitaine Dreyfus et au cours de l'affaire Esterhazy ; qu'il est indispensable qu'il soit appelé à déposer, et sur ses relations avec la famille de Comminges et sur la scène de la dame mystérieuse de 1892, et sur les télégrammes signés *Speranza* et *Blanche*, adressés en Tunisie à M. le lieutenant-colonel Picquart ;

Attendu que si les faits dont s'agit sont établis à l'audience, la bonne foi des prévenus en résultera manifestement ; qu'en conséquence les concluants sont en droit de demander à la Cour l'audition de M. le lieutenant-colonel du Paty de Clam à titre de témoin susceptible de contribuer à la démonstration de leur bonne foi ;

Par ces motifs :

1º Dire que M. le lieutenant-colonel du Paty de Clam sera entendu sur la bonne foi des concluants et admis à déposer sur les divers points qui seront de nature à établir cette bonne foi ;

2º En conséquence, ordonner que M. le lieutenant-colonel du Paty de Clam sera tenu de comparaître à l'audience de la Cour d'assises ; dire qu'il y sera contraint par tous moyens de droit, aux termes des articles 80, 269 et 355 du Code d'instruction criminelle.

Sous toutes réserves, et notamment sous celle, pour les concluants, de demander le renvoi de l'affaire à une autre session, s'ils le jugent nécessaire.

Et ce sera justice.

M. LE PRÉSIDENT. — Le Ministère public a la parole.

M. L'AVOCAT GÉNÉRAL. — Il n'est pas besoin de beaucoup de paroles pour démontrer que les conclusions qui viennent d'être prises sont en contradiction manifeste avec l'arrêt que la Cour vient de rendre. Les faits qui intéressent le lieutenant-colonel du Paty de Clam faisaient partie d'abord des huit faits qui viennent d'être expressément rejetés des débats.

M. le colonel du Paty de Clam dit, dans la lettre que M. le Président vient de faire connaître, qu'il a été mêlé, en deux qualités, aux affaires qui touchent le débat, la première comme officier de police judiciaire dans l'enquête de l'affaire Dreyfus, la seconde comme témoin dans le huis clos de l'affaire Esterhazy, et il déclare, comme tous les membres du Conseil de guerre à l'audition desquels on a renoncé, parce qu'il était évident qu'on ne pouvait pas l'exiger, que le secret professionnel l'empêche de donner à ce sujet des indications quelconques. Par conséquent, il n'y a pas de raison pour rejeter l'excuse qui est proposée. Cependant, Mᵉ Labori a fait observer que le lieutenant-colonel du Paty de Clam était intéressé comme témoin au sujet d'une instruction qui n'est pas terminée, ouverte sur la plainte du lieutenant-colonel Picquart. Ici, la réponse est manifeste et directe; il ne peut y avoir ni embarras ni confusion à faire entre M. Zola et le gérant de *l'Aurore*, d'une part, et de l'autre le colonel Picquart. Celui-ci a déposé une plainte qui s'instruit régulièrement et lui seul aura qualité pour y intervenir s'il le juge à propos, mais cette procédure est une procédure de tiers par rapport aux prévenus.

Dans ces conditions, à aucun point de vue, les observations qui viennent de vous être présentées ne me paraissent fondées.

M⁰ LABORI. — La Cour veut-elle me permettre de répondre très brièvement à M. l'Avocat général pour lui fournir quelques indications sur les faits à propos desquels M. Zola voulait faire entendre M. le lieutenant-colonel du Paty de Clam et sur le lien qui les rattache au jugement du 11 janvier 1898?

En 1892, M. le lieutenant-colonel du Paty de Clam, qui n'avait pas alors le grade auquel il est parvenu depuis, était très lié avec la famille de Comminges, chez laquelle fréquentait d'ailleurs M. le lieutenant-colonel Picquart. Mlle Blanche de Comminges et son frère M. le capitaine de Comminges sont cités au procès.

M. LE PRÉSIDENT. — Je regrette de vous dire que Mlle de Comminges est malade et qu'elle a envoyé un certificat de médecin.

M⁰ LABORI. — Nous espérons qu'elle sera rétablie d'ici quarante-huit heures.

Il y a beaucoup de malades dans ce procès! Nous nous expliquerons sur tout ce qui se passe et sur ce qui empêche les témoins de venir, et nous dirons toutes les intimidations et les menaces qui sont faites.

M. L'AVOCAT GÉNÉRAL. — Ah!...

M⁰ LABORI. — Pas par le Parquet, monsieur l'Avocat général. Nous constatons quelle passion on met à empêcher la lumière de se produire ; messieurs les jurés, vous le retiendrez.

Je continue et ne dirai rien qui puisse offenser personne dans le cas présent. Mlle de Comminges a connu M. le lieutenant-colonel Picquart et M. le lieutenant-colonel du Paty de Clam. Au moment où la campagne relative à M. le commandant Esterhazy a commencé, M. le lieutenant-colonel Picquart a reçu en Tunisie deux dépêches singulières ; dans l'une on disait en substance : « Tout est découvert, arrêtez Demi-Dieu. — (Signé) : Speranza. »

La Cour se rappelle que c'est là une signature qu'on a trouvée déjà dans les débats du procès Esterhazy. L'autre dépêche disait en substance ceci : « On sait que Georges (c'est M. le lieutenant-colonel Picquart qui s'appelle ainsi) est l'auteur du petit bleu : tout est découvert. (Signé) : Blanche. » Blanche, cela voulait dire Mlle Blanche de Comminges, et ce qui prouve bien que les autorités militaires l'ont ainsi compris, c'est qu'elles ont fait demander à Mlle Blanche de Comminges certains spécimens de son écriture. Celle-ci a protesté et a déposé une plainte ainsi que M. le lieutenant-colonel Picquart. Ces dépêches étaient donc l'œuvre d'un faussaire. Il serait intéressant de rechercher quel est le faussaire ou quels sont les faussaires ? M. le lieutenant-colonel Picquart attribue l'une d'elles à l'agent Souffrain et nous avons fait citer celui-ci. Nous espérons qu'il viendra, et alors nous nous expliquerons.

Quant à l'autre télégramme, il est curieux de savoir comment a pu partir, de certain milieu qui devait toucher soit au Ministère de la guerre, soit à M. le commandant Esterhazy, une dépêche signée *Blanche*, que M. le lieutenant-colonel Picquart devait attribuer à Mlle Blanche de Comminges.

Nous voudrions entendre M. le lieutenant-colonel du Paty de Clam sur ces faits et sur d'autres de beaucoup antérieurs auxquels il a été mêlé et qui concernent exclusivement et de près M. le commandant Esterhazy ; ils se sont passés en 1892, et nous aurions besoin aussi du témoignage de Mlle de Comminges sur le même sujet.

M. LE PRÉSIDENT. — Il n'est pas question en ce moment-ci de Mlle de Comminges, il est question du lieutenant-colonel du Paty de Clam.

Me LABORI. — C'est M. le colonel du Paty de Clam que ces faits concernent. Celui-ci a été amené à un moment donné, sur l'intervention d'un de ses chefs les plus éminents, le général D..., à restituer à la famille de Comminges une correspondance. Je ne puis rien préciser à ce sujet, la Cour comprend pourquoi, mais la Préfecture de police a été saisie de la question. Un jour, M. le lieutenant-colonel du Paty de Clam a dit qu'une lettre se rattachant à cette correspondance n'était pas entre ses mains et qu'il ne pouvait la remettre directement parce qu'elle était tombée aux mains d'une femme, mais qu'il n'était pas très difficile de la ravoir et qu'il fallait seulement verser en échange de la lettre un billet de 500 francs. Alors il paraît que, sur la demande de M. le lieutenant-colonel du Paty de Clam, rendez-vous fut pris, au Cours-la-Reine, à l'endroit où intervint la singulière femme voilée dont a parlé M. le commandant Esterhazy. C'est là qu'en présence de témoins M. le lieutenant-colonel du Paty de Clam entra en conversation avec une dame voilée, avec laquelle il resta longtemps et à qui il prétendit avoir remis un billet de 500 francs, que personne ne lui avait donné d'ailleurs. Puis il rapporta la lettre pour la transmettre à la famille de Comminges. Il y a là des faits sur lesquels je ne puis rien dire de plus qu'en présence des intéressés ; je ne puis fournir que des indications.

M. LE PRÉSIDENT. — Mais je ne vois pas la relation qui existe entre ce que vous venez de nous dire et l'affaire pour laquelle votre client est poursuivi.

Me LABORI. — Vous allez voir !

M. Emile Zola n'hésite pas à penser que, loin que la dame voilée, qu'on n'a pas craint de présenter dans des rapports officiels comme étant peut-être en relations avec M. le colonel Picquart, que M. le commandant Esterhazy a hautement, audacieusement dénoncé de ce chef, eh bien! dis-je, M. Emile Zola pense que, loin que la dame voilée sorte de l'entourage de M. le colonel Picquart, elle sort ou de l'entourage de certains membres de l'état-major, ou de l'entourage de M. le commandant Esterhazy lui-même.

Eh bien! cette dame voilée, dont on a si facilement accepté l'existence et les actes, il faudra pourtant ici qu'on s'en explique! Car, enfin, comment voulez-vous que nous démontrions qu'on a acquitté un coupable, qu'on a acquitté un coupable par ordre, si nous ne commençons pas par établir que celui dont il s'agit est coupable, et par établir par conséquent les diverses circonstances desquelles sa culpabilité pourra ressortir.

Il nous appartient, dans ces conditions, d'examiner dans le détail, afin de faire la lumière complète, des points qui ne concernent en rien la défense nationale dont on a d'ailleurs abusé; il nous est permis, cela est incontestable, de faire la lumière sur les moyens de défense du commandant Esterhazy, qui ont été accueillis par le Conseil de guerre avec une facilité qu'on ne rencontrera pas devant MM. les jurés.

Me CLÉMENCEAU. — Devant le Conseil de guerre, il a été question de la dame voilée dans l'interrogatoire de M. le commandant Esterhazy, et on la prenait si bien au sérieux à ce moment-là que M. le Président du Conseil de guerre, M. le général de Luxer, a demandé aux témoins s'ils pourraient donner des indications sur la dame voilée; j'en conclus que si de ce côté de la barre nous entendons faire entendre des témoins qui déposeront de faits, on ne peut pas nous demander de renoncer à nos témoins.

Au point de vue de la lettre de M. le commandant du Paty de Clam, disant qu'il ne peut pas venir déposer parce qu'il était officier de police judiciaire dans la première instruction, la Cour pourrait peut-être se souvenir que, dans cette enceinte, on a entendu, dans une affaire Prado, M. le juge d'instruction Guillot, qui est venu déposer des faits qui se sont passés dans son cabinet: il était donc témoin comme juge d'instruction.

Le Président des assises était un magistrat de Paris. Or, ce qu'on a fait dans l'affaire Prado, on peut le faire dans les débats actuels, et je ne vois pas pourquoi on n'entendrait pas M. le commandant du Paty de Clam parce qu'il a joué un rôle dans une autre enquête.

M. LE PRÉSIDENT. — Vous déposerez des conclusions.

Me LABORI. — J'ajoute un mot. Mon intention était de ne pas parler sur ce point avant d'avoir entendu M. du Paty de Clam; j'y insiste dans mes conclusions.

Me CLÉMENCEAU. — Ceci n'a aucun rapport avec l'affaire Dreyfus.

M. LE PRÉSIDENT. — M. du Paty de Clam dit en effet qu'il a rempli les fonctions d'officier de police judiciaire dans l'affaire

Dreyfus, et il ajoute : « Je ne suis intervenu dans l'affaire Esterhazy que par une déposition faite à huis clos... »

M⁰ CLÉMENCEAU. — Mais il n'y a pas de secret professionnel pour un témoin qui dépose à huis clos.

M⁰ LABORI. — J'ajoute autre chose. C'est la première fois que je vois les témoins être juges, dans une affaire, de l'utilité de leur déposition. Nous avons déjà vu mentir des témoins, je suis sûr que M. du Paty de Clam ne le fera pas ; c'est peut-être pour cela qu'il ne viendra pas.

M. LE PRÉSIDENT. — Ils ne sont pas juges ; puisque vous agitez la question, je lis ces lettres pour vous faire connaître ce qu'elles contiennent...

M⁰ LABORI. — Parfaitement.

Et moi, je réponds aux objections de M. du Paty de Clam. Et je dis que ce serait la première fois que cela aurait lieu si la Cour accueillait les explications de M. du Paty de Clam qui n'est ni malade ni retenu, que je sache, pour raisons de service ; je dis que ce serait la première fois qu'un témoin serait juge de la question de savoir sur quel point il doit déposer.

M. du Paty de Clam ne sait pas sur quels points il doit déposer, sur quoi nous l'interrogerons.

Il doit comparaître dans ce débat concernant les poursuites contre lesquelles M. Emile Zola proteste ; car nous avons à l'interroger tant sur des points de fait que sur des points de moralité qui touchent exclusivement l'affaire Esterhazy et qui ne touchent en rien l'affaire Dreyfus.

Dans ces conditions, il est donc indispensable que M. le colonel du Paty de Clam vienne à la barre ; si nous l'interrogeons sur des points à l'égard desquels il peut se renfermer dans le secret professionnel, il s'y renfermera et ne répondra pas. Et encore, monsieur le Président, aurons-nous le droit de déposer sur le bureau de la Cour des conclusions pour lui demander si, en droit, M. le colonel du Paty de Clam peut se retrancher derrière le secret professionnel ? M. le colonel du Paty de Clam invoque le huis clos, eh bien ! s'il faut faire le huis clos devant la Cour d'assises, on le fera ; nous ne craignons pas le huis clos, nous, devant le jury.

Nous ne poserons pas de questions intéressant la défense nationale...

M. ZOLA. — Aucune.

M⁰ LABORI. — Il n'y en a pas dans cette affaire ; on peut dire ce qu'on voudra sans compromettre la sécurité du pays. On invoque sans cesse ce prétexte ; c'est une plaisanterie.

M. L'AVOCAT GÉNÉRAL. — C'est la défense nationale qui est une plaisanterie ?...

M⁰ LABORI. — Ah ! véritablement, monsieur l'Avocat général, ceci n'est pas digne de votre loyauté ; je n'admettrai pas que personne ici, pas même vous, suspecte mon patriotisme ! Ah ! pardon, pardon ! (*Applaudissements.*) Je n'accepte pas cela !

Laissez cela aux feuilles qui applaudissent à tous les actes dont nous sommes aujourd'hui... Je ne veux rien dire de plus Je reprends ma discussion.

Il faut bien que MM. les jurés comprennent de quel côté est la vérité dans cette affaire, de quel côté on veut la lumière et de quel côté on ne la veut pas : cette lumière, il faut qu'on sache pourquoi, du côté des adversaires, on la refuse. Eh bien ! je vous le répète, messieurs les jurés, s'il y a une question qui intéresse la défense nationale, nous ne l'aborderons pas plus que personne ; si le huis clos est nécessaire, on prononcera le huis clos, nous l'acceptons ; mais nous n'admettrons pas que, nous livrant en pâture à toutes les calomnies, à toutes les injures, on dise que nous ne sommes pas des patriotes, que nous sommes des hommes payés, quand nous livrons en somme, dans un procès de cette nature, une bataille dans laquelle nous engageons toute notre vie, tout notre honneur ; nous n'admettrons pas qu'on vienne dire que nous plaisantons et que nous méritons tout au plus le dédain — on verra plus tard si nous le méritons !

Encore une fois, je ne veux rien dire de plus. J'ai fait connaître avec beaucoup de réserve pourquoi M. du Paty de Clam doit être entendu ; MM. les jurés apprécieront et le pays avec eux.

Me CLÉMENCEAU. — J'estime qu'il y a pour entendre le colonel du Paty de Clam une raison qui pourrait peut-être nous réunir dans une même opinion : c'est que, dans le Code, il y a un article qui dit que tout témoin cité devant la Cour d'assises doit comparaître. Je demande à M. l'Avocat général, qui représente ici la Société, de vouloir bien s'associer à mes conclusions.

M. LE PRÉSIDENT, *à M. l'Avocat général.* — Vous n'avez rien à dire ?

M. LE PRÉSIDENT, *à Me Labori.* — Vous remettrez vos conclusions après l'appel des témoins.

LETTRES D'EXCUSE

D'un certain nombre de témoins (suite). — Incidents.

M. LE PRÉSIDENT. — J'ai reçu également une lettre du colonel de Ramel.

Me LABORI. — Pas d'objection, monsieur le Président.

M. LE PRÉSIDENT. — J'ai reçu une lettre de Mlle Blanche de Comminges ; voici cette lettre :

Je suis trop souffrante pour pouvoir déférer à la citation comme témoin aux assises du 7 février. Ci-inclus le certificat du médecin.

Je profite de l'occasion pour vous certifier que je ne connais ni M. Zola ni le gérant du journal *l'Aurore*. Je m'étonne d'avoir été citée à leur requête, etc...

Me LABORI. — Monsieur le Président, il est probable que

Mlle de Comminges connaît les faits que j'ai déjà indiqués très discrètement, et sur lesquels nous demandons à la faire entendre.

M. LE PRÉSIDENT. — Elle a adressé un certificat de médecin à l'appui de sa lettre.

Me LABORI. — Eh bien! nous aviserons pour savoir s'il y a lieu de déposer des conclusions pour que Mlle de Comminges soit interrogée par voie de commission rogatoire, ou pour que l'affaire soit renvoyée jusqu'à ce qu'elle soit rétablie.

Messieurs les jurés devront savoir que nous aussi, nous voulons que cette affaire finisse, que l'angoisse qui pèse sur la conscience publique soit enfin secouée; par conséquent, nous irons jusqu'au bout de notre tâche, malgré tous les obstacles, malgré toutes les difficultés! Et la vérité, messieurs les jurés, elle est si éclatante — et vous le sentez bien, puisqu'on voudrait qu'il ne soit apporté aucun témoignage — elle est si éclatante que moi, je me charge de vous faire la preuve sans aucun témoin et sans aucune autre pièce que celles que tout le monde connaît!

M. LE PRÉSIDENT. — Maître Labori, il y a deux choses distinctes : il y a votre plaidoirie, dans laquelle vous direz tout ce que vous croirez devoir dire, et je suis d'avis que vous le ferez avec tout le tact et toute la courtoisie dont vous êtes capable; mais en ce qui concerne les témoins, vous avez entendu l'arrêt de la Cour; il ne faut pas que nous sortions des faits qui ont été relevés, articulés, précisés dans l'assignation.

Me LABORI. — Nous y sommes en plein, dans ces faits; nous sommes en plein dans l'affaire Esterhazy, et nous sommes en plein aussi dans la question de bonne foi.

M. LE PRÉSIDENT. — J'ai reçu une lettre de M. Cardin :

J'ai reçu citation à comparaître pour l'audience du 7 février, en raison du rôle de juge que j'ai rempli devant le Conseil de guerre, qui en janvier dernier a acquitté le commandant Esterhazy...
...Et je n'ai connu l'affaire en question que par ce qu'en ont dit les journaux. Dans ces conditions, je n'aurais aucun témoignage à fournir.

Me LABORI. — Nous n'insistons pas, monsieur le Président.

M. LE PRÉSIDENT. — M. Paulet avait été cité ; il a reçu une lettre de l'huissier Baitry qui lui dit de ne pas se présenter.

Voici une lettre de M. le lieutenant-colonel Marcy.....

Me LABORI. — Nous renonçons à entendre ce témoin.

M. LE PRÉSIDENT. — Voici une lettre de M. Gaudelette, qui a reçu également contre-ordre de l'huissier.

INCIDENT

Relatif à la lettre d'excuse de Mme de Boulancy.

Voici une lettre de Mme de Boulancy :

J'ai l'honneur de vous prévenir qu'il me sera impossible de me rendre demain lundi à l'audience où je suis appelée comme témoin. Je suis retenue dans mon lit par une affection cardiaque qui me fait beaucoup souffrir en ce moment; voici du reste le certificat de mon docteur, M. Bas, 4, rue de Berlin.

Je vous prierai de vouloir bien vous en rapporter aux deux dépositions qui sont entre les mains de M. le juge d'instruction Bertulus...

Me LABORI. — Monsieur le Président, si vous le voulez bien, en vertu de votre pouvoir discrétionnaire, et en raison de ce que Mme de Boulancy figure parmi les témoins notifiés à M. le Procureur général, nous vous demandons d'ordonner que les dépositions faites devant M. le juge d'instruction Bertulus seront versées aux débats.

J'insiste donc, et en présence de la lettre de Mme de Boulancy, j'ai l'honneur de poser des conclusions pour que les dépositions de Mme de Boulancy devant M. Bertulus soient versées au débat.

M. LE PRÉSIDENT. — Monsieur l'Avocat général ?

M. L'AVOCAT GÉNÉRAL. — Il ne s'agit pas de l'affaire actuelle, l'instruction est en cours.

M. LE PRÉSIDENT. — Vous entendez ce que dit M. l'Avocat général; il s'agit d'une affaire en cours pour laquelle le Parquet...

Me LABORI. — Comme le Parquet est saisi de toutes sortes d'affaires connexes avec le procès de M. Zola, nous voilà bien tranquilles, et comme les témoins ne veulent pas venir, nous pouvons vouloir la lumière, elle sera complète, si cela continue ainsi pendant deux jours!

Nous n'aurions pas demandé que les dépositions de Mme de Boulancy devant M. le juge d'instruction Bertulus soient versées au débat si un incident ne nous y avait obligés. Nous avons appelé Mme de Boulancy. Il ne suffit pas qu'elle ait déposé devant M. Bertulus pour qu'elle passe à l'état de témoin éternellement muet. Il faut donc qu'on entende Mme de Boulancy.

Les lettres de M. le commandant Esterhazy, dans lesquelles il parle si hautement de la France, et avec un patriotisme que MM. les jurés ont remarqué, elles appartiennent, au point de vue de l'authenticité, au débat actuel. M. le commandant Esterhazy, sentant bien le coup terrible que l'une de ces lettres, où il se qualifie de uhlan, allait lui porter, malgré toutes les égides dont il est couvert, a nié qu'elle fût authentique; or elle l'est, je l'affirme! Et si Mme de Boulancy était là, nous l'établirions.

En présence de toutes ces obstructions, j'ai le droit, au nom de mon client, qui, j'en suis sûr, m'approuvera...

M. ZOLA. — Parfaitement.

M⁰ LABORI. — ... et j'ai le devoir de tout dire. Mme de Boulancy en possède d'autres, des lettres...

M. ZOLA. — Absolument.

M⁰ LABORI. —...aussi authentiques et plus graves que les autres. Elle est, depuis six semaines, abandonnée à toutes les intimidations. M. le commandant Esterhazy se rend chez elle quotidiennement, avec la protection de la police, puisque celle-ci ne l'en empêche pas; et M. le commandant Esterhazy la menace de mort si elle les livre. Mme de Boulancy a entre les mains également des télégrammes de M. Esterhazy, postérieurs à tout cela, dans lesquels il la supplie de lui remettre les lettres, et cela, il y a plus d'un témoin qui le sait.

Il y a notamment pour le dire, ce M. Thys, dont on va nous annoncer tout à l'heure qu'il ne viendra pas, parce que, paraît-il, le Crédit Lyonnais le menace de révocation s'il vient, et lui promet de payer l'amende s'il ne vient pas.

Eh bien ! nous faisons MM. les jurés juges de cette situation.

Et nous leur demandons si c'est M. Zola, ou si c'est M. le Ministre de la guerre, par sa plainte et les restrictions de cette plainte, qui crée en France une situation, quoi qu'on en dise, véritablement révolutionnaire !

M. LE PRÉSIDENT. — Vous faites des réserves en ce qui concerne ce témoin; vous avez l'intention de déposer des conclusions.

M⁰ LABORI. — Je déposerai des conclusions.

M⁰ CLÉMENCEAU. — Permettez-moi également de faire toutes réserves en ce qui concerne la comparution de Mme de Boulancy. C'est depuis ce matin, tout au plus, que Mme de Boulancy est atteinte d'une maladie de cœur ; mais, depuis deux jours, nous savions qu'elle ne viendrait pas et que, dans la crainte que la Cour ordonne qu'un médecin expert se rende auprès d'elle, elle restera couchée aujourd'hui toute la journée.

Je dois ajouter que Mme de Boulancy a fait connaître à M. le Président qu'elle demeure rue de Berlin. Je supplie M. le Président de vouloir bien envoyer soit un médecin, soit un huissier rue de Berlin : on n'y trouvera pas Mme de Boulancy.

M. LE PRÉSIDENT. — Elle demeure boulevard des Batignolles, n° 22.

M. ZOLA. — Elle n'y est pas davantage.

M⁰ CLÉMENCEAU. — Eh bien ! boulevard des Batignolles, 22, vous ne trouverez pas Mme de Boulancy.

M. LE PRÉSIDENT. — C'est le certificat du médecin qui l'indique.

M⁰ CLÉMENCEAU. — Il est bien facile de s'en assurer.

M. LE PRÉSIDENT. — « Je soussigné, Bas, docteur en médecine, de la faculté de Paris, 9, rue de Berlin, certifie que Mme de Boulancy (Gabrielle), née Cartier, demeurant boulevard des Batignolles, 22... »

M⁰ CLÉMENCEAU. — Il y a une différence entre le domicile de

droit et le domicile de fait; eh bien ! je dis qu'en droit, Mme de Boulancy demeure peut-être boulevard des Batignolles, mais je dis qu'en fait elle n'y est pas. (*Bruit.*) Je crois qu'il n'y a rien de ridicule dans ces explications que je formule, et j'ai l'honneur de déposer devant la Cour des conclusions... rédigées depuis quarante-huit heures. Nous disions dans nos conclusions que Mme de Boulancy était atteinte d'une maladie de cœur, et voici que, suivant les termes de sa lettre, elle est souffrante d'une affection cardiaque.

Voici ces conclusions :

Plaise à la Cour,

Attendu que Mme de Boulancy, régulièrement citée devant la Cour d'assises, ne comparaît pas et fait parvenir un certificat de médecin attestant qu'en raison « d'une maladie de cœur » elle ne peut comparaître;

Mais, attendu que ce témoin était cité pour établir la vérité des faits reprochés aux prévenus concernant le premier Conseil de guerre;

Que Mme de Boulancy elle-même ou des tiers dûment autorisés, ont affirmé à diverses reprises que celle-ci possédait des lettres du commandant Esterhazy non moins outrageantes encore pour l'armée française que celles déjà connues et qu'elle les produirait à la Cour d'assises;

Qu'il est en outre à la connaissance des concluants : que Mme de Boulancy a reçu trois dépêches du commandant Esterhazy lui redemandant les lettres dont il vient d'être parlé et la menaçant de mort si elle les produisait; que, devant ces menaces, Mme de Boulancy a déménagé brusquement en cachant sa nouvelle adresse; que sa maladie est feinte, qu'en effet, elle est sortie jeudi dernier, et que ce jour-là il a été décidé par elle qu'elle ne comparaîtrait pas, qu'elle ferait parvenir un certificat établissant qu'elle est atteinte d'une maladie de cœur et qu'elle resterait couchée toute la journée de lundi; qu'elle a en outre décidé, sous le coup des menaces qui lui ont été faites, de ne livrer à la Cour ni les lettres ni les dépêches sus-indiquées;

Attendu que ce témoignage avait pour but d'élucider la question de faux reprochée au témoin au sujet de la lettre d'Esterhazy, fait dont s'est occupé le premier Conseil de guerre, et que les lettres et dépêches dont il vient d'être parlé sont de nature à jeter au débat un important élément d'appréciation;

Pour ces motifs et tous autres à déduire :

Dire qu'un médecin se transportera chez Mme de Boulancy et dira si son état de santé lui permet de venir,

Ordonner que, par tel officier de police judiciaire qu'il plaira à la Cour, il sera procédé à la saisie :

1° Des lettres du commandant Esterhazy à Mme de Boulancy se trouvant soit chez ses témoins, soit chez des tiers ;

2° Des dépêches du commandant Esterhazy se trouvant en possession de Mme de Boulancy.

M. LE PRÉSIDENT. — J'ai également reçu une lettre de M. le baron de Vaux :

> Monsieur le Président,
> Veuillez m'excuser si je ne puis répondre à l'appel de mon nom. Je suis malade et dans l'impossibilité de sortir.
> Inclus certificat de mon médecin.

Me LABORI. — Nous renonçons à la déposition de M. le baron de Vaux.

M. LE PRÉSIDENT. — M. Duclaux demande à se présenter à quatre heures seulement.

INCIDENT

Relatif à la lettre d'excuse de M. Le Brun-Renaud

J'ai reçu également une lettre de M. Le Brun-Renaud :

> J'ai l'honneur de vous informer que j'ai reçu une assignation à comparaître comme témoin dans l'affaire Zola, qui doit être jugée aux assises de la Seine à partir du 7 février.
> Cette assignation n'a pu m'être adressée qu'en raison du service spécial que j'ai exécuté le 5 janvier 1895, à l'occasion de la parade d'exécution de l'ex-capitaine Dreyfus.
> Je ne puis donc rendre compte de ce qui s'est passé dans ce service qu'à mes chefs hiérarchiques, et c'est ce que j'ai fait ; à eux seuls appartient de faire de mon rapport tel usage qui sera convenable.
> Quant à moi, en dehors d'eux, je suis tenu au silence en raison de mes devoirs professionnels, et me trouve dans l'impossibilité de déposer devant MM. les jurés.
> Dans ces conditions, je m'abstiendrai de répondre...

Me LABORI. — Je vais demander à la Cour la permission de déposer des conclusions.

Je déposerai deux sortes de conclusions, ou plutôt je réserverai celles qui concernent le secret professionnel pour le moment où la Cour aura statué sur l'audition de M. le capitaine Le Brun-Renaud. Voici les premières :

> Plaise à la Cour,
> Attendu que M. Emile Zola, dans sa lettre au Président de la République, publiée dans le numéro de *l'Aurore* du jeudi 13 janvier 1898, et à raison de laquelle il est actuellement déféré à la Cour d'assises, a eu surtout pour but de protester contre ce qu'il considère comme une erreur judiciaire et de faire tout ce qui dépendait de lui pour parvenir à la manifestation de la vérité ; que cela résulte bien du passage suivant qu'il écrit à la fin de sa lettre : « Je n'ai qu'une passion, celle de la lumière, au nom de l'humanité qui a tant souffert et qui a droit au bonheur » ;
> Attendu que, depuis plusieurs semaines, il a été question dans la presse et à la tribune de la Chambre des Députés de prétendus aveux

qui auraient été recueillis par M. le capitaine Le Brun-Renaud, le jour de la dégradation de l'ex-capitaine Dreyfus, et constatés par lui ;

Attendu qu'en dehors de la preuve des faits articulés et qualifiés dans la citation, qu'il leur appartient de fournir, les concluants sont en droit de faire entendre tous témoins nécessaires pour établir leur bonne foi ;

Attendu que, pour établir cette bonne foi, il est indispensable de démontrer tout d'abord que les aveux prétendûment reçus par M. Le Brun-Renaud n'ont pas été effectivement reçus, et qu'à supposer qu'ils aient été constatés, ils n'ont pu l'être que faussement et irrégulièrement ;

Par ces motifs :

Ordonner l'audition de :

1º M. Le Brun-Renaud, qui sera invité à répondre aux questions suivantes :

(A) A-t-il recueilli des aveux de Dreyfus et dans quelles conditions ?

(B) Les a-t-il constatés officiellement ? Dans quelles conditions et à quelle date ?

(C) En a-t-il parlé à diverses personnes ? A M. Fornizetti, à M. le baron de Vaux, à M. Clisson, à M. Fontbrune, à M. Dumont?

(D) A toutes les questions qu'il pourrait être utile de lui poser relativement à l'ensemble des faits dont s'agit ;

2º De tous autres témoins susceptibles d'être interrogés utilement sur le même ordre de faits.

Sous toutes réserves.

Et ce sera justice.

Mᵉ LABORI. — Monsieur le Président, nous aurions absolument besoin de faire comparaître M. le commandant Ravary. Il n'y a point de question touchant le secret professionnel en ce qui concerne les points sur lesquels nous aurons à l'interroger. M. le commandant Ravary a, en effet, le premier constaté officiellement, dans un rapport qui a été lu publiquement, l'existence de ce qu'on appelle le dossier secret de l'affaire Dreyfus. C'est là un point qui appartient tout entier au débat, puisque M. Emile Zola et son coprévenu sont autorisés à faire la preuve qu'une illégalité a été commise en 1894 et qu'elle a été couverte en 1898. Il est donc indispensable, dans ces conditions, que M. Ravary soit entendu, et j'aurai l'honneur de déposer sur ce point des conclusions.

M. LE PRÉSIDENT. — J'ai reçu de M. le général Mercier une lettre dans laquelle il dit que les poursuites intentées par le gouvernement contre M. Zola ne visent que le jugement Esterhazy, auquel il est resté étranger.

Mᵉ LABORI. — Je suis tout à fait surpris que M. le général Mercier — comme d'autres, d'ailleurs — se fasse lui-même juge de la question de savoir s'il lui appartient de comparaître ou non devant la justice.

Le Ministre de la guerre peut délimiter ici les points qui feront l'objet de sa plainte, mais il n'a pas le droit comme plaignant — ce qui est tout à fait choquant et monstrueux — de mettre un obstacle, non plus juridique, mais matériel à la preuve des faits que nous voulons établir. M. le général Mercier est un témoin capital. Il lira peut-être demain dans les journaux ce qui s'est passé à la première audience de cette affaire, qui ne se plaide pas seulement devant 1.500 personnes, mais devant la France entière.

Or, M. Zola affirme qu'en 1894 M. le général Mercier, ministre de la guerre, se faisant lui-même juge alors qu'il n'était que chef, a fait parvenir au Conseil de guerre, après l'audience, en dehors des débats, en dehors de l'accusé, sans qu'on l'interrogeât à ce sujet, sans qu'on soumît rien à son défenseur, une ou plusieurs pièces secrètes qui n'ont d'ailleurs aucune valeur. Si ce n'est pas vrai, que M. le général Mercier vienne le dire ici demain ; si c'est vrai, je n'ai plus besoin de lui.

Bien entendu, je fais mes réserves, monsieur le Président.

M. LE PRÉSIDENT. — M. Patron, chef de bataillon en retraite, m'écrit qu'il est manifeste qu'il ne peut être assigné que comme ayant fait partie du Conseil de guerre et qu'il est obligé de se refuser à tout témoignage.

Mᵉ LABORI. — Nous faisons toutes réserves, de même que pour M. le général Mercier.

M. LE PRÉSIDENT. — Vous ne l'abandonnez pas ?

Mᵉ LABORI. — Non, monsieur le Président.

M. LE PRÉSIDENT. — M. le commandant Rivals, chef d'escadron au 12ᵉ régiment d'artillerie, m'a écrit également.

Mᵉ LABORI. — Nous n'insistons pas, monsieur le Président. Il s'agit là du Conseil de 1898.

M. LE PRÉSIDENT. — M. Vallecalle, greffier près le Conseil de guerre, écrit qu'il ne peut pas venir, ayant été cité à raison des fonctions de greffier remplies par lui.

Mᵉ LABORI. — Nous insistons pour la comparution de M. Vallecalle, et nous faisons des réserves dont nous nous emparerons tout à l'heure dans nos conclusions.

Le plaignant est représenté ici par M. le Procureur général. Nous lui serions très reconnaissants de nous faire savoir, la consigne et le respect de l'autorité étant dans l'armée admirables et bien observés, si M. le Ministre de la guerre a donné à tous ces témoins, comme à M. le général Mercier, une autorisation qui, pour ceux-là, eût été plus qu'une autorisation, un ordre.... Je serais reconnaissant à M. le Procureur général, s'il ne le sait pas, de vouloir bien faire poser d'ici demain la question à M. le Ministre de la guerre, afin de nous donner une réponse.

M. ZOLA. — En un mot, nous voudrions savoir, monsieur le Président, si ces personnes ont reçu des ordres de M. le général Billot, ou si elles ont agi de leur propre initiative.

M. L'AVOCAT GÉNÉRAL. — J'apprends le contenu de ces lettres en même temps que la défense.

Me LABORI. — Parfait, monsieur l'Avocat général. Je n'en doutais pas. Soyez assuré que j'ai, et pour la Cour qui nous juge, et pour M. le Procureur général qui est mon adversaire, le plus absolu respect. J'ai en eux la plus absolue confiance, et vous me croirez si je vous dis que c'est peut-être la seule force qui me soutienne à travers la tâche considérable que j'ai entreprise, force à laquelle il s'en joint pourtant une autre : l'espérance du résultat, du succès qui est au bout de notre effort et qui me persuade qu'un jour, quelque dégoût dont nous ayons été abreuvés, on nous remerciera peut-être de l'œuvre de courage que nous accomplissons aujourd'hui.

Donc, monsieur l'Avocat général, j'ai en vous la plus absolue confiance. Cela me donne ici toute latitude. Vous n'êtes pas mon adversaire, vous l'êtes si peu que vous ne pouvez pas vous-même accepter la lumière sur les points où on ne veut pas la faire. Cependant, puisque M. le Ministre de la guerre et ses subordonnés ne le veulent pas, je vous en supplie, répondez-nous simplement à cette question : « Leur a-t-on donné l'ordre de ne pas venir ? » Si on ne l'a pas donné, qu'on le dise hautement, et la Cour statuera demain sur nos conclusions qui demanderont peut-être le renvoi de l'affaire afin que le jury puisse juger en pleine connaissance de cause.

Me CLÉMENCEAU. — Constatons tout d'abord que M. le Président de la République n'a pas voulu signer le décret de M. le Ministre de la justice permettant d'assigner M. Billot, ensuite que M. Billot a autorisé M. le général Mercier à *ne pas* comparaître devant la Cour d'assises. Puisque nous connaissons le commencement de l'histoire, il y a intérêt à connaître la suite, et je demande à M. le Procureur général de nous faire savoir à la prochaine audience si les autres officiers d'un grade moins élevé que celui du général Mercier ont également reçu l'autorisation de leurs supérieurs de *ne pas* se présenter devant la justice. S'il en est ainsi, il me sera permis de m'étonner qu'il ne se soit trouvé personne dans toute cette hiérarchie pour comprendre qu'il est une chose au-dessus du Ministre de la guerre, c'est la justice. (*Mouvements divers.*)

M. LE PRÉSIDENT. — M. Morel, aujourd'hui à la retraite, dit qu'il ne peut venir déposer.

Me LABORI. — Nous insistons en ce qui concerne tous les honorables officiers qui assistaient au Conseil de guerre de 1894 ; nous renonçons absolument en ce qui concerne les officiers du Conseil de guerre de 1898, et j'ajoute que nous avons spontanément écrit à ces messieurs que c'était par erreur qu'ils avaient été convoqués.

M. LE PRÉSIDENT. — M. Autant, architecte, s'excuse aussi de ne pouvoir venir.

Me LABORI. — Nous insistons. D'ailleurs, ainsi que me le fait justement remarquer Me Clémenceau, tous ces certificats nous sont annoncés huit jours à l'avance.

M. LE PRÉSIDENT. — M. le colonel Echemann, colonel au 120e régiment d'infanterie, écrit qu'il est manifeste qu'il ne peut être assigné qu'à raison du rôle qu'il a rempli au Conseil de guerre qui, en décembre 1894, a jugé le capitaine Dreyfus.

Insistez-vous, maître Labori?

Mes LABORI et CLÉMENCEAU. — Oui, monsieur le Président.

M. LE PRÉSIDENT. — M. le général de Boisdeffre écrit qu'il n'a été aucunement mêlé à l'instruction du procès Esterhazy, qui dépendait uniquement du gouverneur militaire de Paris.

Me LABORI. — Monsieur le Président, M. Zola s'étonne beaucoup — et je ne puis m'empêcher de communiquer à la Cour et à MM. les jurés cette observation — que tous ces témoins, suivant l'indication fournie à la tribune, non pas seulement par M. le Ministre de la guerre, mais par M. le Président du Conseil lui-même, semblent s'imaginer qu'ils forment une caste à part et indépendante, qu'il leur est permis de s'élever au-dessus de tous les droits, de la justice elle-même, de se faire juges personnellement de la question de savoir s'ils sont utiles ou non comme témoins dans une affaire. Par conséquent, pour M. le général de Boisdeffre, comme pour les autres, nous insistons et nous protestons.

Me CLÉMENCEAU. — Nous sommes un peu désorientés, parce que, dans les lettres que vous lisez, monsieur le Président, il y a des témoins qui disent qu'ils ne viendront pas parce qu'ils connaissent certains faits, et d'autres, comme M. de Boisdeffre, qui disent qu'ils ne viendront pas parce qu'ils ne connaissent pas l'affaire du Conseil de guerre. Nous ne savons laquelle de ces deux observations est la bonne, mais il est impossible qu'elles soient bonnes toutes les deux.

Il est intéressant pour MM. les jurés de retenir que des anciens ministres, des témoins qui ne sont pas les premiers venus, MM. Guérin et Trarieux, anciens Gardes des sceaux, M. Poincaré, ancien Ministre des finances, ont répondu à la citation. Ceux-là viennent; il est bien certain qu'ils n'avaient rien à craindre s'ils avaient écrit à M. le Président qu'ils ne pouvaient pas venir. Donc, ces anciens ministre répondent à notre appel et, parmi les militaires, nous ne pouvons pas avoir un témoin. Je crois qu'il est bon que MM. les jurés retiennent cela.

M. LE PRÉSIDENT. — Maître Labori, vous déposez vos conclusions?

Me LABORI. — Dans quelques minutes, monsieur le Président. Si vous voulez que nous les déposions demain, nous sommes aux ordres de la Cour.

M. LE PRÉSIDENT. — Il faut avoir le temps de citer les témoins.

Me LABORI. — Etant donnée la tournure que prend le débat, il est bien difficile de prévoir que l'affaire ne se prolonge pas pendant trois jours. Au besoin, la Cour pourrait ordonner la comparution de certains témoins pour mercredi. Si la Cour veut bien nous accorder un quart d'heure de suspension, nous allons rédiger ces conclusions qui seront à peu près les mêmes.

M. LE PRÉSIDENT. — L'audience est suspendue.

(*Suspension.*)

M. LE PRÉSIDENT. — L'audience est reprise.

Mᵉ LABORI. — J'ai l'honneur, Monsieur le Président, de déposer sur le bureau de la Cour diverses conclusions. Je ne crois pas qu'il y ait lieu de relire les conclusions relatives à M. le colonel du Paty de Clam et les conclusions relatives à M. le capitaine Le Brun-Renaud. J'arrive immédiatement conclusions relatives à Mˡˡᵉ Blanche de Comminges :

Conclusions

relatives à Mˡˡᵉ Blanche de Comminges.

Plaise à la Cour :

Attendu que le témoignage de Mˡˡᵉ Blanche de Comminges est absolument indispensable à la manifestation de la vérité;

Par ces motifs,

Ordonner que sur la réquisition du Ministère public elle sera contrainte par tous moyens de droit de comparaître à l'audience,

Et subsidiairement pour le cas où elle en serait empêchée par la maladie, après que la Cour aura vérifié la réalité de cette maladie par médecin commis ;

Ordonner que par voie de commission rogatoire et par tel de MM. les magistrats qu'il plaira à la Cour commettre,

Elle sera tenue de répondre aux questions suivantes :

1º Sait-elle qu'on a employé son nom pour écrire à M. le colonel Picquart?

2º Comment le sait-elle ?

3º Ne donnait-elle pas le sobriquet de *Demi-Dieu* à M. le capitaine de Lallemand?

4º Sait-elle si ce mot n'a pas été employé dans un télégramme argué de faux ?

5º M. le colonel du Paty de Clam n'avait-il pas contre elle et contre sa famille des motifs de rancune ?

6º N'est-il pas à sa connaissance qu'il a eu recours en 1892 à des manœuvres très graves, notamment à l'emploi de lettres anonymes?

7º M. Lozé, préfet de police, n'a-t-il pas été saisi de cette affaire, et M. le général D... n'a-t-il pas eu à intervenir ?

8º Enfin M. le lieutenant-colonel du Paty de Clam n'a-t-il pas organisé, pour la restitution d'une lettre, une scène qui se passait au Cours-la-Reine et où il a fait intervenir une dame voilée ?

Sous toutes réserves,

Et ce sera justice.

Mᵉ LABORI. — Voici les conclusions en ce qui concerne M. Casimir-Perier :

Conclusions
relatives à l'audition de M. Casimir-Perier.

Plaise à la Cour,

Attendu que M. Casimir-Perier, ancien Président de la République, a bien voulu dans sa lettre à M. le Président des assises dire qu'il se tenait à la disposition de la Cour et du jury si sa présence était jugée nécessaire;

Attendu que les prévenus estiment que cette présence est utile pour la manifestation de la vérité;

Par ces motifs,

Donner acte aux concluants de ce qu'ils insistent respectueusement pour l'audition de M. Casimir-Perier.

M. LE PRÉSIDENT. — M. Casimir-Perier m'a fait demander s'il pouvait venir. Je lui ai répondu que oui.

M⁰ LABORI. — C'est entendu. Au surplus la Cour voit avec quelle modération et quelle déférence nous nous sommes exprimés.

J'ai ensuite réuni ce qui concerne un certain nombre de témoins dans des conclusions uniques :

Conclusions
relatives à l'audition de divers témoins.

Plaise à la Cour,

Attendu que les témoins suivants : MM. d'Ormescheville, Ravary, général Mercier, Patron, Vallecalle, Maurel, Autant, Echemann, de Boisdeffre et capitaine de Comminges, cités à la requête de MM. Zola et Perrenx, n'ont pas répondu à l'appel de leur nom; que par lettres adressées à M. le Président de la Cour d'assises, ils déclarent ne pas comparaître, n'ayant rien à déposer dans le procès actuel;

Attendu qu'aux termes de l'article 80 du Code d'instruction criminelle, toute personne citée est tenue de comparaître et de satisfaire à la citation, qu'aucun motif quelconque ne peut les en dispenser; qu'au cas où une raison valable de ne pas déposer pourrait être invoquée par eux, ils ne pourraient l'invoquer que devant la Cour, après avoir comparu en personne; que de même il ne leur appartient pas de déclarer à l'avance si leur témoignage est utile ou non, s'ils savent ou ignorent les faits sur lesquels ils seront appelés à déposer; que ce n'est, en effet, que sous la foi du serment qu'ils auront à répondre sur les questions qui leur seront posées, qu'ils ignorent les faits sur lesquels leur témoignage est requis;

Par ces motifs,

Dire et ordonner que les témoins ci-dessus désignés seront contraints par corps à venir devant la Cour fournir leur témoignage.

Et ce sera justice.

M. LE PRÉSIDENT. — Maître Clémenceau, avez-vous des observations à faire ?

Mᵉ CLÉMENCEAU. — Aucune.

M. LE PRÉSIDENT. — Et vous, monsieur Emile Zola ?

M. EMILE ZOLA. — Aucune, monsieur le Président.

M. LE PRÉSIDENT. — Et vous, monsieur Perrenx ?

M. PERRENX. — Aucune, monsieur le Président.

M. LE PRÉSIDENT. — A demain pour arrêt.

L'audience est levée.

DEUXIÈME AUDIENCE

AUDIENCE DU 8 FÉVRIER

Sommaire. — Lettres d'excuse de divers témoins. — Appel des témoins ; Conclusions et Arrêt. — Déposition de Mᵐᵉ A. Dreyfus. Incident : Conclusions de Mᵉ Labori ; observations de M. l'Avocat général ; réponse de Mᵉ Labori et Arrêt. — Dépositions de M. Leblois, de M. Scheurer-Kestner. — Déposition de M. Casimir-Perier. Incident et Conclusions. — Déposition de M. de Castro.

L'audience est ouverte à midi vingt-cinq.

LETTRES D'EXCUSE

de divers témoins *(Suite)*.

M. le Président. — Maître Labori et Maître Clémenceau, avant de rendre l'arrêt sur les conclusions que vous avez déposées hier, il est nécessaire que la Cour fasse procéder à l'appel général des témoins, qui n'a pas été fait hier ; car hier, j'ai seulement lu les excuses de ces messieurs qui ne pouvaient pas venir.

Mais encore, avant de faire cet appel, je dois vous donner lecture de lettres nouvelles de témoins qui s'excusent. En voici une de M. le commandant Esterhazy :

J'ai été accusé par M. Mathieu Dreyfus du crime de haute-trahison et mes juges m'ont acquitté, par un arrêt du Conseil de guerre rendu à l'unanimité. Aujourd'hui, je reçois, à la requête d'un simple particulier, une citation à comparaître comme témoin dans le procès qui lui est intenté devant la Cour d'assises. Il est constant, d'autre part, que, dans ce procès, le but poursuivi par M. Zola est à la fois de reviser par une voie révolutionnaire l'arrêt d'acquittement rendu en ma faveur et de tenter de salir, en les représentant comme des criminels, des juges que je respecte. Telle est l'œuvre à laquelle M. Emile Zola m'invite à participer.

Dans de telles conditions, j'estime que je n'ai pas à répondre à la citation de M. Zola.

Mᵉ Labori. — Monsieur le Président, M. le commandant Esterhazy, d'après ce qui m'a été rapporté, était hier présent dans la salle des témoins. Il était donc, à ce qu'il semble, disposé à se présenter devant la Cour. Il s'y refuse aujourd'hui. Il ne m'appartient pas de rechercher quelles sont les causes de ce changement de conduite.

Je n'ai pas consulté M. Zola sur l'attitude qu'il convient de prendre dans cette situation, mais je prends sur moi de faire immédiatement connaître à la Cour une décision qui, j'en suis convaincu, sera approuvée par mon client.

M. Zola. — Absolument..., à l'avance.

Mᵉ Labori. — C'est un sentiment de haute justice qui nous a conduits à appeler ici M. le commandant Esterhazy. Il n'y sera point un accusé : il est acquitté, il peut invoquer, lui aussi, le bénéfice de la chose jugée. Mais il est certain que, ne fût-ce qu'au point de vue de la bonne foi de M. Emile Zola, il sera question de M. le commandant Esterhazy. Nous n'avons pas cru qu'il nous fût possible de nous expliquer ici, avec toute l'autorité qui doit être attachée à des paroles que nous prononcerons avec une modération et avec une prudence qui n'auront d'égales que notre résolution et notre énergie, sans y avoir appelé M. Esterhazy. Il refuse d'y venir : nous parlerons sans lui.

M. le Président. — Alors, vous n'insistez pas ?

Mᵉ Labori. — Nous n'insistons pas.

Mᵉ Clémenceau. — Au nom du gérant du journal *l'Aurore*, j'insiste pour que le commandant Esterhazy soit réassigné et, s'il ne répondait pas à cette seconde assignation, je demanderais à la Cour qu'il soit amené devant elle par la force armée.

M. le Président. — J'ai reçu également une lettre de Mᵐᵉ veuve Chapelon, qui nous dit qu'elle est retenue à la chambre par une attaque d'influenza.

Mᵉ Clémenceau. — Nous demandons qu'elle soit réassignée. Mᵐᵉ Chapelon s'est présentée aux bureaux du journal *l'Aurore*, il y a huit jours ; c'était après la notification. Elle venait prier qu'on la rayât de la liste des témoins. Elle donnait cette raison qu'elle sollicitait pour son fils une bourse à Chaptal et que, si elle venait pour déposer, on ne lui accorderait pas cette bourse. M. Perreux, gérant du journal *l'Aurore*, lui a répondu que ce n'était pas une raison suffisante, que ce qu'on lui demandait, c'était, devant la Cour d'assises, de venir dire la vérité. Elle s'en est allée en tapant les portes et en disant : « Si vous me faites venir, je dirai le contraire de la vérité. »

J'insiste pour que ce témoin vienne.

M. le Président. — Il y a un certificat de médecin.

Mᵉ Clémenceau. — Je demande qu'un médecin expert soit envoyé. Celui qui verra Mᵐᵉ de Boulancy pourra la voir également.

M. le Président. — J'ai aussi une lettre du commandant Rivals, du 12ᵉ d'artillerie.

Mᵉ Labori. — C'est entendu.

M. LE PRÉSIDENT. — ... Une lettre du colonel Bougon, qui fait connaître que c'est par erreur qu'il a été assigné.

Me LABORI. — C'est également entendu.

APPEL DES TÉMOINS

M. LE PRÉSIDENT. — Audiencier, faites l'appel des témoins et ayez bien soin que tous les témoins sortent de l'audience. N'allez pas trop vite, pour qu'il n'y ait pas d'erreur.

M. L'AVOCAT GÉNÉRAL. — Maître Labori, je n'ai pas votre liste de témoins ; je parle de ceux que vous avez réellement cités, puisqu'il y en a auxquels vous avez renoncé.

Me LABORI. — Je vous la remettrai à la suspension... Alors, vous désirez que nous enlevions de la citation ceux qui ne viennent pas et que nous vous donnions les autres ?

M. L'AVOCAT GÉNÉRAL. — Mettez-les sous deux paragraphes.

M. LE PRÉSIDENT. — Je rappelle à MM. les jurés qu'ils ne doivent communiquer avec personne. Je prierai les personnes qui sont près d'eux de vouloir bien se retirer ; ce n'est pas leur place.

Maître Labori, avez-vous des conclusions à poser ?

Me LABORI. — J'ai des conclusions au sujet des témoins desquels vous avez bien voulu nous lire des lettres il y a un moment.

En ce qui concerne M. le commandant Esterhazy, en présence de l'insistance que M. Perrenx croit devoir manifester relativement à la nécessité de sa présence, M. Emile Zola s'associe à M. Perrenx ; par conséquent, l'un et l'autre prennent les conclusions que j'ai l'honneur de déposer sur le bureau de la Cour.

Conclusions
relatives à l'audition de M. le commandant Esterhazy.

Plaise à la Cour,

Attendu que M. Esterhazy, cité comme témoin à la requête des concluants, ne comparaît pas à l'audience ;

Attendu que son témoignage est nécessaire pour la manifestation de la vérité et la justification de la bonne foi des prévenus ;

Attendu que le refus de faire droit aux légitimes prétentions des concluants constituerait une atteinte aux droits de la défense ;

Par ces motifs,

Dire qu'il sera réassigné, et que, faute par lui de comparaître sur cette réassignation, il y sera contraint, et au besoin par la force armée, sur les réquisitions du Ministère public.

Conclusions
relatives à l'audition de Mme Chapelon.

Plaise à la Cour,

Attendu que Mme Chapelon, citée comme témoin à la requête des concluants, ne comparaît pas à l'audience;

Attendu qu'elle allègue à l'appui de sa non-comparution une maladie qu'elle a fait certifier par un médecin;

Attendu que son témoignage est nécessaire pour la manifestation de la vérité et la justification de la bonne foi des prévenus;

Attendu que le refus de faire droit aux légitimes prétentions des concluants constituerait une atteinte aux droits de la défense;

Attendu qu'il y a lieu, en conséquence, de commettre un médecin, lequel aura pour mission d'apprécier l'état de santé du témoin et dire si elle est en état de venir déposer devant la Cour;

Par ces motifs,

Commettre tel médecin qu'il plaira à la Cour, désigner à l'effet ci-dessus, et, pour le cas où il résulterait de sa constatation que Mme Chapelon n'est pas dans l'impossibilité physique absolue de se rendre à l'audience,

Ordonner qu'elle sera réassignée,

Dire et ordonner qu'elle y sera contrainte au besoin par la force armée.

Arrêt
relatif à l'audition des témoins non-comparants.

La Cour,

Après en avoir délibéré sans le concours de M. le conseiller Lévrier,

Statuant sur les conclusions prises par Perrenx et Zola à l'audience d'hier,

En ce qui touche la dame de Boulancy, la demoiselle Blanche de Comminges, le sieur Autant et la dame veuve Chapelon;

Considérant que ces témoins, régulièrement cités, ont produit des certificats médicaux réguliers, constatant qu'ils étaient, en raison de leur état de santé, dans l'impossibilité de venir déposer en justice;

Qu'il importe, toutefois, de s'assurer que leur état de santé est tel qu'ils ne peuvent se présenter sans danger devant la Cour, et qu'il y a lieu de commettre un expert, lequel aura pour mission de se transporter au domicile desdits témoins et de constater leur état de maladie;

En ce qui touche Le Brun-Renaud, du Paty de Clam, d'Ormescheville, Ravary, général Mercier, Patron, Vallecalle, Maurel, Echemann, général de Boisdeffre et Esterhazy;

Considérant qu'aux termes de l'article 80 du Code d'instruction criminelle, toute personne citée est tenue de comparaître devant la justice; qu'il n'appartient pas aux témoins cités d'apprécier à l'avance les questions qui leur seront posées, sauf par eux à se retrancher, s'il y a lieu, derrière le secret professionnel;

Qu'il y a donc lieu d'ordonner que les personnes sus-visées seront citées à nouveau pour l'audience de demain;

Par ces motifs,

Commet M. le docteur Socquet, lequel, serment préalablement prêté entre les mains du Président de cette Cour, aura pour mission de se transporter au domicile de la dame de Boulancy, de la demoiselle Blanche de Comminges, du sieur Autant et de la dame veuve Chapelon, les examinera et dira si, en raison de leur état de santé, ils peuvent ou non se présenter à l'audience de la Cour d'assises, fera connaître son rapport verbal à l'audience pour être ensuite par les parties conclu, et la Cour statué ce qu'il appartiendra;

Dit que les sieurs Le Brun-Renaud, du Paty de Clam, d'Ormescheville, Ravary, général Mercier, Patron, Vallecalle, Maurel, Echemann, général de Boisdeffre et Esterhazy seront de nouveau cités pour l'audience de demain ;

Dit n'y avoir lieu à statuer, quant à présent, sur le surplus des conclusions, et ordonne qu'il sera passé outre aux débats.

M. LE PRÉSIDENT. — Monsieur Zola, avez-vous des observations à présenter en ce moment?

M. ZOLA. — Aucune.

M. LE PRÉSIDENT. — Et vous, monsieur Perrenx ?...

M. PERRENX. — Aucune.

M. LE PRÉSIDENT. — Monsieur Perrenx, vous reconnaissez avoir publié, dans le journal *l'Aurore*, l'article de M. Zola intitulé : « J'accuse ! »

M. PERRENX. — Je le reconnais.

M. LE PRÉSIDENT. — Et vous, monsieur Zola, vous reconnaissez être l'auteur de cet article ?

M. ZOLA. — Je le reconnais.

M. LE PRÉSIDENT. — Vous n'avez rien à dire quant à présent... ?

Huissier, faites entrer le premier témoin.

Me LABORI. — Le premier témoin est M. le capitaine Lebrun-Renault, qui n'est pas présent, et il y a tout un groupe de témoins qui se rattache à M. Lebrun-Renault. Si M. le Président le veut bien, nous allons modifier l'ordre de leur interrogation; il y a lieu pour eux de surseoir jusqu'à l'audience de demain.

Et je crois qu'il faudrait faire de même pour le groupe du Paty de Clam.

M. LE PRÉSIDENT. — Quel témoin désirez-vous faire entendre ?

Me LABORI. — Nous pourrions entendre M. Scheurer-Kestner... Et puis, non, monsieur le Président, pas M. Scheurer-Kestner, M. Leblois.

(*Me Labori consulte ses collaborateurs et son client.*)

M. LE PRÉSIDENT. — Veuillez nous faire connaître quel témoin vous désirez faire entendre ?

Me LABORI. — Comme il se trouve que nous sommes en présence d'une situation nouvelle, je demande à la Cour de me permettre de délibérer un instant avec mes confrères.

M. L'AVOCAT GÉNÉRAL. — Je demande alors que l'audience soit suspendue.

Me LABORI. — Je prie la Cour de faire entendre Mme Dreyfus.

(*Mme Dreyfus est introduite.*)

DÉPOSITION DE Mme ALFRED DREYFUS

Incident.

M. LE PRÉSIDENT. — Quelle question, maître ?

Me LABORI. — Je voudrais que Mme Dreyfus ait la bonté de nous dire ce qu'elle pense de la bonne foi de M. Emile Zola, et, à ce propos, de nous faire savoir dans quelles conditions, en 1894, elle a appris l'arrestation de son mari, et quelle a été, à ce moment, l'attitude de M. le colonel du Paty de Clam, qui n'était encore que commandant.

M. LE PRÉSIDENT. — Quel rapport cela a-t-il avec l'affaire ?

Me LABORI. — Cela a un étroit rapport avec la bonne foi de M. Emile Zola.

M. ZOLA. — Je demande à avoir ici la liberté qu'y ont les assassins et les voleurs. Ils peuvent se défendre, faire citer des témoins et leur poser des questions.

Moi, tous les jours, on m'injurie dans la rue, on casse mes carreaux, on me roule dans la boue, une presse immonde me traite comme un bandit. J'ai le droit de prouver ma bonne foi, de prouver ma probité et de prouver mon honneur.

M. LE PRÉSIDENT. — Vous connaissez l'article 52 de la loi de 1881 ?

M. ZOLA. — Je ne connais pas la loi et ne veux pas la connaître... (*Bruit dans l'auditoire*)... en ce moment-ci. Je fais un appel à la probité de MM. les jurés. Je les fais juges de la situation qui m'est faite et je m'en remets à eux.

M. LE PRÉSIDENT. — Je vous rappelle les termes de l'arrêt que la Cour a rendu hier, les dispositions de l'article 52 de la loi de 1881 et les termes de votre citation. N'en sortons pas. Toute question qui en sortira ne sera pas posée par moi. Que ce soit bien entendu. Inutile d'y revenir.

M. ZOLA. — Je demande à être ici traité aussi bien que les assassins et les voleurs, qui ont le droit de faire la preuve de leur probité, de leur bonne foi et de leur honneur !

Me LABORI. — Voulez-vous me permettre de préciser la portée de mes questions?

M. Emile Zola, pour prendre les choses d'une manière résumée et succincte, a formulé, dans les passages poursuivis de sa lettre, deux affirmations : il a affirmé que le Conseil de guerre de 1894 avait, en la personne de l'ex-capitaine Dreyfus, condamné un innocent par une illégalité...

M. le Président. — Il n'est pas poursuivi pour cela.

Me Labori. — Pardon, il est poursuivi pour avoir dit que le second Conseil de guerre a acquitté sciemment un coupable, en couvrant par ordre l'*illégalité* commise par le premier.

M. Zola. — C'est dans l'assignation.

Me Labori. — M. Emile Zola demande à prouver cette illégalité et il demande à prouver les éléments de fait qui en ont été le point de départ et la cause, cela non plus au point de vue de la connexité ni de l'indivisibilité, puisque la Cour a décidé que les faits qualifiés dans l'articulation n'étaient pas connexes aux faits visés dans la citation, mais au point de vue de sa bonne foi, et au point de vue aussi de la connexité de ces éléments de fait, qui ne sont pas visés dans la notification, avec le paragraphe deuxième des faits relevés dans la citation de M. le Procureur général.

Nous demandons donc à être autorisés à faire la preuve de ces faits, à faire la preuve de l'illégalité dont je parle, illégalité qui ne se place pas seulement au moment où est intervenue la sentence du Conseil de guerre, mais qui se place dans la période même d'information dans laquelle se sont produits des faits de la plus haute gravité que M. Zola demande à établir. Si la Cour, après ces explications que j'ai voulu réduire et celles que j'ai eu l'honneur de lui présenter déjà, estime cependant que, sur ce point, Mme Dreyfus ne peut être entendue, je serai obligé de demander à la Cour la permission de prendre des conclusions dans lesquelles j'indiquerai en détail les questions que je désire voir poser, et je solliciterai de la Cour un arrêt sur ce point.

M. le Président. — Déposez des conclusions... La question ne sera pas posée par moi.

Me Clémenceau. — Je demande à faire une simple observation qui s'adressera surtout à MM. les jurés.

Je suis d'avis qu'il faut se conformer à la loi, quelle qu'elle soit. Ce que je vous prie de retenir, Messieurs les jurés, c'est que M. Emile Zola a écrit un article qui contenait seize pages de la brochure que voici. Sur ces seize pages, le Parquet général, sur l'ordre du Ministre de la guerre, n'en a poursuivi que quinze lignes environ ; et quand nous venons à l'audience, il se trouve que, malgré le choix judicieux de quinze lignes sur seize pages, l'accusation est encore gênée par quelqu'une de ces quinze lignes. On nous dit : « Dans ces quinze lignes, il y en a encore six qu'il faut extraire parce que, si nous les laissions, on ferait des preuves qui nous gêneraient. »

En sorte que nous, nous sommes dans la légalité ; c'est l'accusation qui n'y est pas.

M. le Président. — Ceci n'a pas de rapport avec la question. Au sujet de la question posée par Me Labori, vous n'avez pas d'observation à faire.

Me Clémenceau. — Non, monsieur le Président ; mais j'ai cru

qu'il était utile de s'adresser de temps à autre aux jurés pour leur faire comprendre la moralité de l'affaire.

M. LE PRÉSIDENT. — Je vous répète qu'aucune question ne sera posée par moi, qui serait un moyen d'arriver à la revision d'une affaire souverainement jugée.

M⁰ CLÉMENCEAU. — Et la Cour ne veut pas poser la question sur la bonne foi ?

M. LE PRÉSIDENT. — Sur tout ce qui touche à l'affaire Dreyfus, non.

M⁰ CLÉMENCEAU. — Voici la ligne qu'on veut supprimer de la citation : « Et j'accuse le second Conseil de guerre d'avoir « couvert cette illégalité par ordre. »

M. LE PRÉSIDENT. — Posez des conclusions. Je vous répète que la question, je ne la poserai pas.

M⁰ CLÉMENCEAU. — Nous disons, nous, que nous voulons faire la preuve des illégalités.

M⁰ LABORI. — Voulez-vous me permettre, dans notre intérêt commun, de vous demander alors quel moyen pratique vous voyez pour nous.... (*Rires et exclamations.*)

M. LE PRÉSIDENT. — Cela ne me regarde pas.

M⁰ LABORI. — Si la Cour croit nous embarrasser par son silence et le public par ses rires, ils se trompent étrangement. Cela ne vous regarde pas, monsieur le Président ?... Moi non plus ; cela ne regarde donc personne ; nous allons cependant continuer. Si nous ne pouvons rien par pure courtoisie, nous procéderons par des moyens plus longs et plus ennuyeux pour la Cour.

Alors, je demande à M. le Président si nous pourrions procéder de la manière suivante : Nous avons un certain nombre de questions ; nous pourrions peut-être les dicter ; M. le greffier en prendrait note, ou un de nos collaborateurs, et nous demanderions à la Cour de statuer en bloc sur la question de savoir si les questions peuvent être posées.

Je prévois que l'incident va se renouveler avec tous les témoins. Puisque nous sommes en présence d'une obstruction... (*Violentes exclamations dans l'auditoire.*)

M⁰ LABORI. — En ce qui me concerne, je ne suis gêné que quand on m'applaudit ; je ne le suis pas quand on hurle...

M. LE PRÉSIDENT. — Maître Labori, soyez plus calme !

M⁰ LABORI. — Je suis très calme, et je trouve que la salle ne l'est pas.

M. LE PRÉSIDENT. — Si vous avez des conclusions à déposer, déposez-les.

M⁰ LABORI. — Nous allons les déposer... Je demande une suspension d'audience.

(*L'audience est suspendue à une heure cinq minutes.*)

M⁰ FERNAND LABORI. — Messieurs, j'ai l'honneur de déposer sur le bureau de la Cour les conclusions suivantes :

Conclusions
relatives à l'audition de Mme Alfred Dreyfus.

Attendu que parmi les passages relevés dans la citation figure le passage suivant :

« J'accuse le second Conseil de guerre d'avoir couvert cette *illégalité* par ordre en commettant à son tour le crime juridique d'acquitter sciemment un coupable » ;

Attendu que, pour faire la preuve de l'exactitude de cette accusation, il est indispensable de prouver qu'une illégalité a été commise lors du jugement rendu par le Conseil de guerre qui a condamné le capitaine Dreyfus ;

Attendu que Mme Dreyfus a été citée comme témoin pour déposer sur les faits à sa connaissance tendant à établir cette illégalité; que son témoignage est donc éminemment pertinent ; que l'audition de Mme Dreyfus n'est en aucune façon en contradiction avec l'arrêt de la Cour rendu à la date d'hier, qui n'a pu écarter et n'a écarté que la preuve des faits qui seraient en dehors de ceux articulés ;

Et attendu que les faits sur lesquels le témoignage de Mme Dreyfus est requis porte directement sur les faits expressément articulés, et notamment sur l'illégalité alléguée dans le passage susénoncé ;

Attendu, en outre, que les concluants conservent, malgré l'arrêt de la Cour, le droit absolu de prouver leur bonne foi ;

Attendu que le refus d'entendre les témoins cités constituerait au premier chef la violation des droits de la défense ;

Par ces motifs,

Ordonner que les questions suivantes seront posées à Mme Dreyfus :

1º Qu'est-ce que vous pensez de la bonne foi de M. Zola ?

2º Quelles sont les raisons qui vous ont amenée à croire à cette bonne foi ;

3º Estimez-vous, d'après ce que vous en savez, que l'information suivie contre votre mari a été légale ou illégale ?

4º Voulez-vous raconter la première visite de M. le commandant du Paty de Clam à votre domicile ? Quelles étaient les personnes présentes ?

5º M. du Paty de Clam ne proférait-il pas contre votre mari les plus grossières injures ?

6º Ne prétendait-il pas démontrer géométriquement et en traçant des cercles concentriques sa culpabilité ?

7º Ne vous a-t-il pas parlé du Masque de fer ?

8º Ne vous a-t-il pas fait défense expresse de parler de l'arrestation à qui que ce soit, même à votre famille ?

9º Au bout de combien de temps avez-vous eu le droit d'écrire à votre mari ?

10º Au bout de combien de temps avez-vous revu votre mari ?

11º M. du Paty de Clam ne vous a-t-il pas dit : « Il nie, mais j'arriverai bien à lui faire cracher tout ce qu'il a dans le corps » ?

12º M. du Paty de Clam ne vous a-t-il pas fait cependant espérer que peut-être il y avait une erreur, et cela jusqu'au 1er novembre ?

13º M. du Paty de Clam n'a-t-il pas essayé, par les moyens les plus irréguliers et même par des moyens captieux, d'arracher des aveux à votre mari pendant tout le cours de l'information et après la condamnation ?

14º Que pensez-vous du caractère de votre mari et de sa moralité ?

Quel a été le caractère de votre vie commune depuis votre mariage ?

15° Votre mari n'a-t-il pas toujours déclaré, pendant l'information et depuis, que toute cette affaire était incompréhensible, qu'il était la victime d'une machination inexplicable ?

Observations de M. l'Avocat général et réponse de M⁰ Labori.

M. L'AVOCAT GÉNÉRAL VAN CASSEL. — Messieurs, je n'ai pas l'intention de répondre aux faits dont on vient de vous donner lecture, car il y a des discussions que je veux éviter à ce moment du débat. Je ne les éviterai pas toujours, au contraire, mais, à l'heure qu'il est, nous traitons une question de droit, et j'ai simplement à rappeler à la Cour, qui le sait du reste aussi bien que moi, que le fait qui est spécialement visé, c'est-à-dire la preuve de l'innocence et de l'illégalité, a été expressément rejeté sous le numéro 8 de l'arrêt qu'elle a rendu hier.

Je fais, maintenant, en fait, remarquer simplement ceci : c'est que les incidents se répètent à l'audience, mais qu'ils sont toujours les mêmes, et que MM. les jurés, auxquels vous vous adressiez tout à l'heure, retiendront que vous avez pour la chose jugée hier le même respect que pour celle qui a été jugée par les décisions antérieures. Voilà ce que j'en retiens.

J'ai dit, lorsque j'ai pris succinctement la parole au début de cette audience, qu'il y avait un plan qui était arrêté ; il s'exécute, et en voici la formule que vous venez vous-même de donner : « Je ne connais pas la loi et je ne veux pas la connaître. »

Eh bien ! nous, nous la connaissons et nous la ferons respecter avec l'aide de MM. les jurés, en qui j'ai une absolue confiance.

M⁰ FERNAND LABORI. — M. Zola répondra dans un instant, et c'est pour lui assurer le moyen de le faire que je prends la parole.

M. LE PRÉSIDENT. — Prenez-la une bonne fois, et que cela ne se renouvelle pas à chaque témoin !

M⁰ FERNAND LABORI. — Pardon. Je suis tout à fait désolé si la ligne de conduite dans laquelle je m'engage peut être en quelque façon incommode ou désagréable pour qui que ce soit. Ce que je sais bien, c'est qu'elle m'est dictée par une conviction si profonde et par une résolution si arrêtée que rien, rien, ne m'en fera dévier !

Cela dit, je réponds en un mot à M. l'Avocat général.

M. l'Avocat général qui, après un début ferme et énergique, avait gardé un grand silence pendant toute la dernière partie de l'audience d'hier...

M. L'AVOCAT GÉNÉRAL. — Jusqu'à l'abnégation.

M⁰ FERNAND LABORI. — Jusqu'à l'abnégation... s'est levé, aujourd'hui, et s'est levé pour dire qu'on se trouve en face d'un plan arrêté, que ce qui se répète ce sont les mêmes incidents partant de la même idée préconçue.

Je le veux bien, mais le plan que nous avons arrêté, c'est le plan qui conduit à la lumière. Il est un autre plan qui se répète de l'autre côté de la barre, c'est le plan qui conduit à l'obscurité et aux ténèbres.

On a parlé de la chose jugée. Nous en avons le respect; nous avons le respect, Messieurs, de celle que vous avez jugée hier; mais il n'y a entre celle-là et l'autre, et ce que nous voulons démontrer, qu'une différence, c'est que la chose qui a été jugée hier a été légalement jugée, et qu'en ce qui concerne l'autre, nous prétendons démontrer le contraire.

Je suis devant MM. les jurés, auxquels j'ai le regret de ne pas m'adresser assez depuis deux jours, auxquels nous nous adresserons, quand le moment sera venu, à qui nous ne pouvons parler maintenant, uniquement et directement, parce que ce qui s'agite ce sont des questions de procédure dont la Cour est juge et pas eux malheureusement, car, s'ils en étaient juges, je sais bien ce qu'ils crieraient tous les douze : De la lumière !... Mais, s'ils n'en sont pas juges, ils en restent témoins, ils seront juges à la fin de ces débats, juges souverains, juges de la culpabilité et de la responsabilité de tous.

Voilà ce que j'ai voulu poser en principe.

J'ai fini maintenant. Mais il en est un autre qui, après moi, a un mot à dire : c'est M. Zola, à qui M. l'Avocat général s'est directement adressé ; je demande à M. Zola de préciser ce qu'il a voulu dire, d'expliquer ses paroles, et de répondre, à son tour, avec toute la sincérité, toute la conviction, tout le sentiment d'abnégation dont je le sais capable.

M. Emile Zola. — Messieurs les jurés, c'est à vous que je m'adresserai. Je ne suis pas un orateur, je suis un écrivain, mais malheureusement...

M. le Président. — C'est à la Cour que vous devez vous adresser.

M. Emile Zola. — Je vous demande pardon, je croyais que j'avais la permission de m'adresser à MM. les jurés. Je m'adresserai donc à vous ; ce que j'ai à dire sera aussi bien dit.

Je suis un écrivain, je n'ai pas l'habitude de prendre la parole en public, je suis un être extrêmement nerveux et il peut arriver que les mots que j'emploie expriment mal ma pensée. Je me suis mal exprimé sans doute, puisqu'on ne m'a pas compris. On me fait dire que je me suis mis au-dessus de la loi. Ai-je dit cela ?

Mᵉ Fernand Labori — Vous avez dit : La loi, je n'ai pas à la connaître en ce moment-ci.

M. Emile Zola. — Je voulais dire en tout cas que ce n'est pas contre cette grande idée de la loi que je me révoltais ; je m'y soumets totalement, et c'est d'elle, et aussi d'un peu d'honorabilité et de conscience, en ce qui me concerne, que j'attends la justice.

Je voulais dire que c'était en quelque sorte contre la procédure qu'exprimaient toutes ces arguties qu'on élève contre moi, la façon dont on me poursuit, le fait d'avoir retenu simplement de ce long plaidoyer quelques lignes pour me poursuivre, que je protestais... je dis que c'est indigne de la justice et qu'en tout cas on ne peut pas prendre ces quelques lignes et se prononcer sur elles sans tenir compte de tout ce que j'ai dit. Car un écrit se tient, les phrases amènent les phrases, les idées amènent les idées, et retenir simplement quelque chose dans tout un article, parce que ce quelque chose me fait tomber sous le coup de la loi du silence, je dis que c'est indigne!... Voilà ce que je dis, et ce que j'ai dit. Je me suis mal exprimé, je ne me mets pas au-dessus de la loi, mais je suis au-dessus des procédures hypocrites! (*Applaudissements.*)

Me FERNAND LABORI. — Bravo!

M. L'AVOCAT GÉNÉRAL VAN CASSEL. — Voyons, maître Labori, c'est vous qui avez donné le signal de ces bravos?

M. EMILE ZOLA. — Qui est-ce qui a dit cela?

Me FERNAND LABORI. — C'est moi, mais franchement ç'a été le cri de ma conscience.

Me ALBERT CLÉMENCEAU. — Je voudrais vous dire un seul mot au sujet des conclusions déposées par mon confrère, vous soumettre un argument de fait, et la Cour me permettra de dire ces quelques paroles qui, malgré l'observation de M le Président, s'adressent aux jurés.

Il n'y a pas de discussion sur ce point, c'est que nous sommes autorisés à prouver que M. Emile Zola a accusé le premier Conseil de guerre d'avoir commis une illégalité. L'Avocat général vous a répété à plusieurs reprises: Le jugement du premier Conseil de guerre a la force de la chose jugée, c'est une *légalité*. Je crois qu'il n'y a pas de désaccord sur ce point. Nous avons à prouver que le second Conseil de guerre a couvert une *illégalité*; eh bien! je vous demande comment il est possible que nous fassions cette preuve, si nous ne commençons pas par établir qu'il y a une illégalité?

Arrêt sur les conclusions relatives à l'audition de Mme Alfred Dreyfus.

La Cour,

Statuant sur les conclusions prises par Zola et Perrenx;

Ouï le Ministère public, les prévenus et leurs défenseurs en leurs conclusions et plaidoiries

Et après en avoir délibéré conformément à la loi;

Considérant que les questions posées par la défense n'ont aucun rapport et aucune connexité avec les faits visés dans la citation; qu'il n'est pas permis d'ailleurs de prouver soit directement, soit par des voies détournées contre la chose jugée, même pour établir la vérité des faits diffamatoires; que la bonne foi de Zola, sur laquelle on demande l'appréciation de la dame Dreyfus, n'a trait qu'à l'affaire de son mari, souverainement jugée par le Conseil de guerre et qui a été écartée du débats;

Adoptant au surplus les motifs énoncés dans l'arrêt rendu hier par la Cour;

Par ces motifs :

Dit que le Président a refusé avec raison de poser à la dame Dreyfus les questions sollicitées par la défense, et dit qu'il sera passé outre aux débats.

DÉPOSITION DE M. LEBLOIS

Avocat à la Cour d'appel, adjoint au Maire du VIIe arrondissement.

M. LE PRÉSIDENT. — Maître Labori, quelle est la question que vous désirez faire poser au témoin ?

Me FERNAND LABORI. — Voulez-vous avoir la bonté de demander à M. Leblois à quelle époque et dans quelles conditions il a été saisi, je n'ose pas dire de l'affaire Esterhazy, puisqu'il n'a pas été saisi de l'ensemble de l'affaire, mais des faits qui sont à sa connaissance et qui touchent à l'affaire Esterhazy ?

M. LE PRÉSIDENT à *M. Leblois*. — Vous entendez la question, veuillez y répondre.

M. LEBLOIS. — Je suis depuis de longues années l'ami du colonel Picquart ; nous avons fait ensemble toutes nos études et nous sommes restés tous deux fidèles à cette amitié. En 1890, le colonel Picquart a été nommé professeur à l'Ecole de Guerre, et à partir de ce moment je le vis assez fréquemment. Puis il entra au ministère de la Guerre, où il avait déjà été attaché pendant plusieurs années, et enfin, vers le milieu de 1895, si je ne me trompe, il fut nommé chef du bureau des renseignements.

M. LE PRÉSIDENT. — Ensuite, monsieur.

M. LEBLOIS. — Il eût été sans doute naturel qu'il me consultât de temps à autre sur les difficultés juridiques qu'il pouvait rencontrer, puisque j'étais son intime ami et que j'avais appartenu à la magistrature pendant dix ans. Néanmoins, il ne m'a jamais communiqué que deux dossiers : une procédure criminelle instruite à Nancy et une collection de textes, décrets et arrêtés ministériels, relatifs aux pigeons voyageurs.

Lorsque, le 16 novembre 1896, le colonel Picquart dut brusquement quitter le ministère de la guerre, il ne m'avait jamais dit un mot ni de l'affaire Dreyfus ni de l'affaire Esterhazy, et j'ignorais absolument qu'il se fût occupé de l'une ou de l'autre de ces affaires. Aucun de ceux qui connaissent le colonel Picquart ne s'étonnera de cette réserve.

En juin 1897, je reçus la visite du colonel Picquart, qui venait passer à Paris un congé de quinze jours.

Le 3 juin, il avait reçu à Sousse une lettre de menaces d'un de ses anciens subordonnés, et il se trouvait ainsi dans la nécessité de consulter un avocat. Pour sa défense, il me fit connaître une partie des faits de l'affaire Dreyfus et de l'affaire Esterhazy. Je dis, Messieurs, une partie des faits, car le colonel Picquart ne m'a jamais révélé aucun *secret* dans le sens que la langue militaire attache à ce mot.

Le colonel Picquart avait pu se persuader de l'innocence du capitaine Dreyfus, et il m'a indiqué, dans les conditions que je viens de dire, les faits qui avaient déterminé sa conviction.

J'avais trop de confiance dans l'intelligence comme dans la loyauté de mon ami pour ne pas admettre la matérialité des faits qu'il me faisait connaître, et j'en tirai la même conclusion que lui.

Je fus profondément troublé par ce que je venais d'apprendre, car si je déplorais la possibilité d'une erreur aussi grave, si je déplorais qu'un homme, qui m'apparaissait comme innocent, continuât à subir un supplice immérité, j'étais en même temps troublé par le sentiment de l'agitation que de pareilles révélations pourraient jeter dans le pays, et je m'imposai dès lors la plus grande prudence.

Tout d'abord, je recueillis sur cette affaire tous les renseignements qu'il m'était possible de me procurer, je consultai certaines personnes qui avaient été au courant d'autres faits, précisant mon étude par la lecture des documents publiés en 1896. Je recueillis des renseignements sur la famille Dreyfus et sur le capitaine Dreyfus que je ne connaissais pas, et enfin j'étudiai les questions de droit que pouvait soulever cette affaire.

Au cours de ces diverses recherches, j'appris que M. Scheurer-Kestner, depuis un an déjà, s'occupait de l'affaire Dreyfus et qu'il avait réuni des renseignements d'un certain intérêt.

Vers le même temps, je rencontrai M. Scheurer-Kestner à un dîner de compatriotes ; il prit rendez-vous avec moi pour un des jours suivants.

Lorsque M. Scheurer-Kestner se fut aperçu que je possédais sur cette affaire des renseignements importants, il fit auprès de moi les instances les plus vives pour obtenir que je lui en disse davantage. Ses instances furent si pressantes, et il me laissa voir une anxiété si douloureuse, que je ne pus m'empêcher de l'éclairer plus complètement.

Le seul plan que j'eusse formé était de mettre le plus tôt possible le Gouvernement au courant de ce que je venais d'apprendre par le colonel Picquart.

M. Scheurer-Kestner, vice-président du Sénat, me paraissait le meilleur intermédiaire que je pusse trouver auprès du gouvernement. Pour toutes ces raisons, je crus devoir céder aux vives instances de M. Scheurer-Kestner, et je l'éclairai plus complètement sur cette affaire. Je lui parlai notamment des lettres que le général Gonse avait écrites au colonel Picquart. M. Scheurer-Kestner me supplia de lui montrer immédiatement ces lettres et se rendit chez moi pour les voir. Il fut dès lors convaincu lui-même de l'innocence de Dreyfus. Il n'a jamais varié dans cette conviction ; il n'abandonnera jamais la cause qu'il a embrassée.

Cependant, on approchait des vacances, et il paraissait bien difficile d'entreprendre dès ce moment des démarches. Il semblait qu'une affaire de ce genre ne dût être engagée qu'avec la possibilité tout au moins de la suivre jusqu'au bout. De plus, M. Scheurer-Kestner croyait nécessaire d'avoir entre les mains des preuves matérielles qui lui faisaient défaut comme à moi, preuves matérielles qui, suivant lui, devaient consister dans des spécimens de l'écriture du commandant Esterhazy, signalée comme identique à celle du bordereau.

Cependant, Messieurs, je crus devoir soumettre à M. Scheurer-Kestner l'idée de saisir le Garde des Sceaux d'une demande en annulation du jugement de 1894, parce qu'il me paraissait dès lors acquis qu'une pièce secrète avait été communiquée aux juges, et qu'en conséquence le jugement était nul.

M. Scheurer-Kestner ne voulut pas s'engager immédiatement dans cette voie; j'ai déjà dit qu'il manquait comme moi de toute preuve matérielle.

Il prit ses dispositions pour avoir le plus tôt possible des écrits du commandant Esterhazy et partit en vacances vers la fin de juillet.

Au cours des mois suivants, il parvint à se procurer de l'écriture du commandant Esterhazy, et dès son retour à Paris il commença ses démarches auprès du gouvernement. Il en témoignera; quant à moi, c'est tout ce que j'ai à dire sur ce point.

J'ajoute, toutefois, que lorsque M. Scheurer-Kestner fit son interpellation au Sénat, le 7 décembre 1897, il lui paraissait que cette interpellation devait marquer le terme de son action personnelle. En effet, les déclarations du Gouvernement annonçaient une enquête, loyale et complète, et il ne semblait pas à M. Scheurer-Kestner qu'il lui appartînt d'intervenir dans les détails d'une instruction criminelle. M. Scheurer-Kestner se crut donc en droit de prendre vers Noël quelques jours de repos dont il avait grand besoin.

A ce moment, j'avais été mis au courant par le colonel Picquart des machinations dirigées contre lui, machinations d'une gravité extrême et dont le point à la fois le plus grave et le mieux connu réside dans deux télégrammes qui lui furent adressés de Paris le 10 novembre 1897, et qui lui parvinrent à Sousse, le premier le 11 novembre, le second le 12 novembre au matin. Ces télégrammes étaient faux. Il semblait évident qu'ils ne pouvaient avoir été rédigés que sur des indications fournies par le bureau des renseignements de la guerre, ainsi qu'il serait facile de le démontrer; mais le colonel Picquart le démontrera mieux que moi.

Cette affaire était donc d'une gravité particulière, comme le voient le jury et la Cour, et elle paraissait toute nouvelle, puisque les télégrammes étaient du 10 novembre 1897. Cependant, il s'agissait d'une machination préparée de longue main ; car, dès le mois de décembre 1896, de fausses lettres avaient été adressées au ministère de la guerre, et elles étaient signées du même nom de *Speranza* qui se trouve au bas d'un des deux télégrammes du 10 novembre 1897.

Il y avait donc là, je le répète, une situation extrêmement grave, et il me sembla que mon premier devoir — de même qu'au début de cette affaire, j'avais voulu éclairer tout d'abord le gouvernement — était d'instruire le gouvernement de cette situation. Mais je n'avais pas auprès du gouvernement un accès facile et direct, et je demandai à M. Trarieux, sénateur, ancien Garde des sceaux, que j'avais rencontré à diverses reprises chez un ami commun et qui était, d'ailleurs, intervenu au Sénat dans la discussion de l'interpellation de M. Scheurer-Kestner, d'être mon intermédiaire et mon garant auprès du gouvernement.

M. Trarieux partagea mon sentiment, il pensa que mon devoir était de soumettre les faits au gouvernement et de lui laisser le temps de prendre, s'il le jugeait convenable, les mesures nécessaires. M. Trarieux vous mettra lui-même au courant de ses démarches. Quant à moi, je n'ai pu faire qu'une chose, lorsque j'ai connu la réponse reçue par M. Trarieux, c'était de déposer, au nom de mon client, une plainte entre les mains du Procureur de la République, plainte qui est instruite par M. Bertulus et sur laquelle a déjà été reçue notamment la déposition de Mlle Blanche de Comminges.

M. LE PRÉSIDENT. — Est-ce tout ce que vous savez ?

M. LEBLOIS. — C'est tout ce que j'ai à dire sur la façon dont j'ai été saisi de cette affaire.

Me LABORI. — J'aurais quelques questions encore à poser au témoin. Elles me sont suggérées par les explications que M. Leblois a bien voulu nous fournir.

M. Leblois parle de deux séries de faux documents qui auraient été adressés au lieutenant-colonel Picquart : d'abord, de fausses lettres et, ensuite, de faux télégrammes. Mais il indique un certain nombre d'éléments de fait qui lui font penser, comme au lieutenant-colonel Picquart, que ces documents devaient avoir pour point de départ les bureaux du ministère de la guerre. Je prierai M. Leblois, afin de permettre à MM. les jurés de bien comprendre les explications qu'il a données et d'en dégager la véritable portée, de vouloir bien nous dire, en substance, ce que contenaient ces faux documents, dans quel ordre ils se sont succédé, à quoi on reconnaît qu'ils sont faux et ce qui lui fait penser qu'ils émanent des bureaux du ministère de la guerre.

M. LE PRÉSIDENT. — Vous entendez les questions.

M. LEBLOIS. — J'ai dit tout à l'heure que le lieutenant-colonel Picquart avait quitté brusquement le ministère de la guerre le 16 novembre 1896, à la veille de l'interpellation Castelin à la Chambre des députés.

Ce départ fut ignoré de tous ses amis et en particulier de moi, qui suis allé plusieurs fois et pendant plusieurs semaines le demander inutilement. Un de ses amis lui a écrit, vers le 20 novembre, une lettre qui doit se trouver dans le dossier de M. Bertulus et qui, en tout cas, se trouve certainement au dossier de l'enquête qui a été faite successivement par le général de Pellieux et par le commandant Ravary. Cette lettre était insignifiante, mais on y faisait allusion d'un mot à un personnage qui avait reçu dans le salon de Mlle de Comminges le surnom de *Demi-Dieu*. On disait dans cette lettre : « Le *Demi-Dieu* demande tous les jours à Mme la comtesse (c'est Mlle de Comminges) quand il pourra voir le *Bon-Dieu*. » Dans ce milieu très sympathique au colonel Picquart, on lui avait donné le surnom de *Bon-Dieu*, et on avait donné celui de *Demi-Dieu* à un certain capitaine de Lallement, qui était officier d'ordonnance du général Desgarets, commandant le 16e corps d'armée à Montpellier.

Cette lettre était destinée au colonel Picquart, mais elle ne lui parvint qu'après avoir été clandestinement ouverte et copiée au ministère de la guerre. Le mois suivant, arrivait au bureau des renseignements une lettre qui, cette fois, fut interceptée complètement et dont on ne donna aucune connaissance au colonel Picquart; cette dernière lettre est sûrement l'œuvre d'un faussaire, elle est signée *Speranza*. Ainsi, dès ce moment, on cherchait à compromettre le lieutenant-colonel Picquart. L'existence de cette seconde lettre lui a été dissimulée pendant un an, et il en a eu connaissance pour la première fois au cours de l'enquête du général de Pellieux; mais elle était la base sur laquelle on se réservait d'élever successivement toutes les machinations qui avaient pour but de perdre cet officier. Ne vous étonnez donc pas que, au mois de novembre dernier, lorsque cette affaire eut appelé au plus haut degré l'attention publique et l'intérêt du Parlement, de nouvelles machinations se soient fait jour. Dans la soirée du 10 novembre 1897, deux télégrammes à la fois partirent de Paris; le premier était ainsi conçu : « Arrêtez *Demi-Dieu*, tout est découvert, affaire très grave. — *Speranza*. »

D'après ce télégramme, il semblait que le *Demi-Dieu* dût être un personnage important, probablement une personnalité politique, et peut-être M. Scheurer-Kestner.

Le second télégramme était ainsi conçu : « On a des preuves que le bleu a été fabriqué par Georges. — *Blanche*. »

Ce second télégramme, qui faisait évidemment partie de la même machination que le premier, tendait à ruiner toute l'authenticité et, par là même, toute la force probante d'un certain petit bleu qui était la base de l'enquête ouverte au printemps de 1896 par le colonel Picquart contre le commandant Esterhazy. C'est ainsi que l'on s'efforçait de représenter le colonel Picquart comme l'instrument d'un homme politique et comme l'auteur d'un faux.

Je dois ajouter que le colonel Picquart ne connaissait pas

M. Scheurer-Kestner et qu'il n'eut avec lui aucune communication directe ou indirecte. Quant à l'accusation de faux dirigée contre le colonel Picquart au sujet du petit bleu, elle a été complètement abandonnée ; car, s'il se trouve à cet égard quelques insinuations dans le rapport du commandant Ravary' le colonel Picquart a passé récemment devant un Conseil d'enquête et, parmi les faits précis qui lui ont été reprochés, il n'a pas été même question de la possibilité d'un faux en ce qui concerne le document en question.

M. LE PRÉSIDENT. — Qu'est-ce que vous en savez ?

M. LEBLOIS. — Monsieur le Président, je le sais de la façon la plus certaine et la plus naturelle ; j'ai comparu comme témoin devant le Conseil d'enquête.....

M. LE PRÉSIDENT. — Est-ce que vous êtes resté tout le temps de l'audience ?

M. LEBLOIS. — Non, monsieur le Président ; mais j'ai connaisance des faits qui ont été reprochés au colonel.

M. LE PRÉSIDENT. — Vous dites que vous en avez connaissance ; mais vous ne le savez pas par vous-même, puisque vous n'y étiez pas.

M. LEBLOIS. — Le colonel Picquart s'expliquera là-dessus.

Mᵉ LABORI. — Vous me permettrez, monsieur le Président, de faire observer que les témoins doivent bénéficier ici du droit de faire leur déposition sans être interrompus, aux termes de l'article 315 du Code d'instruction criminelle. Je revendique ce droit pour M. Leblois. Quant au fait qu'il affirme, il ne s'agit pas de savoir comment il le sait, mais si ce fait est vrai.

M. LE PRÉSIDENT. — Permettez, maître Labori, je suppose que le Président a le droit d'interroger les témoins.

Mᵉ LABORI. — Il n'a pas le droit de les interrompre.

M. LE PRÉSIDENT. — Je n'ai pas interrompu M. Leblois ; mais je lui ai demandé des indications sur un point qu'il est nécessaire de connaître. Je continuerai encore, soyez tranquille.

Mᵉ LABORI. — Je n'ai pas la prétention de discuter avec vous les devoirs du Président des assises, vous les connaissez mieux que moi. J'ajoute que je suis tout prêt à rendre hommage à la grande impartialité avec laquelle vous voulez bien jusqu'à présent diriger les débats.

Mais, d'un autre côté, nous sommes dans une affaire où il nous est impossible de nous laisser retrancher la plus petite parcelle de notre droit. On nous enlève ici toutes les facultés qu'on peut nous enlever. Nous sommes en présence d'un témoignage qui a le droit de se produire : nous demandons qu'il se produise librement et en toute indépendance. Or, l'article 315 du Code d'instruction criminelle autorise les témoins à faire leur déposition sans être interrompus, sans préjudice du droit qu'a le Président de leur poser, mais seulement après leur déposition, toutes les questions qu'il juge convenable.

M. LE PRÉSIDENT. — C'est ce que je viens de faire.

Mᵉ LABORI. — La déposition de M. Leblois n'est pas finie ; il était précisément au cours de sa déposition quand vous l'avez interrompu.

M. LE PRÉSIDENT. — Pardon, M. Leblois avait fini ; je lui ai posé une question pour éclairer sa déposition.

M. LEBLOIS. — Je vais y répondre de la façon la plus nette. D'abord, j'affirme que je sais qu'il n'a été posé au colonel Picquart que quatre questions. Quant à la source de cette connaissance, je ne me crois pas tenu de l'indiquer, pour une bonne raison, c'est que je suis l'avocat du colonel Picquart...

M. LE PRÉSIDENT. — Vous auriez bien fait de le dire en commençant. (*Bruit dans l'auditoire.*)

M. LEBLOIS. — Je l'ai dit.

M. LE PRÉSIDENT. — Je ne l'ai pas entendu.

M. LEBLOIS. — On cause bruyamment près de moi, cela me gêne.

M. LE PRÉSIDENT. — Je prie les avocats qui sont là de garder le silence, pour que les témoins puissent déposer tranquillement.

M. LEBLOIS. — J'ai dit tout à l'heure que j'ai été saisi pour la première fois de cette affaire au mois de juin 1897, quand le colonel Picquart est venu me demander aide et protection contre des menaces écrites qu'il avait reçues le 3 juin d'un de ses anciens subordonnés. C'était donc très net. C'est pour sa défense que le colonel Picquart m'a raconté une partie des faits, mais non ceux qui touchent au secret militaire, et c'est pour sa défense qu'il m'a remis les lettres du général Gonse.

Je n'apporte à la Cour et au jury que des renseignements dont je puis attester l'exactitude.

J'ajoute que rien n'est plus facile que d'établir la preuve de ce que je viens de dire ; car, d'une part, des renseignements télégraphiés par une agence en province, le 2 février, et qui n'ont pas été démentis, indiquent les points sur lesquels ont porté les débats devant le Conseil d'enquête. De plus, le colonel Picquart a reçu, conformément aux règlements militaires, un avis qui lui indiquait de la façon la plus nette les questions sur lesquelles il serait interrogé. En effet, — si une seule question a été posée au Conseil d'enquête, à savoir : le lieutenant-colonel Picquart est-il dans le cas d'être mis en réforme pour faute grave dans le service ? — on a dû néanmoins fixer par écrit les points sur lesquels porterait le débat. Eh bien ! le colonel Picquart ayant, ou pouvant avoir demain, dans sa poche, l'énoncé de ces faits, est parfaitement en état de faire la preuve de ce que je viens d'avancer.

M. LE PRÉSIDENT. — Avez-vous fini ?

M. LEBLOIS. — J'ai fini sur ce point.

M. LE PRÉSIDENT. — Maître Labori, avez-vous d'autres questions à poser ?

Mᵉ LABORI. — M. Leblois nous a fourni différentes explications sur les lettres et les télégrammes dont il vient de parler, mais je n'ai pas très bien compris, — et peut être MM. les jurés sont comme moi, — quelle en était la portée, et je voudrais que M. Leblois s'expliquât là-dessus d'une façon plus complète.

M. LE PRÉSIDENT. — Voulez-vous m'adresser les questions ?

Me LABORI. — Je n'ai pas compris quelle était la portée de la seconde lettre que M. Leblois nous présente comme un document faux. Je vais dire ce que j'ai compris, M. Leblois rectifiera s'il y a lieu.

Voici l'ordre dans lequel les documents se sont succédé : il y a eu d'abord une première lettre adressée au colonel Picquart, qui était authentique, dans laquelle il était question du *Demi-Dieu* et du *Bon Dieu* et qui aurait été interceptée. On aurait connu ces expressions de *Bon Dieu* et de *Demi-Dieu* auxquelles on aurait donné un sens qui était faux. Puis, à un moment déterminé, serait parvenue au ministère de la guerre une lettre qui n'aurait jamais été remise au colonel Picquart, son destinataire.

Cette seconde lettre, qui était signée *Speranza*, était fausse. M. Leblois pourrait-il nous dire quelle était la portée de cette dernière lettre et dans quel dessein il estime qu'elle a été adressée au colonel Picquart ?

M. LEBLOIS. — Ce ne pouvait être que pour le compromettre. Quant au contenu, il faut le demander au colonel Picquart, qui n'a pas de copie de cette lettre; car elle a été interceptée d'une façon complète.

Me LABORI. — Par qui cette lettre a-t-elle été interceptée ?

M. LEBLOIS. — Par les bureaux du ministère de la guerre.

M. LE PRÉSIDENT. — Qui vous l'a dit ?

M. LEBLOIS. — Le colonel Picquart. C'est une certitude absolue puisqu'on lui a montré la lettre originale.

M. LE PRÉSIDENT. — Nous verrons cela, car tout ce que je viens d'entendre concerne le colonel Picquart.

Me LABORI. — Cela concerne aussi M. Leblois ; d'ailleurs, nous entendrons le colonel Picquart.

M. LE PRÉSIDENT. — Jusqu'ici je n'ai pas entendu parler du Conseil de guerre qui a acquitté le commandant Esterhazy ?

Me LABORI. — En toute affaire, il est permis à la défense de poser des questions. Nous en tirerons parti en plaidant.

M. LE PRÉSIDENT. — Je dis seulement que je ne saisis pas la question.

Me LABORI. — J'essaierai de la faire saisir à MM. les jurés quand je plaiderai.

Me CLÉMENCEAU. — Voulez-vous me permettre, monsieur le Président, de poser une question ? Tout à l'heure, le témoin a dit : « Cette seconde lettre, qui était un faux, était rédigée de telle façon qu'on avait la preuve qu'elle émanait d'un personnage qui avait connaissance de documents des bureaux de la guerre. » Mais le témoin n'a pas expliqué cette affirmation. Je voudrais lui demander qu'est-ce qui, dans cette lettre, a pu lui permettre de nous dire qu'elle émanait des bureaux de la guerre. Qu'y avait-il dans cette lettre, quelle en était la portée ?

M. Leblois. — Je préfère ne pas donner d'explications au sujet de cette lettre, car je risquerais d'altérer la version que vous fournira tout à l'heure le colonel Picquart. (*Rires.*)

Je crois qu'il y a un malentendu. Au sujet des deux télégrammes, j'ai dit que leur texte même était une preuve certaine qu'ils émanaient d'un homme au courant de tous les secrets du bureau des renseignements de la guerre ; mais je ne puis dire cela que des télégrammes, parce que j'en possède le texte. Je ne puis pas parler avec autant de certitude d'une lettre que je n'ai pas vue et sur laquelle je n'ai que des renseignements.

Me Labori. — Monsieur le Président, je réponds à l'observation que vous m'avez faite tout à l'heure quand vous disiez que vous ne voyiez pas la connexité entre ces faits et l'affaire Esterhazy ; j'essaierai de la montrer dans ma plaidoirie, mais je suis prêt à fournir tout de suite mes explications sur ce point à la Cour.

M. le Président. — Vous les donnerez dans votre plaidoirie.

Me Labori. — C'est entendu, je continue donc à poser ma question ou plutôt, je vous prie, monsieur le Président, de poser ma question à laquelle M. Leblois n'a pas répondu parce qu'elle a été oubliée dans cette discussion. Quelle était, au point de vue des machinations dont vient de parler M. Leblois, la portée de cette lettre fausse, qui a été interceptée dans les bureaux de la guerre ?

M. Leblois. — J'ai dit tout à l'heure que j'estimais que cette lettre fausse signée *Speranza* était comme une pierre d'attente sur laquelle allait s'élever peu à peu l'édifice des machinations dirigées contre le colonel Picquart.

Au sujet des deux télégrammes, faut-il que je redonne des détails ?

M. le Président. — Non.

Me Labori. — Monsieur le Président, nous y tenons beaucoup.

M. le Président. — Puisque les défenseurs vous le demandent, parlez.

M. Leblois. — En effet, le télégramme suivant : « On a des preuves que le bleu a été fabriqué par Georges. — (*Signé*) Blanche » me suggère cette réflexion : qui pouvait savoir, à ce moment-là, en dehors des bureaux du ministère de la guerre, qu'il y avait une enquête contre le commandant Esterhazy, et surtout que la base de cette enquête était précisément un petit bleu ? C'était un secret absolu.

Les deux télégrammes dont j'ai parlé tout à l'heure n'étaient pas les éléments uniques de cette machination très compliquée dirigée contre le colonel Picquart ; il y a eu d'autres télégrammes envoyés par des tiers ; par exemple, un individu envoyait de Paris un télégramme signé « Baron Keller » et adressé à Sousse à une prétendue baronne Keller. Tous ces télégrammes étaient destinés à compromettre le colonel Picquart. Les deux télégrammes que j'ai cités sont les seuls qui lui soient parvenus, mais ils ne sont que le centre d'un réseau très compliqué.

Il est fait allusion à tout cela dans un article de la *Libre Parole* du 17 novembre 1897.

Me LABORI. — M. Leblois nous a dit que le colonel Picquart était parti le 16 novembre 1896 du ministère. Pourrait-il nous dire quelle était alors l'attitude de ses chefs, et notamment de M. le général Gonse, à son égard? Est-ce que le colonel Picquart est parti à ce moment en disgrâce et comment a-t-il été traité jusqu'au moment où il a été rappelé à Paris dans les conditions que MM. les jurés doivent connaître, au moment de l'enquête dirigée publiquement contre M. le commandant Esterhazy?

M. LEBLOIS. — Les chefs du colonel Picquart lui ont témoigné la plus grande bienveillance au cours de toute l'enquête qu'il a faite sur le commandant Esterhazy, enquête qui avait commencé vers la fin du printemps et qui s'est poursuivie jusqu'au mois de septembre. Ce n'est que lorsque le moment fut venu, suivant le colonel Picquart, de donner à cette affaire une solution, qu'il se produisit une divergence d'opinion entre ses chefs et lui. Ce différend ne prit pas d'abord une forme aiguë, il commença par être simplement un échange de vues contradictoires, comme cela arrive fréquemment dans les cas où il y a des inférieurs et des supérieurs. La solution de cette affaire, proposée nettement par une lettre du colonel Picquart en date du 5 septembre 1896, resta en suspens jusqu'au mois de novembre suivant. A ce moment, les choses se gâtèrent sous des influences que je ne connais pas exactement moi-même. Peut-être le gouvernement, saisi de la question, a-t-il décidé qu'il n'y avait pas lieu de revenir sur l'affaire Dreyfus; je n'en sais rien, je ne puis faire que des hypothèses.

Pour répondre à la question de Me Labori, je dirai ceci : lorsque le colonel Picquart quitta le ministère de la guerre, on ne lui dit pas le moins du monde qu'il était envoyé en disgrâce; au contraire, on parut attacher une grande importance à la mission, un peu vague d'ailleurs, dont on le chargeait. On lui dit : « Vous partirez pour quelques jours, vous irez à Nancy faire certaines choses. »

Une fois arrivé à Nancy, on lui dit : « Allez ailleurs. » On le promena ainsi de jour en jour, de sorte que sa mission recevait chaque jour une nouvelle prolongation, et le colonel, qui avait quitté Paris sans emporter aucun effet de toilette, ayant demandé l'autorisation d'y rentrer pour prendre son linge, on lui répondit que sa mission était trop importante pour qu'il pût en distraire même quelques heures, et on l'envoya à Besançon. C'est ainsi que, à son insu, sans se douter du sort qui lui était réservé, il a été promené tout le long de la frontière de l'est et du sud-est, puis envoyé en Algérie et en Tunisie, et enfin, en mars 1897, nommé lieutenant-colonel au 4e tirailleurs; on lui représenta cette nomination comme une faveur. Le général Gonse lui dit expressément dans une lettre que c'est là un régiment de choix auquel il doit s'estimer heureux d'appartenir. Les lettres du général sont pleines d'expressions de sympathie et de cordialité.

M⁰ LABORI. — Pendant ce temps, monsieur le Président M. le colonel Picquart a entretenu une correspondance avec un de ses chefs, M. le général Gonse. M. Leblois a déjà parlé de certaines lettres de ce général, mais n'a-t-il pas connaissance d'une correspondance postérieure au départ du colonel Picquart du ministère de la guerre, et quel caractère avait cette correspondance?

M. LEBLOIS. — Je viens de l'indiquer, je disais que c'étaient des lettres par lesquelles on lui témoignait...

M⁰ LABORI. — Alors, c'étaient des lettres de M. le général Gonse? M. Leblois a parlé tout à l'heure d'une lettre de menaces intervenue à un moment donné et qui, par conséquent, aurait semblé indiquer une modification dans l'état d'esprit qui régnait aux bureaux du ministère de la guerre. Pourrait-il nous dire à quelle époque cette lettre a été adressée au colonel Picquart, de qui elle émanait et dans quel esprit elle était conçue?

M. LEBLOIS. — J'ai déjà dit que cette lettre était du 3 juin 1897; elle émanait du lieutenant-colonel Henry, qui avait été le subordonné du colonel Picquart, et elle était conçue en des termes presque injurieux.

M⁰ LABORI. — Mais de quoi menaçait-on le colonel Picquart, et pourquoi?

M. LEBLOIS. — Je ne crois pas pouvoir répondre.

M⁰ CLÉMENCEAU. — Je demande la permission de dire un mot afin qu'il n'y ait pas d'erreur dans les plaidoiries : le témoin a bien dit qu'à la même époque on saisissait les lettres du colonel Picquart au ministère de la guerre, qu'on lui laissait passer des télégrammes faux, et que le général Gonse, sous-chef d'état-major général, lui témoignait une grande bienveillance. Ce que je demande, c'est si ces trois faits se sont bien passés à la même époque?

M. LEBLOIS. — La réponse est assez simple : il faut distinguer entre deux ordres de faits complètement distincts : les faits de la fin de l'année 1896, qui se placent au moment du départ du colonel Picquart, et les faits de la fin de l'année 1897.

En ce qui concerne l'année 1896, je n'ai connaissance que d'une seule lettre fausse interceptée au bureau des renseignements, c'est la lettre signée *Speranza*. A ce moment-là, le général Gonse témoignait au colonel Picquart la plus grande sympathie.

En ce qui concerne les machinations de l'année 1897, je pense qu'on a intercepté des lettres, mais je préférerais que ce fût M. le lieutenant-colonel Picquart qui s'expliquât à cet égard.

M⁰ CLÉMENCEAU. — Cependant, le témoin a dit tout à l'heure qu'on avait envoyé au lieutenant-colonel Picquart une lettre après l'avoir décachetée?

M. LEBLOIS. — Ceci se passait en novembre 1896; quant à la fausse lettre *Speransa*, elle se place au mois de décembre 1896.

Mᵉ CLÉMENCEAU. — Alors, ma question était juste ; tous ces faits se passaient bien à la même époque.

Mᵉ LABORI. — Je passe, monsieur le Président, à un tout autre ordre de faits. Est-ce que M. Leblois n'est pas au courant des relations de la famille de Comminges et de M. le colonel Picquart, d'une part, et des relations de la même famille, notamment de Mˡˡᵉ Blanche de Comminges, avec M. le colonel du Paty de Clam, d'autre part ; et, afin d'abréger, M. Leblois ne connaît-il pas, dans les rapports qui ont eu lieu en 1892 entre M. du Paty de Clam et la famille de Comminges, certains faits qui présentent une analogie singulière avec quelques scènes mystérieuses relatives à l'affaire Esterhazy, notamment avec l'intervention d'une certaine dame voilée.

M. LE PRÉSIDENT. — Vous venez d'entendre la question, Monsieur, voulez-vous y répondre?

M. LEBLOIS. — Je crois que, sur ce point, je dois être assez réservé.

M. LE PRÉSIDENT. — Dites seulement ce que vous croyez devoir dire.

M. LEBLOIS. — Je sais, en effet, que le colonel Picquart était un ami de la famille de Comminges; M. le capitaine de Comminges, qui est cité comme témoin, a servi autrefois sous ses ordres au Tonkin, et le colonel était reçu avec bienveillance par Mˡˡᵉ Blanche de Comminges, qui est une personne déjà d'un certain âge. Je sais qu'il y a eu, en effet, en 1892, des lettres anonymes, des rendez-vous donnés aux environs du Jardin de Paris dans des conditions dignes d'un roman-feuilleton.

Mᵉ LABORI. — Bien entendu, il ne m'appartient ici d'exercer aucune pression sur M. Leblois. M. Leblois sait exactement ce qu'il peut dire ; mais, étant donné qu'il a pu nous fournir les indications que vous avez entendues, je lui serai reconnaissant de préciser et de dire à quel propos ces scènes ont eu lieu, quel a été le rôle joué par M. du Paty de Clam, et notamment quelle est la scène qui a eu lieu en 1892, non pas au pont Alexandre III, mais à l'endroit où sont les chantiers de construction, endroit qui a été choisi par la dame voilée de 1897.

M. LEBLOIS. — Il me semble difficile de refuser la vérité à MM. les jurés et à la Cour. Le comte de Comminges avait reçu un certain nombre de lettres anonymes fort graves ; il avait soupçonné le colonel du Paty de Clam, qui n'était à ce moment que commandant, d'être l'auteur ou l'inspirateur de ces lettres ; il fit une démarche auprès du préfet de police, M. Lozé, qui lui répondit, si on m'a bien rapporté sa réponse : « C'est du Paty ! »

M. LE PRÉSIDENT. — Mais vous ne le savez pas par vous-même ; c'est un renseignement de seconde main.

Mᵉ LABORI. — Mais la suite est intéressante, continuez...

M. LEBLOIS. — Là-dessus, le comte de Comminges est allé trouver le général Davoust et l'a prié d'insister pour mettre un terme à ces machinations. Le général Davoust a fait venir le colonel du Paty de Clam et, à la suite de cette intervention, les lettres anonymes ont complètement cessé. Mais il restait entre les mains du commandant du Paty de Clam une lettre et le comte de Comminges insista pour obtenir la restitution de cette lettre. Le général Davoust joignit ses efforts aux siens, si je suis bien renseigné. Mais, quoi qu'il en soit, le commandant du Paty de Clam restitua la lettre dans les conditions suivantes : il dit que cette lettre était tombée aux mains d'une femme, que cette femme entendait la garder jusqu'au versement d'une somme de 500 francs et, en conséquence, il convoqua certaines personnes de la famille au bord de la Seine, près du Jardin de Paris, à dix heures du soir. On vit arriver une femme abritée sous un parapluie; le commandant du Paty de Clam se dirigea vers elle, eut quelques instants d'entretien avec elle, et revint en disant : « Je viens de remettre à cette femme une enveloppe contenant un billet de 500 francs ; en échange, elle m'a remis, dans une autre enveloppe, la lettre que vous désirez; cette lettre, la voici. » On ouvrit l'enveloppe, et on y trouva en effet la lettre.

Il est évident qu'il y a là quelque chose de très étrange; il est évident qu'il y a là quelque chose d'inutile, pour ne rien dire de plus.

M. LE PRÉSIDENT. — Mais quel rapport tout cela a-t-il avec la prévention ?

Mᵉ LABORI. — Je suis tout prêt à l'expliquer tout de suite ; nous prétendons que, loin que la dame voilée sorte du milieu des relations ou du voisinage du colonel Picquart, elle sort du milieu des relations de certaines personnes attachées au ministère de la guerre, et nous prétendons que ceux qui ont aidé M. le commandant Esterhazy dans la campagne au milieu de laquelle on l'a vu se défendre et sur laquelle nous nous expliquerons, pourraient bien être plus en relations avec certains officiers du ministère de la guerre, qu'avec d'autres. Voilà la portée du témoignage.

M. LE PRÉSIDENT (s'adressant au témoin). — A quelle époque a été demandée et restituée la lettre dont vous avez parlé tout à l'heure?

M. LEBLOIS. — Tout cela se passait au printemps de 1892 et, si je ne me trompe, la restitution de cette lettre a eu lieu le vendredi saint de l'année 1892.

Mᵉ CLÉMENCEAU. — Si la Cour le désire, je puis lui expliquer l'intérêt de la déposition du témoin.

M. LE PRÉSIDENT. — Mᵉ Labori vient de nous le dire.

Mᵉ CLÉMENCEAU. — Du moment que la Cour a compris, je n'insiste pas, mais il avait semblé que la date de 1892 lui semblait un peu extraordinaire.

Mᵉ LABORI. — C'est la première apparition de la dame voilée en 1892!

M. LE PRÉSIDENT. — Avez-vous encore d'autres questions à poser?

Mᵉ LABORI. — Non, monsieur le Président.

DÉPOSITION DE M. SCHEURER-KESTNER

Sénateur.

Mᵉ LABORI. — Monsieur le Président, voudriez-vous demander à M. Scheurer-Kestner dans quelles conditions il a été amené à s'occuper des circonstances qui révélaient que l'auteur du bordereau, attribué en 1894 au capitaine Dreyfus, n'était autre, en réalité, que M. le commandant Esterhazy et comment il s'est occupé de cette affaire après en avoir été saisi? (*Mouvement de M. l'Avocat général.*)

M. LE PRÉSIDENT. — Monsieur l'Avocat général?...

M. L'AVOCAT GÉNÉRAL. — C'est toujours la même question...

Mᵉ LABORI. — C'est toujours la même question, et je comprends qu'elle vous trouve toujours prêt à l'accueillir avec les mêmes dispositions.

M. L'AVOCAT GÉNÉRAL. — Naturellement.

M. LE PRÉSIDENT. — Monsieur Scheurer-Kestner, vous allez nous parler du commandant Esterhazy, mais je vous prie de ne pas nous parler de l'affaire Dreyfus dont nous n'entendrons pas un mot... Parlez-nous de l'affaire Esterhazy, mais non de l'affaire Dreyfus.

M. SCHEURER-KESTNER. — Je vous ai entendu, monsieur le Président.

Au mois de juillet dernier, j'ai appris qu'au mois de septembre 1896, le colonel Picquart, chef du bureau des renseignements de l'Etat-major, avait découvert dans des recherches qu'il faisait à propos d'autre chose, mais qui concernaient le commandant Esterhazy, que l'on s'était trompé, en 1894, en attribuant le bordereau à M. Alfred Dreyfus. J'appris en même temps que, dès que le colonel Picquart eut fait cette remarque, il s'empressa de se rendre auprès de M. Bertillon, un des experts consultés en 1894 et qui avait attribué, sans hésitation aucune, le bordereau à Alfred Dreyfus. Le colonel Picquart, en lui montrant le bordereau et l'écriture du commandant Esterhazy, mais sans lui dire de qui elle provenait, lui demanda ce qu'il en pensait. Et M. Bertillon lui dit : « Ah! les faussaires ont réussi ! Ce n'est plus une similitude, c'est l'identité! »

Le colonel Picquart revint avec cette réponse, et proposa à son chef de continuer l'enquête en soumettant les pièces à une nouvelle expertise d'écritures, et le général Gonse le lui déconseilla.

Il existe à ce sujet une correspondance échangée entre M. le général Gonse et le colonel Picquart; j'ai été mis à même d'en prendre connaissance; elle était pour moi d'une très grande valeur, car elle était de nature à fixer mon opinion.

Je reçus donc communication de cette correspondance, et j'acquis la preuve, en la lisant, que le général Gonse se rendait à l'opinion du colonel Picquart, qui préparait une révision du procès.

Il me semble indispensable, monsieur le Président, pour éclairer MM. les membres du jury, que je donne connaissance de cette correspondance, que je leur en fasse la lecture.

M. LE PRÉSIDENT. — Non, cela n'est pas possible.

Mᵉ LABORI. — Si, monsieur le Président. Je vous demande très respectueusement, et je m'excuse vis-à-vis de M. Scheurer-Kestner d'intervenir avant qu'il ait fini sa déposition, je vous demande, dis-je, très respectueusement, la permission de prendre la parole.

M. Scheurer-Kestner a, j'imagine, entre les mains, puisqu'il en parle et qu'il en offre la lecture, les lettres de M. le général Gonse auxquelles il fait allusion; M. Scheurer-Kestner est ici devant la justice; dans la mesure où cela nous est permis, la lumière doit être faite d'une manière complète, je m'associe donc entièrement au sentiment de M. Scheurer-Kestner, qui estime qu'il est indispensable de verser aux débats les lettres dont il s'agit.

Je fais observer ici que, comme ces lettres n'étaient pas détenues par M. Émile Zola au moment où il a été obligé de faire dans les cinq jours du jour de la citation la notification exigée par la loi à M. le Procureur général, il ne lui a pas été possible d'en notifier copie; il a fait à M. le Procureur général, et il s'adressait à lui en sa qualité de représentant du plaignant, sommation de mettre ces lettres aux débats; par là, il s'est mis en règle, dans toute la mesure du possible, avec l'article 52 la loi de 1881. On a différé jusqu'à présent la publication de ces lettres, par un sentiment de discrétion et de réserve auquel on ne peut que rendre hommage, comme on rend hommage au courage qui amène un homme comme M. Scheurer-Kestner à sortir, seulement devant la justice, de la discrétion et de la réserve que, pour l'humanité, il ne s'est peut-être imposées que trop longtemps; mais aujourd'hui la lumière se fera; il n'est jamais trop tard pour cela. (*Mouvements divers.*)

J'ai donc l'honneur de déposer des conclusions tendant...

M. LE PRÉSIDENT. — Oh !

Mᵉ LABORI. — Oh ! monsieur le Président, si vous saviez, en tant qu'homme du monde, combien je suis malheureux de vous faire souffrir...

M. LE PRÉSIDENT. — Permettez-moi de vous dire, avant de déposer ces conclusions, que ce n'est pas possible. Vous savez que le témoin ne doit lire aucune pièce dans le cours de sa déposition; vous savez également que toutes les pièces écrites et qui doivent vous servir doivent être notifiées dans les cinq jours de la citation à M. le Procureur général. Cela est en toutes lettres dans la loi de 1881.

Mᵉ LABORI. — Permettez, monsieur le Président, les questions de droit ne sont pas si simples; nous nous en expliquerons s'il est nécessaire, et la Cour nous jugera.

M. le Président de la Cour d'assises a aussi un droit, il a un pouvoir qu'on appelle un pouvoir discrétionnaire, c'est déjà quelque chose. J'entends bien qu'aux termes d'une jurisprudence et d'une doctrine que la Cour connaît aussi bien que moi, le pouvoir discrétionnaire du Président n'est pas absolu en matière de presse ; mais nous avons certainement ouvert une large marge à ce pouvoir discrétionnaire par la sommation que nous avons faite à M. le Procureur général. C'est donc tout d'abord au pouvoir discrétionnaire du Président que nous nous adressons.

Si le Président des assises croit devoir, en vertu de ce pouvoir discrétionnaire, ordonner, non pas que le témoin lira les lettres, mais qu'elles seront remises à M. le Président des assises qui en donnera connaissance à MM. les jurés, à M. le Procureur général et à la défense...

M. LE PRÉSIDENT. — Si M. l'Avocat général ne s'y oppose pas, je ne laisserai pas lire ces lettres, mais je les ferai communiquer.

M. L'AVOCAT GÉNÉRAL. — Mais il y a une question très simple, ce sont des lettres de qui ? Ce sont des lettres de M. le colonel Picquart et de M. le général Gonse, tous deux sont cités comme témoins ; il me semble donc que c'est à eux qu'il appartient, si toutefois on peut le faire, sous toutes réserves, de parler de ces lettres. Voilà la situation très nette.

Me LABORI. — Nous n'avons pas à rechercher ici à qui il appartient de parler de ces lettres, ou qui, de M. le général Gonse ou de M. le colonel Picquart, devra en parler ; ils en parleront s'ils le jugent convenable. Il s'agit en ce moment d'un incident très précis : M. Scheurer-Kestner offre de verser aux débats les lettres du général Gonse et du colonel Picquart. M. l'Avocat général y consent-il ? Si non, je vais avoir l'honneur de déposer sur le bureau de la Cour des conclusions afin qu'elle ordonne, dans l'intérêt de la manifestation de la bonne foi des prévenus, que ces pièces soient versées aux débats malgré la résistance de M. l'Avocat général.

M. LE PRÉSIDENT. — Encore une fois, c'est contraire aux dispositions de l'article 52 de la loi de 1881.

Me LABORI. — La Cour statuera.

M. LE PRÉSIDENT. — Il n'y a même pas à discuter.

Me LABORI. — Mais, je vous demande pardon...

M. LE PRÉSIDENT. — Lisez l'article 52 de la loi de 1881.

Me LABORI. — Nous allons lire, si vous le voulez bien, le commentaire de M. Barbier... Véritablement, Messieurs, comme il faut avoir, sous les apparences de l'indignation et de la colère, de la patience !

M. LE PRÉSIDENT. — Vous ne paraissez pas trop en avoir dans ce moment-ci.

Me LABORI. — Comme il faut avoir de la modération ! La preuve que j'en ai, c'est que, bien que je me heurte ici à des obstacles qui veulent être les plus infranchissables et que nous franchissons peu à peu, on n'a pas encore trouvé, depuis plus de quarante-huit heures que durent ces débats, un mot à arrêter ou à blâmer sur mes lèvres.

M. LE PRÉSIDENT. — Lisez donc l'article 52 de la loi de 1881.

Mᵉ LABORI. — Non, monsieur le Président, je me défends; j'ai le droit de le faire comme je l'entends, je n'ai d'ordre à recevoir de personne.

Je vais lire le commentaire de M. Barbier, je ne vais pas lire l'article 52... Oh! monsieur le Président, nous ne sommes pas au bout de nos différends!...

Voici ce que lis à la page 443 du livre de M. Barbier, deuxième volume ?

« Le juge doit écarter l'audition de tous les témoins dont les professions, les demeures et les noms n'ont pas été régulièrement notifiés et la production de toutes pièces dont copie n'a pas été donnée dans la notification. »

Voilà pour l'article 52 et sa portée; seulement, en matière de droit et de jurisprudence, comme en beaucoup d'autres matières, mais surtout en matière de jurisprudence, il y a un *mais*:

« Mais il est bien entendu que cette règle ne concerne que les dépositions des témoins et les productions de pièces tendant directement à établir la vérité des faits diffamatoires et que le prévenu est toujours admis, conformément au droit commun, à faire entendre des témoins ou à produire toutes pièces, quoique non signifiées, à l'effet par exemple de prouver sa bonne foi ou sa moralité. »

Or les quatre lettres dont il s'agit sont... Oh! il est bien clair que si nous nous plaçons au point de vue général qui nous occupe, elles sont des démonstrations éclatantes; mais, enfin, pour nous renfermer dans les limites des discussions procédurières, elles sont des pièces de nature à établir notre bonne foi, et il me paraît difficile que la Cour puisse apprécier si ces lettres sont des pièces de bonne foi ou des preuves, avant de les connaître. Par conséquent, nous demandons qu'elles soient placées sur le bureau de la Cour, la Cour en prendra connaissance et nous conclurons ensuite à ce que nous soyons autorisés à nous en servir.

M. LE PRÉSIDENT. — Puisque vous ne voulez pas lire l'article 52 de la loi de 1881, je vais le lire moi-même...

Mᵉ LABORI. — J'en ai lu les commentaires.

M. LE PRÉSIDENT. — Cet article est ainsi conçu :

« Quand le prévenu voudra être admis à prouver la vérité des faits diffamatoires, conformément aux dispositions de l'article 35 de la présente loi, il devra, dans les cinq jours qui suivront la notification de la citation, faire signifier, au Ministère public près la Cour d'assises ou au plaignant, au domicile par lui élu, suivant qu'il est assigné à la requête de l'un ou de l'autre : — 1º Les faits articulés et qualifiés dans la citation, desquels il entend prouver la vérité; — 2º La copie des pièces; — 3º Les noms, professions et demeures des témoins par lesquels il entend faire sa preuve. — Cette signification contiendra élection de domicile près la Cour d'assises, le tout à peine d'être déchu du droit de faire la preuve. »

C'est bien clair.

Mᵉ CLÉMENCEAU. — Voulez-vous me permettre un mot en fait? La loi nous oblige à signifier ces pièces; c'est entendu. Pourquoi ne les avons-nous pas signifiées? Il est bon que MM. les jurés le sachent. Nous ne les avons pas signifiées, messieurs les jurés et messieurs de la Cour, parce que ces lettres ont déjà été produites à une audience, à l'audience du Conseil de guerre et qu'elles l'ont été dans les conditions suivantes :

On a demandé à M. le colonel Picquart : « Avez-vous les lettres du général Gonse ? » Le colonel Picquart a répondu : « Elles sont dans ma poche. » M. le Président du Conseil de guerre a dit : « Voulez-vous me les donner? » Le colonel Picquart a remis les lettres. Alors M. le Président du Conseil de guerre a dit : « Ces lettres seront saisies et jointes au dossier. » Le Président du Conseil de guerre n'en a pas donné lecture !

En sorte que, pour nous conformer à la loi, nous devions signifier des lettres qui ont été en quelque sorte confisquées par un Président du Conseil de guerre, lettres que nous ne pouvions avoir à notre disposition, que seul M. l'Avocat général eût pu produire à cette audience.

Dans cette situation de fait que MM. les jurés apprécieront, dans ces circonstances, pour nous rapprocher autant que possible de la loi, nous avons notifié à M. le Procureur général que nous ne pouvions pas lui donner copie de ces lettres, que nous désirions qu'il en fût parlé devant vous et que nous le priions d'ordonner qu'elles fussent produites à votre barre.

Si ces lettres ne sont pas produites, cela vient de ce qu'elles ont été saisies par M. le Président du Conseil de guerre; et si ces lettres ont un certain intérêt, MM. les jurés retiendront que c'est parce qu'elles ont été saisies par le Président du Conseil de guerre, sans avoir été lues, que nous ne pouvons les produire.

M. LE PRÉSIDENT. — Nous n'avons pas à nous occuper de ce qui s'est passé devant une juridiction qui n'est pas la nôtre. La question est de savoir si des pièces n'ont pas été signifiées dans les délais au Ministère public. Or, ces pièces n'ont pas été signifiées dans les délais, nous sommes obligés de nous conformer à la loi.

Mᵉ CLÉMENCEAU. — Mais moi, je constate en fait que si nous ne pouvons pas produire ces pièces, la faute en est au Président du Conseil de guerre... Il faut bien cependant parler un peu à MM. les jurés.

M. LE PRÉSIDENT. — C'est à la Cour que vous devez parler, il s'agit d'une question de droit.

Mᵉ CLÉMENCEAU. — Si vous trouvez que je n'ai pas le droit de parler à MM. les jurés, je m'arrête, et je n'ai rien à dire.

M. LE PRÉSIDENT. — Vous reconnaissez que ce que j'avais dit ici est la vérité.

Mᵉ CLÉMENCEAU. — Pardon...

Mᵉ LABORI. — Voulez-vous me permettre puisque la discussion prend la forme d'une conversation, de vous poser moi-même une question : N'avez-vous pas, monsieur le Président, un pouvoir discrétionnaire ?

M. LE PRÉSIDENT. — Pas en matière de presse.

Mᵉ LABORI. — Pour tout ce qui concerne la bonne foi ou la moralité des prévenus, vous l'avez.

M. LE PRÉSIDENT. — Non, pas au sujet de pièces qui n'ont pas été signifiées.

Mᵉ LABORI. — Cependant, l'autorité de M. Barbier est considérable.

M. LE PRÉSIDENT. — M. Barbier n'est pas la loi !

Mᵉ LABORI. — Mais il y a des arrêts, il y a une jurisprudence... Si la loi avait tout prévu, nous serions bien malheureux, nous, avocats, nous n'aurions rien à faire.

M. LE PRÉSIDENT. — Maître Labori, je vous déclare que je ne ferai pas donner lecture par M. Scheurer-Kestner des lettres en question, étant donnés les termes de l'article 52 de la loi de 1881.

Mᵉ LABORI. — Alors, nous allons déposer des conclusions.

M. LE PRÉSIDENT. — Déposez des conclusions...

Cependant, pour vider cet incident, vous pourriez demander à M. Scheurer-Kestner ce qu'il y avait dans ces lettres; il peut le *dire*, mais il ne peut pas le *lire*.

Mᵉ LABORI. — En effet, si M. Scheurer-Kestner peut nous dire ce qu'il y a dans ces lettres, et si M. le Président l'autorise à le faire, je n'en demande pas davantage et je me rends volontiers à l'avis de M. le Président.

M. SCHEURER-KESTNER. — Je regrette beaucoup qu'il ne me soit pas possible de donner lecture de ces lettres; je le regrette au point de vue de la manifestation de la vérité, je croyais cette lecture indispensable, je vois qu'on m'empêche de la faire; mais M. le Président m'autorise à dire ce qui s'y trouve, je le ferai d'une manière beaucoup plus incomplète, mais qui sera peut-être suffisante, cependant, pour éclairer l'opinion de MM. les jurés (1).

---

(1) *Nous avons pu nous procurer la correspondance échangée entre le général Gonse et le colonel Picquart, dont il est question dans la déposition de M. Scheurer-Kestner.*
En voici le texte :

Lettre du général Gonse.

Mon cher Picquart,

J'ai reçu votre lettre du 5 (septembre) et, après avoir réfléchi à tout ce que vous me dites, je m'empresse de vous faire connaître qu'il me paraît utile de marcher dans cette affaire avec une grande prudence, en se méfiant des premières impressions.

Il serait nécessaire, maintenant, d'être fixé sur la nature des documents.

Je vous disais tout à l'heure, avant la naissance de cet incident, que le colonel Picquart avait demandé au général Gonse de l'autoriser à faire procéder à une expertise d'écritures. Le colonel Picquart avait la conviction, corroborée, du reste, par ce que lui avait dit M. Bertillon, qu'on s'était trompé en 1894 et que le bordereau qui avait été attribué à M. Alfred Dreyfus lui avait été attribué par suite d'une erreur. Il prétendait avoir

---

Comment ont-ils pu être copiés? Quelles ont été les demandes de renseignements faites auprès des tiers?

On peut répondre que, dans cet ordre d'idées, il est assez difficile d'arriver à un résultat sans faire quelque bruit. Je le reconnais; mais, à mon avis, c'est le meilleur moyen de marcher sûrement.

La continuation de l'enquête au point de vue des écritures a le grave inconvénient d'obliger à prendre de nouveaux confidents dans de mauvaises conditions, et mieux vaut, il me semble, attendre encore que l'on soit fixé, pour continuer dans cette voie assez délicate.

Je rentre le 15 septembre et c'est verbalement que l'on peut le mieux s'entendre dans une affaire de cette nature.

En résumé, mon sentiment est qu'**il est nécessaire de marcher avec une extrême prudence.**

Je vous serre la main, mon cher Picquart, bien affectueusement.

Votre tout dévoué,

A. GONSE.

Lettre du colonel Picquart.

Paris, 8 septembre 1896.

Mon Général,

J'ai lu attentivement votre lettre et je suivrai scrupuleusement vos instructions.

Mais je crois devoir vous dire ceci:

De nombreux indices et un « fait grave » dont je vous parlerai à votre retour, me montrent que le moment est proche où des gens qui ont la conviction qu'on s'est trompé à leur égard vont tout tenter et faire un gros scandale.

Je crois avoir fait le nécessaire pour que l'initiative vienne de nous.

Si l'on perd trop de temps, **l'initiative viendra d'ailleurs, ce qui, faisant abstraction de considérations plus élevées ne nous donnera pas le beau rôle.**

Je dois ajouter que ces gens-là ne me paraissent pas informés comme nous le sommes, et que leur tentative me paraît devoir aboutir à un gâchis, un scandale, un gros bruit qui n'amènera pourtant pas la clarté.

Ce sera une crise fâcheuse, inutile, et que l'on pourrait éviter en faisant justice à temps.

Veuillez, etc.

G. PICQUART.

Lettre du général Gonse.

Cormeilles-en-Parisis (Seine-et-Oise),
10 septembre 1896.

Mon cher Picquart,

Je vous accuse réception de votre lettre du 8. Après y avoir réfléchi, malgré ce qu'elle contient d'« inquiétant », je persiste dans mon premier sentiment.

Je crois qu'il est nécessaire d'agir avec une extrême circonspection.

Au point où vous en êtes de votre enquête, **il ne s'agit pas, bien**

découvert que ce bordereau devait être attribué au commandant Esterhazy dont l'écriture, avait dit M. Bertillon, était l'identité de l'écriture du bordereau. Le général Gonse écrivit au colonel Picquart, car il se trouvait à cette époque-là — c'était le 7 septembre 1896 — en Seine-et-Oise, à la campagne, il lui écrivit : « Mon cher Picquart, j'ai beaucoup réfléchi à ce que vous m'avez écrit, continuez votre enquête avec la plus grande circonspection, et surtout pas de bruit, de la prudence ! Je ne crois pas qu'il soit opportun — en parlant des experts en écritures — de mettre encore des tiers dans cette affaire et dans de mauvaises conditions. »

Voilà la première lettre que le général Gonse écrivait au colonel Picquart le 7 septembre.

Mais le colonel Picquart, très inquiet, tourmenté de la découverte qu'il avait faite, certain qu'il y avait eu une erreur, écrivit immédiatement au général Gonse à la date du 8 septembre, c'est-à-dire le lendemain : « Mon général, j'ai reçu votre lettre dont je suivrai scrupuleusement les instructions ;

---

entendu, d'éviter la lumière, mais il faut savoir comment on doit s'y prendre pour arriver à la manifestation de la vérité.

Ceci dit, il faut éviter toute fausse manœuvre et surtout se garder de démarches irréparables.

Le nécessaire est, il me semble, d'arriver en silence, et dans l'ordre d'idées que je vous ai indiqué, à une certitude aussi complète que possible, avant de rien compromettre.

Je sais bien que le problème à résoudre est difficile, qu'il peut être plein d'imprévu ; mais c'est précisément pour cette raison qu'il faut marcher avec prudence. Cette vertu ne vous manque pas ; je suis donc tranquille.

Songez donc que les difficultés sont grandes et qu'une bonne tactique, « pesant à l'avance » toutes les éventualités, est indispensable.

J'ai l'occasion d'écrire au général de Boisdeffre ; je lui en touche quelques mots dans le sens de ma présente lettre.

Prudence ! Prudence ! voilà le mot que vous devez toujours avoir devant les yeux.

Je rentre le 15 au matin ; venez donc me trouver de bonne heure à mon bureau, après que vous aurez vu votre courrier.

Je vous serre la main, mon cher Picquart, bien affectueusement.

Votre tout dévoué.

A. GONSE.

Lettre du colonel Picquart.

Paris, 14 septembre 1896.

Mon Général,

Le 8 septembre, j'avais l'honneur d'attirer votre attention sur le scandale que certaines gens menaçaient de faire éclater sous peu, et je me permettais de vous dire qu'à mon avis, si nous ne prenons pas l'initiative, nous aurons sur le dos de grands ennuis.

L'article de *l'Éclair*, que vous trouverez ci-joint, me confirme malheureusement dans mon opinion. Je vais rechercher avec soin qui a pu lancer la bombe.

Mais je crois devoir affirmer encore une fois qu'il faut agir sans retard. Si nous attendons encore, nous serons débordés, enfermés dans une situation inextricable et nous ne trouverons plus les moyens « d'établir la vérité vraie ».

G. PICQUART.

mais, permettez-moi de vous répéter que des indices nombreux me font penser que les gens qui sont convaincus qu'on s'est trompé à leur égard en 1894, vont tout tenter; il en naîtra un gros bruit, un grand scandale, que nous pouvons éviter en faisant justice à temps. »

Voilà ce qu'écrivait le colonel Picquart à la date du 8 septembre.

Deux jours après, le général Gonse répondait, commençant sa lettre comme la première fois : « J'ai beaucoup réfléchi », et, dans le courant de cette lettre, je relève cette phrase que je cite textuellement : « Au point où vous en êtes arrivé de votre enquête, il ne s'agit pas d'éviter la lumière, bien entendu, mais **il s'agit de savoir comment on arrivera à la manifestation de la vérité.** »

Je soumets à l'appréciation de MM. les membres du jury la forme qui a été donnée à cette phrase, mais je les supplie de remarquer en même temps quelle est l'affirmation qui s'y trouve.

Le colonel Picquart croit devoir écrire encore une fois au général Gonse : « Mon général, je vous ai averti déjà que nous courons à un scandale, à un gros bruit, et si nous ne prenons pas les devants, nous n'aurons pas le beau rôle; je vous envoie un article de *l'Eclair*. »

C'était au moment où venait d'être publié cet article de *l'Eclair* qui a fait tant de bruit et dans lequel on parlait pour la première fois du bordereau et d'une soi-disant pièce secrète.

« Le numéro de *l'Eclair* que je vous envoie, disait le colonel Picquart, me confirme malheureusement dans mes appréhensions; nous n'avons plus de temps à perdre, car si nous attendons encore, le scandale sera là et nous ne parviendrons peut-être plus à manifester **la vérité vraie.** »

C'était une prophétie, elle est accomplie aujourd'hui.

Voilà, Messieurs, le résumé que j'ai pu faire de mémoire de ces belles lettres qui honorent leur auteur, qui honorent en même temps le soldat et l'homme! Je regrette de ne pas avoir pu vous en donner lecture et de n'avoir pu en faire qu'un faible résumé.

Messieurs les jurés, après la lecture de cette lettre, ma conviction était faite; j'étais convaincu qu'il y avait eu une erreur. Je voyais le général Gonse, le chef du colonel Picquart, partager ses idées et envisager la revision comme une chose possible. Qu'avais-je à faire? J'avais comme premier devoir d'en entretenir le gouvernement, M. le Ministre de la guerre; j'avais comme premier devoir de lui apporter les pièces, de lui démontrer que l'écriture du bordereau était l'écriture du commandant Esterhazy et non celle du capitaine Dreyfus. C'est ce que je fis. J'allai trouver le général Billot, j'eus une très longue conversation avec lui, je lui fis part des documents que je possédais, je ne lui parlai pas à ce moment-là de la correspondance engagée entre le général Gonse et le colonel Picquart;

je trouvais qu'il valait mieux que je ne lui en parlasse pas. Mais je ne tardai pas à offrir au gouvernement de lui communiquer cette correspondance, et, naturellement, je fus autorisé à en faire une copie pour la lui remettre.

Malheureusement, les événements avaient marché; le gouvernement n'était peut-être plus dans les mêmes dispositions que le premier jour, je ne sais; en tout cas, cette communication fut refusée. Il me semblait qu'il était de l'honneur du gouvernement, qu'il était de l'honneur de la République, qu'il était de l'honneur de la démocratie, qu'il était de l'honneur de l'armée, que l'initiative d'une réparation pareille vînt d'en haut et non pas d'en bas; c'est pour cela que je m'adressais au gouvernement.

Et, alors, qu'est-il arrivé?

Au lendemain de ma visite au Ministre de la guerre, dans laquelle je lui avais parlé des pièces, où je lui avais montré ces pièces, — c'était le 30 octobre, — dès le 1er novembre, après qu'il avait été bien convenu entre nous que notre conversation serait secrète, qu'elle ne serait pas ébruitée, que vois-je dans les journaux qui sont inspirés par le ministère de la guerre, m'a-t-on dit? ma visite au Ministre de la guerre racontée avec des commentaires mensongers!

On dit que je n'ai rien montré; on dit même que j'ai refusé au Ministre de la guerre de me donner la preuve de la culpabilité de Dreyfus, alors que je suis resté trois heures devant lui à le supplier de la faire.

Me LABORI. — D'Esterhazy.

M. SCHEURER-KESTNER. — Je vous demande pardon, j'ai peut-être fait une erreur; voulez-vous me permettre de répéter ma phrase.

Je dis que j'avais supplié M. le Ministre de la guerre, pendant la visite que je lui faisais, de me démontrer la culpabilité de Dreyfus, en lui offrant d'aller le crier sur les toits et qu'il ne voulut ou ne put pas le faire.

Il se bornait à me dire : « Il est coupable ».

« Démontrez-moi qu'il est coupable », disais-je?

« Je ne puis pas vous le démontrer ». Voilà ce que me répondait le général Billot, alors que j'avais apporté des pièces importantes et que j'avais dans le cœur tout ce que je savais par la lecture des lettres que j'ai citées tout à l'heure.

Voilà comment je suis arrivé à la conviction et voilà comment j'ai eu le courage de prendre en mains une cause qui est une cause d'humanité, de vérité et de justice!

M. LE PRÉSIDENT. — Maître Labori, avez-vous d'autres questions à poser à M. Scheurer-Kestner?

Me LABORI. — Oui, monsieur le Président. M. Scheurer-Kestner a bien voulu nous faire part de sa conversation avec M. le général Billot; voudrait-il être assez bon pour nous dire s'il a vu M. le Président du Conseil, s'il a eu un entretien avec lui?

M. LE PRÉSIDENT. — Vous venez d'entendre la question?

M. SCHEURER-KESTNER. — J'ai eu plusieurs entretiens avec M. le Président du Conseil dans les premiers jours du mois de novembre. A M. le Président du Conseil, j'ai tout dit, tout ce que je savais, tout ce que j'avais appris; j'ai offert la communication des lettres échangées entre le général Gonse et le colonel Picquart; car, à M. le Président du Conseil, j'étais autorisé à le lui dire.

Voilà ma réponse.

Mᵉ LABORI. — Est-ce que M. Scheurer-Kestner voudrait bien encore nous dire dans quelles conditions fut lancée la dénonciation de M. Mathieu Dreyfus contre M. le commandant Esterhazy, et si M. Mathieu Dreyfus n'a pas eu avec lui une conversation dans laquelle il lui a révélé le nom de M. le commandant Esterhazy, qui était venu à sa connaissance par une voie tout à fait différente de celle par laquelle le même nom était venu aux oreilles de M. Scheurer-Kestner?

M. LE PRÉSIDENT. — Vous venez d'entendre la question.

M. SCHEURER-KESTNER. — Je n'avais prononcé le nom du commandant Esterhazy devant personne au monde.

Je n'en avais parlé qu'au gouvernement, lorsque, le 12 novembre, — je puis me tromper d'un jour, je crois bien que c'est le 12 novembre — je reçus un petit mot de M. Mathieu Dreyfus me priant de le recevoir chez moi.

Je n'avais pas de relations avec M. Mathieu Dreyfus; il n'était jamais venu chez moi qu'une seule fois, de suite après la condamnation de son frère; je ne l'avais jamais revu, je ne le connaissais pas. Il me fit présenter sa carte — il était neuf heures ou neuf heures et demie du soir — en me faisant dire qu'il avait à me communiquer une chose des plus importantes.

Alors, il monta chez moi, et voici le récit qu'il me fit : Un M. de Castro, qu'il ne connaissait pas du reste, se promenait au boulevard au moment où l'on vendait des placards sur lesquels se trouvait la « preuve de la trahison », etc., des portraits des deux côtés, et au milieu le fac-similé du bordereau. M. de Castro, qui est un étranger, que cette question n'avait pas intéressé jusque-là, acheta par désœuvrement ce numéro, et dès qu'il l'eut en mains — je me sers d'un mot dont il s'est servi quand il m'a raconté lui-même l'histoire plus tard — « j'ai eu un éblouissement, dit-il. Je suis rentré chez moi, j'ai pris la liasse des lettres d'Esterhazy que j'avais dans mon bureau (une trentaine ou une quarantaine) et j'ai constaté que je ne m'étais pas trompé : le bordereau était bien de lui ! »

M. de Castro courut chez M. Mathieu Dreyfus, et c'est après cette communication de M. de Castro que M. Mathieu Dreyfus est venu me trouver le soir pour me dire ceci :

— « Vous devez connaître l'auteur du bordereau ? On a dit que vous vous occupiez de cette affaire depuis très longtemps; vous cherchez partout des renseignements. Eh bien ! Vous devez savoir quels sont ceux que l'on a substitués ou cherché à substituer à M. Alfred Dreyfus pour la confection du bordereau, puisque je sais que vous êtes convaincu qu'il n'est pas d'Alfred Dreyfus, d'après vos examens d'écritures. »

Et comme je refusais de lui donner un nom, il me dit :

— « Mais si je vous l'indique, moi, et si ce nom a passé sous vos yeux dans vos recherches, me le direz-vous ? »

Je répondis :

— « Dans ce cas, je me regarderai comme délié et je dirai : Oui. »

C'est alors que M. Mathieu Dreyfus me cita le nom du commandant Esterhazy, et que je lui dis : « Dans les conditions où vous vous trouvez, votre devoir est de l'indiquer immédiatement au ministère de la guerre. »

Car à ce moment, grâce aux journaux, on avait exposé aux soupçons un certain nombre d'officiers supérieurs, et j'étais très heureux, que, dans les conditions où ce fait se produisait, ces officiers supérieurs fussent mis hors du débat.

C'est ainsi que M. Mathieu Dreyfus a signalé à M. le Ministre de la guerre le commandant Esterhazy comme étant l'auteur du bordereau.

J'ai fini.

M. LE PRÉSIDENT. — Voilà la réponse. Maître Labori, avez-vous d'autres questions ?

M. ZOLA. — Monsieur le Président, je voudrais insister auprès de M. Scheurer-Kestner en le priant de nous donner plus de détails sur son entrevue avec M. le général Billot, ceci afin de relever une chose à laquelle je tiens beaucoup.

Vous savez, monsieur le Président, qu'on nous accuse et qu'on m'accuse personnellement d'avoir été la cause de la crise épouvantable qui divise le pays : on dit que c'est nous qui avons produit ce grand trouble qui gêne les affaires et passionne les cœurs ; eh bien ! je voudrais qu'il soit bien établi que M. le général Billot a été averti par M. Scheurer-Kestner des faits qui allaient se passer. Je voudrais que M. Scheurer-Kestner dise qu'il est le vieil ami de M. le général Billot, qu'il le tutoie, qu'il a pleuré presque dans ses bras, qu'il l'a supplié, au nom de la France, de prendre l'affaire en mains ! Je voudrais qu'il dise cela !

M. LE PRÉSIDENT. — Vous entendez la question, qu'est-ce que vous avez à répondre ?

M. SCHEURER-KESTNER. — Le lendemain de ma visite au général Billot, je trouvais dans les journaux les passages que je citais tout à l'heure.

Je trouvais dans certains journaux l'histoire de ma visite au général Billot, avec des détails à moitié exacts, à moitié faux, comme on a l'habitude de le faire.

M. LE PRÉSIDENT. — Vous venez de le dire tout à l'heure.

M. SCHEURER-KESTNER. — Comment ?

M. LE PRÉSIDENT. — Vous venez de le dire.

M. Scheurer-Kestner. — Vous m'empêchez de déposer, monsieur le Président.

M. le Président. — Je vous prie de répondre à cette question de M. Emile Zola : Quel a été, avec plus de détails, demande-t-il, le résultat de votre entrevue avec le général Billot ; que s'est-il passé, avec plus de détails que ceux que vous nous avez donnés tout à l'heure ? C'est là, je crois, le sens de la question de M. Emile Zola.

M. Scheurer-Kestner. — En vérité, je suis bien embarrassé, parce que je ne comprends pas bien la question.

M. le Président. — M. Emile Zola vous prie de donner plus de détails que tout à l'heure.

M. Scheurer-Kestner. — Evidemment, ils n'ont pas grand intérêt ; mais je suis tout disposé à répondre au désir de M. Emile Zola.

M. Emile Zola. — Je voudrais indiquer à M. Scheurer-Kestner ce fait, que l'entrevue qui a eu lieu entre lui et M. le général Billot a été une entrevue de sénateur à ministre, mais a été aussi une entrevue plutôt d'ami à ami, et je voudrais lui rendre ce caractère.

Je voudrais qu'il soit bien prouvé que M. le général Billot a été averti par M. Scheurer-Kestner, qui l'a supplié, au nom du patriotisme, de prendre l'affaire en mains, de ne pas faire cet état de choses qui s'est produit depuis, de ne pas s'engager dans cette voie ; je voudrais que M. Scheurer-Kestner dise qu'il a tenu ce langage patriotique, jusqu'à en avoir les larmes dans les yeux, en parlant au général Billot de cette affaire.

Me Labori. — J'insiste pour que, lorsque le témoin aura commencé sur ce point sa déposition, il puisse continuer sans être interrompu.

M. le Président. — M. Scheurer-Kestner n'avait pas compris la question.

— Vous avez entendu la question, veuillez y répondre.

M. Scheurer-Kestner. — La conversation que j'ai eue avec M. le général Billot, qui est mon vieil ami de vingt-cinq ans, a duré longtemps.

Oui, je l'ai supplié de porter toute son attention sur cette affaire qui risquait sans cela de devenir extrêmement grave. C'est à vous, lui disais-je, qu'il appartient de prendre les devants ; faites une enquête personnelle, ne vous en remettez à personne ; il y a dans certains bureaux des dossiers, faites-les venir, n'ayez aucun intermédiaire, faites une enquête personnelle, loyale. Et, si vous me promettez de faire cette enquête loyale et personnelle, eh bien ! je m'engage envers vous à me tenir en silence jusqu'à ce que j'en connaisse le résultat.

Quand je partis, le général Billot me demanda de ne rien ébruiter. J'acceptai, mais je mis une condition : il faut deux heures pour faire cette enquête, lui dis-je, je vous donne quinze jours, et pendant ces quinze jours je ne bougerai pas.

Or, c'est pendant ces quinze jours que les journaux du ministère m'ont traîné dans la boue, qu'on m'a traité de malhonnête homme, de misérable, qu'on m'a couvert d'injures, qu'on m'a appelé Allemand et Prussien !

M. Zola. — Comme moi Italien.

M. Scheurer-Kestner. — C'est pendant ces quinze jours que j'ai pu écrire à M. le général Billot : « Nous avons fait une trêve, mais je ne pensais pas que cette trêve tournerait contre moi par les gens qui sont autour de vous, que vous faites agir ou que vous laissez faire. »

Je lui ai même signalé des noms d'officiers qui m'ont été indiqués comme ayant porté des articles aux journaux ; je lui ai dit que je ne les garantissais pas, mais que je l'engageais à faire une enquête. Il me promit cette enquête, comme il m'avait promis son enquête personnelle sur les autres faits ; mais les quinze jours se sont passés, comme je l'ai dit tout à l'heure, et je suis resté sans nouvelles, sans réponse !

M. Zola. — Avec les injures.

M. le Président. — Maître Labori, Maître Clémenceau, avez-vous quelques questions à faire? (*Ils font un signe de dénégation.*)

Monsieur Scheurer-Kestner, vous pouvez vous retirer.

DÉPOSITION DE M. CASIMIR-PÉRIER

Ancien Président de la République.

M. le Président. — Monsieur l'audiencier, voulez-vous introduire M. Casimir-Périer? (*M. Casimir-Périer est introduit.*)

M. le Président. — Vous êtes M. Casimir-Périer, ancien Président de la République. Vous demeurez à Paris ?

M. Casimir-Périer. — Oui, monsieur le Président, 23, rue Nitot.

M. le Président. — Bien entendu, vous n'êtes ni le parent ni l'allié des accusés, ils ne sont pas à votre service, et vous n'êtes pas au leur.

Voulez-vous lever la main droite...

M. Casimir-Périer. — Monsieur le Président, avant de prêter serment, je vous demande la permission de réitérer la déclaration que j'ai faite hier par écrit.

M. le Président. — Oui, mais avant de faire votre déclaration, il faut prêter serment, sans quoi ce serait une cause de nullité.

M. Casimir-Périer. — Je ne puis dire toute la vérité, mon devoir est de ne pas la dire. (*Mouvements divers.*)

M. le Président. — Mais vous ne pouvez déposer qu'après avoir prêté serment.

M. Casimir-Périer. — Je le jure.

Me Labori. — Monsieur le Président, avant de poser à M.

Casimir-Périer les questions très courtes que je suis dans la nécessité de lui poser, je tiens à m'excuser auprès de lui, au nom de mon client et au mien, de la nécessité dans laquelle nous nous sommes trouvés d'insister pour avoir l'honneur de le voir aujourd'hui à la barre.

J'ajoute que, quelles que soient les raisons que M. Casimir-Périer pourra invoquer pour ne pas répondre aux questions que je vais lui poser, et que, j'espère, il n'invoquera que s'il lui est absolument indispensable de le faire, je m'engage d'avance à m'incliner avec déférence devant son sentiment, sans rechercher même s'il me paraît de tous points juridique.

Voici maintenant la question: M. Casimir-Périer, alors qu'il était Président de la République, a-t-il su, avant son arrestation, qu'un officier de l'état-major était soupçonné du crime de trahison ?

M. LE PRÉSIDENT. — La question ne sera pas posée.

Mᵉ LABORI. — Deuxième question : M. Casimir-Périer a-t-il eu, à un moment quelconque, connaissance qu'il existât au ministère de la guerre, relativement, soit à l'affaire Dreyfus, soit à l'affaire Esterhazy, un dossier secret.

M. LE PRÉSIDENT. — Laissons l'affaire Dreyfus de côté, n'en parlons pas. En ce qui concerne l'affaire Esterhazy, M. Casimir-Perier, pouvez-vous répondre?

M. CASIMIR-PÉRIER. — Je n'ai eu aucune connaissance, étant Président de la République, qu'il ait existé un dossier Esterhazy.

M. LE PRÉSIDENT. — Bien. A une autre question.

Mᵉ LABORI. — M. Casimir-Périer, alors qu'il était Président de la République — et ici, je crois devoir insister, monsieur le Président, pour que la question soit posée, car il s'agit d'un point qui est directement et expressément visé dans les faits dont il nous appartient de faire la preuve — M. Casimir-Périer a-t-il connu ce fait qu'une pièce secrète aurait été à un moment donné communiquée au Conseil de guerre de l'affaire Dreyfus, en dehors de l'audience et en dehors de l'accusé?

M. LE PRÉSIDENT. — La question ne sera pas posée.

M. ZOLA. — Monsieur le Président, il est entendu alors qu'on ne tient pas compte du mot « illégalité ». Vous n'en tenez pas compte. Mais pourquoi l'a-t-on mis… ?

M. LE PRÉSIDENT. — Mais la Cour a rendu un arrêt.

M. ZOLA. — Je m'incline en tant que prévenu, mais ma raison ne s'incline pas. Je ne comprends pas que vous limitiez la défense à certains faits qui sont indiqués dans l'assignation et comment il se fait que vous éloigniez ce mot « illégalité »; pourquoi est-il dans l'assignation ?

M. LE PRÉSIDENT. — On ne peut pas prouver contre la chose jugée. Cela a été répété dans l'arrêt aujourd'hui.

Mᵉ LABORI. — Nous ne demandons pas à prouver contre l'autorité de la chose jugée.

M. LE PRÉSIDENT. — C'est la même chose.

Me LABORI. — Non, non.

M. LE PRÉSIDENT. — Vous prétendez que, dans l'affaire Dreyfus, il y a illégalité.

Me LABORI. — Oui, monsieur le Président.

M. LE PRÉSIDENT. — C'est donc la même chose. C'est inutile d'insister.

M. ZOLA. — Mais, monsieur le Président, l'affaire Esterhazy est aussi une affaire jugée.

M. LE PRÉSIDENT. — Mais vous êtes poursuivi pour ce fait-là.

M. ZOLA. — Mais pour l'autre aussi, nous sommes poursuivis.

M. LE PRÉSIDENT. — Pas le moins du monde.

M. ZOLA. — Il y a donc des différences dans la chose jugée ?

M. LE PRÉSIDENT. — Nous ne discuterons pas, car ce point a été l'objet d'un arrêt de la Cour.

M. ZOLA. — Je ne demande pas mieux que de comprendre. Je voudrais savoir, si l'autorité de la chose jugée n'existe pas, pourquoi l'autorité de la chose jugée existe dans mon assignation.

M. LE PRÉSIDENT. — La Cour est revenue deux fois sur ce sujet et a rendu des arrêts.

Me LABORI. — Permettez-moi de vous relire un passage pour lequel nous sommes poursuivis :

M. Emile Zola a accusé le second Conseil de guerre « d'avoir couvert cette illégalité par ordre. »

Et qu'est-ce que c'est que cette « illégalité » ?

Elle est qualifiée par la première partie de ce même paragraphe :

« J'accuse le premier Conseil de guerre d'avoir violé le droit en condamnant un accusé sur une pièce secrète. »

M. LE PRÉSIDENT. — La question ne sera pas posée, vous vous débattez inutilement.

Me LABORI. — Inutilement, non ; peut-être inutilement, pour obtenir un arrêt favorable, mais pas au point de vue de ma cause, car le monde nous juge, et MM. les jurés aussi suivent ces débats avec intérêt. *(Mouvements divers.)*

M. LE PRÉSIDENT. — Un peu de silence, je vous en prie.

Me LABORI. — Sur ce premier point, comme vous faites remarquer que les discussions sont inutiles, j'aurai l'honneur de déposer des conclusions et j'attendrai un arrêt de la Cour.

Mais je ne veux pas retenir plus longtemps à la barre M. Casimir-Périer ; je vous demanderai donc, monsieur le Président, sur le seul terrain de la moralité et de la bonne foi — et j'espère qu'il n'y aura pas besoin d'un arrêt de la Cour pour que satisfaction nous soit donnée ici — de poser à M. Casimir-Périer la question suivante :

Si une pièce secrète avait été produite dans un débat quelconque, devant une juridiction quelconque, et si une condamnation avait été obtenue de la sorte, qu'est-ce que M. Casimir-Périer — qui ne se retranchera pas pour me répondre, j'en suis sûr, derrière le secret professionnel, puisqu'il s'agit d'une question de droit et de moralité publique sur laquelle des hommes comme d'Aguesseau se sont prononcés avant lui — qu'est-ce que M. Casimir-Perier en penserait?

M. LE PRÉSIDENT. — Permettez-moi de vous dire qu'il est inutile, par des questions indirectes, de vouloir arriver au même résultat. Je ne poserai pas la question. (*Bruits dans l'auditoire.*)

Mᵉ CLÉMENCEAU. — Monsieur le Président, je crois que vous avez peut-être mal compris la question de mon confrère Labori.

M. LE PRÉSIDENT. — Vous me demandez de poser cette question à M. Casimir-Perier : Ne sait-il pas qu'à une époque...

Mᵉ CLÉMENCEAU. — On demande à M. Casimir-Périer ceci : Si vous appreniez demain qu'une personne a été condamnée sur une pièce qui ne lui a pas été montrée, quelle serait votre opinion ?

C'est là une question de bonne foi. M. Casimir-Périer a occupé une situation assez haute pour qu'on puisse lui demander son opinion.

M. LE PRÉSIDENT. — Ce n'est pas un fait, c'est une opinion.

Mᵉ CLÉMENCEAU. — La Cour refuse de poser cette question?

M. LE PRÉSIDENT. — Elle n'est pas à poser.

Mᵉ LABORI. — Eh bien! sur cette question comme sur les autres, nous déposerons des conclusions.

Mᵉ CLÉMENCEAU. — Un dernier mot. Quand M. Casimir-Périer est venu à la barre, il a commencé à déposer avant d'avoir prêté serment, et M. le Président l'a interrompu en lui disant...

M. LE PRÉSIDENT. — Parfaitement; c'est un témoin...

Mᵉ CLÉMENCEAU. — Je ne veux pas contester les faits. Je vous rappelle qu'avant d'avoir prêté serment, M. Casimir-Périer a prononcé quelques paroles, et je veux savoir si, après avoir prêté serment, il est prêt à les répéter?

M. LE PRÉSIDENT. — Mais...

Mᵉ CLÉMENCEAU. — J'en appelle au témoin : M. Casimir-Périer a dit textuellement que son devoir était de ne pas dire la vérité. (*Exclamations.*)

M. LE PRÉSIDENT. — Monsieur Casimir-Périer...

M. CASIMIR-PERIER. — Voulez-vous me permettre...

Mᵉ CLÉMENCEAU. — Il y a une erreur de mots; je vais rectifier. J'ai voulu dire — il faut laisser la salle s'amuser! — que M. Casimir-Périer — je fais appel à ses souvenirs — a dit :

« Je crois qu'il est de mon devoir de ne pas dire toute la vérité. »

M. LE PRÉSIDENT. — Ce n'est pas là du tout ce que M. Casimir-Périer avait dit tout à l'heure. Il avait déclaré qu'il ne croyait pas devoir parler.

Mᵉ CLÉMENCEAU. — Non, monsieur le Président, j'ai copié la phrase.

M. LE PRÉSIDENT. — Mais vous savez pour quel motif.

Mᵉ Clémenceau. — Je n'entends pas.

M. le Président. — En raison de son rôle constitutionnel.

Mᵉ Clémenceau. — Je demande que la question soit posée au témoin.

M. Casimir-Périer. — Je visais la formule même du serment, qui comporte de dire toute la vérité, et je crois avoir fait remarquer que je ne pouvais pas la dire entière, visant par là la déclaration que j'avais faite hier, ne connaissant d'ailleurs pas de faits relatifs à l'affaire dont la Cour est saisie et étant donné que, sur les autres, mon devoir et mon irresponsabilité m'imposent le silence.

M. le Président. — Avez-vous d'autres questions à poser?

Mᵉ Labori. — J'indique simplement...

M. Casimir-Périer. — Je suis un simple citoyen et aux ordres de la justice de mon pays. (*Applaudissements.*)

Mᵉ Labori. — M. Casimir-Périer donne ici un illustre exemple, et je demande à MM. les jurés de remarquer que d'autres, pour venir ici, attendent d'y être contraints par des arrêts de justice. (*Nouveaux applaudissements.*)

M. le Président. — Vous n'avez pas d'autres questions?

Mᵉ Labori. — Je vais prendre des conclusions sur les questions posées.

M. le Président. — Ce sera le même arrêt rendu chaque fois.

Mᵉ Labori. — Ce sera très facile à rendre.

Nous allons copier les conclusions.

M. le Président. — M. Casimir-Périer peut se retirer?

Mᵉ Labori. — Monsieur le Président, je ne peux pas prévoir à l'avance un arrêt que la Cour va rendre, et je ne puis pas demander à M. Casimir-Périer de se retirer avant que la Cour ait rendu son arrêt.

Je n'ai pas beaucoup d'illusions, mais j'en ai un peu.

M. le Président. — Nous pouvons suspendre pendant cinq minutes.

Mᵉ Labori. — Je n'ai besoin que de quelques minutes.

M. le Président. — L'audience est suspendue.

(*La salle applaudit M. Casimir-Périer.*)

Conclusions
relatives à l'audition de M. Casimir-Périer et arrêt.

L'audience est reprise à quatre heures quinze minutes.

M. le Président. — Maître Labori, vous avez la parole.

Mᵉ Labori. — J'ai l'honneur de déposer sur le bureau de la Cour les conclusions suivantes :

Attendu que la déposition de M. Casimir-Périer est indispensable à la manifestation de la vérité et nécessaire pour établir la bonne foi des prévenus et que refuser de l'entendre serait violer les droits de la défense ;

Par ces motifs,

Donner acte aux concluants de ce que M. le Président a refusé de poser au témoin les questions suivantes :
1º M. Casimir-Périer a-t-il su qu'un officier de l'Etat-major était soupçonné de trahison et cela, avant l'arrestation de cet officier ?
2º A-t-il connu les charges qui pesaient sur lui ?
3º A-t-il su qu'une pièce secrète avait été communiquée au Conseil de guerre en dehors de l'accusé et de son défenseur ?
4º S'il l'a su, à quel moment l'a-t-il appris ?
 — Dans un ordre de moralité et de pure bonne foi :
5º Si M. Casimir-Périer apprenait qu'une condamnation ait été obtenue devant une juridiction quelconque par la production d'une pièce secrète, que penserait-il d'un tel acte et de celui qui l'aurait ordonné ou en aurait pris la responsabilité ?

M. LE PRÉSIDENT. — Le Ministère public a la parole.
M. L'AVOCAT GÉNÉRAL. — Je m'en rapporte à l'appréciation de la Cour.
M. LE PRÉSIDENT :

La Cour,
Statuant sur les conclusions prises par Zola et Perrenx ;
Considérant que les questions posées par la défense à M. Casimir-Périer ne sont ni connexes, ni indivisibles avec les faits qualifiés et articulés dans la citation ; qu'en outre il n'est pas permis de prouver, soit directement, soit indirectement, soit par des voies détournées, contre la chose jugée, même pour établir la vérité des faits diffamatoires ;
Considérant au surplus que M. Casimir-Périer invoque l'irresponsabilité constitutionnelle pour ne pas répondre à certaines questions de la défense ;

Par ces motifs,

Dit que le Président a refusé avec raison de poser au témoin les questions posées par la défense, dit qu'il sera passé outre aux débats.

Maître Labori, avez-vous encore quelques questions à poser à M. Casimir-Périer ?
Mᵉ LABORI. — Non, monsieur le Président.
M. LE PRÉSIDENT. — Qui désirez-vous faire entendre ?
Mᵉ LABORI. — Nous désirerions faire entendre M. Trarieux, mais sa déposition peut être d'une certaine durée.
M. LE PRÉSIDENT. — Alors, demandez l'audition d'un autre témoin dont la déposition serait plus courte.
Mᵉ CLÉMENCEAU. — Si nous désirions faire entendre M. Trarieux, c'est qu'il devait déposer dans le même sens que les deux précédents témoins ; mais on pourrait appeler M. de Castro, et entendre M. Trarieux demain.
M. LE PRÉSIDENT. — Nous l'entendrons demain au début de l'audience... Faites venir M. de Castro.

DÉPOSITION DE M. J. DE CASTRO

M. LE PRÉSIDENT (*s'adressant aux défenseurs*). — Quelles questions, Messieurs, voulez-vous faire poser au témoin ?

Me LABORI. — Voudriez-vous demander à M. de Castro dans quelles conditions il a remis à M. Mathieu Dreyfus certaines lettres de M. le commandant Esterhazy et comment il a été amené à la pensée que le bordereau était de la main de M. Esterhazy?

M. LE PRÉSIDENT. — Vous entendez la question, Monsieur, veuillez y répondre.

M. DE CASTRO. — Oui, monsieur le Président. J'étais établi à cette époque banquier-commissionnaire près la Bourse de Paris et j'avais eu l'occasion de faire quelques affaires pour le commandant Esterhazy. Le commandant Esterhazy était en correspondance très suivie avec la maison et je connaissais très bien son écriture; je la connaissais si bien que, lorsque, le matin, j'avais un courrier important à dépouiller, je reconnaissais l'écriture du commandant même avant d'avoir ouvert sa lettre.

Vers la fin du mois d'octobre de l'année dernière, j'étais sur le boulevard, lorsqu'un camelot passa près de moi vendant le fac-similé du fameux bordereau attribué à l'ex-capitaine Dreyfus. J'ai été saisi en voyant cette écriture; il me sembla voir une lettre du commandant Esterhazy. Je rentrai chez moi extrêmement troublé. Le lendemain matin, j'allai avec mon beau-frère chercher dans le dossier du commandant Esterhazy quelques lettres, je fis même quelques comparaisons d'écritures et j'y trouvai en effet une parfaite similitude, je dirai même une identité frappante.

Je parlai à quelques amis de cette étrange coïncidence, et mes amis me conseillèrent de porter quelques lettres à M. Scheurer-Kestner, qui s'occupait de l'affaire Dreyfus. Entre temps, ces amis ont parlé probablement à M. Mathieu Dreyfus qui est venu un jour me prier de lui faire voir ces lettres. Je lui proposai d'en prendre quelques-unes, il les refusa et me dit : « Je vous prie de les porter chez M. Scheurer-Kestner. » J'y allai un matin et lui dis : « Monsieur le Président, je viens vous présenter quelques pièces excessivement curieuses, vous verrez par vous-même la similitude qui existe entre l'écriture de ces lettres et le fameux bordereau. »

M. Scheurer-Kestner prit ces lettres, les considéra quelques temps, puis il alla à côté dans un bureau et revint en disant : « Voilà des lettres qui sont probablement de la même main, de la même source. » Je reconnus, en effet, l'écriture du commandant Esterhazy.

Me LABORI. — Est-ce qu'à ce moment, le nom de M. le commandant Esterhazy avait été déjà prononcé comme étant susceptible d'être celui de l'auteur du bordereau? Est-ce que M. de

Castro soupçonnait que M. Esterhazy fût l'objet de quelque suspicion à cet égard ?

M. DE CASTRO. — Non, absolument pas... Huit ou dix jours après...

Mᵉ LABORI. — Le témoin n'a-t-il pas reçu de lettres de menaces ?

M. DE CASTRO. — Non, pas de lettres...; j'ai reçu un jour une carte-télégramme. Si M. le Président le désire, je la déposerai.

M. LE PRÉSIDENT. — Non ; mais qu'y avait-il sur cette carte ?

M. DE CASTRO. — C'est une menace : « Si c'est vous qui avez déposé les lettres dont le *Paris* indique les initiales J. D. C., vous paierez cher votre infamie. »

M. LE PRÉSIDENT. — Est-ce que cette écriture ressemblait à celle du commandant Esterhazy ?

M. DE CASTRO. — Non, c'était une écriture contrefaite. Rien n'indique de qui vient cette dépêche ; la dépêche n'est pas signée et l'écriture est toute autre que celle du commandant Esterhazy.

Mᵉ LABORI. — C'est une écriture déguisée.

M. LE PRÉSIDENT. — Vous n'avez pas d'autre question à poser au témoin ?

Mᵉ LABORI. — Non, monsieur le Président.

M. LE PRÉSIDENT. — Pouvez-vous faire entendre un témoin dont la déposition soit courte ?

Mᵉ LABORI. — Non, monsieur le Président ; je ne vois à faire entendre que des témoins qui vont nous retenir longtemps ou d'autres qui vont faire de nouveaux incidents... Je suis convaincu que la Cour va faire des objections sur un grand nombre de questions que j'aurai à poser, et, d'ici demain, mon intention est d'arrêter très nettement un questionnaire pour l'insérer dans des conclusions, le cas échéant... Je préparerai aussi des motifs de conclusions, de façon que la Cour puisse statuer tout de suite dans le cas où elle se refuserait à poser les questions que je lui soumettrai.

Nous pouvons ou entendre ce soir M. Trarieux ou remettre son audition à demain.

M. LE PRÉSIDENT. — Nous l'entendrons demain au début de l'audience.

L'audience est levée.

TROISIÈME AUDIENCE

AUDIENCE DU 9 FÉVRIER

SOMMAIRE. — Incident relatif à l'audition de Mme A. Dreyfus. — Incident relatif à la distribution aux jurés de documents et de brochures : Déclaration de Me Labori. — Incident relatif à la visite de M. le docteur Socquet à Mmes de Boulancy, de Comminges, Chapelon et à M. Autant. — Déposition de M. le général de Boisdeffre et conclusions de Me Labori. — Déposition de M. le général Gonse; incident. — Déposition de M. Gribelin. Confrontation de M. Gribelin avec M. Leblois. — Incident et dépôt de conclusions par M. l'Avocat général. — Déposition de M. le général Mercier. — Arrêt. — Déposition de M. Trarieux.

INCIDENT

Relatif à l'audition de Mme A. Dreyfus.

L'audience est ouverte à midi un quart.

M. LE PRÉSIDENT. — L'audience est ouverte.

Maître Labori, dans les conclusions que vous avez déposées hier en ce qui concerne Mme Dreyfus, il y a les deux premières questions qui concernent la bonne foi. J'avais cru qu'il s'agissait de la bonne foi de votre client en ce qui concernait l'affaire Dreyfus et non pas l'affaire Esterhazy.

Vous ne vous êtes pas expliqué dans vos conclusions. Vous demandez, dans ces conclusions, qu'on pose à Mme Dreyfus la question de savoir si elle sait quelque chose sur la bonne foi de M. Zola.

Je voudrais que vous complétiez vos conclusions en disant si c'est sur l'affaire Dreyfus ou sur l'affaire Esterhazy.

Me LABORI. — Pardon, il n'est question dans ces conclusions ni de l'affaire Dreyfus ni de l'affaire Esterhazy.

Je demande à Mme Dreyfus si elle croit à la bonne foi de M. Zola...

M. LE PRÉSIDENT. — Pour l'affaire Zola, c'est-à-dire...

Me LABORI. — Pour l'affaire Zola, c'est-à-dire la bonne foi de M. Zola quand il a écrit sa lettre.

M. LE PRÉSIDENT. — La bonne foi de M. Zola sur l'affaire Dreyfus?

Me LABORI. — La bonne foi de M. Zola sur l'affaire Dreyfus? Je ne comprends pas ce que cela veut dire.

M. Zola a accompli un acte considéré comme délictueux. Nous prétendons qu'il a accompli cet acte de bonne foi, et nous demandons au témoin, qui est cité pour faire la preuve de notre bonne foi, ce qu'il pense de la bonne foi de M. Zola?

Quant à l'affaire Dreyfus et à l'affaire Esterhazy, elles ne se rattachent que d'une façon indirecte...

M. LE PRÉSIDENT. — D'une façon indirecte?

Me LABORI. — L'affaire Zola ne se rattache...

M. LE PRÉSIDENT. — Il n'y a pas d'affaire Zola. (*Bruits et rires.*)

Me LABORI. — Messieurs les jurés, vous apprécierez.

M. LE PRÉSIDENT. — Il y a l'affaire Dreyfus et l'affaire Esterhazy.

Me LABORI. — Monsieur le Président, j'ai posé des conclusions. Je les précise verbalement, quoiqu'elles m'aient paru assez claires en elles-mêmes; car, je le répète, il ne peut être question que de la bonne foi de M. Zola quand il a écrit sa lettre.

Je suis prêt à préciser par écrit dans les mêmes termes.

Après cela, je n'ai plus rien à ajouter. Il appartient à la Cour et au Président de savoir si la question peut être vidée. Sinon, nous nous réserverons de tirer de la situation les conséquences qu'elle pourra comporter.

M. LE PRÉSIDENT. — Je ne pourrai interroger Mme Dreyfus sur la bonne foi de M. Zola qu'en ce qui concerne l'affaire Esterhazy, mais pas en ce qui concerne l'affaire Dreyfus.

Me CLÉMENCEAU. — Je crois que vous faites une erreur matérielle, car il n'y a pas d'affaire Dreyfus : depuis deux jours, on répète qu'il ne sera pas question de l'affaire Dreyfus.

Je ne comprends donc pas que vous demandiez aujourd'hui si nous voulons poser la question sur l'affaire Dreyfus, puisque vous avez répété depuis le commencement des débats que le Ministère public était lié par les conclusions de M. le Ministre de la guerre et que, dans ces conditions, il n'y avait que quinze lignes de la lettre de M. Zola...

M. LE PRÉSIDENT. — Voilà comment vos conclusions sont rédigées :

« Qu'est-ce que vous pensez de la bonne foi de M. Zola? »

Eh bien! M. Zola n'est poursuivi que pour l'affaire Esterhazy. Je veux bien poser la question sur la bonne foi de M. Zola en ce qui concerne l'affaire Esterhazy ; je ne la poserai pas en ce qui concerne l'affaire Dreyfus.

Me LABORI. — Le Président et la Cour feront comme ils l'entendront. Ils sont juges souverains.

Quant à nous, nous sommes juges souverains aussi en ce qui concerne le point de savoir les questions que nous voulons poser, et la question de bonne foi pour nous ne comporte ni restriction ni divisibilité.

Un homme qui accomplit un acte, accomplit un acte qui représente un ensemble; il l'accomplit de bonne ou de mauvaise foi et il n'y a pas à savoir si c'est sur tel point de détail ou sur tel autre qu'il est de bonne foi.

Je ne sais pas ce que répondra Mme Dreyfus.

Je demande que Mme Dreyfus soit interrogée d'une manière générale sur la bonne foi de M. Zola relativement à la lettre qu'il a écrite.

M. LE PRÉSIDENT. — Il ne s'agit pas, par des voies détournées, de mêler les deux affaires ensemble.

Je veux bien interroger Mme Dreyfus en ce qui concerne la bonne foi pour l'affaire Esterhazy, pour le Conseil de guerre qui a jugé l'affaire Esterhazy, mais pas pour le Conseil de guerre qui a jugé Dreyfus. Il ne s'agit pas de faire confusion et d'arriver à faire, par des moyens détournés, ce que l'arrêt de la Cour a défendu.

Me LABORI. — Permettez-moi, monsieur le Président, de dire que nous avons ici chacun un terrain à défendre, et nous avons les uns pour les autres des devoirs de considération respective.

Je n'admettrai pas que l'on dise que je fais ici quoi que ce soit pour arriver à mon but par des voies détournées. Je n'ai ni la figure, ni l'attitude, ni la parole d'un homme qui fait des choses par des voies détournées, et s'il y a des voies détournées employées ici, j'en laisse toute la responsabilité, je ne dis pas à M. le Procureur général, mais à M. le Ministre de la guerre, partie plaignante.

M. LE PRÉSIDENT. — M. le Ministre de la guerre n'a visé que certains points dans l'assignation, c'est son droit. Et la Cour est obligée de se restreindre dans les termes de la plainte et de la citation : par conséquent, j'interrogerai Mme Dreyfus sur la bonne foi de M. Zola en ce qui concerne l'affaire Esterhazy.

Me LABORI. — Eh bien! j'insiste pour que la question soit posée dans les termes que j'ai indiqués, et si la Cour s'y refuse, je déposerai des conclusions sur ce point.

M. LE PRÉSIDENT. — Je n'interrogerai pas Mme Dreyfus en ce qui concerne le premier Conseil de guerre qui a jugé l'affaire Dreyfus; je l'interrogerai sur le second Conseil de guerre qui a jugé l'affaire Esterhazy.

Par conséquent, je vous le répète, aux termes de la loi, aux termes de l'arrêt que vous avez entendu avant-hier, je ne mêlerai pas les deux affaires ensemble.

Vous déposerez des conclusions s'il vous semble bon de le faire; mais je vous préviens que ce sera comme cela pendant tout le temps des débats.

Me LABORI. — Je le regrette, et pour vous, et pour moi-même, mais je déposerai mes conclusions.

MM. les jurés sont nos juges, ils assistent aux débats. Or, Messieurs, je ne leur demande qu'une chose, c'est de suivre impartialement, — en n'écoutant pas les bruits du dehors, en ne gardant que l'impression de ce qui se passe ici, à cette audience, — l'attitude de chacun à ce débat. (*Mouvements divers.*)

Je vais dicter mes conclusions.

M. LE PRÉSIDENT. — Nous allons maintenant entendre quelques témoins. M. le général de Boisdeffre a demandé qu'on l'entende au début...

Mᵉ CLÉMENCEAU. — On nous informe qu'il y a des témoins dans la salle; or, les débats sont ouverts. Il paraît que les généraux de Boisdeffre, Mercier...

M. LE PRÉSIDENT. — Les débats ne sont pas ouverts.

Mᵉ CLÉMENCEAU. — Ce n'est pas une objection de droit, c'est une objection de fait. Je crois qu'il y a intérêt à ce que les témoins n'assistent à aucune partie des débats avant leur déposition.

M. LE PRÉSIDENT. — Les débats ne sont pas commencés.

Mᵉ CLÉMENCEAU. — Ce n'est pas une observation de droit, c'est une observation de fait, je le répète.

M. LE PRÉSIDENT. — Je voulais vous demander quel était le premier témoin qu'on allait entendre ?

Mᵉ LABORI. — Monsieur le Président, mon intention serait de vous prier de vouloir bien entendre d'abord, et conformément à sa demande, M. le général de Boisdeffre. Mais, avant qu'il soit entendu, je demanderai la permission de faire une très courte observation à MM. les jurés.

M. LE PRÉSIDENT. — Tous les témoins doivent sortir, excepté ceux qui ont été entendus hier.

(*L'audiencier fait sortir les témoins.*)

M. LE PRÉSIDENT (*s'adressant à Mᵉ Labori*). — Vos conclusions sont-elles prêtes?

Mᵉ LABORI. — Dans une minute.

Mᵉ CLÉMENCEAU. — Monsieur le Président, voulez-vous nous faire connaître les témoins qui étaient dans la salle, s'il vous plaît ?

M. LE PRÉSIDENT. — Je n'en sais rien.

Mᵉ CLÉMENCEAU. — Alors, monsieur le Président, voudriez-vous avoir l'obligeance de demander à M. l'audiencier qui a fait sortir les témoins quels sont les témoins qui ont quitté la salle ?

M. LE PRÉSIDENT. — Monsieur l'audiencier !

M. L'AUDIENCIER. — Monsieur le Président, j'ai fait sortir les témoins, sauf ceux qui ont été entendus hier : M. Renaud, M. de Clam...

Mᵉ LABORI. — Et les deux généraux en tenue?

Mᵉ CLÉMENCEAU. — Monsieur le Président, voulez-vous me donner la parole pour présenter une observation ?

J'ai l'honneur de déposer devant la Cour des conclusions pour MM. Zola et Perreux :

CONCLUSIONS

relatives à la présence dans la salle de témoins non encore entendus.

Plaise à la Cour,

Donner acte aux concluants de ce qu'après que M. le Président a en déclaré l'audience ouverte et après dix minutes de débat sur l'audition d'un témoin, la présence de plusieurs témoins a été constatée dans la salle, notamment celle de M. le général Gonse et de M. du Paty de Clam.

Sous toutes réserves.

M. LE PRÉSIDENT. — Les conclusions que vous allez déposer, nous les joindrons à celles que vous avez déposées hier en ce qui concerne Mme Dreyfus.

Me LABORI. — Mais la Cour a statué.

M. LE PRÉSIDENT. — Il y avait une erreur, ou j'ai cru qu'il y avait une erreur.

Me LABORI. — Je vais demander à M. le Président de donner acte des conditions dans lesquelles la Cour refuse de poser la question.

M. LE PRÉSIDENT. — Il y aura un arrêt.

Il s'agit d'expliquer cet arrêt.

Sur les deux premiers points, vous aviez dit : « Qu'est-ce que vous pensez de la bonne foi de M. Zola ? Quelles sont les raisons qui vous ont amené à croire à cette bonne foi ? »

Je croyais qu'il s'agissait de l'affaire Dreyfus, et comme vous ne l'aviez pas indiqué dans les conclusions...

Me LABORI. — Nous déposons d'autres conclusions.

CONCLUSIONS NOUVELLES

relatives à l'audition de Mme Dreyfus.

Plaise à la Cour,

Attendu que les concluants ont demandé que Mme Dreyfus soit entendue sur la bonne foi de M. Émile Zola ;

Attendu que la Cour a refusé de l'entendre sur ce point par un arrêt motivé ;

Attendu que M. le Président, revenant spontanément sur cet incident, se déclare prêt à poser la question dans les termes suivants :

« Qu'est-ce que Mme Dreyfus pense de la bonne foi de M. Émile Zola sur l'affaire Esterhazy ? », et à la condition expresse que Mme Dreyfus ne sera pas interrogée sur la bonne foi de M. Émile Zola relative à l'affaire Dreyfus ;

Attendu que cette distinction est injustifiable et incompréhensible ;
Attendu que la bonne foi de M. Émile Zola ne peut se rapporter, d'une manière générale, et sans distinction, qu'aux faits pour lesquels il est poursuivi ;

Par ces motifs,

Donner acte aux concluants de ce que M. le Président a refusé de poser à Mme Dreyfus, d'une manière générale, une question relative à la bonne foi de M. Émile Zola ;
Sous toutes réserves,
Et ce sera justice.

M. LE PRÉSIDENT. — En somme, ce sont des conclusions modificatives de celles que vous avez déposées ?

Me LABORI. — Du tout.

Les conclusions d'hier sont vidées par un arrêt. Aujourd'hui, il y a un incident ; sur cet incident, je pose des conclusions nouvelles, sur lesquelles la Cour appréciera.

M. LE PRÉSIDENT. — Cela revient au même.

Me CLÉMENCEAU. — Oh ! non.

Me LABORI. — La Cour appréciera.

M. LE PRÉSIDENT. — Les deux arrêts seront rendus après la suspension de l'audience.

Me CLÉMENCEAU. — Monsieur le Président, voulez-vous me permettre une simple observation ?

M. le Président disait qu'il y avait eu un arrêt rendu hier. Je ferai remarquer que la Cour a rendu divers arrêts au début de cette audience et nous a demandé plusieurs fois de respecter la chose jugée.

Je demande à la Cour, et j'ai le même droit qu'elle, de respecter la chose jugée. La Cour a rendu un arrêt sur les conclusions déposées : je demande à la Cour de nous accorder tous les droits qui résultent de cet arrêt.

M. LE PRÉSIDENT. — Je vous répète que c'était parce que les conclusions n'étaient pas rédigées d'une façon assez nette pour que nous puissions statuer en connaissance de cause ; c'est pourquoi j'ai attiré votre attention sur les deux points que j'ai indiqués.

Me CLÉMENCEAU. — Ce n'est pas en fait, c'est en droit que je discute, et je crois qu'il ne peut pas y avoir de désaccord : la Cour a rendu hier, sur des conclusions déposées par nous, un arrêt qui constitue la chose jugée ; comme nous avons été invités à respecter la chose jugée, permettez-moi de dire que nous voulons accorder ce respect à l'arrêt que la Cour a rendu elle-même.

Je veux m'en tenir à l'arrêt d'hier.

M. LE PRÉSIDENT. — Mais l'arrêt d'hier, on n'y touchera pas, seulement on statuera sur ces nouvelles conclusions.

INCIDENT

Déclaration de Me Labori relativement à la distribution aux jurés de documents et de brochures.

Me LABORI. — Monsieur le Président, voulez-vous bien me permettre, avant d'aborder la déposition du premier témoin, d'adresser un mot à MM. les jurés sur un incident d'ordre purement matériel.

Nous apprenons, Messieurs les jurés, qu'un certain nombre de documents et de brochures vous ont été distribués. Je tiens à vous déclarer hautement que ces brochures, que ces documents n'émanent ni de M. Emile Zola, ni du gérant de *l'Aurore*, ni de la famille Dreyfus elle-même, auprès de laquelle j'ai pris soin de me renseigner.

Une voix. — Le Syndicat !

Me LABORI. — Ni de la famille Dreyfus elle-même, auprès de laquelle j'ai pris soin de me renseigner.

J'ai considéré, pour ma part, que la remise entre vos mains, même avant le débat, de certains documents qui sont, pour la plupart des documents officiels, — et parmi lesquels : 1° l'acte d'accusation, ou plutôt le rapport qui a été publié relativement à l'affaire du capitaine Dreyfus en 1894 ; 2° le rapport de M. Ravary dans l'affaire Esterhazy, et quelques autres documents que je vous prie d'ailleurs de vous procurer vous-mêmes, car ils sont en vente ; — j'ai considéré que ces documents pouvaient vous être utiles. Nous avons délibéré, mes clients et moi, sur la question de savoir si nous devions vous les remettre et, bien que ces documents soient publics, nous avons tenu, pour rester dans une attitude d'une correction presque exagérée, à ne rien vous faire remettre.

Ceux qui parlent toujours du Syndicat, il y en a ici, et qui font partie, j'imagine, d'un autre Syndicat......

M. LE PRÉSIDENT. — Maître Labori, je vous en prie, plus de calme. Dites à MM. les jurés ce que vous avez à dire.

Me LABORI. — Permettez, j'ai la prétention d'avoir énormément de calme.

Ces brochures ne venant pas de nous, Messieurs, ne peuvent venir que de là, et j'ai tenu à protester.

Pendant que j'en suis à faire cette protestation, je tiens encore à en faire une autre, et je suis persuadé que M. le Président ne trouvera pas à y contredire.

Aujourd'hui, dans un certain nombre de journaux qui, au point de vue du compte rendu des débats, ne brillent que par l'inexactitude, on écrit, on imprime que M. Emile Zola a été hier hué, bousculé, frappé.

Frappé, ce n'est pas vrai ! Hué ? Par quelques-uns, peut-être.

On dit que c'est par la France !

Eh bien ! Messieurs les jurés, je laisse à ceux qui solidarisent la France avec les bandes dont il s'agit la responsabilité de leurs paroles sacrilèges ! (*Silence profond de l'auditoire.*)

Vous voyez bien qu'ils n'osent rien dire ! Personne n'ose se désigner ! (*Mouvement.*)

Et j'ajoute un mot.

M. LE PRÉSIDENT. — Nous ne plaidons pas en ce moment-ci ; si vous avez quelques observations à présenter à MM. les jurés, faites-le en deux mots. (*Bruits divers.*)

M. LE PRÉSIDENT. — Silence, silence, je vous en prie.

Mᵉ LABORI. — Et j'ajoute un mot, Messieurs, c'est le dernier.

A l'heure qu'il est, parmi les hommes de bonne foi, d'intelligence et de bonne volonté, il ne peut y avoir que deux sortes d'attitudes ; la première, celle de ceux qui savent ou croient savoir, et qui sont convaincus, ceux-là ont pour M. Emile Zola l'admiration et le respect ; la seconde, celle de ceux qui ne savent pas, mais qui veulent savoir, ceux qui pensent qu'il y a dans ce pays quelque chose qui est au-dessus de tout : l'idée de droit, l'idée de justice, l'idée de liberté, en un mot, l'idéal général sur lequel l'humanité a les yeux fixés ; et ceux-là n'ont qu'une attitude, ils attendent, ils attendent avec déférence et en silence.

Les autres, quand ils essaient d'identifier la France avec eux, ils l'insultent, pendant que nous la vénérons. (*Applaudissements.*)

M. ZOLA. — C'était nécessaire, monsieur le Président, c'était nécessaire de dire cela.

INCIDENT

Visites de M. le docteur Socquet à Mᵐᵉ de Boulancy, Mˡˡᵉ de Comminges, Mᵐᵉ Chapelon et M. Autant.

M. LE PRÉSIDENT. — Monsieur l'audiencier, voulez-vous faire venir M. le docteur Socquet.

(*Le docteur Socquet est appelé à la barre.*)

M. LE PRÉSIDENT, *s'adressant au docteur Socquet.* — Vous êtes, Monsieur, le docteur Socquet ! Je ne vous fais pas prêter serment, puisque vous n'avez pas été cité, mais je vous prie de donner à la Cour les renseignements que vous avez recueillis.

M. LE DOCTEUR SOCQUET. — Messieurs, je me suis rendu hier aux domiciles de Mˡˡᵉ de Comminges, de Mᵐᵉ de Boulancy, de Mᵐᵉ Chapelon, et chez M. Autant, à l'effet de constater leur état de santé pour répondre aujourd'hui s'ils étaient en état de se présenter devant la Cour. Voici, messieurs, les résultats de mon examen.

Deux de ces dames, Mˡˡᵉ de Comminges et Mᵐᵉ de Boulancy, ne sont pas en état de se présenter. Mme Chapelon était absente de son domicile lorsque je me suis présenté. Quant à M. Autant, il a été atteint dimanche dernier d'une attaque de coliques néphrétiques ; il est complètement rétabli et peut se présenter à l'audience. Il a promis du reste, hier, qu'il serait à l'audience aujourd'hui, et je viens de l'apercevoir dans la salle des témoins.

M. LE PRÉSIDENT. — Monsieur l'audiencier, est-ce que le témoin Autant est présent ?

M. L'AUDIENCIER. — Il est présent.

Me CLÉMENCEAU. — Permettez-moi de faire une observation. Est-ce que Mme Chapelon n'avait pas un certificat de médecin ?

M. LE PRÉSIDENT. — Oui.

Me CLÉMENCEAU. — Alors, je pense que M. l'Avocat général aura quelque chose à dire ?

M. LE PRÉSIDENT. — Mais cela regarde le Parquet, qui fera ce qu'il voudra.

Me CLÉMENCEAU. — C'était pour savoir s'il y avait un certificat de médecin. Et j'insiste sur ce fait que Mme Chapelon a un motif, puisqu'elle a déclaré qu'elle dirait le contraire de la vérité.

Mais, j'ai d'autres observations à tirer de cet incident. Est-ce que M. le docteur Socquet pourrait nous donner quelques explications complémentaires sur l'état de Mme de Boulancy, puisque la Cour se rappelle que j'ai déposé des conclusions aussitôt après la lecture du certificat du médecin disant que nous connaissions cette maladie depuis jeudi ? Est-ce que M. le docteur Socquet ne pourrait pas parler de cette maladie de cœur ? Il doit savoir quelle est l'affection de Mme de Boulancy.

M. LE DOCTEUR SOCQUET. — Mais je n'ai pas de secret professionnel, c'est comme expert que je me suis rendu auprès de Mme de Boulancy ; par conséquent, je dois rendre compte à la Cour de mon examen complet.

Mme de Boulancy présente tous les symptômes d'une angine de poitrine. Lorsque je l'ai examinée, elle ressentait des douleurs dans la région précordiale, dans le bras gauche et des irrégularités du cœur. Dans ces conditions, Messieurs, j'estime qu'étant données les phases par lesquelles cette dame a passé depuis quelque temps, sa comparution devant la Cour d'assises, par suite des émotions qu'elle pourrait ressentir, étant donnée l'affection dont elle est atteinte, pourrait avoir pour elle un danger très sérieux et très grave et certainement je ne prends pas sur moi d'autoriser cette dame...

Me CLÉMENCEAU. — Je retiens la parole de M. l'expert, que ce n'est pas tant comme médecin que comme témoin...

M. LE PRÉSIDENT. — C'est comme expert.

Me CLÉMENCEAU. — Je vais expliquer ma pensée. M. l'expert nous a dit tout d'abord que Mme de Boulancy avait des douleurs au cœur, etc. Comme ce sont les affirmations de la malade, les affirmations de M. l'expert n'y ajoutent rien. Maintenant,

M. l'expert nous a dit qu'il serait très mauvais de l'amener à la Cour d'assises, où elle aurait des émotions.

Ceci, c'est une opinion plus générale, c'est une impression. Et alors, je retiens ceci, c'est que Mme de Boulancy pourrait venir à cette barre, mais que M. l'expert pense que l'émotion de la Cour d'assises lui serait mauvaise.

Alors, je demande à M. l'expert, dans le même ordre d'idées: Si on lui avait dit: « Croyez-vous que Mme de Boulancy pourrait comparaître chez le juge d'instruction en présence du commandant Esterhazy ? » aurait-il supposé que ce serait mauvais ?

M. LE DOCTEUR SOCQUET. — Je crois que dans un cabinet particulier, seule...

Me CLÉMENCEAU. — Même si elle se trouvait face à face avec le commandant Esterhazy ?

M. LE DOCTEUR SOCQUET. — Je ne peux pas répondre, je ne sais ce qui se présenterait à ce moment-là. Il est évident que le milieu n'est pas le même à la Cour d'assises et devant M. le juge d'instruction.

Ici, quand elle se présenterait, avec l'affluence de monde, la température élevée, exagérée, il est possible qu'elle ne résiste pas, et je ne crois pas pouvoir prendre sur moi de dire que cette dame peut se présenter ici à la barre sans accident pour elle.

M. LE PRÉSIDENT. — Il n'y a pas lieu de discuter longtemps sur cette question.

Me CLÉMENCEAU. — Je vous demande pardon, monsieur le Président. J'ai une objection. Vous dites que cela ne sera pas discuté longtemps, mais nous sommes seuls juges pour savoir le temps qu'il nous faut pour discuter; la question est trop grosse pour qu'on limite les droits de la défense.

M. le docteur Socquet n'a fait que, d'une part, rapporter les affirmations de la malade, affirmations qui dans l'espèce n'ont aucune autorité, et d'autre part déclarer qu'elle aurait pu venir à l'audience et que ce n'est que l'émotion qu'elle eût ressentie à l'audience...

M. LE DOCTEUR SOCQUET. — Ces constatations ont été faites par le médecin traitant. En fait, il n'y a pas lésion très nette; il est évident que si cette malade était venue dans mon cabinet...

Me CLÉMENCEAU. — Je me permets de vous rappeler que les affirmations de M. le docteur Socquet ont de l'autorité parce qu'il a été commis par la Cour et qu'il a prêté serment. Je ne retiens donc que les affirmations de M. le docteur Socquet.

M. LE PRÉSIDENT. — Eh bien, pour Mlle de Comminges ?

M. LE DOCTEUR SOCQUET. — Eh bien ! pour Mlle de Comminges, le docteur qui la soigne est M. le docteur Florent, médecin des hôpitaux. M. Florent a, dans un certificat, déclaré que Mlle de Comminges était dans l'impossibilité de venir, et s'est opposé à sa comparution devant la Cour d'assises, car, dit-il, c'est une neurasthénique présentant des troubles cardiaques très nets.

Il a observé ces troubles plusieurs fois dans son cabinet et chez cette dame notamment. Ce confrère me disait que, quand cette dame attendait dans son cabinet, dans son salon, dont la température est peu élevée, elle avait des évanouissements et se trouvait mal.

Dans ces conditions, Messieurs, il était impossible au médecin expert qui examinait et qui voyait cette dame pour la première fois, dans un simple examen, de contrôler d'une façon absolument nette et mathématique, de trouver des lésions pouvant confirmer cela.

L'aspect que m'a présenté cette dame, ce que j'ai constaté chez elle, ce qu'elle éprouve, ce que son médecin, le docteur Florent, médecin des hôpitaux, a également constaté, doit être admis sans réserves. M. Florent a des renseignements précis et nets qu'il était impossible à un médecin expert de constater dans une seule visite.

M. LE PRÉSIDENT, *s'adressant à la défense*. — Alors, vous demandez tout simplement qu'une citation soit adressée à Mme Chapelon ?

Me CLÉMENCEAU. — Oui, monsieur le Président. Mais, pour Mme de Boulancy, puisque M. l'expert dit qu'elle ne peut pas venir et fournir les explications que la Cour a retenues, nous nous expliquerons.

M. LE PRÉSIDENT. — On citera Mme Chapelon.

Me CLÉMENCEAU. — Messieurs les jurés voudront bien retenir que ces deux dames, Mlle de Comminges et Mme de Boulancy, étaient à leur domicile, assistées de leur médecin traitant ?

M. LE DOCTEUR SOCQUET. — On dit que les médecins traitants étaient chez leurs clientes lorsque je me suis présenté ; je dois déclarer que non.

Me CLÉMENCEAU. — M. l'expert avait dit au début : « Le médecin traitant avait constaté... ; c'est le médecin traitant qui l'a dit... »

M. LE DOCTEUR SOCQUET. — C'était le certificat.

M. LE PRÉSIDENT. — C'était pour contrôler les certificats de médecins.

Me CLÉMENCEAU. — Je tiens à bien préciser. Le témoin a dit textuellement : « Le médecin traitant a dit... » ; cela voulait dire : le certificat déposé à la Cour ?

M. LE DOCTEUR SOCQUET. — Parfaitement. Cela voulait dire... « dans les certificats » ; du reste, cela n'a aucune influence sur ma décision.

M. LE PRÉSIDENT. — Vous pouvez vous retirer.

M. LE PRÉSIDENT, *à Me Labori*. — Quel témoin désirez-vous faire entendre ?

Me LABORI. — M. le général de Boisdeffre.

DÉPOSITION

DE M. LE GÉNÉRAL DE BOISDEFFRE

Chef d'état-major général

M. LE PRÉSIDENT. — Vous jurez de parler sans haine et sans crainte, de dire toute la vérité, rien que la vérité ?

M. LE GÉNÉRAL DE BOISDEFFRE. — Sous réserve du secret professionnel, je le jure.

M. LE PRÉSIDENT, *à M⁰ Labori*. — Quelle est la question que vous voulez poser à M. le général de Boisdeffre ?

M⁰ LABORI. — M. le général de Boisdeffre voudrait-il bien nous dire tout d'abord quel est le document que M. le commandant Esterhazy a fait parvenir au Ministre de la guerre quelque temps avant sa comparution devant le Conseil de guerre ? J'ajoute que si je pose à M. le général de Boisdeffre cette question, c'est parce que M. le Ministre de la guerre Billot, à qui je me proposais de la poser, n'est pas présent à la barre, et que, comme M. le général de Boisdeffre est le chef d'état-major général de l'armée, je suis convaincu que le fait sur lequel j'ai l'honneur de l'interroger ne peut pas ne pas être à sa connaissance.

M. LE PRÉSIDENT, *à M. de Boisdeffre*. — Vous entendez la question ?

M. LE GÉNÉRAL DE BOISDEFFRE. — Oui, monsieur.

M. LE PRÉSIDENT. — Veuillez répondre à MM. les jurés.

M. LE GÉNÉRAL DE BOISDEFFRE. — Le document dont il est question en ce moment-ci dans la demande de M⁰ Labori a trait à l'affaire Dreyfus ; par conséquent, je ne crois pas pouvoir, Monsieur le Président, sans manquer à l'arrêt de la Cour et à mon secret professionnel, parler de ce document.

M⁰ LABORI, *s'adressant au Président*. — Voulez-vous me permettre de répondre aux observations de M. le témoin ? Je ferai remarquer deux choses. Je laisse de côté le secret professionnel ; si, tout à l'heure M. le général de Boisdeffre l'invoque, nous nous expliquerons là-dessus et nous aurons à rechercher s'il est en droit de l'invoquer ; mais puisqu'il n'a pas commencé par là et qu'avant de donner cette raison de droit, — que je n'accepte provisoirement pas, pour ma part, — il a donné une raison de fait, c'est sur le fait que je vais lui répondre.

Je retiens que le document dont il s'agit se rattache à l'affaire Dreyfus, je suis heureux de l'apprendre ; mais il n'est pas possible de dire que ce document a trait seulement à l'affaire Dreyfus, puisque M. le commandant Esterhazy s'en est servi comme d'un moyen de défense, qu'il l'a appelé d'un terme intéressant que M. le général de Boisdeffre connaît, je n'en doute pas : *le document libérateur*. Cette pièce a donc été entre ses mains un moyen de défense. J'ajoute que le ministère paraît avoir pensé de même, puisqu'il a donné à M. le commandant Esterhazy un reçu de ce document. Le document concerne donc l'affaire de M. le commandant Esterhazy, sur laquelle nous nous expliquons ici.

J'insiste, en maintenant ma question, pour savoir de M. le général de Boisdeffre ce que c'est que *le document libérateur*.

M. LE PRÉSIDENT *à M. le général de Boisdeffre*. — Pouvez-vous répondre à cette question ?

M. LE GÉNÉRAL DE BOISDEFFRE. — Non, Monsieur le Président ; je persiste à dire que le secret professionnel ne me permet pas d'y répondre.

Mᵉ LABORI. — Ici nous allons aborder un autre ordre d'idées : c'est le secret professionnel. Je vois avec plaisir qu'il est bon d'avoir M. le général de Boisdeffre à la barre, car il paraît que j'ai déjà réussi à le convaincre sur le premier point, sur le point de fait ; j'essaierai de le convaincre sur le second.

Le secret professionnel est un secret, — je parle pour la Cour puisque c'est une question de droit, — que seules peuvent invoquer des personnes qui sont susceptibles de recevoir des confidences par suite de leur profession, d'où le nom de secret professionnel. Il n'y a pas de secret là où il n'y a pas de profession qui comporte la confidence nécessaire ; pas de secret professionnel là où il n'est pas question de confidence.

M. le général de Boisdeffre n'a pas reçu de confidences à raison de sa fonction, et nous ne lui demandons pas, s'il en a reçu, de nous les révéler. M. le général de Boisdeffre, comme chef d'état-major général de l'armée, a agi comme fonctionnaire, et s'il invoque un secret, ce ne peut être le *secret professionnel* ; ce ne pourrait être qu'un secret qui semble avoir été imaginé à beaucoup d'égards pour cette affaire et qu'on appellerait le *secret d'Etat*.

Ce *secret d'Etat*, quand il est invoqué par un gouvernement, nous pouvons nous demander s'il y a lieu de l'accepter ; ce sera une question qui se posera ici quand nous verrons paraître MM. les Ministres du cabinet Dupuy. Quand il est invoqué par un ancien Président de la République, nous nous inclinons avec déférence parce que le Président de la République est irresponsable. M. Casimir-Périer, avec un tact qui n'avait d'égal que son respect pour la justice, a eu bien soin d'invoquer — et MM. les jurés n'ont pas manqué de le retenir — l'irresponsabilité de sa fonction.

M. le général de Boisdeffre est un fonctionnaire responsable, d'autant plus responsable qu'il exerce dans ce pays une fonction plus respectée et plus élevée. Le salut respectueux qu'on envoie à l'armée ne s'adresse jamais à une personne, il s'adresse à un symbole et à un idéal, et ce respect est fait précisément de la confiance que nous avons dans ceux qui la représentent, et de la possibilité où ils sont à tout moment de répondre de tous leurs actes devant la justice de leur pays, représentée ici par douze jurés qui sont la personnification de la France et à qui tout le monde doit des explications.

M. le général de Boisdeffre est ici devant la justice; il ne peut invoquer aucun secret pour se dérober à la nécessité de répondre aux questions qui lui sont posées par M. le Président; je suis convaincu qu'il aura compris mes paroles. Sous le bénéfice de ce que j'ai dit, j'ai l'honneur de prier Monsieur le Président de lui poser à nouveau la question.

M. LE GÉNÉRAL DE BOISDEFFRE. — Je répondrai à ce que vient de dire M° Labori que j'ai le plus profond respect pour la justice de mon pays et que je suis très heureux de l'affirmer hautement devant MM. les jurés et devant la Cour. Je ne sais peut-être pas faire des distinctions aussi juridiques que celles qui sont faites devant moi; mais j'estime, moi, que le secret d'État à divulguer est le secret professionnel. Voilà la réponse que j'ai à faire.

M. LE PRÉSIDENT, à M° Labori. — Vous entendez la réponse.

M° LABORI. — Messieurs...

M. LE PRÉSIDENT. — Voyons, je vous en prie, il ne faut pas plaider maintenant, vous plaidez continuellement.

M° LABORI. — C'est parce que je crois que c'est utile.

M. LE PRÉSIDENT. — Non, ce n'est pas utile.

M° LABORI. — Vous n'en êtes pas juge.

M. LE PRÉSIDENT. — Je vous demande pardon. Dans ce moment-ci, vous soulevez une question de droit. Si vous n'êtes pas de cet avis, déposez des conclusions, la Cour y répondra.

M° LABORI. — Nous sommes en présence d'une affaire trop grosse, dans laquelle les responsabilités de tout le monde sont trop grandes, pour que je sois obligé de m'incliner devant des raisons de convenance et de respect.

M. LE PRÉSIDENT. — Eh bien! déposez des conclusions.

M° LABORI. — Permettez; laissez-moi me défendre. J'ai des questions à poser.

M. LE PRÉSIDENT. — Posez des questions.

M° LABORI. — Sur ce point, je fais des réserves.

M. LE PRÉSIDENT. — Maintenant, passons à un autre ordre d'idées.

M° LABORI. — Je passe non pas à un autre ordre d'idées, mais à un autre ordre de questions.

Il ne peut pas s'agir d'un document secret, puisque ce document a été entre les mains d'une dame voilée dont M. le général de Boisdeffre a dû entendre parler, et que cette dame l'a remis à M. le commandant Esterhazy. M. le général de Boisdeffre peut-il nous dire tout au moins s'il sait quelque chose sur la personnalité de cette dame voilée?

M. LE GÉNÉRAL DE BOISDEFFRE. — J'ai à affirmer que je ne sais absolument rien sur la personnalité de la dame voilée et sur la dame voilée, et que je n'en ai entendu parler que par les journaux.

M° LABORI. — Parfaitement, monsieur le général; mais ce

n'est pas seulement les journaux qui en ont parlé, c'est un moyen de défense qui a été invoqué par M. le commandant Esterhazy devant le Conseil de guerre, dans la partie publique de l'audience. M. le général de Boisdeffre n'a pas pu manquer de s'intéresser très hautement à toutes ces questions ; je voudrais savoir de lui, soit si M. le Ministre de la guerre — il ne me répondra sur ce point que s'il en est informé — soit si lui-même, a prescrit quelques démarches pour rechercher la dame voilée.

M. LE GÉNÉRAL DE BOISDEFFRE. — Nous avons fait tout ce que nous avons pu pour trouver ce que c'était que la dame voilée ; nous avions le plus grand intérêt à le savoir, et nous n'avons jamais pu rien savoir.

Mᵉ LABORI. — Est-ce que M. le général de Boisdeffre affirme qu'il ne sait pas du tout ni d'où peut venir, ni à quelle personnalité peut se rattacher la dame voilée, ou, au contraire, qu'il sait que cette dame voilée peut avoir été de quelque manière en relations avec M. le colonel Picquart ?

M. LE GÉNÉRAL DE BOISDEFFRE. — Je ne peux rien affirmer ni dire à cet égard, je n'en sais absolument rien.

Mᵉ LABORI. — M. le général de Boisdeffre, alors, peut-il nous dire comment le document libérateur est sorti du ministère ?

M. LE GÉNÉRAL DE BOISDEFFRE. — Je n'en sais pas davantage.

Mᵉ LABORI. — Il est clair que M. le général de Boisdeffre — il voudra bien me répondre sur ce point quand M. le Président lui posera la question — a fait faire une enquête ?

M. LE PRÉSIDENT à M. de Boisdeffre. — Vous entendez la question ; est-ce que vous avez fait une enquête ?

M. LE GÉNÉRAL DE BOISDEFFRE. — J'ai fait faire une enquête et je n'ai pu arriver qu'à des résultats absolument incertains ; par conséquent, je ne peux pas me permettre de donner ici des résultats absolument douteux, qui sont de simples présomptions qui pourraient accuser des gens complètement innocents de ces faits.

Mᵉ LABORI. — Cependant, M. le commandant Ravary, dans son rapport, n'a pas craint d'insinuer que le document aurait pu parvenir aux mains de la dame voilée par suite d'une indiscrétion à laquelle M. le colonel Picquart aurait été mêlé. Est-ce que M. le général de Boisdeffre accepte la responsabilité de pareilles insinuations ?

M. LE GÉNÉRAL DE BOISDEFFRE. — Je n'ai été mêlé en aucune façon à l'affaire du commandant Esterhazy, comme j'ai eu l'honneur de l'écrire à M. le Président. Elle a été faite sous la direction de M. le gouverneur militaire de Paris et, dès lors, je me suis fait un devoir de me tenir absolument à l'écart. Je ne sais donc rien du tout de ce qui s'est fait dans l'instruction et j'ai tenu à en rester tout à fait à l'écart.

Mᵉ LABORI. — Par conséquent, M. le général de Boisdeffre n'a aucune responsabilité dans le rapport de M. le commandant

Ravary, et n'accepterait pas la responsabilité de ses affirmations?

M. LE GÉNÉRAL DE BOISDEFFRE. — Je me borne à dire que je n'ai aucune responsabilité dans le rapport du commandant Ravary.

M⁰ LABORI. — M. le général de Boisdeffre a-t-il su quelque chose des agissements imputés à M. le colonel Picquart?

M. LE PRÉSIDENT à *M. le général de Boisdeffre*. — Vous avez entendu la question : savez-vous quelque chose des agissements imputés à M. le colonel Picquart?

M. LE GÉNÉRAL DE BOISDEFFRE. — Oui, monsieur le Président.

M⁰ LABORI. — M. le général de Boisdeffre peut-il nous dire quelles sont ces accusations?

M. LE GÉNÉRAL DE BOISDEFFRE. — Il y a deux sortes d'accusations : il y a des accusations qui sont encore d'une forme non déterminée ; il y en a d'autres qui ont trait à son service professionnel et qui ont été absolument probantes et vues. La meilleure preuve en est qu'on a parlé hier de lettres, et publié ce matin dans les journaux des lettres qui étaient la propriété de celui qui les avait écrites et qui étaient écrites pour le service.

M⁰ LABORI. — Si je comprends bien, M. le général de Boisdeffre fait allusion à la publication des lettres de M. le général Gonse, et c'est là le point qu'il vise, quand il parle des agissements qui ont pu être répréhensibles. C'est bien cela?

M. LE GÉNÉRAL DE BOISDEFFRE. — Oui.

M⁰ LABORI. — Y a-t-il d'autres points qui sont répréhensibles ?

M. LE GÉNÉRAL DE BOISDEFFRE. — Il y a eu d'autres points qui sont répréhensibles et qui ont été signalés au Conseil d'enquête. Les séances du Conseil d'enquête et ses travaux étant absolument secrets par règlement et par nature, je ne peux pas m'expliquer sur ces points.

M⁰ LABORI. — Je vais voir s'il ne m'appartient pas, sur ce second point, comme sur le premier, de poser des conclusions.

M. LE PRÉSIDENT. — Voyons, le Conseil d'enquête juge à huis clos.

M⁰ LABORI. — Si nous étions dans une affaire ordinaire, j'écouterais vos observations.

M. LE PRÉSIDENT. — C'est pour vous empêcher d'aller au devant d'un résultat certain.

M⁰ LABORI. — Il n'y a pas avec la Cour de résultat certain. Est-ce qu'il est à la connaissance de M. le général de Boisdeffre que Monsieur le colonel Picquart a été envoyé en mission en novembre 1896?

M. LE GÉNÉRAL DE BOISDEFFRE. — Oui, monsieur le Président.

M⁰ LABORI. — M. le général de Boisdeffre pourrait-il nous dire quelle a été la cause de cet envoi en mission?

M. LE GÉNÉRAL DE BOISDEFFRE. — Le colonel Picquart a été envoyé en mission sur un ordre du Ministre.

Me LABORI. — Qui est également secret, évidemment?

M. LE GÉNÉRAL DE BOISDEFFRE. — L'objet de la mission était secret.

Me LABORI. — Parfaitement. Le colonel Picquart était alors envoyé en disgrâce?

M. LE GÉNÉRAL DE BOISDEFFRE. — Je ne peux pas appeler envoyé en disgrâce un officier envoyé en mission.

Me LABORI. — Voyons, il faudrait qu'ici, — car il n'y a rien de secret et toutes les paroles qui sortent de la bouche de M. le général ne visent pas nécessairement la défense nationale, — il faudrait que M. le général de Boisdeffre veuille bien nous dire si M. le colonel Picquart a été envoyé ou non en disgrâce. Je tiens absolument à savoir s'il a été envoyé en disgrâce ou non, ou si M. le général de Boisdeffre ne peut pas répondre.

M. LE GÉNÉRAL DE BOISDEFFRE. — Le colonel Picquart était dans un état d'esprit qui ne lui permettait pas de s'occuper d'une façon aussi satisfaisante qu'il le fallait de son service; il était absorbé par une seule idée; le ministre a pensé qu'il était intéressant de lui donner une mission extérieure qui lui permît de rentrer dans des conditions d'esprit normales.

Me LABORI. — M. le général de Boisdeffre voudrait-il nous dire qu'elle était l'idée qui hantait ou obsédait l'esprit de M. le colonel Picquart?

M. LE PRÉSIDENT. — Pouvez-vous répondre à cette question?

M. LE GÉNÉRAL DE BOISDEFFEE. — Je ne crois pas pouvoir répondre à cette question parce que je ne dois pas répondre dans l'affaire... (*Rires.*)

M. LE PRÉSIDENT. — Ces rires sont absolument inconvenants.

Me LABORI. — M. le général de Boisdeffre voudrait-il nous dire l'affaire dont il parle?

M. LE GÉNÉRAL DE BOISDEFFRE. — L'affaire Dreyfus.

Me LABORI. — M. le général de Boisdeffre voudrait-il nous dire pourquoi il ne veut pas entrer dans l'affaire Dreyfus?

M. LE GÉNÉRAL DE BOISDEFFRE. — Parce qu'un arrêt de la Cour, indiqué par M. le Président et que j'ai lu dans la presse, indique la connexité des deux affaires.

Me LABORI. — Pardon; M. le général de Boisdeffre ne sait-il pas que M. le commandant Esterhazy a été poursuivi et interrogé sur le bordereau qui a été attribué en 1894 au capitaine Dreyfus?

M. LE GÉNÉRAL DE BOISDEFFRE. — Le commandant Esterhazy a été interrogé à huis clos; par conséquent, je n'ai pas à connaitre ce qui s'est passé à huis clos.

Me LABORI. — Je crois que M. le général de Boisdeffre se trompe, car j'ai assisté à une partie des débats qui était publique et où cette question a été examinée; j'imagine que M. le général de Boisdeffre, qui a beaucoup de secrets à garder, fait une confusion entre les faits sur lesquels il est obligé de garder le silence et ceux sur lesquels il ne doit pas le garder. Quoi qu'il en soit, M. le général de Boisdeffre ne pourra pas contester que le bordereau a été en cause, puisque cette question du bordereau a été discutée dans la presse pendant quinze jours. Je le prierais de nous faire savoir, puisque j'ai bien compris que ce qui obsédait l'esprit du colonel Picquart c'était la question de l'innocence de Dreyfus, quels ont été les agissements de M. le colonel Picquart relativement à l'affaire Esterhazy?

M. LE GÉNÉRAL DE BOISDEFFRE. — Les agissements ont été très simples : le colonel Picquart a signalé les doutes qu'il avait sur la situation du commandant Esterhazy; nous lui avons prescrit de faire tout au monde pour faire la lumière et prouver le doute qui le préoccupait à ce moment; il n'a pu trouver aucune pièce probante pour nous de ses doutes, et, dans une affaire de ce genre, nous ne pouvions que l'inviter à s'abstenir et à ne pas continuer.

M⁰ LABORI. — Je retiens, — et ceci a une importance considérable — je désire que ce soit précisé devant MM. les jurés — qu'au moment où M. le général de Boisdeffre, chef de l'état-major général de l'armée, a appris que M. le colonel Picquart était obsédé de cette affaire qu'il ne veut pas nommer, il l'a invité à confirmer ses doutes. Il en résulte donc, qu'à ce moment-là, l'impossibilité pour le commandant Esterhazy d'être l'auteur du crime pour lequel Dreyfus avait été condamné n'apparaissait pas à M. le général de Boisdeffre?

M. LE GÉNÉRAL DE BOISDEFFRE. Je crois que mes paroles ont été mal interprétées par M⁰ Labori. La culpabilité du capitaine Dreyfus a été de tout temps pour moi absolument certaine et ma conviction est absolue à cet égard. (*Bruits.*) Je n'en dis pas plus pour tâcher de toucher le moins possible à cette chose. Par conséquent, quand on me signalait un autre officier, capable d'un crime pareil, je devais prescrire des recherches sur cet officier. C'est là-dessus que portaient mes doutes, c'était la question de la culpabilité du commandant Esterhazy et non pas du tout la question de la culpabilité du capitaine Dreyfus.

M⁰ LABORI. — J'ai, Monsieur le Président, à tirer de la réponse de M. le général de Boisdeffre une conclusion.

M. LE PRÉSIDENT. — Vous direz cela dans votre plaidoirie.

M⁰ LABORI. — J'ai encore des questions à poser.

M. LE PRÉSIDENT. — Nous n'en finirons jamais.

M⁰ LABORI. — Cela m'est égal.

M. LE PRÉSIDENT. — Permettez; c'est au Président à diriger les débats ; je vous fais remarquer une fois de plus que vous plaidez; si vous continuez, je vous retirerai la parole.

M⁰ LABORI. — Qaund je dis que cela m'est égal, je veux dire que nous sommes ici pour faire la lumière...

M. LE PRÉSIDENT. — Vous la ferez dans votre plaidoirie.

M⁰ LABORI. — ... et qu'on nous empêche sur tous les points de la faire.

M. le Président. — Conformément à la loi.

Me Labori. — Et quand je trouve un point sur lequel nous pouvons la faire, je ne puis en rien me préoccuper de la question de savoir si j'allonge les débats de vingt-quatre ou quarante-huit heures; cela m'est indifférent en présence des intérêts en cause.

M. le Président. — Permettez, pendant l'audition des témoins vous n'avez qu'un droit : poser des questions, rien de plus, mais non pas discuter.

Me Labori. — Mais comme je suis continuellement l'objet d'observations et d'interruptions que je ne puis pas laisser passer, puisque je ne peux pas m'incliner devant elles...

M. le Président. — Posez des questions; dans la plaidoirie vous discuterez ce que vous voudrez ; mais actuellement posez simplement des questions. Vous discutez tout le temps; vous discuterez dans votre plaidoirie.

Me Labori. — Non, je ne discute pas.

M. le Président. — Vous ne cessez pas. Posez des questions.

Me Labori. — Non, j'ai à expliquer pourquoi j'arrive à une question nouvelle. M. le général de Boisdeffre n'a pas voulu répondre. Je lui ai posé des questions précises. Cependant il a exprimé une conviction. Je dis qu'on ne m'empêchera pas de lui poser une question sur cette conviction ou, sans cela, il sera dit qu'on nous empêchera de faire la lumière.

M. le Président. — Vous plaidez.

Me Labori. — Je conclus. M. le général de Boisdeffre voudrait-il nous dire sur quoi il fonde sa conviction ?

M. le Président à *M. le général de Boisdeffre*. — Pouvez-vous répondre ?

Me Labori. — J'achève ma pensée : est-ce sur les faits qui se sont produits à la date de 1894 ou est-ce sur des faits antérieurs ou postérieurs à cette date ?

M. le Président. — Pouvez-vous répondre ?

M. le général de Boisdeffre. — Si vous me le permettez, je dirai que c'est sur les faits et les débats de 1894, sur le jugement devant lequel je me suis incliné et qui est hors de discussion. J'ajoute qu'il y a eu d'autres faits postérieurs ou antérieurs qui ont, je ne dis pas confirmé — ma conviction n'avait pas besoin de confirmation — mais qui ont assis ma certitude d'une façon inébranlable.

Me Labori. — Je demande acte à la Cour de la déposition de M. le général de Boisdeffre.

M. le Président. — Vous ne pouvez pas demander acte d'une déposition.

Me Labori. — En tout cas, la sténographie aura consigné ses paroles. Elles seront retenues. Encore une dernière question : M. le général de Boisdeffre pourrait-il nous dire s'il sait de qui émanent les communiqués faits à certains journaux, et qui chaque jour, au cours de cette campagne, parlent avec une exactitude telle qu'on ne peut pas douter des relations officielles de ces journaux; pourrait-il nous dire de qui émanent ces communiqués qui semblent sortir de la manière la plus certaine des bureaux de la Guerre?

M. LE PRÉSIDENT. — Vous entendez la question, général? Me Labori vous demande si les communiqués qu'on a envoyés à la presse émanent des bureaux de la Guerre.

M. LE GÉNÉRAL DE BOISDEFFRE. — A ma connaissance, ils n'émanent pas des bureaux de la Guerre.

Me LABORI. — Est-ce que M. le général de Boisdeffre a fait sur ce point une enquête?

M. LE GÉNÉRAL DE BOISDEFFRE. — J'ai fait une enquête et j'ai interrogé les officiers.

M. LE PRÉSIDENT. — Et vous êtes certain que cela n'émane pas d'eux?

M. LE GÉNÉRAL DE BOISDEFFRE. — Je m'en tiens à leur parole. Il s'est produit un seul fait, une communication, celle du commandant Pauffin de Saint-Morel, qui a été faite à M. Rochefort.

Cette communication a été faite de la propre initiative de cet officier. Je l'ai puni pour ce fait de trente jours d'arrêt de rigueur, et non seulement de trente jours d'arrêt de rigueur, mais de la suppression de sa proposition pour la croix de la Légion d'honneur; on voit donc que nous sommes bien loin du cinquième galon qu'on a dit qu'il était sur le point d'obtenir. C'est un officier qui a cédé à un emballement de cœur, qui est un excellent officier et un très brave garçon.

Me ALBERT CLÉMENCEAU. — Je voudrais faire une observation ; je ne sais si la Cour voudrait que le témoin dût se retirer d'abord.

M. LE PRÉSIDENT. — Quelle est la question?

Me ALBERT CLÉMENCEAU. — Ce n'est pas une question. Je me permets de rappeler à M. le Président les dispositions de l'article 319 du Code d'instruction criminelle qui permettent à la défense, après l'audition des témoins, de dire tout ce qu'elle croit utile à la manifestation de la vérité.

M. LE PRÉSIDENT. — C'est toujours plaider sous forme de question.

Me ALBERT CLÉMENCEAU. — Voulez-vous me permettre de lire l'article 319 ; il dit :

Après chaque déposition, le Président demandera au témoin si c'est de l'accusé présent qu'il a entendu parler ; il demandera ensuite à l'accusé s'il veut répondre à ce qui vient d'être dit contre lui. Le témoin ne pourra être interrompu; **l'accusé ou son conseil pourront le questionner par l'organe du Président après sa déposition, et dire, tant contre lui que contre son témoignage, tout ce qui pourra être utile à la défense de l'accusé.**

Je veux préciser, je ne veux pas qu'il y ait de surprise. Hier, j'ai voulu m'adresser à MM. les jurés, vous m'avez dit que je ne devais pas le faire. Mon observation s'adressera à MM. les jurés ; je demande à présenter cette observation, qui visera le témoignage de M. le chef d'Etat-major général.

M. LE PRÉSIDENT. — En deux mots, alors.

Mᵉ CLÉMENCEAU. — Permettez-moi de vous dire que, si vous admettez le principe, je ne perdrai pas de temps.

Eh bien ! Messieurs les jurés, puisque j'ai le pouvoir de m'adresser à vous aujourd'hui, je vais vous faire l'observation suivante en présence du témoin, parce que, si j'ai mal compris, il pourra me rectifier.

Il résulte de la déposition du témoin que le *document libérateur* est un document secret qui était au ministère de la guerre ; il a été volé au ministère de la guerre par on ne sait qui, et remis à une femme voilée. Cette femme voilée a promené ce document dans Paris et un soir l'a remis à M. le commandant Esterhazy. M. le commandant Esterhazy a repris cette pièce secrète et l'a remise à M. le chef d'Etat-major général, et l'importance de cette pièce est telle que M. le chef d'Etat-major vous dit : « Je considère qu'en l'espèce mon secret professionnel se confond avec le secret d'Etat. » Et alors voilà mon observation : c'est que, Messieurs les jurés, au ministère de la guerre les secrets d'Etat sont mal gardés. Voilà simplement ce que je voulais dire à Messieurs les jurés. (*Mouvements divers.*)

M. LE PRÉSIDENT, *à M. le général de Boisdeffre.* — Vous entendez ce que dit Mᵉ Clémenceau ?

M. LE GÉNÉRAL DE BOISDEFFRE. — Oui, monsieur le Président.

M. LE PRÉSIDENT. — Avez-vous des observations à présenter ?

M. LE GÉNÉRAL DE BOISDEFFRE. — Si vous croyez que j'aie un mot à dire, je demanderai la permission de dire publiquement que mes officiers d'état-major, dont plusieurs ont été attaqués si violemment, sont de braves gens qui font leur devoir. Ils ont subi sans répondre, sans dire un mot, les attaques imméritées dont ils étaient l'objet ; et je puis, je le jure, attester publiquement que ce sont de braves gens qui font leur devoir, tout leur devoir, et qui n'ont qu'un souci : c'est celui de l'intérêt du pays ! (*Applaudissements.*)

Mᵉ ALBERT CLÉMENCEAU. — J'ai à répondre, et je pense que ceux qui ont applaudi conviendront que je n'ai jamais attaqué et n'ai jamais voulu attaquer les officiers d'ordonnance du Ministre de la Guerre. Ils sont très honnêtes et je suis persuadé qu'ils ne prennent pas de documents. Ce que j'ai voulu retenir, c'est un fait et, contre un fait, il n'y a pas de discussion possible. Je voulais que MM. les jurés retinssent qu'un document secret a pu être extrait du ministère de la Guerre et promené par le commandant Esterhazy et par une dame voilée ; rien de plus, rien de moins. Je n'attaque personne. (*Applaudissements.*)

M. LE GÉNÉRAL DE BOISDEFFRE. — Je ne connais pas la femme voilée ; par conséquent j'ai déclaré que je n'avais jamais entendu parler de la femme voilée.

M. LE PRÉSIDENT, à Mᵉ Labori. — Avez-vous d'autres questions à poser ?

Mᵉ LABORI. — Non, monsieur le Président, mais j'ai des conclusions à poser.....

M. LE PRÉSIDENT. — Ah ! Au point de vue du secret professionnel ?

Mᵉ LABORI. — ..... Puisque je demande que la Cour entende M. le général de Boisdeffre sur certains points.

M. LE PRÉSIDENT. — M. le général de Boisdeffre doit-il rester ici, à la barre ?

Mᵉ LABORI. — Non, monsieur le Président.

M. LE PRÉSIDENT, à M. le général de Boisdeffre. — Vous pouvez vous retirer, mais pas vous en aller avant que je vous le dise.

Mᵉ LABORI. — J'ai l'honneur de déposer les conclusions suivantes :

Conclusions
relatives au secret professionnel invoqué par M. le général de Boisdeffre

Plaise à la Cour,

Attendu que M. le général de Boisdeffre, cité comme témoin et présent à la barre, déclare se retrancher derrière le secret professionnel et refuse de déposer ;

Attendu que tous les citoyens doivent la vérité à la justice lorsqu'ils sont interpellés par elle ; que ceux même qui, aux termes de l'article 378 du Code pénal, sont dépositaires, par état ou profession, des secrets qu'on leur confie, ne sont pas dispensés d'une manière absolue de cette obligation générale ;

Qu'il ne suffit pas, dès lors, à la personne citée qui se refuse à déposer d'alléguer pour justifier ce refus que c'est dans l'exercice de ses fonctions que le fait sur lequel sa déposition est requise est venu à sa connaissance ; qu'il faut, en outre, que le fait ait été révélé au témoin sous le sceau du secret et à raison de sa profession ;

Attendu que la faculté de déposer n'est pas laissée à la volonté ou à l'arbitraire du témoin, que c'est à la Cour qu'il appartient de décider ;

Attendu que le secret professionnel ne peut être invoqué que par les personnes qui ont reçu une confidence forcée et contrainte en quelque sorte et déterminée par le caractère professionnel et non par le caractère personnel de celui qui l'a reçue ;

Attendu qu'un fonctionnaire ne reçoit aucune confidence à raison de sa profession ;

Attendu que le secret professionnel n'existe que pour empêcher de pénétrer trop aisément dans la vie privée des citoyens ; qu'il ne saurait exister pour les actes des fonctionnaires ;

Attendu que cela est si vrai que M. Casimir-Périer, pour refuser de répondre aux questions qui lui étaient posées, a invoqué, non pas le secret professionnel, mais son irresponsabilité constitutionnelle;

Par ces motifs,

Dire que c'est à tort que le M. général de Boisdeffre se retranche derrière le secret professionnel pour ne pas répondre aux questions à lui posées.

M⁰ LABORI, *s'adressant à M⁰ Hild, son secrétaire*. — Les questions doivent être visées dans les conclusions.

M. LE PRÉSIDENT. — Le témoin a répondu à ces questions.

M⁰ LABORI. — M. le général de Boisdeffre a dit qu'il ne pouvait répondre sur les lettres de M. le général Gonse et sur l'indiscrétion dont elles étaient la marque de la part de M. le colonel Picquart. Je lui ai demandé pour quels faits celui-ci a été poursuivi devant un Conseil d'enquête; il a répondu que le Conseil d'enquête statuait à huis clos et que ses décisions étaient secrètes. Je ne lui demande pas de violer le huis clos du Conseil d'enquête, mais de me renseigner sur les informations qu'il peut avoir lui-même en tant que chef de l'état-major général de l'armée, à la connaissance duquel ces faits ont pu venir.

M. LE PRÉSIDENT. — Pouvez-vous remettre vos conclusions, sont-elles prêtes?

M⁰ LABORI. — Tout à l'heure.

M. LE PRÉSIDENT, *à l'huissier audiencier*. — Faites venir le témoin suivant. (*A M⁰ Labori.*) Quel est-il?

M⁰ LABORI. — M. le général Gonse.

M. LE PRÉSIDENT, *à l'huissier audiencier*. — Faites venir le général Gonse. (*S'adressant à M⁰ Labori.*) La Cour rendra son arrêt après la suspension de l'audience.

M⁰ LABORI. — C'est d'autant mieux que nous allons avoir des conclusions analogues à déposer tout à l'heure. La Cour pourra statuer par un même arrêt.

M. L'AVOCAT GÉNÉRAL. — Vous ne plaidez pas sur l'incident?

M⁰ LABORI. — Je n'entends pas bien.

M. L'AVOCAT GÉNÉRAL. — Vous aviez dit, maître Labori, que vous plaideriez sur ces conclusions.

M⁰ LABORI. — Je n'ai pas dit cela, c'est une erreur. Je suis aussi préoccupé que vous d'aller vite. J'aurai à poser M. le général Gonse des questions analogues à celles que j'ai posées à M. le général de Boisdeffre; je prendrai des conclusions analogues, et la Cour statuera par un arrêt commun. Je ne discuterai ensuite que si M. l'Avocat général m'y invite. S'il plaide, je plaiderai, sinon je ne discuterai pas.

M. LE PRÉSIDENT. — Je ne vois que les conclusions qui concernent le général de Boisdeffre; je croyais que vous en aviez d'autres.

M⁰ LABORI. — Non, monsieur le Président, elles sont réunies.

M. LE PRÉSIDENT, *à l'audiencier*. — Faites venir le général Gonse.

DÉPOSITION DE M. LE GÉNÉRAL GONSE

Sous-chef de l'État-major général

M. LE PRÉSIDENT. — Maître Labori, quelle question doit être posée au général ?

Mᵉ LABORI. — Je voudrais que M. le général, s'il croit pouvoir nous répondre, nous dise quel est le document que M. le commandant Esterhazy avait fait parvenir au ministère de la guerre quelque temps avant sa comparution devant le Conseil par lequel il a été jugé.

M. LE GÉNÉRAL GONSE. — Je n'ai pas à répondre.

Mᵉ LABORI. — Vous vous retranchez derrière le secret professionnel ? Je n'insiste pas, puisque l'incident s'est déjà présenté avec M. le général de Boisdeffre. Je déposerai des conclusions analogues à celles dont j'ai parlé.

M. le général Gonse pourrait-il nous dire pourquoi ce document pouvait être appelé par M. le commandant Esterhazy *le document libérateur*.

M. LE GÉNÉRAL GONSE. — Je n'ai pas à répondre à cette question. Je me retranche derrière le secret professionnel.

Mᵉ LABORI. — M. le général Gonse pourrait-il nous dire pourquoi le ministère de la guerre a reçu ce document de M. le commandant Esterhazy et lui en a donné un reçu ?

M. LE GÉNÉRAL GONSE. — Je n'ai rien à dire.

Mᵉ LABORI. — M. le général Gonse pourrait-il nous dire s'il connaît la personnalité de la dame voilée ?

M. LE GÉNÉRAL GONSE. — En aucune façon.

Mᵉ LABORI. — M. le général Gonse pourrait-il nous dire si des recherches ont été faites pour la découvrir.

M. LE GÉNÉRAL GONSE. — Je n'ai pas fait l'instruction sur le procès du commandant Esterhazy.

Mᵉ LABORI. — M. le général Gonse pourrait-il nous dire s'il croit à la réalité de l'intervention d'une dame voilée ?

M. LE GÉNÉRAL GONSE. — Je n'en sais rien du tout ; je n'ai pas fait l'instruction, comment pourrais-je le savoir (*Se tournant vers Mᵉ Labori.*) Ce sont des traquenards, çà ! (*Rumeurs dans l'auditoire.*).

Incident

Mᵉ LABORI. — Pardon, général ! Monsieur le Président, je ne voudrais pas soulever continuellement des incidents. Après ce qui vient de se dire, je n'ai plus de questions à poser, j'ai une observation à faire. M. le général Gonse, se tournant vers moi, oubliant qu'il n'a pas plus le droit de m'adresser directement la parole que je n'ai le droit de la lui adresser, s'est permis de dire « Ce sont des traquenards, çà! » Ce sont des mots et des idées qui ici ne nous sont pas familiers. Je n'ajouterai rien et je me garderai de m'engager dans un colloque qui débute de cette manière avec M. le général Gonse. Je demande à M. l'Avocat général s'il va se lever pour faire respecter ici et le caractère d'un homme, qui disparaît, et le droit de la défense. (*Applaudissements.*)

M. LE PRÉSIDENT. — Je préviens définitivement le public que je vais faire évacuer la salle au premier mouvement qui se produira; je ne répéterai plus ce que je viens dire, mais au premier mouvement que j'entendrai, tout le monde sortira. Maître Labori, vous n'avez plus de question à poser?

Mᵉ LABORI. — Non. Est-ce que je recevrai une réponse à la très respectueuse question que j'ai eu l'honneur d'adresser à M. l'Avocat général?

M. LE PRÉSIDENT. — Général, vous pouvez vous asseoir.

Mᵉ LABORI. — Pardon, Monsieur le Président. Permettez-moi d'abord de constater non seulement en mon nom, mais au nom du barreau tout entier qui, je l'espère... (*Applaudissements.*)

M. LE PRÉSIDENT. — Faites évacuer la salle.

Mᵉ LABORI. — Je demande la parole.

M. LE PRÉSIDENT. — Maître Labori, attendez que la salle soit évacuée.

VOIX NOMBREUSES D'AVOCATS. — Le bâtonnier! Le bâtonnier!

Mᵉ LABORI. — J'entends me faire justice moi-même, Monsieur le Président.

M. LE PRÉSIDENT. — L'audience est suspendue pour qu'on fasse sortir le public. (*Vifs applaudissements. Mᵉ Labori est acclamé et félicité par ses confrères.*)

L'audience est reprise à une heure cinquante.

M. L'AVOCAT GÉNÉRAL. — Je prie la Cour de vouloir bien me permettre de faire une double et très brève observation. La première est celle-ci : j'estime que, sans aucun doute, le mot qui a été prononcé tout à l'heure par l'honorable témoin a dû dépasser sa pensée, et j'en trouve la preuve dans ce fait que tout le monde voudra bien constater : c'est que, dès la première heure de cette audience, le général Gonse s'est trouvé dans le prétoire à la disposition de la justice. Ma seconde observation est celle-ci, qui sera encore plus brève : si je n'ai pas cru devoir répondre de suite, c'est que je ne crois pas que j'aie le devoir de répondre à des sommations qui me seraient adressées dans les termes où elles l'ont été.

Quant à mes sentiments vis-à-vis du barreau, ils sont notoirement connus et je m'en réfère à M. le bâtonnier pour les exprimer s'il y a lieu.

Mᵉ PLOYER, *bâtonnier*. — Je remercie M. l'Avocat général des paroles qu'il vient de prononcer en faveur du barreau et des sentiments qu'il professe pour lui. J'espère que la Cour et MM. les jurés vont entendre tout à l'heure d'autres paroles qui désintéresseront encore davantage l'honneur de notre profession et qui calmeront, c'est mon sentiment, les plus justes susceptibilités. Si je ne me trompe, le général Gonse va, revenant sur la parole qu'il a dite, donner lui-même et spontanément toutes les satisfactions qui sont réclamées par l'Ordre des avocats et par son chef.

M. LE PRÉSIDENT. — Général, vous avez la parole.

M. LE GÉNÉRAL GONSE. — Sous l'empire de l'émotion que vous devez comprendre, puisque je n'ai pas l'habitude de paraître devant cette auguste assemblée, l'expression de mes paroles a dépassé ma pensée. Je ne crains pas de le dire et je le dis très nettement, je n'ai jamais voulu attaquer en quoi que ce soit ni le barreau, ni le défenseur. Je professe, au contraire, une estime très grande pour le barreau.

Me PLOYER. — Mon général, nous vous en remercions.

Me LABORI. — Mon général, je vous remercie.

M. LE GÉNÉRAL GONSE. — Ma pensée était la suivante : je craignais qu'on ne me fît dévier de l'affaire Esterhazy à l'affaire Dreyfus, c'est ce que je ne voulais pas faire.

M. LE PRÉSIDENT. — Maître Labori, vous entendez les explications qui sont données par le général ; satisfaction vous a été donnée, l'incident est clos.

Me PLOYER. — Mon confrère, l'incident est clos ; en votre nom et au nom du barreau tout entier, j'accepte les paroles du général Gonse et je l'en remercie. (*Applaudissements.*)

Me LABORI. — Monsieur le bâtonnier, je vous remercie profondément. Vous me permettrez d'ajouter un mot : rien ne peut m'être plus précieux que votre intervention à cette barre dans les conditions où elle s'est produite ; dans cette affaire où, je le jure, j'ai déjà eu beaucoup d'émotions, il n'y a rien eu qui m'ait plus profondément touché que votre attitude à mon égard. Je ne regrette qu'une chose, c'est qu'après les paroles de M. le général Gonse vous ayez ajouté un mot, Monsieur le bâtonnier, et m'ayez ainsi privé du plaisir d'accepter le premier les très loyales paroles du général.

Me PLOYER. — Je vous représentais, mon confrère.

Me LABORI. — Je vous en remercie deux fois. Personnellement, je n'étais pas atteint ; la défense ne l'est plus ; l'incident est clos.

M. LE PRÉSIDENT. — Avez-vous d'autres questions à poser ?

Me LABORI. — Non.

DÉPOSITION DE M. LE GÉNÉRAL GONSE
(Suite.)

M. LE GÉNÉRAL GONSE. — J'aurais à présenter certaines observations, si la Cour me le permet.

M. LE PRÉSIDENT. — Parfaitement.

M. LE GÉNÉRAL GONSE. — Si j'ai bonne mémoire, un journal a publié des lettres que j'ai écrites au colonel Picquart. Je crois qu'un témoin en a parlé hier en disant, autant que je puis me le rappeler, que j'avais varié dans ma manière de voir et dans ma manière de faire. Je proteste contre cette interprétation. Lorsque j'écrivais au colonel Picquart, c'était à la suite d'une conversation que nous avions eue ensemble. Il était venu me trouver à la campagne et m'avait signalé le commandant Esterhazy. Il m'avait dit que le commandant Esterhazy se livrait à des manœuvres plus ou moins équivoques, et enfin il m'indiquait qu'il était sur la trace d'un traître.

Je lui dis qu'il fallait chercher. Bien entendu, je ne voulais pas éviter la lumière, je voulais, au contraire, faire cette lumière la plus large et la plus grande possible, et je lui indiquai la marche à suivre. Il me disait, notamment, que le commandant Esterhazy allant sur les champs de tir au milieu des officiers d'artillerie, leur avait demandé des renseignements confidentiels et secrets, et qu'il leur avait fait des questions indiscrètes au point de vue de la défense nationale. Le colonel Picquart me dit, en outre, que, rentré à son régiment, il avait fait copier par des sous-officiers et des secrétaires des documents confidentiels; il parlait aussi d'écriture, nous n'en parlerons pas, c'est un fait connu. Je lui ai dit alors : « Il faut distinguer les deux affaires, d'une part celle du capitaine Dreyfus et de l'autre celle du commandant Esterhazy, et ne s'occuper que de l'affaire Esterhazy », et je lui dis que s'il était sûr d'avoir un traître sous la main, il fallait le poursuivre et arriver à la découverte de la vérité. Je ne lui disais pas autre chose ; et que par conséquent il fallait rechercher des témoins, c'est-à-dire les officiers d'artillerie et les secrétaires auxquels avaient pu être demandées des copies compromettantes, et enfin arriver à faire la lumière de ce côté.

Encore une fois, les lettres ne disaient pas autre chose; elles n'étaient que la confirmation des paroles que nous avions échangées ensemble et je lui disais toujours : « Il faut faire la lumière dans ce sens-là et ne pas dévier de la ligne que je vous ai indiquée pour arriver à la manifestation de la vérité. »

Par conséquent, mes lettres avaient un seul but, — je ne les réciterai pas puisqu'un journal en a parlé ce matin — elles n'avaient qu'un but, rechercher si le commandant Esterhazy était réellement coupable. J'écrivais au colonel Picquart d'éviter des démarches imprudentes, c'est-à-dire l'arrestation, attendu que le colonel Picquart voulait faire arrêter le commandant Esterhazy avant d'avoir des preuves suffisantes. Voilà tout ce que je disais dans mes lettres.

M. L'AVOCAT GÉNÉRAL. — Est-ce que vous avez autorisé la publication de ces lettres?

M. LE PRÉSIDENT. — Vous entendez la question ?

M. LE GÉNÉRAL GONSE. — En aucune façon, monsieur le Président. Quand j'ai vu ce matin les lettres publiées, j'ai été très surpris. J'avais été étonné auparavant que le colonel Picquart, à qui j'avais adressé ces lettres pour le service, ait eu la pensée de les communiquer à des tiers ; je ne croyais pas qu'elles seraient publiées dans un journal, mais je savais qu'elles avaient été communiquées à des tiers, puisqu'un témoin en a parlé hier. Il n'entrait pas dans ma pensée de demander au colonel Picquart de revenir sur l'affaire Dreyfus ; c'était l'affaire Estherazy seule qui était en cause dans ces lettres. Voilà ce que je tenais à établir.

M. LE PRÉSIDENT. — Maître Labori et maître Clémenceau, vous n'avez plus rien à demander ?

Mᵉ LABORI et Mᵉ CLÉMENCEAU. — Non.

M. LE PRÉSIDENT. — Général, vous pouvez vous asseoir. (*A Mᵉ Labori.*) Quel témoin voulez-vous entendre, maître Labori ?

Mᵉ LABORI. — M. le commandant Lauth.

DÉPOSITION
DE M. LE COMMANDANT LAUTH

Commandant au 28ᵉ dragons.

M. LE PRÉSIDENT. — Vous jurez de parler sans haine et sans crainte, de dire toute la vérité, rien que la vérité ?

M. LE COMMANDANT LAUTH. — Sous la réserve du secret professionnel, je le jure.

M. LE PRÉSIDENT. — Le secret professionnel n'a pas de rapport avec le serment. Veuillez lever la main et dites : Je le jure.

M. LE COMMANDANT LAUTH. — Je le jure.

M. LE PRÉSIDENT. — Maître Labori, quelle est la question que vous désirez être posée au témoin ?

Mᵉ LABORI. — Il est question, dans le rapport de M. le commandant Ravary, de M. le commandant Lauth. Si M. le Président me le permet, je vais donner lecture des quatre ou cinq lignes auxquelles je fais allusion et sur lesquelles je désirerais que M. le commandant Lauth soit interrogé.

Le commandant Ravary dit :

Le résultat de l'enquête fut loin d'être favorable à l'accusation...

Il s'agit du rapport fait dans la poursuite relative à M. le commandant Esterhazy et, après un assez long exposé dans lequel M. le commandant Ravary énumère un certain nombre de charges, il continue ainsi :

Non seulement les dépositions des témoins présentent de nombreuses contradictions avec les dires du colonel Picquart, mais elles révèlent, de plus, des faits extrêmement graves commis par cet officier dans son service. C'est ainsi que, mis en possession de papiers parmi lesquels se seraient trouvés des fragments de carte-télégramme (c'est une carte-télégramme qui était attribuée au commandant Esterhazy), il les conserva pendant plus d'un mois avant de les remettre au commandant Lauth, chargé habituellement d'apprécier l'importance des papiers de cette provenance. Plus tard, quand la carte eut été reconstituée sur ses ordres, le lieutenant-colonel Picquart invita cet officier (c'est du commandant Lauth qu'il s'agit) à la photographier, en lui recommandant expressément de faire disparaître sur les épreuves toute trace de déchirure, cette correction pouvant lui permettre, disait-il, de donner au document un plus grand caractère d'authenticité et au besoin d'affirmer à ses chefs qu'il l'aurait intercepté à la poste.

Je demande à M. le commandant Lauth, d'abord si ces faits sont exacts, dans ce cas s'ils le sont avec la signification que leur donne le rapport, et si, ensuite, dans l'esprit de M. le commandant Lauth, M. le colonel Picquart a eu à cette époque la moindre pensée ou la moindre intention d'obtenir de M. le commandant Lauth, par des moyens illicites, des déclarations qui eussent été contraires à la vérité?

M. LE PRÉSIDENT. — Témoin, vous venez d'entendre la question; pouvez-vous y répondre?

M. LE COMMANDANT LAUTH. — Le passage où il est dit que le colonel Picquart avait gardé les fragments pendant plus d'un mois n'est pas tout à fait exact; il pouvait s'être écoulé six ou huit jours, mais je ne crois pas que cela soit allé jusqu'à un mois. Quant au point de vue de savoir la manière dont j'ai pris la question à ce moment-là, je répondrai que je ne l'ai pas prise tout à fait comme une proposition en vue de me faire faire un faux; mais j'ai vu depuis l'usage que le colonel Picquart avait voulu faire de cette carte-télégramme et je me suis rappelé alors la proposition qui m'avait été faite et le refus que j'avais opposé de vouloir faire quoi que ce soit pour y obtempérer. Au moment où je faisais observer au colonel Picquart qu'en voulant faire disparaître les traces de déchirures, il enlèverait toute valeur à cette carte-télégramme, le colonel Picquart dit ces mots : « Vous serez là pour certifier que cette écriture est celle de telle ou telle personne. »

C'est alors que j'ai répondu : « Jamais de la vie. Je ne le ferai pas; c'est une écriture que je connais pas, que je n'ai jamais vue et qui ne ressemble en rien à l'écriture de la personne à laquelle vous venez de faire allusion. » Cette écriture à laquelle je fais allusion, le colonel Picquart la connaissait pour en avoir eu plus de vingt-cinq exemples sous les yeux successivement depuis huit mois qu'il était à la tête du service, et il ne pouvait pas arguer qu'il ne la connaissait pas. Cette écriture m'était complètement étrangère et je n'en avais jamais vu un seul exemple depuis cinq ans que j'étais dans le service.

M⁰ LABORI. — Je désirerais savoir quelle était la portée exacte des paroles suivantes de M. le commandant Lauth : « Je n'ai pas ainsi compris les choses à ce moment-là ? » Quelle est l'interprétation que donne M. le commandant Lauth ? Est-ce l'interprétation de ses sentiments à ce moment-là, ou celle d'aujourd'hui ?

M. LE COMMANDANT LAUTH. — A ce moment, j'ai refusé absolument et d'une voix si haute que le bruit de mon refus a passé à travers les murs et qu'au moment où je suis sorti du cabinet du colonel, deux de mes camarades m'ont demandé : « Qu'y a-t-il ? vous venez de vous disputer ? » Je leur répétai ce qui venait de se passer.

M⁰ LABORI. — Je voudrais arriver à une grande précision dans la réponse. M. le commandant Lauth a dit : « *à ce moment-là* ». Je lui demande quelle a été son interprétation *à ce moment-là* et si elle était la même que celle d'aujourd'hui ? Je lui demande enfin si l'interprétation qu'il nous a faite dans sa réponse est celle d'aujourd'hui ou celle d'alors ?

M. LE COMMANDANT LAUTH. — *A ce moment-là*, le colonel Picquart voulait me faire certifier que cette écriture, que je ne connaissais pas, était celle d'une personne dont, lui, il connaissait fort bien l'écriture et pour laquelle il ne pouvait pas avoir le moindre doute ; car ces deux écritures n'étaient pas du tout semblables ni comparables. Je n'ai pas insisté, parce que lui-même n'a pas insisté, et, devant mon refus, l'incident a été clos, et nous nous sommes séparés ainsi. Je n'avais pas à en rendre compte à mes chefs ; je n'en ai rendu compte que lorsqu'on m'a interrogé au moment des enquêtes à propos du commandant Esterhazy.

M⁰ LABORI. — Est-ce que M. le commandant Lauth n'est pas resté à ce moment-là dans les termes les plus amicaux avec M. le colonel Picquart ?

M. LE COMMANDANT LAUTH. — J'étais dans les bureaux sous ses ordres et j'y suis resté.

M⁰ LABORI. — Est-ce que M. le commandant Lauth n'a pas dîné chez M. le colonel Picquart en octobre 1896 ?

M. LE COMMANDANT LAUTH. — Oui. Je l'ai même invité. Je n'avais pas à lui tourner le dos pour un simple fait comme celui-là.

M. LE PRÉSIDENT. — Vous n'avez pas d'autre question à poser au témoin ?

M. L'AVOCAT GÉNÉRAL. — A quelle époque a-t-on photographié pour la première fois l'écriture du commandant Esterhazy ?

M. LE COMMANDANT LAUTH. — Je ne puis pas spécifier à huit ou quinze jours près, mais cela devait être vers le mois de mai.

M. L'AVOCAT GÉNÉRAL. — De quelle année ?

M. LE COMMANDANT LAUTH. — En 1896. Chaque fois que j'avais à photographier un spécimen de l'écriture du commandant, je devais masquer certaines parties de façon à dénaturer la teneur de la lettre. Je mettais des caches d'après l'ordre du colonel sur certaines parties, pour en cacher soit le commencement, soit le milieu, soit la fin. C'est ainsi que je faisais les spécimens destinés au colonel Picquart pour son enquête contre le commandant Esterhazy. J'ai encore les clichés et tous les spécimens que j'ai photographiés dans ces conditions.

M. L'AVOCAT GÉNÉRAL. — Etes-vous au courant des lettres de menaces qui ont été adressées au colonel Picquart?

M. LE COMMANDANT LAUTH. — Non, je ne suis au courant d'aucune lettre de menaces et je ne sache pas qu'on lui ait écrit une lettre de menaces. Je sais qu'à un moment donné, au printemps de l'année dernière, vers le mois de mai 1897, il arrivait encore chez nous, au bureau, certaines lettres qui étaient adressées au colonel Picquart, parmi lesquelles se trouvaient quelquefois des lettres de service, parce que des lettres regardant notre service étaient parfois envoyées au bureau et, qu'à force d'en avoir reçu, on ne les ouvrait plus et qu'on les renvoyait à Sousse.

Une de ces lettres est ainsi allée à Sousse, et comme elle concernait notre service, le colonel Picquart la renvoya à Paris à celui qui lui avait succédé, c'est-à-dire le colonel Henry. A cette lettre en avait été jointe une autre dans laquelle il était dit : « Vous devriez bien prévenir tous les agents afin que je ne reçoive plus ces lettres, je n'ai plus rien à faire avec le service ; je vous prie de prévenir les agents. Je voudrais bien savoir quand finira cette campagne de mystère et de mensonge qui ne cesse de se dérouler? »

Cette lettre a reçu une réponse, mais je ne sais pas exactement dans quels termes ; cependant, c'était à peu près dans ce genre : « Nous donnerons des ordres au plus grand nombre possible d'agents pour que vous ne soyez plus importuné par des lettres. Je ne m'explique pas ce que signifie la fin de votre lettre. En fait de mystère et de mensonge, le mystère commence à être éclairci ; on a remarqué que vous aviez entamé une correspondance absolument particulière et en dehors de vos chefs et du service ; et on a remarqué aussi que vous aviez fait à différentes reprises, à plusieurs officiers, des propositions plus ou moins louches au sujet de la falsification des clichés et pour vouloir faire mettre à la poste des timbres sur des lettres qui n'en avaient pas, et qu'en outre vous avez fait une enquête que vous avez menée en dehors de tout le monde. Voilà pour le mystère. Quant au mensonge, les enquêtes qu'on pourra faire ultérieurement arriveront à déterminer quel est celui qui a menti. »

Si c'est une lettre de menaces, on peut la considérer comme telle.

M. LE PRÉSIDENT. — Est-ce que, dans les bureaux, vous trouviez souvent des lettres de menaces?

M. LE COMMANDANT LAUTH. — Adressées à nous, non. Personnellement je n'en ai jamais reçu. Les uns ou les autres de mes collègues en ont quelquefois reçu d'agents renvoyés, mais ce n'était pas courant.

M. LE PRÉSIDENT. — Vous n'avez plus rien à dire ?

M. LE COMMANDANT LAUTH. — Non, monsieur le Président.

Mᵉ LABORI. — Il est entendu que M. le commandant Lauth ne se retire pas définitivement.

M. L'AVOCAT GÉNÉRAL. — Très bien.

M. LE PRÉSIDENT, *au témoin*. — Il ne faut pas vous retirer définitivement. — *(A Mᵉ Labori.)* Faites appeler le témoin suivant.

Mᵉ LABORI. — Le témoin que nous désirons faire entendre maintenant est M. le colonel Henry.

(*Le colonel Henry appelé ne répond pas à l'appel de son nom. M. l'Avocat général dit à la Cour qu'il est en mission.*)

Mᵉ LABORI. — Pour combien de temps est-il en mission ?

M. L'AVOCAT GÉNÉRAL. — Comment voulez-vous que je vous le dise ; je n'en sais rien.

Mᵉ LABORI. — Oui, mais le ministère de la guerre pourrait le savoir.

Mᵉ CLÉMENCEAU. — N'y avait-il pas une décision de justice lui ordonnant de comparaître ?

M. LE PRÉSIDENT. — Oui, mais comme aujourd'hui il n'est pas là, il comparaîtra un autre jour.

Mᵉ LABORI. — Il est entendu que nous insistons pour sa comparution.

M. L'AVOCAT GÉNÉRAL. — Oui, moi aussi.

M. LE PRÉSIDENT. — C'est entendu.

Mᵉ CLÉMENCEAU. — C'est la première fois que nous sommes d'accord.

DÉPOSITION DE M. GRIBELIN

Archiviste au ministère de la guerre.

(*Le témoin prête serment sous réserve du secret professionnel.*)

Mᵉ LABORI. — Je fais, en ce qui concerne le secret professionnel, toutes les réserves qui résultent des conclusions que j'ai déjà déposées sur le bureau de la Cour...

M. LE PRÉSIDENT. — Je ne les ai pas reçues.

Mᵉ LABORI. — Je parle des conclusions que j'ai déposées en ce qui concerne M. le général de Boisdeffre.

M. LE PRÉSIDENT. — La Cour les a reçues, mais n'a pas encore statué.

M. L'AVOCAT GÉNÉRAL. — On m'apprend que M. le colonel Henry se présentera à l'audience de demain.

Mᵉ Labori. — M. Gribelin pourrait-il nous faire connaître ce qu'il sait des faits qui sont consignés dans le rapport de M. le commandant Ravary et qui ont trait à M. Leblois?

M. le Président. — Vous entendez la question, pouvez vous y répondre?

M. Gribelin. — Parfaitement. J'ai vu M. Leblois à plusieurs reprises au ministère de la guerre, dans le bureau de M. le colonel Picquart; il y venait très souvent. Je l'ai vu notamment une certaine fois où mon attention a été appelée plus spécialement; c'était au mois de novembre ou vers le mois de novembre; en tout cas, la lampe était allumée. Il y avait devant le colonel Picquart un dossier secret concernant le service des pigeons voyageurs; puis il y avait, à gauche du colonel Picquart, par conséquent juste devant M. Leblois, un autre dossier secret sous enveloppe, mais sous enveloppe ouverte : l'enveloppe avait été coupée.

Mᵉ Labori. — Je serais très désireux que M. Leblois fût appelé pour être confronté avec M. Gribelin... Cependant, je voudrais d'abord poser une question au témoin. Est-ce que M. Gribelin a toujours dit que c'était en novembre 1896 qu'il avait vu M. Leblois?

M. Gribelin. — J'ai toujours dit que je l'avais vu à une date que je ne pouvais préciser, mais que c'était vers six heures ou six heures et demie du soir.

M. le Président. — A quelle date?

M. Gribelin. — Je ne puis préciser exactement; ce devait être en octobre; il était six heures ou six heures et demie du soir, la lampe était allumée et j'allais sortir du bureau.

Mᵉ Labori. — Le témoin ne se rappelle-t-il pas avoir dit que c'était au mois de septembre ou au mois d'octobre?

M. le Président. — Vous rappelez-vous cela?

M. Gribelin. — Je n'ai jamais dit autre chose que ce que je viens de dire ici; je ne me rappelle pas la date exacte, mais je répète que la lampe était allumée. J'allais partir du bureau : cela ne pouvait donc être que tard en saison.

Mᵉ Labori. — Quel était le dossier qui était entre les mains de ces messieurs?

M. le Président. — Le témoin vient de le dire; il a dit qu'il y avait un dossier concernant les pigeons voyageurs.

Mᵉ Labori. — Mais l'autre?

M. Gribelin. — C'était un dossier secret : je l'ai reconnu parce que c'était moi qui l'avais remis au mois d'août à M. le colonel Picquart; je l'ai reconnu à cause de son enveloppe.

Mᵉ Labori. — En quoi se distinguait-elle, cette enveloppe?

M. Gribelin. — C'était une enveloppe en papier bulle, au dos de laquelle le colonel Henry avait mis son paraphe.

Mᵉ Labori. — Etait-ce la seule où M. le colonel Henry avait mis son paraphe?

M. Gribelin. — Parfaitement.

Mᵉ Labori. — Mais pourquoi avait-il mis son paraphe?

M. Gribelin. — Il avait mis son paraphe sur l'enveloppe parce qu'il ne voulait pas que l'enveloppe fût ouverte en son absence.

Mᵉ Labori. — Pas même par M. le colonel Picquart ?

M. Gribelin. — Pas même par le colonel Picquart.

Mᵉ Labori. — Est-ce que M. le colonel Henry avait des ordres à donner à M. le colonel Picquart ?

M. Gribelin. — Non.

Mᵉ Labori. — Quel était le chef de service ?

M. Gribelin. — C'était le colonel Picquart.

Mᵉ Labori. — Maintenant, monsieur le Président, voulez-vous faire appeler M. Leblois ?

(*M. Leblois se présente à la barre.*)

CONFRONTATION DE M. GRIBELIN AVEC M. LEBLOIS

M. le Président. — Quelles sont les questions que vous désirez poser à M. Leblois ?

Mᵉ Labori. — Est-ce que M. Leblois était présent à la déposition de M. Gribelin ?

M. Leblois. — Non.

Mᵉ Labori. — Alors, voulez-vous me permettre de résumer cette déposition ?

M. Gribelin a déclaré d'abord, qu'au mois de novembre 1896 il avait vu M. Leblois, qu'il avait d'ailleurs rencontré d'autres fois au ministère, dans le cabinet du colonel Picquart, si je ne me trompe ; que là, il y avait sur la table, devant eux ou entre eux, deux dossiers, l'un relatif aux pigeons voyageurs, l'autre dans une enveloppe... A ce sujet, j'ai oublié de demander à M. Gribelin si l'enveloppe était ouverte ?

M. Gribelin. — Elle était ouverte.

Mᵉ Labori. — Le dossier en était-il sorti ?

M. Gribelin. — Non.

Mᵉ Labori. — Cette enveloppe, M. Gribelin l'a reconnue, parce qu'elle avait un caractère distinctif : c'est que c'était la seule qui, au ministère, eût été revêtue du paraphe de M. le commandant Henry, aujourd'hui lieutenant-colonel. Cette enveloppe, M. le colonel Henry avait défendu qu'elle fût ouverte en son absence ; cependant elle était ouverte devant M. Leblois.

Poussé sur la question de savoir à quelle date avait lieu ce fait, M. Gribelin a répondu qu'il n'était sûr que d'une chose, c'est que l'incident devait se passer nécessairement à l'automne, parce qu'il était environ six heures et demie du soir et que la lampe était allumée. J'ai demandé à M. Gribelin s'il avait toujours fait cette réponse, il a dit oui, et qu'il n'en avait jamais fait d'autre.

Je voudrais que M. Leblois nous dise si la déposition du témoin est exacte?

M. LEBLOIS. — Il est exact qu'au mois de novembre je suis allé faire une visite au colonel Picquart au ministère de la guerre, mais tout le reste de la déclaration qu'on vient de résumer est inexact.

M. LE PRÉSIDENT. — Voyons, le témoin vient de dire....

M. LEBLOIS. — Je lui donne un démenti absolu; le témoin n'est pas entré dans la pièce où j'étais avec le colonel Picquart.

M. GRIBELIN. — Devant Dieu, je le jure, et je vous ai vu aussi bien que je vous vois en ce moment.

M. LE PRÉSIDENT, à M. Gribelin. — Vous y êtes entré pour allumer la lampe? (Rires.)

M. GRIBELIN. — Non, monsieur le Président.

M. LE PRÉSIDENT. — Pour quel motif y êtes-vous entré?

M. GRIBELIN. — Pour prendre congé du colonel Picquart, qui était mon chef à ce moment-là; tous les soirs, avant de m'en aller, je lui disais bonsoir.

M. LE PRÉSIDENT. — Vous venez de dire tout à l'heure qu'on venait d'allumer la lampe?

M. GRIBELIN. — Non, j'ai dit que la lampe était allumée.

Me LABORI. — L'observation de M. le Président a une très grande importance; si on venait d'allumer la lampe, cela va donner une indication sur la date si on s'en rapporte à l'heure... M. l'archiviste Gribelin parle de novembre et la Cour voit qu'il n'est pas absolument précis, parce que M. Leblois établit qu'à l'époque antérieure, il n'était pas à Paris et ne pouvait pas y être.

M. LEBLOIS. — M. Gribelin a déjà été convaincu d'inexactitude matérielle en ce qui me concerne, puisque, dans une déclaration qui peut être mise sous les yeux de la Cour, si elle veut bien en ordonner le dépôt, on verra que M. Gribelin a déjà raconté les mêmes faits et les a mis à la date du mois d'octobre, alors que je n'étais pas à Paris, comme je l'ai prouvé.

M. GRIBELIN. — J'ai toujours dit que cela avait dû se passer entre le 15 octobre et le 15 novembre; je n'ai jamais indiqué une date précise; j'ai dit qu'il était six heures ou six heures et demie du soir et que la lampe était allumée, tel que je vous ai vu à la gauche du colonel Picquart, aussi près que je suis de vous en ce moment.

M. LEBLOIS. — Je fais remarquer que la déclaration de M. Gribelin, fût-elle exacte, n'aurait qu'une importance des plus médiocres. (Bruits.) Mais dans sa médiocrité même, je la repousse absolument. Ses déclarations ont été placées par lui, dans deux dépositions faites sous serment, au mois d'octobre; et, au mois d'octobre, je n'étais pas à Paris... Il est très commode de changer les dates.

Me LABORI. — Est-il exact que M. Gribelin ait, à un moment donné, sous la foi du serment, déclaré que les faits se soient passés au mois d'octobre?

M. Gribelin. — Je n'ai jamais dit autre chose que ce que je viens de dire, à savoir que les faits s'étaient passés du 15 octobre au 15 novembre.

M. Leblois. — Je demande à la Cour d'ordonner le dépôt des déclarations du témoin.

Mᵉ Labori. — N'y a-t-il pas eu un autre fait relatif à la présence de M. Leblois au ministère, sur lequel on n'a pas insisté, à cause précisément d'une contradiction formelle des parties ? (*Se tournant vers M. Leblois.*) Est-ce qu'un jour, monsieur Leblois, il n'a pas été question de votre présence à raison d'un autre fait qui a été démenti à cause de la date ?

M. Leblois. — C'est un peu vague.

Mᵉ Labori. — Est-ce le fait dont il s'agit ?

M. Leblois. — Deux déclarations ont été faites, l'une par M. Gribelin, l'autre par le commandant Henry ; elles se sont trouvées toutes les deux inexactes, d'une inexactitude matérielle et absolue, puisque je n'étais pas à Paris au moment où se plaçaient ces faits. Alors, Messieurs, on a changé les dates ; je fais le jury et la Cour juges de ce procédé.

Mᵉ Labori. — Je demande que ces pièces soient déposées.

M. le Président. — Où sont-elles, ces pièces ?

M. Leblois. — Je crois que la Cour les trouvera dans les dossiers du Conseil d'enquête, dernière autorité appelée à statuer.

M. le Président. — Ah ! nous ne pouvons pas demander les pièces du Conseil d'enquête.

Mᵉ Labori. — Voulez-vous me permettre, monsieur le Président, de bien poser la question pour MM. les jurés ; car c'est pour eux que je plaiderai et il faudra qu'ils aient bien compris les divers incidents sur lesquels je vais m'appuyer au cours de ma plaidoirie.

La partie plaignante aux débats, messieurs les jurés, c'est M. le Ministre de la guerre, chef de l'armée française. M. le Ministre de la guerre aurait pu être assis à cette table et y être partie civile ; il ne l'a pas voulu, et c'est M. le Procureur général qui, saisi d'une plainte, n'ayant pas le droit d'agir d'office sans être saisi de ladite plainte, est ici le représentant officiel et légal de M. le Ministre de la guerre ; il l'est tellement, qu'il ne lui est pas permis d'étendre ou de restreindre le débat, et que, comme nous l'avons déjà dit plusieurs fois, il a les mains liées par la plainte du Ministre.

Or, tous les documents dont il s'agit sont entre les mains de M. le Ministre de la guerre.

Messieurs les jurés, en matière de presse, les parties qui ont diffamé ont le droit, dans un délai de cinq jours qui suit celui où elles reçoivent l'assignation, de notifier, par un acte d'huissier, qu'elles entendent faire la preuve, par telle ou telle pièce, des faits qu'elles ont allégués. Toutes les pièces qui étaient entre nos mains, nous en avons fait la notification à M. le Procureur général ; mais vous comprenez que, dans ce débat, nous savions fort bien qu'il y aurait un nombre considérable de pièces qui seraient indispensables et dont nous n'étions pas les détenteurs.

Qu'avons-nous fait?

M. le Procureur général, ou la partie plaignante qui est derrière lui, M. le Ministre de la guerre, a, comme nous, cinq jours pour notifier les pièces à l'aide desquelles il entend faire la preuve contre nous, la preuve que nous avons menti et diffamé. Ces cinq jours courent du jour où nous avons fait nous-mêmes notre signification. Nous avons alors fait à M. le Procureur général une sommation et nous lui avons dit : « Nous ne pouvons pas mettre aux débats telle et telle pièce, tel ou tel dossier, notamment le bordereau original, qui est toute la base de l'affaire et dont nous aurons à parler; vous l'avez, vous, mettez-le aux débats, vous avez cinq jours pour le faire, si vous voulez la lumière. » (*Se tournant vers M. l'Avocat général.*) Et vous ne l'avez pas fait!

Messieurs, la sommation, au point de vue juridique, doit avoir nécessairement pour objet, pour but et pour résultat d'étendre le pouvoir discrétionnaire de M. le Président, et aujourd'hui que la nécessité de la production d'une de ces pièces, et il s'en rencontrera d'autres au cours du procès, devient indispensable, nous demandons à M. le Président d'ordonner que le dossier dont vient de parler M° Leblois, qui est au ministère de la guerre, soit mis au débat.

M. le Président n'a qu'une chose à faire, c'est d'ordonner que M. le Procureur général fasse la demande au ministère de la guerre. On verra alors si M. le Ministre de la guerre veut en donner communication; et si, M. le Procureur général ayant fait la demande, M. le Ministre de la guerre refuse d'y faire droit, nous aurons le droit de dire que ces pièces contiennent ce que nous affirmons.

M. LEBLOIS. — Voulez-vous me permettre une observation importante? C'est qu'il est possible, je crois, d'établir l'exactitude de mes affirmations en ce moment même, en se reportant aux termes du rapport de M. Ravary, qui est un document officiel. Si on se reporte au texte de ce rapport, on y voit qu'au mois d'août, on a communiqué le dossier de l'affaire Dreyfus au colonel Picquart; que cette communication lui a été faite par le colonel Henry; que le colonel Picquart a conservé ce dossier pendant deux mois; et c'est dans ces deux mois qu'on place la scène à laquelle on vient de faire allusion.

Eh bien! si la Cour veut faire de ces deux mois le compte le plus large possible, elle verra qu'ils ne peuvent pas aller au delà du 31 octobre au plus tard, parce que deux mois à partir du mois d'août, cela ne va guère que jusqu'aux derniers jours d'octobre. Or, j'ai quitté Paris au mois d'août, le 5, et je suis rentré à Paris le 7 novembre. J'étais en état d'établir ce fait d'une façon incontestable au moment où il en a été question avec le commandant Ravary. Je l'ai dit au commandant Ravary, qui m'a répondu : « Personne ne saurait mettre en doute

votre parole ; elle suffit à réduire à néant les allégations qui se placent dans cet intervalle », et alors je lui ai dit : « Mais, permettez ! si un jour je me trouvais devant un témoin qui reprit ces allégations, je serais obligé de lui donner un démenti......
Je vous demande instamment de vérifier les faits, de me permettre d'établir par des preuves matérielles et incontestables que je possède, que du 5 août au 7 novembre je n'étais pas à Paris. »
Je lui ai dit : « Faites venir M. Gribelin ici, vous verrez s'il maintiendra devant moi ses allégations. » Le commandant Ravary m'a répondu : « C'est parfaitement inutile ; je vous crois, personne ne mettra en doute votre affirmation, ni ici, ni ailleurs, pas plus devant le Conseil de guerre que devant une autre juridiction. »

Les déclarations de M. Gribelin sont donc réduites à néant ; elles n'ont pas été reproduites dans le rapport du commandant Ravary ; ce sont là des faits matériels qu'on peut constater ; il y a dix lignes à lire.

M. LE PRÉSIDENT. — Enfin, vous êtes tous les deux en désaccord.

M. LEBLOIS. — Ah ! monsieur le Président, permettez-moi de vous dire qu'il y a une certaine différence entre nos deux situations. *(Bruits.)*

M. GRIBELIN. — J'ai vingt-quatre ans de service et j'ai fait mon devoir partout !

INCIDENT

Me CLÉMENCEAU. — Il me semble, Messieurs, qu'un délit vient d'être commis à cette audience : deux témoins se sont présentés successivement à la barre, et, après avoir prêté serment de dire la vérité, ils ont affirmé des choses contradictoires. L'un des deux ne dit pas la vérité, l'un des deux a faussé son serment. Je demande à la Cour de faire apporter la pièce qui établira quel est celui des deux témoins qui a menti.

M. LEBLOIS. — En disant que notre situation n'était pas la même, je voulais dire que je pouvais établir, par le rapport du commandant Ravary, que j'avais raison.

M. LE PRÉSIDENT, *s'adressant à M. l'Avocat général.* — Monsieur l'Avocat général ?...

M. L'AVOCAT GÉNÉRAL. — L'honorable défenseur, Me Labori, vient encore de me demander de faire apporter à l'audience des documents qui ne sont pas entre mes mains. Je lui demande la permission de rétablir ici les rôles de chacun : j'ai l'honneur de représenter ici M. le Procureur général empêché ; par conséquent, je ne représente pas M. le Ministre de la guerre, ni personne autre, car je n'ai jamais représenté personne, et je déclare que j'ignore absolument tout ce qui ne concerne pas mon rôle particulier. Je n'ai pas de documents et j'ai seulement à apprécier, ayant reçu la plainte, quel avis j'aurai à donner sur cette plainte. Cet avis, Messieurs les jurés, il est bien entendu que je fais tout ce qu'il dépend de moi pour ne pas prendre la parole, pour ne pas allonger le débat et pour ne pas retarder le moment où j'aurai à m'expliquer complètement. Voilà ce que je fais. Si cela soulève une critique, je le regrette, c'est un rôle que je crois devoir prendre, et je m'explique immédiatement ; car je ne recule jamais devant une explication, précisément parce que je n'ai rien à sauvegarder.

Ce que l'on demande, c'est de faire apporter un dossier ; ce dossier serait celui qui a été soumis au Conseil d'enquête, lequel a statué dans le huis clos le plus absolu. Alors, je me reporte, puisque M° Labori y a fait allusion, à la sommation originaire, dans laquelle on me sommait également d'apporter ici le dossier de l'affaire Dreyfus, le dossier de l'affaire Esterhazy, la procédure qui est en cours devant l'un de MM. les juges d'instruction du Tribunal de la Seine ; et alors, Messieurs, comme une réponse, — car sur ce point on n'avait pas pris de conclusions à la barre, bien que la sommation en parlât, — sur tous ces points, je fais cette réponse : « Ces communications, je ne peux pas les faire, cela est absolument impossible, ce n'est pas à moi à vous produire la preuve, la vérité des faits que vous imputez à d'autres ; c'est l'interversion audacieuse des rôles du Ministère public et des prévenus. C'est le prévenu qui, avant de lancer ses imputations diffamatoires, surtout quand elles ont la portée énorme qu'ont celles-ci, doit avoir la preuve de ce qu'il ose avancer ; par conséquent, je déclare que je ne peux pas apporter cette preuve. »

Et maintenant, si cette réponse ne suffisait pas à la défense, elle a un droit, celui de s'adresser à M. le Président des assises, de lui demander d'exercer le droit qu'il a de faire apporter ces pièces, et si elle n'obtient pas ces pièces, de saisir la Cour par des conclusions et la Cour répondra par un arrêt.

M° LABORI. — Je demande la permission de répondre d'un mot aux différents points qui ont été touchés par M. l'Avocat général.

Ce que je veux vous faire remarquer, Messieurs les jurés, c'est que la procédure est une belle chose ; seulement il ne faudrait pas en abuser.

M. l'Avocat général, qui parle de son rôle particulier, peut bien vous dire : Moi je ne peux pas faire ceci, je ne peux pas faire cela, je ne représente personne, je ne peux rien demander, je m'en lave les mains. Cela le couvre, cela le satisfait, nous lui en donnons acte, c'est bien ! Mais nous ne sommes pas ici pour juger M. l'Avocat général, nous sommes ici pour juger une affaire dans laquelle M. le Ministre de la guerre est partie plaignante. Eh bien ! vraiment il faut avouer que M. le Ministre de la guerre abuse du droit de se taire et de mettre la lumière sous le boisseau. Non seulement il restreint la poursuite dans des limites telles que vous voyez qu'à chaque pas on nous arrête et on nous dit : « Vous ne ferez pas la lumière ! » et les douze citoyens qui sont ici doivent se demander à chaque fois pourquoi ; car enfin, lorsqu'une nation est livrée à une angoisse comme celle qui étreint le pays en ce moment, si la lumière était si facile à faire, si elle pouvait être si éclatante, ceux qui l'ont dans les mains et qui ne la montrent pas, seraient bien coupables ; mais enfin, sur les points où la lumière est possible, on ne s'explique pas vraiment pourquoi nous sommes entravés par les obstacles, par les mauvaises volontés.

Quoi qu'il advienne, Messieurs les jurés, nous irons jusqu'au bout de notre tâche, mais nous ne voulons, sur aucun point, nous dispenser d'obtenir tous les renseignements, tous les éléments de clarté que nous pouvons avoir.

Je vais donc suivre le conseil de M. l'Avocat général, je vais m'adresser à M. le Président de la Cour d'assises pour lui demander d'user de son pouvoir discrétionnaire pour obtenir les documents en question.

M. LE PRÉSIDENT. — Prenez des conclusions.

Mᵉ LABORI. — Monsieur le Président ne croyant pas devoir nous accorder cette faveur, je vais prendre des conclusions, et je vais d'un coup vider l'incident, tout au moins au point de vue du droit, en ce qui concerne la production de diverses pièces qui doivent nous préoccuper.

Je ne demande pas, à l'heure qu'il est, toutes les pièces dont nous avons besoin et à l'égard desquelles nous avons déjà fait une demande, mais il y a des chances pour que la solution qui interviendra soit la même dans un certain nombre de cas.

Mᵉ CLÉMENCEAU. — Monsieur le Président, je voudrais répondre un mot à M. l'Avocat général, qui nous a conseillé de nous adresser à vous. Sa réponse peut être pertinente en ce qui concerne Mᵉ Labori, elle ne peut pas être pertinente en ce qui me concerne. Je maintiens ce que j'ai dit : j'ai indiqué qu'il y avait à cette barre un faux témoin, et j'ai dit à MM. les jurés : Vous avez à la barre deux témoins ; l'un dit la vérité, l'autre ment. L'un d'eux a commis un délit. M. l'Avocat général a le moyen de vous prouver quel est le vrai et quel est le faux témoin. Nous demandons la production de pièces qui établiront ce fait très important, parce qu'il est très intéressant pour vous, lorsqu'une discussion s'élève entre deux témoins, de savoir quel est le vrai et quel est le faux témoin.

Je n'ai de sommation à faire à personne ; mais retenez, messieurs les jurés, que si l'on ne vous fait pas connaître quel est celui de ces hommes qui a menti, il sera établi qu'on n'a pas voulu vous le dire et vous en tirerez la conclusion que vous savez.

M. LE PRÉSIDENT. — Vous signerez les conclusions de Mᵉ Labori ?

Mᵉ CLÉMENCEAU. — Oui, parce que je m'associe à tout ce qu'a dit mon confrère Labori, mais veuillez ne pas confondre complètement ma situation avec la sienne. J'ai dit ceci à MM. les jurés, et je le maintiens : il y a un moyen de savoir quel est

celui de ces deux hommes qui n'a pas dit la vérité ; et j'ajoute :
si on ne le fait pas savoir au cours de cette audience, c'est qu'on
ne l'aura pas voulu.

M. LE PRÉSIDENT. — Mais, enfin, la conclusion est la même,
vous demandez la communication.

Mᵉ CLÉMENCEAU. — Non, non, monsieur le Président, je signale
à MM. les jurés, — et de cela je ne démordrai pas, — que si on
ne leur fait pas savoir quel est celui des deux témoins qui n'a
pas dit la vérité, c'est qu'on ne le voudra pas.

Les défenseurs déposent sur le bureau de la Cour les conclusions suivantes :

Conclusions
relatives à l'apport des dépositions de MM. Leblois et Gribelin dans l'affaire Esterhazy.

Plaise à la Cour,

Attendu que M. Gribelin, cité comme témoin présent à la barre, a fait certaines affirmations sur lesquelles M. Leblois, précédemment entendu, a été appelé à s'expliquer en présence dudit M. Gribelin :

Attendu que M. Leblois a donné un démenti formel à la déclaration faite par M. Gribelin ; que notamment il a affirmé que, contrairement à ce qu'avait dit M. Gribelin, ce dernier avait déposé, à deux reprises, en qualité de témoin et sous la foi du serment, qu'il avait vu M. Leblois dans le bureau de M. le lieutenant-colonel Picquart au Ministère de la guerre, à la date du mois d'octobre, — et que ces deux dépositions se trouvaient dans les documents des différentes poursuites exercées tant contre Esterhazy que contre le lieutenant-colonel Picquart ;

Attendu que cette affirmation de M. Leblois, étant en contradiction avec la déposition de M. Gribelin à la Cour d'assises, lequel a déclaré n'avoir jamais indiqué la date à laquelle il avait vu M. Leblois dans le cabinet de M. le colonel Picquart, il est essentiel pour la manifestation de la vérité, que les deux dépositions faites par M. Gribelin soient produites et versées au débat ;

Par ces motifs :

Ordonner qu'en vertu du pouvoir discrétionnaire de M. le Président, les deux dépositions ci-dessus indiquées, qui font partie des dossiers notifiés à M. le Procureur général conformément à la loi, seront apportées à la Cour pour être versées au débat.

CONCLUSIONS DE M. L'AVOCAT GÉNÉRAL
relatives à l'apport des pièces demandées par la défense.

M. L'AVOCAT GÉNÉRAL. — Je dépose des conclusions dans le sens que j'ai indiqué :

Le Procureur général près la Cour d'appel,

Attendu que, d'après leur notification du 24 janvier, les prévenus prétendent invoquer tous les dossiers et pièces qui sont aux mains, soit de M. le Ministre de la guerre, soit des divers magistrats chargés d'instruire sur diverses plaintes relatives aux faits susénoncés, et font sommation au Procureur général d'avoir à produire au débat « tous les dossiers et pièces dont s'agit », notamment le dossier de l'affaire Dreyfus, le dossier de l'affaire Esterhazy, le dossier de la plainte en faux déposée par le lieutenant-colonel Picquart ;

Que cette prétention tend à une audacieuse interversion des rôles du Ministère public et des prévenus ; que les prévenus doivent avoir la preuve de l'imputation diffamatoire avant de la lancer ; que c'est pour ces motifs que l'article 52 de la loi leur impose l'obligation de notifier dans les cinq jours la copie des pièces dont ils entendent faire ressortir cette preuve ;

Attendu que la sommation générale de communiquer tous « dossiers et pièces » ne peut même pas être prise au sérieux ;

Que la sommation spéciale de communiquer les dossiers des affaires Dreyfus et Esterhazy, la procédure en cours sur une plainte du lieutenant colonel Picquart, est contraire aux règles les plus élémentaires du droit ;

Que MM. Perrenx, gérant du journal *l'Aurore*, et Zola, homme de lettres, sont des tiers par rapport aux dossiers Dreyfus et Esterhazy et ne figuraient à aucun titre dans ces instances ;

Que la plainte déposée par le lieutenant-colonel Picquart leur est aussi complètement étrangère et que le plaignant aura seul qualité pour intervenir, s'il le juge convenable, dans le règlement ultérieur de la procédure ;

Attendu, d'ailleurs, que l'article 52 de la loi de 1881 impose formellement au prévenu l'obligation de notifier dans les cinq jours de la citation, sans aucune distinction, toutes pièces dont il entend faire ressortir la preuve des imputations diffamatoires ;

Que les procédures visées ne remplissant pas cette condition ne peuvent être utilisées aux débats ;

En ce qui concerne la déclaration du témoin Gribelin, qui serait dans un dossier soumis à un Conseil d'enquête ;

Pour les motifs ci-dessus,

Conclut qu'il plaise à la Cour refuser la communication demandée.

M. LE PRÉSIDENT, *à l'audiencier*. — Faites appeler le témoin suivant, ce témoin est M. Trarieux.

Mᵉ LABORI. — Nous désirons ne pas faire entendre M. Trarieux en ce moment, car, M. le colonel Henry ne pouvant venir, il est nécessaire, suivant nous, d'entendre l'accusation avant d'entendre les discussions qu'elle peut provoquer.

DÉPOSITION DE M. LE GÉNÉRAL MERCIER

Ancien Ministre de la Guerre

M. LE PRÉSIDENT. — Vous jurez de dire toute la vérité ?

M. LE GÉNÉRAL MERCIER. — Sous les réserves imposées par le secret professionnel, je le jure.

Mᵉ LABORI. — M. le général Mercier voudrait-il nous dire tout d'abord s'il a pris connaissance du rapport fait par M. le commandant Ravary dans l'affaire Esterhazy ?

M. LE PRÉSIDENT. — Pouvez-vous répondre à la question ?

M. LE GÉNÉRAL MERCIER. — Je n'en ai pas pris connaissance.

Mᵉ LABORI. — Monsieur le général Mercier veut-il me permettre alors de lui apprendre que, dans ce rapport de M. Ravary il est question d'un document qu'on appelle *le document libérateur*, qui a été remis à M. le commandant Esterhazy par une dame voilée et qui a été remis par M. le commandant Esterhazy ensuite, pour se défendre, à M. le Ministre de la guerre, M. le général Billot, dont il a d'ailleurs retiré un reçu. Connaissez-vous cette circonstance ?

M. LE GÉNÉRAL MERCIER. — Je ne la connais pas.

Mᵉ LABORI. — Cette pièce, ce document libérateur serait un document dans lequel un *post-scriptum* se trouverait, *post-scriptum* commençant par ces mots : « Cette canaille de D. »

M. LE PRÉSIDENT. — Connaissez-vous cette pièce, général ?

M. LE GÉNÉRAL MERCIER. — Non, je ne la connais pas.

Mᵉ LABORI. — M. le général Mercier pourrait-il nous dire si une pièce secrète a été communiquée au Conseil de guerre dans l'affaire Dreyfus en 1894, en dehors du débat ?

M. LE PRÉSIDENT. — Pouvez-vous répondre à la question ?

M. LE GÉNÉRAL MERCIER. — Je crois que l'affaire Dreyfus n'est pas en question et qu'il est intervenu un arrêt de la Cour qui interdit de la mettre en question.

Mᵉ LABORI. — M. le général Mercier pourrait-il me dire s'il connaît la publication qui a été faite de certains renseignements confidentiels du ministère de la guerre, au mois de septembre 1896 ?

M. LE GÉNÉRAL MERCIER. — J'ai lu à ce moment-là, dans un journal qui, je me le rappelle, était l'*Eclair*, la communication de prétendus documents ; je ne sais absolument pas d'où pouvaient venir ces renseignements, faux ou vrais. En tout cas, je n'y suis absolument pour rien, je l'atteste sous la foi du serment.

Mᵉ LABORI. — M. le général Mercier n'était plus ministre de

la guerre à ce moment-là, je ne peux donc pas lui demander si une enquête a été faite; je l'aurais demandé à M. le général Billot, s'il était venu.

Mais, en 1894, sans que ma question vise en rien l'affaire Dreyfus, uniquement au point de vue de la façon dont était surveillée la sortie de certains renseignements confidentiels du ministère de la guerre, M. le général Mercier pourrait-il nous dire s'il a fait une enquête relativement aux indiscrétions commises au profit de certains journaux, notamment au profit de la *Libre Parole* et de l'*Eclair*.

M. LE GÉNÉRAL MERCIER. — A quel moment aurait eu lieu cette indiscrétion?

M⁰ LABORI. — Les publications, qui ont annoncé d'ailleurs l'arrestation du capitaine Dreyfus, sont un article de la *Libre Parole* du 29 octobre, puis un article de l'*Eclair* du 30 et du 31 octobre, puis un article de la *Libre Parole* qui déclare que d'autres journaux, et notamment l'*Eclair*, ayant parlé, il n'y a plus de raison pour taire la vérité, et ce journal fait tout un récit. Je désirerais savoir, à raison de ce qu'un grand nombre de points en ont été démontrés vrais, si M. le Ministre de la guerre a fait une enquête sur les conditions dans lesquelles ces renseignements sont parvenus aux journaux.

M. LE GÉNÉRAL MERCIER. — Je n'ai fait aucune enquête; ces publications ont été faites en dehors du ministère de la guerre, et, si vous me demandez mon opinion, elles ont été faites tout à fait contrairement aux intentions du Ministre de la guerre.

M⁰ LABORI. — Monsieur le général Mercier pourrait-il nous dire à qui il attribue cette publication, lui qui paraît connaître les intentions dans lesquelles cette communication a été faite?

M. LE GÉNÉRAL MERCIER. — Je ne connais pas du tout dans quelles intentions cela a été fait; je dis que cela a été fait contrairement aux intentions du Ministre de la guerre et je suis autorisé à le dire, puisque j'étais ministre à cette époque.

M⁰ LABORI. — Par conséquent, il résulte des déclarations de M. le général Mercier que le Ministre ne voulait pas la communication qui a été faite à ce moment-là, communication de renseignements qui, eux, ont été donnés par le Cabinet, puisqu'il s'agissait de faits qui, à ce moment-là, n'étaient à la connaissance de personne. Je demande donc à Monsieur le général Mercier, qui était alors ministre de la guerre, s'il a une notion quelconque sur la personne ou sur les personnes à qui on peut attribuer cette communication, et je lui demande de répéter si, à ce moment, bien que ses intentions aient été mal interprétées par ceux qui avaient fait la communication, il n'a fait aucune enquête?

M. LE GÉNÉRAL MERCIER. — Je crois que ceux qui ont fait la publication ne connaissaient nullement mes intentions; cette publication pouvait ne pas venir du ministère; elle pouvait venir de la famille Dreyfus.

Mᵉ Labori. — Je demande que, sur ce point, Mᵐᵉ Dreyfus soit confrontée avec M. le général Mercier.

M. le Président. — Vous allez encore parler de l'affaire Dreyfus.

Mᵉ Clémenceau. — Nous voulons établir le mal fondé de la déposition qu'un témoin vient de faire à la barre.

M. l'Avocat général. — M. le général Mercier vient de faire une supposition ; il a dit que cela pouvait venir de la famille Dreyfus ; ce n'est pas seulement à Mᵐᵉ Dreyfus qu'il faut le demander, il faut faire comparaître ici tous les membres de la famille Dreyfus.

Mᵉ Labori. — Je vous demande pardon, Monsieur l'Avocat général : Mᵐᵉ Dreyfus n'a parlé à personne pendant plus de quinze jours, et M. le général Mercier ne peut ignorer que M. le colonel du Paty de Clam lui avait fait à ce moment une défense, accompagnée de telles menaces, qu'il sait bien qu'elle a été scrupuleusement observée.

M. le Président. — Nous verrons cela avec M. du Paty de Clam.

Mᵉ Labori. — Nous ne le verrons pas du tout, parce qu'on m'interdira encore de parler.

M. le Général Mercier. — Je répète que ce que j'ai dit tout à l'heure était une simple appréciation et que j'ai eu soin, en la donnant, de dire qu'elle ne reposait sur aucun indice et sur aucun témoignage.

Mᵉ Labori. — Je crois avoir posé à M. le général Mercier la question de savoir si une pièce secrète avait été communiquée au Conseil de guerre en 1894 ?

M. le Président. — Non, vous ne l'avez pas posée et je refuse de la poser.

Mᵉ Labori. — Alors, à cet égard, je vais déposer des conclusions sur le bureau de la Cour...

M. le Président. — Pourquoi ?

Mᵉ Labori. — Je vais dire dans quel esprit, Monsieur le Président.

Mᵉ Clémenceau. — La question a été posée au témoin par M. le Président, et le général Mercier a répondu qu'il y avait un arrêt de la Cour qui l'empêchait de répondre. Par conséquent, si M. le général Mercier n'avait pas eu des susceptibilités juridiques, il aurait parlé...

M. le Président. — Mais je l'aurais arrêté, soyez tranquille ; nous ne sommes pas une Cour de revision, mais une Cour d'assises, souvenez-vous en.

Mᵉ Labori. — C'est entendu, Monsieur le Président. Mais je n'apprendrai certainement pas à M. le général Mercier, et, en tous cas, je n'apprendrai pas à la Cour qu'il n'y a chose jugée relativement à un témoignage ou à une espèce que dans cette espèce elle-même ; par conséquent, l'arrêt de la Cour qui a été rendu hier ne s'applique ni à M. le général Mercier ni à la question spéciale que je lui pose.

Cela dit, Messieurs, retenons, pour en tirer le parti qui sera utile, la réponse déjà faite par M. le général Mercier et retenons que M. le Président n'aurait pas posé la question si M. le général Mercier n'avait pas répondu spontanément.

Je pose des conclusions spéciales relatives à M. le général Mercier; je vais les lire, mais je dis immédiatement à quoi elles tendent.

M. Emile Zola est poursuivi devant la Cour d'assises de la Seine à raison de trois paragraphes de sa lettre, et dans le troisième paragraphe il est dit ceci : « J'accuse le second Conseil de guerre d'avoir couvert cette *illégalité* par ordre » — et cette *illégalité*, c'est d'avoir condamné un accusé sur une pièce restée secrète.

Je dis que nous avons le droit de prouver cette illégalité ou qu'on va nous donner acte qu'elle a été commise.

M. LE PRÉSIDENT. — Rien du tout.

Me LABORI. — Eh bien! je vais déposer des conclusions à cet effet.

M. LE PRÉSIDENT. — Déposez tout ce que vous voudrez.

Me LABORI. — Voici les conclusions que j'ai l'honneur de déposer sur le bureau de la Cour :

Conclusions
relatives à l'audition du général Mercier.

Plaise à la Cour,

Attendu que, parmi les faits relevés dans la citation se trouve le fait suivant : « J'accuse enfin le premier Conseil de guerre d'avoir violé le droit en condamnant un accusé sur une pièce restée secrète, et j'accuse le second Conseil de guerre d'avoir couvert cette *illégalité* par ordre en commettant à son tour le crime juridique d'acquitter sciemment un coupable, » dont les prévenus sont autorisés à faire la preuve ;

Attendu qu'il leur est impossible de faire la preuve qu'une illégalité a été commise par ordre, sans avoir au préalable établi cette illégalité elle-même ;

Attendu que ce n'est pas porter atteinte à l'autorité de la chose jugée que de demander à prouver qu'une illégalité a été commise à l'occasion d'un jugement; qu'il n'y a pas de chose jugée en dehors de l'observation de toutes les règles du droit et des formes judiciaires qui sont la garantie de la justice ;

Attendu, en tous cas, que le droit de faire la preuve, ouvert aux concluants, serait en contradiction absolue avec la prohibition d'établir l'illégalité dont s'agit ;

Par ces motifs :

Dire que les questions suivantes seront posées à M. le général Mercier :

1º Une pièce secrète existait-elle au ministère, qui s'appliquât au capitaine Dreyfus ?

2° A-t-elle été communiquée au Conseil de guerre qui a jugé l'ex-capitaine Dreyfus et dans quelles conditions cette communication a-t-elle eu lieu ?

Subsidiairement :

Donner acte aux concluants de ce qu'une pièce secrète a été communiquée en 1894 aux membres du Conseil de guerre qui ont statué sur les poursuites intentées au capitaine Dreyfus et cela, en dehors de l'accusé et de son défenseur.

M. LE PRÉSIDENT. — Je vous ferai remarquer que la décision du Conseil de guerre a été soumise à la Cour de Cassation militaire, c'est-à-dire au Conseil de revision ; qu'il fallait lui soumettre cette irrégularité, mais non ici. Nous sommes une Cour d'Assises, et non une Cour de revision.

M⁰ LABORI. — Je suis obligé de vous répondre ; car vous donnez ici des consultations de droit devant lesquelles, en toutes autres circonstances, je m'inclinerais avec respect, mais elles semblent aller contre la liberté de la défense, et il faut que je m'en explique.

M. LE PRÉSIDENT. — Je vous fais une observation toute naturelle. Je vais conférer avec mes collègues sur ce point, mais je vous fais observer que nous ne sommes pas ici une Cour de revision, mais une Cour d'Assises.

M⁰ LABORI. — Je réponds : Si on s'était vanté comme depuis, en 1894, et dans les quelques jours qui précédèrent le jugement en revision, d'avoir communiqué une pièce secrète, alors on eût pu faire valoir le moyen, mais ce moyen n'a pas été connu, ce n'est que depuis qu'on l'a ouvertement répété... M. le général Mercier lui-même, avec son honneur de soldat, ne dira pas que ce n'est pas vrai, mais il dira qu'il ne peut pas répondre.

M. LE GÉNÉRAL MERCIER. — Pardon, je dis que ce n'est pas vrai. (*Applaudissements et sensation.*)

M. LE PRÉSIDENT. — Le public va encore m'exposer à le faire sortir.

M⁰ LABORI. — Je demande la permission de bien préciser la question : M. le général Mercier dit-il — je ne suis pas sûr d'avoir bien compris — M. le général Mercier dit-il qu'il n'est pas vrai qu'une pièce secrète ait été communiquée ? ou M. le général Mercier dit-il qu'il ne l'a répété à qui que ce soit ? Je le prie de ne pas laisser d'équivoque dans sa réponse.

M. LE GÉNÉRAL MERCIER. — Je n'ai pas à répondre à la première question (*mouvements divers*) ; mais en ce qui concerne la seconde, je dis que ce n'est pas exact.

M. LE PRÉSIDENT. — Vous avez quelque chose à ajouter, général ?

M. LE GÉNÉRAL MERCIER. — Monsieur le Président, je n'ai pas à revenir sur le procès Dreyfus ; mais si j'avais à y revenir, puisqu'on me demande ma parole de soldat, ce serait pour dire que Dreyfus était un traître qui a été justement et légalement condamné. (*Bruits.— Applaudissements.*)

Mᵉ LABORI. — Nous ne laisserons pas dévier le débat.

M. LE PRÉSIDENT. — Maître Labori, vous venez d'entendre les déclarations de M. Mercier, ancien Ministre de la guerre ; il vous a donné toutes les explications voulues, il a même été plus loin que je ne l'aurais désiré.

Mᵉ LABORI. — Vous vous trompez, monsieur le Président.

M. LE PRÉSIDENT. — Non.

Mᵉ LABORI. — Vous vous trompez en ce qui me concerne ; M. le général Mercier n'a pas été assez loin ! il y a une chose à laquelle je tiens, et je ne m'assoierai pas avant que cela ne soit fait, c'est à préciser nettement les paroles de M. le général Mercier, car ici je suis au centre de mon débat...

M. LE PRÉSIDENT. — Non, vous n'êtes pas au centre de votre débat, vous êtes à côté.

Mᵉ LABORI. — Non, monsieur le Président.

M. LE PRÉSIDENT. — En ce moment, vous êtes l'avocat de votre client, et vous remplissez le rôle de Président de la Cour d'assises ; je vous fais remarquer que vous empiétez sur l'affaire Dreyfus.

Mᵉ LABORI. — Il s'agit de savoir si M. le général Mercier, qui a prononcé certaines paroles, a répondu à une certaine question ou à une autre. Je constate qu'il est regrettable que M. le général Mercier puisse venir dire ici qu'un homme a été *légalement* condamné — c'est une chose — ; que cet homme a été *justement* condamné, — c'est une autre chose, — sans qu'on puisse ensuite le questionner ! Je dis qu'il est regrettable qu'on ne puisse l'interroger sur les motifs de sa conviction. Quant à la conviction de M. le général Mercier, je la connaissais, et je savais très bien, si je l'interrogeais, ce qu'il répondrait ; tout le monde la connaît cette conviction, il l'a proclamée assez haut. Ce n'est donc pas une surprise.

Quant au second point, j'ai dit à M. le général Mercier : Est-il vrai qu'une pièce secrète ait été versée aux débats en 1894 ? Il a répondu : « Je ne répondrai pas à cette question. »

M. LE PRÉSIDENT. — Et il a bien fait.

Mᵉ LABORI. — Discutant ensuite, j'ai demandé à M. le général Mercier : « L'avez-vous dit partout ? » M. le général Mercier m'a interrompu, non pas pour répondre à cela, mais pour dire : « Il n'est pas vrai que je l'ai raconté. » Cela ne m'intéresse pas ! C'est le premier point qui m'intéresse, et sur le premier point, malgré tous les incidents, malgré toutes les émotions, M. le général Mercier reste muet.

M. LE PRÉSIDENT. — Vous n'avez plus rien à dire, général ?

M. LE GÉNÉRAL MERCIER. — Non.

(*L'audience est suspendue.*)

L'audience est reprise à quatre heures un quart.

M. LE PRÉSIDENT. — L'audience est reprise.

ARRÊTS

M. LE PRÉSIDENT *prononce les arrêts suivants :*

Arrêt
sur les conclusions nouvelles relatives à l'audition de Mme Dreyfus.

La Cour,

Statuant sur les conclusions prises par Zola et Perrenx au sujet de la dame Dreyfus ;

Considérant que les questions posées sous les n°ˢ 1 et 2 au témoin dame Dreyfus :

« Qu'est-ce que vous pensez de la bonne foi de M. Zola ? »

« Quelles sont les raisons qui vous ont amené à croire à cette bonne foi ? »

Ne spécifiaient pas l'affaire à laquelle elles se rapportaient et que le contexte général de toutes les questions posées semblait indiquer qu'il ne s'agissait que de l'affaire Dreyfus ; que dans ces circonstances l'arrêt en date du même jour a rejeté les conclusions ; que dans le silence des conclusions nouvelles sur la portée des deux questions susvisées, il est utile que le Président fasse la distinction que les questions ne faisaient pas elles-mêmes et qu'il interpelle la dame Dreyfus sur la bonne foi d'Emile Zola en ce qui touche seulement l'affaire Esterhazy, l'affaire Dreyfus ayant été rejetée des débats ;

Par ces motifs,

Dit que le Président interpellera la dame Dreyfus sur la bonne foi de Zola en ce qui concerne l'affaire Esterhazy seulement ;

Persiste dans le surplus de son arrêt en date d'hier et dit qu'il sera passé outre aux débats.

Arrêt
sur les conclusions relatives à la présence dans la salle de témoins non encore entendus.

La Cour,

Statuant sur les conclusions prises tendant à faire donner acte de la présence de certains témoins dans la salle d'audience ;

Considérant qu'avant le commencement des débats, et avant l'audition de tout témoin, le Président a demandé au défenseur de Zola des explications sur les conclusions posées la veille et au sujet desquelles un arrêt était intervenu ; qu'il y a lieu, dès lors, dans les conditions ainsi précisées, d'en donner acte ;

Par ces motifs,

Donne acte aux prévenus de ce qu'à l'audience de ce jour, avant le commencement des débats et l'audition de tout témoin, le Président a demandé au défenseur de Zola des explications sur les conclusions posées la veille et au sujet desquelles un arrêt était intervenu; et ordonne qu'il sera passé outre aux débats.

Arrêt
sur les conclusions relatives au secret professionnel invoqué par M. le général de Boisdeffre.

La Cour,

Statuant sur les conclusions prises par les prévenus à l'occasion de la déposition du général de Boisdeffre;

Considérant que le général de Boisdeffre a refusé de répondre aux trois questions posées par la défense en se retranchant derrière le secret professionnel;

Considérant qu'il est constant, en fait, que les faits à raison desquels les questions ont été posées ne sont arrivés à la connaissance du témoin qu'en sa qualité de chef d'état-major de l'armée et en raison de ses fonctions; que, dès lors, le témoin peut à bon droit invoquer les dispositions de l'article 378 du code pénal;

Par ces motifs,

Rejette les conclusions prises et dit qu'il sera passé outre aux débats.

Arrêt
sur les conclusions relatives à l'audition du général Mercier.

La Cour,

Statuant sur les conclusions prises par les prévenus à l'occasion de la déposition du général Mercier;

Considérant qu'il n'existe aucune connexité et aucune indivisibilité entre les questions spécifiées dans les conclusions et les faits articulés dans la citation;

Que d'ailleurs ces questions, si elles étaient posées, porteraient atteinte à l'autorité de la chose jugée;

Que la Cour ne peut donner acte d'un fait qu'elle ne connaît pas et qui, d'ailleurs, est étranger à la prévention;

Par ces motifs,

Rejette les conclusions prises et dit qu'il sera passé outre aux débats.

M. LE PRÉSIDENT (*S'adressant aux défenseurs*). — En ce qui touche l'affaire Gribelin et Leblois, je vous prierai, Messieurs, de modifier vos conclusions. Le dispositif de ces conclusions ne s'adresse pas à la Cour : « Ordonner qu'en vertu du pouvoir discrétionnaire de M. le Président, les deux dépositions ci-dessus indiquées, qui font partie des dossiers notifiés à M. le Procureur général conformément à la loi, seront apportés à la Cour pour être versées aux débats. » Cela ne s'adresse pas à la Cour ; la Cour n'a pas à statuer sur le pouvoir discrétionnaire du Président... Si vous voulez modifier vos conclusions, il y sera statué demain.

M⁰ LABORI. — En effet, monsieur le Président, c'est une erreur ; il s'agit de prier la Cour d'ordonner la communication.

(*Les conclusions sont rectifiées en ce sens.*)

M. LE PRÉSIDENT. — En ce qui touche les réquisitions de M. le Procureur général, il y sera répondu demain.

(*S'adressant à M⁰ Labori*) Quel témoin désirez-vous faire entendre ?

M⁰ LABORI. — Je voudrais faire remarquer à M. le Président que je désire très vivement que M. le commandant Lauth et M. l'archiviste Gribelin, si M. le colonel Picquart n'est pas entendu ce soir, reviennent demain à l'audience, car leur présence est indispensable.

M. LE PRÉSIDENT. — MM. Gribelin, Leblois et Lauth voudront bien se présenter à l'audience de demain.

M. L'AVOCAT GÉNÉRAL. — Je voudrais faire une observation plus générale : il faut qu'il soit bien entendu que les témoins qui ne seront pas dispensés de revenir devront se présenter à l'audience.

M. LE GÉNÉRAL DE BOISDEFFRE. — Je demanderai à Monsieur le Président la permission de ne pas revenir, si je le puis.

M⁰ LABORI. — Je ne fais aucune objection.

M. LE PRÉSIDENT. — Monsieur le général Mercier, vous êtes libre également... (*S'adressant aux défenseurs.*) Et M. le général Gonse ?...

M⁰ CLÉMENCEAU. — Il est nécessaire pour la confrontation.

M. LE PRÉSIDENT. — Alors, M. le général Gonse devra revenir... (*S'adressant à M. le général Gonse.*) Il paraît, général, que votre présence est nécessaire encore. Vous êtes prié de revenir demain à l'audience.

(*S'adressant à M⁰ Labori.*) Qui désirez-vous faire entendre ?

M⁰ LABORI. — M. Trarieux.

M. LE PRÉSIDENT. — Avant d'entendre M. Trarieux, maître Labori, désirez-vous que je fasse poser la question à M™⁰ Dreyfus en ce qui concerne la bonne foi de M. Zola, mais seulement en ce qui touche l'affaire Esterhazy ?

M⁰ LABORI. — Je le veux bien, Monsieur le Président. Cependant, comme la déposition de M. Trarieux doit prendre un certain temps, il vaudrait mieux, peut-être, n'entendre M™⁰ Dreyfus que si la fin de l'audience le permet.

DÉPOSITION DE M. TRARIEUX

Ancien Garde des Sceaux.

M. LE PRÉSIDENT. — Quelles sont, Maître Labori, les questions que vous désirez faire poser au témoin?

Mᵉ LABORI. — Je serais reconnaissant à M. Trarieux de vouloir bien nous dire ce qu'il sait de l'affaire Esterhazy, quelles ont été ses démarches personnelles auprès M. de la Ministre de la guerre ou auprès de M. le Président du Conseil, — je ne sais pas exactement, — depuis que la dénonciation de M. Mathieu Dreyfus a été publiée, et, d'une manière générale, ce qu'il pense du procès actuel.

M. LE PRÉSIDENT, *à M. Trarieux*. — Si vous voulez bien, vous adressant à MM. les jurés, répondre à cette question…

M. TRARIEUX. — Messieurs, on me demande de vous renseigner sur ce que je sais de cette affaire. Si je me suis occupé du procès Esterhazy, c'est que je voyais derrière lui une autre cause qui m'y semblait étroitement liée, et dans laquelle était engagée, non pas seulement pour notre ministère de la guerre, mais pour le pays tout entier, une question d'humanité et de justice.

Si j'exprime cette opinion, il faut qu'elle se fonde sur des faits qui ne me permettent pas d'en avoir une autre, et c'est sur ces faits que, sans doute, je dois vous éclairer aujourd'hui.

Je crois qu'il est nécessaire que je vous fasse connaître l'état d'esprit dans lequel j'étais, au moment où l'affaire Esterhazy a été engagée. On ne s'expliquerait pas autrement l'attention que j'y ai prêtée.

Je n'avais pas suivi les détails du procès de 1894, du procès Dreyfus ; mais peu de temps après, dans le cours des années 1895 et 1896, des divulgations graves me furent faites qui jetèrent une assez grande inquiétude dans mon esprit. La première de ces divulgations touchait à l'existence de documents secrets qui avaient pu jouer dans l'affaire un certain rôle. La question s'est beaucoup éclairée depuis, mais ce qui me fut dit aux dates que je rappelle ne laissait pas que de m'avoir profondément ému. Si des pièces, en dehors de celles qui avaient été communiquées au prévenu et à sa défense, avaient pu être, en effet, soumises aux juges, et influencer leur décision, il n'y avait pas de raison d'État, à mon sens, qui pût expliquer une illégalité pareille.

Le premier principe et la base essentielle de notre droit pénal, c'est qu'un accusé ne puisse pas paraître devant la justice sans savoir de quoi on l'accuse et sur quoi ses explications doivent porter. Cependant, Messieurs, je n'avais aucune certitude, et j'ai gardé pour moi ce secret.

A quelque temps de là, mon trouble devint plus grand encore, lorsque le hasard des circonstances mit dans mes mains — je pourrais expliquer ces circonstances si cela était nécessaire, je le crois inutile et veux abréger — une des expertises qui, dans le procès de 1894, avaient contribué à entraîner la condamnation de Dreyfus. J'ai lu cette expertise, j'ai pris à ce moment connaissance de la pièce qui avait pu déterminer la condamnation, le bordereau dont vous avez entendu parler souvent ; je le vis, je l'examinai ; des ressemblances de détails portant sur certaines lettres étaient relevées ; mais une observation grave était faite, que j'ai trouvée plus tard reproduite dans l'acte d'accusation, le jour où cet acte a reçu la publicité. Il était reconnu que ce bordereau et les pièces de comparaison différaient entre eux par des dissemblances importantes ; il fallait expliquer ces dissemblances ; pour les expliquer, il était dit que, sans doute, elles avaient été volontaires de la part de Dreyfus.

Je fus très frappé de cette remarque ; c'était une observation de moraliste plutôt qu'une attestation de graphologue, et je pouvais raisonner avec MM. les experts. Je me demandai si leur explication ne choquait pas les vraisemblances. Je me demandai s'il était possible que quelqu'un, qui aurait craint d'être compromis par son écriture et qui aurait voulu la contrefaire, aurait été maladroit au point de ne pas la rendre, autant que possible, méconnaissable ; si enfin le condamné eût été assez imprévoyant, malgré son intention d'éloigner de lui tout soupçon, pour laisser subsister des traces apparentes de sa manière propre d'écrire. Je l'avoue, Messieurs, je fus beaucoup plus frappé, infiniment plus frappé par des dissemblances, qui ne pouvaient pas s'expliquer, que par des ressemblances qui peuvent se rencontrer dans des écritures de la même école, dans des écritures du même genre.

J'ai gardé encore mon secret, Messieurs ; mais j'étais de plus en plus troublé et inquiet. J'ai vu, à côté de moi, de grandes sérénités d'âme ; on me disait : « Pourquoi vous en occupez-vous? » Il ne m'était pas possible de ne pas m'en occuper ; c'est l'honneur d'un pays de liberté que de s'intéresser aux questions de justice ; car, si un peuple veut être libre, il faut avant tout qu'il soit juste ; c'est la justice qui garantit à tous la liberté ! Je m'en occupais donc, mais sans bruit, avec prudence, jusqu'au jour où j'appris qu'un de mes collègues au Sénat, M. Scheurer-Kestner — c'est à notre retour des vacances dernières, au mois d'octobre, si je ne me trompe, — que M. Scheurer-Kestner prétendait avoir en mains la preuve qu'une erreur judiciaire avait été commise, qu'il connaissait le nom de celui qui aurait commis, à la place de Dreyfus, les actes pour lesquels celui-ci avait été condamné.

Je m'adressai immédiatement à mon honorable collègue et ami, pour le caractère duquel j'ai une si haute estime, et je lui demandai de bien vouloir m'expliquer ce qu'il savait de nouveau.

Je dois dire qu'alors il ne crut pas pouvoir m'éclairer. Il m'expliqua, en effet, qu'il lui était impossible de rien dire des révélations qui lui avaient été faites, jusqu'à ce que le gouvernement auquel il les avait communiquées eût pris parti sur la décision qui lui paraissait commandée. Je dus m'incliner et attendre.

Cependant, M. Scheurer-Kestner me dit qu'il comptait beaucoup que M. le Ministre de la guerre et le Président du Conseil voudraient bien l'aider dans l'œuvre qu'il avait entreprise et lui prêter leur concours. Il y comptait; ce fut une espérance déçue, et c'est ce qui explique que peu de temps après, le 7 décembre dernier, M. Scheurer-Kestner interpella devant le Sénat pour rendre compte des démarches inutiles qu'il avait faites.

Cette interpellation, malheureusement, Messieurs, ne lui permit pas de dire tout ce qu'il savait. J'en conserve un très profond regret; il est infiniment regrettable, à mon sens, que le pays n'ait pas été plus tôt édifié sur tous les détails de cette affaire. J'intervins dans la discussion; je pris part à cette interpellation, non pour y discuter des questions qui n'y avaient pas été posées, mais pour protester contre certains reproches qui venaient d'être adressés à mon collègue.

Les observations que je présentai portèrent sur deux points seulement. Je fis observer que très certainement ce n'était pas attaquer l'armée, qui dans ma pensée reste la personnification même de la patrie, que ce n'était pas non plus attaquer la chose jugée, que de demander la réparation d'une erreur judiciaire, puisqu'en somme la loi elle-même organise les moyens de la réparer. Je fis remarquer en outre que, M. Scheurer-Kestner se fût-il trompé, — je ne pouvais pas, à cette époque, juger des faits que j'ignorais encore, — à supposer que son zèle du bien public l'eût emporté, eh bien! les démarches qu'il faisait étaient empreintes d'un tel désintéressement et d'un caractère si généreux qu'elles devaient encore imposer un certain respect!

Mais, en sortant, Messieurs, de cette interpellation, il me sembla que j'avais acquis le droit d'en savoir un peu plus, et cette fois, je priai mon collègue et je le priai très expressément de vouloir bien soulager ma conscience et de me dire tout ce qu'il savait.

M. Scheurer-Kestner consentit alors à me faire ses confidences.

Il m'exposa tout ce qu'il savait. Je vais raconter ce qu'il m'a raconté lui-même, et ce dont j'ai pu vérifier et constater l'exactitude.

M. Scheurer-Kestner me dit qu'au cours de l'année 1896, il s'était trouvé au ministère de la guerre, comme directeur du bureau des renseignements, un commandant, devenu plus tard lieutenant-colonel, le lieutenant-colonel Picquart, qui, ayant eu l'occasion d'instruire une affaire d'espionnage contre un commandant de troupe, le commandant Esterhazy, avait conçu la pensée, avait acquis la certitude que c'était ce commandant qui devait être l'auteur réel du fameux bordereau, à tort attribué à Dreyfus.

Cette conviction, qui s'était faite dans la pensée du lieutenant-colonel Picquart, me dit M. Scheurer-Kestner, avait une portée d'autant plus grande que ce lieutenant-colonel avait été l'officier d'ordonnance du Ministre de la guerre, qui avait été chargé de représenter le général Mercier au procès même de 1894, qu'il avait suivi tous les débats, et qu'il en était sorti quelque peu troublé de la condamnation qui avait été prononcée.

Mais sur quoi s'était donc fondée sa certitude? Elle s'était fondée, me dit M. Scheurer-Kestner, sur la comparaison des écritures qu'il avait été appelé à faire entre le bordereau et, d'un autre côté, l'écriture de M. Esterhazy. Tandis que, pour l'écriture de Dreyfus, ainsi que je le disais tout à l'heure et que j'avais pu le constater moi-même, des dissemblances frappantes constatées dans l'acte d'accusation existaient, dont il avait fallu chercher la cause et qu'on avait attribuées à la volonté de dissimulation, explication plus que conjecturale ; au contraire, pour l'écriture du commandant Esterhazy, c'était la ressemblance parfaite, c'était l'identité même, et M. le lieutenant-colonel Picquart n'avait pas eu une minute à délibérer.

Le lieutenant-colonel Picquart, ajouta M. Scheurer-Kestner, avait dû faire part de sa découverte à ses chefs et il avait été assez heureux pour leur faire accepter avec lui, non pas seulement la possibilité, mais la très grande vraisemblance des constatations qu'il avait faites ; et pendant un assez long temps, pendant plusieurs mois, il s'était attaché à préparer les conditions dans lesquelles la réparation de l'erreur, dont il était dès lors convaincu, pourrait se faire. Malheureusement, il était arrivé un moment où, par suite de manœuvres souterraines qu'il parvint à expliquer plus tard, le lieutenant-colonel Picquart avait été arraché à son service. En novembre 1896, il avait été éloigné du ministère de la guerre, envoyé en mission sur la frontière de l'Est, puis, plus tard, en Algérie, et enfin en Tunisie, et, depuis son départ, le silence s'était fait sur sa découverte.

Mais, dis-je à M. Scheurer-Kestner, pourriez-vous me montrer ces écritures ? M. Scheurer-Kestner les avait à sa disposition ; il voulut bien les faire passer sous mes yeux. J'examinai à mon tour, et j'étais préparé à cet examen, puisque, ainsi que je vous le disais tout à l'heure, j'avais déjà vérifié l'expertise antérieure de 1894, qui avait porté, elle, sur l'écriture de Dreyfus.

J'examinai, dis-je, messieurs, et sans revenir sur la chose jugée, — permettez-moi de dire que je suis heureux de ne rencontrer aujourd'hui devant moi personne que j'aie à accuser, — je fus ébloui, ce fut un voile qui se déchira!

Ce n'étaient plus des dissemblances à expliquer ; c'était l'évidence même, et je ne trouvais là aucune différence capable de me frapper.

Depuis, Messieurs, combien de fois ai-je renouvelé cette expérience, non pas pour moi-même et seul, mais avec le concours d'amis, sous les yeux desquels ces documents sont passés! Jamais je n'ai rencontré une dissidence; tous ceux qui ont bien voulu voir et ouvrir les yeux ont été frappés par la même évipence, et je puis dire, dès à présent, anticipant sur l'ordre chronologique des faits, que plus tard les experts eux-mêmes qui ont contribué à la préparation de l'instruction dans l'affaire Esterhazy ont dû, dans une large mesure, le reconnaître, bien qu'ils aient conclu que le bordereau n'a pas été l'œuvre matérielle de M. le commandant Esterhazy, en émettant cette pensée qu'il pouvait être l'œuvre d'un habile faussaire.

Dans tous les cas, ces constatations des experts, aussi bien que celles que je faisais moi-même, étaient le renversement absolu de celles de 1894. On ne pouvait concilier, en effet, d'un côté cette attestation que l'écriture de ce bordereau ressemblait à l'écriture de M. Dreyfus et, d'un autre côté, cette évidence inverse et contradictoire, que la même écriture reproduisait l'écriture de M. Esterhazy.

Messieurs, j'arrivais à la conviction; mais il restait encore un trouble dans ma pensée sur lequel il fallait absolument que je fusse éclairé. Je dis à M. Scheurer-Kestner : « Tout cela est très bien, vous me donnez une écriture de M. Esterhazy; elle ressemble d'une manière effrayante à l'écriture même du bordereau; mais, enfin! nous savons qu'on a parlé de pièces secrètes; quel que soit le rôle qu'elles aient joué dans le procès, si cependant elles apportaient la certitude que Dreyfus est un traître, serait-il possible de nous attarder aux questions de forme? En aurions-nous le courage? Moi, je ne l'aurais pas. Si cet homme était un traître, la forme eût-elle été violée pour lui, je n'oserais élever la voix et je ne le ferais point. » Je demandai à mon collègue : « Pouvez-vous me rassurer? Etes-vous sûr qu'il n'existe pas de preuves secrètes, comme on l'a prétendu, que cet homme soit coupable? » J'insistai même et je lui dis : « On a parlé d'aveux, êtes-vous sûr qu'il n'existe pas d'aveux? »

C'est alors que M. Scheurer-Kestner, avec cette simplicité d'accent et de conviction que vous avez pu constater, je le suppose, dans sa déposition, que je n'ai pas entendue, mais qui, sortant de sa bouche, ne pouvait laisser une autre impression, me dit : « Mais non, c'est impossible; il n'est pas possible qu'il existe de preuves d'une culpabilité démontrée, certaine, de Dreyfus, et j'en ai la preuve en mains. »

Cette preuve, j'avais hâte de la connaître et M. Scheurer-Kestner me soumit la correspondance qui avait été échangée dans le courant de l'année 1896, entre le lieutenant-colonel Picquart et son supérieur, son chef hiérarchique, M. le général Gonse; il ajouta à la communication de ces lettres une série d'autres lettres, — il y en avait treize, si je ne me trompe, — qui avaient été échangées encore entre les mêmes personnes après le départ de M. le lieutenant-colonel Picquart du ministère de la guerre.

J'ai lu ces lettres, Messieurs, je les ai relues, et j'y suis revenu bien souvent depuis par la pensée ; elles ne pouvaient me laisser aucun doute. Je dois dire cependant dans quelle mesure elles éclairaient mon esprit ; je n'y ai pas trouvé la preuve certaine que le général Gonse se fût arrêté à la volonté manifeste, fixée dans son esprit, d'ouvrir à une date déterminée la revision du procès Dreyfus, mais j'y ai trouvé l'indication éclatante, incontestable, que cet officier général a admis la possibilité de la revision, donné des instructions pour sa préparation et collaboré à l'œuvre entreprise dans ce but par le lieutenant-colonel Picquart, couvrant ainsi tous les actes de ce dernier de sa pleine approbation.

En effet, Messieurs, vous me permettrez, pour affirmer mon dire, pour justifier les appréciations dont je prends la responsabilité, à cette heure, de produire devant vous quelques lambeaux de cette correspondance, qui se sont fixés dans ma mémoire.

Le général Gonse avait pris un congé au mois d'août 1896 ; il était parti le 15 août pour aller à Cormeilles-en-Parisis : le lieutenant-colonel Picquart était allé le voir le 1er septembre ; il lui avait expliqué, — dans cette entrevue, — tous les faits qui étaient parvenus à sa connaissance depuis l'absence du général et, quelques jours après, à son retour de Paris, le 5, il avait demandé à ce dernier des instructions pour soumettre à une expertise l'écriture du bordereau.

M. le général Gonse avait répondu à cette demande d'autorisation le 7 septembre en termes pleins de prudence. Mais il n'avait pas dit à son subordonné : « A quoi vous attardez-vous ? » — ce qu'il n'eût pas manqué de faire évidemment s'il eût eu la certitude de la culpabilité de Dreyfus.

Non ! il ne lui a pas dit : « Mais vous vous trompez, vous le savez bien ! vous avez un dossier secret entre les mains qui ne doit vous laisser aucun doute ! Calmez-vous, c'est une folie ! » — Il lui a dit au contraire : « Agissez avec précaution, pas de démarches irréparables, n'allez pas à l'aventure, la question est d'une très haute gravité ; il faut conduire toutes vos négociations avec une grande circonspection... » J'analyse, bien entendu, je ne récite pas.

Puis, s'expliquant sur la question même de l'expertise, il a ajouté : « Quant à soumettre la question à des experts, c'est en ce moment mêler des tiers, dans de mauvaises conditions, à l'examen de cette affaire ; il y a d'autres démarches que je vous conseillerai » — et il les indiquait ; il appelait son attention sur la nécessité, notamment, de vérifier dans quelles conditions les documents énumérés au bordereau avaient pu être communiqués par celui qu'il s'agissait d'accuser d'avoir été l'auteur de la trahison. Et puis, la lettre se terminait par des recommandations nouvelles de prudence et par l'expression des sentiments les plus affectueux du général pour son subordonné.

A cette lettre, le lieutenant-colonel Picquart avait répondu, le 7, et sa réponse avait une réelle gravité, je l'ai lue si souvent qu'elle est intégralement fixée dans ma mémoire :

« Je suivrai vos instructions, — disait le lieutenant-colonel Picquart au général Gonse, — mais des indices graves m'obligent à vous dire ceci : des personnes qui croient qu'on s'est trompé à leur égard vont tout tenter et faire un gros scandale.

« Je crois avoir fait le nécessaire pour que l'initiative vienne de nous ; si nous perdons du temps, elle viendra d'ailleurs, et, abstraction faite de considérations d'ordre plus élevé, nous ne jouerons pas alors le beau rôle. Je dois ajouter que ces gens-là ne sont pas informés comme nous le sommes ; si nous tardons à agir, leur tentative pourra nous conduire au gâchis, d'où ne sortira pas pourtant la clarté ; ce sera une crise fâcheuse, inutile, que nous pourrions éviter en faisant justice à temps. »

On aime à rappeler, quand on prend des engagements pareils à ceux que contracte devant le pays et la justice le témoin qui dépose à cette barre, on aime à rappeler les termes exacts d'une pareille correspondance, tant ils font honneur à leur auteur. Le lieutenant-colonel Picquart parlait un langage prophétique ; il avait prévu que si le gouvernement ne prenait pas l'initiative qu'il sollicitait de son chef, plus tard elle viendrait d'ailleurs, et occasionnerait les troubles que tout le monde regrette à cette heure.

Cette lettre, elle posait la question de la revision en termes aussi exprès qu'il était possible. On ne pouvait, en effet, parler un langage à la fois plus clair et plus prudent. Que répondit le général Gonse ? La réponse du général Gonse fut formelle. Il dit à son subordonné que, malgré ce qu'il y avait d'inquiétant dans sa lettre, il conseillait toujours d'agir avec de très grands ménagements ; mais il ajouta cette déclaration topique, absolument démonstrative de l'état d'esprit dans lequel il était, il ajouta : « Il ne s'agit pas, bien entendu, au point où en est votre enquête, d'arrêter la lumière ; mais il faut savoir comment on doit s'y prendre pour arriver à la manifestation de la vérité. »

C'était bien, — il n'y avait pas pour moi à s'y méprendre, — le langage d'un homme qui n'avait pas en mains la preuve certaine de la trahison de Dreyfus, le langage d'un homme qui avait, lui aussi, la conscience, le cœur troublés par les craintes qui avaient envahi avant lui l'esprit du lieutenant-colonel Picquart.

Il ajoutait, quelques lignes plus bas : « J'écris au général de Boisdeffre ; je lui en touche un mot, dans le sens de ma présente lettre. »

Cette correspondance se terminait par une dernière lettre du lieutenant-colonel Picquart, qui, le 14, disait à son chef : « Je vous envoie un article de l'*Eclair*. C'est une bombe qui vient d'éclater ; je ne sais quel en est l'auteur, je vais tâcher de faire des recherches ; mais cela nous montre la nécessité de précipiter notre décision ; il faut agir le plus promptement possible ; car, si nous retardons, nous serons enserrés dans un cercle inextricable, d'où nous ne pourrons plus sortir, et alors nous n'aurons plus les moyens d'établir la vérité vraie. »

Le 15 septembre, le général Gonse revint de Cormeilles-en-Parisis. A partir de ce moment, ce ne fut plus sous forme de correspondance, mais verbalement que le sous-chef d'Etat-major et le chef du bureau des renseignements échangèrent leurs réflexions.

M. Scheurer-Kestner n'eut pas à me renseigner sur les détails de cette période, qui vous seront sans doute expliqués par le lieutenant-colonel Picquart.

Messieurs, tout était complet pour moi, et quand on parle des preuves de l'erreur judiciaire, je dis qu'elles étaient à peu entièrement acquises : similitude de l'écriture d'Esterhazy, absence de certitude de la culpabilité de Dreyfus, démonstration que nos officiers généraux du ministère de la guerre, le Ministre, le chef d'état-major général, le sous-chef d'état-major général eux-mêmes avaient eu connaissance des faits et avaient donné leur approbation à la recherche de ces faits; toutes ces circonstances enlevaient à ma pensée le dernier doute qui pouvait y subsister.

Il ne restait plus qu'une seule explication à demander à M. Scheurer-Kestner, ce fut la suivante : « Mais enfin, lui dis-je, comment expliquer que, si, pendant plusieurs mois, en 1896, le Ministre de la guerre a accepté l'idée de poursuivre la revision, a encouragé le lieutenant-colonel Picquart dans tous les actes accomplis dans ce but, comment expliquer que tout à coup, non seulement le lieutenant-colonel ait été enlevé à son service, mais qu'à présent on lui reproche, avec une pareille amertume, les imprudences qu'il aurait commises? Comment expliquer que ce malheureux officier supérieur nous apparaisse aujourd'hui comme une victime, menacé dans son avenir, perdu peut-être pour l'armée? »

C'est alors, Messieurs, que l'énigme me fut expliquée par M. Scheurer-Kestner. Le général Gonse était rentré à Paris le lendemain de la lettre, reçue le 14, du lieutenant-colonel Picquart. Mais le même jour avait paru dans le journal *l'Eclair* une information des plus graves; le journal *l'Eclair* avait publié dans un article, où il était dit, je crois, qu'il fallait déchirer tous les voiles, un document qui, jusque-là, était resté secret et qu'il déclarait avoir été produit au délibéré du Conseil de guerre, sans que la défense de Dreyfus et sans que lui-même en eussent eu connaissance. Cette pièce, disait *l'Eclair*, avait déterminé la condamnation et, en effet, elle devait écarter tous les doutes.

C'était une lettre échangée entre les attachés militaires de deux ambassades, au bas de laquelle se trouvaient ces quelques mots, courts, mais suffisants pour ce qu'on *voulait* leur faire dire : « Cet animal de *Dreyfus* devient vraiment trop exigeant. »

Alors, dit M. Scheurer-Kestner, ce fut comme une traînée de poudre dans toute la presse; un mouvement d'opinion formidable s'éleva contre les rares personnes qui pouvaient encore parler de ce qui s'était passé en 1894; la preuve évidente de la culpabilité apparaissait; enfin, les consciences timorées pouvaient se calmer; il n'y avait plus rien à craindre : Dreyfus était bien un traître, puisque ses relations avec des attachés d'ambassades étrangères étaient avouées par un attaché étranger lui-même?

Messieurs, qui donc avait pu produire cette pièce? Qui donc l'avait communiquée? C'est une question à laquelle M. Scheurer-Kestner ne pouvait point me répondre, car il ne le savait pas, personne ne le lui avait dit.

Mais quelle suite au moins avait eue cette publication? Quelle suite? Quelques jours après, un autre article paraissait dans le *Matin*, qui reproduisait le bordereau et des lambeaux de l'écriture de Dreyfus; des polémiques violentes étaient allumées : on avait repris le bruit qui avait circulé précédemment dans le public de tentatives d'évasion. On demandait au gouvernement de faire bonne garde et, enfin, aussitôt après la rentrée de la Chambre, une interpellation était annoncée par M. le député Castelin, qui avait recueilli ces diverses rumeurs et qui entendait demander au gouvernement des explications.

C'est alors, Messieurs, qu'en présence de ce déchaînement, il s'était fait dans les dispositions du ministère un changement radical; non seulement on avait prié le lieutenant-colonel Picquart de calmer ses ardeurs, on avait jugé nécessaire de l'éloigner du ministère, on avait fait annoncer l'intention de ne pas résister à l'interpellation de M. Castelin, on avait jugé impossible de faire tête à l'orage et, en effet, le 14, — je crois que l'interpellation a eu lieu le 16 novembre, — deux jours avant cette interpellation, le lieutenant-colonel Picquart avait été envoyé en mission sur notre frontière de l'Est, où il devait être retenu pendant des semaines, jusqu'à ce que, finalement, il fut éloigné plus loin encore de Paris, envoyé en Algérie, et, enfin, en Tunisie! Voilà comment s'expliquait cette brusque volte-face!

Une voix dans l'auditoire. — Qu'est-ce que cela prouve, tout cela? (*Exclamations.*)

M. TRARIEUX. — Je vous ai fait connaître, Messieurs, le document qui avait été le point de départ de tout ce désarroi, c'était la publication à l'*Eclair* d'une pièce secrète qui, disait-on, avait été communiquée au Conseil de guerre.

En fait, on dénonçait bien une illégalité et tous les esprits soucieux du droit devaient s'en préoccuper. Mais ce qui frappa surtout les esprits, c'est que, en même temps, on affirmait que forcément Dreyfus devait être en relations coupables avec une ambassade.

Mais qui avait communiqué cette pièce? Ce n'était pas le lieutenant-colonel Picquart; c'était impossible, car M. le lieutenant-colonel Picquart poursuivait la revision du procès Dreyfus, et celui qui avait fait cette communication poursuivait évidemment un but inverse. Cette communication à l'*Eclair* n'avait-elle pas été le dernier coup de massue porté sur le condamné de 1894, le dernier mot qui devait voûter sa tombe?

Alors, ce ne pouvait être non plus la défense de Dreyfus? Jamais elle n'avait connu la pièce. Les experts? Jamais ils ne l'avaient eue en mains. Un journaliste, pourtant, ne pouvait la tenir que de quelqu'un qui était en situation de la connaître.

Les personnes dans cette situation n'étaient pas bien nombreuses. Elles étaient six, huit, dix, au ministère. Le champ des investigations n'était point étendu. Quel était le coupable? Je ne puis le dire, je n'aurai pas la témérité de l'indiquer, mais certainement il y en avait un; c'était quelqu'un qui, ne voulant pas que les démarches du lieutenant-colonel Picquart pussent aboutir, avait barré sa route et qui, pour en arriver là, n'avait pas hésité à commettre une indiscrétion criminelle; car il fallait avoir été jusqu'au crime pour communiquer le document dans les conditions où il avait été reproduit par le journal. Ce journal, en effet, avait imprimé le passage que je rappelais tout à l'heure en ces termes : « Cet animal de *Dreyfus* devient bien exigeant ». Or, il y avait là une altération d'écriture au texte original. Ce document, — on l'a connu depuis, j'en affirme l'existence et j'en affirme le texte, — ce document ne dit pas : « Cet animal de *Dreyfus* », il dit « Cet animal de D..... ». Il n'indique que l'initiale; il avait fallu faire un faux pour lui assurer un effet plus décisif, en substituant à une simple initiale qui ne désignait personne, *Dreyfus* nominativement désigné.

J'avoue, Messieurs, que ce fut un trait de lumière effrayant pour moi!

Mais je ne savais pas encore tout, Messieurs; je devais, peu de temps après, en connaître encore davantage, et ce qui me restait à apprendre allait éclairer d'un jour nouveau ce qui semblait déjà assez significatif.

En effet, peu de temps après la conversation que je viens de rappeler et que j'avais eue avec M. Scheurer-Kestner, une autre personne, M. Leblois, avocat de M. le lieutenant-colonel Picquart et son ami d'enfance, que j'avais eu l'occasion de rencontrer en diverses circonstances et qui était mon ancien confrère, M. Leblois, dis-je, m'ayant vu intervenir dans l'interpellation du Sénat, vint me rendre visite et me demander mon concours éventuel pour son ami. Il m'expliqua que le lieutenant-colonel Picquart était, depuis son départ du ministère, depuis plus d'une année, par conséquent, en butte à des machinations souterraines.

Il y avait quelqu'un, une personne mystérieuse, — il ne s'agissait pas encore d'une dame voilée, — quelqu'un qui s'acharnait à lui tendre des pièges, qui voulait l'intimider, lui fermer la bouche et, au besoin, menaçait de le perdre s'il osait parler.

M. Leblois m'exposa alors des faits qui me parurent confus, tout d'abord, mais qui, après une courte réflexion, se classèrent d'eux-mêmes et prirent une signification sérieuse.

Le lieutenant-colonel Picquart, me dit-il, avait été mis au courant de ces menées le jour même où il avait comparu, revenant de Tunisie, dans le cabinet de M. le général de Pellieux, qui, vous le savez, avait été chargé, en novembre 1897, des préliminaires de l'instruction du procès Esterhazy. Dès que le lieutenant-colonel Picquart avait comparu devant le général de Pellieux, ce n'était pas en témoin, qu'il avait été accueilli, mais plutôt en accusé. M. le général de Pellieux avait placé sous ses yeux quatre documents sur lesquels il avait appelé son attention en termes sévères, et c'était bien naturel; car si ces documents eussent été authentiques, ils eussent couvert de confusion le lieutenant-colonel Picquart, ils eussent démasqué de sa part la conduite la plus indigne et déshonoré son caractère.

Ces quatre documents, Messieurs, étaient les suivants... Vous m'excuserez si j'entre ici dans des précisions et des détails; mais, pour me faire bien comprendre, cela est nécessaire.

Ces documents, dis-je, étaient les suivants : On plaça sous ses yeux la copie d'une lettre qui était arrivée au ministère après son départ, au mois de novembre 1896, le 20 novembre. Cette lettre avait été arrêtée par le cabinet noir... Car on a beaucoup reproché au lieutenant-colonel Picquart d'avoir ouvert la correspondance du commandant Esterhazy: mais, après son départ du ministère, on ne s'est pas fait faute d'ouvrir la sienne!... Cette lettre ouverte, on en avait pris copie, et, après l'avoir refermée, on l'avait dirigée sur la garnison où il devait se trouver à cette époque.

Cette lettre ne contenait en elle rien de très important : une seule chose expliquait qu'on eût cru devoir en prendre copie, c'est cette phrase énigmatique : « *Le demi-dieu* » — je crois — « désire vous revoir; on s'inquiète de vos nouvelles... » quelque chose d'approchant.

Le second document était une autre lettre qui portait, elle, la date du 15 décembre 1896, signée *Speranza*, nom qui, pour la première fois, apparaît dans l'affaire : « Depuis votre malencontreux départ, votre œuvre est compromise; le *demi-dieu* attend des instructions pour agir. »

Cette lettre avait été purement et simplement confisquée...

(*Depuis un moment, un certain bruit se manifeste dans l'auditoire.*)

Mᵉ LABORI. — Monsieur le Président, seriez-vous assez bon

pour demander au public de faire un peu de silence pendant la déposition de M. Trarieux. Je serais très désireux que MM. les jurés puissent le bien entendre.

M. LE PRÉSIDENT. — Il se produit bien un peu de bruit, mais nous entendons très bien.

M⁰ LABORI. — Mais moi, monsieur le Président, je n'entends pas M. Trarieux, et sa déposition m'intéresse vivement.

(*M. le Président invite l'auditoire à faire silence.*)

M. TRARIEUX. — On faisait jouer au *demi-dieu*, dans ce passage, un rôle singulièrement louche ; on disait « *qu'il attendait des instructions pour agir.* » Quelles instructions ? Pourquoi agir ? Evidemment pour faire aboutir l'œuvre interrompue par le malencontreux départ du lieutenant-colonel Picquart.

Les troisième et quatrième documents étaient deux dépêches télégraphiques qui avaient été mises à la poste le 10 novembre 1897, un an plus tard, à la veille du jour où M. le lieutenant-colonel Picquart était rappelé de Tunisie pour comparaître devant le général de Pellieux : deux dépêches dont l'une était signée du nom de *Speranza*, et la seconde du nom de *Blanche*.

La première disait à peu près textuellement ceci : « *Tout est découvert, votre œuvre est compromise, affaire grave* ».

Quant à la seconde, elle était ainsi conçue : « *On sait que Georges est l'auteur du petit bleu ; il faut prendre des précautions* », ou quelque chose d'analogue.

Le *petit bleu* est une des pièces initiales de la procédure qui avait été ouverte contre le commandant Esterhazy. C'était dire, en propres termes au lieutenant-colonel Picquart. « On sait que vous êtes un faussaire, que vous avez fabriqué les pièces que vous introduisiez dans la procédure contre le commandant Esterhazy » !

Voilà les quatre documents sur lesquels le lieutenant colonel Picquart fut appelé à fournir des explications au général de Pellieux, dès qu'il se rencontra avec cet honorable officier supérieur chargé de l'instruction.

Je le répète, Messieurs, ces témoignages étaient accablants pour lui et l'auraient perdu s'il n'avait été en mesure de donner des justifications immédiates.

Tout d'abord, les deux dépêches du 10 novembre 1897, signées *Speranza* et *Blanche*, il les connaissait ; on les lui avait expédiées à Sousse, et, dès qu'il les avait reçues, il avait eu soin de les renvoyer à M. le Ministre de la guerre, son supérieur et son protecteur naturel contre les machinations qu'il flairait, sollicitant à leur sujet une information sérieuse.

Il les connaissait donc, et put faire observer à M. le général de Pellieux combien il était inadmissible qu'un de ses amis eût été assez fou pour lui expédier, après son départ du ministère, quand toutes ses connaissances savaient qu'il n'était plus là, pour lui expédier d'abord, le 20 novembre, la lettre dont on avait pris copie, pour lui expédier surtout, le 15 octobre 1896, cette lettre *Speranza*, si compromettante pour lui, dans laquelle on lui disait que le *demi-dieu* attendait ses instructions pour agir?

Comment, surtout, pouvait-on admettre qu'on lui eût sérieusement expédié le 10 novembre 1897, à la veille de son retour de Tunisie, à un moment où il était dans la presse l'objet de si violentes attaques, à un moment où il était l'objet d'une surveillance de la part du ministère de la guerre, qu'on lui eût expédié en clair, c'est-à-dire en langage découvert, des dépêches aussi incroyables : « Votre œuvre est compromise, affaire grave, on sait que vous êtes coupable d'un faux... », des dépêches qui, à leur passage, devaient être forcément copiées, et l'avaient été, en effet, pour être communiquées à M. le Ministre de l'intérieur, et à M. le Ministre de la guerre? Le caractère apocryphe, le mensonge de ces documents n'étaient-ils pas évidents?

Mais, en y regardant de plus près, ajoutait le lieutenant-colonel Picquart, on voit d'où viennent ces lettres et ces dépêches ; car elles contiennent en elles-mêmes la preuve certaine de leur point de départ. Dans la première de ces quatre pièces, il est question du *demi-dieu* ; dans la seconde, (lettre *Speranza* du 15 novembre 1896), dans l'autre dépêche *Speranza* du 10 novembre 1897, on retrouve le *demi-dieu*, mais le *demi-dieu* auquel on fait jouer un rôle. Le *demi-dieu* devient un véritable compère, un complice ! Ce *demi-dieu* est, pendant l'absence du lieutenant-colonel Picquart, chargé de conduire son intrigue, de poursuivre son œuvre, d'être, dans l'ombre, son *alter ego*.

Or, M. le colonel Picquart démasqua vite la supercherie. Le *demi-dieu*, il le fit connaître ; celui qui portait ce nom était incapable de jouer le rôle qu'on lui attribuait; c'était un des officiers d'ordonnance de l'un de nos commandants de corps d'armée, au dessus de tous soupçons.

Alors, Messieurs, que fallait-il donc pour expliquer cette lettre, cette dépêche *Speranza*, dont le pseudonyme va se retrouver plus tard, sous le personnage de la femme voilée? Qui donc pouvait les avoir écrites? Quelqu'un nécessairement qui savait qu'il existait dans les relations, dans l'entourage de M. le lieutenant-colonel Picquart, une personne que ses connaissances appelaient le *demi-dieu* et qui, en même temps, ignorait quelle était la réalité de cette personnalité.

Or, ils étaient plusieurs qui avaient cette science et cette ignorance, plusieurs qui savaient qu'un ami du lieutenant-colonel Picquart avait ce surnom de *demi-dieu*, et qui ne savaient pas quel rôle jouait ce personnage! C'étaient ceux qui évidemment avaient copié la lettre du 20 novembre 1896, pour en retenir cette expression énigmatique de *demi-dieu*, qui avait éveillé chez eux un soupçon gratuit, et qui, partant de ce soupçon, avaient plus tard imaginé toute une série de documents apocryphes, mensongers et faux.

M. le général de Pellieux n'avait pas été long à comprendre la portée de ces rapprochements ; mais il ne suffisait pas au colonel Picquart de se justifier. Il voyait, dans ces documents, des faux véritables, et il avait demandé qu'on ouvrît une instruction particulière pour vérifier quel en était l'auteur.

M. LE PRÉSIDENT. — Monsieur Trarieux, combien de temps doit durer encore votre déposition ?

M. TRARIEUX. — Un quart d'heure environ.

Me CLÉMENCEAU. — Si la Cour désire renvoyer à demain, la défense ne s'y opposera pas.

M. LE PRÉSIDENT. — Monsieur Trarieux, veuillez continuer.

M. TRARIEUX. — Donc, disais-je, le lieutenant-colonel Picquart désirait qu'on recherchât l'auteur ou les auteurs de ces écrits dolosifs, et il avait insisté pour qu'une instruction spéciale portât sur ce point. Il pensait que, si l'on parvenait à découvrir la main du coupable, il en pouvait résulter sur l'ensemble de l'affaire un trait de lumière définitif.

Mais on ne voulut rien entendre, pas plus M. le général de Pellieux, que, plus tard, M. le rapporteur devant le Conseil de guerre, le commandant Ravary.

Après cet exposé, M. Leblois me fit l'honneur de me demander si je croyais possible qu'on arrivât devant le Conseil de guerre dans l'ignorance d'une situation aussi grave ?

Je réfléchis, je trouvai, avec lui, les faits d'une extrême gravité, et comme lui je pensai qu'il était absolument indispensable, pour que la procédure de l'affaire Esterhazy fût complète, qu'ils fussent l'objet d'éclaircissements complets.

Alors, j'acceptai la mission d'en parler au gouvernement, sous ces deux conditions : la première, c'est que M. Leblois s'engageât vis-à-vis de moi à ne pas livrer à l'extérieur des faits qui devaient rester entre nous, jusqu'à ce que le ministère eût pu arrêter la décision qu'il avait à prendre. Il m'apparaissait, en effet, qu'un nouveau scandale pouvait se produire et qu'il était souhaitable que le gouvernement lui-même pût en limiter autant que possible les conséquences. Comme seconde condition, je demandai que M. Leblois me donnât communication des lettres de M. le général Gonse et m'en remît une copie, non pas pour les livrer à une vaine publicité, mais comme sauvegarde des responsabilités que j'allais prendre en engageant les négociations dans lesquelles j'allais être un intermédiaire.

Ces conditions acceptées et remplies, je m'occupai de l'accomplissement de mon mandat. J'allai le 18 décembre dernier chez M. le Ministre de la justice : je lui exposai les faits. Ils frappèrent son attention et il me promit d'en entretenir M. le Président du Conseil.

Quelques jours après, le 23 décembre, il eut l'obligeance de m'avertir que M. le Président du Conseil en avait entretenu lui-même M. le Ministre de la guerre, qui lui avait promis de se faire apporter le texte des dépêches et de les comparer avec l'écriture d'un officier qui avait semblé suspect à M. le lieutenant-colonel Picquart et que celui-ci croyait pouvoir être l'auteur de l'une des dépêches, signée *Blanche*.

Puis, il me dit que le Ministre de la guerre avait pris l'engagement de procéder lui-même à un examen de ces écritures et qu'il ferait connaître plus tard le résultat de cet examen.

Le 28, il m'écrivit de revenir à la Chancellerie, et là, il me fit connaître le résultat des appréciations de M. le Ministre de la guerre. M. le Ministre de la guerre me faisait répondre qu'il ne croyait pas que les soupçons de M. le lieutenant-colonel Picquart fussent fondés et qu'il ne voyait pas, comme lui, entre l'écriture qui lui était signalée et celle de l'une des dépêches, des similitudes qui permissent de les croire de la même origine.

Se trompait-il, Messieurs ? je n'ai pas à la rechercher, et c'est une question trop délicate pour que je l'examine ; mais, ce qu'il y a de sûr, c'est que si la personnalité qui avait été l'auteur de ces documents ne pouvait être désignée avec certitude, il y avait tout au moins un crime trois fois répété, dont on devait se préoccuper et je m'attendais à ce qu'après cette communication une instruction complémentaire fût ouverte.

Il n'en fut pas ainsi, Messieurs. J'eus le très profond regret, je dois le dire, de constater que le silence continua à se faire sur une situation qui, quant à moi, m'avait paru des plus graves ; il se prolongea plusieurs jours et c'est alors qu'en désespoir de cause, M. le lieutenant-colonel Picquart se décida à déposer, aux mains de M. le Procureur de la République, à la date du 4 janvier dernier, une plainte formelle pour faux en écritures privées.

Dans sa plainte, il donne pour auteur de la dépêche signée *Speranza*, du 10 novembre, un agent de police dont le nom a été désigné comme auteur probable de ce document ; quand aux autres documents, la plainte est portée contre « inconnu ».

Cette plainte déposée, Messieurs, on n'agit pas davantage. M. le commandant Ravary continua à ne rien vouloir entendre, et c'est ainsi que le 10 janvier, six jours après, on réunit le Conseil de guerre et que, devant ce Conseil, on entendit la lecture d'un acte d'accusation où il n'est pas fait l'allusion la plus légère à des faits dont le lieutenant-colonel Picquart avait vainement signalé l'importance.

Il n'avait pas été dans la pensée du commandant Ravary, — il faut le croire, — dans le plan de son instruction, que la lumière se fît entière. Cependant, en ce qui me concerne, j'avais fait un effort suprême pour qu'il en fût autrement. J'avais, en effet, à la date du 6 janvier, adressé à M. le Ministre de la guerre, une lettre dans laquelle je me permettais de lui poser quelques points d'interrogation, et où j'appelais son attention toute particulière sur la nécessité de compléter une procédure qui présentait des lacunes si regrettables, avant qu'elle vînt devant le Conseil de guerre.

« Nous voici, lui disais-je dans cette lettre, à la veille des débats qui doivent faire la lumière, et je me suis préoccupé de l'état de l'instruction qui doit les préparer. Ainsi, il est certain, du propre aveu du commandant Esterhazy, qu'une pièce a été soustraite au ministère, pièce qui, dit-il, lui a été remise par une femme voilée. Qui a soustrait cette pièce ? Qu'a-t-il été fait pour rechercher l'auteur de cette soustraction ? Rien.

« Ainsi, encore, des lettres ont été adressées, des dépêches ont été expédiées au nom du lieutenant-colonel Picquart ; ces lettres et ces dépêches sont destinées à l'intimider, à lui fermer la bouche et lui disent : « Ne reviens pas de Tunisie, tu y joues ton avenir ; tu es brisé si tu reviens en France. Voici les accusations qui t'attendent et qui tomberont sur ta tête. »

« Qui a écrit ces lettres, qui a écrit ces dépêches ? On est à se demander encore quels sont les criminels ; l'instruction ne s'en est point occupée. »

J'ajoute : des pièges ont été tendus de toutes parts aux auteurs de la plainte. On a laissé gloser les journaux sans se demander qui les avait préparés ?

De tous ces faits pourtant pouvait ressortir la trace d'un complot ourdi pour étouffer la vérité.

Messieurs, mes inductions ne visent en particulier personne... (*Murmures bruyants dans l'auditoire.*) Que ceux qui sont habitués à causer témérairement trouvent la circonspection de mon langage étonnante, je n'en suis pas surpris ! Quant à moi, qui n'ai pas cette habitude, qui pèse mes paroles, je tiens à ne dire que ce que je sais, et, ce que je sais, je le dis.

Je dis : « Où sont ceux que ces faits dénoncent ? D'où viennent ces dépêches mensongères ? » Elles viennent d'un lieu où se trouve un certain nombre de personnes délimité ; je ne puis pas dire quelle est celle de ces personnes qui les a expédiées ; je ne puis pas dire s'il n'y en a qu'une, si elles sont plusieurs, et je me borne à tracer un cercle et à dire : « Le coupable, il est là ! »

M. LE PRÉSIDENT. — Vous avez terminé, monsieur Trarieux ?

M. TRARIEUX. — Il ne me reste plus qu'un dernier mot à vous dire. (*Nouveaux bruits.*)

Me CLÉMENCEAU. — S'il y a dans la salle des personnes qui trouvent ennuyeux d'entendre M. Trarieux, elles pourraient s'en aller et nous laisser l'écouter.

M. LE PRÉSIDENT. — Continuez, monsieur Trarieux.

M. TRARIEUX. — Je ne suis pas ici pour ennuyer ni amuser personne ; je suis ici pour éclairer la justice, si la justice veut être éclairée.

M. LE PRÉSIDENT. — Continuez, monsieur Trarieux.

M. TRARIEUX. — Je suis arrivé à la dernière période de mes constatations.

Après avoir été mêlé à tous ces faits, j'avais une telle préoccupation et un si grand souci de ce qui, dans ma pensée, était la justice, la justice! que je voulus aller jusqu'au Conseil de guerre pour voir ce qui s'y passerait : je m'y suis confondu avec le public et là, non plus en ancien Garde des sceaux ou en sénateur, mais en qualité de simple citoyen, mêlé aux rangs du public ordinaire, j'ai assisté à ce débat et je dois le dire, si rien dans les apparences extérieures n'a pu choquer mon respect de la justice, j'ai eu, dès le premier moment, conscience que je n'assistais pas à un procès ordinaire, que ce procès ne ressemblerait pas à un autre procès. J'y ai entendu lire tout d'abord une déclaration du général Saussier qui disait qu'il avait renvoyé cette affaire devant le Conseil de guerre pour y éclaircir des obscurités qui lui étaient apparues et qui ne pouvaient dans sa pensée être élucidées qu'au jour d'un débat contradictoire.

Je me sentais rassuré autant qu'il était possible, bien que j'eusse une grande inquiétude à raison des lacunes que je signalais tout à l'heure et que je savais exister dans la procédure. Mais, enfin, débat contradictoire, c'était déjà beaucoup. Or, Messieurs, il se présenta immédiatement un avocat pour Mme Dreyfus et ses enfants, un autre avocat pour la partie plaignante; ils demandèrent à être acceptés comme parties intervenantes au procès; je savais que des précédents existaient: il y en avait eu un notamment dans l'affaire Cremer, à Lyon; je connaissais l'état de la doctrine: Dalloz et d'autres auteurs enseignent que les Conseils de guerre peuvent admettre ces sortes d'interventions. — L'intervention des parties plaignantes fut ici écartée.

Cette intervention écartée, on donne lecture de l'acte d'accusation. Cet acte d'accusation est un plaidoyer des plus insistants en faveur de l'accusé, et un réquisitoire foudroyant pour les témoins qui l'accusent.

M. le rapporteur, — je puis le dire, parce que c'est l'évidence des faits, et lui-même aurait la loyauté de le reconnaître, — M. le rapporteur ouvrit la bouche et, dès ses premiers mots, il apparut que le Ministère public n'était pas un accusateur, mais qu'il allait être le défenseur même, le premier défenseur de l'accusé.

Alors, je me demandai : Où donc sera, où pourra être ce débat contradictoire cherché, voulu, demandé par le général Saussier? Jusqu'au moment, Messieurs, où le secret du huis clos m'a mis dans l'impossibilité de poursuivre mes observations, je n'ai vu que l'ombre et l'apparence d'une discussion contradictoire.

Messieurs, c'est tout ce que je sais, tout ce que j'ai vu, tout ce que je pouvais dire. (*Nombreux applaudissements.*)

M. LE PRÉSIDENT. — Maître Labori, avez-vous encore des questions à poser à M. Trarieux?

Me LABORI. — Oui, Monsieur le Président, mais elles peuvent avoir une certaine étendue.

M. LE PRÉSIDENT. — Alors, nous allons remettre à demain.

Me LABORI. — Très volontiers; d'autant plus que je serai très heureux de saluer une seconde fois M. Trarieux à la barre.

(*L'audience est levée.*)

QUATRIEME AUDIENCE

AUDIENCE DU 10 FÉVRIER

Sommaire. — Arrêt sur les conclusions relatives à l'apport de pièces ou dossiers demandé par la défense. — Déposition de M. Trarieux (*Suite*). — Incident relatif à l'audition de M. le commandant Forzinetti, de M. le capitaine Le Brun-Renaud et d'un groupe de témoins. — Incident relatif à l'examen médical de Mme de Boulancy par M. le docteur Socquet. Conclusions. — Dépositions de M. le lieutenant-colonel du Paty de Clam, de M. le capitaine de Comminges, de M. le lieutenant-colonel Henry. — Rappel de M. le général Gonse. — Déposition de M. le lieutenant-colonel Henry (*Suite*). — Confrontation de M. Leblois avec M. le lieutenant-colonel Henry, M. Gribelin et M. le général Gonse. — Arrêt sur les conclusions relatives à la demande de commission de trois médecins pour examiner l'état de santé de Mme de Boulancy. — Conclusions à l'effet d'obtenir que Mme de Boulancy soit interrogée par voie de commission rogatoire. — Dépositions de M. de la Batut, de M. le commandant Besson d'Ormescheville, de M. Vallecalle, de M. le colonel Maurel, de M. le colonel Echemann, de M. le commandant Patron, de M. le commandant Ravary, de M. le général de Pellieux. — Confrontation de M. du Paty de Clam avec M. de la Batut. — Dépositions de M. le commandant Pauffin de Saint-Morel, de M. Dupuy, de M. Guérin, de M. Thévenet. — Déposition de M. E. Salles ; conclusions et arrêt.

L'audience est ouverte à midi un quart.

M. LE PRÉSIDENT prononce l'arrêt suivant :

ARRÊT
sur les conclusions relatives à l'apport des pièces ou dossiers demandé par la défense.

La Cour,

Après avoir délibéré sans le concours de M. le conseiller Lévrier, Statuant sur les conclusions prises à l'audience d'hier par Zola et

Perrenx, concernant les dépositions Gribelin et Leblois, ensemble sur les conclusions prises par le Ministère public ;

En ce qui touche les procédures Dreyfus et Esterhazy ;

Considérant que les débats de ces deux affaires ont eu lieu en totalité ou en partie à huis clos, que la juridiction militaire a estimé que, dans un intérêt d'ordre public, il n'y avait lieu de faire connaître les faits dont elle était saisie ;

Considérant, dès lors, que la communication de ces procédures, si elle était ordonnée, aurait pour résultat de détruire l'effet des décisions rendues par les deux Conseils de guerre et de porter atteinte à l'autorité de la chose jugée ;

En ce qui touche les affaires en cours d'instruction ;

Considérant que ces affaires ne sont pas terminées et qu'on ne peut prévoir, dès à présent, la suite qui pourra y être donnée ; qu'au surplus, les faits poursuivis n'ont aucun rapport et aucune connexité avec ceux articulés dans la citation ;

Considérant enfin que l'article 52 de la loi du 29 juillet 1881 sur la presse oblige le prévenu qui veut prouver la vérité des faits diffamatoires à signifier au Ministère public, dans les cinq jours de la citation, la copie des pièces dont il entend se servir et qui doivent être en sa possession, mais qu'aucun article de la loi précitée n'oblige le Ministère public à fournir au prévenu des documents dont la défense voudrait se servir ;

Par ces motifs,

Dit que la communication des pièces demandées ne sera pas ordonnée ;

Et en ce qui touche les pièces relatives au Conseil d'enquête qui a statué sur les faits reprochés au colonel Picquart ;

Considérant que ces pièces n'ont aucun caractère judiciaire, qu'elles sont simplement administratives et qu'elles doivent rester absolument secrètes ; qu'il n'appartient pas à la Cour d'en ordonner la communication ;

Rejette, en conséquence, les conclusions prises et ordonne qu'il sera passé outre aux débats.

M⁰ CLÉMENCEAU. — Je dois faire connaître à la Cour que la défense attache une grande importance à la comparution, à cette audience, de Mᵐᵉ de Boulancy et à sa déposition. Or, ayant oublié hier de poser certaines questions au docteur Socquet j'avais l'intention de demander ce matin à M. le Président de le faire appeler à la barre. Dans ces conditions, désirant éviter toute perte de temps, je me suis permis d'adresser ce matin au docteur une dépêche dont je désire faire connaître le texte à la Cour :

A M. le docteur Socquet, 6, boulevard Richard-Lenoir.

Monsieur l'expert,

J'ai l'intention de prier M. le Président des assises de vous appeler à la barre pour vous demander un renseignement complémentaire à votre déposition d'hier, dans l'intérêt de mon client. Je me permets donc, pour gagner du temps, de vous demander directement de vous trouver aux assises, soit au début, soit au cours de l'audience d'aujourd'hui.

Veuillez agréer, etc.

On me dit que l'expert n'est pas présent.

L'Huissier-audiencier. — Il n'est pas là.

Mᵉ Clémenceau. — J'espère qu'il viendra, mais s'il n'était pas présent lors de la suspension de l'audience, je prierai M. le Président de vouloir bien user de son autorité pour le faire comparaître à nouveau.

M. le Président. — J'ai reçu du chef de l'état-major une lettre accompagnée d'un certificat de médecin qui constate que le lieutenant-colonel Henry, étant dans un état de santé déplorable, demande à être entendu aujourd'hui parce que demain il ne pourrait peut-être pas venir.

Mᵉ Labori. — Nous l'entendrons aujourd'hui à l'heure qui lui conviendra.

J'ai reçu une lettre de Mᵐᵉ Dreyfus. Elle est souffrante et ne peut pas venir à l'audience d'aujourd'hui. Elle pourrait peut-être venir à l'audience de demain; mais elle demande qu'on renonce à son témoignage et, si la Cour veut bien me le permettre, je vais lire quelques mots de sa lettre.

M. le Président. — Si vous y renoncez, il faudrait le dire pour que j'en donne acte.

Mᵉ Labori. — Mᵐᵉ Dreyfus m'écrit :

J'ai répondu à l'appel de mon nom à l'audience de mardi ; je me suis imposé cet effort, parce que j'espérais dire devant la Cour ma profonde reconnaissance et mon admiration pour M. Zola...

Je passe par discrétion une partie de la lettre et j'arrive à la fin :

Les angoisses de ces trois journées, s'ajoutant à tout ce que j'ai souffert, m'ont mis hors d'état de supporter cet excès d'épreuves.

Permettez-moi de ne pas me présenter à la barre.

Veuillez recevoir l'expression, etc., etc.

M. le Président. — Maître Clémenceau, vous renoncez également à ce témoignage ? Monsieur Zola et Monsieur Perrenx vous y renoncez ?

R. — Oui, Monsieur le Président.

M. le Président. — La Cour donne acte de ce que vient de dire Mᵉ Labori ; il ne sera pas procédé à l'audition de Mᵐᵉ Dreyfus.

(S'adressant à l'huissier-audiencier.) Faites venir le premier témoin.

DEPOSITION DE M. TRARIEUX (Suite)

M. LE PRÉSIDENT. — Quelle est la question, maître Labori, que vous désirez poser à M. Trarieux ?

Me LABORI — Je vais demander différentes choses à M. Trarieux. D'abord, je voudrais lui demander, à l'occasion des faits ou parmi les faits dont il a parlé hier, quels sont ceux dont il a pu avoir connaissance lorsqu'il était Ministre de la justice. A-t-il eu connaissance, à ce moment, d'un dossier secret, d'une pièce secrète, et quand en a-t-il eu connaissance?

M. TRARIEUX. — Comme Ministre de la justice, je n'ai eu aucunement à m'occuper de l'affaire Dreyfus ; je crois que si j'avais eu à m'en occuper, il me serait peut-être difficile de m'en expliquer à cette audience.

M. LE PRÉSIDENT. — D'ailleurs, nous ne pourrions pas nous en occuper. Laissons cette affaire de côté.

M. TRARIEUX. — Tout ce que j'ai dit hier à l'audience, je l'ai connu comme simple citoyen, je le tiens de confidences personnelles.

M. LE PRÉSIDENT. — Ce n'est pas comme Ministre de la justice.

Me LABORI. — M. Trarieux pourrait-il nous dire s'il a entendu parler du caractère et de la nature de la correspondance échangée entre M. le général Gonse et M. le colonel Picquart, postérieurement au départ du colonel Picquart du ministère de la guerre?

M. LE PRÉSIDENT. — Avez-vous entendu parler de cette correspondance entre le général Gonse et le colonel Picquart, après le départ du colonel Picquart du Ministère de la guerre ?

M. TRARIEUX. — J'ai expliqué hier dans quelles conditions j'avais pris connaissance de la correspondance du général Gonse. Cette correspondance m'a été livrée par mon collègue M. Scheurer-Kestner, et c'est de lui que je la tiens. J'ai expliqué qu'après en avoir lu les copies que m'avait communiquées mon collègue, bien que ces copies ne m'inspirassent aucune défiance, cependant, pour plus de sécurité, lorsque M. Leblois vint me prier de faire les démarches que j'ai racontées hier, je lui ai demandé de me communiquer les originaux.

Alors, non seulement j'ai pris connaissance des deux lettres du général Gonse, dont j'ai parlé, mais j'ai pris aussi connaissance, comme je crois l'avoir rappelé, de treize autres lettres qui étaient très importantes et postérieures au départ du lieutenant-colonel Picquart de son service du bureau des renseignements. Elles étaient très importantes en ce sens qu'elles m'ont montré que le colonel Picquart, lorsqu'il a quitté son service, paraissait avoir conservé la pleine confiance de ses chefs.

M. LE PRÉSIDENT. — Est-ce que les avocats ont d'autres questions à poser ?

Me LABORI. — Je voudrais poser à M. Trarieux une question à laquelle il me semble qu'il a répondu hier dans le très remarquable exposé qu'il a fait; mais, comme elle a une réelle importance, je suis obligé d'y insister. M. Trarieux voudrait-il nous dire ce qu'il sait de la façon dont était comprise la mission qui fut donnée au colonel Picquart lorsqu'il était envoyé successivement d'un endroit dans un autre, sans avoir même le temps de rentrer à Paris ?

M. LE PRÉSIDENT. — En d'autres termes, vous demandez à M. Trarieux s'il est au courant de la mission qui a été donnée au colonel Picquart?

Me LABORI. — Je ne demande pas s'il connaît la mission elle-même et son objet. Je ne demande pas si M. Trarieux était au courant de cet objet, parce que je ne sais pas si, en ce cas, M. Trarieux pourrait nous le dire. S'il le peut il voudra bien le faire. Mais je voudrais savoir si certaines circonstances sont à sa connaissance, à ce sujet, et alors je lui serai reconnaissant de nous le dire.

M. LE PRÉSIDENT. — M. le général de Boisdeffre nous a dit hier que c'était une mission secrète.

Me LABORI. — Je ne demande pas à l'honorable témoin l'objet de la mission. Elle est secrète comme tout ce qui est dans cette affaire; seulement, ceux qui peuvent connaître les détails de la mission savent que leurs déclarations ne compromettraient aucune espèce d'intérêt supérieur; c'est un secret parce que c'est un secret, il n'y a pas d'autre raison.

M. LE PRÉSIDENT. — Il peut y avoir là des secrets qui intéressent la défense nationale; c'est pourquoi je ne poserai aucune question là-dessus.

Me LABORI. — On dit qu'il en est ainsi, c'est entendu ! mais je voudrais savoir si M. Trarieux est au courant des conditions dans lesquelles on demandait à M. le colonel Picquart de remplir sa mission, et ce que ces circonstances pouvaient avoir de singulier ou d'extraordinaire. Si M. Trarieux le sait, je voudrais qu'il s'expliquât sur ce point.

M. LE PRÉSIDENT. — Témoin, vous comprenez la question. Je vous demanderai de dire ce que vous croirez devoir dire.

M. TRARIEUX. — Je n'ai rien vu dans les lettres dont je viens de parler qui eût le caractère d'un secret intéressant la défense nationale; j'y ai vu des instructions données sur la mission que devait accomplir le colonel Picquart; il me serait même difficile de relater d'une manière précise quelles étaient ces instructions; je croirais d'ailleurs tout à fait inutile de le faire si j'en avais souvenir, parce que, malgré tout, c'étaient des ordres de service qui n'intéressent pas ce débat; il y aurait toujours une certaine indiscrétion à les rappeler.

M. LE PRÉSIDENT. — C'est cela.

M. TRARIEUX. — La seule chose que je puisse dire, c'est que j'ai conservé l'impression, à la lecture de ces lettres, que le colonel Picquart conservait avec ses chefs les relations les plus affectueuses et les plus cordiales et qu'il me paraissait posséder aussi leur entière confiance. Répondant à une autre partie des questions qui me sont posées, je puis dire que la lecture de cette correspondance a fait naître en moi la pensée — mais ce n'est là qu'une interprétation — que le colonel Picquart était éloigné de Paris dans une certaine intention. Il fut d'abord envoyé dans la région de l'Est, puis dans la région du Midi ; chaque jour, une lettre nouvelle, des ordres de service nouveaux lui arrivaient qui l'éloignaient un peu plus de Paris, et enfin on finit par lui faire franchir la Méditerranée ; on l'envoya en Algérie et plus loin encore en Tunisie. J'ai bien conservé de la lecture de ces lettres cette impression qu'après l'avoir éloigné de Paris à l'avant-veille de l'interpellation Castelin, on tenait à ce qu'il ne revînt pas.

M. LE PRÉSIDENT. — Maître Labori, est-ce tout ?

Mᵉ LABORI. — J'aurais encore un mot à demander à M. Trarieux, c'est le dernier. Monsieur Trarieux pourrait-il nous dire s'il n'a pas reçu, pendant qu'il était Ministre de la justice, la visite d'un honorable avocat qui s'intéresse tout particulièrement aux affaires dont il est question ici, et, dans ce cas, s'il estime qu'il peut en parler, pourrait-il nous dire quel a été l'objet de cette visite et quelle conversation a été tenue entre les deux interlocuteurs ?

M. TRARIEUX. — Je crois que vous voulez parler de la visite que m'a faite Mᵉ Demange ?

Mᵉ LABORI. — Oui.

M. LE PRÉSIDENT. — Est-ce au sujet de l'affaire Dreyfus ?

M. TRARIEUX, *se tournant vers Mᵉ Labori*. — Vous venez de me poser une question, mais elle ne s'adresse pas à moi en tant que ministre.

M. LE PRÉSIDENT. — Oui, mais est-ce au sujet de l'affaire Dreyfus ?

M. TRARIEUX. — C'est au sujet d'une pièce qui intéresse le procès Dreyfus.

M. LE PRÉSIDENT. — Je vous prie de ne pas en parler. (*Bruit.*)

Mᵉ LABORI. — Voulez-vous me permettre d'intervenir ici. Je n'ai pas de questions à adresser à M. le Président ; cependant, je voudrais lui faire une observation très respectueuse parce que, peut-être, elle sera de nature à le faire revenir sur l'interdiction à M. Trarieux de déposer sur ce point. Hier, M. le général Mercier a cru devoir dire, sur l'affaire Dreyfus, des paroles qui, comme toutes celles qui viennent d'un certain côté ici, sont incomplètes. Elles ont été accueillies avec des manifestations très violentes ; mais je n'ai rien pu obtenir de plus que ce qui avait été dit, parce qu'il est entendu que chacun ici, quand il s'agit de cette affaire, peut parler si cela peut nous nuire, et n'a pas le droit de parler si cela peut nous servir.

M. LE PRÉSIDENT. — Je vous demande pardon, maître Labori ; je crois présider ici avec toute l'indépendance voulue. Si j'empêche M. Trarieux de parler sur l'affaire Dreyfus, c'est que vous connaissez l'arrêt de la Cour. Je m'incline devant cet arrêt et devant les dispositions de la loi qui m'en font un devoir absolu, et, je vous le répète, il ne sera pas question ici de tout ce qui touchera à l'affaire Dreyfus.

Vous me parlez de ce que le général Mercier a dit hier. Permettez-moi d'ajouter que si le général l'a dit, c'est que je n'ai même pas eu le temps de l'arrêter. (*Rumeurs.*) Il l'a dit trop vite, sans quoi je l'aurais empêché; que cela reste entendu.

Mᵉ LABORI. — C'est entendu, mais je parle en ce moment aux jurés; je ne m'occupe en ce moment que des paroles de M. le général Mercier, dont certaines personnes essaient de tirer un parti abusif.

M. ZOLA. — Dans la presse.

Mᵉ LABORI. — Comme nous n'avons pas le droit de discuter et de répondre, il ne me reste rien à faire; je m'incline devant l'interdiction que M. le Président a faite à la déposition de M. Trarieux sur ce point.

M. LE PRÉSIDENT. — Je vous ai dit qu'il y a un arrêt de la Cour, rendu conformément à la loi et je m'y conformerai pendant tout le temps de ces débats, quoi que vous disiez et quoi que vous fassiez.

Mᵉ LABORI. — Je ne reviens que sur les questions sur lesquelles je crois avoir le droit de revenir.

M. LE PRÉSIDENT. — Non, vous posez des questions qui violent l'arrêt que nous avons rendu.

Mᵉ LABORI. — Permettez-moi. En toutes matières, surtout en matière de droit et de justice, toutes les questions sont susceptibles d'interprétation. La Cour et le Président peuvent avoir une opinion et la défense une autre.

M. LE PRÉSIDENT. — Il ne faut pas faire des questions indirectes et, par des voies détournées, arriver au même résultat. Je vous ai dit que je ne poserai aucune question concernant l'affaire Dreyfus.

Mᵉ LABORI. — C'est entendu, mais je tire, au point de vue des intérêts de ma défense, toutes les conséquences nécessaires de la situation.

M. LE PRÉSIDENT. — Dans votre plaidoirie, vous tirerez toutes les conséquences que vous voudrez, je vous laisserai la liberté la plus absolue et je suis convaincu — ainsi que je vous le disais avant-hier — que vous en userez avec le tact et la courtoisie que nous vous connaissons; mais, quant à poser des questions qui sont contraires à l'arrêt de la Cour et à la loi, je ne le ferai jamais.

Mᵉ LABORI. — Je le comprends et je m'incline.

M. LE PRÉSIDENT. — Eh bien! inclinez-vous chaque fois; vous aurez toutes les libertés que vous voudrez; mais tout ce qui sera contraire à l'arrêt rendu et à la loi, je ne le ferai jamais.

Mᵉ LABORI. — Je poserai toutes les questions que je croirai utiles à ma défense, quelle que puisse être votre opinion sur ces questions. Vous prendrez à cet égard, monsieur le Président — et la Cour avec vous, car vous n'êtes pas le maître unique — les décisions que vous croirez utiles.

Me CLÉMENCEAU. — Je crois que la Cour s'est méprise. Aucun de nous n'a l'intention de violer ses arrêts; ce que nous avons voulu retenir et qu'il me semble important de préciser, c'est que, malgré vous, monsieur le Président — c'est vous-même qui l'avez dit — le général Mercier a émis hier une affirmation nette. Son caractère m'importe peu...

M. LE PRÉSIDENT. — Je répète que je n'ai pas eu le temps de l'arrêter.

Me CLÉMENCEAU. — Je ne dis pas le contraire. Je veux faire constater par MM. les jurés ce fait: nous voulions provoquer, aujourd'hui, soit une contradiction, soit une confirmation des paroles prononcées par le général Mercier et vous nous dites qu'en vertu d'un arrêt de la Cour, cela n'est pas possible. MM. les jurés retiendront que, pour une audience de justice, c'est une situation singulière: une accusation peut se produire et la contradiction n'est, paraît-il, pas permise; c'est un fait anormal que que je constate.

M. LE PRÉSIDENT. — Il s'est produit malgré le Président des assises.

Me CLÉMENCEAU. — Je me borne seulement à une constatation, rien de plus.

M. LE PRÉSIDENT. — Vous n'avez plus d'autres questions?

M. ZOLA. — Je voudrais poser une question à M. Trarieux.

M. LE PRÉSIDENT. — Laquelle?

M. ZOLA. — La voici: Que pense-t-il de la façon dont on aurait pu introduire la revision auprès du Garde des sceaux actuel? On nous a surtout reproché de n'avoir pas employé les voies légales; on a dit et répété dans la presse que nous avions procédé d'une façon qui n'était pas la bonne, et je sais que beaucoup de bons esprits nous ont fait un crime d'avoir agi comme nous l'avons fait. Je voudrais donc poser à M. Trarieux cette question: A-t-il su que M. Scheurer-Kestner voulait introduire la revision auprès du Garde des sceaux actuel? pourquoi en a-t-il été empêché? et enfin, que pense M. Trarieux de cette voie de revision introduite auprès du Garde des sceaux?

M. LE PRÉSIDENT. — Vous avez entendu la question?

M. ZOLA. — C'est de l'affaire Esterhazy dont il est question; ce n'est pas de l'affaire Dreyfus, je ne prononce pas le nom de Dreyfus. (*Rires*.)

M. TRARIEUX. — Alors, c'est une sorte de consultation. On veut savoir mon opinion.

M. ZOLA. — Non seulement au point de vue du droit, mais aussi sur les faits. Nous voudrions savoir s'il est arrivé à la connaissance de M. Trarieux quelles étaient les intentions véritables de M. Scheurer-Kestner lorsqu'a éclaté la dénonciation de M. Mathieu Dreyfus contre le commandant Esterhazy.

M. TRARIEUX. — Voici ce que je sais sur ce point et ce que

je crois être le droit et la légalité. Ce que je sais, parce que je le tiens de M. Scheurer-Kestner lui-même, c'est que, dans la période où il a fait des démarches auprès du Président du Conseil et du Ministre de la guerre pour les déterminer à prendre en main eux-mêmes l'initiative de la revision du procès Dreyfus, qui lui paraissait appartenir au gouvernement, son intention était de saisir éventuellement de cette demande le Ministre de la justice.

Il paraîtrait même qu'il avait consulté un avocat à la Cour de cassation et fait préparer dans ce but une requête ; mais la réponse qu'il demandait s'étant fait très longtemps attendre, à côté de lui, un intéressé plus direct dans l'affaire, M. Mathieu Dreyfus, frère du condamné, porta plainte au Ministre de la guerre contre le commandant Esterhazy, et, à partir du jour où cette plainte a été portée, M. Scheurer-Kestner a été dans l'impossibilité de donner suite à son intention primitive. Voilà le fait.

Puisque l'on me demande mon opinion sur la question de droit, la voici : Je crois que, en effet, on porte une accusation tout à fait erronée et très mal fondée, soit contre M. Scheurer-Kestner, soit contre M. Mathieu Dreyfus, lorsqu'on les rend responsables de l'agitation et malheureusement des désordres, disons-le, auxquels ont donné lieu jusqu'à ce jour leurs démarches.

En effet, il y a deux voies ouvertes pour obtenir la revision d'une erreur judiciaire, c'est l'article 443 du Code d'instruction criminelle qui les détermine. La première est celle-ci : on peut, une fois que la condamnation a été prononcée, si on découvre que les faits auxquels cette condamnation s'applique ont été commis par une autre personne que le condamné, provoquer des poursuites contre cette autre personne et, si on la fait condamner, cette condamnation se trouvant en contradiction avec la condamnation antérieure qui aurait frappé un innocent, la nécessité de la revision de l'erreur judiciaire s'impose. Dans cette première hypothèse, ces deux condamnations entraînent nécessairement, *ipso facto*, la revision du procès.

Voici la seconde voie — elle est différente de l'ancienne, elle est l'œuvre de la législature actuelle et résulte d'une loi votée le 6 juin 1895 sous le ministère dont j'ai eu l'honneur de faire partie : — on peut, si on découvre, après une condamnation, un fait nouveau qui était inconnu au moment où celle-ci a été prononcée, et qui est de nature à établir l'innocence du condamné, saisir le Ministre de la justice et provoquer de sa part la revision du procès. On demande au Ministre de la justice de saisir la Cour de cassation, qui est juge en pareille matière.

Telles sont les deux voies à suivre. Or, il est incontestable que M. Mathieu Dreyfus s'est engagé dans la première ; car, en portant une plainte formelle contre le commandant Esterhazy, il espérait obtenir une condamnation contre lui, et, dans ce cas, cette condamnation avait pour conséquence immédiate et forcée d'entraîner la revision du procès de son frère. M. Mathieu Dreyfus a donc bien employé la voie qui lui était tracée par la loi. Pouvant opter entre les deux voies ouvertes, il a pris la première.

Toute la question paraît être de savoir s'il n'aurait pas mieux fait de prendre la seconde. Je crois que c'est à cela que se réduisent le reproche qui lui a été adressé et la critique qu'on fait de sa procédure. On a paru penser qu'il aurait mieux fait de s'adresser au Ministre de la justice en le saisissant par voie de requête. Je crois qu'on se trompe tout à fait. Voici pourquoi : Je suppose que, au lieu de porter plainte contre le commandant Esterhazy entre les mains du Ministre de la guerre, M. Mathieu Dreyfus se fût adressé au Ministre de la justice en lui demandant de provoquer la revision, quel est le fait nouveau dont il eût pu se prévaloir pour obtenir du Ministre de la justice qu'il saisît la Cour de cassation de cette demande de revision?

Il n'y en a qu'un, c'est la similitude d'écriture du commandant Esterhazy avec celle du bordereau qui avait été à tort attribué, par le jugement de 1894, au capitaine Dreyfus. Voilà le fait nouveau unique qu'il eût pu invoquer, il n'y en a pas d'autre; la question est de savoir si le bordereau a été écrit par le commandant Esterhazy ou par le capitaine Dreyfus; car tout cela est d'une extrême simplicité. Si l'écriture est celle du commandant Esterhazy, elle ne peut pas être celle du capitaine Dreyfus; si c'est celle du capitaine Dreyfus, ce n'est pas celle du commandant Esterhazy.

Le fait nouveau aurait été la production de l'écriture d'Esterhazy au Ministre de la justice; mais si ce fait avait été signalé au Ministre de la justice, il fallait en tirer immédiatement une conséquence, c'est que l'auteur de cette écriture, M. Esterhazy, devenait le coupable. Il était impossible que la demande de revision fût introduite devant la Cour de cassation avant que cette question eût été contradictoirement réglée avec M. Esterhazy; on ne pouvait pas faire reviser l'erreur judiciaire dont Dreyfus avait été victime avant qu'il eût été établi avec l'intéressé direct, que cette erreur était le résultat de son crime, et que c'était lui qui était l'auteur du bordereau indûment attribué à Dreyfus.

Cela eût été nécessaire. Alors, le Ministre de la justice, se trouvant dans la nécessité de faire régler cette question contradictoirement avec Esterhazy, eût dû exercer des poursuites contre lui. Seulement, il n'aurait pas pu le faire lui-même, par cette raison très simple que M. Esterhazy, étant militaire, était justiciable des tribunaux militaires et que, par conséquent, il aurait fallu que le Ministre de la justice le renvoyât à son collègue, le Ministre de la guerre. Si, donc, on eût pris cette voie d'un recours au Ministre de la justice, non seulement on n'eût rien gagné, mais on eût perdu du temps, car on fût arrivé par un circuit au même résultat.

J'ai fait toutes ces observations dans une lettre que j'ai écrite au rédacteur du *Temps*.

Il ne faut pas croire, d'ailleurs, que, en matière d'erreurs judiciaires, la requête des parties intéressées soit absolument nécessaire quand il y a certitude et notoriété ; le Ministre de la justice peut se saisir lui-même et il est des cas dans lesquels cela devient pour lui un devoir. Le chef de la justice qui a, ou croit avoir, connaissance d'une erreur judiciaire, doit évidemment réparer cette erreur et prendre l'initiative des actes de procédure qui feront obtenir cette réparation. Ainsi la requête n'eût pas même été nécessaire.

Dans tous les cas, je ne crois pas que M. Scheurer-Kestner eût été qualifié pour faire une pareille requête et, lorsqu'il en a eu la pensée, je crois qu'il se trompait ; car la requête légale pour obtenir réparation d'une erreur judiciaire doit être, est-il dit dans la loi, présentée par les parties intéressées, c'est-à-dire soit le condamné, soit son tuteur légal, ou, après sa mort, ses héritiers, comme dans l'affaire Pierre Vaux. Or, M. Scheurer-Kestner n'était rien du tout par rapport à Dreyfus ; il n'y a, entre M. Scheurer-Kestner et la famille Dreyfus aucun lien, si ce n'est le sentiment de la justice qu'il porte dans son cœur comme tous les citoyens qui partagent ses idées. C'est ce sentiment qui lui fait souhaiter que, s'il y a eu une erreur judiciaire commise, elle soit réparée. Il avait le droit que nous avons tous, par la parole et par la plume, dans les réunions publiques et dans les journaux, de demander qu'on fasse justice, mais il n'avait pas le devoir ni même le droit de s'adresser par requête au Ministre de la justice.

Telle est la réponse que je pouvais faire à M. Zola.

M. ZOLA. — Je remercie M. Trarieux.

M. TRARIEUX. — Ma présence n'est plus utile ?

Mᵉ LABORI. — Non.

INCIDENT

relatif à l'audition de M. le commandant Forzinetti, de M. le capitaine Le Brun-Renaud et d'un groupe de témoins.

Mᵉ LABORI. — Je voudrais faire une observation à M. le Président, en ce qui concerne un certain nombre de témoins pour lesquels je sais qu'on ne posera pas les questions que je voudrais.

Je voudrais interroger M. le commandant Forzinetti. Voici la liste des questions que j'aurais à lui poser :

M. Dreyfus a-t-il jamais fait des aveux ?
Dans qu'elles circonstances Dreyfus a-t-il été incarcéré ?
Quelle a été son attitude pendant l'incarcération ?
Quelle a été et quelle est votre conviction au sujet de la culpabilité de Dreyfus ; sur quels faits avez-vous fondé cette conviction ?
M. du Paty de Clam ne pénétrait-il pas la nuit, dans la cellule de Dreyfus, une lanterne sourde à la main, pour surprendre Dreyfus pendant son sommeil ? etc., etc...

Ces questions seront-elles posées ?

M. LE PRÉSIDENT. — Non.

Me LABORI.— Il y a un autre groupe de témoins, parmi lesquels M. Merzbach, à qui je voulais demander quelle était la conversation qu'il eut avec le capitaine Le Brun-Renaud, lorsqu'il fut chargé de porter un ordre à ce capitaine pendant la scène de la dégradation.

M. LE PRÉSIDENT. — Sur votre liste, le capitaine Le Brun-Renaud figure avant M. Merzbach.

Me LABORI. — C'est possible ! en tout cas il est dans le même groupe.

Si je ne puis poser à chacun des témoins de ce groupe ces questions :
« Dreyfus a-t-il fait des aveux ? » « Savez-vous le contraire », etc., cela fait une série de témoins auxquels nous sommes obligés de renoncer.

M. LE PRÉSIDENT. — Je suis obligé d'entendre ces témoins, sauf à les renvoyer, dès qu'ils auront prêté serment, s'ils n'ont rien à dire.

M. ZOLA, à Me Labori. — Acceptez.

Me LABORI. — A moins que nous y renoncions, monsieur le Président.

M. ZOLA, à Me Labori. — N'y renoncez pas.

Me CLÉMENCEAU. — S'ils viennent et que nous ne puissions pas poser les questions, il est inutile de les déranger.

M. ZOLA. — Qu'on les fasse venir !

M. LE PRÉSIDENT. — Toutes les questions qui touchent à l'affaire Dreyfus ne seront pas posées.

M. ZOLA. — Qu'on les fasse venir !

M. LE PRÉSIDENT. — Faites venir le témoin suivant, M. Fornizetti.

(*M. Forzinetti se présente à la barre et prête serment.*)

Me LABORI. — N'est-il pas à la connaissance de M. le commandant Forzinetti que, par suite de faits très précis sur lesquels je le prierai de s'expliquer, jamais, à aucun moment, le capitaine Dreyfus n'a fait un aveu ?

M. LE PRÉSIDENT. — La question ne sera pas posée.

Me LABORI. — Je renonce à la déposition de M. le commandant et à tout le groupe qui suit, lequel n'a pas à déposer sur autre chose. Voici les noms des témoins de ce groupe : Commandant

Forzinetti, capitaine Le Brun-Renaud, M. Merzbach, M. Clisson, M. de Fontbrune, M. Dumont, Mme Chapelon, M. Dubois, M. Urbain-Gohier.

M. LE PRÉSIDENT. — Ainsi la défense, d'accord avec le Ministère public, renonce à l'audition de ces témoins ?

M. L'AVOCAT GÉNÉRAL. — Les deux derniers n'étaient pas notifiés.

Me LABORI. — Il est vrai; mais nous y renonçons.

M. LE PRÉSIDENT. — Je donne acte de ce que la défense renonce à l'audition de ces témoins. (*A l'Huissier-Audiencier.*) Faites venir le commandant du Paty de Clam.

INCIDENT

relatif à l'examen médical de Mme de Boulancy

par M. le docteur Socquet.

L'HUISSIER-AUDIENCIER. — Le docteur Socquet est là.

M. LE PRÉSIDENT. — Faites-le entrer.

Maître Clémenceau, quel est le renseignement que vous voulez demander au docteur Socquet ?

Me CLÉMENCEAU. — J'ai oublié de demander hier au docteur Socquet à quel endroit il avait trouvé Mme de Boulancy; si c'était 22, boulevard des Batignolles ?

M. LE DOCTEUR SOCQUET. — Non.

Me CLÉMENCEAU. — Le témoin veut-il dire à la Cour comment il a pu retrouver Mme de Boulancy, puisqu'il ne connaissait que son adresse, 22, boulevard des Batignolles?

M. LE DOCTEUR SOCQUET. — C'est par la lettre qui m'a été remise par M. le Président. Celui-ci m'a remis un certificat constatant la maladie et auquel était jointe une lettre par laquelle j'ai su l'adresse.

Me CLÉMENCEAU. — Je rappelle à la Cour qu'à l'audience dernière un incident très vif s'est produit sur cette question. J'ai affirmé à M. le Président que Mme de Boulancy n'habitait pas boulevard des Batignolles et M. le Président m'a répondu : « Elle y habite, car le certificat du médecin l'indique. » C'est le contraire de ce que vient de déclarer le témoin. Alors je ne comprends plus. Monsieur le Président se rappelle peut-être l'incident auquel je fais allusion ?

M. LE PRÉSIDENT. — Parfaitement. Je cherche l'adresse sur la lettre. (*Il lit.*)

M. LE DOCTEUR SOCQUET. — C'est sur la troisième page.

M. ZOLA. — De qui est cette lettre ?

M. LE PRÉSIDENT. — Voici la lettre :

> Monsieur le Président,
>
> J'ai l'honneur de vous prévenir qu'il me sera impossible de me rendre demain lundi à l'audience où je suis appelée comme témoin. Je suis retenue dans mon lit par une affection cardiaque qui me fait beaucoup souffrir en ce moment. Voici, du reste, le certificat de mon docteur, M. Bas, 4, rue de Berlin.
>
> Je prierais Monsieur le Président de vouloir bien s'en rapporter aux deux dépositions qui sont entre les mains de M. le juge d'instruction. Je suis, 54, avenue de Neuilly, dans ma famille.

Mᵉ CLÉMENCEAU. — La Cour voudra bien retenir qu'il s'était produit un incident à ce sujet, et que ce renseignement du changement d'adresse ne m'avait pas été fourni. Je n'ai donc plus à demander au docteur comment il a trouvé Mᵐᵉ de Boulancy ; mais je voudrais lui poser une autre question.

M. LE PRÉSIDENT. — Mon collègue me fait remarquer que j'avais donné lecture de cette lettre à l'audience.

Mᵉ CLÉMENCEAU. — Monsieur le Président, veuillez vous souvenir de ce que j'ai dit alors : Je suis certain qu'on ne trouvera pas Mᵐᵉ de Boulancy, 22, boulevard des Batignolles.

M. LE PRÉSIDENT. — J'ai répondu que c'était le domicile indiqué dans le certificat du médecin. Le certificat porte 22, boulevard des Batignolles ; mais la lettre qui était jointe au certificat porte 54, avenue de Neuilly.

Mᵉ CLÉMENCEAU. — Je constate que ma précédente affirmation était exacte, et je continue.

M. ZOLA. — La lettre n'a pas été lue.

M. LE PRÉSIDENT. — Si.

M. ZOLA. — Non, monsieur le Président.

M. LE PRÉSIDENT. — Monsieur Zola, je croyais avoir lu toutes les lettres d'excuse.

M. ZOLA. — J'affirme que la lettre n'a pas été lue. Monsieur le Président paraît mettre en doute ma parole.

M. LE PRÉSIDENT. — Non, monsieur Zola, mais cet incident n'a pas d'importance.

M. ZOLA. — Aucune, mais on peut se reporter au compte rendu sténographique et l'on verra que l'adresse où est actuellement Mᵐᵉ de Boulancy n'a pas été dite à l'audience.

M. LE PRÉSIDENT. — Cela n'a aucune importance.

Mᵉ CLÉMENCEAU. — Je fais toutes réserves, et je continue. Au cours de la visite de M. le docteur Socquet à Mᵐᵉ de Boulancy, n'a-t-il pas été question entre eux de choses n'ayant aucun rapport avec la maladie elle-même ?

M. LE DOCTEUR SOCQUET. — Oui, nous avons causé d'autres choses.

Mᵉ CLÉMENCEAU. — Je précise. D'autres choses ne concernant pas sa santé ?

M. LE DOCTEUR SOCQUET. — Parfaitement.

M⁰ CLÉMENCEAU. — Voilà le premier point posé. Monsieur le Président veut-il demander au témoin si celui-ci n'avait pas, au cours de cette conversation engagée en dehors de tout secret professionnel, posé à Mme de Boulancy la question suivante : « Est-il vrai que vous ayez des lettres du commandant Esterhazy autres que celles qui ont été publiées ? »

M. LE DOCTEUR SOCQUET. — Non.

M⁰ CLÉMENCEAU. — Le témoin n'aurait-il pas dit à Mme de Boulancy : « Est-il exact que vous ayez trois télégrammes du commandant Esterhazy ? »

M. LE DOCTEUR SOCQUET. — Non.

M⁰ CLÉMENCEAU. — Mme de Boulancy ne lui aurait-elle pas dit spontanément : « J'ai des lettres du commandant Esterhazy, lesquelles sont beaucoup plus graves que celles qui ont été publiées », et spontanément aussi ne lui aurait-elle pas dit : « On a prétendu à tort que j'avais trois télégrammes du commandant Esterhazy, je n'en ai que deux » ?

M. LE DOCTEUR SOCQUET. — Non.

M⁰ CLÉMENCEAU. — Est-ce que, dans la conversation, le mot *Esterhazy* n'a pas été prononcé par une personne quelconque ?

M. LE DOCTEUR SOCQUET. — Oui.

M⁰ CLÉMENCEAU. — Ah ! Dans quelles conditions ce mot a-t-il été prononcé, et par qui ?

M. LE DOCTEUR SOCQUET. — Par Mme de Boulancy.

M⁰ CLÉMENCEAU. — Mme de Boulancy n'a pas dû prononcer ce seul mot ; le témoin voudrait-il nous dire quels sont les autres mots qu'elle a combinés avec celui-ci ?

M. LE PRÉSIDENT. — Je vous ferai observer, maître Clémenceau, que vous entrez dans le domaine d'une conversation privée.

M⁰ CLÉMENCEAU. — La défense attache la plus grande importance au témoignage de Mme de Boulancy et à la production des lettres et des deux télégrammes qu'elle possède encore. Dans ces conditions, nous ferons tout notre possible pour obtenir que Mme de Boulancy vienne à cette audience, et pour éclairer la Cour et MM. les jurés sur la question des lettres du commandant Esterhazy.

M. LE PRÉSIDENT — En ce qui concerne la présence à l'audience de Mme de Boulancy, vous savez que M. le docteur Socquet a déclaré qu'elle était dans l'impossibilité de venir.

M⁰ CLÉMENCEAU. — Je dis qu'en raison de l'importance de l'incident pour la défense, nous ferons tout notre possible pour éclaircir la question, et je prie Messieurs les jurés de retenir que si nous n'y arrivons pas, c'est que ce sera impossible. Sachant qu'il avait été question des lettres du commandant Esterhazy entre Mme de Boulancy et M. le docteur Socquet, j'ai voulu l'interroger sur ce point. La Cour retiendra que, lorsque j'ai demandé au témoin s'il n'avait pas dit à Mme de Boulancy : « Avez-vous encore des lettres du commandant Esterhazy ? » le témoin a répondu : « Non, je n'ai pas posé cette question, mais le nom d'Esterhazy a été prononcé. » Alors j'insiste et je demande au témoin quelles sont les autres paroles que Mme de Boulancy a jointes à ce mot *Esterhazy*.

M. LE DOCTEUR SOCQUET. — Je suis tout disposé à répondre, mais cela sort de la mission que la Cour m'avait confiée. Si on n'y voit pas d'inconvénient, je dirai que lorsque j'ai examiné Mme de Boulancy, cette dame m'a raconté différents faits, entre autres, comment elle était arrivée dans l'état où elle se trouve et les ennuis qu'elle éprouvait. Je l'ai laissée causer, car je tenais à me faire une opinion sur son état de santé ; elle m'a parlé des lettres du commandant Esterhazy et m'a dit qu'elle avait porté plainte au Parquet, qu'une instruction était ouverte contre une personne qui avait abusé de ses lettres. Elle disait qu'elle avait confié ses lettres à une personne qui les avait trouvées intéressantes à lire et qui en avait fait un usage que Mme de Boulancy ne sut que plus tard. Elle me dit notamment que cette personne les avait confiées au *Figaro* et que, lorsqu'elle lui rapporta ces lettres, M. Hamard, sous-chef de la sûreté, arrivait chez elle une heure après pour les saisir. Elle a ajouté que toutes ces lettres étaient du commandant Esterhazy. Voilà tout ce que m'a dit Mme de Boulancy sur le commandant Esterhazy et sur ses lettres.

Me CLÉMENCEAU. — Le témoin a dit *toutes* ses lettres. Je voudrais qu'il comprît bien la portée de ma question. Est-ce que *toutes ses lettres*, cela veut dire celles publiées par le *Figaro*, plus les autres lettres que Mme de Boulancy aurait encore en sa possession, ou qu'elle aurait déposées chez un de ses conseils ?

M. LE DOCTEUR SOCQUET. — « Toutes ses lettres », voilà ce que m'a dit Mme de Boulancy. Six lettres plus une septième, celle qui porte le mot *uhlan*.

Me CLÉMENCEAU. — Elle a dit qu'elles étaient toutes authentiques ?

M. LE DOCTEUR SOCQUET. — Oui, voilà ce qu'elle m'a dit ; je ne l'ai pas interrogée, je l'ai laissée causer, n'y voyant pas d'inconvénient.

Me CLÉMENCEAU. — Je ne fais pas de reproches au témoin, mais je voudrais savoir si quelqu'un n'a pas prononcé le mot de *télégramme* ?

M. LE DOCTEUR SOCQUET. — Non, personne.

Me CLÉMENCEAU. — Je voudrais éviter toute équivoque. A-t-on parlé de *petit bleu*, de dépêches, je cherche enfin tous les synonymes ?

M. LE DOCTEUR SOCQUET. — Par rapport au commandant Esterhazy ? Non.

Me CLÉMENCEAU. — A-t-on prononcé le mot de dépêche, de message téléphonique, télégraphique, que sais-je ?

M. LE DOCTEUR SOCQUET. — Mme de Boulancy a prié une de ses nièces, présente lors de ma visite, d'envoyer un télégramme à son médecin traitant pour lui demander s'il avait des renseignements complémentaires à me fournir.

Mᵉ Clémenceau. — Mais n'a-t-il pas été question d'autres messages télégraphiques ou téléphoniques, affublés d'un nom quelconque, ayant rapport au commandant Esterhazy ?

M. le docteur Socquet. — Pas du tout; je n'en ai conservé aucun souvenir.

Mᵉ Labori. — Mᵐᵉ de Boulancy a affirmé l'authenticité de toutes les lettres, y compris celle du *uhlan* ?

M. le docteur Socquet. — Oui.

Mᵉ Clémenceau. — Est-ce qu'on a parlé d'autres lettres ? Je pose les questions très franchement et demande au témoin d'y répondre de même.

M. le docteur Socquet. — Du tout.

Mᵉ Clémenceau. — Un dernier point. La Cour se rappelle que j'avais demandé au témoin, hier, s'il avait vu les deux médecins traitants. Je demande au docteur Socquet s'il n'a pas vu autre part que chez Mᵐᵉ de Boulancy, et avant sa déposition à l'audience, le médecin qui traite Mᵐᵉ de Boulancy.

M. le docteur Socquet. — Non.

Mᵉ Clémenceau. — Nulle part ?

M. le docteur Socquet. — J'ai eu des renseignements écrits complémentaires, lesquels confirment absolument ceux qu'on m'avait donnés, à savoir que Mᵐᵉ de Boulancy avait eu un évanouissement dans son cabinet vendredi, lequel l'avait obligée de rester chez elle, de prendre le lit et que, dans la nuit du samedi au dimanche, elle avait eu une syncope. C'étaient des renseignements complémentaires qui m'étaient indispensables pour éclairer ma religion. J'avais le droit de m'aider de tous les renseignements pour arriver à la manifestation de la vérité.

Mᵉ Clémenceau. — La Cour retiendra que le témoin dit que ces renseignements étaient indispensables ; je m'étonne qu'il ne nous les ait pas donnés hier quand je lui ai demandé s'il avait vu les médecins traitants. Est-ce que l'opinion du docteur Socquet, hier, était basée uniquement sur l'examen de la malade et les certificats qui sont au dossier ? M. le docteur Socquet a-t-il reçu, non pas oralement, mais par écrit, des renseignements du médecin traitant ?

M. le docteur Socquet. — Oui.

Mᵉ Clémenceau. — Ces renseignements ont été très graves puisqu'ils indiquaient une syncope.

M. le docteur Socquet. — Et un évanouissement.

Mᵉ Clémenceau. — Des choses très graves qui ont servi au docteur à asseoir son opinion !

M. le docteur Socquet. — Pardon, elles l'ont confirmée. J'avais évidemment besoin de renseignements complets et exacts pour m'éclairer et être plus certain.

M. le Président, *aux défenseurs*. — Avez-vous d'autres questions à poser au témoin ?

(*Au témoin.*) Docteur, retirez-vous.

M. Zola. — Il est bien entendu, n'est-ce pas, que l'honorable témoin n'a reçu aucune confidence au sujet des deux lettres du commandant Esterhazy qui se trouvent encore entre les mains de Mme de Boulancy et dans lesquelles il y a des outrages à l'armée ?

M. LE DOCTEUR SOCQUET. — Du tout. Il n'y a pas eu de confidence.

M. ZOLA. — Je retire le mot *confidence*.

Est-ce qu'il n'a pas été question, dans la conversation, des deux lettres que Mme de Boulancy a entre les mains — elle en a encore beaucoup d'autres — mais des deux lettres particulièrement, qui sont entre les mains de Mme de Boulancy ou de son conseil, et dans lesquelles le commandant Esterhazy aurait employé des mots très outrageants pour l'armée et pour la France ?

M. LE DOCTEUR SOCQUET. — Non.

M. ZOLA. — Parfait !

Me CLÉMENCEAU. — Dans ces conditions, j'ai l'honneur de déposer les conclusions que voici :

Conclusions
relatives à la commission de trois médecins-experts pour examiner l'état de Mme de Boulancy.

Plaise à la Cour,

Attendu que M. le docteur Socquet, médecin expert, commis par la Cour pour examiner l'état de Mme de Boulancy, s'est borné à dire que la comparution de ce témoin pourrait avoir pour elle un danger très sérieux et qu'il ne prenait pas sur lui d'autoriser cette dame ;

Attendu que ce témoignage est de la plus haute importance et est absolument indispensable pour arriver à la manifestation de la vérité ;

Par ces motifs,

Commettre trois médecins experts pour examiner l'état de Mme de Boulancy, et dire si elle est en état de comparaître comme témoin pour déposer devant la Cour d'assises.

Me CLÉMENCEAU. — Permettez-moi, Messieurs, d'appuyer d'un mot ces conclusions. La Cour vient d'apprendre aujourd'hui que l'opinion, exprimée hier par l'expert à cette barre, n'était pas une opinion résultant de son seul examen, mais qu'elle était basée sur des renseignements venant du médecin traitant ; que ces renseignements étaient extrêmement graves puisqu'ils indiquaient qu'à la suite d'une sortie de la malade pour se rendre chez son médecin, elle avait dû s'aliter à la suite d'une syncope, d'un évanouissement.

Il est bien certain que ces indications, — fournies par le médecin traitant, qui ne peut en justice avoir aucune autorité, — ont été de nature à asseoir l'opinion de M. le docteur Socquet.

Dans ces conditions, — il n'y a dans ma pensée aucun doute sur les capacités médicales de M. le docteur Socquet, — mais, comme il s'agit surtout là d'une impression générale, je supplie la Cour, en lui répétant que ce témoignage a la plus grande importance, en lui répétant que nous insistons tous dans ce sens, parce que nous estimons que MM. les jurés doivent être éclairés sur ce point, je demande à la Cour de faire droit à mes conclusions.

M. LE PRÉSIDENT. — Monsieur le docteur Socquet, lorsque vous avez émis hier une opinion sur l'état de santé de Mme de Boulancy, était-ce simplement sur le dire de votre confrère ou bien était-ce après avoir examiné Mme de Boulancy ?

Me CLÉMENCEAU. — Je n'ai jamais émis une semblable affirmation qui eût été injurieuse pour M. le docteur Socquet.

M. LE DOCTEUR SOCQUET. — J'ai fait un examen et j'ai complété par les renseignements de mes confrères : c'est ainsi que tout médecin qui se respecte doit procéder.

J'ai procédé dans ces conditions, et je suis très surpris de voir contester les déclarations que j'ai faites hier et les affirmations que j'ai apportées.

Me CLÉMENCEAU. — Mais non, nous ne les contestons pas.

M. LE PRÉSIDENT. — Ne parlez pas tous en même temps. Monsieur le docteur Socquet, je vous demande si c'est simplement sur le dire de votre confrère que vous avez jugé l'état de Mme de Boulancy assez grave pour qu'elle ne pût se présenter à l'audience, ou si c'est après l'avoir examinée vous-même ?

M. LE DOCTEUR SOCQUET. — C'est après l'avoir examinée. J'ai complété mon examen par d'autres renseignememts.

M. LE PRÉSIDENT. — Mais c'est alors sur les dires de votre confrère ?

M. LE DOCTEUR SOCQUET. — Non, monsieur le Président, ce n'est pas sur les dires de mon confrère.

M. LE PRÉSIDENT. — Par conséquent, vous l'avez examinée vous-même ?

M. LE DOCTEUR SOCQUET. — Oui, monsieur le Président.

M. LE PRÉSIDENT. — Vous n'avez jugé son état qu'après l'avoir examinée ?... C'est un renseignement pour éclairer la Cour.

Me CLÉMENCEAU. — J'estime que s'il m'était venu à la pensée...

M. LE PRÉSIDENT. — Je ne parle pas de vos questions, c'est en dehors.

Me CLÉMENCEAU. — Si je n'ai pas le droit de prendre la parole, il faut me la retirer.

M. LE PRÉSIDENT. — Mais, puisque vous posez des questions, vous avez parlé.

Je voulais éclairer la Cour.

Me CLÉMENCEAU. — Je n'ai pas interrogé M. le Président. Je pose des questions à M. le docteur Socquet : si M. le Président m'arrête dès mes premiers mots, il est évident que je ne pourrai rien apprendre.

Si j'avais dit que M. le docteur Socquet avait déposé sans avoir vu Mme de Boulancy, sans l'avoir examinée, j'aurais fait injure à M. le docteur Socquet. Je ne l'ai jamais dit, et ma pensée n'a jamais été que M. le docteur Socquet eût agi ainsi, et je n'ai jamais mis en doute sa compétence.

M. le docteur Socquet a dit — ce sont ses dernières paroles d'hier : « C'est une affaire d'opinion. » Eh bien ! je demande trois médecins pour infirmer ou confirmer cette opinion.

M. LE PRÉSIDENT, à M. l'Avocat général. — Monsieur l'Avocat général ? (*M. l'Avocat général déclare n'avoir aucune observation à présenter.*)

M. LE PRÉSIDENT. — La Cour rendra son arrêt après la suspension d'audience.

M. LE PRÉSIDENT à l'*Huissier-Audiencier*. — Faites venir M. du Paty de Clam.

DÉPOSITION DE M. LE LIEUTENANT-COLONEL DU PATY DE CLAM

(*Le témoin après s'être avancé dans le prétoire, d'un pas cadencé, salue militairement la Cour, fait un demi-tour, pour faire face au jury qu'il salue aussi militairement, et se tient à la barre dans une attitude militaire, — ce qui soulève les rires de l'auditoire. Puis il prête serment.*)

M. LE PRÉSIDENT. — Quelle est la question, maître Labori ?

M. LE COLONEL DU PATY DE CLAM. — Auparavant, je demanderai à dire quelques mots.

Monsieur le Président, je suis appelé ici pour déposer sur l'affaire Esterhazy. Je suis prêt à répondre à toutes les questions, excepté celles qui concernent le secret professionnel.

Mais je viens, avec une profonde tristesse, constater qu'on a ici touché à des questions de ma vie privée. Cela ne me gêne pas personnellement, car j'ai toujours agi en galant homme. J'ai l'estime de mes chefs, cela me suffit.

Mais ce que je n'admets pas, c'est qu'on se soit permis de toucher à l'honneur d'une jeune fille toujours respectée.

Je demande à la Cour, au nom de l'honneur français, d'écarter des débats de pareilles questions, et je répondrai à toutes les autres.

M. LE PRÉSIDENT. — Mais ici, à l'audience, il n'a pas été question...

Me LABORI. — Voulez-vous me permettre, monsieur le Président, de répondre un mot à l'observation de M. le colonel du Paty de Clam, qui ne peut viser que moi ?

M. LE COLONEL DU PATY DE CLAM. — Je n'ai visé personne.

Me LABORI. — M. du Paty de Clam a dû voir dans les journaux des comptes rendus inexacts de cette audience : ils le sont pour la plupart; et c'est pourquoi, si le témoin n'avait pas pris la parole à ce sujet, j'aurais le premier demandé la permission de préciser un point complètement dénaturé. Au surplus, quant aux injures à mon endroit, en ce qui me concerne, je n'en tiens pas compte.

Je n'ai parlé ici que d'une seule femme : Mlle Blanche de Comminges.

Toute la presse a paru penser que j'insinuais, ou que je voulais dire qu'il y avait eu, entre Mlle de Comminges et M. le colonel du Paty de Clam, des relations privées qui pouvaient être, à un point de vue quelconque, susceptibles d'interprétations fâcheuses. Rien n'a jamais pu, dans cet ordre d'idées, être dans ma pensée.

Mlle Blanche de Comminges est une *jeune fille de cinquante cinq ans*; elle est l'amie de M. le colonel Picquart, son nom a été employé dans les télégrammes que M. le colonel Picquart considère comme faux et à l'égard desquels il a déposé une plainte.

Mlle Blanche de Comminges, si je ne me trompe, a été également en relations avec M. le colonel du Paty de Clam, et, par conséquent, le témoin pourra donner son assentiment aux détails que je donne en ce moment.

Les autres personnes de la famille du Paty de Clam dont il peut être question, je n'ai même pas prononcé leurs noms, et il est bien inutile de dire qu'elles n'ont rien à faire dans ce procès.

Seulement, comme je tiens absolument à ce que M. du Paty de Clam apporte ce qu'il a à dire, à ce que les questions que j'ai à poser sur la famille de Comminges et sur Mlle Blanche de Comminges et qui peuvent se trouver en rapport avec l'affaire Esterhazy soient posées et qu'il y réponde...

M. LE PRÉSIDENT. — Eh bien ! quelles sont les questions ?

Me LABORI. — Tout d'abord, j'ai à faire une première observation, c'est que j'avais à interroger très longuement M. du Paty de Clam sur l'information judiciaire dans laquelle il a joué un rôle dans l'affaire Dreyfus. Mais je tiens à indiquer que je renonce en ce moment à une quinzaine de questions : c'est montrer à la Cour que, après avoir pris, au point de vue juridique, toutes les précautions que je croyais utiles à notre défense dans cette affaire, je suis aussi préoccupé que quiconque de ne pas alourdir le débat.

Cela dit, j'aborde les différentes quest'ons. Tout d'abord, M. du Paty de Clam a-t-il connu M. de Comminges père ?

M. LE PRÉSIDENT. — Vous entendez la question.

M. LE COLONEL DU PATY DE CLAM. — Oui, monsieur le Président.

Me LABORI. — A-t-il eu une correspondance avec une ou deux personnes de sa famille ?

M. LE COLONEL DU PATY DE CLAM. — C'est ici, monsieur le Président, que je demande à me taire. Je ne puis rien révéler;

cela touche à l'honneur d'une famille, à la mémoire d'un mort, et je ne le ferai pas!

C'est le terrain privé, c'est mon domaine, et personne n'a droit d'y toucher !

Cela n'a aucun rapport avec l'affaire Esterhazy, et je ne répondrai rien là-dessus.

Mᵉ LABORI. — Enfin, monsieur le Président ?

M. LE PRÉSIDENT. — Vous entendez la réponse ?

Mᵉ LABORI. — Mais, monsieur le Président, j'entends la réponse, et j'entends aussi que, si vous l'acceptez pour bonne, je ne fais pas de même.

M. LE PRÉSIDENT. — Parfaitement.

Mᵉ LABORI. — Je ne fais pas de même, et je dirai pourquoi, si vous le permettez?

M. LE PRÉSIDENT. — Dites.

Mᵉ LABORI. — Voilà une audience d'assises comme je n'en ai pas encore vu. On emploie ici tous les moyens pour que la lumière ne soit pas faite sur aucun point.

M. LE PRÉSIDENT. — Ce sont *vos* témoins.

Mᵉ LABORI. — Pardon, ce sont *des* témoins !

M. du Paty de Clam est appelé parce que nous avons voulu les débats au grand jour et complets. Et sur toutes les questions que nous posons, à défaut d'une bonne raison, on en donne deux mauvaises, pour ne pas répondre!

Quand il y a eu débat à huis clos, on dit : « Nous ne répondrons pas parce qu'il y a eu huis clos. »

Et je dis ceci à MM. les jurés : N'êtes-vous pas dignes de garder un secret tout comme des officiers français? S'il faut le huis clos, qu'on le fasse! Qu'on ne se défie pas de vous !

Ensuite, on invoque le secret professionnel! Quand cela ne tient pas debout, on invoque le secret d'Etat! Et puis, quand on n'a ni secret professionnel, ni secret d'Etat, ni huis clos à invoquer, on invoque le secret privé !

Alors, moi, je n'ai plus rien à demander à M. du Paty de Clam!

M. LE PRÉSIDENT. — Maître Clémenceau, avez-vous quelques questions ? (*Mᵉ Clémenceau fait un signe de dénégation.*)

M. LE PRÉSIDENT. — Monsieur du Paty de Clam, vous pouvez vous retirer.

(*Le témoin se retire après avoir salué militairement la Cour, puis le Jury, et regagne sa place dans la même attitude qu'à son entrée. — Hilarité générale.*)

DÉPOSITION
DE M. LE CAPITAINE DE COMMINGES

(Le témoin prête serment.)

M. LE PRÉSIDENT. — Maître Labori, quelle est la question ?

Me LABORI. — Monsieur le Président, l'incident qui vient de se produire m'oblige à vous demander la permission de donner un mot d'explications à M. le capitaine de Comminges avant de poser la question que j'ai à lui adresser.

M. le colonel du Paty de Clam, avant de déposer, a protesté, monsieur le capitaine de Comminges, contre ce qu'il appelait des attaques faites à une honorable famille, à une *jeune fille* de cette famille. J'ai expliqué que personne de cette honorable famille, qui est la vôtre, n'avait été attaqué ; qu'on n'avait prononcé qu'un nom, celui de Mlle Blanche de Comminges, qui n'a jamais été, à aucun moment, dans l'esprit de personne, soupçonnée de jouer en quoi que ce soit, dans aucun des faits relatifs ou connexes aux affaires qui nous occupent, un rôle susceptible d'être attaqué ou suspecté.

M. le colonel du Paty de Clam a rendu hommage à ma déclaration et il a reconnu avec moi que les interprétations données par certains journaux à mes paroles étaient inexactes.

Cela dit, j'ai interrogé M. le colonel du Paty de Clam sur la question de savoir s'il avait connu la famille de Comminges. Sa première réponse a été pour dire que c'était là une question d'intérêt privé à laquelle il ne répondrait pas, et M. le Président a considéré que cette réponse était satisfaisante.

J'ai protesté. Et comme M. le colonel du Paty de Clam n'a pas déposé, — car à la suite de cette réponse, qui indiquait que je n'aurais de certains témoins, dans cette affaire, que des réponses qui ne pourraient, étant incomplètes, qu'augmenter les ténèbres et compliquer les difficultés qu'ont les hommes de bonne foi à faire la lumière ! — j'ai renoncé à l'interroger davantage.

Dans ces conditions, monsieur le capitaine de Comminges, en ce qui me concerne, je me garderai de vous poser aucune question. Si vous avez quelques explications à fournir au jury, je vous laisserai le soin de les fournir spontanément. Quant à moi, j'aurai l'honneur de ne rien vous demander.

M. LE PRÉSIDENT. — Avez-vous quelque chose à dire à MM. les jurés ?

M. LE CAPITAINE DE COMMINGES. — Je n'ai rien à dire, monsieur le Président.

M. LE PRÉSIDENT. — Maître Clémenceau, avez-vous des questions ?

Me CLÉMENCEAU. — Non, monsieur le Président.

M. LE PRÉSIDENT, *au témoin.* — Vous pouvez vous retirer.
(*A l'huissier audiencier.*) Appelez un autre témoin. — Quel est le témoin suivant?
L'HUISSIER AUDIENCIER. — C'est M. Souffrain.
M. LE PRÉSIDENT. — Huissier, est-ce que M. le colonel Henry est présent?
L'HUISSIER AUDIENCIER. — Oui, monsieur le Président.
M. LE PRÉSIDENT. — Peut-on l'entendre, maître Labori?
Mᵉ LABORI. — Parfaitement, monsieur le Président.

DÉPOSITION
DE M. LE LIEUTENANT-COLONEL HENRY

Chef du service

des renseignements au Ministère de la guerre.

(*Le témoin prête serment.*)

M. LE PRÉSIDENT. — Maître Labori, quelle est la question que vous désirez poser?
M. LE PRÉSIDENT, *au témoin.* — Si vous êtes souffrant, voulez-vous vous asseoir?
M. LE COLONEL HENRY. — Pour le moment, merci, monsieur le Président.
Mᵉ LABORI. — M. le colonel Henry voudrait-il nous dire ce qu'il y a d'exact dans les faits énoncés dans le rapport de M. le commandant Ravary, et quelles sont les pièces que M. le colonel Picquart aurait prises dans le dossier?
M. le colonel Henry voudrait-il nous dire ce qu'il y a d'exact dans la scène exposée dans ce rapport, et qui se serait passée en sa présence, dans le cabinet de M. le colonel Picquart, entre M. Leblois et le colonel Picquart?
M. LE PRÉSIDENT. — Il y a deux questions: la première concerne le dossier volé dans l'armoire de votre cabinet.
M. LE COLONEL HENRY. — J'étais absent lorsque le dossier a été pris par le colonel Picquart. J'étais en permission au mois d'août ou septembre 1896. Le colonel Picquart a demandé le dossier à M. Gribelin qui le lui a remis.
M. LE PRÉSIDENT, *se tournant vers les défenseurs.* — M. Gribelin a fait la même réponse.
M. LE COLONEL HENRY. — M. Gribelin, l'archiviste, auquel j'avais remis la clé ainsi que le mot de mon armoire....
Mᵉ LABORI. — Ainsi, il résulte de la déposition de l'honorable témoin....
M. LE PRÉSIDENT. — M. Gribelin était sous les ordres de M. le colonel Picquart.

Mᵉ LABORI. — Mais, quel était alors le grade de M. le colonel Henry?

M. LE COLONEL HENRY. — Chef de bataillon.

Mᵉ LABORI. — Sous les ordres de qui était-il?

M. LE COLONEL HENRY. — Sous les ordres du colonel Picquart. Pas à ce moment, puisque j'étais en permission.

Mᵉ LABORI. — Le chef du service était M. Picquart. Par conséquent, si j'ai bien compris, M. le colonel Picquart, qui était le chef du service, a demandé à M. Gribelin, qui était sous ses ordres comme M. le commandant Henry lui-même, de lui remettre, en ouvrant l'armoire *avec la clé*, c'est-à-dire dans les conditions les plus naturelles, un dossier qui était dans le service de M. le colonel Picquart? C'est bien cela?

M. LE COLONEL HENRY. — Parfaitement. Si j'avais été présent, j'aurais fait observer au colonel Picquart que ma consigne, consigne que m'avait donnée du reste le colonel Sandherr, consistait en ceci : que je ne devais donner ce dossier à qui que ce soit, pour en prendre connaissance, qu'en présence du sous-chef d'état-major, du chef d'état-major et de moi.

M. LE PRÉSIDENT. — C'est M. le colonel Sandherr qui avait donné les ordres. Il est mort, je crois.

M. LE COLONEL HENRY. — Il était malade; il n'avait plus sa connaissance.

Mᵉ LABORI. — Dans ces conditions, M. le colonel Sandherr avait été remplacé par M. le colonel Picquart. Mais M. le colonel Henry invoque contre M. le colonel Picquart, son chef alors, une consigne qui aurait été donnée par son chef antérieur; c'est bien cela? Monsieur le colonel Henry voudrait-il nous dire qui a succédé aux bureaux de la guerre au colonel Picquart?

M. LE COLONEL HENRY. — Le successeur du colonel Picquart est le général Gonse, sous-chef d'état-major général, car c'est au général Gonse que le colonel Picquart a remis son service lorsqu'en 1897, au mois de novembre, il est parti en mission.

Mᵉ LABORI. — Qui est-ce qui est actuellement, dans le service, sous les ordres du général Gonse?

M. LE COLONEL HENRY. — Moi.

Mᵉ LABORI. — Merci.

RAPPEL DE M. LE GÉNÉRAL GONSE

M. LE PRÉSIDENT, *cherchant du regard dans la salle.* — M. le général Gonse? *à Mᵉ Labori* : Vous n'avez plus de questions à poser à M. Henry?

Mᵉ LABORI. — Si, monsieur le Président.

(*M. le général Gonse arrive à la barre*)

M. LE PRÉSIDENT. — Monsieur le général, vous venez d'entendre la déclaration de M. le colonel Henry. Ce qu'il a dit est bien exact?

M. LE GÉNÉRAL GONSE. — Parfaitement.

M. LE PRÉSIDENT. — Voulez-vous, puisque vous êtes en ce moment à la barre, nous parler un peu des lettres dont vous avez parlé hier et qui ont été reproduites dans un certain nombre de journaux.

M. LE GÉNÉRAL GONSE. — Monsieur le Président, j'ai dit hier au sujet de mes lettres, que ces lettres avaient été provoquées par M. le colonel Picquart, qui m'a écrit alors que j'étais en permission. Elles avaient surtout été provoquées par une visite que le colonel Picquart était venu me faire à la campagne.

Par conséquent, ces lettres n'étaient que la suite d'une conversation et, pour les comprendre, il faut savoir quelle était cette conversation. Elle était la suivante :

Le colonel Picquart était venu m'apporter des soi-disant preuves de la culpabilité du commandant Esterhazy ; c'étaient des présomptions, ce n'étaient pas des preuves, et c'était pour cela que je lui avais dit : « Continuez votre enquête dans l'ordre d'idées que vous avez commencé. »

Je l'ai dit hier, je le répète aujourd'hui.

Je lui avais dit aussi : Ne réunissez pas les affaires Esterhazy et Dreyfus. Laissez Dreyfus de côté. Reprenez, si vous le voulez, — et c'est votre droit, c'est votre devoir, — reprenez la suite de l'enquête sur le commandant Esterhazy, pour savoir exactement jusqu'où peut aller le degré de culpabilité que vous pouvez lui imputer, mais laissez toujours de côté l'affaire Dreyfus.

C'est dans cet ordre d'idées que nous avons causé pendant plusieurs heures, lorsqu'il est venu me trouver à la campagne.

Par conséquent, mes lettres n'étaient que la suite de cette conversation. Dans une première lettre, le lendemain de la conversation, le colonel Picquart m'écrivit et me dit qu'il avait écouté ce que je lui avais exposé, mais qu'il fallait continuer à faire la lumière.

Je lui répondis : « C'est tout naturel ; continuez dans l'ordre d'idées que je vous ai indiqué. Ne faites pas faire d'expertises d'écritures ; ce n'est pas votre affaire, ce n'est pas votre droit ; vous n'êtes pas officier de police judiciaire, vous ne pouvez pas constituer des experts assermentés. Mais recherchez la culpabilité auprès des officiers qui ont connu M. Esterhazy, sur les champs de tir qu'il a pu fréquenter, où il a pu demander des renseignements confidentiels aux officiers d'artillerie. Et encore, faites interroger discrètement les sous-officiers qui ont pu copier des renseignements confidentiels et qui par conséquent auraient pu indiquer le degré plus ou moins grand de culpabilité de cet officier. »

Il me répondit : « Après avoir bien lu votre lettre, je marcherai d'après les instructions que vous me donnez, mais j'ai des indices nombreux et un fait grave dont je vous parlerai à votre retour, m'indiquant, me démontrant qu'une famille, sur laquelle on s'est trompé, va faire un gros scandale. Je vous demande de prendre les devants et d'éviter ce scandale ou d'en prendre la tête, c'est-à-dire de prendre la tête du mouvement ».

Je lui répondis le lendemain — c'était le 7 ou le 8, cela se passait les 7, 8, 9 et 10 septembre, autant que je puis me rappeler — le lendemain donc, je lui répondis : « Malgré tout ce que contient d'inquiétant votre lettre, je persiste dans mon premier sentiment. » Ce qui voulait dire, — et le colonel Picquart devait le comprendre, — de se reporter à notre premier entretien ; cela voulait dire aussi : contrôlez dans l'ordre d'idées que je viens de vous indiquer tout à l'heure, c'est-à-dire interrogez les sous-officiers, les officiers d'artillerie qui ont pu, soit communiquer, soit copier des documents secrets ou compromettants. C'était toujours dans cet ordre d'idées-là.

Et j'ajoutais : « Évitez les démarches irréparables. »

En effet, dans l'état de la question, comme il n'y avait que des présomptions, il n'y avait pas lieu de faire arrêter un officier, et le colonel Picquart voulait me proposer de me joindre à lui pour faire arrêter le commandant Esterhazy.

Eh bien ! je n'ai jamais voulu entrer dans cette voie-là, attendu que, quand il n'y a que des présomptions, il me semble tout naturel d'attendre pour fortifier l'opinion qu'on peut avoir.

Voilà tout ce que je lui ai dit dans mes lettres.

Par conséquent, je renouvelle la déclaration que je lui ai faite : je voulais distinguer et disjoindre les affaires Dreyfus et Esterhazy ; je voulais laisser l'affaire Dreyfus complètement en dehors du débat. Je donnais au colonel Picquart le conseil de continuer à rechercher la culpabilité du commandant Esterhazy, qui pouvait être le complice de Dreyfus, — je n'en savais rien, — qui pouvait être un autre coupable, — il aurait pu y en avoir plusieurs ; — c'était à lui à rechercher, dans l'ordre d'idées qu'il m'avait indiqué. Et nous étions, je crois, complètement d'accord à ce sujet.

Par conséquent, je suis très étonné que des lettres qui suivaient une conversation, une conversation dans un sens bien déterminé, aient été interprétées d'une façon absolument erronée. Il me semble que c'est moi le premier qui pouvais donner à cette correspondance le sens qu'elle avait réellement.

Maintenant, je suis étonné, d'autre part, que cette correspondance, qui touchait un point tout à fait spécial du service des renseignements ait été divulguée, attendu qu'il ne s'agissait pas de poursuites judiciaires à ce moment-là, qu'il s'agissait de présomptions, je n'ose pas dire de commencements de preuves, de présomptions fondées sur des démarches imprudentes, peut-être coupables d'un officier ; il ne s'agissait donc pas de divulguer ces lettres, et j'aurais été tout à fait étonné si, à ce moment-là, on m'eût dit que mes lettres devaient être communiquées à des tiers. Il ne me serait jamais venu à la pensée de communiquer les lettres du colonel Picquart à qui que ce soit, en dehors de mes chefs, et j'estime que c'est du devoir le plus strict de conserver pour soi-même, quand on est chef du service des renseignements au ministère de la guerre, les lettres que votre chef vous écrit.

Il en est de même des lettres que j'écrivais au colonel Picquart pendant qu'il était en mission. Elles avaient un caractère privé, je le veux bien, mais elles étaient exclusivement du service, et elles étaient si bien du service que l'une d'elle renfermait des instructions secrètes sur des points que je n'ai pas à indiquer ici, et j'avais chiffré cette lettre avec un chiffre spécial que j'avais eu soin de prendre avec le colonel Picquart.

Je ne sais pas ce qu'il a fait de cette lettre, je ne sais s'il l'a communiquée aux uns et aux autres. J'espère qu'il ne l'a pas fait, qu'il l'a détruite ou brûlée.

Je vous indique cela pour vous montrer quelle était la nature et le caractère de la correspondance que j'entretenais avec le colonel Picquart.

Je suis obligé de dire tout cela parce que j'estime, comme je le disais tout à l'heure, que le service des renseignements est un service tellement sérieux que personne au monde ne doit le connaître, en dehors du chef du service, du chef d'Etat-major général de l'armée et du Ministre de la guerre.

C'est un service dans lequel l'officier qui le dirige assume des responsabilités énormes, et, par conséquent, il doit en connaître tous les devoirs et toutes les charges.

Le prédécesseur du colonel Picquart est mort à la peine.

Le colonel Sandherr a dû quitter, après sept ans, le service des renseignements, et il est mort à la peine ; à peine avait-il quitté le service, qu'il est tombé malade et ne s'en est plus jamais relevé.

Par conséquent, c'est un service écrasant, je ne crains pas de le dire, et il faut conserver dans ce service toutes les garanties de secret, de discrétion que l'on doit avoir.

C'est tout ce que j'ai à dire.

M. LE PRÉSIDENT. — Maître Labori, avez-vous d'autres questions ?

Me LABORI. — Oui, monsieur le Président, à raison de ce fait que M. le général Gonse est venu fournir des renseignements, j'ai une ou deux questions à lui poser.

M. le général Gonse voudrait-il bien nous dire, en ce qui concerne la première partie de sa nouvelle déposition, quels sont les documents dont il est question dans l'une de ses lettres, et au sujet desquels il se pose les questions suivantes : « Comment ont-ils pu être copiés ? — Quelles ont été les demandes de renseignements faites auprès des tiers ? »

M. LE GÉNÉRAL GONSE. — Je peux très bien répondre sur cette question. Cela répond, cela complète ce que je disais tout à l'heure. Le colonel Picquart m'avait dit : « Le commandant Esterhazy cherche à aller sur les champs de tir de l'artillerie, il cherche à savoir ce qui se passe sur ces champs de tir, à connaître les tirs et le nouveau matériel d'artillerie qu'on expérimente sur ces champs de tir, à causer avec les officiers d'artillerie, et il leur pose des questions indiscrètes. » Eh bien ! c'était tout naturel que je veuille dire dans mes lettres...

M⁰ LABORI. — Pardon ! il est question de documents qui ont été copiés. Quels sont les documents ?

M. LE GÉNÉRAL GONSE. — Il me disait que dans son régiment, au 74ᵉ régiment d'infanterie, le commandant Esterhazy faisait copier par des sous-officiers des pièces plus ou moins secrètes, des rapports secrets qui étaient à sa disposition et des documents confidentiels. Il ne m'indiquait pas la nomenclature de ces documents, et je lui disais et répondais, comme je l'avais fait dans la conversation : « Cherchez les documents qu'il a pu faire copier. » Il était en relations avec le colonel du 74ᵉ, il pouvait être en relations avec les colonels des régiments d'artillerie ; il pouvait donc demander aux uns et aux autres le résumé des conversations du commandant Esterhazy, ainsi qu'aux officiers d'artillerie. D'autre part, il pouvait demander à ces officiers, qu'il pouvait interroger discrètement, quelle était la nature des documents qui avaient été copiés par le commandant Esterhazy.

Et je dois ajouter que, ni sur ce point ni sur d'autres, je n'ai rien appris, et n'ai eu aucune espèce de renseignements.

C'était dans cet ordre d'idées que je lui avais signalé de faire son enquête, et il ne m'a pas donné le résultat de cette enquête.

M⁰ LABORI. — Voulez-vous demander, monsieur le Président, à M. le général Gonse si une enquête a été faite au point de vue de l'écriture ?

M. LE PRÉSIDENT, *au témoin*. — On vous demande si une enquête a eu lieu au sujet de l'écriture ?

M. LE GÉNÉRAL GONSE. — Il n'y a pas eu enquête au point de vue de l'écriture. Il y a eu seulement des communications, je crois, de lettres ou de fragments de lettres du commandant Esterhazy à différentes personnes, mais je n'attachais aucune importance à ces communications. Je disais au colonel Picquart dans la conversation : « Laissez les écritures de côté, vous n'avez rien à faire avec les écritures. »

M⁰ LABORI. — Je demande à M. le général Gonse ce qu'il pense de l'enquête sur les écritures ; je lui demande si une enquête a été commencée sur les écritures : est-ce oui, est-ce non ?

M. LE GÉNÉRAL GONSE. — Il n'y a pas eu d'enquête. Il s'agit de savoir ce que vous appelez *enquête*.

Moi j'appelle *enquête sur les écritures* le fait de constituer des experts, de leur faire prêter serment, et de leur faire examiner les documents.

Je crois que le colonel Picquart a communiqué certaines phrases à différentes personnes.

M. LE PRÉSIDENT. — Mais vous n'en êtes pas certain.

M⁰ LABORI. — Alors pourquoi M. le général Gonse écrit-il :

« La continuation de l'*enquête* au point de vue des écritures a
« un grave inconvénient ! »

Quand une enquête n'a pas été commencée, on ne la continue pas.

M. LE GÉNÉRAL GONSE. — Le mot *enquête*, dont je me suis servi dans mes lettres ne signifiait pas une enquête proprement dite, puisqu'elle était faite par des personnes qui n'avaient nulle qualité pour la faire.

Mᵉ LABORI. — Je ne discute pas sur les mots.

M. LE GÉNÉRAL GONSE. — Le mot *enquête* n'est évidemment pas exact.

Mᵉ LABORI. — Eh bien ! puisque M. le général Gonse a voulu dire : « La continuation de l'*examen* au point de vue des écritures » de quelles écritures s'agissait-il ?

M. LE GÉNÉRAL GONSE. — De l'écriture du commandant Esterhazy comparée à celle du bordereau.

Mᵉ LABORI. — Alors, comment M. le général Gonse peut-il dire qu'il s'occupait de l'affaire Esterhazy et qu'il laissait l'affaire Dreyfus de côté, puisqu'il s'agissait du bordereau ?

M. LE GÉNÉRAL GONSE. — Je disais au colonel Picquart qu'il ne s'occupât point du bordereau.

M. LE PRÉSIDENT, *à Mᵉ Labori*. — Vous n'avez pas d'autres questions ?

Mᵉ LABORI. — Non, monsieur le Président.

M. LE PRÉSIDENT, *à M. le général Gonse*. — Vous n'avez plus rien à dire ? (*Le témoin fait un signe de dénégation.*)
Vous pouvez vous retirer.

DÉPOSITION

DE M. LE LIEUTENANT-COLONEL HENRY

(Suite)

Mᵉ CLÉMENCEAU, *s'adressant à M. le Président*. — Voici la question que je vous demanderai de vouloir bien poser à M. le colonel Henry :

M. le colonel Henry n'a-t-il pas écrit à M. le colonel Picquart, après son départ du ministère ? et, dans l'affirmative, quel était le sens général de la lettre ?

M. LE PRÉSIDENT, *au témoin*. — Avez-vous écrit au colonel Picquart ?

M. LE COLONEL HENRY. — Parfaitement.

M. LE PRÉSIDENT. — Pouvez-vous dire quel est le sens de cette lettre ?

M. LE COLONEL HENRY, *d'une voix assez basse*. — En réponse à une note... Je ne puis pas parler plus haut, je suis souffrant.

J'ai écrit au colonel Picquart à la fin de mai, en réponse à une note de lui, et je lui disais — je me souviens à peu près du sens, mais pas très bien, car je n'ai pas revu cette lettre depuis le moi de mai :

« En réponse à votre note du (je ne sais si c'est 12)...

Mᵉ CLÉMENCEAU. — Cela n'a aucune importance.

M. LE COLONEL HENRY. — « ...j'ai l'honneur de vous informer qu'au sujet des mots *mystère* et *mensonges* qui sont contenus dans cette note, on a fait une enquête au Service. De cette enquête, il résulte que le mot *mystère*, du moins, peut s'appliquer aux faits suivants : Ouverture d'une correspondance à laquelle personne, ici, n'a jamais rien compris et qui était absolument étrangère au service; ensuite, ouverture d'un dossier secret, à la suite delaquelle ouverture des indiscrétions graves ont été commises; et, enfin, propositions faites à deux officiers du Service de certifier, le cas échéant, qu'un document placé au Service émanait d'une personne connue. »

J'ajoutais : « Quant au mot *mensonges*, je ne sais où, comment et à qui l'appliquer.

« Veuillez, je vous prie, mon colonel, agréer l'expression de mes sentiments respectueux. »

C'est cette lettre, paraît-il, qu'on appelle irrespectueuse. Je tenais absolument à faire voir qu'elle était dans la forme voulue. Si, du reste, elle n'avait pas été respectueuse, le colonel Picquart, qui était colonel alors que je n'étais que commandant, aurait pu le relever; il ne l'a pas fait et ne s'est jamais plaint.

Mᵉ CLÉMENCEAU. — Une seule question : Est-ce que M. le colonel Henry n'a pas conféré d'une affaire, — dans l'espèce le nom de l'affaire importe peu, — directement avec M. Leblois? Je ne demande aucun détail.

M. LE COLONEL HENRY. — Il s'agit de l'affaire Boulleau. Un jour, c'était en...

Mᵉ CLÉMENCEAU. — Je vais préciser ma question : Le colonel Henry a-t-il un jour conféré directement avec M. Leblois?

M. LE COLONEL HENRY. — C'est-à-dire que j'ai causé avec le colonel Picquart en présence de M. Leblois. Le colonel Picquart a dit : « Quand nous serons embarrassés dans une question d'espionnage, vous pouvez vous en rapporter à M. Leblois, qui est avocat et pourra... »

Mᵉ CLÉMENCEAU. — Quand M. le colonel Henry voulait envoyer un pli et s'assurer qu'il ne serait pas ouvert, quel moyen employait-il? Avait-il des moyens matériels?

M. LE COLONEL HENRY. — Je ne comprends pas très bien.

Mᵉ CLÉMENCEAU. — Je répète ma question...

M. LE COLONEL HENRY. — Je n'entends pas bien; j'ai pris de la quinine hier, je suis un peu sourd.

Mᵉ CLÉMENCEAU. — Je demanderai la permission à la Cour de vous poser les questions directement, alors que, légalement, je devrais m'adresser à M. le Président.

Quand vous vouliez, de votre bureau, envoyer un pli contenant n'importe quoi dans un autre bureau, n'aviez-vous pas un moyen matériel de vous assurer que ce pli ne serait pas ouvert? Quel était ce moyen matériel ?

M. LE PRÉSIDENT, *au témoin*. — Est-ce que vous n'aviez pas l'habitude de mettre votre signature sur les plis que vous ne vouliez pas qu'on ouvrît?

M. LE COLONEL HENRY. — Non, Monsieur le Président.

Mᵉ CLÉMENCEAU. — Le témoin n'avait pas l'habitude de faire cela ?

M. LE COLONEL HENRY. — Non.

M. LE PRÉSIDENT. — Cependant, un des témoins nous a dit hier...

Mᵉ LABORI *s'adressant au Président*. — Pardon ! Permettez-moi d'intervenir pour demander que la question soit posée comme nous le demandons, parce que nous arriverons à une contradiction si le témoin n'est pas prévenu à l'avance. Je proteste, il en a déjà été trop dit. Je demande que la question soit ainsi posée: M. le colonel Henry l'a-t-il fait une fois ?

Mᵉ CLÉMENCEAU. — Un mot : je crois que la loi, en exigeant que les témoins soient entendus isolément, les uns après les autres, en ordonnant que les témoins n'assistent à aucune partie des débats avant d'avoir déposé, a voulu assurer qu'à aucun point de vue...

M. LE PRÉSIDENT. — Quand vous aurez fini de poser vos questions, je ferai venir qui bon me semblera.

Mᵉ LABORI. — Moi, je demanderai acte à la Cour de ce qu'une question posée par l'un de nous a été transformée par M. le Président avant d'être transmise.

M. LE PRÉSIDENT. — Je ne transforme pas la question, je la dis à votre témoin, et personne n'a à y contredire ; les questions que je pose, j'en suis maître absolu, il n'y a pas de conclusions à poser là-dessus. Je poserai les questions comme mon devoir et comme ma conscience me le feront faire. Maintenant, personne n'a rien à dire ni d'observations à faire.

Continuez vos questions.

Mᵉ CLÉMENCEAU. — Monsieur le Président, je ne pense pas que votre observation s'adresse à moi.

Mᵉ LABORI. — Si elle s'adresse à moi, je vais répondre, je demanderai la parole.

M. LE PRÉSIDENT. — Vous n'avez pas à répondre. Vous n'avez pas la parole.

Mᵉ LABORI. — Mᵉ Clémenceau fait une distinction.

Mᵉ CLÉMENCEAU. — Il n'y a aucune distinction à faire entre la défense, ou du moins, je l'estime ainsi.

J'ai dit, et j'ai voulu dire — car je tiens à maintenir ce que j'ai voulu dire — qu'en l'espèce, je supposais que l'observation de M. le Président ne pouvait pas s'adresser à moi, parce que M. le Président m'avait autorisé à poser des questions au témoin.

M. LE PRÉSIDENT. — Je vous y autorise encore.

Mᵉ CLÉMENCEAU. — Voilà qui est entendu; mais si vous ne me

permettez pas de terminer mon explication, vous ne pourrez pas savoir si elle a une portée utile.

Le témoin a-t-il mis quelquefois sa signature au dos d'un pli pour s'assurer qu'il ne serait pas ouvert?

M. LE COLONEL HENRY. — Là, je puis répondre. J'ai mis ma signature au dos du dossier secret dont il a été parlé tout à l'heure. J'ai écrit cette signature au crayon bleu.

Mᵉ CLÉMENCEAU. — A quelle date, à un mois près?

Etait-ce au temps de la direction du colonel Sandherr?

M. LE COLONEL HENRY. — Ah! oui, oui.

C'était probablement en 1895.

M. LE PRÉSIDENT, *cherchant du regard dans la salle*. — Le témoin Gribelin?

Mᵉ CLÉMENCEAU. — Le témoin Gribelin a dit qu'il avait vu le dossier sur le bureau du colonel Picquart, et je crois qu'il vient d'être dit que c'était le colonel Picquart qui l'avait demandé à M. Gribelin?

M. LE COLONEL HENRY. — Ah! antérieurement, pendant ma permission, mais il l'avait gardé depuis.

Mᵉ CLÉMENCEAU. — Mais c'était pendant votre permission.

M. LE COLONEL HENRY. — Parfaitement.

Mᵉ CLÉMENCEAU. — A quelle époque?

M. LE COLONEL HENRY. — C'est au mois d'août probablement.

Mᵉ CLÉMENCEAU. — Au mois d'août, retenons la date.

M. LE COLONEL HENRY. — Probablement, je n'étais pas là.

Mᵉ CLÉMENCEAU. — Quelle année?

M. LE COLONEL HENRY. — 1896.

Mᵉ CLÉMENCEAU. — Quand votre permission a-t-elle pris fin?

M. LE COLONEL HENRY. — Dans les premiers jours de septembre, ou plutôt à fin septembre; je pars généralement pour l'ouverture de la chasse.

Mᵉ CLÉMENCEAU. — Avant fin octobre?

M. LE COLONEL HENRY. — Oui.

M. LE PRÉSIDENT, *appelant*. — Monsieur Gribelin?

(*Le témoin Gribelin s'avance vers la barre.*)

CONFRONTATION

M. le lieutenant-colonel Henry, M. Gribelin, M. Leblois, M. le général Gonse.

M. ZOLA. — Monsieur le Président, je demanderai à poser une question.

M. LE PRÉSIDENT. — Tout à l'heure.

M. ZOLA. — J'aurai alors une question à poser au témoin.

M. LE PRÉSIDENT. — Monsieur Gribelin, vous avez dit à l'audience d'hier que vous étiez entré un jour dans le cabinet du colonel Picquart, que vous l'aviez trouvé assis à côté de M. Leblois, avocat ; qu'il y avait sur son bureau un dossier relatif aux pigeons voyageurs, et à côté de ce dossier un pli. Sur ce pli, il y avait une signature ; quelle était cette signature ?

M. GRIBELIN. — C'était un paraphe au crayon bleu.

M. LE PRÉSIDENT. — De qui ?

M. GRIBELIN. — Du colonel Henry.

M. LE PRÉSIDENT. — Voilà ce que déclare M. Gribelin.

Me CLÉMENCEAU. — Ce n'est pas cela que nous avons discuté. Le témoin a dit hier, si je ne me trompe, que, quand il était entré chez le colonel Picquart, il avait vu le colonel Picquart assis, ayant devant lui un dossier de pigeons voyageurs, et, à côté, un dossier contenu dans une enveloppe portant la signature du colonel Henry. Est-ce bien cela ?

M. GRIBELIN. — Parfaitement.

Me CLÉMENCEAU, *se tournant vers le colonel Henry*. — Le colonel Henry a dit que c'était le colonel Picquart qui avait demandé le dossier à M. Gribelin pendant que lui, le colonel Henry, était en permission. C'est bien cela ?

M. LE COLONEL HENRY. — Oui.

Me CLÉMENCEAU. — Ce que dit le colonel Henry, c'est bien que, depuis le jour où le colonel Picquart a demandé le dossier, il l'a gardé jusqu'à sa sortie du ministère ?

M. LE COLONEL HENRY. — Par devers lui, jusqu'à sa sortie du ministère.

Me CLÉMENCEAU. — Donc, le colonel Picquart n'a demandé le dossier qu'une fois à M. Gribelin ?

M. GRIBELIN. — Je n'ai donné le dossier qu'une fois ; on ne me l'a jamais rendu après.

Me CLÉMENCEAU. — Ce que nous voudrions bien savoir, comme je le demandais tout à l'heure, c'est ceci : Quand M. Gribelin est entré dans le bureau du colonel Picquart, le dossier était-il sur le bureau du colonel Picquart ou bien, comme dit le colonel Henry, est-ce le colonel Picquart qui a demandé le dossier à M. Gribelin ? Si c'est M. Gribelin qui a apporté le dossier, il n'a pas pu le voir sur la table.

M. GRIBELIN. — Mais, pardon, j'ai donné le dossier vers fin août, premiers jours de septembre, et je suis entré chez le colonel Picquart bien plus tard : ce n'est que deux mois, six semaines après, que je suis rentré dans le bureau du colonel Picquart.

Il était nuit.

Me CLÉMENCEAU. — Il était nuit ? Ce n'est pas une date.

M. LE PRÉSIDENT. — La date n'a pu être précisée.

Me CLÉMENCEAU. — Permettez-moi de rectifier : Je crois que la date n'a pas *voulu* être précisée.

Cette observation ne s'adresse pas à la Cour. Il y a eu deux témoins à cette barre qui ont émis des affirmations contradictoires : nous demandons — en vain — qu'on les départage.

M. LE PRÉSIDENT, *à M. le colonel Henry*. — Vous avez vu plusieurs fois M. Leblois, avocat, chez M. le colonel Picquart ?

M. LE COLONEL HENRY. — De très nombreuses fois, de vingt à trente fois.

Me LABORI. — Je tiens à préciser une question de Me Clémenceau.

M. Leblois n'a-t-il pas un jour conféré directement d'une affaire d'espionnage avec M. le lieutenant-colonel Henry? (*Mouvement de surprise dans l'auditoire.*)

En effet, Messieurs les jurés, une affaire d'espionnage comprend des côtés juridiques, et, à un moment donné, on peut se demander si tel ou tel moyen de droit est susceptible d'être employé dans telle ou telle circonstance. Eh bien! M. le lieutenant-colonel Picquart a, à diverses reprises, conféré avec M. Leblois sur des questions de ce genre, notamment à propos d'un dossier de pigeons voyageurs, dont le caractère n'est contesté ni par lui, ni par personne. Je tiens à demander à M. le lieutenant-colonel Henry si lui-même n'a pas un jour conféré au même point de vue, pour s'édifier, pour se renseigner, avec M. Leblois à propos d'une affaire déterminée, dont il était chargé.

M. LE COLONEL HENRY. — Je n'ai pas conféré avec M. Leblois. Ainsi que je l'ai dit tout à l'heure, le lieutenant-colonel Picquart m'a dit devant M. Leblois : « Lorsque, pour des affaires d'espionnage, nous aurons besoin d'un avocat, je pourrai m'adresser à M. Leblois, qui est avocat. »

Quant à ce qui est dans le dossier des pigeons voyageurs dont vous parliez tout à l'heure, permettez-moi de vous dire qu'il n'y a aucune analogie entre les deux, entre le dossier d'espionnage et le dossier des pigeons voyageurs, qui est un dossier absolument secret sur lequel nous avons à rester muets... Permettez-moi de ne pas insister.

Me LABORI. — Ce dossier, en effet, n'a rien qui nous intéresse, mais je reviens à ma question. N'y a-t-il pas un dossier dont M. le lieutenant-colonel Henry s'est occupé personnellement, parce qu'il en était spécialement chargé? N'en a-t-il pas conféré avec M. Leblois pour avoir son avis sur ce point?

M. LE COLONEL HENRY. — Je réponds : je n'ai jamais conféré avec M. Leblois. Il a été question devant moi, entre le colonel Picquart et M. Leblois, d'affaires d'espionnage, mais je ne suis pas entré en conférence avec M. Leblois, ni avec qui que ce soit.

Me LABORI. — Mais, que M. Henry ait conféré seul, ou en présence de M. le colonel Picquart, avec M. Leblois, peu importe. M. le colonel Henry n'a-t-il pas conféré avec M. Leblois, pour son édification, au point de vue du droit? Ce serait naturel, en fait!

M. LE COLONEL HENRY. — Je n'ai jamais conféré avec M. Leblois; je n'en avais pas besoin, puisque je suis au courant des affaires d'espionnage.

Me LABORI, *s'adressant au Président*. — Je demanderai le retour à la barre de M. Leblois.

M. L'AVOCAT GÉNÉRAL. — Je voudrais savoir à quelle époque

se placent les conférences dont parle M. le lieutenant-colonel Henry, et si, dans l'une quelconque de ces conférences, M. le lieutenant-colonel Henry a constaté quelque chose d'intéressant?

M. LE PRÉSIDENT, *à M. le colonel Henry*. — A quelle époque se placent les conférences, et qu'avez-vous constaté?

M. LE COLONEL HENRY. — Ce doit être en février 1895 ou 1896; plutôt en 1896.

M. LE PRÉSIDENT. — Sur ces conférences, vous n'avez rien à nous faire connaître?

M. LE COLONEL HENRY. — Du tout, monsieur le Président.

M. LE PRÉSIDENT. — Huissier, appelez M. Leblois... (*A Mᵉ Labori.*) Quelle question voulez-vous poser?

Mᵉ LABORI. — Je vous serais reconnaissant de demander à M. Leblois s'il n'a pas conféré avec M. le lieutenant-colonel Henry, au ministère de la guerre, sur une affaire qui était une affaire d'espionnage ou autre, — je ne sais pas exactement, — mais sur une affaire qui était du ressort de M. le lieutenant-colonel Henry ; si, dis-je, M. Leblois n'a pas conféré directement, soit en la présence, soit en l'absence de M. le colonel Picquart, et dans quelles conditions ces conférences ont-elles eu lieu.

M. LEBLOIS. — J'ai eu, sur une affaire qui avait été instruite par le Parquet de Nancy, une conférence assez longue avec le colonel Henry.

M. LE PRÉSIDENT. — En l'absence du colonel Picquart?

M. LE COLONEL HENRY. — Nous avons causé une fois devant le colonel Picquart; celui-ci m'a dit : « Quand nous aurons besoin de renseignements complémentaires sur une affaire d'espionnage, voici M. Leblois qui pourra nous prêter un certain concours »; mais je n'ai jamais conféré avec M. Leblois.

M. LEBLOIS, *s'adressant à M. le colonel Henry.* — Cette conférence a duré plusieurs heures dans votre cabinet. Vous l'avez reconnu devant le Conseil de guerre.

M. LE COLONEL HENRY. — Jamais. Vous faites erreur. Il n'a été question entre nous que du dossier Boulleau. Boulleau était un fourrier qui a été condamné par le Conseil de guerre.

M. LEBLOIS. — Mais il s'agit précisément du dossier Boulleau.

M. LE PRÉSIDENT. — Vous entendez, monsieur Leblois, ce que dit le lieutenant-colonel Henry?

M. LEBLOIS. — Il est possible d'en appeler aux souvenirs des membres du Conseil de guerre.

Mᵉ LABORI. — M. Leblois connaît-il M. le cabinet du lieutenant-colonel Henry?

M. LE COLONEL HENRY. — Je ne me souviens pas d'avoir vu M. Leblois dans mon cabinet.

M. LEBLOIS. — Je regrette de dire que la mémoire du colonel Henry le trompe.

M. LE COLONEL HENRY. — Cela m'étonne beaucoup, car j'ai bonne mémoire.

Me LABORI. — Je demande que M. Leblois soit invité à nous donner une description du cabinet de M. lieutenant-colonel Henry.

M. LEBLOIS. — Je suis prêt à le décrire.

Ce cabinet que je n'ai vu qu'une fois, lors de cette conférence, se trouve à la première porte à droite dans le couloir; la table du lieutenant-colonel Henry est entre deux fenêtres qui donnent toutes deux sur la rue de l'Université; le siège du lieutenant-colonel Henry tourne le dos au mur. C'est sur cette table qu'était placé le dossier de l'affaire Boulleau. Maintenant, si le jury et la Cour le désirent, je puis donner quelques détails...

M. LE COLONEL HENRY. — C'est une description de mon cabinet à peu près exacte; mais j'affirme que je n'ai pas vu M. Leblois dans mon bureau; s'il y est venu quand je n'y étais pas, c'est possible; mais j'affirme que je ne l'y ai pas vu.

Me LABORI. — Cette question a un gros intérêt, quelque minime qu'elle paraisse. La question s'est posée de savoir si M. Leblois avait conféré avec M. le lieutenant-colonel Henry, et le souvenir de M. le colonel Henry ne paraissant pas fixé d'une façon très nette, nous nous sommes demandé si c'était dans son cabinet ou dans celui de M. le colonel Picquart qu'on avait conféré. M. le colonel Henry prétend que M. Leblois n'est jamais entré dans son cabinet; je viens de procéder à une petite opération qui a frappé le jury. Maintenant, je prie M. le Président de vouloir bien poser à M. le lieutenant-colonel Henry la question de savoir s'il maintient énergiquement son affirmation comme M. Leblois maintient la sienne, ou si, au contraire, il reconnaît que sa mémoire peut, à cet égard, lui faire défaut.

M. LE COLONEL HENRY. — Ma mémoire peut me faire défaut mais je ne me le rappelle pas du tout.

M. LEBLOIS. — Je vous répète que je fais appel aux membres du Conseil de guerre. M. Henry a reconnu qu'il avait conféré avec moi sur cette affaire, et, maintenant, s'il est nécessaire, je vais entrer dans quelques détails sur la conférence qui a duré plusieurs heures.

M. LE PRÉSIDENT. — Oh! ce n'est pas nécessaire.

Me LABORI. — Si M. le colonel Henry rend hommage à la mémoire de M. Leblois, je n'insiste pas!

M. LEBLOIS. — Je suis en état d'indiquer un point particulier qui rafraîchira certainement la mémoire de M. Henry.

Me CLÉMENCEAU. — J'espère que M. le Président pourra cette fois autoriser cet éclaircissement.

M. LEBLOIS. — Je ne crois pas qu'il y ait intérêt à laisser les démentis s'échanger ainsi sans rien tirer au clair.

M. LE PRÉSIDENT, *à M. Leblois*. — Donnez ces renseignements en deux mots.

M. LEBLOIS. — Un des points les plus importants de cette affaire était la déclaration d'un commandant de Nancy, le commandant de recrutement, je crois. Il prétendait avoir reconnu un des inculpés; mais il avait une très mauvaise vue et, pour cette raison, sa déclaration pouvait ne pas s'imposer d'une façon absolue. C'était le seul obstacle qui s'opposât à la mise hors de cause d'un certain nombre de civils compromis dans cette affaire, et qui avaient été détenus pendant quelque temps, mais en faveur desquels le Parquet de Nancy proposait une ordonnance de non-lieu. Le point sur lequel j'étais consulté était justement de savoir si on devait suivre l'avis du Parquet de Nancy ou, au contraire, soulever un conflit entre l'autorité militaire et la justice civile, et c'est sur ce point que nous nous étions concertés.

M. LE COLONEL HENRY. — Du tout, du tout; je suis convaincu que le témoin fait erreur et qu'il a conféré de cela avec le lieutenant-colonel Picquart... (*S'adressant à M. Leblois.*) Je connais le commandant de Nancy auquel vous faites allusion, mais pas autre chose.

M. LEBLOIS. — Nous avons conféré pendant deux heures; les pièces étaient sur votre table, à droite.

Me LABORI. — Enfin, on voit que M. Leblois avait accès au ministère de la guerre et que cela n'étonnait pas le colonel Henry.

M. LE PRÉSIDENT. — Mais nous savons cela...

M. ZOLA. — Monsieur le Président, je désirerais adresser une question au colonel Henry.

Ce qui me frappe beaucoup dans cette affaire, ce sont de nombreux points obscurs que je comprends mal moi-même.

M. LE PRÉSIDENT. — Posez une question.

M. ZOLA. — Oui, monsieur le Président, mais il faut que je l'éclaire; on parle toujours du dossier que M. le colonel Henry avait paraphé, qui était, dit-il, sur la table du colonel Picquart, lorsque M. Leblois était présent. Qu'est-ce que ce dossier? — C'est pour MM. les jurés que je pose cette question: je suis certain que MM. les jurés ne comprennent rien à beaucoup de ces points.... Non pas que l'intelligence leur manque, certes; mais je suis convaincu qu'il y a des points obscurs qu'il ne peuvent comprendre, car je ne les comprends pas ou je les comprends mal moi-même. MM. les jurés doivent savoir que si certaines choses leur paraissent trop obscures, ils ont l'autorisation de poser des questions eux-mêmes.

M. LE PRÉSIDENT. — Parfaitement.

M. ZOLA. — Je compte donc, le cas échéant, sur MM. les jurés pour éclairer leur religion. Et je pose simplement cette question : Quel était donc ce dossier paraphé par M. le colonel Henry et qui se trouvait sur le bureau de M. le colonel Picquart?

M. LE COLONEL HENRY. — C'était un dossier secret.

M. ZOLA. — Relatif à quoi?

M. LE COLONEL HENRY. — Un dossier secret.

M. Zola. — C'était le dossier de l'affaire Dreyfus?

M. le colonel Henry. — Non, le dossier Dreyfus est sous scellé depuis 1895 : il n'a jamais été décacheté, à ma connaissance du moins.

M. Leblois. — Je prie la Cour de me permettre d'ajouter un détail en un mot. Voici pourquoi j'ai conféré avec M. Henry de l'affaire Boulleau, c'est parce que c'est lui qui l'avait instruite, qui s'était transporté à Nancy pour faire l'enquête; et c'est pour cela que le colonel Picquart a désiré que l'affaire fût traitée avec le colonel Henry.

M. le colonel Henry. — Remarquez que nous n'étudions pas les affaires, c'est le Parquet qui fait l'enquête et non pas nous.

M. le Président. — Qui est-ce qui choisit l'avocat au ministère de la guerre?

M. le colonel Henry. — Pour les affaires d'espionnage?

M. le Président. — Pour les affaires du ministère de la guerre.

M. le colonel Henry. — Jamais nous ne traitons ces affaires; c'est le Parquet qui les mène; nous nous mettons en relations avec le Parquet pour savoir s'il y a des complices, mais nous n'avons pas affaire à l'autorité judiciaire.

M. le Président, *à M. le général Gonse*. — M. Leblois n'était pas l'avocat du ministère de la guerre?

M. le général Gonse. — En aucune façon.

M. le Président. — Qui choisit l'avocat?

M. le général Gonse. — Je crois que c'est le Ministre de la guerre; mais le ministère a plusieurs avocats et même un certain nombre d'avocats conseils.

Monsieur le Président, M. le colonel Henry est extrêmement souffrant; il a fait un grand effort pour venir ici, car il était dans son lit. Je demande donc à la Cour de l'autoriser à se retirer.

Mᵉ Labori. — Nous sommes tout prêts à compatir aux souffrances que M. Henry a endurées pour venir ici. Je tiens cependant à faire une observation : M. le colonel Henry a dû être pris subitement de ce mal, car hier il était en mission; hier, en mission, aujourd'hui malade. Tout à l'heure, nous allons entendre pour la première fois M. le lieutenant-colonel Picquart; il est possible que M. le lieutenant-colonel Picquart ait besoin d'être confronté avec M. le lieutenant-colonel Henry. Il est donc bien entendu que si M. Henry s'en va, ce sera pour être rappelé et revenir à la barre si c'est nécessaire.

M. le colonel Henry. — Je veux répondre deux mots à Mᵉ Labori : Il a l'air de mettre ma maladie en doute, parce que hier j'étais en mission; mais si je n'étais pas malade, je serais encore en mission. J'ai la fièvre; j'ai dix-huit campagnes d'Afrique et j'ai bien le droit d'avoir la fièvre.

Mᵉ Labori. — Je ne mets rien en doute, mais je dis que c'est une maladie qui a pris M. le lieutenant-colonel Henry en mission.

M. LE GÉNÉRAL GONSE. — Le médecin qui le soigne a donné un certificat.

M. LE PRÉSIDENT. — En effet, voici ce certificat :

« ... Le lieutenant-colonel Henry aurait dû garder la chambre... »

M⁰ LABORI. — Je ne veux pas mettre en doute la parole de M. le colonel Henry ; si j'avais à le faire, je le ferais, parce que si nous devons le respect à tous ceux qui viennent ici, devant la justice, ce n'est que dans la mesure où ils le méritent, — et c'est dans cette mesure que nous le leur rendons.

Je ne discute donc pas la question de maladie de M. le colonel Henry, puisque, d'ailleurs, il apporte à la Cour un certificat de médecin ; la question n'est pas là.

Je dis qu'il est possible que la confrontation entre MM. les colonels Henry et Picquart soit nécessaire, et je dis que M. Henry peut bien se retirer, mais qu'au point de vue, non pas seulement de l'intérêt de la défense de M. Émile Zola, mais de l'intérêt de M. le colonel Henry et du maintien de ses affirmations, je ne puis consentir à ce qu'il se retire que sous la réserve que, si la déposition de M. le colonel Picquart rend sa présence nécessaire, M. le colonel Henry sera obligé de revenir.

M. LE PRÉSIDENT. — Comme l'affaire est loin d'être terminée, si la présence de M. Henry est nécessaire, on le fera revenir ; mais il est inutile de l'obliger à rester à l'audience d'aujourd'hui. Par conséquent, monsieur le colonel Henry, si demain ou après-demain votre état de santé vous le permet, vous aurez l'obligeance de revenir.

L'audience est suspendue.

L'audience est reprise à 2 h. 45.

ARRÊT

sur les conclusions relatives à la demande de commission de trois médecins pour examiner l'état de santé de Mme de Boulancy.

M. LE PRÉSIDENT :

La Cour,

Après en avoir délibéré sans le concours de M. le conseiller Lévrier ;

Statuant sur les conclusions prises par Zola et Perrenx ;

Considérant que, sur la demande de la défense, le docteur Socquet a été commis par la Cour pour examiner l'état de santé de la dame de

Boulancy et dire s'il lui était possible de comparaître devant la Cour d'assises ;

Considérant qu'aux audiences d'hier et de ce jour le docteur Socquet a déclaré que l'état de maladie de la dame de Boulancy était tel qu'il ne lui était pas possible de comparaître ; que l'avis du docteur est basé, non seulement sur l'opinion de son confrère qui a donné des soins au témoin, mais encore sur l'examen personnel auquel il s'est livré ; qu'il n'y a donc lieu de procéder à une nouvelle expertise et de désigner trois autres médecins, ainsi qu'il est demandé dans les conclusions ;

Par ces motifs,

Rejette les conclusions prises par Zola et Perrenx et dit qu'il sera passé outre aux débats.

M. LE PRÉSIDENT, *s'adressant aux défenseurs*. — Il nous reste à statuer sur le surplus des conclusions qui avaient été réservées. Vous aviez demandé dans vos conclusions que, d'abord, on commit un médecin pour examiner l'état de santé de Mlle de Comminges et de Mme de Boulancy ; puis, en second lieu, dans le cas où ces témoins seraient trop souffrants pour pouvoir venir à l'audience, de faire interroger Mlle de Comminges sur huit questions et Mme de Boulancy sur deux questions... Les conclusions que vous avez prises le 7 février, nous les avons réservées pour statuer.

Me CLÉMENCEAU. — Nous pourrions peut-être nous désister des dernières conclusions relatives à Mme de Boulancy, qui doivent être modifiées.

M. LE PRÉSIDENT. — Il faudrait le spécifier par écrit.

Me CLÉMENCEAU. — Nous allons le faire. Voici les nouvelles conclusions que j'ai l'honneur de déposer sur le bureau de la Cour :

CONCLUSIONS
à l'effet d'obtenir que Mme de Boulancy soit interrogée par voie de commission rogatoire.

Plaise à la Cour ;

Attendu que Mme de Boulancy se trouve dans l'impossibilité, à raison de son état de santé, de comparaître devant la Cour d'assises ;

Attendu que son témoignage a la plus grande importance pour la manifestation de la vérité, autant que pour établir la bonne foi des prévenus ;

Par ces motifs,

Dire que, par tel magistrat qu'il plaira à la Cour désigner, Mme de Boulancy sera interrogée et qu'il lui sera posé les questions suivantes :

1° Avez-vous entre les mains ou déposé chez des tiers des lettres du commandant Esterhazy ?

2° Avez-vous reçu récemment des télégrammes du commandant Esterhazy ?

3° Ces télégrammes ne contenaient-ils pas, sous forme de menaces, la demande de restitution des lettres qui sont ou ont été récemment entre les mains de l'un de vos conseils?

4º Ces lettres contiennent-elles des invectives ou des outrages à l'armée et à la France ?

5º Consentez-vous à les faire remettre au Président des assises par le tiers qui les détient ?

M⁰ LABORI. — Je crois devoir ajouter une observation : je dois dire que nous maintenons nos conclusions relatives à M¹¹ᵉ de Comminges.

M. LE PRÉSIDENT. — Voici les conclusions que vous aviez déposées :

Plaise à la Cour ;

Attendu que le témoignage de M¹¹ᵉ Blanche de Comminges est absolument indispensable à la manifestation de la vérité;

Par ces motifs,

Ordonner que sur la réquisition du Ministère public elle sera contrainte par tous moyens de droit de comparaître à l'audience,

Et subsidiairement, pour le cas où elle en serait empêchée par la maladie, après que la Cour aura vérifié la réalité de cette maladie par médecin commis,

Ordonner que par voie de commission rogatoire et par tel de Messieurs les magistrats qu'il plaira à la Cour, commettre,

Elle sera tenue de répondre aux questions suivantes :

1º Sait-elle qu'on a employé son nom pour écrire à M. le colonel Picquart ?

2º Comment le sait-elle ?

3º Ne donnait-elle pas le sobriquet de *Demi-Dieu* à M. le capitaine de Lallemand ?

4º Sait-elle si ce mot n'a pas été employé dans un télégramme argué de faux ?

5º M. le colonel du Paty de Clam n'avait-il pas contre elle et contre sa famille des motifs de rancune ?

6º N'est-il pas à sa connaissance qu'il a eu recours en 1892 à des manœuvres très graves, notamment à l'emploi de lettres anonymes ?

7º M. Lozé, préfet de police, n'a-t-il pas été saisi de cette affaire, et M. le général D... n'a-t-il pas eu à intervenir ?

8º Enfin, M. le colonel du Paty de Clam n'a-t-il pas organisé, pour la restitution d'une lettre, une scène qui se passait au Cours-la-Reine et où il a fait intervenir une dame voilée ?

Sous toutes réserves,

Et ce sera justice.

M⁰ LABORI. — Nous maintenons toutes ces conclusions et je rappelle que si M. le colonel du Paty de Clam n'a pas été interrogé sur tous ces points, c'est qu'il a déclaré qu'il n'y répondrait pas. Si M¹¹ᵉ de Comminges répond et que M. le colonel du Paty de Clam ait besoin de s'expliquer, nous ne nous refuserons pas, bien entendu, à l'entendre.

M. LE PRÉSIDENT. — Huissier, appelez M. Souffrain.
L'HUISSIER AUDIENCIER. — Monsieur le Président, M. Souffrain ne répond pas. — Voici M. de la Batut.

DÉPOSITION DE M. DE LA BATUT

Député.

Me CLÉMENCEAU. — Monsieur le Président, voudriez-vous demander à M. de la Batut si, quand il a fait son volontariat, il n'a pas été directement sous les ordres de M. du Paty de Clam, alors lieutenant ?

M. DE LA BATUT. — J'ai été sous les ordres de M. du Paty de Clam en 1876, pendant que je faisais mon volontariat au 17e de chasseurs à cheval.

Me CLÉMENCEAU. — Voudriez-vous demander au témoin si, pendant qu'il était sous les ordres du lieutenant du Paty de Clam, une punition de quinze jours de prison ne lui a pas été infligée ? pour quel motif elle lui fut infligée ? et dans quelles conditions elle a été levée ?

M. DE LA BATUT. — A cette époque, M. le lieutenant du Paty de Clam était chargé de faire un cours aux engagés conditionnels d'un an. Quand les engagés conditionnels sont arrivés au régiment, on leur a donné pour sujet de composition d'histoire les guerres du premier Empire. J'ai fait ma composition tant bien que mal. Autant que mes souvenirs me permettent de me le rappeler, je l'ai terminée en disant qu'il était à souhaiter que ce fût *l'intelligence et non pas le canon seul qui gouvernât le monde.*

Le lendemain, le lieutenant-colonel commandant le régiment en l'absence du colonel, me fit venir dans la salle des rapports et il me dit : « Vous êtes du Midi ? Vous aurez quinze jours de prison. » (*Rires dans l'auditoire.*) Je répliquai : « Mon colonel, je ne suis pas tout à fait du Midi, je suis de la Dordogne. » — « Si, si, vous êtes du Midi, vous aurez quinze jours de prison pour votre composition », et on m'emmena en prison. Le colonel, qui était absent, revint le lendemain matin ; il trouva probablement ma punition excessive, car il s'empressa de la lever.

Me CLÉMENCEAU. — Cette punition ne fut-elle pas remplacée par une autre d'un caractère un peu plus général ?

M. DE LA BATUT. — Si ; le colonel me dit : « Je lève votre punition parce qu'on est allé un peu loin et que vous n'avez pas encore l'esprit militaire ; mais tous vos camarades et vous, vous serez privés de permission pendant un mois.

M. LE PRÉSIDENT. — Voudriez-vous nous dire, sur la demande de M. l'Avocat général, le numéro de votre régiment et la date où vous y étiez ?

M. DE LA BATUT. — C'était en 1876, et le régiment était le

17ᵉ de chasseurs à cheval, qui se trouvait à ce moment-là au camp de Rocquencourt.

Mᵉ CLÉMENCEAU. — Alors, une dernière question : Le témoin voudrait-il nous faire savoir si cette punition, au début de sa carrière militaire, « a nui à son avancement » et quel grade il occupe dans l'armée à l'heure actuelle ?

M. DE LA BATUT. — Cette punition n'a en rien nui à mon avancement ; je suis aujourd'hui officier de cavalerie dans l'armée territoriale.

Mᵉ CLÉMENCEAU. — M. de la Batut était bien sous les ordres de M. le lieutenant du Paty de Clam, qui était chargé de faire un cours aux conditionnels ?

M. DE LA BATUT. — Oui, il nous faisait un cours.

Mᵉ CLÉMENCEAU. — Est-ce par ordre du lieutenant du Paty de Clam qu'a été faite la composition ?

M. DE LA BATUT. — Je crois que c'est sur l'ordre du colonel, commandant le régiment.

M. LE PRÉSIDENT. — Qui est-ce qui a prononcé la punition ?

M. DE LA BATUT. — C'était le lieutenant-colonel marquis de Grasse ; et le colonel, qui le lendemain a levé la punition, était le colonel Olivier.

M. LE PRÉSIDENT. — Vous entendez, maître Clémenceau ?

Mᵉ CLÉMENCEAU. — Oui ! mais, pour préciser une dernière fois : Qui est-ce qui a porté à la connaissance du lieutenant-colonel le texte de la composition ?

M. DE LA BATUT. — C'est, je pense, l'officier qui a corrigé la composition des conditionnels.

Mᵉ CLÉMENCEAU. — Est-ce M. du Paty de Clam ?

M. DE LA BATUT. — C'est possible ; mais je n'en sais rien.

Mᵉ LABORI. — Je pense qu'on pourrait peut-être faire rappeler M. du Paty de Clam.

DÉPOSITION DE M. LE COMMANDANT BESSON D'ORMESCHEVILLE

Mᵉ LABORI. — Est-ce que le témoin voudrait bien nous dire si toutes les charges qui pesaient sur le capitaine Dreyfus ont été consignées dans son rapport qui a été publié ces derniers temps et qui émane de lui ?

M. LE PRÉSIDENT. — La question ne sera pas posée.

Mᵉ LABORI. — Alors, monsieur le Président, comme j'ai un certain nombre de questions à poser, qui ne seront pas posées, je vais vous les indiquer successivement :

Pourquoi M. le commandant d'Ormescheville a-t-il dit dans son rapport que Dreyfus était joueur ?

Sur quoi s'est-il appuyé pour parler des relations qu'aurait eues Dreyfus avec Mᵐᵉ Dida ?..... etc., etc.

Et nous allons encore gagner du temps, car j'ai un certain nombre de témoins à qui je voulais poser des questions dans le même sens : M. Vallecalle, greffier du premier Conseil de guerre, qui devait déposer sur la pièce secrète ; M. Maurel, président du Conseil de guerre, auquel je voulais poser la même question ; MM. Echemann, Gallet, Roche, tous membres du Conseil de guerre, et enfin j'arrive à M. le général de Pellieux.

M. LE PRÉSIDENT. — Et le commandant Ravary ?

Me LABORI. — Si vous voulez me le permettre, dans l'intérêt de la rapidité de l'affaire, je vous demanderai la permission de nous autoriser à prendre des conclusions qui, visant tous les témoins auxquels vous refuserez de poser nos questions, seront les suivantes :

1° Donner acte à la défense de ce que les questions ci-après n'ont pas été posées aux témoins N..., N..., et N.....;
2° Donner acte à la défense de ce qu'à la suite du refus de M. le Président de poser ces questions, la défense a cru devoir renoncer à l'audition de ces témoins.

M. LE PRÉSIDENT. — Mais c'est toujours la même chose, et il faut que vous renonciez...

Me LABORI. — Eh bien ! alors, nous allons les entendre successivement et, pour chacun d'eux, nous demanderons acte de votre refus de poser nos questions !

M. LE PRÉSIDENT. — Pour les témoins du groupe Le Brun-Renaud, vous avez renoncé ?

Me LABORI — Mais je ne renonce pas pour ceux-là.

DÉPOSITION DE M. VALLECALLE
greffier du Conseil de guerre.

Me LABORI. — Voulez-vous demander au témoin s'il est à sa connaissance, en sa qualité de greffier du Conseil de guerre, qui en 1894 a condamné Dreyfus, qu'une pièce secrète ait été produite au Conseil de guerre sans avoir été communiquée à la défense ?

M. LE PRÉSIDENT. — La question ne sera pas posée.

Me LABORI. — Je demande acte du refus de poser la question.

M. LE PRÉSIDENT. — C'est toujours la même chose.

DÉPOSITION DE M. LE COLONEL MAUREL

Me LABORI. — Monsieur le Président, je vous demanderai de poser la même question, celle de savoir si, en sa qualité de président du premier Conseil de guerre qui a jugé le capitaine

Dreyfus en 1894, il a eu connaissance d'une pièce secrète communiquée en dehors de la défense ?

M. LE PRÉSIDENT. — La question ne sera pas posée.

DÉPOSITION DE M. LE COLONEL ECHEMANN

M⁰ LABORI. — M. Echemann était un des juges de l'ex-capitaine Dreyfus ; voulez-vous bien lui demander si, comme tel, il a eu connaissance, qu'en dehors de la défense, une pièce secrète ait été communiquée au Conseil de guerre?

M. LE PRÉSIDENT. — La question ne sera pas posée.

DÉPOSITION DE M. LE COMMANDANT PATRON

M⁰ LABORI. — Je serais reconnaissant à M. le Président de vouloir bien demander à M. le commandant Patron si, comme juge du premier Conseil de guerre qui a jugé le capitaine Dreyfus, il a eu connaissance qu'une pièce ait été communiquée en dehors de la défense?

M. LE PRÉSIDENT. — La question ne sera pas posée.

MM. Gallet et Roche ne répondent pas.

M⁰ LABORI. — Nous renonçons à leur témoignage.

M. LE PRÉSIDENT. — Voulez-vous prendre note, monsieur le greffier, que l'on renonce à ces dépositions.

A l'Huissier-audiencier. — Faites venir M. le commandant Ravary.

DÉPOSITION DE M. LE COMMANDANT RAVARY

M⁰ LABORI. — Voici, monsieur le Président, ce que je lis dans le rapport de M. le commandant Ravary, qui a été publiquement lu à l'audience du Conseil de guerre dans l'affaire Esterhazy :

> Un soir que le lieutenant-colonel Henry, de retour à Paris, était entré brusquement chez M. Picquart, il aperçut M. Leblois, avocat, dont le colonel recevait de fréquentes et longues visites, assis auprès du bureau et compulsant avec lui *le* dossier secret.

M. ZOLA. — Mais, tout à l'heure, M. le colonel Henry a dit que ce n'était pas le dossier secret.

M. LE PRÉSIDENT. — Nous ne pouvons pas tout dire à la fois.

M. LE COMMANDANT RAVARY. — Il y a une erreur, c'est *un* dossier secret.

Me LABORI. — Je rectifie ; disons *un* dossier secret.

Une photographie portant ces mots : *Cette canaille de D...*, était sortie du dossier et étalée sur le bureau.

Je demande d'abord, non pas ce que contenait ce dossier, puisqu'il est secret, — et qu'on ne manquerait pas de me répondre comme toujours : « Je ne répondrai pas », — mais je demande ce qu'il concernait, et quelle affaire..., cela n'a rien de secret ?

M. LE PRÉSIDENT. — Pouvez-vous répondre à cette question ?

M. LE COMMANDANT RAVARY. — Je ne saisis pas très bien... Un témoin a dit, paraît-il, qu'il y avait une pièce étalée entre M. Leblois et M. le colonel Picquart.

M. LE PRÉSIDENT. — C'est dans l'affaire Esterhazy ?

M. LE COMMANDANT RAVARY. — Oui, c'est dans l'affaire Esterhazy ; je n'en sais pas davantage.

Me LABORI. — A moins qu'il ne soit entendu que toujours on trouvera une échappatoire, j'insiste avec la plus grande énergie pour obtenir une réponse de M. Ravary ; nous sommes ici en plein dans l'affaire Esterhazy, nous avons le rapport de M. Ravary dans cette affaire. M. Ravary faisait les fonctions de rapporteur et il était chargé officiellement de l'instruction de l'affaire ; il n'est pas possible qu'il ait accepté des témoignages, — lesquels d'ailleurs, et je fais des réserves à cet égard, ont été contredits à cette audience par les témoignages de MM. Gribelin et Henry ; — mais, enfin, il n'est pas possible que M. Ravary ait accepté des témoignages sans demander aux témoins des dépositions complètes ; il n'est pas possible qu'il ait été question d'une chose aussi grave qu'un dossier secret, dans une audience du Conseil de guerre, dans un rapport lu au Conseil de guerre, sans qu'aujourd'hui on sache ce qu'il en est.

Je ne demande pas à M. le commandant Ravary de dire ce qu'était le dossier secret ; mais ce que je lui demande, et, sur ce terrain, ma demande restera entière, c'est de dire à quel fait se référait ce dossier. Si le témoin ne peut répondre, j'en conclurai, — et j'en tirerai un parti singulier au point de vue de ma discussion, — que les instructions judiciaires devant le Conseil de guerre sont faites comme nous ne les avons jamais vu faire dans les procès où nous avons l'habitude de plaider.

M. LE COMMANDANT RAVARY. — Je proteste absolument contre les allégations de Me Labori : toutes nos instructions sont faites avec la plus grande honnêteté et la plus grande conscience. Quant à la pièce, dont parle Me Labori, elle ne m'intéressait pas. Voici pourquoi : j'avais un accusé devant moi, c'était le commandant Esterhazy ; je devais chercher à faire la preuve, soit de son innocence, soit de sa culpabilité ; et cette pièce n'avait rien à faire, en ce qui concerne le commandant Esterhazy.

Mᵉ Labori. — Il est bien entendu qu'on a compris la réponse; la réponse faite, j'en prends acte et je continue.

Voici la suite du rapport de M. Ravary, et nous entrons, de plus en plus, dans l'affaire Esterhazy :

« Si l'on considère... »

Et je vous prie, messieurs les jurés, de peser toutes ces paroles :

« Si l'on considère que c'est une pièce identique qui a été envoyée au Ministre de la guerre par l'inculpé... »

Par Esterhazy, vous entendez bien, Messieurs! une pièce identique! c'est bien une pièce du dossier Esterhazy!

« ... on est amené à se demander si l'identité entre ces deux pièces n'est pas le résultat d'une indiscrétion. »

Ce n'est pas ce qui m'inquiète!

La pièce qui était entre M. Leblois et M. Henry, à supposer que ce soit vrai, est la même que ce fameux *document libérateur*, qui a été remis par une dame voilée à M. le commandant Esterhazy, qui l'a transmis à son tour au Ministre de la guerre. Cette pièce est une pièce du dossier Esterhazy. Je demande à M. le Président de demander à M. Ravary, qui a fait l'instruction, quelle était cette pièce?

M. le commandant Ravary. — Je l'ignore complètement.

Mᵉ Labori. — Cela me suffit, je suis édifié.

Mᵉ Clémenceau. — Le témoin dit, dans son rapport, qu'il y avait un dossier *ouvert* sur le bureau du colonel Picquart; je voudrais savoir s'il maintient ses affirmations.

M. le commandant Ravary. — Je ne saisis pas bien.

Mᵉ Clémenceau, *s'adressant au témoin*. — Il y a, dans votre rapport, qu'il y avait un dossier ouvert sur le bureau du colonel Picquart.

M. le commandant Ravary. — Cela devait se trouver dans les dépositions des témoins.

Mᵉ Clémenceau. — De quels témoins?

M. le commandant Ravary. — Soit dans la déposition du colonel Henry, soit dans la déposition de M. Gribelin.

Mᵉ Clémenceau, *s'adressant à la Cour*. — Je rappelle à la Cour que M. Gribelin a dit qu'il y avait *dans une enveloppe* un dossier, que le colonel Henry a dit la même chose, et, dans ces conditions, je demande à M. le Président de vouloir bien faire rappeler M. Gribelin à la barre.

M. le commandant Ravary. — J'ai dit : Soit de M. Gribelin, soit du colonel Henry.

M. le Président, *à Mᵉ Clémenceau*. — Voudriez-vous répéter votre question?

Mᵉ Clémenceau. — Je voudrais que M. Gribelin répète ce

qu'il a dit concernant le dossier qui se trouvait sur le bureau du colonel Picquart, le jour où on avait, selon son expression, « allumé une lampe ».

M. GRIBELIN. — J'ai dit que le dossier était enfermé dans une enveloppe jaune; le dossier n'était pas épars; j'ai même spécifié dans ma déposition écrite qu'on ne compulsait pas le dossier.

M. LE COMMANDANT RAVARY. — M. Gribelin a vu cela, mais demandez au colonel Henry...

Me CLÉMENCEAU. — Voilà deux fois que M. Gribelin affirme que le dossier était dans une enveloppe...

M. L'AVOCAT GÉNÉRAL. — Dans une enveloppe ouverte.

Me CLÉMENCEAU. — Oui.

M. LE COMMANDANT RAVARY. — Mon rapport est l'expression sincère du dossier; qu'on demande ce dossier!

Me CLÉMENCEAU. — M. Gribelin a dit : *dans une enveloppe*. M. l'Avocat général ajoute : *dans une enveloppe ouverte*. Or, une enveloppe ouverte, pour tout le monde, c'est une enveloppe dont la partie qui doit être collée n'est pas collée...

M. GRIBELIN. — L'enveloppe était coupée dans le sens longitudinal.

Me CLÉMENCEAU. — Alors, le dossier était dans une enveloppe et le côté de l'enveloppe était coupé. Moralité : il était impossible de savoir ce qu'il y avait dans l'enveloppe.

M. LE COMMANDANT RAVARY. — Mais il n'y a pas eu qu'une seule visite, il y en a eu plusieurs. M. Leblois a été vu plusieurs fois chez M. le colonel Picquart.

M. LE PRÉSIDENT. — Nous le savons.

Me CLÉMENCEAU. — Ne sortons pas de la question. Le jour où M. Gribelin est entré, il a dit qu'il y avait un dossier de pigeons voyageurs d'abord, puis un dossier dans une enveloppe; il vient de le répéter, je crois que c'est acquis.

M. LE PRÉSIDENT. — Parfaitement.

Me CLÉMENCEAU. — Dans le rapport, il est dit qu'il y avait un dossier ouvert, d'où sortait cette pièce renfermant ces mots : *Cette canaille de D...*

M. LE COMMANDANT RAVARY. — Mais ce n'est pas la déposition de M. Gribelin qui m'a fait écrire cela dans mon rapport : c'en est une autre... Demandez communication du dossier Esterhazy et vous verrez.

Me LABORI. — Mais nous ne demandons que cela!

M. LE COMMANDANT RAVARY. — Cela ne me regarde pas. J'ai agi en honnête homme dans la circonstance, voilà tout.

Me LABORI. — Il n'est pas question de votre honnêteté.

Me CLÉMENCEAU. — Le fait étant acquis, je crois qu'il est inutile d'insister maintenant.

DÉPOSITION
DE M. LE GÉNÉRAL DE PELLIEUX

Me Labori. — Voudriez-vous, monsieur le Président, demander à M. le général de Pellieux dans quelles conditions, au cours de l'information dont il était chargé, a été versé au dossier le bordereau attribué en 1894 au capitaine Dreyfus et sur lequel, ensuite, a eu lieu une expertise, les experts ayant d'ailleurs déposé au procès Esterhazy?

M. le Président. — Parlez-nous du procès Esterhazy en ce qui concerne cette pièce, mais seulement relativement au procès Esterhazy.

M. le général de Pellieux. — Monsieur le Président, avec l'autorisation de Me Labori, je demande à exposer entièrement mon enquête dans l'affaire Esterhazy.

Me Labori. — Nous ne pouvons que vous écouter avec respect et intérêt, monsieur le général.

M. le général de Pellieux. — Profondément respectueux de la justice de mon pays, je n'ai pas voulu me retrancher derrière le secret professionnel. Quoique j'aie agi comme officier de police judiciaire dans l'affaire Esterhazy, je sens qu'il faut que toute la vérité soit connue, et je la dirai…

Me Clémenceau. — Nous retenons cette parole de M. le général de Pellieux.

M. le général de Pellieux. — Je mets une réserve : je ne pourrai pas parler de l'affaire Dreyfus que je ne connais pas ; je ne pourrai pas révéler et parler de choses qui intéressent la défense du pays, et je pense que Me Labori ne me posera pas de questions sur ce point.

Me Labori. — Monsieur le général.....

M. le Président. — Vous venez de dire vous-même qu'il fallait écouter le général de Pellieux en silence, et vous êtes le premier à l'interrompre.

Me Labori. — Je croyais que M. le général de Pellieux s'adressait à moi, et comme il marquait un temps... Maintenant, je suis très respectueux de sa déposition et je vais l'écouter dans le plus grand silence.

M. le Président. — Continuez, monsieur le général.

M. le général de Pellieux. — Je demande en outre à ne pas citer des noms qui pourraient être compromettants ; je répondrai, lorsque j'aurai fini ma déposition, à toutes les questions qui me seront posées.

J'ai fait deux enquêtes sur le commandant Esterhazy : une première enquête militaire comme chef du commandant Esterhazy en non-activité pour infirmités temporaires, dans le département de la Seine. Le 14 novembre dernier, M. Mathieu Dreyfus adressait au Ministre de la guerre une plainte contre le commandant Esterhazy ; il l'accusait formellement d'être l'auteur du bordereau qui avait fait condamner son frère ; il se basait dans son accusation sur une similitude absolue d'écritures. Le 16, je reçus, du gouverneur militaire de Paris, l'ordre de faire une enquête purement militaire. J'étais chargé de mettre M. Mathieu Dreyfus en demeure d'apporter la preuve de son accusation. Je fis venir M. Mathieu Dreyfus, il ne m'apporta aucune preuve d'aucune espèce, rien que des allégations.

En réalité, mon enquête était virtuellement terminée. Je n'étais chargé que de lui demander la preuve, mais je sentais, devant l'émotion publique qui s'était produite à la suite de la dénonciation, que je ne pouvais pas m'arrêter.

Du reste, sur ces entrefaites, je recevais une lettre de M. Mathieu Dreyfus me demandant d'entendre M. Scheurer-Kestner, vice-président du Sénat. Je convoquai M. Scheurer-Kestner qui se rendit immédiatement à mon invitation ; je demandai à M. Scheurer-Kestner son dossier ; il me répondit qu'il n'en avait pas, mais que M. Leblois en avait un et qu'il ne doutait pas qu'il ne me le communiquât. M. Scheurer-Kestner me fit en outre la déclaration suivante, que j'écrivis sous sa dictée :

« Je ne connais pas le colonel Picquart, je ne l'ai jamais vu, je n'ai eu avec lui aucun rapport direct ni indirect ; si on ne fait pas venir le colonel Picquart, l'enquête ne sera ni sérieuse, ni sincère, ni complète. »

J'écrivis cette déclaration sous la dictée de M. Scheurer-Kestner ; je n'avais rien à lui demander, il se retira.

Je convoquai alors M. Leblois. M. Leblois vint. Il avait un dossier ; ce dossier se composait de lettres, fac-similés d'écriture du commandant Esterhazy, d'un télégramme en lettres d'imprimerie qui avait été adressé à M. Scheurer-Kestner et dont je ne me rappelle pas les termes, puis, il y avait quatorze lettres du général Gonse. Ces quatorze lettres, il me les montra ; je les lus, je lus également les brouillons des lettres adressées par le colonel Picquart à M. Leblois.

Il me dit qu'il avait eu des relations très anciennes avec le colonel Picquart, qu'il avait été souvent le voir au ministère et il me fit l'historique de ses relations avec le colonel Picquart au ministère.

Ces relations sont donc avouées. M. Leblois a été au ministère de la guerre, il a entre les mains des lettres du colonel Picquart... Mais, avant de poursuivre, je vous demande la permission de revenir en arrière sur la déposition de M. Scheurer-Kestner. M. Scheurer-Kestner me dit en outre : « Voyez M. Leblois, il a un dossier, je ne doute pas qu'il ne vous le communique ; il m'a dit qu'il existait au ministère de la guerre un dossier contre le commandant Esterhazy dans lequel se trouvait une pièce qui prouvait sa trahison. »

Je demandais à M. Leblois si ce dossier existait, il me répondit : oui.

Je le répète, le colonel Picquart a dit à M. Leblois qu'il existait au ministère de la guerre un dossier dans lequel se trouvait une pièce qui accusait formellement le commandant Esterhazy de trahison; je mets au défi qu'on me démente ! Voilà la communication du dossier secret ; elle est prouvée, elle est patente.

Maintenant, je peux m'expliquer sur les lettres du général Gonse. Ces lettres n'ont aucunement trait à l'affaire Dreyfus, elles s'appliquent exclusivement à l'affaire Esterhazy. Le général Gonse recommande à son subordonné la plus grande prudence, il lui dit qu'il ne veut pas l'arrêter dans son enquête, naturellement, — jamais on n'a arrêté une enquête commencée, — mais il lui dit en même temps qu'il se garde de prendre des mesures irréparables ; ces mesures consistaient, pour le colonel Picquart, à faire arrêter immédiatement le commandant Esterhazy.

J'avais un compte-rendu à fournir; je l'ai fourni au gouverneur militaire de Paris, et je puis vous dire quelles étaient mes conclusions. Je disais : contre le commandant Esterhazy, aucune preuve, mais, contre le colonel Picquart, une faute grave relevée, au point de vue militaire — je faisais une enquête militaire. — Le colonel Picquart a mis entre les mains d'un tiers des pièces, des lettres de ses chefs ayant trait uniquement au service militaire, faute militaire grave ! Il a donné connaissance de renseignements secrets du ministère de la guerre à M. Leblois. A mon avis, il doit être frappé. Mais je demandai, ainsi que M. Scheurer-Kestner le demandait, que le colonel Picquart fût entendu et qu'il pût venir se défendre. Voilà les conclusions de mon premier rapport.

A la suite de l'envoi du premier rapport, il paraît qu'il y avait eu erreur ou confusion et que l'intention du Ministre était que l'enquête que je devais faire fût une enquête judiciaire. Le gouverneur ne l'avait pas compris ainsi, ni moi non plus.

Le 16... Non !... les dates ne sont pas bien présentes à ma mémoire.., le 21 novembre — mon rapport a été remis le 20 — le 21 novembre donc, j'ai reçu l'ordre de commencer une enquête comme officier de police judiciaire, et j'ai pris à cette date le commandement de la place de Paris, qui m'investissait de cette qualité.

Je commençai immédiatement cette enquête, mais dans des conditions différentes, c'est-à-dire que je pris avec moi un greffier et que j'agis comme magistrat.

Ma première opération était alors de convoquer l'accusé et de lui donner connaissance des charges qui pesaient sur lui. Mais, avant, je fis faire une perquisition chez le colonel Picquart.

J'ai été très vivement attaqué pour cette perquisition. Je dois dire que c'était mon droit absolu ; j'étais à ce moment officier de police judiciaire, et le Code de justice militaire m'en donnait le droit.

J'ajouterai que c'était mon devoir ; cette perquisition m'avait été demandée, et je ne pouvais m'y refuser sous peine d'être accusé de ne pas avoir voulu arriver à la découverte de la vérité. Je fis donc faire une perquisition chez le colonel Picquart, perquisition régulière, par M. Aymard, commissaire de police, attaché au gouvernement de Paris.

On apporta un scellé que, naturellement, je conservai et que je n'ai ouvert qu'en présence du colonel Picquart. — Je n'ai conservé, du reste, de ce scellé, assez considérable, qu'une seule lettre dont je vous parlerai tout à l'heure. — Je rendis au colonel Picquart toutes les autres lettres, après y avoir jeté un coup d'œil très indifférent. Il y avait de nombreuses lettres de sa mère, que j'ai parfaitement respectées, une nombreuse correspondance de Mlle Blanche de Comminges, et je n'ai gardé qu'une lettre de Mlle Blanche de Comminges qui m'a paru pouvoir avoir un intérêt subséquent.

Je fis successivement alors, dans cette enquête judiciaire, comparaître les différents témoins que j'avais vus dans la première... Et, alors, je vous demande à vous exposer, dans ce moment-ci, les deux points sur lesquels ont porté mes investigations.

Il s'agissait d'abord du bordereau. M. Mathieu Dreyfus avait accusé le commandant Esterhazy d'être l'auteur du bordereau... A propos du bordereau, je demanderai de faire une légère observation.

On a beaucoup parlé du bordereau. Peu de gens l'ont vu, je crois qu'il serait facile de les compter ; beaucoup de gens en ont vu des fac-similés. Eh bien ! je dois dire... je l'ai vu..., je dois dire que ces fac-similés ressemblent singulièrement à des faux et que, avoir la prétention de faire une expertise d'écriture sur les fac-similés qui ont paru dans les journaux, me paraît s'avancer beaucoup. Rien ne ressemble moins au fac-similé des journaux que le bordereau original. Par conséquent, toutes les expertises qui ont été faites à la légère sont entachées absolument de faux.

J'écoutai la défense du commandant Esterhazy sur le bordereau ; je ne vous la répéterai pas, elle a été partout. Si, cependant, on insiste..., il a cherché à démontrer, — son interrogatoire est là et je vais me borner à le prendre, — qu'il lui était impossible de se procurer les pièces énoncées dans le bordereau. Le Conseil de guerre a jugé là-dessus ; je n'insisterai pas davantage.

Mais, au cours de l'interrogatoire du colonel Picquart, se produisit un incident. Le colonel Picquart me parla alors de la pièce dont m'avait entretenu M. Leblois et M. Scheurer-Kestner. Cette pièce était une carte-télégramme, un *petit bleu*, qui, d'après le colonel Picquart, avait la même origine que le bordereau. Je ne veux pas en dire davantage... la même origine !...

Cette pièce était déchirée, avait été déchirée et recolée. La pièce contenait un écrit qui semblait prouver, d'après le colonel Picquart, que le commandant Esterhazy avait, avec un agent d'une puissance étrangère, des relations louches.

La première chose à faire, c'était de prouver l'authenticité de cette pièce; le lieutenant-colonel était seul à la connaître, à pouvoir dire qu'elle était authentique. Mais une chose bien certaine, c'est que cette carte-télégramme n'avait pas été envoyée au destinataire, et que, par conséquent, elle ne lui était pas parvenue. Cela enlevait déjà un caractère d'authenticité à une pièce qui n'avait pas été mise à la poste, car elle ne porte pas le timbre de la poste. Pour moi, l'authenticité n'en était pas démontrée.

Au cours des interrogatoires successifs des témoins, j'ai parlé de cette pièce, et les dépositions, que j'étais seulement chargé de prendre et de transmettre au gouverneur de Paris, m'ont appris que des tentatives avaient été faites pour donner à cette pièce le caractère d'authenticité qui lui manquait.

Quel est le moyen qui a été employé? On a voulu la faire photographier en faisant disparaître les traces de déchirure, afin de pouvoir dire: elle a été déchirée après, mais, quand elle est arrivée, elle était entière. On a voulu chercher à y faire mettre le timbre de la poste..., c'est avoué, c'est dans les interrogatoires..., afin d'avoir la possibilité de dire qu'elle avait été saisie à la poste. J'ajouterai que cette pièce, pour moi, n'avait aucun caractère de vraisemblance... Et là, je vais toucher à un sujet un peu brûlant.

Cette pièce aurait été, comme je l'ai dit, la preuve qu'Esterhazy avait des relations louches avec l'attaché militaire d'une puissance étrangère. Je me suis étonné que le colonel Picquart, chef du service des renseignements d'une grande puissance — nous ne sommes pas encore tombés au niveau de la république d'Andorre ou de Saint-Marin — chef du service des renseignements d'une grande puissance, officier qui devait être intelligent, je pense, ait été assez naïf pour croire qu'un attaché militaire d'une grande puissance étrangère aurait correspondu avec un de ses agents par carte-télégramme. Une carte-télégramme déposée chez le concierge, qui peut être ouverte par le concierge, par un domestique! et c'est ainsi qu'on aurait correspondu avec Esterhazy!... J'avoue que c'est trop naïf, je n'y ai pas cru, je l'avoue...

Maintenant, j'ai interrogé le colonel Picquart, et je lui ai demandé également: « Mais vous avez cherché d'autres preuves contre Esterhazy, et quel moyen avez-vous employé pour trouver ces preuves? » — J'arrive à une affaire très grave. Il a avoué avoir pendant de longs mois, sans mandat, sans autorisation de ses chefs, le général Gonse et le général de Boisdeffre, fait saisir à la poste toute la correspondance d'Esterhazy; pendant huit mois, il a ouvert les lettres de cet officier, et il a été obligé d'avouer qu'il n'y avait rien trouvé. Il a avoué que, sans mandat, il avait fait faire une perquisition chez cet officier; on a bouleversé les meubles, on a bouleversé les effets de sa femme, on a cambriolé l'appartement, et la preuve existe, d'abord il a avoué !... Un meuble a été forcé ; on n'a pas pu le refermer ; on a fait faire une clef pour le refermer, de sorte que ce meuble, qui n'avait que deux clefs, en a aujourd'hui trois.

Il m'a semblé que tout ceci était la preuve de manœuvres inavouables et j'avoue que, quand le Conseil de guerre a acquitté Esterhazy, je n'en ai pas été étonné. Si j'ai participé à cette œuvre d'acquittement, j'en suis fier ; je suis arrivé à faire prouver qu'il n'y avait pas deux traîtres parmi les officiers, qu'il n'y en avait qu'un et qu'il avait été justement condamné ! (*Bruit.*)

On a autorisé le général de Boisdeffre et le général Mercier à dire un mot de Dreyfus ; je demande la même autorisation...

M. LE PRÉSIDENT. — Pas sur Dreyfus.

Mᵉ LABORI. — Ici, monsieur le Président, je vous supplie d'autoriser le témoin à dire sur Dreyfus tout ce qu'il voudra.

M. LE PRÉSIDENT. — Impossible.

Mᵉ LABORI. — Alors, demandez-lui quel est le traître auquel il vient de faire allusion. Vous ne l'avez pas arrêté, ce ne peut être que Dreyfus !... Il vient de dire qu'il n'y avait qu'un traître, ce ne peut être que Dreyfus !...

M. LE PRÉSIDENT, *au témoin*. — Ayez l'obligeance de continuer votre déposition, en laissant de côté l'affaire Dreyfus.

M. LE GÉNÉRAL DE PELLIEUX. — Parfaitement, monsieur le Président, j'ai fini.

M. LE PRÉSIDENT, *à Mᵉ Labori*. — Maître Labori ?...

M. LE GÉNÉRAL DE PELLIEUX. — Je suis à la disposition de maître Labori.

Mᵉ LABORI. — Je n'ai rien à demander à M. le général de Pellieux.

Mᵉ CLÉMENCEAU. — J'ai entendu tout à l'heure le témoin déclarer qu'il n'y avait rien de plus grave que de communiquer des pièces concernant des officiers, les accusant de trahison, surtout lorsque ces pièces étaient au ministère de la guerre dans des dossiers secrets. Je demande alors au témoin quel est son avis sur les communications qui ont été faites dans des conditions que l'on sait et que je vais répéter.

Un document secret a été pris au ministère de la guerre, il a été promené dans Paris par une dame voilée, il a été remis par cette dame voilée à M. le commandant Esterhazy ; celui-ci l'a rapporté au ministère de la guerre, et le Ministre de la guerre lui en a donné un reçu. Je voudrais savoir l'opinion de M. le général de Pellieux sur la soustraction de ce premier document, sa promenade dans Paris, sa rentrée au bercail.

M. LE PRÉSIDENT, *au témoin*. — Vous comprenez la question ?

M. LE GÉNÉRAL DE PELLIEUX. — Oui.

M. LE PRÉSIDENT. — Veuillez y répondre.

M. LE GÉNÉRAL DE PELLIEUX. — Je n'ai pas d'opinion à exprimer.

Mᵉ Clémenceau. — Bien !

M. le général de Pellieux, *se tournant vers Mᵉ Clémenceau*. — Quelle opinion voulez-vous que j'exprime ?

M. le Président, *au témoin*. — Avez-vous été au courant, dans l'affaire Esterhazy, de la communication de pièces secrètes par le colonel Picquart à M. Leblois ?

Mᵉ Clémenceau. — Mais ce n'est pas de celles-là que nous parlons.

M. le général de Pellieux. — J'ai répondu, monsieur le Président ; pour moi, les pièces secrètes communiquées à M. Leblois sont parfaitement suffisantes... Je trouve que, communiquer à M. Leblois, dire à M. Leblois qu'il existe au ministère de la guerre un dossier dans lequel se trouve une pièce qui accuse formellement un officier de trahison, c'est lui donner communication de pièces secrètes.

Mᵉ Clémenceau. — Mais vous ne savez pas si on lui a communiqué cette pièce ?

M. le général de Pellieux. — Je ne le sais pas.

Mᵉ Clémenceau. — Vous savez seulement que le lieutenant-colonel Picquart lui en a parlé.

M. le général de Pellieux. — Le colonel Picquart lui a dit qu'il existait au ministère de la guerre une pièce qui accusait le commandant Esterhazy.

Mᵉ Clémenceau. — Il est donc entendu d'une part que, quand M. le général de Pellieux apprend qu'on a communiqué à un tiers une pièce qui accuse le commandant Esterhazy, il est indigné ; mais que, d'autre part, quand on fait promener dans Paris une pièce qui innocente le commandant Esterhazy, le général de Pellieux n'a pas d'opinion. C'est à retenir.

Je voulais encore demander au témoin ce qu'il pensait de la soustraction au ministère de la guerre d'un document secret pour le communiquer à un journal ?

M. le général de Pellieux. — Je ne me suis pas du tout occupé de cette question ; on me demande une opinion, je n'ai pas d'opinion à exprimer, j'ai à déposer.

M. le Président. — Parfaitement.

Mᵉ Clémenceau. — Alors, un dernier renseignement. M. le général de Pellieux a dit qu'il avait fait une perquisition chez M. Picquart ; me sera-t-il permis de lui faire remarquer que le lieutenant-colonel Picquart était témoin, puis de lui demander aussi pourquoi il n'est pas allé perquisitionner chez M. Esterhazy, qui était accusé ?

M. le général de Pellieux. — Il était absolument inutile d'aller perquisitionner chez le commandant Esterhazy ; cela avait été fait pendant huit mois. (*Rires et clameurs dans l'auditoire.*)

Mᵉ Clémenceau. — C'est une erreur. Il s'était passé plus d'un an entre ce que le général de Pellieux appelle les perquisitions chez le commandant Esterhazy par le colonel Picquart et l'époque dont nous parlons. Comment se fait-il, je répète ma question, que M. le général de Pellieux ait pensé à faire perquisitionner chez un témoin et non pas chez l'accusé?

M. LE GÉNÉRAL DE PELLIEUX. — Je n'ai pas fait perquisitionner chez le commandant Esterhazy parce que j'étais officier de police judiciaire et que je ne l'ai pas jugé nécessaire.

Mᵉ CLÉMENCEAU. — Voilà ce que je voulais faire dire au témoin; nous sommes d'accord.

M. LE PRÉSIDENT. — Monsieur le général, je voudrais que vous puissiez rester dans la salle d'audience, au moins jusqu'à la déposition de M. le colonel Picquart; il est possible que j'aie quelques questions à vous poser.

CONFRONTATION

de M. le Lieutenant-Colonel du Paty de Clam avec M. de la Batut.

M. LE PRÉSIDENT, *à l'huissier-audiencier*. — Faites appeler M. de la Batut.

(*Ce témoin se présente à la barre.*)

M. LE PRÉSIDENT, *s'adressant à M. de la Batut*). — Vous m'avez fait demander de vous autoriser à vous présenter de nouveau à cette audience pour faire une déclaration.

M. DE LA BATUT. — Oui, monsieur le Président. Comme je regagnais ma place, M. le lieutenant-colonel du Paty de Clam m'a dit que j'avais menti. Je ne veux pas admettre qu'un témoin...

Mᵉ CLÉMENCEAU. — C'est alors que M. du Paty de Clam n'a pas entendu votre déposition.

Mᵉ LABORI. — Messieurs, une première question se pose sur le délit qui a été commis à l'adresse de M. de la Batut, et à cet égard je n'ai rien à dire; mais j'ai demandé tout à l'heure une confrontation qui m'a été refusée. Maintenant je la demande à nouveau.

M. LE PRÉSIDENT. — Je vais vous l'accorder.

(*S'adressant à l'huissier-audiencier.*)

Priez M. du Paty de Clam de venir à la barre. (*M. du Paty de Clam s'approche de la barre*).

M. LE PRÉSIDENT, *à M. du Paty de Clam.* — Vous avez entendu tout à l'heure la déclaration de M. de la Batut?

M. DU PATY DE CLAM. — Oui, monsieur le Président.

M. LE PRÉSIDENT. — Vous avez quelque chose à dire?

M. DU PATY DE CLAM. — Monsieur le Président, M. de la Batut dit des choses inexactes. Il a dit que j'étais chargé du cours aux volontaires d'un an, et que, comme tel, je lui avais infligé une punition; je dis que c'est faux.

J'avais écrit à M. de la Batut pour lui dire : « On m'a dit qu'il y a vingt ans, Monsieur de la Batut, vous aviez été puni par moi, alors que j'étais lieutenant d'état-major dans un régiment qu'on ne désignait pas ». J'ai répondu qu'il y a vingt ans, j'étais capitaine, que j'étais en Afrique où je faisais de la topographie, que jamais de la vie je n'avais été chargé des volontaires d'un an et que je ne me souvenais pas avoir eu M. de la Batut sous mes ordres... Je ne peux pas me souvenir de tous les soldats qui ont passé par mes mains...

M. LE PRÉSIDENT. — M. de la Batut se plaint que vous vous soyez servi vis-à-vis de lui d'une expression qui n'est pas parlementaire.

M. DU PATY DE CLAM. — Si j'ai mal entendu ce qu'il a dit... je me suis peut-être trompé... Si M. de la Batut maintient ce que j'ai cru entendre, à savoir que j'étais chargé du cours des volontaires d'un an et que, comme tel, je lui ai fait faire une composition de français, étant chargé du cours de topographie, et que je l'ai fait punir, je suis obligé de maintenir que ce qu'il dit est inexact. Si M. de la Batut reconnaît qu'il s'est trompé sur ce point, je suis prêt à reconnaître devant M. de la Batut que moi-même j'ai mal entendu et que j'ai commis une erreur.

M. DE LA BATUT. — La Cour voudra bien se rappeler ce que j'ai dit tout à l'heure ; j'ai dit que je supposais que c'était le colonel commandant le 17e chasseurs à cheval qui avait donné le sujet de la composition. On m'a demandé si j'avais été sous les ordres de M. du Paty de Clam il y a vingt-deux ans ; j'ai répondu qu'il avait fait un cours aux volontaires ; puis on m'a demandé si c'était M. du Paty de Clam qui avait corrigé les copies de la composition qu'on nous avait donnée et j'ai répondu que je n'en savais rien.

M. LE PRÉSIDENT. — Vous avez dit tout à l'heure, en effet, que c'était M. du Paty de Clam qui avait corrigé les compositions.

Plusieurs voix. — Non, non...

Me CLÉMENCEAU. — Pardon, monsieur le Président, *cela n'a jamais été dit.*

M. LE PRÉSIDENT. — Que ce ne pouvait être que lui.

Me CLÉMENCEAU. — Oh ! nous avons la sténographie... Mais voulez-vous me permettre ? J'ai demandé à M. de la Batut s'il avait été sous les ordres de M. du Paty de Clam. C'était ma première question. M. de la Batut a répondu : « Oui, il y a vingt-deux ans, je crois ; j'étais volontaire. » Je lui ai demandé : « Voulez-vous nous dire si, à cette époque, vous avez été puni à la suite d'une composition et dans quelles conditions ? » M. de la Batut a raconté l'histoire de la composition et il a dit : « J'ai été appelé chez le lieutenant-colonel, commandant le régiment, qui m'a dit : « Vous êtes du Midi ? Vous aurez quinze « jours de prison. » Puis M. de la Batut a ajouté : « La punition a été levée et remplacée par une autre. »

Alors j'ai demandé à M. de la Batut : « M. du Paty de Clam était bien chargé de faire un cours aux conditionnels au moment où vous étiez conditionnel ? » Et M. de la Batut a répondu : « Oui. » — Je crois que c'est sur cette affirmation qu'il est parti. (*Mouvements dans l'auditoire.*) Ici, pas de discusion, les murmures ne peuvent rien changer à ce qui a été dit ; la sténographie rappellera exactement ce qui s'est passé.

M. DU PATY DE CLAM. — Je crois qu'il y a une différence entre avoir quelqu'un sous ses ordres et être chargé d'un cours pour les volontaires d'un an. Chargé d'un cours, je n'avais pas les volontaires sous mes ordres pour leur faire faire des compositions françaises ; la personne qui était chargée des volontaires était, si je ne me trompe, le lieutenant Laverdet ; je ne peux préciser, à vingt-deux ans d'intervalle, dans un régiment que j'ai quitté depuis si longtemps ; je donne ce renseignement absolument sous réserve.

Je n'étais donc pas chargé des volontaires d'un an ; je ne les avais sous mes ordres que pour la topographie et on comprendra bien que, dans une composition où il s'agit d'intelligence et de canon, il n'est pas question de topographie ; que cette composition, d'ailleurs, dans laquelle j'aurais dit que l'intelligence est inférieure au canon, est absolument contraire à mes idées, contraire à celles que mes amis et mes chefs me connaissent... A ce point de vue, les souvenirs de M. de la Batut sont absolument inexacts ; il se trompe, voilà tout, je le maintiens d'une façon formelle. Quant à la punition, elle n'a pu être portée par moi qui n'étais pas chargé du cours de français des volontaires d'un an, et le lieutenant-colonel, en prononçant cette punition, l'a prononcée sur le rapport du professeur de composition française.

M° CLÉMENCEAU. — En résumé, il est établi que jamais M. de la Batut n'a dit dans sa déposition que M. du Paty de Clam ait corrigé les compositions en question.

M. DU PATY DE CLAM. — Je crois qu'entre deux hommes d'honneur, il n'y aucune honte à reconnaître que nous avons pu nous tromper... Vous avez mal entendu vous-même, monsieur le Président... Si c'était comme cela, j'ai peut-être aussi, moi qui étais plus loin, mal entendu également. Je regrette et je retire ce que j'ai dit.

M. LE PRÉSIDENT. — C'est un malentendu.

M. L'AVOCAT GÉNÉRAL. — Je vous prie de me permettre une observation. La déposition de M. de la Batut ne pouvait avoir d'intérêt ici que si elle visait M. du Paty de Clam ; or, il est établi, du consentement de tout le monde, qu'elle ne le vise pas.

M° CLÉMENCEAU. — La loi donne aux défenseurs le droit de s'expliquer les derniers et, dans notre plaidoirie seulement, nous vous dirons, messieurs les jurés, quel argument nous prétendons tirer de la déposition exacte de M. de la Batut.

M. LE PRÉSIDENT, *aux témoins*. — Messieurs, vous pouvez vous retirer.

(*A l'huissier audiencier*) — Appelez M. Pauffin de Saint-Morel.

DÉPOSITION DE M. LE COMMANDANT PAUFFIN DE SAINT-MOREL

M⁰ LABORI. — Je voudrais savoir de M. le commandant Pauffin de Saint-Morel quelles sont les communications qu'il est allé faire à M. Rochefort, et si c'est à l'insu ou à la connaissance de ses chefs qu'il est allé chez lui.

M. LE PRÉSIDENT. — Quelque pénible que soit cette déclaration, je vous prierai de répondre... dans la mesure, bien entendu, qui convient.

M. PAUFFIN DE SAINT-MOREL. — La démarche que j'ai faite, je l'ai faite entièrement et uniquement de ma propre initiative; j'ai agi sous l'influence qui avait été produite à l'Etat-major par la campagne et les attaques qui l'accompagnaient. On prêtait à l'Etat-major une attitude équivoque; j'ai cru pouvoir dire à M. Rochefort, que je connaissais un peu pour le rencontrer de temps en temps, ce qu'on disait hautement et sans aucun mystère autour de moi, à l'Etat-major.

Je ne cherche pas d'ailleurs à m'excuser; j'ai eu tort et j'ai été frappé; je m'incline.

M⁰ LABORI. — Je n'ai pas fait poser la question à M. Pauffin de Saint-Morel pour me permettre la moindre incursion dans le domaine de sa conscience; seulement, je voudrais qu'il répondît à ma question. M. Pauffin de Saint-Morel vient de dire qu'il était allé porter à M. Rochefort des paroles que tout le monde répétait autour de lui. Je lui demande quelles étaient ces paroles, quelles sont les communications qu'il a faites?

M. PAUFFIN DE SAINT-MOREL. — Je n'ai pas porté de paroles à M. Rochefort; je suis allé, de ma propre initiative, le trouver. Ce que je lui ai dit, c'est ce qu'on disait hautement autour de moi, je le répète; je ne peux pas dire exactement ce que je lui ai dit. Ce n'est pas non plus une communication que je lui ai faite, ç'a été simplement une conversation un peu à bâtons rompus, mais dont je me rappelle très bien le sens, sans pouvoir en préciser les paroles. Le but principal de cette conversation, que je me rappelle très bien, a été d'affirmer absolument la conviction intime et formelle de l'Etat-major à ce moment, conviction qui était basée sur la chose jugée et sur des faits absolument probants, d'où impossibilité pour l'Etat-major d'admettre qu'on pouvait substituer le commandant Esterhazy au capitaine Dreyfus.

M⁰ LABORI. — Je prierai monsieur le commandant Pauffin de Saint-Morel — je crois que j'ai le droit d'insister, puisqu'il a cru pouvoir prendre M. Henri Rochefort comme confident des faits dont il s'agit, — je le prierai de nous dire sur quoi était basée cette conviction de l'Etat-major. Car si elle n'est qu'une impression, elle ne compte pas; si au contraire elle est basée sur des documents ou sur des faits, le jury français a le droit de connaître ce que M. Henri Rochefort a connu et ce qu'il commente dans son journal tous les jours.

M. LE PRÉSIDENT. — Ne parlons que de l'affaire Esterhazy, pas d'autre chose.

M. PAUFFIN DE SAINT-MOREL. — Je n'ai rien communiqué ni rien dit de plus à M. Rochefort que ce que je viens de dire ; je ne lui ai donné aucune preuve à l'appui, aucune ; par conséquent, ma conversation se limite exactement à ce que je viens de dire ; je ne lui ai rien donné de plus, aucune note, rien de plus.

M. LE PRÉSIDENT. — On a même annoncé, je crois, que vous aviez communiqué le dossier, c'est inexact?

M. PAUFFIN DE SAINT-MOREL. — C'est absolument faux, monsieur le Président ; c'est une simple conversation.

M⁰ LABORI. — Mais enfin, monsieur le Président, M. le commandant Pauffin de Saint-Morel peut-il nous dire sur quoi s'est faite sa conviction qu'il était impossible que le commandant Esterhazy fût substitué comme auteur du bordereau à celui auquel il avait été attribué? Ce ne sont pas des paroles d'honneur qu'il nous faut ; les paroles de soldat sont respectables comme les paroles de tous les honnêtes gens, mais elles ne comptent pas ; ce sont les faits... Eh bien! sur quels faits M. le commandant Pauffin de Saint-Morel s'est-il fondé? S'il n'y en a pas, sa conviction est pour nous sans valeur.

M. LE PRÉSIDENT, *au témoin*. — Répondez, mais toujours en ce qui concerne l'affaire Esterhazy, bien entendu !

M. PAUFFIN DE SAINT-MOREL. — J'ai conclu d'une phrase que j'ai dite tout à l'heure à l'impossibilité d'admettre que l'on pouvait substituer le commandant Esterhazy au capitaine Dreyfus parce que — je suis obligé de rentrer dans la question — parce que la conviction de l'Etat-major était absolue et formelle sur la culpabilité de Dreyfus.

M. LE PRÉSIDENT. — Maître Labori, vous n'avez plus d'autre question à poser?

M⁰ LABORI. — Je n'ai plus rien à dire, monsieur le Président.

DÉPOSITION DE M. DUPUY

Député, ancien Président du Conseil des Ministres.

M. LE PRÉSIDENT. — Vous jurez de dire la vérité, toute la vérité?

M. DUPUY. — Sous la réserve du secret professionnel.

M⁰ LABORI. — Voulez-vous, monsieur le Président, poser à M. Dupuy, ancien Président du Conseil, la question de savoir s'il a connu, au moment de la poursuite qui a eu lieu en 1894 contre Dreyfus, les charges qui pesaient sur lui, s'il a entendu parler d'une pièce secrète, qui a été communiquée aux membres du Conseil de guerre qui a jugé Dreyfus sans que cette communication ait été faite à l'accusé et à la défense, et à quelle époque il en a entendu parler ?

M. LE PRÉSIDENT. — La question ne sera pas posée. Avez-vous d'autres questions à poser ?

M⁰ LABORI. — Non, monsieur le Président.

M. LE PRÉSIDENT. — Monsieur Dupuy, vous pouvez vous retirer.

DÉPOSITION DE M. GUÉRIN

Sénateur, ancien Ministre de la Justice.

M. GUÉRIN. — Je dois faire une déclaration avant de prêter le serment que vous me demandez. Il me sera impossible de m'expliquer sur des faits dont j'aurai pu avoir connaissance en ma qualité de Ministre de la justice. Sous cette réserve, je suis prêt à prêter serment.

M. LE PRÉSIDENT. — Parfaitement.

M⁰ LABORI. — Je voudrais demander à M. Guérin si personne ne lui a jamais parlé de la communication d'une pièce secrète faite aux membres du Conseil de guerre qui a jugé en 1894 le capitaine Dreyfus, s'il en a entendu parler, à quelle époque il en a entendu parler et ce qu'il penserait de la communication d'une pièce dans ces conditions, si cette communication avait été faite ?

M. LE PRÉSIDENT. — La question ne sera pas posée. Avez-vous d'autres questions à poser au témoin ?

M⁰ LABORI. — Non, monsieur le Président.

(*Se tournant vers la Cour et le jury.*) Messieurs, ayant entendu M. Charles Dupuy et M. Guérin, à qui M. le Président n'a pas cru devoir poser la question que nous demandions, nous ne pouvons maintenant que renoncer aux dépositions de MM. Delcassé, Leygues, Poincaré et Devèlle, car c'est la même question que nous aurions à leur poser. Nous en demandons acte.

M. LE PRÉSIDENT. — Acte vous en est donné.

DÉPOSITION DE M. THÉVENET

Avocat, Sénateur, ancien Ministre de la justice.

M⁰ LABORI. — Je demanderai à M. Thévenet de vouloir bien nous dire ce qu'il sait de l'affaire Esterhazy et ce qu'il pense de la bonne foi de M. Emile Zola dans l'affaire actuelle.

M. THÉVENET. — Je ne connais personne de la famille Dreyfus, ni aucun fait particulier ; j'ai seulement suivi avec beaucoup d'attention toutes les phases de cette triste affaire, et j'ai été très surpris de constater dans l'information de regrettables lacunes ; j'en ai conclu que M. Emile Zola avait été de bonne foi dans sa publication.

J'ai été surtout frappé des explications qui avaient été données par M. le commandant Esterhazy au début de l'affaire. Il a plusieurs fois affirmé qu'une dame voilée lui avait remis la copie d'une pièce secrète très importante, existant au ministère de la guerre, et démontrant, disait-on, la culpabilité de Dreyfus.

Cette pièce avait, aux yeux de M. Esterhazy, une telle importance qu'il la regardait comme « *un document libérateur* » — ce sont ses propres expressions, — et qu'il avait jugé utile de l'envoyer sous pli à M. le Ministre de la guerre, qui n'a pas nié l'avoir reçu.

Eh bien ! messieurs les jurés, l'instruction faite par l'autorité militaire semble n'avoir attaché aucune importance à ces déclarations si précises de M. le commandant Esterhazy ; je suis très étonné qu'on ne les ait pas soumises à une enquête approfondie. — Cette femme voilée existait-elle réellement ? Il semblait utile de le savoir.

Si, en effet, une pièce secrète et importante, enfermée sous triple serrure dans une armoire du ministère de la guerre, avait été communiquée à cette femme, il était essentiel de savoir comment et par qui cette divulgation avait pu avoir lieu.

Il pouvait en avoir été de même d'autres pièces secrètes intéressant la défense du pays, et, dès lors, des mesures très sévères devaient être prises pour empêcher le retour de pareilles indiscrétions.

L'enquête sur cette femme voilée n'était point difficile à faire. Elle avait fixé ses rendez-vous dans des lieux un peu étranges. Elle y avait été conduite, à deux reprises, notamment, par des cochers de voitures publiques, et je crois qu'à Paris MM. les cochers ne se dérobent jamais quand la justice fait appel à leurs souvenirs.

Si la femme voilée était une invention de M. Esterhazy, une légende imaginée, je ne sais dans quel but, — et il y en a beaucoup dans cette affaire, — la question n'en était pas moins grave. L'existence de la pièce secrète dans les mains de

M. Esterhazy étant démontrée, puisqu'il l'avait renvoyée lui-même au ministère de la guerre, on pouvait se demander quel était le véritable auteur de la communication; c'était assurément un personnage assez puissant pour avoir eu à sa disposition cette pièce secrète, et assez audacieux pour l'adresser à M. Esterhazy alors que cette même pièce était restée inconnue de l'accusé Dreyfus et de son défenseur.

Aucune recherche n'a été faite sur ce point, et je considère que cela est très étonnant.

En lisant le compte rendu d'une instruction aussi incomplète dans le rapport de M. le commandant Ravary, je comprends et je partage les sentiments qui ont agité M. Zola. — Il les a traduits sous une forme peut-être violente que je n'ai pas à apprécier, mais je l'excuse, car il a pu croire, comme beaucoup d'autres, qu'on avait voulu renseigner incomplètement le Conseil de guerre qui devait juger M. Esterhazy.

Ce que je dis, Messieurs, je ne le dis pas pour porter atteinte à la chose jugée par ce Conseil. Je respecte la décision qu'il a rendue, et je ne déplore pas l'acquittement de M. le commandant Esterhazy, — je me féliciterai toujours de voir un officier de notre armée déclaré non coupable du crime de trahison, — son acquittement est définitif, mais on peut regretter que la lumière n'ait point été faite sur certains points et que l'instruction ait été aussi incomplète.

Voilà ce que j'avais à dire en ce qui touche l'affaire de M. Esterhazy. Me sera-t-il permis d'ajouter quelques mots sur la bonne foi de M. Zola relativement à l'affaire Dreyfus ?

M. LE PRÉSIDENT. — Non, je ne puis vous laisser parler sur cette affaire.

M. THÉVENET. — Je croyais que M. Zola était amené ici comme ayant dit que le deuxième Conseil de guerre avait couvert une illégalité commise par le premier Conseil de guerre ?

M. LE PRÉSIDENT. — La Cour a tranché la question.

M. THÉVENET. — Je m'incline, monsieur le Président.

Me LABORI. — Je voudrais alors simplement demander à M. Thévenet de vouloir bien nous dire ce qu'il pense de la bonne foi de M. Emile Zola en ce qui concerne le passage suivant, qui est visé par M. le Procureur général dans sa citation :

J'accuse le second Conseil de guerre d'avoir couvert cette illégalité par ordre, en commettant à son tour le crime juridique d'acquitter sciemment un coupable.

En considérant ce paragraphe de l'article qui amène ici M. Zola, je demande à M. Thévenet son opinion sur la bonne foi de M. Emile Zola.

M. THÉVENET.. — Le mot d'*illégalité* a, en effet, été prononcé. On a dit qu'un dossier secret avait été communiqué, pendant la délibération, au Conseil de guerre qui avait condamné Dreyfus. On a affirmé que ni l'accusé, ni son défenseur, Me Demange, n'avaient connu une seule des pièces de ce dossier.

Cette affirmation est grave, car elle soulève, à mon avis, la difficulté vraiment capitale de ce grand débat, et je m'étonne qu'elle n'ait point encore été clairement et loyalement tranchée. C'est par elle qu'on aurait dû commencer, et il me semble, — c'est peut-être une illusion de ma part, — qu'il était très simple de répondre avec franchise à cette question par un oui ou un non qui aurait été décisif.

J'ai lu le compte rendu de ces débats et j'y ai constaté avec stupéfaction qu'on avait interrogé sur ce fait si important d'honorables généraux, qui n'avaient répondu que par le silence. Ils se sont cru sans doute, à tort suivant moi, liés par le secret professionnel.

Ce silence doit-il être interprété comme un aveu?... Il est bien fait, en tous cas, pour troubler profondément toutes les consciences soucieuses de la vérité et de la justice.

La question ne soulève pas, à vrai dire, un point de droit, car la loi est formelle ; mais nous touchons ici à un principe beaucoup plus élevé, celui de la liberté de la défense, celui du droit imprescriptible qu'a tout homme accusé, même de trahison, de savoir quels sont les documents qui l'accusent. Si l'illégalité a été commise, le Garde des sceaux doit saisir la Cour de cassation. La loi lui en fait un devoir.

Dans le cas qui nous occupe, la Cour suprême annulerait la décision rendue par le premier Conseil de guerre. Dreyfus serait-il pour cela reconnu innocent? Nullement. L'autorité militaire, qu'on dit acharnée contre lui, ce que je ne puis croire, le traduirait devant un autre Conseil de guerre qui devrait, cette fois, statuer conformément à la loi, c'est-à-dire après avoir fait communiquer à Mᵉ Demange, défenseur, et à Dreyfus, toutes les pièces du dossier.

Je ne sais si une seconde condamnation serait prononcée, mais le débat serait, du moins, loyal et complet, la loi respectée, et la liberté de la défense, la dignité humaine, devrais-je dire, sauvegardée... (*Bruits dans l'auditoire.*)

S'il n'y a pas eu de communication clandestine et illégale, pourquoi ne pas le proclamer?

Je déclare hautement que, si M. le général Mercier, qui était alors Ministre de la guerre, était venu apporter ici, sous la foi du serment, une déclaration précise, s'il avait donné sa parole d'honneur qu'aucune pièce n'avait été cachée à la défense de Dreyfus, je me serais incliné, — mais, hélas! il garde le silence!...

Voilà ce qui trouble, ce qui inquiète les consciences impartiales. — Voilà ce qui prolonge et perpétuera peut-être ce procès, si attristant pour tous, et qui est un mal pour la Patrie!...

M. ZOLA. — A coup sûr.

M. THÉVENET. — Que faut-il croire? Que faut-il penser de ce silence? Ne sommes-nous plus une nation libre, respectueuse de la loi, voulant la loyauté et la franchise? (*Bruits.*)

M. LE PRÉSIDENT. — Silence!

M. THÉVENET. — Y a-t-il un magistrat parmi ceux qui m'écoutent, un de mes confrères du barreau, une personne quelconque, un de vous, messieurs les jurés, qui puisse comprendre cette incertitude où nous sommes sur un fait de cette importance ?

Dreyfus a-t-il oui ou non connu les documents qui l'accusaient, a-t-il pu les contredire, les discuter librement ? — S'il ne les a pas connus, quelle raison y avait-il donc pour les lui cacher, pour violer la loi à son égard ?

Pourquoi les cacher aussi à Mᵉ Demange, cet éminent avocat, si estimé de nous tous, d'une loyauté si parfaite ? N'avait-il pas autant de patriotisme que les membres du Conseil de guerre ?

Je m'arrête, m'excusant d'avoir si longuement réclamé le respect de la loi et la lumière. — J'estime que la bonne foi de M. Zola est à la hauteur de son talent, elle est éclatante.

M. LE PRÉSIDENT. — Avez-vous une nouvelle question à poser au témoin ?

Mᵉ LABORI. — Monsieur le Président, je croirais commettre un sacrilège en ajoutant un mot ou en posant une question après l'admirable plaidoyer que M. Thévenet vient de prononcer, non pas pour Dreyfus, dont il n'a pas été parlé, mais pour la dignité humaine, pour la liberté et pour l'honneur de ce pays !

M. LE PRÉSIDENT. — Monsieur Thévenet, vous pouvez vous retirer.

(A Mᵉ Labori.) Quel témoin voulez-vous faire entendre ?

Mᵉ LABORI. — M. Salles.

M. LE PRÉSIDENT. — Je croyais que c'était le colonel Picquart qui devait venir.

Mᵉ LABORI. — Monsieur le Président, la déposition de M. le colonel Picquart serait peut-être trop longue pour que nous puissions l'entendre ce soir.

DÉPOSITION DE M. ÉMILE SALLES

Ancien avocat à la Cour d'appel.

M. LE PRÉSIDENT. — Maître Labori, quelle question ?

Mᵉ LABORI. — Voudriez-vous être assez bon pour demander à M. Salles s'il ne connaît pas un fait qui puisse être intéressant pour la défense de M. Émile Zola ?

M. LE PRÉSIDENT. — Mais, ce n'est pas une question, cela... relativement à quoi ?

Mᵉ LABORI. — Relativement à l'affaire de M. Émile Zola.

M. LE PRÉSIDENT. — Ce n'est pas là une question non plus ; je ne poserai pas de question comme celle-là. Est-ce relativement à l'affaire Dreyfus ou à l'affaire Esterhazy ?

Mᵉ Labori. — Permettez-moi, monsieur le Président, malgré tout mon respect pour vous, de dire que je ne comprends pas le but de cette distinction. Il y a à cela deux raisons : la première, c'est que, comme je le disais hier, la seule affaire qui est ici en litige, c'est celle de M. Zola ; la seconde, et c'est surtout cette raison que je veux faire valoir, c'est qu'on entend des hommes comme M. le général Mercier, comme M. le général de Pellieux, comme M. le général Gonse, qui viennent ici, parlant des arrêts de justice qu'ils connaissent, se mettre sous leur abri pour ne pas parler et qui, cependant, l'un après l'autre, avec le même vague, avec la même incertitude, jettent leur parole de soldat dans la balance, convaincus que, grâce à l'amour que ce pays-ci a pour lui-même et à l'ardente affection qu'il a pour la patrie, il suffira de cette parole de soldat pour l'entraîner sans lui dire pourquoi. On ne les arrête pas ; ils ont le droit de dire l'un après l'autre : Dreyfus est coupable. Ils parlent ainsi malgré les arrêts de la justice et personne ne les en blâme ! C'est donc qu'on ne peut pas parler de l'affaire Esterhazy, sans parler de l'affaire Dreyfus !

Pour cette raison, comme pour les autres, étant donné qu'il y a chose jugée, comme dans l'affaire Esterhazy, il n'y a pour moi qu'une explication au bâillon qu'on nous met sur la bouche : c'est qu'on n'ose pas parler de l'affaire Dreyfus, car il est impossible de la séparer de l'affaire Esterhazy.

Je demande que la parole soit donnée à tous les témoins, sur tous les points qui n'intéressent pas la défense nationale, et je demande surtout que, quand je pose une question aussi discrète, aussi réservée, aussi modérée que celle que je pose à M. Salles, témoin qui détient un secret que, je le sais, on ne veut pas qu'il dise, je demande que ma question soit posée, ou bien je proteste contre l'obscurité qu'on répand tous les jours un peu plus, parce qu'on a peur de la lumière.

M. le Président. — Vous pourrez protester tant que vous voudrez. Je vous ai dit que je ne poserai aucune question à cet égard ; je vous ai dit, et je vous le répète, et ce sera ainsi jusqu'à la fin des débats, que je ne poserai pas la question.

(*Au témoin.*) Avez-vous quelque chose à dire relativement à l'affaire Esterhazy ?

M. Salles. — Non. Sur l'affaire Esterhazy, je n'ai rien à dire.

M. le Président. — De l'affaire Dreyfus, n'en parlons pas !

Mᵉ Labori. — Mais, monsieur le Président, je ne veux pas parler de l'affaire Dreyfus !

M. le Président. — Je vous demande pardon, vous voulez en parler par des moyens détournés.

Mᵉ Clémenceau. — Monsieur le Président veut-il me permettre de poser la question suivante : Le témoin a-t-il su, par l'un des membres du Conseil de guerre de 1894, qu'une pièce secrète avait été communiquée aux juges en chambre du Conseil, et que cette pièce n'avait été soumise préalablement ni à l'accusé ni au défenseur ?

M. LE PRÉSIDENT. — Je vous ai dit que cette question ne serait pas posée.

Mᵉ CLÉMENCEAU. — Alors, je demande acte à la Cour...

M. LE PRÉSIDENT. — La Cour vous donne acte de tout ce que vous voudrez...

Mᵉ CLÉMENCEAU. — Oh! monsieur le Président, les conclusions n'étant pas posées, je crois que vous allez peut-être un peu vite. Ce que je demande au témoin est chose intéressante.

M. LE PRÉSIDENT. — La prévention concernant l'affaire Esterhazy....

Mᵉ LABORI. — Je n'ai pas dit cela... Je reprends ma question pour qu'il n'y ait pas confusion. J'ai prié M. le Président de vouloir bien poser à M. Salles la question suivante : M. Salles sait-il un fait grave qui intéresse la prévention dirigée contre M. Zola, fait qui puisse être, au point de vue de la moralité et de la bonne foi, utile à M. Zola? Je demande que la question soit posée dans ces termes à M. Salles.

M. LE PRÉSIDENT, *au témoin*. — Connaissez-vous quelque chose qui, dans l'affaire Esterhazy...

Mᵉ LABORI. — Je demande que la question soit posée dans les termes où je l'ai indiquée.

M. LE PRÉSIDENT. — Je vous demande pardon, vous n'avez pas le droit de poser des questions détournées pour arriver à un but auquel vous ne devez pas atteindre.

Mᵉ LABORI. — Monsieur le Président, je n'ai pas un but détourné.

M. LE PRÉSIDENT. — Je vous demande pardon !

Mᵉ LABORI. — Je n'accepte pas des observations qui tendent à dire que je veux atteindre un but par des voies détournées.

M. LE PRÉSIDENT. — Vous connaissez la citation, vous connaissez l'arrêt de la Cour, n'en sortons pas.

Mᵉ LABORI. — Je n'en sors pas. Et je vais vous dire, monsieur le Président, puisque vous vous en prenez personnellement à moi, que si, comme j'en suis convaincu, vous venez ici voulant la lumière, ignorant tout de cette affaire, vous ne savez pas ce que j'attends de cet homme! Mais si, quand je vous propose de poser la question que je viens de vous soumettre, vous me le refusez, je dis que vous savez la réponse qui serait faite, je dis que vous me faites un procès de tendance et que je ne l'accepte pas !

M. LE PRÉSIDENT. — Je vous le répète, je ne poserai de questions qu'en ce qui concerne l'affaire Esterhazy et pas en ce qui concerne l'affaire Dreyfus.

Mᵉ LABORI. — Je ne parle pas de l'affaire Dreyfus. Je vous demande bien pardon, mais nous touchons ici au point culminant de ce débat. J'ai l'honneur, monsieur le Président, de vous demander la permission de prendre des conclusions afin d'appeler la Cour à statuer sur la position de la question que j'ai l'honneur de prier monsieur le Président de poser.

M⁰ CLÉMENCEAU. — Je crois qu'il est important, à la fin de cette discussion, de retenir ceci : c'est qu'un témoin étant à la barre, la défense s'est levée et qu'elle a dit : « Nous prétendons que ce témoin tient de la bouche d'un juge du Conseil de guerre qu'une pièce secrète a été communiquée », et qu'en réponse à cette affirmation, que nous maintenons, le Président a dit que la question ne serait pas posée... Nous faisons le jury juge... Que le témoin nous démente d'un mot, M. le Président n'aura pas le temps de l'arrêter, selon l'expression de M. le Président lui-même au sujet d'un autre témoignage!

(*Le témoin garde le silence.*)

M. LE PRÉSIDENT, *au témoin*. — Monsieur, ne répondez pas !

(*S'adressant à M⁰ Clémenceau.*) Je vous répète que je poserai la question en ce qui concerne l'affaire Esterhazy et jamais en ce qui concerne l'affaire Dreyfus. Vous connaissez l'arrêt de la Cour, vous connaissez les termes de la loi, il faut que nous restions dans la prévention. (*Au témoin.*) Connaissez-vous quelque chose en ce qui concerne l'affaire Esterhazy ?

LE TÉMOIN. — Non, monsieur le Président.

M⁰ CLÉMENCEAU. — Je proteste contre cette question. Nous avons affirmé que le témoin savait, par l'un des membres du Conseil de guerre, qu'une pièce secrète avait été communiquée aux juges sans avoir été soumise à l'accusé ni à la défense, et le témoin ne nous a pas démenti.

M. LE PRÉSIDENT, *à l'huissier-audiencier*. — Appelez un autre témoin.

M⁰ LABORI. — Monsieur le Président, je vous demande bien pardon, mais il m'est impossible d'entendre la déposition de M⁰ Demange avant que la Cour n'ait rendu un arrêt sur mes conclusions. Je demande une suspension d'audience.

M. LE PRÉSIDENT. — L'audience est suspendue.

(*L'audience est reprise à quatre heures trente-cinq.*)

M⁰ LABORI. — La Cour veut-elle me permettre de donner lecture de mes conclusions ?

M. LE PRÉSIDENT. — Vous avez la parole.

Conclusions de M⁰ Labori
relativement à l'audition de M. Salles.

Plaise à la Cour,

Attendu que la déposition du témoin, M. Salles, ancien avocat à la Cour de Paris, est indispensable à la manifestation de la vérité et aussi pour établir la bonne foi des prévenus ; que refuser de l'entendre serait violer les droits de la défense ;

Attendu que la question, mentionnée au dispositif, intéresse au plus haut point les droits de la défense; qu'elle n'est susceptible de porter aucune atteinte à l'autorité de la chose jugée; que rien ne pourrait justifier dans ces conditions le refus de la poser;

Par ces motifs :

Donner acte aux concluants de ce que M. le Président a refusé de poser au témoin la question suivante :
Ordonner que ladite question sera posée au témoin, savoir :
M. Salles connaît-il un fait qui soit de nature à établir la bonne foi de M. Emile Zola et se rapportant au paragraphe 3 des faits visés dans la citation du Procureur général et ainsi conçu : « J'accuse le second Conseil de guerre d'avoir couvert cette illégalité par ordre, en commettant à son tour le crime juridique d'acquitter sciemment un coupable. »

Conclusions de Me Clémenceau
relativement à l'audition de M. Salles.

Plaise à la Cour,

Donner acte au concluant de ce que le défenseur de Perrenx a affirmé qu'un témoin, M. Salles, présent à la barre, tenait de la bouche même de l'un des juges du Conseil de guerre qui a jugé Dreyfus que des pièces non communiquées à l'accusé ou à son défenseur avaient été produites en chambre du Conseil pendant la délibération et de ce que le témoin, présent à la barre, n'a pas démenti cette affirmation ;

Donner acte, enfin, de ce que le Président a refusé de poser la question mentionnée par les défenseurs et permettant au témoin de répondre par oui ou par non à l'affirmation produite,

Et ordonner que la question suivante sera posée : « M. Salles tient-il, de la bouche même d'un juge du Conseil de guerre qui a condamné Dreyfus, qu'une pièce non communiquée à l'accusé ou à son défenseur a été produite en chambre du Conseil pendant la délibération ? »

L'audience est suspendue. A la reprise de l'audience, M. le Président prononce l'arrêt suivant :

Arrêt
sur les conclusions relatives à l'audition de M. Salles.

La Cour,

Considérant que la question posée par M. Emile Zola est complexe, qu'elle comprend tout à la fois ce que le témoin pouvait savoir sur la bonne foi d'Emile Zola, soit sur l'affaire Dreyfus, soit sur l'affaire Esterhazy ;

Que cette question a été posée, et que le témoin a répondu qu'il ne savait rien des faits se rapportant à cette question ;

Que les défenseurs des prévenus ont alors insisté pour que la question soit posée relativement à l'affaire Dreyfus et que le Président, conformément à l'arrêt précédemment rendu, a refusé avec raison de la poser ;

Considérant que l'autre question posée par les défenseurs dans d'autres conclusions, vise uniquement l'affaire Dreyfus, qui n'offre aucune connexité, ni aucune indivisibilité avec les faits mentionnés dans la citation et qu'elle porte atteinte à l'autorité de la chose jugée ; que, dès lors, le Président a eu raison de refuser de la poser au témoin, conformément à l'article 52 de la loi du 29 juillet 1881 sur la presse ;

Par ces motifs,

Dit que le Président a refusé avec raison de poser les questions énoncées aux conclusions ;

Rejette lesdites conclusions comme mal fondées et dit qu'il sera passé outre aux débats.

L'audience est levée.

CINQUIÈME AUDIENCE

AUDIENCE DU 11 FÉVRIER

SOMMAIRE. — Déposition de M. le général de Pellieux (suite). — Rappel de M. le général Gonse. — Rappel de M. Gribelin. — Rappel de M. le commandant Lauth. — Déposition de M. le lieutenant-colonel Picquart. — Conclusions nouvelles à l'effet d'obtenir que Mme de Boulancy soit interrogée par voie de commission rogatoire. — Arrêt sur les conclusions à l'effet d'obtenir que Mme de Boulancy et Mlle de Comminges soient interrogées par voie de commission rogatoire. — Déposition de M. le colonel Picquart (suite). — Confrontation de M. le lieutenant-colonel Picquart avec MM. Gribelin, le commandant Ravary, le commandant Lauth, le général de Pellieux.

L'audience est ouverte à midi vingt minutes.

M. LE PRÉSIDENT. — Je rappelle aux témoins qu'il n'y a que ceux déjà entendus qui peuvent rester dans la salle ; ceux qui n'ont pas encore été entendus doivent se retirer.

(*A l'Huissier.*) — Les témoins se sont-ils retirés ?

L'HUISSIER. — Oui, monsieur le Président.

M. LE PRÉSIDENT. — Veuillez faire venir M. le général de Pellieux.

DÉPOSITION
DE M. LE GÉNÉRAL DE PELLIEUX

(*Suite.*)

M. LE PRÉSIDENT, *à M. le général de Pellieux.* — Vous avez demandé à compléter votre déposition…

J'aurai auparavant une question à vous adresser.

Le colonel Picquart a-t-il reconnu devant vous l'authenticité de la lettre du 27 novembre 1896, qui était écrite en espagnol et signée G…?

M. LE GÉNÉRAL DE PELLIEUX. — La lettre n'était qu'une copie d'une lettre originale ; il en a reconnu le style et a reconnu l'avoir reçue. Cette lettre était simplement une copie d'une lettre reçue par lui.

M. LE PRÉSIDENT. — Avez-vous vu cette copie ?

M. LE GÉNÉRAL DE PELLIEUX. — Je l'ai vue.

M. LE PRÉSIDENT. — Que contenait-elle ? Pouvez-vous vous en rappeler quelques expressions ?

M. LE GÉNÉRAL DE PELLIEUX. — Je me rappelle quelques expressions. Elle commençait ainsi : « Enfin le grand œuvre est terminé et Cagliostro est devenu Robert-Houdin... » Et à la fin de la lettre, il y avait cette phrase : « Tous les jours, le *Demi-Dieu* demande s'il ne peut pas vous voir. » Voilà les points importants de cette lettre.

M. LE PRÉSIDENT. — Est-ce que la même expression de *Demi-Dieu* ou de *Bon Dieu* n'était pas contenue dans la troisième lettre de 1896 et le télégramme de 1897 ?

M. LE GÉNÉRAL DE PELLIEUX. — Parfaitement... J'ajouterai que, des papiers provenant de la saisie opérée chez le colonel Picquart, je n'ai retenu qu'une seule lettre signée *Bianca*, que le colonel m'a dit être de Mlle Blanche de Comminges, et dans laquelle l'expression *Bon Dieu* était employée. C'est pour cela que j'ai retenu cette lettre, et c'est pour élucider la question des télégrammes, qu'on prétend ne pas avoir été étudiée.

M. LE PRÉSIDENT. — Le colonel Picquart a-t-il accusé immédiatement le commandant Esterhazy de deux faux, ou bien n'a-t-il pas accusé, avant le commandant, deux autres personnes ?

M. LE GÉNÉRAL DE PELLIEUX. — Dans sa première déposition, le colonel Picquart a accusé le commandant Esterhazy ; ce n'est que plus tard, dans ses dépositions successives, qu'il est revenu sur sa première accusation et a dit que c'étaient des amis du commandant Esterhazy ou d'autres personnes qui avaient commis ces faux.

M. LE PRÉSIDENT. — Il a renoncé à sa déclaration plus tard ?

M. LE GÉNÉRAL DE PELLIEUX. — Il n'a pas renoncé à accuser d'autres personnes d'avoir fait les faux, mais il a cessé d'accuser le commandant Esterhazy, et c'est quand je l'ai mis en présence de la certitude que j'avais acquise, par une enquête faite à la Préfecture de police, que le premier télégramme était de Souffrain, qu'il a dit : « Souffrain est un agent d'Esterhazy. » Je lui ai fait observer que Souffrain pouvait difficilement être un agent du commandant Esterhazy, parce que Souffrain était un agent de la Préfecture de police, révoqué ou renvoyé, et ne marchant guère que pour de l'argent ; or, le commandant Esterhazy ne semblait pas être dans une situation de fortune qui lui permît d'avoir des agents marchant pour de l'argent.

Il a déposé, paraît-il, une plainte contre Souffrain.

M. L'AVOCAT GÉNÉRAL. — De qui est la lettre signée G. ?

M. LE GÉNÉRAL DE PELLIEUX. — De M. Germain Ducasse,

secrétaire de Mlle Blanche de Comminges. Et je crois qu'il serait peut-être bon d'entendre M. Germain Ducasse comme témoin — il n'a pas été cité par la défense, — mais de l'entendre dans certaines conditions, c'est-à-dire de l'amener ici sans qu'il pût communiquer avec un autre témoin. Il demeure, 13, avenue de Lamotte-Piquet.

M. L'AVOCAT GÉNÉRAL. — M. le général de Pellieux sait-il qu'on a retiré des lettres à la poste restante?

M. LE GÉNÉRAL DE PELLIEUX. — Il a été retiré de la poste restante de l'avenue de la Grande-Armée des lettres qui portaient l'indication « P. P. » et un certain numéro, adressées au colonel Picquart et retirées par l'intermédiaire de Mlle Blanche de Comminges. Le colonel Picquart me l'a avoué et m'a dit que, s'il avait fait retirer ces lettres de la poste restante, s'il s'était fait adresser des lettres poste restante, c'est parce qu'on retenait sa correspondance au ministère de la guerre... Je dois dire toute la vérité, je la dis toute.

M. LE PRÉSIDENT. — Vous avez demandé à compléter votre déposition ; je ne suppose pas que ce soit sur ce point.

M. LE GÉNÉRAL DE PELLIEUX. — J'ai demandé à compléter ma déposition sur un simple point.

Je trouve — c'est une appréciation — que tout est étrange dans cette affaire. Le Ministre de la guerre a porté une accusation précise contre M. Emile Zola. M. Emile Zola a accusé le Conseil de guerre de 1898 d'avoir acquitté par ordre un coupable : on n'a pas encore parlé de cette question.

Me CLÉMENCEAU. — C'est M. le Président qui doit diriger les débats et non les témoins.

M. LE GÉNÉRAL DE PELLIEUX. — Je demande à continuer ma déposition sans être interrompu.

M. LE PRÉSIDENT. — Continuez.

M. LE GÉNÉRAL DE PELLIEUX. — Les membres du Conseil de guerre avaient été convoqués par erreur; ils ne le sont plus.

Je demande à dire un mot de la façon dont s'est présentée l'affaire devant le Conseil de guerre.

Le Conseil de guerre, je puis presque le dire, n'a pas eu à juger un accusé, — dans la justice militaire, c'est possible; cela ne l'est pas, je crois, dans la justice civile, — il n'a pas eu à juger un accusé formellement accusé, voilà ce que je veux dire. Le commandant Esterhazy avait été l'objet d'une proposition d'ordonnance de non-lieu de la part du rapporteur et de la part du Commissaire du gouvernement. Par conséquent, il s'est présenté devant le Conseil de guerre muni de cette proposition d'ordonnance de non-lieu.

Le gouverneur de Paris, le général Saussier, mon regretté chef, qui a été mon soutien pendant toute cette affaire, et qui est au courant comme moi — peut-être que nous sommes tous les deux seuls au courant complet de l'affaire — le général

Saussier n'a pas voulu rendre cette ordonnance. Il a été en cela, je puis le dire, contre l'opinion de beaucoup d'autorités supérieures à la sienne. Il n'a pas voulu rendre l'ordonnance de non-lieu, il a voulu que l'affaire allât jusqu'au bout, que le commandant Esterhazy fût jugé par ses pairs, par la justice militaire, et il a donné l'ordre de mise en jugement. Il l'a donné pour qu'un débat contradictoire eût lieu.

Je puis vous dire que j'ai regretté que ce débat ne fût pas public ; je l'avais demandé et j'aurais voulu voir, après l'ordre de mise en jugement, un débat contradictoire et public. Le Ministre a demandé le huis clos. Mais, la meilleure preuve que le Conseil de guerre a été indépendant, c'est qu'il a refusé le huis clos ; il a jugé qu'il y avait intérêt à ce que la lumière se fît, au moins partielle, si elle ne pouvait pas se faire tout entière au grand jour.

Peut-on dire qu'un Conseil de guerre qui, contre l'avis du Ministre, n'a pas prononcé le huis clos, a été criminel ? Et quand on accuse sept officiers, dont plusieurs ont versé leur sang sur le champ de bataille pendant que d'autres étaient je ne sais pas où, d'avoir été criminels... (*Bruit.*)

M. Zola. — Je demande la parole.

M. le Président. — Je rappelle que si le moindre tapage se produit encore dans cette salle, le public se retirera immédiatement.

M. le général de Pellieux. — Je dis donc que ce Conseil de guerre ne peut être accusé d'avoir acquitté par ordre un coupable.

J'ajoute que si les membres du Conseil de guerre avaient été entendus, ils auraient apporté ici une protestation indignée. Je me fais leur écho ; je suis leur chef ; j'ai assisté aux débats du Conseil de guerre et je sais l'indépendance, l'honnêteté, la loyauté qu'ils ont apportées dans leur jugement.

J'ai fini sur ce point.

M. le Président. — Avez-vous encore d'autres points ?

M. le général de Pellieux. — Je demanderai, puisqu'on veut toute la lumière et que je suis disposé à dire tout ce que je sais, à relever certains faits qui se sont produits à l'audience d'hier.

Vous avez entendu le colonel Henry, malade, se soutenant à peine. Je ne sais pas si ses paroles ont été parfaitement interprétées. Comme je sais tout, je demande à rectifier certains points.

Je crois qu'à un moment donné le colonel Henry, ayant parlé d'un dossier, a dit que ce dossier n'avait pas été ouvert, et la défense en a pris acte.

En effet, il y a au ministère de la guerre, au service des renseignements, bien des dossiers. Je dois dire qu'à mon avis, tous ces dossiers sont secrets. Il n'est pas possible que des dossiers du service des renseignements ne soient pas secrets. Par conséquent, quand on a reconnu avoir eu communication d'un dossier de pigeons voyageurs, quand on a reconnu avoir eu communication d'un dossier Boulleau (affaire d'espionnage de Nancy), on a reconnu avoir eu communication de dossiers secrets. La question n'est plus en doute.

Quand le colonel Henry a parlé d'un dossier qui n'avait pas été ouvert, il a voulu parler du dossier du Conseil de guerre de 1894. Ce dossier a été scellé après la séance du Conseil de guerre de 1894 et n'a plus été ouvert qu'une seule fois, quand, pour mon instruction, j'ai fait faire la saisie du bordereau, car on ne pouvait pas me donner connaissance du bordereau sans que j'en fisse la saisie. Comme magistrat, j'ai fait faire une saisie légale au ministère de la guerre, de manière à faire faire une nouvelle expertise du bordereau. Une fois qu'on eut extrait le bordereau du dossier, ce dossier fut rescellé et il est encore intact au ministère de la guerre.

On a parlé de beaucoup de dossiers secrets. Il y avait en effet, dans l'armoire du colonel Henry, d'autres dossiers, et dans d'autres dossiers pouvaient se trouver des pièces relatives à l'affaire Dreyfus, des pièces antérieures, contemporaines et postérieures.

Maintenant, M. Leblois, levant à son profit une partie du huis clos, a dit que le colonel Henry avait reconnu, au Conseil de guerre, avoir eu avec lui une conférence de deux heures. Je lui donne le démenti le plus formel ; cela n'a pas été dit au Conseil de guerre. J'y ai assisté. Ce qui est vrai, c'est que le colonel Picquart l'a dit, mais c'est tout à fait différent. Le colonel Henry ne l'a jamais reconnu, jamais.

M. LE PRÉSIDENT. — Avez-vous d'autres choses à dire ?

M. LE GÉNÉRAL DE PELLIEUX. — Je n'ai plus rien à dire, à moins qu'on ait des questions à me poser.

Me LABORI. — J'aurai des questions à poser au général. Et d'abord, je crois que M. Zola a quelque chose à dire.

M. ZOLA, *d'un ton indigné.* — Il y a différentes façons de servir la France...

M. LE PRÉSIDENT. — Pas de phrases! vous n'avez que des questions à poser. Quelles questions voulez-vous adresser au général ?

M. ZOLA. — Je demande au général de Pellieux s'il ne pense pas qu'il y ait différentes façons de servir la France? On peut la servir par l'épée et par la plume. M. le général de Pellieux a sans doute gagné de grandes victoires ! J'ai gagné les miennes. Par mes œuvres, la langue française a été portée dans le monde entier. J'ai mes victoires! Je lègue à la postérité le nom du général de Pellieux et celui d'Emile Zola : elle choisira! (*Mouvements divers.*)

M. LE GÉNÉRAL DE PELLIEUX. — Monsieur le Président, je ne répondrai pas.

Mᵉ Labori. — Voudriez-vous, monsieur le Président, être assez bon pour demander d'abord à M. le général de Pellieux si, au cours de sa double enquête, il n'a pas reçu à diverses reprises M. Leblois à la place de Paris, 7, place Vendôme?

M. le général de Pellieux. — Parfaitement, je l'ai fait venir. M. Leblois n'est jamais venu chez moi que cité régulièrement.

Mᵉ Labori. — Le premier de ces entretiens n'a-t-il pas eu lieu le 19 novembre, à neuf heures et demie du matin? Ne s'est-il pas prolongé pendant trois heures, jusqu'à midi et demi?

M. le général de Pellieux. — Le 19 novembre?... C'est possible. Mais trois heures et demie! Jamais M. Leblois n'est resté trois heures et demie.

Mᵉ Labori. — Soit! Je vois d'ailleurs que sur mon questionnaire j'ai écrit, non pas trois heures et demie, mais trois heures.

Quelle a été donc la durée de l'entretien?

M. le général de Pellieux. — Si vous voulez, ce sera deux heures trois quarts.

Mᵉ Labori. — Je comprends ce que le général veut dire.

Cet entretien n'a-t-il pas eu un caractère confidentiel?

M. le général de Pellieux. — Il n'y avait rien du tout de confidentiel, puisqu'il s'agissait d'une enquête et que je devais fournir un rapport au gouverneur.

Mᵉ Labori. — Je pose des questions et ne les commente pas, pas plus que les réponses.

M. Leblois n'a-t-il pas commencé par montrer à M. le général de Pellieux une interview des *Débats*, où il déclarait que s'il avait quelque chose à dire sur le fond de l'affaire, ce serait aux chefs de l'armée qu'il le dirait tout d'abord?

M. le général de Pellieux. — C'est possible.

Mᵉ Labori. — M. Leblois n'a-t-il pas demandé à M. le général de Pellieux, avant de commencer ses confidences, si le général avait qualité pour les recevoir au nom du Ministre de la guerre et du Gouverneur de Paris?

M. le général de Pellieux. — Mais j'avais bien qualité, puisque j'étais commis par le Gouverneur pour faire l'enquête.

Mᵉ Labori. — Le général n'a-t-il pas répondu affirmativement?... (*Le général fait un signe d'assentiment*)... et n'a-t-il pas ajouté spontanément qu'il voulait sauver M. le colonel Picquart : « Je veux sauver le colonel Picquart. »

M. le général de Pellieux. — Jamais je n'ai dit cela. Comment voulez-vous que j'aie pu dire que je voulais sauver le colonel Picquart, que je n'avais jamais vu et ne connaissais pas. Le nom du colonel Picquart n'a été prononcé qu'au cours de la... déposition de M. Leblois. Je n'avais jamais entendu parler du colonel Picquart, je ne le connaissais pas, je ne l'avais jamais rencontré.

Mᵉ Labori. — N'est-il pas exact que, sur cette conversation

de deux heures trois quarts, il n'a été retenu, à titre officiel, qu'une déclaration de quelques lignes, tout le reste de l'entretien ayant été considéré comme entièrement confidentiel?

M. LE GÉNÉRAL DE PELLIEUX — Il a été retenu comme déclaration de M. Leblois, qu'il m'avait dit que le colonel Picquart lui avait dit qu'il y avait, au ministère de la guerre, un dossier dans lequel une pièce accusait formellement le commandant Esterhazy de trahison. Il a été retenu, et j'en ai rendu compte, que M. Leblois avait entre les mains quatorze lettres du général Gonse.

Mᵉ LABORI. — Je voudrais que le général fût assez bon pour répondre directement à ma question.

(*Maître Labori pose de nouveau la question.*)

M. LE GÉNÉRAL DE PELLIEUX. — Il n'y a rien eu de confidentiel dans l'entretien et je n'en ai retenu que les points importants. M. Leblois aurait pu faire une plaidoirie de quatre heures... Je n'ai retenu que les points importants, pour en rendre compte.

Mᵉ LABORI. — M. Leblois n'a-t-il pas remis au général de Pellieux, au nom de M. Scheurer-Kestner, trois pièces, savoir : deux photographies de lettres récentes du commandant Esterhazy et un *petit-bleu* en date du 9 novembre 1897, adressé à M. Scheurer-Kestner et portant ces mots : « Piquart est un gredin, vous en aurez la preuve par le second bateau de Tunisie » ?

M. LE GÉNÉRAL DE PELLIEUX. — Parfaitement, je l'ai dit hier.

Mᵉ LABORI. — Les caractères tracés à la plume n'avaient-ils pas la forme de majuscules allongées ?

M. LE GÉNÉRAL DE PELLIEUX. — Les pièces sont au dossier.

Mᵉ LABORI. — Le général comprend que, dans l'impossibilité où nous sommes d'obtenir le dossier — et s'il pouvait obtenir qu'une mesure différente fût prise, nous lui en serions reconnaissants — nous sommes obligés de nous renseigner par l'intermédiaire des témoins que nous avons la bonne fortune, exceptionnellement, de pouvoir entendre.

Le *petit-bleu* dont je viens de parler ne présentait-il pas, à cet égard tout au moins, une analogie curieuse avec le *petit-bleu* que le commandant Esterhazy prétendait avoir reçu de la dame voilée ?

M. LE GÉNÉRAL DE PELLIEUX. — Il présentait l'analogie que présentent entre elles toutes les pièces écrites en caractères d'imprimerie.

Mᵉ LABORI. — Le général de Pellieux n'a-t-il pas jugé cette coïncidence assez frappante pour se faire représenter ledit *petit-bleu* au ministère de la guerre, le jour même, dans l'après-midi ? N'a-t-il pas constaté que le procédé était identique ?

M. LE GÉNÉRAL DE PELLIEUX. — Je ne me suis pas fait représenter le *petit-bleu* à ce moment ; je n'ai eu le *petit-bleu* entre les mains que lorsque j'ai été chargé d'une enquête judiciaire. Je ne pouvais à ce moment demander de pièces au ministère de la guerre; je n'y avais aucun intérêt, puisque, comme je l'ai dit hier, je n'étais que chargé de dire à M. Mathieu Dreyfus: « Apportez-moi la preuve de votre accusation. »

M° LABORI. — Après avoir constaté que le procédé d'écriture était identique, le général n'a-t-il pas dit à M. Leblois que, pour la ressemblance des écritures, il ne pouvait rien dire lui-même, n'étant pas expert ?

M. LE GÉNÉRAL DE PELLIEUX. — Je ne comprends pas très bien la question. Dans ce moment-ci, le *petit-bleu*, pour moi, c'est la carte-télégramme adressée au commandant Esterhazy ; c'est toujours comme cela qu'on l'a appelée.

M° LABORI. — M. le commandant Esterhazy a reçu de la dame voilée...

M. LE GÉNÉRAL DE PELLIEUX. — Maintenant, je comprends !

M° LABORI, *au Président*. — Peut-être MM. les jurés ne comprennent-ils pas et si vous me le permettez, je préciserai.

(*Se tournant vers le jury*.) M. le commandant Esterhazy a reçu, à un moment donné, d'un anonyme qui doit être la dame voilée, un *petit-bleu* écrit en caractères imitant l'imprimerie. D'autre part, M. Leblois a remis — je crois que c'est là le point: le général a dit, en effet, que cette pièce lui avait été remise, — M. Leblois a remis au général une carte-télégramme écrite dans les mêmes conditions, c'est-à-dire par le même procédé, à la main, en lettres imitant les caractères d'imprimerie. C'est de ces deux télégrammes qu'il est question en ce moment.

M. LE GÉNÉRAL DE PELLIEUX. — Parfaitement.

M° LABORI. — Nous avons acquis ce point, qu'il y avait identité de procédé dans les deux télégrammes ; mais, le général n'a-t-il pas dit à M. Leblois que, pour la ressemblance des écritures, il ne pouvait rien dire lui-même, n'étant pas expert ?

M. LE GÉNÉRAL DE PELLIEUX. — Je n'ai jamais dit cela.

M° LABORI. — Sur une demande à fin d'expertise, le général de Pellieux ne s'est-il pas refusé à ordonner une expertise ?

M. LE GÉNÉRAL DE PELLIEUX. — Parfaitement, mais c'était pour le bordereau.

M° LABORI. — Ce n'est pas la question, il s'agit du *petit-bleu*.

M. LE GÉNÉRAL DE PELLIEUX. — Jamais il n'a été demandé d'expertise pour le *petit bleu*.

M° LABORI — Je ne dis pas qu'à un moment donné une expertise ait été demandée, soit par quelque personnage officiel, soit par écrit : mais, au cours d'un entretien, M. Leblois n'a-t-il pas dit au général : « Le point est intéressant ; ne serait-il pas utile de faire rechercher si les écritures sont les mêmes ? » et le général n'aurait-il pas répondu qu'il ne croyait pas cela utile ?

M. LE GÉNÉRAL DE PELLIEUX. — Il n'a jamais été question de cela.

M° LABORI. — M. Leblois n'a-t-il pas fait remarquer au général de Pellieux que, dans ce *petit-bleu* le nom de Picquart était écrit sans *c* ?

M. LE GÉNÉRAL DE PELLIEUX. — Je ne me rappelle pas si c'est M. Leblois qui m'a fait remarquer cela ; je crois que c'est le colonel Picquart... Mes souvenirs ne sont pas assez précis.

Mᵉ LABORI. — Cette particularité, l'absence du c dans le nom de Picquart, ne se retrouve-t-elle pas dans le télégramme signé *Speranza*, adressé de Paris à Tunis, à M. le colonel Picquart, le 10 novembre 1897 ?

M. LE GÉNÉRAL PELLIEUX. — En effet.

Mᵉ LABORI. — Et dans une lettre injurieuse que M. le commandant Esterhazy écrivit lui-même à M. le colonel Picquart ?

M. LE GÉNÉRAL DE PELLIEUX. — Je ne connais pas cette lettre.

Mᵉ LABORI. — M. Leblois n'a-t-il pas déclaré au général de Pellieux, dans leur premier entretien, qu'il ne possédait lui-même, ni dans l'affaire Esterhazy, ni dans l'affaire Dreyfus, aucun dossier personnel, aucun document, si ce n'est certaines lettres de M. le général Gonse que M. le colonel Picquart lui avait confiées pour sa défense ?

M. LE GÉNÉRAL DE PELLIEUX. — Parfaitement.

Mᵉ LABORI. — Ces lettres n'ont-elles pas été communiquées par M. Leblois à M. le général de Pellieux, à titre confidentiel ?

M. LE GÉNÉRAL DE PELLIEUX. — Qu'entendez-vous par là ?... J'étais obligé de rendre compte à mes chefs de l'enquête que je faisais, et j'ai rendu compte au général Saussier que le colonel Picquart avait entre les mains des lettres du général Gonse.

Mᵉ LABORI. — *A titre confidentiel* veut dire : sans que le fait soit mentionné dans les procès-verbaux.

M. LE GÉNÉRAL DE PELLIEUX. — Parfaitement ! Il n'y avait pas d'abord de procès-verbaux d'information, puisque je n'étais chargé que d'une enquête militaire ; il n'y a eu de procès-verbaux d'information que lorsque j'ai fait l'enquête judiciaire.

Mᵉ LABORI. — Quoi qu'il en soit, et pour bien nous entendre sur la question et la réponse, il est incontestable que M. Leblois a pu informer le général de l'existence de ces lettres et des raisons pour lesquelles il les possédait, non pas sous la réserve que le général n'en parlât point à ses chefs, mais en lui disant que cette communication était confidentielle, et non officielle, et qu'il n'en devait exister aucune trace au dossier, dans les écritures servant à constater les opérations du général de Pellieux, quelle que soit la terminologie qu'on emploie pour désigner ces procès-verbaux.

Je dis donc à M. le général Pellieux : Oui ou non, les lettres de M. le général Gonse lui ont-elles ou ne lui ont-elles pas été communiquées confidentiellement ?

M. LE GÉNÉRAL DE PELLIEUX. — Confidentiellement, à charge par moi d'en rendre compte au Gouverneur.

Mᵉ LABORI. — Dans le dernier entretien que M. Leblois a eu avec M. le général de Pellieux, le 29 novembre, au cours de l'enquête judiciaire, M. le général de Pellieux n'a-t-il pas dit à M. Leblois qu'il ne pouvait pas ordonner une expertise sur le bordereau, parce que ce bordereau avait été déclaré attribué à Dreyfus par le jugement de 1894, et que ce serait revenir sur la chose jugée?

M. LE GÉNÉRAL DE PELLIEUX. — Parfaitement.

Mᵉ LABORI. — M. Leblois n'a-t-il pas tenté de réfuter ce raisonnement, qui a été abandonné par le Ministre lui-même lorsque, à la suite de l'interpellation de M. Scheurer-Kestner, le 7 décembre, il a fait verser le bordereau au dossier de M. le commandant Ravary, pour être expertisé?

M. LE GÉNÉRAL DE PELLIEUX. — Parfaitement. J'ajouterai même un détail. Je ne me suis pas cru le droit, comme officier de police judiciaire, de faire une nouvelle expertise du bordereau. Il me semblait — c'était une opinion personnelle — que faire faire une nouvelle expertise serait rouvrir l'affaire Dreyfus. Si le bordereau avait été attribué à un autre, il me semblait que la revision s'imposait.

Je n'ai pas été le seul de cet avis ; car, quand on m'a donné l'ordre, que j'ai exécuté, de faire saisir le bordereau au ministère de la guerre et de le soumettre à l'expertise, je me suis trouvé en face d'une grève d'experts... C'est assez rare !... Les experts que j'ai fait venir m'ont refusé de faire l'expertise, se fondant exactement sur la même raison que moi, et disant que, faire une nouvelle expertise du bordereau leur paraissait infirmer la chose jugée. Il y a cinq experts au tribunal de la Seine ; trois avaient été mêlés à l'affaire Dreyfus ; deux restaient, je les ai fait venir ; ils ont refusé toute mission. J'en ai rendu compte immédiatement, parce que je voulais clore mon enquête le plus tôt possible, parce que je sentais que le public s'impatientait et qu'en somme je n'étais chargé que d'une enquête préliminaire. C'est alors que, sur l'ordre du ministère de la justice donné aux experts, l'expertise a été ordonnée. C'est le commandant Ravary qui l'a ordonnée.

Mᵉ LABORI. — Je passe maintenant à un dernier ordre de faits :

M. le général de Pellieux n'a-t-il pas assisté à la seconde séance du Conseil de guerre, tenue le mardi 11 janvier 1898?

M. LE GÉNÉRAL DE PELLIEUX. — J'ai assisté à toutes les séances du Conseil de guerre, comme délégué du gouverneur.

Mᵉ LABORI. — Le général n'était-il pas en civil ?

M. LE GÉNÉRAL DE PELLIEUX. — Parfaitement.

Mᵉ LABORI. — N'était-il pas assis derrière M. le général de Luxer, président ?

M. LE GÉNÉRAL DE PELLIEUX. — Parfaitement.

Mᵉ LABORI. — N'est-il pas intervenu à diverses reprises au cours de la déposition de M. Leblois ?

M. LE GÉNÉRAL DE PELLIEUX. — J'ai demandé au Président, au Ministère public et à la défense, l'autorisation de poser des questions à M. Leblois. Cette autorisation m'a été accordée. Je crois que j'en avais le droit, comme magistrat.

Mᵉ LABORI. — N'a-t-il pas, notamment, pris spontanément la

parole pour rectifier une erreur de fait qui venait d'être commise par M. le général de Luxer?

M. LE GÉNÉRAL DE PELLIEUX. — Je n'ai jamais pris la parole sans demander l'autorisation à la défense, au Ministère public et au Président.

Mᵉ LABORI. — Quoi qu'il en soit, le général voudrait-il, sous la réserve que les expressions comportent, répondre à la question? N'a-t-il pas, notamment, pris, spontanément ou non — le général le dira — la parole pour rectifier une erreur de fait qui venait d'être commise par le général de Luxer?

M. LE GÉNÉRAL DE PELLIEUX. — Je ne sais pas de quoi vous voulez parler.

Mᵉ LABORI. — Je me permets d'insister dans ces termes :
Le général doit savoir — et il ne peut pas ne pas se le rappeler — si, à un moment donné, au cours de la déposition de M. Leblois, il n'est pas intervenu pour rectifier une erreur de fait commise par le Président. Quant à l'erreur, je ne la connais pas, on ne me l'a pas dite, pour des raisons de discrétion que le témoin comprendra.

M. LE GÉNÉRAL DE PELLIEUX. — J'avoue que je ne peux m'en souvenir.

Mᵉ LABORI. — C'est tout ce que le général peut dire? C'est que ses souvenirs ne lui permettent pas de répondre?

M. LE GÉNÉRAL DE PELLIEUX. — Je ne crois pas être intervenu sans demander l'autorisation à la défense, au Président et au Ministère public.

Mᵉ LABORI. — Mais le général ne peut pas non plus affirmer le contraire?

M. LE GÉNÉRAL DE PELLIEUX. — Non.

Mᵉ LABORI. — N'est-il pas intervenu dans d'autres occasions et à plusieurs reprises?

M. LE GÉNÉRAL DE PELLIEUX. — C'est possible, mais toujours avec l'autorisation du Ministère public, de la défense et du Président.

Mᵉ LABORI. — N'a-t-il pas, notamment, pris spontanément la parole pour demander à Mᵉ Tézenas s'il ne s'opposait pas à la continuation de la déposition de M. Leblois et dans ces termes : « Vous laissez parler! »

M. LE GÉNÉRAL DE PELLIEUX. — Jamais.

Mᵉ LABORI. — M. Leblois n'avait-il pas posé une question qui était de nature à nécessiter un supplément d'information?

M. LE GÉNÉRAL DE PELLIEUX. — Je ne répondrai pas, il y avait huis clos. *(Bruit.)*

Mᵉ LABORI, *au Président*. — Je crois devoir insister pour obtenir une réponse. Si le témoin persiste à ne pas vouloir répondre, je prendrai des conclusions. (*M. le Président indique, d'un geste, à Mᵉ Labori qu'il désire le voir passer outre.*) Ne faites appel, monsieur le Président, ni à ma bonne volonté, ni à mon intelligence, ni à ma courtoisie, vous me rendriez malheureux. Ma tâche est assez lourde et difficile...

M. LE GÉNÉRAL DE PELLIEUX, *à M° Labori*. — Vous savez bien que tout ce qui s'est passé à huis clos ne peut pas être révélé.

M. LE PRÉSIDENT. — Le général dit que c'était à huis clos !...

M° LABORI. — Cela m'est égal, ce que le général dit... *(Mouvements et exclamations.)* Pardon ! est-ce qu'il peut y avoir à mes paroles une interprétation qui soit désobligeante pour qui que soit ? Vous entendez bien ce que je veux dire ! Je ne veux pas dire, que je me soucie peu des réponses du général ; si cela m'était égal, je ne lui poserais pas de questions qui intéressent ma défense. Je veux dire que ce n'est pas à moi ni au général lui-même qu'il appartient de juger le scrupule qu'il peut avoir à répondre à ma question ; c'est la Cour qui nous départagera.

M. LE PRÉSIDENT. — Le général vient de dire que la question se rapportait à un incident qui se passait à huis clos.

M° LABORI. — Permettez-moi de vous dire ceci : il n'y a absolument aucune sanction à l'interdiction de reproduire les débats à huis clos. Rien ne s'oppose en droit à ce que le témoin parle.

M. LE PRÉSIDENT. — Ce n'est pas sérieux !

M° LABORI. — Deuxième observation : Je ne demande rien au général qui ait un caractère secret ou confidentiel.

Troisième observation : Rien ne nécessitait que la déposition de M. Leblois eût lieu à huis clos, et c'est un des faits contre lesquels je proteste.

Enfin, le huis clos est possible à la Cour d'assises comme au Conseil de guerre et douze citoyens français valent douze officiers pour garder un secret. Par conséquent, vous avez toute possibilité de faire répondre le témoin.

Ce qui m'arrête, c'est l'intervention de M. le général de Pellieux dans les débats au Conseil de guerre ; c'est cela que je veux établir. Je ne lui demande pas de nous révéler ce sur quoi il est intervenu, je lui demande simplement s'il est intervenu ? J'insiste pour que la question soit posée.

M. LE PRÉSIDENT. — Prenez des conclusions !

M° CLÉMENCEAU, *au Président*. — Il me semble que le général vient de répondre à mon confrère sur des faits qui s'étaient passés à huis clos ! Jamais le général, que je sache, n'est intervenu au Conseil de guerre pendant l'audience publique ; ses interventions, dont il parle depuis un quart d'heure, se sont toutes produites à huis clos. Sera-t-il donc permis à un témoin d'être seul juge des parties de l'audience à huis clos dont il pourra parler, et de celles qu'il aura le droit de passer sous silence ? Je pose la question à la Cour ?

M. LE PRÉSIDENT. — Comment voulez-vous que la Cour s'assure que cela s'est passé à huis clos autrement que par le témoin ?

Au témoin. — La question qu'on vous pose est-elle relative à un incident qui s'est passé à huis clos ?

M. LE GÉNÉRAL DE PELLIEUX. — On m'a posé des questions relatives à une intervention personnelle ; cela ne touche pas au huis clos ; le huis clos s'applique à des choses demandées aux témoins, mais non à l'attitude d'un individu pendant le huis clos.

Mᵉ LABORI. — Comme il faut que la question soit réglée, tout en m'excusant de ce nouveau délai, je demande à la Cour de m'accorder quelques instants pour rédiger des conclusions.

M. LE PRÉSIDENT. — Il n'est pas nécessaire de suspendre l'audience.

Mᵉ LABORI. — Il est indispensable que la réponse soit faite par le témoin avant que de nouveaux incidents se produisent.

M. LE GÉNÉRAL DE PELLIEUX. — On a l'air d'opposer mon attitude pendant la séance publique à celle que j'ai eue pendant le huis clos. Si je ne suis pas intervenu pendant la séance publique, c'est parce que je crois que je n'en ai pas eu besoin. Pendant la séance publique, on a entendu d'abord M. Mathieu Dreyfus et on a pu se rendre compte alors du vide de son accusation. Après M. Mathieu Dreyfus, on a entendu M. Scheurer-Kestner. J'avoue que sa déposition a été aussi vide. Cependant, à un moment donné, il a dit, et tout le monde a pu l'entendre : « Après tout, le bordereau n'est peut-être pas du commandant Esterhazy, mais que nous importe ? » Or l'accusation portait uniquement sur le bordereau. Après M. Scheurer-Kestner, on a entendu M. Weil ; je ne parlerai pas de l'attitude du témoin, parce que je crois que cela m'est défendu ; mais on a pu se rendre compte à ce moment, je puis le dire, du filet dans lequel on avait enserré le commandant Esterhazy. On a produit une lettre de celui-ci à M. Weil, — et l'incident a été relaté ; — M. Weil, après avoir nié qu'il eût livré cette lettre, a été convaincu d'inexactitude par M. Mathieu Dreyfus, qui a dit que c'était M. Zadoc Kahn, auquel elle avait été remise par M. Weil, qui la lui avait livrée.

On a entendu quelques autres témoins, tels que M. Autant et même un garçon coiffeur, mais je ne me rappelle pas.

Eh bien ! j'ai jugé que mon intervention comme magistrat était alors absolument inutile et que je n'avais qu'à écouter les témoins pour être fixé ; c'est pour cela que je ne suis pas intervenu pendant la séance publique.

Mᵉ LABORI. — Voulez-vous me permettre, monsieur le Président, de répéter la question avant de vous demander de la poser à nouveau. Voici deux questions qui se rattachent au même ordre d'idées : Premièrement, M. Leblois n'avait-il pas présenté une observation qui aurait été de nature à motiver un supplément d'information ?

M. LE PRÉSIDENT. — Vous entendez la première question ?

M. LE GÉNÉRAL DE PELLIEUX. — Je n'y répondrai pas, car c'est du huis clos qu'il s'agit.

Mᵉ LABORI. — Deuxièmement, M. le général de Luxer n'était-il pas alors disposé à saisir régulièrement le Conseil de guerre de la question et ne s'était-il pas déjà levé pour proposer aux juges de se retirer dans la chambre du Conseil pour en délibérer ?

M. LE GÉNÉRAL DE PELLIEUX. — Non.

Me LABORI. — A ce moment, M. le général de Pellieux n'est-il pas intervenu spontanément en disant que c'était inutile?

M. LE GÉNÉRAL DE PELLIEUX. — Non, je n'avais rien à dire au Président.

Me LABORI. — J'ai terminé sur ce point.

Me CLÉMENCEAU. — Nous voilà loin de la question que j'avais posée. Je vous demande la permission d'y revenir. J'ai dit tout à l'heure et je répète : Le général de Pellieux a commencé par répondre à Me Labori sur des questions et sur des faits qui s'étaient passés à huis clos. Je vais maintenant préciser : Quand mon confrère Me Labori a demandé au général s'il ne s'était pas levé et n'avait pas pris la parole, celui-ci s'est expliqué. Or, je lui demande si cette intervention ne s'est pas produite à huis clos?

M. LE GÉNÉRAL DE PELLIEUX. — Parfaitement. Mais j'ai dit que je ne considérais pas comme du huis clos l'attitude d'une personne ; je considère que le huis clos ne s'applique qu'à des dépositions et à des choses ayant trait à l'affaire. Mon attitude n'a en rien trait à l'affaire.

Me CLÉMENCEAU. — Nous allons nous expliquer en droit, si vous voulez. En droit...

M. LE PRÉSIDENT. — Ah!...

Me CLÉMENCEAU. — Je vous demande pardon, monsieur le Président ; mais il est indispensable que nous nous comprenions bien. En droit, le huis clos, c'est tout ce qui se passe à l'audience après que le Président a proclamé que le huis clos est prononcé sur la réquisition du Ministère public.

Je reviens à ma question. Le général de Pellieux a reconnu que son intervention s'était produite pendant le temps pour lequel le Président du Conseil de guerre avait prononcé le huis clos.

M. LE GÉNÉRAL DE PELLIEUX. — Mais oui, je ne le nie pas.

Me CLÉMENCEAU. — Eh bien! il est établi que le général de Pellieux a commencé par répondre à Me Labori sur des faits qui s'étaient passés pendant le huis clos, et que plus tard il a changé de conduite. Pourquoi? J'attends la réponse.

M. LE PRÉSIDENT. — Je n'ai pas bien compris. *(Bruit.)* Le général n'a jamais répondu sur ce point. *(Rumeurs.)*

Me CLÉMENCEAU. — Je ne vous comprends plus.

M. LE PRÉSIDENT. — C'est moi qui ne vous comprends pas.

Me CLÉMENCEAU. — Je vais recommencer.

M. LE PRÉSIDENT. — Il s'agit de ce qui concerne le huis clos. Le général ne peut pas rendre compte de ce qui s'est dit et de ce qui s'est passé ; il ne nous en a pas dit un mot.

Me CLÉMENCEAU. — J'estime que c'est une erreur. Je pose des questions pour tirer des conclusions. Mes conclusions vous importent peu, mais j'ai le droit de poser des questions.

M. LE PRÉSIDENT. — Oui, mais j'ai également le droit de les contrôler, et je ne les poserai que si je crois devoir les poser.

Mᵉ Clémenceau. — Je n'ai l'intention d'empêcher l'usage d'aucun de vos droits, mais j'entends assurer le libre exercice de tous les miens.

M. le Président. — Le général de Pellieux ne veut pas répondre et il a raison, vous le savez comme moi.

Il ne veut pas répondre à des questions qui se rattachent à ce qui s'est dit pendant la durée du huis clos. Vous savez qu'il a raison sur ce point. Vous déposerez des conclusions.

Mᵉ Clémenceau. — Je demande à poser une question.

M. le Président. — Laquelle ?

Mᵉ Clémenceau. — Je suis sûr d'être dans mon droit ; vous m'interdirez la parole ou sans cela je parlerai.

M. le Président. — Je ne vous enlèverai pas la parole, mais vous déposerez des conclusions si nous sommes en désaccord.

Mᵉ Clémenceau. — Je suis sûr d'affirmer une chose exacte et je demande seulement à constater des faits et j'en tirerai les conclusions que je voudrai. Voici ces faits :

J'ai dit et je maintiens que le général de Pellieux a d'abord répondu à Mᵉ Labori, qui lui posait des questions concernant des faits qui s'étaient passés pendant le huis clos ; qu'ensuite, au moment où Mᵉ Labori lui posait une autre question sur des faits qui s'étaient passés également pendant le huis clos, le général de Pellieux a dit : « Je ne veux pas répondre à la question parce que je n'ai pas le droit de parler de ce qui s'est passé à huis clos. » Alors, et c'est là que je voulais arriver, je constate que le général de Pellieux s'est érigé en juge de ce qu'il pouvait ou de ce qu'il ne pouvait pas dire des choses qui s'étaient passées pendant le huis clos.

Il a commencé par répondre à Mᵉ Labori en disant : « Je considère que je puis le faire. » Puis, à un moment donné, il s'est constitué seul juge et a dit : « A partir de ce moment, je ne puis plus vous répondre. » Nulle observation ne lui a été faite sur cette façon de déposer : voilà ce que je voulais constater.

M. le Président. — Est-ce tout ?

M. le Général de Pellieux. — J'avoue franchement que je ne crois pas avoir rompu le huis clos en disant que j'ai eu, pendant sa durée, telle ou telle attitude.

Mᵉ Clémenceau. — Les jurés apprécieront l'incident, c'est pour eux que j'ai parlé.

M. le Président. — C'est entendu. Avez-vous d'autres questions à faire ?

(Au témoin.) Général, je serai peut-être obligé de vous rappeler, mais vous pouvez vous asseoir.

M. le Général de Pellieux. — Je resterai sur la brèche jusqu'à la fin. J'ai tenu à expliquer l'attitude du Conseil de guerre et je crois, en mon âme et conscience, que si on s'en tient exactement aux termes de l'accusation portée par le Ministre de la guerre, la chose est jugée.

M. le Président. — Général, vous pouvez vous asseoir. (A l'huissier audiencier) Qu'on fasse venir le général Gonse.
(Le général Gonse se présente à la barre.)

RAPPEL DE M. LE GÉNÉRAL GONSE

M. le Président, *au général Gonse*. — Les deux avocats du ministère de la guerre sont M° Nivart et M° Danet?

M. le Général Gonse. — Oui, du moins M° Nivart, avocat à la Cour de cassation et au Conseil d'Etat, pour la juridiction contentieuse. Mais je crois qu'il y en a d'autres.

M. le Président. — Pouvez-vous nous dire à quelles conditions un avocat peut entrer dans le bureau des renseignements qui est, je crois, le bureau le plus secret du ministère de la guerre?

M. le Général Gonse. — Un avocat ne doit pas entrer dans le bureau des renseignements. Les avocats qui sont constitués comme conseils du ministère de la guerre correspondent par l'intermédiaire de la Direction du contrôle, et ces avocats ne correspondent jamais directement avec les différents bureaux; on leur donne des renseignements, des consultations écrites ou verbales, mais c'est toujours par l'intermédiaire de la Direction du contrôle, qui est l'organe intermédiaire entre les conseils du Ministre de la guerre et les différents bureaux de la guerre. Ces avocats ne peuvent entrer qu'exceptionnellement dans ces bureaux, lorsqu'il y a des renseignements spéciaux à prendre, mais c'est toujours après l'intervention du directeur du contrôle et *a fortiori* du Ministre de la guerre.

M. le Président. — Quelle est, au point de vue de l'entrée des avocats, possible en fait, dans le bureau des renseignements, l'autorité du chef de service?

M. le Général Gonse. — Le chef de service n'a pas qualité pour les y introduire.

M. le Président. — Il n'a aucune qualité pour cela!

M. le Général Gonse. — Je ne me permettrais pas d'introduire un avocat ou une personne quelconque dans le service des renseignements sans y être autorisé par le Ministre de la guerre ou par le chef d'Etat-major général.

M. le Président. — N'a-t-on jamais donné au chef du service des renseignements l'autorisation de conférer avec un avocat de son choix sur des questions d'espionnage?

M. le Général Gonse. — Je n'ai jamais entendu parler de cela.

M. le Président. — Le chef du bureau des renseignements a-t-il le droit de le faire?

M. le Général Gonse. — Je suis persuadé que non; en tout cas, moi, je ne prendrais pas ce droit. Je trouve que ce serait excéder mes pouvoirs, si je faisais une chose pareille, sans avoir l'ordre du Ministre de la guerre ou du chef d'Etat-major général.

M. LE PRÉSIDENT. — Savez-vous si on a consulté un des conseils du ministère de la guerre sur des questions d'espionnage?

M. LE GÉNÉRAL GONSE. — Jamais.

M. LE PRÉSIDENT. — Savez-vous ce qui se passe sur la suite à donner aux affaires d'espionnage?

M. LE GÉNÉRAL GONSE. — Quand une affaire d'espionnage est reconnue, qu'on estime qu'il y a lieu d'exercer des poursuites, et qu'il y a des présomptions suffisantes, on met l'affaire entre les mains du Parquet, et si c'est un militaire, entre les mains du Parquet militaire, c'est-à-dire par l'intermédiaire du chef de la justice, qui est le commandant de corps d'armée ou le gouverneur, soit de Paris, soit de Lyon. Quand c'est un civil, on agit par l'intermédiaire du Parquet.

M. LE PRÉSIDENT. — Je retiens votre déclaration, à savoir que jamais le chef du bureau ne doit introduire un avocat dans son service...

M. LE GÉNÉRAL GONSE. — Il ne le doit pas.

M. LE PRÉSIDENT. — ... Et que jamais on ne consulte l'avocat du ministère de la guerre sur une question d'espionnage.

M. LE GÉNÉRAL GONSE. — Jamais.

M. LE PRÉSIDENT. — On saisit le Parquet du Conseil de guerre si c'est un militaire, le Parquet si c'est un civil, mais jamais on ne consulte un avocat?

M. LE GÉNÉRAL GONSE. — Parfaitement.

M. LE PRÉSIDENT — Vous pouvez vous asseoir, à moins que M° Labori et M° Clémenceau n'aient des questions à vous poser.

M° LABORI. — Je n'ai aucune question à adresser à M. le général Gonse.

M. LE PRÉSIDENT, *au général Gonse.* — Nous avons entendu hier un témoin qui a été fort attaqué par un autre. C'est M. Gribelin. Général, pouvez-vous nous donner des renseignements sur M. Gribelin?

M° LABORI. — Je serais très désireux, monsieur le Président, de ne pas vous interrompre, et je m'excuse également vis-à-vis de M. le général Gonse, mais je voudrais faire une observation avant que le général ne réponde. J'ai été avisé par les sténographes qu'une erreur matérielle s'est produite dans la publication de la sténographie et qu'à propos de la déposition de M. Gribelin on a écrit : « Je n'ai donné le dossier qu'une fois (il s'agit du fameux dossier secret), on me l'a rendu après. » Or, il faut lire : « Je n'ai donné le dossier qu'une fois, on *ne* me l'a *jamais* rendu après. » Il y a là une erreur matérielle et je tenais à la signaler. Comme la sténographie pourra être invoquée au cours des débats, je ne voudrais pas qu'une erreur y persistât.

M. LE PRÉSIDENT, *au général Gonse*. — M. Gribelin est archiviste au ministère de la guerre. Général, pouvez-vous nous donner des renseignements sur lui ?

M. LE GÉNÉRAL GONSE — M. Gribelin est archiviste au service des renseignements, dans la section de statistique, depuis fort longtemps ; il y était avant mon arrivée à la tête du service, c'est-à-dire avant 1893. Il a toujours donné satisfaction aux chefs de service ; c'est un serviteur que j'appellerai hors ligne ; c'est un homme d'un dévouement et d'une discrétion absolus, aussi modeste qu'il est intelligent et dévoué. Je ne connais pas, dans le service des archivistes, un homme ayant autant de valeur et de sûreté que M. Gribelin.

C'est un modeste serviteur qui n'arrivera jamais à une position bien élevée, parce qu'il est archiviste et que ceux-ci ne peuvent jamais espérer avoir de brillantes positions. Cet homme connaît tous nos secrets et je dois dire que je les lui confie en toute sécurité.

M. LE PRÉSIDENT. — C'est donc un homme dans la parole duquel on peut avoir confiance ?

M. LE GÉNÉRAL GONSE. — J'ai toute confiance en lui.

Mᵉ CLÉMENCEAU. — La Cour paraît préoccupée de savoir lequel des deux témoins entendus hier à cette barre a menti. Je n'ai pas l'habitude d'employer des expressions violentes, mais il est incontestable que l'un des deux, M. Leblois ou M. Gribelin, a menti et a fait un faux serment.

M. LE PRÉSIDENT. — Vous faites-là une appréciation. Les jurés apprécieront, eux aussi, l'affaire.

Mᵉ CLÉMENCEAU. — C'est une constatation de fait, et non une appréciation. J'ai le droit de retenir les faits qui se sont passés à cette barre. Parlons franchement : vos questions au général Gonse ont certainement pour but de renseigner les jurés sur M. Gribelin, sommes-nous bien d'accord là-dessus ?

M. LE PRÉSIDENT. — M. Gribelin a été attaqué par l'autre témoin, c'est pourquoi je désire avoir des renseignements sur son compte.

Mᵉ CLÉMENCEAU. — Je voudrais compléter votre question par une observation. Le Ministère public a entre les mains un moyen certain d'avoir des renseignements indiscutables sur M. Gribelin. Il lui suffit d'ouvrir une instruction sur le délit qui a été commis à cette barre, soit par M. Leblois, soit par M. Gribelin ; c'est la seule façon d'avoir des renseignements certains sur cette contradiction. En outre, il y a des dépositions écrites que la Cour ou le Ministère public peuvent faire apporter et qui suffiraient à faire connaître lequel de ces deux hommes est un faux témoin. Pourquoi se refuser à connaître la vérité ?

M. LE PRÉSIDENT. — Général, avez-vous quelque chose à répondre ?

M. LE GÉNÉRAL GONSE. — Je m'en tiens à tout ce que j'ai dit.

M. LE PRÉSIDENT. — Vous pouvez vous asseoir. (*A l'huissier audiencier.*) Faites venir M. Gribelin.
(*M. Gribelin se présente à la barre.*)

RAPPEL DE M. GRIBELIN

M. LE PRÉSIDENT, *à M. Gribelin.* — Je vais vous poser une question très grave. Le colonel Picquart, à un moment donné, ne vous a-t-il pas demandé s'il pourrait solliciter de faire timbrer à la poste une lettre qu'il n'a pas autrement désignée?

M. GRIBELIN. — Faut-il prêter serment?

M. LE PRÉSIDENT. — Vous l'avez prêté.

M. GRIBELIN. — Le colonel Picquart m'a demandé un jour, vers deux heures de l'après-midi, si je ne pourrais pas faire apposer un timbre de la poste à une date antérieure à celle où nous nous trouvions.

M. LE PRÉSIDENT. — Maître Labori, vous entendez. Vous n'avez peut-être pas saisi?

Me LABORI. — Si cela peut vous être agréable, monsieur le Président, étant donnée la façon dont vous conduisez les débats, que le témoin recommence, cela ne me gênera pas; il peut recommencer.

M. LE PRÉSIDENT. — Témoin, recommencez ce que vous venez de dire.

M. GRIBELIN. — Le colonel Picquart m'a demandé un jour, vers deux heures de l'après-midi, comme il rentrait à son bureau, si je pourrais obtenir de la poste qu'un timbre de départ fût apposé sur une lettre qu'il ne m'a pas autrement désignée, lequel timbre devait porter une date antérieure à celle à laquelle nous nous trouvions alors.

M. LE PRÉSIDENT. — Très bien.

Me CLÉMENCEAU. — Vous venez de dire, monsieur le Président, que la question que vous posiez avait une extrême gravité; donc la réponse du témoin est extrêmement grave. Par conséquent, on avoue qu'il importe au plus haut point, — retenez-le, messieurs les jurés, — de savoir si en répondant ainsi, le témoin dit la vérité ou un mensonge. Je vous fais observer une fois de plus, monsieur le Président, que vous et le Ministère public avez entre les mains un moyen de savoir si, oui ou non, ce témoin dit la vérité et si c'est M. Leblois qui a menti, comme on paraît l'insinuer. Si on ne cherche pas à savoir la vérité, je dis qu'on ne veut pas la savoir.

M. LE PRÉSIDENT. — Monsieur Gribelin, vous pouvez vous asseoir. (*A l'huissier audiencier.*) Qu'on fasse venir le commandant Lauth.

(*Le commandant Lauth se présente à la barre.*)

RAPPEL DE M. LE COMMANDANT LAUTH

M. LE PRÉSIDENT. — Je vais vous poser une question très grave. Est-ce que, à un moment donné, le colonel Picquart vous a proposé de faire disparaître les traces des déchirures du *petit bleu* et de faire apposer sur l'adresse le timbre de la poste?

M. LE COMMANDANT LAUTH. — Lorsque cette carte-télégramme, qu'on est convenu d'appeler le *petit bleu*, a été entre mes mains et que je l'eus remise au colonel Picquart, celui-ci l'a gardée pendant dix ou douze jours, je ne sais pas au juste, mais cela ne va pas, je crois, à quinze jours. Il me la rendit un jour en me demandant d'en faire une photographie. Je fis une première photographie sans prendre aucune précaution; par conséquent, les traces de déchirures se reproduisirent sur le cliché et ensuite sur les tirages sur papier que je lui fis. Il me fit recommencer un certain nombre de fois et, au bout de quelque temps, il me dit : « Cette photographie ne me satisfait pas; ne pourriez-vous pas faire des clichés et des tirages sur papier, en faisant disparaître absolument les traces de déchirures, de manière à donner à cette photographie l'apparence d'un *petit bleu* absolument net.

Je recommençai mes expériences. Toutes ces expériences de photographie durèrent bien un mois, si ce n'est plus. Au bout de quelque temps, je présentai au colonel Picquart des tirages sur papier. Le résultat n'avait pas été tout à fait satisfaisant encore, et, un jour que je lui montrais ces résultats, impatienté du peu de succès auquel j'arrivais, c'est-à-dire de ce que je n'arrivais pas à faire disparaître ces traces de déchirures, je lui dis : « Mais enfin, mon colonel, pourquoi voulez-vous faire disparaître ces traces de déchirures? » Il me répondit : « C'est pour faire croire *là-haut* que je l'ai interceptée à la poste. » *Là-haut* désignait ses chefs, c'est-à-dire le sous-chef d'État-major et le chef d'État-major. — Je ne répondis pas, et, un moment après, le colonel me dit : « Je voudrais qu'on crût que cette lettre a été interceptée à la poste. » Je lui répliquai : « Comment pourrait-on croire cela? D'abord le *petit bleu* ne porte pas de cachet. Cela lui ôterait toute valeur et ferait disparaître les signes qui lui donnent une certaine authenticité. »

Je faisais allusion à certains signes qui se trouvaient sur le *petit bleu*. En faisant disparaître les traces de déchirures, on arrivait à faire disparaître ces signes. Le colonel Picquart reprit : « Peut-être qu'à la poste on pourrait y apposer un cachet? » Il ne me l'a pas proposé, cette phrase a été dite incidemment : « Peut-être qu'à la poste on y mettrait un cachet? » Je lui répondis : « Je n'en suis pas sûr; pour ces questions-là, je crois qu'il ne faut pas le leur demander, ils ne sont pas toujours très complaisants. » Ensuite, à un moment donné, je dis au colonel : « Mais enfin, mon colonel, si vous faites disparaître les traces de déchirures et que vous présentiez un *petit bleu* qui ait l'apparence d'un neuf, cela ôterait toute valeur à ce document, pour une bonne raison. En effet, comment certifierez-vous, avec son écriture, sa provenance? » Alors il me dit : « Vous serez là pour certifier que c'est l'écriture de telle personne. »

C'est à ce moment-là que je me suis écrié, tellement haut que deux de mes camarades m'ont entendu dans la pièce à côté : « Jamais de la vie, je ne certifierai rien du tout ! Cette écriture, je ne la connais pas, elle est contrefaite et je n'ai jamais eu entre les mains de spécimens de cette écriture ; par conséquent, je ne puis pas certifier qu'elle répond à l'écriture de telle ou telle personne. »

M. LE PRÉSIDENT. — Vous étiez aux bureaux de l'état-major?

M. LE COMMANDANT LAUTH. — J'étais sous les ordres du colonel Picquart.

M. LE PRÉSIDENT. — Maître Labori, quel témoin voulez-vous faire entendre?

Me LABORI. — M. le colonel Picquart.

M. LE PRÉSIDENT, *à l'huissier audiencier*. — Faites venir le colonel Picquart.

(*Le colonel Picquart se présente à la barre.*)

DÉPOSITION DE

M. LE LIEUTENANT-COLONEL PICQUART

(*Le témoin prête serment.*)

Me LABORI. — Monsieur le Président, voulez-vous demander à M. le colonel Picquart ce qu'il sait d'une manière générale sur l'affaire Esterhazy, quelle en a été la genèse, comment il s'en est occupé au début, et comment il a été amené à cesser de s'en occuper, puis à s'en mêler de nouveau au cours de l'automne de l'année 1897 ?

M. LE PRÉSIDENT. — Témoin, vous venez d'entendre les différentes questions qui ont été posées, voulez-vous y répondre ?

M. LE COLONEL PICQUART. — Au commencement du mois de mai 1896, les fragments d'une carte-télégramme sont tombés entre mes mains ; ces fragments ont été recollés et réunis par un officier de mon service, le commandant Lauth, qui était alors capitaine. Lorsqu'il eut fait cette opération, il vint m'apporter cette carte-télégramme, qui était adressée au commandant Esterhazy. Je ne me rappelle plus d'une façon très précise quels étaient les termes de cette carte, mais tout semblait indiquer que, entre la personne qui avait écrit la carte et le commandant Esterhazy, il existait des relations d'une nature plutôt louche. Avant de soumettre à mes chefs cette carte, qui constituait, non pas une preuve contre le commandant Esterhazy, mais une présomption, étant donné le lieu d'où elle venait, je dus prendre des renseignements sur le commandant Esterhazy. Je m'adressai à un officier qui le connaissait et qui avait été avec lui dans le même régiment.

Je n'insiste pas sur la nature des renseignements qui m'ont été fournis ; ils n'étaient pas favorables au commandant Esterhazy et m'ont porté à continuer mes recherches et à faire des investigations sur le genre de vie et les allures de cet officier. Ces investigations elles-mêmes ne furent pas en sa faveur. Le commandant Esterhazy était un homme toujours à court d'argent et qui avait eu bien des accrocs dans son existence. Puis il y avait surtout dans ses allures une chose étrange, c'est que cet officier qui, assurément, ne s'occupait pas exclusivement de son métier — loin de là — manifestait cependant une curiosité très grande pour tous les documents ayant trait à des choses tout à fait confidentielles et pouvant avoir un intérêt particulier au point de vue militaire. Mon enquête étant arrivée à ce point, je me crus autorisé à dire à mes chefs qu'un officier de l'armée française pouvait être gravement soupçonné. Mes chefs me dirent de continuer mes recherches.

Il y a une chose que nous faisons généralement lorsque nous avons affaire à quelqu'un, dont les allures peuvent paraître suspectes : nous prenons un spécimen de son écriture et nous le comparons avec certains documents que nous possédons. De cette comparaison peut résulter une confirmation ou une infirmation des soupçons qui pèsent sur la personne. Je me préoccupai donc de l'écriture du commandant Esterhazy, et, contrairement à ce qui a été dit souvent, notamment dans une lettre que m'a écrite le commandant Esterhazy, je pris pour cela des voies tout à fait régulières. Avec l'assentiment de mes chefs, j'allai trouver le colonel du régiment auquel appartenait le commandant Esterhazy. Je lui demandai des spécimens de son écriture ; il me les remit sous forme de lettres ayant trait au service. Dès que j'eus ces lettres entre les mains, une chose me frappa d'une façon étonnante, ce fut la ressemblance de cette écriture avec celle du fameux *bordereau* dont on a tant parlé ; mais je n'avais pas le droit, n'étant pas expert en écriture, de m'en fier à mes seules impressions.

C'est pourquoi je fis faire des photographies de ces pièces de service en faisant, comme on l'a dit dans une déposition que j'ai lue dans les journaux, cacher des mots tels que *mon colonel*, ou bien la signature, ou bien des indications qui pouvaient mettre sur la trace de la personne de qui venait cette lettre ; et je montrai les photographies ainsi obtenues à deux personnes parfaitement qualifiées pour se rendre compte de la chose. L'une était M. Bertillon, l'autre le commandant du Paty de Clam. M. Bertillon, dès que je lui eus présenté la photographie, me dit : « C'est l'écriture du bordereau. » — Je lui dis : « Ne vous pressez pas ; voulez-vous reprendre cet échantillon et l'examiner à loisir? » — Il me répliqua : « Non, c'est inutile ; c'est l'écriture du bordereau; d'où tenez-vous cela ? » — « Je ne puis vous le dire. » — « Enfin, c'est d'une époque antérieure... » — Je lui répondis : « Non, c'est postérieur. »

Alors M. Bertillon me dit textuellement ceci : « Les juifs font depuis un an exercer quelqu'un pour avoir l'écriture du bordereau. Ils y ont parfaitement réussi, c'est évident. » Je laissai deux jours la photographie de la lettre du commandant Esterhazy et une photographie du bordereau entre les mains de M. Bertillon. Au bout de ces deux jours, M. Bertillon arriva en me disant identiquement la même chose qu'il m'avait dite deux jours auparavant.

La seconde personne à qui je montrai un échantillon de l'écriture du commandant Esterhazy fut le colonel du Paty, alors commandant. Je ne le lui laissai que quelques minutes, cinq minutes, je crois, et il me dit : « C'est l'écriture de M. Mathieu Dreyfus. » Il faut vous dire, pour expliquer cela, que le colonel du Paty prétendait que, pour écrire le bordereau, Alfred Dreyfus avait fait un mélange de son écriture avec celle de son frère. Enfin, l'indication était précieuse pour moi.

Il y avait encore autre chose qui pouvait attirer mon attention sur le commandant Esterhazy et j'y reviendrai au moment où je parlerai des enquêtes. Un agent avait dit qu'un officier, — je ne sais plus si c'est un officier supérieur ou un chef de bataillon, je ne veux pas préciser, n'étant pas tout à faire sûr, — mettons que ce soit un officier supérieur, lequel était âgé d'environ cinquante ans, — fournissait à une puissance étrangère tels et tels documents. Or, *tels et tels documents* étaient précisément ceux dont m'avait parlé le camarade auquel je m'étais adressé, lorsque j'avais découvert la carte-télégramme.

Je viens de vous exposer la question des écritures ; j'arrive maintenant à une période où je fus chargé par le général Gonse de rechercher, ainsi qu'on a pu le voir par les lettres, si des documents qui figuraient au bordereau avaient pu être copiés au profit du commandant Esterhazy. Je savais que le commandant Esterhazy faisait copier chez lui pas mal de documents qu'il se procurait. On m'avait dit de m'adresser aux secrétaires qu'il avait eus, pour tâcher de savoir par là s'il avait copié réellement ces documents.

La chose était très grave. Je vous avoue qu'à ce moment-là je considérais presque ma tâche comme terminée. Je me disais : voilà une carte-télégramme qui m'a mis sur la trace d'Esterhazy ; ce n'est pas un document suffisant pour le faire condamner, mais c'est un indice. Ensuite, nous avons la déposition d'un agent — ce n'est pas encore suffisant — mais enfin, il y a cette coïncidence étonnante ! cet agent dit : « Voilà un homme qui fournit telle ou telle chose », et d'autre part un camarade de régiment d'Esterhazy me dit : « Cet officier demande telle ou telle chose. » Enfin, il y avait encore autre chose à ajouter à tout cela ; autre chose que je ne veux pas préciser davantage, car je ne suis pas autorisé à dévoiler le secret ; mais enfin, dans le rapport Ravary, il y a une phrase caractéristique. M. le commandant

Ravary dit, en parlant de moi : « La conviction de cet officier parut établie complètement lorsqu'il se fut rendu compte qu'un document du dossier secret s'appliquait à Esterhazy plutôt qu'à Dreyfus ». Eh bien ! cela est vrai. Ayant pris le dossier secret, ainsi que l'a dit le commandant Henry, j'ai vu qu'un document, qui était dans ce dossier, s'appliquait non pas à Dreyfus, comme on l'avait cru, mais bien à Esterhazy.

Je continue maintenant dans l'ordre d'idées que j'ai abandonné tout à l'heure. J'ai dit que, conformément aux ordres donnés par le général Gonse, j'avais tâché de savoir si les secrétaires employés par le commandant Esterhazy avaient copié des documents figurant au bordereau ou bien figurant parmi ceux qu'indiquait l'agent dont je viens de parler. Je n'ai pas continué longtemps dans cette voie ; j'ai vu qu'il était impossible de continuer, sans sortir de la discrétion où je m'étais toujours tenu, quoi qu'on en ait dit, et je me suis arrêté. Je me suis arrêté au premier des secrétaires d'Esterhazy, c'est un nommé Mulot, qui a figuré du reste comme témoin au Conseil de guerre, et qui m'a dit qu'on lui avait fait copier dans des livres, — je ne crois pas que ce soit le *Manuel de tir*, — des choses insignifiantes.

Cependant, il est arrivé une chose qui a mis un peu de gêne dans mes opérations ; c'est l'article de l'*Eclair*. J'étais absolument persuadé, à ce moment-là, qu'Esterhazy était l'auteur du bordereau. Eh bien ! lorsqu'a paru l'article de l'*Eclair*, je me suis dit : « Voilà un homme qui va reconnaître ce qu'il a écrit ; » et je vous avoue que cela m'a vivement contrarié. J'étais complètement étranger à la publication de l'article de l'*Eclair*. D'autre part, au ministère, sans rien me dire de précis, on avait l'air de donner à entendre que ce n'était pas moi, mais que cela devait sortir de mes alentours. Je protestai vivement et je demandai par écrit qu'une enquête fût faite pour savoir qui avait communiqué ce document à l'*Eclair*. Cette enquête ne fut pas faite.

Plus tard, arriva un second incident encore plus désagréable pour moi à ce point de vue-là : ce fut la publication du fac-similé du bordereau par le *Matin*. Il y a quelque chose qui m'a frappé dans la publication de ce fac-similé, que l'on m'a attribué également, du reste, c'est qu'on avait bien publié le fac-similé du bordereau lui-même, mais qu'on n'avait pas publié le fac-similé des quelques lignes écrites par Dreyfus sous la dictée du colonel du Paty de Clam. On avait bien mis au-dessous du fac-similé du bordereau le texte imprimé de ces lignes, mais la reproduction de l'écriture n'y était pas, et je crois que, si elle y avait été, cela eût fait une impression défavorable — je dis défavorable pour ceux qui auraient voulu attribuer le bordereau à Dreyfus.

Bref, ces divers incidents avaient amené pour moi une certaine gêne, et je sentais que je ferais peut-être bien de ne pas continuer. Sur ces entrefaites, arriva l'annonce de l'interpellation Castelin. Je reçus l'ordre de partir en mission l'avant-veille de cette interpellation, c'est-à-dire le 16 novembre 1896.

Je dois dire qu'après la publication du bordereau par le *Matin*, ou vers cette époque, Esterhazy est venu à Paris où son attitude a été extraordinaire. Quelqu'un l'a vu, le lendemain, je crois, de la publication, courant comme un fou dans les rues, sous une pluie battante. Le témoin est connu ; on aurait dû l'entendre : on ne l'a pas fait.

Avant l'interpellation Castelin, M. Weil, ami d'Esterhazy, a reçu une lettre anonyme lui annonçant que lui et son ami allaient être dénoncés à la tribune comme complices de Dreyfus. Il paraît qu'Esterhazy a reçu une lettre anonyme conçue dans le même sens... mais je ne puis certifier le fait que pour M. Weil.

Je ne m'étendrai pas sur les diverses péripéties de ma mission. Parti de Paris le 16 novembre, je suis arrivé à Tunis le 13 janvier, en passant par les Alpes et par beaucoup d'autres endroits.

Jusque-là, mes relations étaient restées parfaitement cordiales avec mes chefs ; je recevais des lettres du général Gonse dans lesquelles il me serrait toujours la main très affectueusement.

Mais il faut que je dise une chose qui s'est passée pendant que j'étais absent, que je n'ai sue qu'ici, lors de l'enquête du général de Pellieux... Je crois qu'il sera plus clair de parler de cela immédiatement. Après que j'eus quitté Paris, — c'est le général de Pellieux qui me l'a appris, — on décachetait mon courrier à mon ancien bureau. Comme je ne devais dire à personne où j'allais, j'avais dit chez moi qu'on adressât toutes mes lettres au ministère de la guerre. Cela faisait que tout mon courrier passait par le ministère, que toutes mes lettres étaient décachetées. M. le général de Pellieux m'a montré la copie d'une de ces lettres. J'avoue à ma honte que je ne m'étais pas aperçu qu'elle avait été décachetée. Cette copie paraît bizarre. La lettre émane d'un brave garçon que j'aime beaucoup, que j'ai mis comme secrétaire chez une dame dont il a été parlé ces jours-ci, Mlle de Comminges. Cette lettre parle d'un *demi-dieu*, parle d'un Cagliostro, d'un tas de choses qui sont très simples par elles-mêmes, mais qui semblent extraordinaires quand on a l'esprit prévenu.

J'expliquerai quand on voudra ce que veulent dire les termes de cette lettre.

Mais ceci n'est rien. On m'a montré en outre une lettre que je n'avais jamais reçue ; la copie dont je viens de parler est des environs du 20 novembre ; la lettre dont je parle maintenant est du 15 décembre. Le général de Pellieux me l'a montrée, c'est chez lui que je l'ai vue pour la première fois. Je ne sais pas pourquoi on ne me l'a pas réexpédiée ; car, autant que je m'en souviens, elle avait été ouverte suivant le procédé du cabinet noir, c'est-à-dire de façon à pouvoir, au besoin, être refermée. Quand le général de Pellieux m'a montré cette lettre, je lui ai dit : « Je ne sais pas de qui elle est. » Il m'a répondu : « Regardez la signature. » — C'était *Speranza*. Quand j'ai lu cette lettre, j'ai compris, ou je me suis rappelé beaucoup de choses qui m'étaient arrivées auparavant... Je donne à peu près le texte de cette lettre :

« Votre brusque départ nous a mis tous dans le désarroi ; « l'œuvre est compromise » — ou quelque chose comme cela — « parlez et le *demi-dieu* agira ». On avait pris ce mot *demi-dieu* dans la copie du 20 novembre, sans se douter que c'était un sobriquet que je donnais à un officier de mes amis. Je pense qu'on voulait désigner par là un chef du *syndicat* ou quelque chose comme cela.

Mais, je le répète, je n'ai eu connaissance de cette lettre que par le général de Pellieux, parce qu'on l'avait gardée au ministère. Maintenant, je suis à me demander pourquoi on ne me l'a pas envoyée ; en la recevant, j'aurais réclamé ou je n'aurais rien dit. Si je n'avais rien dit, on aurait pu m'en demander compte plus tard et si j'avais réclamé, on se serait expliqué.

Bref, j'arrive au temps que j'ai passé en Tunisie, c'est-à-dire au mois de juin. J'avais reçu, depuis le commencement de l'année, un certain nombre de lettres de personnes de mon service, qui me disaient : « Quand je vais au bureau, on me dit toujours que vous êtes en mission, que vous allez bientôt rentrer. » J'en conclus que l'on ne disait pas la vérité à ces braves gens, et j'épinglai, sur une de ces lettres, une note assez vive, je l'avoue, que j'adressai au commandant Henry, en lui retournant la lettre. Cette note était à peu près conçue dans ces termes : « Je voudrais bien qu'on dise une bonne fois aux personnes qui viennent me demander, que j'ai été relevé de ce service ; je n'ai pas à en rougir, mais je rougis du *mystère* et des mensonges qui ont entouré mon départ. »

Ceci était écrit le 18 mai. Au commencement de juin, j'ai reçu du commandant, qui était précédemment mon subordonné, une lettre que j'ai sur moi, dans laquelle il dit qu'après son enquête on peut expliquer le mot *mystères* par les faits suivants : 1º Ouverture d'une correspondance pour des motifs étrangers au service et que personne n'a jamais compris — ceci est une allusion à la saisie de la correspondance du commandant Esterhazy ; — 2º Tentative de suborner deux officiers du service, pour leur faire dire qu'un document classé au service, était de l'écriture d'une personnalité déterminée ; — je dois dire tout de suite que ces deux officiers se sont transformés en un seul, je ne sais pas ce qu'est devenu le second : — 3º Ouverture d'un dossier secret, à la suite de laquelle des indiscrétions se sont produites, pour un motif étranger au service.

Je me rendis compte immédiatement, par la manière dont les choses étaient exposées dans cette lettre, par les insinuations, les accusations qu'elle contenait, qu'il y avait là-dessous quelque chose d'extrêmement grave. Je me doutais bien, depuis longtemps, que j'étais entouré de machinations ; je l'avais même dit à un de mes anciens chefs, sans lui rien indiquer de précis, car j'avais toujours gardé jusque-là le secret le plus absolu sur tout ce qui s'était passé. Je faisais semblant d'être en mission. J'avais donc écrit à un de mes anciens chefs : « Il doit y avoir des machinations ; il y a quelque chose d'extraordinaire. » Je ne m'étais pas trompé, puisqu'il y avait cette lettre *Speranza* ; mais mon ancien chef m'avait répondu que je pouvais être tranquille. Quand j'ai reçu la lettre du commandant Henry, je n'ai plus eu de doute ; la machination était évidente. Je commençai par répondre au commandant Henry, quoiqu'il ait nié la chose depuis, que j'avais reçu sa lettre du 31 mai, et que je protestais formellement contre les insinuations qui y étaient contenues et contre la manière dont les faits y étaient exposés.

Et puis, ne me sentant pas tranquille, car, enfin, je ne savais pas où tout cela allait me mener — cela devait me mener à Gabès et à la frontière tripolitaine — j'ai cru devoir prendre des dispositions pour ma sûreté. Je suis parti pour Paris, j'ai pris conseil de quelques personnalités militaires, et je suis allé également chez M. Leblois, qui était mon ami, et, pour la première fois, en lui montrant la lettre du commandant Henry, je lui ai appris que j'avais été mêlé à l'affaire Dreyfus et à l'affaire Esterhazy. Je lui exposai, sur les deux premiers paragraphes de cette lettre, le nécessaire pour ma défense ; mais je ne lui ai pas parlé du troisième paragraphe, qui me paraissait se rapporter à des choses tout à fait secrètes.

Je remis en même temps, autant comme dépôt que pour servir plus tard à ma défense, je remis à M. Leblois un certain nombre de lettres du général Gonse ; je crois qu'il y en avait en tout quatorze : il y en a deux qui ont été publiées dernièrement dans les journaux, contre ma volonté ; il y avait, en outre, mes réponses à ces deux lettres. Je laissai M. Leblois maître absolu du moment où il aurait à intervenir et de l'usage qu'il aurait à faire de ce que je remettais entre ses mains. Il a agi comme bon lui a semblé et je l'approuve.

Je suis rentré alors à Sousse et je n'ai plus entendu parler de tout cela jusqu'au moment où la presse a fait connaître que M. Scheurer-Kestner s'occupait de la question Dreyfus, et, alors, les péripéties que tout le monde sait se sont produites.

J'avais déjà reçu l'ordre de me rendre dans le Sud, lorsqu'on m'a appelé à Tunis, où l'on m'a posé des questions qui m'ont semblé assez singulières. On m'a demandé, d'abord, si je ne m'étais pas laissé voler un document secret par une femme. Il m'a été très facile de répondre que je n'avais jamais emporté de documents chez moi, et qu'il n'y avait aucune possibilité qu'une femme me prît un document de ce genre.

Ensuite, il est arrivé une chose très curieuse. J'ai reçu, à peu près le même jour : 1º une lettre du commandant Esterhazy ; 2º un télégramme signé *Speranza* ; 3º un télégramme signé *Blanche*.

La lettre du commandant Esterhazy me disait en substance : « J'ai reçu ces temps derniers une lettre dans laquelle vous êtes accusé formellement d'avoir soudoyé des sous-officiers pour vous procurer de mon écriture. J'ai vérifié le fait, il est exact. »... Je ne sais pas comment il l'a vérifié, on n'en a pas parlé aux enquêtes.. « On m'a informé aussi du fait suivant : Vous auriez distrait des documents de votre service pour en former un dossier contre moi. Le fait du dossier est vrai, j'en possède une pièce en ce moment-ci. » Alors, une longue phrase pompeuse : « Je ne puis croire qu'un officier supérieur de l'armée française soit allé jusqu'à pratiquer... », etc. « Une explication s'impose. »

En même temps, je recevais un télégramme signé *Speranza* me disant : « Arrêtez *Demi-Dieu*, tout est découvert, affaire très grave. »

Ce qui m'a semblé très grave, à moi, ne l'a pas semblé à l'enquête ; c'est curieux ! On n'a pas été frappé du fait que le commandant Esterhazy écrivait mon nom, *Piquart*, sans c, et que sa lettre était adressée à Tunis, alors que le télégramme portait même adresse et même faute d'orthographe à mon nom. Pour moi, j'ai fait un rapprochement entre les deux choses.

Le télégramme signé *Blanche*, différait sensiblement du premier. D'abord, l'orthographe de mon nom était exacte ; ensuite, ma garnison était bien indiquée, Sousse ; et, enfin, la personne était très certainement au courant de mes recherches sur Esterhazy, car ce télégramme était ainsi conçu : « On a des preuves que le *bleu* a été fabriqué par Georges... » Le *bleu*......, j'ai immédiatement pensé que c'était le *bleu* qui m'avait mis sur la trace d'Esterhazy. Le tout était signé *Blanche*.

Ayant ces trois pièces entre les mains, je n'ai pas hésité une seconde : j'ai télégraphié à Tunis pour demander l'autorisation d'aller voir le général. J'ai été lui porter la copie des trois pièces avec une lettre au Ministre lui disant : « Je viens de recevoir ces trois pièces ; cela vient du commandant Esterhazy ou de quelqu'un de son entourage ; je demande une enquête. » La lettre est partie ; cela n'a pas empêché le commandant Esterhazy de dire qu'il m'avait écrit une lettre *dont je ne me vanterais pas auprès du Ministre*. Il y a un fait qui m'a frappé plus tard, parce que la lumière ne s'est faite que peu à peu dans mon esprit, c'est que, ayant reçu ces deux télégrammes et cette lettre le 10 ou le 11 novembre, la *Libre Parole* des 15, 16 et 17 novembre a parlé de cette affaire en termes très clairs. Or, télégraphier au général, aller à Tunis, écrire au Ministre, tout cela m'a pris jusqu'au lundi 15 ; ma lettre n'a pu arriver à Paris que le vendredi 19. Ainsi donc, les lundi 15, mardi 16 et mercredi 17, on publiait à Paris ce qui ne pouvait y parvenir, de mon chef, que le vendredi 19.

Il y a encore une chose qui m'est arrivée : je n'ai plus reçu du tout de lettres de chez moi. Alors, je me suis dit qu'il fallait se méfier un peu ; j'avais recommandé à ma famille de prendre une précaution qui est bien simple : mettre les lettres sous double enveloppe et gommer fortement l'enveloppe intérieure sur toute sa surface, de sorte que, quand on ouvre les lettres, il n'y a plus moyen de les recacheter, on est obligé de les garder. Eh bien ! c'est ce qui m'est arrivé ; il y a deux lettres de mon beau-frère qui ne me sont jamais parvenues ; elles avaient été fermées de cette façon-là. Je ne recevais pas de lettres de ma famille, ni de mes amis, mais j'ai reçu une lettre anonyme. J'ai brûlé la lettre, cependant j'en ai gardé le contenu dans la mémoire ; elle était adressée à M. *Piquart* (sans *c*), à Tunis ; l'adresse seule était en écriture cursive, la lettre elle-même était en caractères d'imprimerie. Cette lettre ne m'est arrivée que le mardi 16, les autres m'étant arrivées le vendredi 11. Elle était ainsi conçue : « A craindre toute l'œuvre découverte, retirez-vous doucement, n'écrivez rien. »

Comme il est bon d'examiner toujours tous les détails des choses, j'ai regardé le timbre de la poste, et j'ai vu que cette lettre avait été mise à la poste le 10, c'est-à-dire le même jour que les télégrammes, place de la Bourse. Or, à mon arrivée à Paris, j'ai parcouru les journaux, et j'ai vu dans un journal, — je ne sais plus si c'est le *Jour* ou un autre, enfin j'ai vu dans un journal ami d'Esterhazy — que, dans une perquisition faite chez moi, on avait pris une lettre mise à la poste à la place de la Bourse. Je vous donne cela pour ce que ça vaut ; néanmoins, je crois qu'il y a là une indication.

Vers la même date, j'ai eu à répondre à de nouvelles questions. On m'a demandé si je n'avais pas communiqué des pièces de mon service à des personnes étrangères à l'armée. J'ai indiqué ce que j'avais communiqué à M. Leblois, c'est-à-dire qu'à la réception d'une lettre de menaces de telle date, j'avais remis à l'avocat, chargé de ma défense, un certain nombre de lettres du général Gonse.

Je passe maintenant à mon arrivée à Paris. Lorsque je suis arrivé à Paris, j'avais été obligé de donner ma parole d'honneur de ne voir personne avant le général de Pellieux ; je n'ai eu le droit de voir M. Leblois qu'après l'enquête du général de Pellieux.

Je dois dire qu'indépendamment de la suppression de mes lettres, j'ai été sous la surveillance très directe de la police pendant toute la semaine qui a suivi mon arrivée à Paris. Ce n'était pas le fait du général de Pellieux, il me l'a dit ; je ne sais pas qui me faisait surveiller, mais, enfin, j'avais toujours deux estafiers derrière moi.

En arrivant devant le général de Pellieux, — il y a bien d'abord l'histoire de ma perquisition, mais j'y reviendrai tout à l'heure — en arrivant devant le général de Pellieux, il m'a fait connaître qu'il allait m'entendre au sujet de l'affaire Esterhazy. Effectivement, il m'a entendu pendant toute une après-midi sur cette affaire. Je lui ai fait l'exposé que je viens de faire devant vous ; la séance a été lourde.

Il y a eu deux autres séances ; mais, dans celles-là, il n'a plus guère été question du commandant Esterhazy ; j'ai été obligé de me défendre à peu près tout le temps, bien qu'étant simplement un témoin. La première de ces deux séances a été consacrée à l'examen des pièces qui avaient été prises chez moi lors de la perquisition.

Cette perquisition m'a un peu étonné tout d'abord ; plus tard, j'ai compris ; elle avait été faite à la suite d'une lettre anonyme. — Il y a eu beaucoup de lettres anonymes dans cette affaire ! — La perquisition a été faite à la suite d'une lettre anonyme, adressée au général de Pellieux, dans laquelle on lui disait qu'en faisant faire des recherches dans une chambre de bonne, au n° 3 de la rue Yvon-Villarceau, il trouverait des choses intéressantes relativement à l'affaire en cours.

Je crois qu'on s'imaginait difficilement qu'un officier qui avait été chargé, pendant sept ans de suite, de choses très confidentielles, qui avait eu beaucoup de secrets à sa disposition, n'eût pas chez lui une seule note relative à son service. Il n'y avait rien cependant ; je n'ai jamais emporté chez moi une seule note relative, soit au service des renseignements, tel que je le faisais au ministère de la guerre quand je l'ai quitté, soit au service que j'avais fait auparavant. Tout ce qu'on s'est borné à prendre, c'étaient des lettres de famille, des lettres d'amis.

Il y a surtout une chose qui m'a bien étonné : ma mère avait toujours gardé très soigneusement dans une caisse les lettres que je lui avais écrites, et, à sa mort, j'avais mis cette caisse dans une chambre de débarras. Eh bien ! on a pris là pas mal de mes lettres ; on espérait sans doute y trouver quelques plaintes ou quelques critiques ; mais, comme je n'ai jamais parlé à ma famille de mes affaires de service, je crois que le résultat a été nul.

Du reste, M. le général de Pellieux a agi avec une courtoisie très grande. Chaque fois qu'il arrivait à des lettres de famille, je dois le dire, il les écartait immédiatement et je suis très heureux de lui rendre cet hommage. On n'a retenu qu'une lettre de Mlle de Comminges, lettre qui était signée *Blanche*, comme le fameux télégramme. Je crois que cette lettre est encore au dossier du général de Pellieux.

La troisième séance avec le général de Pellieux s'est passée à essayer de débrouiller cette fameuse histoire des lettres *Speranza*, des télégrammes, etc. Je crois qu'on n'y est pas encore arrivé et qu'il faudrait une instruction judiciaire pour cela.

Je ne sais pas qui avait renseigné le général de Pellieux, en ce qui me concerne, sur ce qu'on appelle les éléments moraux, mais je dois dire que ces renseignements m'ont surpris. Je dois parler de cela en deux mots, car, enfin, il faut bien que je défende mon témoignage.

Donc, le général de Pellieux m'a dit, à ma grande stupéfaction, que je m'occupais d'hypnotisme, d'occultisme, de tables tournantes, que j'étais un névrosé. Je ne sais pas ce que tout

cela veut dire, je n'ai jamais vu tourner une table de ma vie !
(*Rires.*)

Il y avait encore sur moi d'autres renseignements bizarres : ainsi, on voulait absolument trouver chez moi une dame voilée, et cela me montre qu'on avait pris des renseignements très détaillés sur mon compte, puisqu'on savait que dans ma maison avait habité une dame de B..., et que cette dame m'avait écrit des lettres. Mais, ce qu'on ne savait pas, c'est que j'avais dit au gérant : « Si cette personne continue à m'écrire, je quitterai la maison. » Le gérant m'a répondu : « Elle écrit comme cela à tout le monde ; il ne faut pas y faire attention. » (*Rires.*)

Ce qui m'a étonné, c'est qu'on ait dit au général de Pellieux que cette femme était en relations avec moi, qu'elle venait même tenir la bride de mon cheval lorsque je revenais de ma promenade. Je reconnais là les rapports de police ! (*Nouveaux rires.*)

Il y a encore d'autres choses qui m'ont étonné ; mais, enfin, je passe sur tous ces détails...

Mᵉ LABORI. — Voulez-vous me permettre, monsieur le Président, d'insister auprès du témoin pour qu'il ne ménage aucun détail, tous ceux qu'il pourra nous donner pourront nous être utiles plus tard.

M. LE PRÉSIDENT. — Si ce sont des détails utiles, oui... (*Au témoin*) ne donnez que ceux qui sont utiles à la cause.

Mᵉ CLÉMENCEAU. — Le témoin ne peut apprécier quelles sont les intentions de la défense ; nous insistons pour qu'il dise tout ce qu'il sait. Il est certain que personne ne me démentira si je dis que le colonel Picquart a été attaqué à cette audience : je pense donc que M. le Président insistera pour qu'il puisse se défendre en toute liberté.

M. LE PRÉSIDENT, *au témoin*. — Dites donc ce que vous voudrez.

Mᵉ LABORI. — En ce qui concerne les attaques dont M. le colonel Picquart a été l'objet, nous nous expliquerons et lui aussi. Mais, en ce moment, j'étais frappé de ceci, c'est que le témoin, par un sentiment qui m'est apparu, à moi, comme un sentiment de discrétion au point de vue de l'étendue de sa déposition, voulait passer sur certains détails. Je considère que tout ce que le colonel Picquart nous a dit jusqu'à présent se rattache directement au débat et a une importance telle que, très respectueusement, je le supplie de dire ici tout ce qu'il croit devoir dire, sans rien ménager et sans se préoccuper du temps qui lui sera nécessaire pour être complet.

M. LE PRÉSIDENT, *au témoin*. — Continuez votre déposition.

M. LE COLONEL PICQUART. — Il y a encore un détail qu'a cité le général de Pellieux, et qui devait évidemment provenir d'un rapport de police ; c'est que Mˡˡᵉ de Comminges aurait dit : « Surtout, que le colonel Picquart n'avoue jamais ! » J'avoue que nous en avons bien ri ensemble. Je me demandais qu'est-ce que je ne devais pas avouer !

J'arrive à l'enquête du commandant Ravary. Cependant, j'ai un mot à ajouter. Dans l'enquête du général de Pellieux, j'ai été pris à partie sur divers points ; je ne m'y arrêterai pas ; ils figurent tous au rapport de M. le commandant Ravary, rapport sur lequel je n'ai pas été appelé jusqu'ici à m'expliquer. Eh bien! j'avais demandé qu'on me confrontât avec certains témoins, j'avais demandé qu'on citât certaines personnes, qui pouvaient donner du poids à mes explications : cela n'a pas été fait.

J'arrive donc à l'enquête du commandant Ravary.

Au commandant Ravary, j'ai répété ce que j'avais dit au général de Pellieux. J'ai eu également trois séances avec lui, mais je dois vous le dire, — c'est ma conviction absolue, — le commandant Ravary avait l'air d'un homme qui cherchait à s'informer de ce que j'avais pu faire et qui s'occupait fort peu de ce qu'avait pu faire le commandant Esterhazy. Je lui ai dit qu'il y avait des preuves morales en abondance ; je lui ai donné quelques indications.

Au moment où j'ai quitté Tunis, où, malgré les bruits déjà répandus, j'avais gardé des sympathies très vives, il y a des personnes qui sont venues me trouver ; il y a notamment le colonel Dubuch, qui allait prendre sa retraite et qui m'a fait dire : « Le commandant Esterhazy, je le connais ; il a eu en 1882, à Sfax, une affaire de malversation qui devait le conduire devant un Conseil d'enquête, sinon devant un Conseil de guerre. » Le commandant Sainte-Chapelle, qui m'a fait cette communication de la part du colonel Dubuch, a ajouté qu'un autre témoin important était M. Zickel, chef d'escadrons en retraite, qui était résident à Sfax à ce moment-là. Eh bien! ces messieurs m'ont dit que, grâce à la longanimité très grande de l'autorité militaire et à ses supplications, le commandant Esterhazy, ou plutôt le capitaine Esterhazy à ce moment, avait échappé au Conseil d'enquête et au Conseil de guerre.

Le fils du général La Rocque, qui est à Tunis, où il occupe un emploi dans l'administration, m'a dit également que le commandant Esterhazy avait été surveillé par son père, alors que celui-ci commandait la subdivision de Constantine. Enfin, le commandant Esterhazy était très connu dans la province de Constantine, et pas d'une façon favorable. J'ai cité cela au commandant Ravary, je lui ai dit : « Voilà ce qu'on m'a dit ! » La première fois, il m'a répondu : « C'est très bien. » Je le lui ai répété une seconde fois ; il m'a fait la même réponse..., mais je n'ai pas vu apparaître cette preuve morale dans son rapport.

Il en a été de même de toutes les investigations préliminaires que j'avais faites au sujet d'Esterhazy. J'avais trouvé un certain nombre de choses assez graves ; elles n'ont pas attiré non plus l'attention de l'instruction. On me disait toujours : « Esterhazy, mais nous le connaissons mieux que vous ! » (*Rires.*) Seulement, on n'en a rien dit dans le rapport!

Comme dans une instruction précédente, j'avais vu qu'on s'était appesanti fortement sur les *preuves morales*, je me disais que ces preuves devaient avoir une certaine importance.

Le commandant Ravary m'a paru très peu enclin à citer les témoins que je lui désignais comme pouvant donner des renseignements précieux. J'avais désigné M. Weil; M. Ravary en a pris note une première fois, puis une seconde, et, enfin, la troisième fois, je lui dis : « Je désirerais absolument que ce témoin fût cité. » Il a été cité alors parce qu'on ne pouvait plus faire autrement, mais on ne l'a pas interrogé à fond. J'avais indiqué également au commandant Ravary des choses sur lesquelles il fallait s'appesantir. Il fallait voir les personnes qui avaient pu copier, pour le commandant Esterhazy, des documents ; il fallait voir quels étaient les officiers auprès desquels Esterhazy avait pris des renseignements ; il fallait voir quelle était sa situation pécuniaire en 1893, en 1894 ; enfin, il fallait faire tout ce qu'il y avait à faire et tout ce qui n'a pas été fait.

Par contre, le commandant Ravary a beaucoup insisté sur les différents points qu'on me reprochait : d'avoir fait disparaître des traces de déchirures sur les photographies de la carte-télégramme ; d'avoir voulu faire dire par un de mes officiers que tel document était de telle écriture, etc.

On s'est énormément appesanti là-dessus. On s'est également appesanti sur l'affaire de cette dame de B... qui avait habité dans ma maison. Je trouvais que c'étaient bien un peu des hors-d'œuvre au point de vue de l'affaire Esterhazy.

Arrivons au Conseil de guerre. M. le commandant Ravary m'avait posé des questions de telle façon que j'avais plutôt l'air d'un accusé que d'un témoin. Je me suis applaudi d'avoir prévu certaines choses ; car je me suis aperçu qu'au Conseil de guerre, le réquisitoire était contre moi ; ou plutôt, je m'en suis aperçu le lendemain seulement, parce que tandis qu'on lisait ce réquisitoire, je n'étais pas dans la salle d'audience, mais dans la salle des témoins.

Enfin, j'ai lu les journaux et j'ai pu répondre le lendemain aux choses qui m'étaient reprochées.

Je crois qu'il sera peut-être bon que je prenne ces différents points du rapport de M. Ravary et que je dise ce que j'ai à y répondre.

M. LE PRÉSIDENT. — Continuez !

M. LE COLONEL PICQUART. — Il m'a semblé que dans tout cela on cherchait avant tout à diminuer l'importance de la carte-télégramme qui avait appelé mon attention sur le commandant Esterhazy, que je ne connaissais pas du tout auparavant, et pourtant, cette carte ne m'avait apporté qu'une simple indication.

On m'a d'abord reproché d'avoir gardé les fragments de la carte pendant longtemps dans mon armoire... Vous m'excuserez si j'entre dans quelques détails, mais ces questions, qui sont relatives au service des renseignements sont souvent des questions de nuances et il faut entrer dans des détails précis pour les faire bien comprendre.

Lorsque le colonel Sandherr était chef du service, il avait laissé peu à peu ce genre de travail entre les mains du commandant Henry et du capitaine Lauth; il était de règle à cette époque que le commandant Henry, qui recevait les documents déchirés, les triât lui-même et les remît au capitaine Lauth, pour être recollés, et ce n'est que lorsque la besogne était faite qu'on les remettait au chef de service.

Prenant ce service nouveau pour moi, j'ai voulu me rendre compte des choses, j'ai voulu que les documents me fussent remis à moi-même d'abord, pour les transmettre ensuite au capitaine Lauth. Cela n'a l'air de rien; mais cela a dû nécessairement changer les habitudes de ces messieurs et ils en ont été ennuyés. Lorsqu'on a eu des doutes, lorsqu'on s'est mis à m'accuser, cela leur est revenu à l'esprit; ils ont trouvé singulier que je ne fisse pas comme mon prédécesseur, que je fisse mettre dans mon armoire les documents, à l'état de fragments, et que je les remisse moi-même à l'officier qui était chargé de les reconstituer.

Un reproche qui m'a été fait encore, c'est, après avoir fait photographier cette carte-télégramme, d'avoir fait effacer avec le plus grand soin les traces de déchirures. Il y avait deux raisons pour cela. Voici la première, la moins importante : un document de ce genre-là, coupé en tout petits morceaux, est beaucoup plus clair quand les déchirures n'apparaissent plus : on peut le lire plus facilement. La seconde raison est celle-ci : je suppose que les déchirures aient été laissées intactes; si le document avait circulé dans le ministère, on aurait dit : « C'était un papier déchiré ». Eh bien ! il y avait eu des indiscrétions très graves commises au sujet du bordereau Dreyfus, et, certainement, on n'ignore pas assez d'où cela venait. Je tenais essentiellement, parce que j'avais une très grande responsabilité à cet égard, je tenais essentiellement à ce que ceux qui n'avaient pas besoin de savoir cela, et sous les yeux desquels pouvait passer la photographie, n'eussent pas d'indication sur la manière dont ce document m'était parvenu.

Il y a une chose qui fait foi en justice, c'est l'original, c'est la pièce elle-même; la photographie, elle, suit un dossier qui va chez le Ministre, qui va chez le chef d'Etat-major, etc., mais le document lui-même, surtout un document aussi fragile qu'un télégramme, déchiré en je ne sais combien de morceaux, ne doit pas être déplacé. On le montre à deux ou trois personnes tout au plus et, s'il y a un procès, on le produit.

Voilà les raisons pour lesquelles j'ai prescrit d'effacer avec soin les déchirures de la carte-télégramme. On s'en émeut; on me le reproche; je ne vois pas pourquoi, vu que la même opération avait été faite pour le fameux bordereau. Il est vrai que pour les fac-similés du bordereau, elle a été faite assez tard, trop tard pour que cela fût utile. J'ai eu un peu de prévoyance ; cela a suscité des méfiances, je ne sais pas pourquoi.

On m'a reproché ensuite d'avoir voulu faire dire que l'écriture de la carte-télégramme était d'une personne déterminée. Le fait s'est passé d'une façon bien simple ; j'examinais ce document avec le capitaine Lauth ; le capitaine me dit : « Mais ce document n'a aucun signe d'authenticité ; il faudrait qu'il eût une date, un cachet de poste. » Là-dessus, je lui dis : « Mais vous pourriez bien témoigner, vous, d'où il vient, vous savez bien de quelle écriture il est. » Il me répondit : « Oh ! non, jamais ; je ne connais pas cette écriture. » Remarquez que la chose s'est passée exactement comme cela, qu'il n'y a pas eu un mot de plus ou de moins, et je crois que la déposition du commandant Lauth n'a pas dû être différente de la mienne à cet égard. Cet officier n'a attaché au moment même aucun caractère douteux à ma question. La preuve, c'est que nous sommes restés dans les meilleurs termes ; la preuve, c'est qu'il m'a reçu ensuite à sa table, chose qui ne se fait pas d'habitude entre un inférieur et un supérieur ; en un mot, nous étions restés dans les meilleurs termes.

Or, si j'avais voulu le suborner, lui imposer une opinion qui n'était pas la sienne, j'aurais commis une action qui ne m'eût pas permis de rester en relations de camaraderie avec lui.

Plus tard, lorsque cette carte-télégramme m'a conduit au bordereau Dreyfus, les choses se sont gâtées ; on a ramassé tous ces petits faits, et on s'en est servi contre moi en les dénaturant.

Du reste, il y a une chose qui montre très bien comment on peut se servir des faits les plus petits, les plus simples, quand on veut perdre quelqu'un ; — il n'y a qu'à lire le rapport de M. d'Ormescheville et on voit combien, en ramassant des choses insignifiantes, on arrive à porter des accusations graves. Il y a une autre chose qui m'a été reprochée, bien qu'elle ne soit pas mentionnée au rapport de M. Ravary, c'est d'avoir voulu faire mettre le cachet de la poste sur le *petit bleu*. Jamais de la vie je n'ai eu une intention pareille ; d'ailleurs, je crois que la chose est encore de la même espèce que cette affaire de subornation. Dans la déposition écrite du commandant Lauth, qui m'est assez présente à la mémoire, puisque je l'ai entendu lire dernièrement, cet officier affirme m'avoir dit en parlant du *petit bleu* : « Cette pièce n'a aucun caractère d'authenticité ; il faudrait une date ou le cachet de la poste. » Il est probable que ce mot a été répété, dénaturé, et qu'on est parti de là pour dire que j'avais voulu faire apposer le cachet de la poste.

Dans le rapport Ravary, il y a encore une chose qui est importante : il y est dit que le commandant Henry, entrant chez moi, dans mon bureau, m'a trouvé en tête-à-tête avec M. Leblois, et qu'il y avait entre nous un dossier secret d'où sortait une pièce photographiée, où était écrit : « Cette canaille de D... » Déjà le général de Pellieux m'avait parlé de cela, mais il m'avait dit que c'était Gribelin qui m'avait vu; il ne m'avait pas parlé du commandant Henry. Je lui répondis : « Jamais de la vie je n'ai eu ce dossier entre les mains pendant que M. Leblois était dans mon bureau. » Du reste, je savais que l'époque où l'on plaçait le fait était l'époque des vacances de M. Leblois, mais je ne savais pas à quelle date exacte celui-ci était rentré. Je suis allé chez M. Leblois chercher la date de son départ et celle de son retour, et je les ai rapportées au général de Pellieux. Si je ne me trompe, Gribelin mettait cette entrevue au mois d'octobre.

Au Conseil de guerre, lorsqu'on m'a reproché cela, j'ai demandé à être confronté avec le colonel Henry, et, comme il soutenait qu'il nous avait vus ensemble, ayant ces documents secrets entre nous, je lui ai demandé de fixer la date. Il a dit : « Ce doit être à mon retour de permission, au commencement d'octobre. » Le commandant Henry ne savait certainement pas que M. Leblois avait quitté Paris le 5 août et était rentré le 7 novembre; il ne savait pas non plus que, ce dossier, je l'avais demandé à M. Gribelin, à la fin d'août, que je l'avais remis aux propres mains du général Gonse au commencement de novembre... Malheureusement, je ne sais plus la date exacte, mais c'était dès les premiers jours de novembre. Gribelin, à cet égard, a eu aussi la mémoire un peu courte; car il a prétendu, dans d'autres circonstances, que ce dossier avait été retrouvé dans mon armoire après mon départ. Mais le général Gonse est venu très loyalement dire que je lui avais remis ce dossier plusieurs jours avant mon départ. Or, mon départ avait eu lieu le 16 novembre; j'avais quitté mon service le 14 novembre; M. Leblois était rentré à Paris le 7 novembre, qui était un samedi; le 8 était un dimanche. Je n'aurais donc pu montrer ce dossier à M. Leblois qu'entre le 9 et le 14 novembre, intervalle de six jours seulement, pendant lesquels je ne l'avais plus en ma possession, l'ayant déjà remis au général Gonse.

Il y a encore quelque chose qui m'est revenu à l'esprit : M. le général de Pellieux m'a montré la photographie de la pièce qui porte les mots : « Cette canaille de D... » Cette photographie est extrêmement brouillée, on la voit très mal, on est obligé de mettre le nez dessus; eh bien! je me demande si quelqu'un qui entre dans une salle peut se rendre compte tout de suite qu'il s'agit de cette pièce et peut voir ces mots : « Cette canaille de D... »

Enfin, si j'avais eu un intérêt quelconque à montrer cette pièce à M. Leblois, il me semble extraordinaire qu'étant donnée la dimension restreinte du dossier, il me semble extraordinaire que, l'ayant eu à ma disposition pendant deux mois, je ne l'aie pas passé à M. Leblois, qui demeure près du ministère. On suppose donc que j'ai fait cette chose absolument grave de communiquer un dossier à quelqu'un qui n'a pas qualité pour le connaître, en laissant ma porte ouverte à tout venant !... Dans tous les cas, je certifie, d'une façon absolue, que jamais je n'ai montré ce dossier à M. Leblois, absolument jamais ; que, bien plus, je ne lui en ai jamais parlé.

On parle toujours de documents secrets, de dossiers secrets : et on confond un peu tout cela. Il n'y a qu'un dossier secret ; celui qui contenait cette pièce : « Cette canaille de D... » Quant à la pièce secrète dont parle le général de Pellieux, c'est tout simplement le *petit bleu* du dossier Esterhazy.

Je vous ai dit, en commençant, que le commandant Henry m'avait écrit une lettre dans laquelle il me reprochait, au deuxième paragraphe, d'avoir essayé de faire dire par un de mes officiers qu'une pièce donnée était écrite par une personne donnée. Lorsque j'ai apporté la lettre à M. Leblois, j'ai bien été obligé de lui dire : « Voici une pièce qui se rapporte au commandant Esterhazy et au sujet de laquelle on me fait telle communication. » Et c'est là la communication secrète dont parle le général de Pellieux ! Il importe de rétablir les faits.

Maintenant, il y a encore des choses sur lesquelles j'ai à revenir. J'ai lu la déposition d'hier du général de Pellieux ; dans la partie qui me concerne, j'ai vu des choses qui m'ont frappé, qui m'ont étonné même. Lorsque j'ai eu ma deuxième entrevue avec le général de Pellieux, le général m'a dit : « Vous avez fait perquisitionner chez Esterhazy. » J'ai eu le tort d'accepter le mot ; car je n'ai pas fait perquisitionner chez le commandant Esterhazy et je tiens à dire d'une façon très nette ce qui s'est passé à ce sujet.

C'était après la publication de l'article de l'*Eclair*, au moment où Esterhazy, à mon avis, était prévenu ; il savait certainement, grâce à cet article, que le bordereau était connu... A ce moment, comme l'enquête ne faisait plus guère de progrès, un de mes chefs me parla de la question de perquisition ; j'avoue que je ne trouvai pas le moment opportun ; il me semblait que cela aurait dû être fait plus tôt.

A ce moment, si Esterhazy se trouvait prévenu, il avait pu faire disparaître tout ce qui pouvait le compromettre. Pourtant, désireux de faire ce qui m'était demandé, je parlai de la chose à l'agent qui surveillait Esterhazy et qui connaissait ses êtres. Je lui dis : « Voilà ce qu'on me demande, je crois qu'une perquisition serait un four..... » Je vous demande pardon de l'expression..... Il me répondit : « Il y a une chose bien simple, il est allé à Rouen ; mais je ne sais pas s'il a déménagé... je vais m'en assurer. » Je crois me souvenir qu'il me dit, en outre, qu'il y avait un écriteau indiquant que l'appartement était à louer... Il alla voir l'appartement, sous prétexte de location, et il me rapporta comme preuve une carte de visite qui traînait à terre et sur laquelle quelques mots étaient écrits ; il me dit qu'il y avait beaucoup de papiers brûlés dans la cheminée, et c'est tout. Je lui rendis la carte et l'invitai à la reporter à sa place.

Lorsque le général de Pellieux m'a interrogé à ce sujet, il m'a raconté qu'on avait cambriolé la maison, qu'on avait fait faire de fausses clefs, que la preuve en était dans une clef qu'on avait trouvée en plus du nombre normal, etc., etc. Je ne savais pas à ce moment d'où ce renseignement était venu au général de Pellieux; mais, au Conseil de guerre, je l'ai su : c'étaient des renseignements donnés par Esterhazy, si bien que les renseignements qui ont été donnés hier par le général de Pellieux sont à peu près exactement les renseignements d'Esterhazy.

Il y a également une question de saisie de lettres à la poste... Mais je termine d'abord pour cette question du cambriolage : on a, dit-on, cambriolé pendant huit mois... Au Conseil de guerre, Esterhazy a dit également que cela a duré pendant je ne sais combien de temps *après*. Si cela a duré *après*, ce n'était pas ma faute, parce que je n'étais plus à Paris; ce que je viens de dire s'est passé vers la fin d'octobre. S'il s'est passé quelque chose *après*, je n'en suis plus responsable.

Pour la correspondance, il a été dit que j'avais fait prendre pendant huit mois la correspondance d'Esterhazy à la poste. Le *petit bleu* est du mois de mai; or, par suite d'un deuil de famille, je ne me suis livré à mes recherches d'une façon sérieuse qu'au commencement du mois de juillet. Esterhazy a quitté Paris fin août pour aller aux manœuvres; ç'aurait donc été de juillet à la fin d'août... Il est revenu à Paris quelque temps après, fin octobre ou commencement de novembre; je ne vois pas que cela fasse huit mois.

C'est, je crois, tout ce que j'ai à dire.

(*Vifs applaudissements. — Sensation prolongée*).

M. LE PRÉSIDENT, *aux défenseurs*. — Nous allons suspendre l'audience et, si vous avez des questions à poser, vous les poserez.

INCIDENT

Me CLÉMENCEAU. — Monsieur le Président, je dépose des conclusions; elles comprennent celles que M. le Président a bien voulu me rendre et les questions que j'y ai ajoutées :

Conclusions nouvelles à l'effet d'obtenir que Mme de Boulancy soit interrogée par voie de commission rogatoire.

Plaise à la Cour;

Attendu que Mme de Boulancy se trouve dans l'impossibilité, à raison de son état de santé, de comparaître devant la Cour d'assises;

Attendu que son témoignage a la plus grande importance pour la manifestation de la vérité, autant que pour établir la bonne foi des prévenus;

Par ces motifs,

Dire que, par tel magistrat qu'il plaira à la Cour de désigner, Mme de Boulancy sera interrogée et qu'il lui sera posé les questions suivantes :

1° Avez-vous entre les mains ou déposées chez des tiers des lettres du commandant Esterhazy ?

2° Avez-vous reçu récemment des télégrammes du commandant Esterhazy ?

3° Ces télégrammes ne contenaient-ils pas, sous forme de menaces, la demande de la restitution des lettres qui sont ou ont été récemment entre les mains de l'un de vos conseils ?

4° Ces lettres contiennent-elles des invectives ou des outrages à l'armée ou à la France ?

5° Consentez-vous à les faire remettre au Président des Assises par le tiers qui les détient ?

6° Le commandant Esterhazy n'est-il pas venu chez Mme de Boulancy, boulevard des Batignolles, et ne lui a-t-il pas fait passer, par la porte entre-bâillée une carte de visite, avec quelques lignes écrites au crayon ?

7° Ces mots ne disaient-ils pas que, si on ne lui rendait pas ses lettres, il n'aurait plus qu'à se tuer ?

8° Mme de Boulancy ne lui a-t-elle pas fait rendre sa carte de visite, et le commandant Esterhazy n'a-t-il pas réitéré sa demande de vive voix, et ne s'est-il retiré qu'en entendant un locataire d'un étage supérieur ?

9° Si l'on garantissait Mme de Boulancy contre toute atteinte à sa sécurité personnelle de la part des tiers, tant pour venir à l'audience que pour regagner son domicile, consentirait-elle à venir à l'audience ?

M. LE PRÉSIDENT. — Sur cette dernière question, il y a un arrêt rendu.

Me CLÉMENCEAU. — Un arrêt rendu ?

M. LE PRÉSIDENT. — On a dispensé Mme de Boulancy de venir.

Me CLÉMENCEAU. — Vous l'avez dispensé de venir ; mais, comme j'imagine que nous sommes ici pour chercher la vérité, je crois que si, contrairement au rapport du docteur Socquet, Mme de Boulancy dit que son état de santé lui permet de venir à l'audience, personne ne s'y opposera.

M. LE PRÉSIDENT. — Le docteur Socquet a fait sa déclaration hier ; il a déclaré qu'elle était dans l'impossibilité de venir...

Me CLÉMENCEAU. — Voulez-vous dire qu'il y a par là chose jugée et que Mme de Boulancy n'a pas le droit d'être bien portante, parce que le docteur Socquet l'a déclarée malade ?

M. LE PRÉSIDENT. — Mais, voyons, nous ne pouvons rendre un arrêt sur le dernier point.

Me CLÉMENCEAU. — M. le docteur Socquet nous a dit qu'il serait peut-être dangereux pour Mme de Boulancy de venir à cette audience, mais qu'il ne serait peut-être pas dangereux pour elle d'aller chez un juge d'instruction. Eh bien ! je dis que si Mme de Boulancy déclarait qu'elle peut venir à l'audience, il n'y aurait pas de raison de droit qui empêchât qu'elle fût entendue... C'est pourquoi je demande à la Cour de statuer sur mes conclusions.

M. LE PRÉSIDENT. — La Cour va statuer sur vos conclusions.

L'audience est suspendue au milieu d'une très vive effervescence qui se continue dans le prétoire et dans la salle pendant toute la durée de la suspension.

L'audience est reprise à trois heures vingt-cinq.

M. LE PRÉSIDENT. — Je viens d'être informé que, parmi les avocats qui sont ici, il y a plusieurs personnes qui ont pris la robe et qui n'appartiennent pas au barreau.

Je dois les prévenir que, d'accord avec M. le bâtonnier, les mesures les plus sévères seront prises demain.

(*M. le Président lit ensuite l'arrêt suivant*) :

ARRÊT

Sur les conclusions à l'effet d'obtenir que Mme de Boulancy et Mlle de Comminges soient interrogées par voie de commission rogatoire.

La Cour,

Après en avoir délibéré sans le concours de M. le conseiller Lévrier,

Statuant sur les conclusions prises par les prévenus et sur lesquelles la Cour avait sursis à statuer dans son arrêt en date du 8 février ;

Considérant que la dame de Boulancy et la demoiselle de Comminges sont, en raison de leur état de santé, dans l'impossibilité de se présenter à l'audience ; que néanmoins leurs témoignages peuvent être utiles à la manifestation de la vérité et qu'il y a lieu de faire recevoir par un magistrat leurs dépositions ;

Qu'il y a lieu également de donner acte aux prévenus de leur désistement des conclusions par eux précédemment prises à l'égard de la dame de Boulancy ;

Considérant toutefois qu'il n'y a lieu de statuer sur le n° 9 des conclusions, la dame de Boulancy restant toujours maîtresse de se présenter devant la Cour si elle le juge convenable ;

Par ces motifs,

Commet M. Bertulus, juge d'instruction, lequel aura pour mission de se transporter au domicile de la dame de Boulancy et de la demoiselle de Comminges et de recevoir leurs dépositions sur les questions posées dans les conclusions prises par Perrenx et Émile Zola, à savoir :

I. — En ce qui touche la dame de Boulancy.

1° Avez-vous entre les mains ou déposées chez des tiers des lettres du commandant Esterhazy ?

2° Avez-vous reçu récemment des télégrammes du commandant Esterhazy ?

3° Ces télégrammes ne contenaient-ils pas, sous forme de menaces, la demande de la restitution des lettres qui sont ou ont été récemment entre les mains de l'un de vos conseils ?

4° Ces lettres contiennent-elles des invectives ou des outrages à l'armée ou à la France ?

5° Consentez-vous à les faire remettre au Président des Assises par le tiers qui les détient ?

6° Le commandant Esterhazy n'est-il pas venu chez Mme de Boulancy, boulevard des Batignolles, et ne lui a-t-il pas fait passer, par la porte entre-bâillée, une carte de visite avec quelques lignes écrites au crayon ?

7° Ces mots ne disaient-ils pas que, si on ne lui rendait pas ses lettres, il n'aurait plus qu'à se tuer ?

8° Mme de Boulancy ne lui a-t-elle pas fait rendre sa carte de visite et le commandant Esterhazy n'a-t-il pas réitéré sa demande de vive voix et ne s'est-il retiré qu'en entendant un locataire d'un étage supérieur ?

Dit qu'il n'y a lieu de statuer sur le n° 9 desdites conclusions.

II. — En ce qui touche la demoiselle de Comminges :

1° Sait-elle qu'on a employé son nom pour écrire à M. le colonel Picquart ?

2° Comment le sait-elle ?

3° Ne donnait-elle pas le sobriquet de *Demi-Dieu* à M. le capitaine de Lallemand ?

4° Sait-elle si ce mot n'a pas été employé dans un télégramme argué de faux ?

5° M. le colonel du Paty de Clam n'avait-il pas contre elle et contre sa famille des motifs de rancune ?

6° N'est-il pas à sa connaissance qu'il a eu recours en 1892 à des manœuvres très graves, notamment à l'emploi de lettres anonymes ?

7° M. Lozé, préfet de police, n'a-t-il pas été saisi de cette affaire, et M. le général D... n'a-t-il pas eu à intervenir ?

8° Enfin, M. le lieutenant-colonel du Paty de Clam n'a-t-il pas organisé, pour la restitution d'une lettre, une scène qui se passait au Cours-la-Reine et où il a fait intervenir une dame voilée ?

Dit que ces déclarations nous seront aussitôt transmises pour être par les parties conclu et la Cour statué ce qu'il appartiendra ;

Donne acte aux prévenus du désistement de leurs conclusions prises à la date du 7 février et qui avaient le même objet ;

Dit qu'il sera passé outre aux débats.

DÉPOSITION DE M. LE LIEUTENANT-COLONEL PICQUART (*Suite*).

M. LE PRÉSIDENT. — Monsieur le colonel Picquart, vous aviez terminé votre déposition tout à l'heure ?

M. LE COLONEL PICQUART. — Je l'avais terminée, monsieur le Président.

M. LE PRÉSIDENT. — Maître Labori, quelles questions désirez-vous poser ?

Me LABORI. — Monsieur le Président, M. le colonel Picquart voudrait-il nous dire tout d'abord — dans la mesure où il pourra le dire sans porter atteinte à ce qu'il considère comme le secret professionnel — quel est le rôle exact au ministère de la guerre du chef du bureau des renseignements ?

M. LE PRÉSIDENT, *au témoin*. — Pouvez-vous répondre ?

M. LE COLONEL PICQUART. — D'une façon sommaire, oui ; sans entrer dans le détail, car je ne puis pas y entrer.

Mᵉ LABORI. — Bien. Alors je ne veux pas que M. le colonel Picquart nous réponde en détail. J'aurais voulu qu'il pût dire à MM. les jurés les différentes opérations auxquelles il a été mêlé et les dates auxquelles il a fait les démarches dont il a lui-même parlé dans sa déposition.

M. LE PRÉSIDENT, *au témoin*. — Répondez, mais d'une façon sommaire.

M. LE COLONEL PICQUART. — D'une façon très sommaire. Le rôle du chef du service des renseignements consiste, comme le nom l'indique, à renseigner l'Etat-major général sur les armées étrangères, et à s'occuper des questions d'espionnage et de contre-espionnage.

M. LE PRÉSIDENT, *à Mᵉ Labori*. — Avez-vous d'autres questions?

Mᵉ LABORI. — Oh! oui, monsieur le Président, un grand nombre.

(*Au témoin*) : Est-ce que, généralement, lorsqu'il y a des procès importants d'espionnage, un officier du ministère de la guerre n'est pas délégué pour y assister?

M. LE COLONEL PICQUART. — Oui, monsieur le Président.

Mᵉ LABORI. — Est-ce que cet officier est attaché au service des renseignements, en général?

M. LE COLONEL PICQUART. — En général.

Mᵉ LABORI. — Est-ce le chef du service des renseignements lui-même?

M. LE COLONEL PICQUART. — Non.

Mᵉ LABORI. — Bien.

Est-ce que M. le colonel Picquart n'a pas, à un moment donné, assisté, comme délégué de M. le Ministre de la guerre, à un procès d'espionnage, pour tout dire d'une façon précise, à l'affaire Dreyfus, car c'est là une question de fait qui ne touche pas à la chose jugée?

M. LE COLONEL PICQUART. — Je préférerais ne pas répondre.

Mᵉ LABORI. — Enfin, monsieur le Président, je crois qu'il n'y a pas là un point sur lequel le témoin peut se retrancher derrière le secret professionnel. Je ne demande pas ce que M. le colonel Picquart a appris comme délégué de M. le Ministre de la guerre ; je veux simplement que MM. les jurés sachent si M. le colonel Picquart n'a pas été chargé par le Ministre de la guerre de suivre le procès Dreyfus comme délégué du Ministre?

M. LE PRÉSIDENT. — La question ne sera pas posée.

Mᵉ LABORI. — M. le colonel Picquart pourrait-il nous dire s'il y a, s'il existe à sa connaissance, au ministère de la guerre, — je ne lui demande pas d'autres détails que celui-là même sur lequel je pose ma question — un dossier qui puisse rendre impossible, sans débat, l'admissibilité de la culpabilité de M. le commandant Esterhazy?

M. LE COLONEL PICQUART. — Je ne crois pas, je n'en connais pas.

Mᵉ LABORI. — Est-ce qu'à aucun moment, quand M. le colonel Picquart a songé à rechercher si M. le commandant Esterhazy n'était pas l'auteur du bordereau qui nous préoccupe, est-ce qu'à aucun moment ses chefs lui ont dit : « Arrêtez-vous, il y a des preuves certaines qui établissent que le commandant Esterhazy ne peut pas être l'auteur du bordereau ? »

M. LE COLONEL PICQUART. — Je demande à réentendre la question.

Mº LABORI. — C'est à peu près la même que celle précédemment posée. Je reprends pour suivre l'enchaînement des idées.

Existe-t-il au ministère — voilà la première question — un dossier secret ou non secret qui rende ou qui ait pu rendre impossible la culpabilité du commandant Esterhazy ?

M. le colonel Picquart a dit que non, qu'à sa connaissance il n'y en avait pas.

Je dis maintenant : Quand M. le colonel Picquart a parlé à ses chefs de la culpabilité possible de M. le commandant Esterhazy — et je vais poser une première question, qui doit conduire à une seconde, — leur a-t-il dit, qu'à son sentiment, M. le commandant Esterhazy pourrait être considéré comme coupable du crime imputé à Dreyfus, à raison de ce qu'il serait l'auteur du bordereau ? Lui a-t-on dit à ce moment là, en dehors de l'examen des écritures, qui est une question sujette à discussion, lui a-t-on dit : « Il existe des impossibilités résultant de dossiers ou de pièces qui établissent que le commandant Esterhazy ne peut pas être l'auteur du bordereau et ne peut pas être coupable ? » Lui a-t-on dit cela ?

M. LE COLONEL PICQUART. — Non, on ne me l'a jamais dit.

Mº LABORI. — M. le colonel Picquart pourrait-il nous dire à quoi il attribue les nombreuses et complexes machinations dont il a fait le récit à MM. les jurés et dont il a été la victime ?

M. LE COLONEL PICQUART. — Je pourrai répondre d'une façon plus précise quand l'instruction de M. Bertulus sera terminée. Dès à présent, je crois que ces machinations ont eu pour but d'empêcher d'établir la culpabilité d'Esterhazy.

Mº LABORI. — Ainsi, la réponse de M. le colonel Picquart est celle-ci, c'est que ces machinations ont eu pour but de mettre un obstacle à la démonstration de la culpabilité de M. le commandant Esterhazy.

Est-ce qu'il estime, en conséquence, que la main de M. le commandant Esterhazy, d'une manière ou d'une autre, directement ou indirectement, est intervenue dans les machinations dont il a parlé ?

M. LE COLONEL PICQUART. — Oui.

M. LE PRÉSIDENT. — Vous le pensez simplement.

M. LE COLONEL PICQUART. — Je le pense.

Mº LABORI. — Estime-t-il que ces machinations émanent de M. le commandant Esterhazy tout seul ou qu'il a eu des complices ?

M. LE COLONEL PICQUART. — J'estime qu'il a eu des complices.

Mᵉ LABORI. — Estime-t-il qu'il a pu avoir, sur ce point spécial, des complices dans les bureaux de la guerre?

M. LE COLONEL PICQUART. — Il a eu certainement un complice qui était au courant de ce qui se passait dans les bureaux de la guerre.

Mᵉ LABORI. — M. le colonel Picquart pourrait-il dire pourquoi ce complice était au courant ? Il l'a déjà dit dans sa déposition, mais MM. les jurés comprendront maintenant toute la portée de sa déclaration. Quels sont les éléments de fait qui l'amènent à penser que le complice était, nécessairement, par un point quelconque, rattaché aux bureaux de la guerre?

M. LE COLONEL PICQUART. — Il y a d'abord la carte-télégramme, dont il est évidemment question dans le télégramme signé *Blanche*. Il y a ensuite la lettre signée *Speranza*, qui n'a pu être écrite que par quelqu'un qui connaissait la précédente lettre, cette lettre qui avait été décachetée et copiée et dont l'original m'avait été réexpédié ensuite, au mois de novembre 1896.

Mᵉ LABORI. — M. le colonel Picquart, si j'ai bien compris sa déposition, nous a parlé de divers documents. Il nous a parlé tout d'abord d'une lettre émanant, si je ne me trompe, de la main du secrétaire de Mˡˡᵉ Blanche de Comminges, qui aurait été ouverte par le cabinet noir, aux bureaux de la guerre. C'est cette lettre dans laquelle il était question du *Demi-Dieu*, et peut-être, si je ne me trompe, du *Bon Dieu*. Puis, postérieurement, une lettre, signée *Speranza*, a été adressée à M. Picquart aux bureaux de la guerre, où il avait donné son adresse, et ne lui est pas parvenue.

Je voudrais que M. le colonel Picquart précisât très nettement quel rôle cette lettre, qui doit être un faux, joue, à son avis, dans les machinations dont il a été l'objet.

M. LE COLONEL PICQUART. — Cette lettre avait été certainement écrite pour faire croire que je faisais partie d'une association, d'un *syndicat* si on veut. Pour moi, c'est absolument certain.

Mᵉ LABORI. — Eh bien ! les chefs de M. le colonel Picquart ont-ils, après ses explications, maintenu l'affirmation ou même la supposition que cette lettre pouvait être une lettre authentique, ou ont-ils accepté qu'elle était une machination, qu'elle était un faux ?

M. LE COLONEL PICQUART. — Le général de Pellieux ne s'est pas exprimé d'une façon précise ; si je m'en souviens, la chose est restée en suspens.

Mᵉ LABORI. — Alors, à l'heure qu'il est, la question n'est pas tranchée. A quel moment M. le colonel Picquart a-t-il déposé sa plainte en faux ?

M. LE COLONEL PICQUART. — Le 4 janvier 1898.

Mᵉ LABORI. — Le colonel Picquart sait-il pourquoi sa plainte n'a pas eu de sanction ?

M. LE COLONEL PICQUART. — Une instruction a été ouverte.

Mᵉ Labori. — Est-ce que, antérieurement, le ministère de la guerre n'avait pas été sollicité par M. le colonel Picquart de faire une enquête ?

M. le colonel Picquart. — J'avais demandé au commandant Ravary, à différentes reprises, d'entendre Souffrain qui, d'après les renseignements à moi donnés par le général de Pellieux, serait l'auteur du télégramme *Speranza*. Le commandant Ravary m'a toujours opposé une fin de non-recevoir.

A la dernière séance que j'ai eue avec lui, j'ai dit : « Il faut absolument que cette question reçoive une solution ; je trouve qu'il serait nécessaire d'approfondir la question avant de traduire le commandant Esterhazy devant le Conseil de guerre, et si vous ne voulez absolument pas l'éclaircir, je vais m'adresser à la justice civile ». Il m'a dit : « Je n'y vois aucun inconvénient. »

Mᵉ Labori. — M. le colonel Picquart nous a parlé d'une mission dont il aurait été chargé, pour laquelle il aurait été envoyé en Tunisie après avoir parcouru une partie de la France, au mois de novembre 1896. Cette mission était-elle importante ?

M. le colonel Picquart. — Elle n'était pas indispensable, je crois.

Mᵉ Labori. — Il n'est pas indispensable de répondre sur ce point, dites-vous ?

M. le colonel Picquart. — Non. Je dis que la mission n'était pas indispensable, je crois. Je ne me permettrais pas de juger mes chefs à ce point de vue-là ; mais enfin, à part moi, je trouve qu'il n'était pas indispensable d'envoyer quelqu'un.

Mᵉ Labori. — En tout cas, est-ce que M. le colonel Picquart lui-même a toujours très bien compris l'objet de sa mission ?

M. le colonel Picquart. — Non, j'ai mis un peu de bonne volonté pour comprendre....

Mᵉ Labori. — On n'a pas entendu.

M. le colonel Picquart. — J'y ai mis un peu de bonne volonté.

Mᵉ Labori. — Vous avez mis un peu de bonne volonté à vouloir comprendre l'objet de votre mission.

Est-ce que, cependant, cette mission ne vous a pas toujours été présentée comme ayant un caractère d'urgence et de gravité tel qu'on ne vous a pas permis de faire à Paris les voyages mêmes qui pouvaient vous être indispensables ou utiles ?

M. le colonel Picquart. — On ne s'est pas expliqué d'une façon très nette à mon égard sur ce point ; mais d'après l'ensemble de la situation, je crois que ma présence à Paris n'était pas souhaitée.

Mᵉ Labori. — Et pourquoi M. le colonel Picquart croit-il que sa présence à Paris n'était pas souhaitée ?

M. le colonel Picquart. — Je n'en sais rien.

Mᵉ Labori. — Je demande pardon si j'insiste, mais je demande au colonel s'il n'en sait rien ou bien s'il n'en veut rien dire ?

M. LE COLONEL PICQUART. — Non. Peut-être... Non, il est inutile...

Me LABORI. — Si j'ai bien entendu la déposition de M. le colonel Picquart, il nous a dit, à un moment donné, que sa mission devait aboutir à Gabès. Peut-il expliquer ce qu'il entendait par là?

M. LE COLONEL PICQUART. — J'ai dit ceci: c'est qu'au moment où les affaires Dreyfus ont recommencé, j'ai reçu l'ordre d'aller sur la frontière tripolitaine; c'est le général Leclerc qui m'a dit qu'il ne me laisserait pas aller plus loin que Gabès.

Me LABORI. — Est-ce que le colonel Picquart avait reçu l'ordre d'aller plus loin que Gabès?

M. LE COLONEL PICQUART. — Le général Leclerc avait reçu l'ordre de m'envoyer sur la frontière tripolitaine!

Me LABORI. — Le général Leclerc avait reçu l'ordre de vous envoyer à la frontière tripolitaine. Avec quelles troupes?

M. LE COLONEL PICQUART. — Rien n'était spécifié.

Me LABORI. — Mais, pour quelles raisons, M. le général Leclerc vous a-t-il dit qu'il ne vous laisserait pas aller plus loin; cela ne vous a pas paru extraordinaire?

M. LE COLONEL PICQUART. — Il a demandé de nouvelles instructions.

Me LABORI. — Pourquoi?

M. LE COLONEL PICQUART. — Parce qu'il n'y avait pas urgence.

Me LABORI. — Est-ce que le point où on envoyait le colonel Picquart est un point dangereux?

M. LE COLONEL PICQUART. — Ce n'est pas un des points... les plus sûrs.

Me LABORI. — M. le colonel Picquart voudrait-il nous dire dans quelles conditions sa mission a été interrompue?

M. LE COLONEL PICQUART. — J'ai été appelé à Tunis pour répondre à diverses questions que j'ai énumérées dans ma déposition.

Me LABORI. — J'ai lu dans un journal qu'une dépêche de l'agence Havas faisait connaître que M. le colonel Picquart avait écrit à Tunis qu'il ne se prêterait à aucune interview; est-ce que cette note est exacte?

M. LE COLONEL PICQUART. — Elle est exacte.

Me LABORI. — Est-ce que M. le colonel Picquart n'a fait aucune communication, soit directement, soit indirectement, à un journal quelconque?

M. LE COLONEL PICQUART. — Aucune.

Me LABORI. — Est-ce que le M. colonel Picquart n'a pas été reçu à son débarquement par un officier?

Voici quelle est la portée de ma question : je ne voudrais pas entrer dans un détail excessif, je voudrais savoir si, malgré la correction parfaite de M. le colonel Picquart, des mesures n'ont pas été prises, dès son débarquement, pour l'empêcher de communiquer avec qui que ce soit, autrement qu'à la connaissance de ses chefs?

M. LE COLONEL PICQUART. — Oui. Il y a bien un officier qui est venu à Marseille; mais, comme j'avais débarqué avant qu'il ne me rejoignît, il n'est parvenu à me retrouver que dans mon compartiment, au moment où le train allait partir. Je n'avais pas été reconnu; il m'a fait reconnaître: voilà tout le résultat auquel il est arrivé. (*Rires.*)

Me LABORI. — Est ce que la correspondance de M. le colonel Picquart n'a pas été saisie avant son arrivée à Paris?

M. LE COLONEL PICQUART. — Elle a été saisie dans la période du 7 au 14 novembre, et il n'a passé que la lettre Esterhazy et la lettre anonyme dont je vous ai parlé, mais que je n'ai plus.

Me LABORI. — Qu'est devenu le reste?

M. LE COLONEL PICQUART. — Le reste? il manque à peu près quatre lettres.

Me LABORI. — Est-ce que ces quatre lettres étaient toutes fermées de la même manière que celle qui était indiquée tout à l'heure dans la déposition du témoin?

M. LE COLONEL PICQUART. — Il y en avait deux fermées de cette façon-là, deux de la façon ordinaire.

Me LABORI. — Mais est-ce qu'elles ont été saisies en vertu d'une saisie régulière?

M. LE COLONEL PICQUART. — Elles ont disparu.

Me LABORI. — Est-ce que M. le colonel Picquart est en mesure de prouver que ces lettres ont bien été écrites?

M. LE COLONEL PICQUART. — Oui.

Me LABORI. — Est-ce que M. le colonel Picquart en a parlé soit à ses chefs, soit à l'instruction?

M. LE COLONEL PICQUART. — J'ai fait une réclamation au directeur des postes et télégraphes de Tunis, le 12 décembre. Il n'a pas répondu à ma première lettre. Dans ma seconde lettre, je l'ai mis en demeure de répondre. Il m'a dit qu'une enquête avait été ouverte, qu'elle n'avait donné aucun résultat.

Me LABORI. — M. le colonel Picquart...

M. LE PRÉSIDENT, à *Me Labori.* — Vous n'avez pas terminé?

Me LABORI. — Oh non! monsieur le Président.

(*Au témoin*): M. le colonel Picquart nous a bien dit qu'à son avis le commandant Esterhazy avait été prévenu de l'enquête qui avait été faite sur son compte?

M. LE COLONEL PICQUART. — Oui, il a été prévenu au moins par la lettre anonyme qui disait que M. Castelin allait dénoncer à la tribune Weil et lui comme complices de Dreyfus.

Me LABORI. — A ce moment, vous étiez chef du service des renseignements?

M. LE COLONEL PICQUART. — Parfaitement.

Me LABORI. — Vous n'aviez rien communiqué à M. Leblois?

M. LE COLONEL PICQUART. — Oh! je n'ai rien communiqué à M. Leblois qu'en juin, à propos de la lettre que j'avais reçue...

Me LABORI. — En juin 1897?

M. LE COLONEL PICQUART. — Parfaitement.

Mᵉ LABORI. — Par conséquent, à ce moment-là, qui pouvait être au courant des opérations qui se faisaient relativement à M. le commandant Esterhazy ?

M. LE COLONEL PICQUART. — Il n'y avait que le personnel très restreint de mon bureau : il y avait le Ministre, le chef d'Etat-major, le sous-chef ; il y avait encore, mais d'une façon tout à fait indirecte et très peu complète, l'agent que j'avais chargé de surveiller Esterhazy.

Mᵉ LABORI — Bien. C'est donc par conséquent nécessairement par l'une de ces personnes que le fait est venu à la connaissance de M. le commandant Esterhazy, soit par elle directement, soit par quelqu'un qui pouvait tenir la chose d'elle ?

M. LE COLONEL PICQUART. — Soit par quelqu'un qui pouvait tenir la chose d'elle : c'est bien cela…

Mᵉ LABORI. — Alors, M. le colonel Picquart estime que l'avertissement avait pu être donné indirectement, par suite de renseignements résultant d'indiscrétions des personnes dont il a parlé ?

M. LE COLONEL PICQUART. — Je ne crois pas que ce soit par des indiscrétions. Mais il pouvait y avoir des personnes qui avaient été mises au courant de cela et qui, alors, ont pu juger à propos de le communiquer.

Mᵉ LABORI — Est-ce que le M. colonel Picquart ne pense pas, — et je lui demande là son opinion d'ancien chef du service des renseignements d'une grande puissance, — que toute poursuite ainsi éventée est pour ainsi dire rendue illusoire si on ne prend pas immédiatement des mesures tout à fait énergiques ?

M. LE COLONEL PICQUART. — Oh ! absolument.

Mᵉ LABORI. — Par conséquent, est-ce que M. le colonel Picquart n'attribue pas, en dehors des éléments qu'il nous a fournis sur l'instruction, l'insuffisance des charges qu'on a pu recueillir à un moment donné, à ce fait ?

M. LE COLONEL PICQUART. — Absolument.

Mᵉ LABORI. — Cet agent qui a été en rapport avec M. le colonel Picquart au sujet du *petit bleu*, n'est-il pas le même qui a fait parvenir le *bordereau* au ministère, ou par l'intermédiaire ou le canal duquel ce bordereau est parvenu au ministère ?

M. LE COLONEL PICQUART. — Oui.

Mᵉ LABORI. — Par conséquent, au moment où il a fallu parler de l'origine du bordereau, cette origine a paru grave, suspecte, plus que suspecte, suffisante comme charge, par cela seul qu'elle émanait de cet agent ?

M. LE COLONEL PICQUART. — Parfaitement.

Mᵉ LABORI. — Donc, le fait que le petit bleu émanait de la même provenance, donnait à son origine une gravité particulière ?

M. LE COLONEL PICQUART. — C'est bien cela.

Mᵉ LABORI. — Comment se fait-il, alors que, dans l'instruction, on conteste aujourd'hui la gravité de cette origine ?

M. LE COLONEL PICQUART. — On ne conteste pas la gravité de l'origine ; on conteste l'origine. Si l'origine dont parle Mᵉ Labori était reconnue, on considérerait certainement le cas comme très grave; mais c'est cette origine qui est contestée, qui a été contestée à l'instruction.

M⁰ LABORI. — Elle a été contestée; il n'est pas possible qu'elle puisse être contestée ! Et ici nous touchons à un point extrêmement grave du procès.

M. LE PRÉSIDENT. — Mais, permettez, vous n'avez pas à discuter avec les témoins.

M⁰ LABORI. — J'affecte de me tourner vers la Cour pour montrer...

M. LE PRÉSIDENT. — Posez simplement des questions.

M⁰ LABORI. — Mais je fais moi-même, dans ce but, un travail d'élaboration.

M. LE PRÉSIDENT. — Vous discuterez dans votre plaidoirie.

M⁰ LABORI. — Mais, permettez-moi de faire cette observation : Je n'ai pas de questionnaire, je suis ma pensée, j'ai un travail d'élaboration à faire, je suis obligé de faire un raisonnement; si je le fais à haute voix, je le regrette et je vous en demande pardon. Enfin, je veux arriver tout de même à suivre ma pensée.

(*Au témoin*) : Je voudrais savoir comment alors on peut contester l'origine ?

M. LE COLONEL PICQUART. — Vous avez, dans le rapport Ravary, les raisons qui ont amené l'accusation à trouver que cette origine n'était pas suffisamment justifiée.

M⁰ LABORI. — Quelles sont ces raisons ?

M. LE COLONEL PICQUART. — Ces raisons susceptibles de faire naître des doutes ? Ce sont les accusations, les essais d'accusation portés contre moi, d'avoir voulu faire disparaître les déchirures de la photographie, et tout ce qui s'en suit...

M⁰ LABORI, *se tournant vers la Cour*. — Tout cela peut concerner M. le colonel Picquart quant à l'usage qu'il a fait du document lorsqu'il l'a eu entre les mains; mais, avant qu'il arrivât entre ses mains, conteste-t-on que le document soit parvenu par le même canal que le bordereau ?

M. LE PRÉSIDENT. — Vous entendez la question ?

M. LE COLONEL PICQUART. — On m'a bien dit que j'avais gardé pendant trop longtemps le cornet qui contenait les débris de la carte, cornet que j'avais conservé dans mon armoire. Je l'ai gardé, il est vrai, quelques jours; mais, en mon âme et conscience, je l'ai pris tel qu'on me l'avait donné, et, tel qu'on me l'avait donné, je l'ai remis au capitaine Lauth.

M⁰ LABORI. — Par conséquent, en son âme et conscience, M. le colonel Picquart affirme que le document a bien l'origine qu'il indique ?

M. LE COLONEL PICQUART. — Absolument.

M⁰ LABORI. — Si donc M. le colonel Picquart ne disait pas la vérité, il se rendrait coupable de mensonge et même de faux témoignage ?

M. LE COLONEL PICQUART. — Parfaitement.

M⁰ LABORI. — Il en résulte, monsieur le Président, que si

on ne poursuit pas M. le colonel Picquart de ce chef, c'est que la question n'est pas discutée.

Est-ce que M. le colonel Picquart a été, à cet égard, jusqu'à présent, l'objet d'une information, d'une poursuite quelconque?

M. LE COLONEL PICQUART. — Pas que je sache.

M⁰ LABORI. — Cela me suffit.

M. le colonel Picquart nous a dit qu'il avait recueilli des renseignements extrêmement défavorables sur M. le commandant Esterhazy au cours de son enquête, enquête — je prie MM. les jurés de le retenir — qu'il faisait alors comme chef du service des renseignements, comme soldat, comme homme d'honneur.

M. le colonel Picquart nous a dit qu'il avait recueilli des renseignements défavorables? Voudrait-il être assez bon pour les préciser?

M. LE COLONEL PICQUART. — Il y en avait de diverses natures. Il y avait d'abord ceux relatifs à la situation pécuniaire : le commandant Esterhazy avait eu des affaires d'argent qui n'étaient pas très claires. Je ne peux pas entrer dans des détails; c'est l'instruction qui aurait dû relever tout cela.

Quoi qu'il en soit, il y avait une histoire de loyer de maison qui n'avait pas été payé, à Courbevoie.

M. LE PRÉSIDENT. — Cela n'a aucun rapport....

M⁰ LABORI. — Je me permets d'insister pour que les plus petits détails soient donnés.

M. LE COLONEL PICQUART. — Il y avait, en outre, une question de procès au sujet d'une maison. D'après les renseignements que m'avait donnés mon agent, dans lequel j'avais une grande confiance, Esterhazy aurait été condamné pour cela. Remarquez que je ne certifie pas; mais, enfin, il aurait été condamné au sujet d'un procès pour une maison qui lui appartient ou qui appartient à sa femme, à Paris.

Maintenant, comme preuve qu'il s'occupait particulièrement de questions d'argent, j'indique qu'il faisait partie du conseil d'administration d'une Société financière anglaise; c'est une chose qui est complètement défendue en France aux officiers. Je l'ai signalée au commandant Ravary, qui m'a dit : « Oh! en Angleterre, cela n'a pas les mêmes inconvénients, parce qu'en France on peut être englobé dans la faillite, tandis qu'en Angleterre, on ne peut pas l'être. » Je n'ai pas très bien compris. *(Rires.)*

M⁰ LABORI. — Je ne sais pas si je pose ici une question à laquelle le témoin pourra répondre. Je voudrais d'abord demander ceci : M. le colonel Picquart sait-il que M. le commandant Esterhazy a été l'objet de notes extrêmement favorables, qui ont été lues au Conseil de guerre?

M. LE COLONEL PICQUART. — J'ai vu certaines de ces notes dans les journaux. Je les ai même lues avant le Conseil de guerre; j'en ai été extrêmement étonné, parce que les dossiers du personnel sont essentiellement confidentiels.

Maintenant, il y a une chose qui m'a étonné aussi. On a parlé de citations; eh bien! je sais que le général Guerrier, chef de M. le commandant Esterhazy, à Rouen, a fait rayer des états de service de cet officier une citation qui s'y trouvait indûment.

Me LABORI. — Si je comprends bien, ce serait une citation à l'ordre du jour de l'armée.

M. LE COLONEL PICQUART. — Une citation pour faits de guerre en Tunisie, dont ont parlé les journaux.

Me LABORI. — Il se trouverait alors dans les états de services de M. le commandant Esterhazy une citation élogieuse.

M. LE COLONEL PICQUART. — Pour faits de guerre en Tunisie. Le général Guerrier m'a dit, à moi, — il est prêt à en témoigner, — qu'il avait fait rayer cette citation.

Me LABORI. — Cette citation constituerait un faux ou un renseignement erroné?

M. LE COLONEL PICQUART. — Je ne sais pas le nom qu'on peut donner à cela. *(Mouvements divers.)*

Me LABORI. — Est-ce que M. le colonel Picquart, au moment où il a commencé à informer contre M. le commandant Esterhazy, s'est renseigné sur les notes de cet officier?

M. LE COLONEL PICQUART. — Non. Je n'ai pas osé demander à ce moment-là, le registre du personnel, parce que, le chef du service des renseignements demandant le registre du personnel, c'eût été une accusation immédiate contre le commandant Esterhazy. On m'a reproché de n'avoir pas dit tout de suite à mes chefs quels étaient mes soupçons; mais, avant de porter une accusation grave contre un officier, j'ai voulu être renseigné.

Me LABORI. — Est-ce que l'agent de police dont parle M. le colonel Picquart est encore au service des renseignements au ministère?

M. LE COLONEL PICQUART. — Je le crois.

Me LABORI. — Alors, c'est que ses déclarations n'ont pas été suspectées, n'ont pas été considérées comme mensongères?

M. LE COLONEL PICQUART. — Pas du tout.

Me LABORI. — M. le commandant Esterhazy aurait été vu, avant toute dénonciation, d'après ce que nous a dit M. le colonel Picquart, dans un état d'affolement extraordinaire?

M. LE COLONEL PICQUART. — Oui, vers le moment de la publication du bordereau par le *Matin;* c'est cet agent qui m'en a rendu compte.

Me LABORI. — C'était justement la question que je voulais poser, parce que M. le colonel Picquart nous avait dit, au cours de sa déposition, qu'il pourrait citer le nom du témoin qui l'avait vu. C'est donc cet agent?

M. LE COLONEL PICQUART. — Oui.

Me LABORI. — M. le colonel Picquart nous a dit encore une chose, mais je voudrais qu'il précisât sa réponse. Parmi les charges qu'il avait relevées contre M. le commandant Esterhazy se trouvait celle-ci, à savoir qu'un document du dossier secret s'appliquait à Esterhazy beaucoup plus qu'à un autre ?

M. LE COLONEL PICQUART. — Parfaitement.

Me LABORI. — Qu'est-ce que c'est que ce dossier secret ? Il y a donc un *dossier secret ?*

M. LE COLONEL PICQUART. — Le rapport du commandant Ravary en parle.

Me LABORI. — Et c'est précisément pour cela, puisque nous en sommes au rapport Ravary, que je suis en plein dans l'affaire qui nous préoccupe... Ce *dossier secret*, depuis quand existe-t-il ?

M. LE COLONEL PICQUART. — Je ne pourrais pas vous le dire ; mais le commandant Henry pourra vous donner des renseignements à ce sujet.

Me LABORI. — Est-ce que M. le colonel Picquart a connu ce dossier quand il était au service des renseignements ?

M. LE COLONEL PICQUART. — Je savais qu'il existait, mais je n'en ai pris connaissance, pour la première fois, que lorsque je l'ai demandé à M. Gribelin, à la fin d'août 1896.

Me LABORI. — Ce dossier existait-il avant l'arrivée de M. le colonel Picquart au service des renseignements ?

M. LE COLONEL PICQUART. — Oui.

Me LABORI. — Est-ce qu'il existait en 1894 ?

M. LE COLONEL PICQUART. — Je n'en sais rien... Comment ?... s'il existait, constitué... ?

Me LABORI. — Plus ou moins complet ?... Car, cela résulte de la déposition du général de Boisdeffre, qui a parlé de documents antérieurs et postérieurs à la condamnation de 1894. Mais, en principe, M. le colonel Picquart sait-il, — s'il ne le sait pas, il peut avoir une opinion là-dessus, — sait-il qu'un *dossier secret* existait en 1894 ?

M. LE COLONEL PICQUART. — Je crois qu'il existait ; mais, je vous le répète, le colonel Henry pourra vous donner des renseignements plus précis à cet égard. Je n'ai, quant à moi, connu ce dossier que vers la fin du mois d'août 1896.

Me LABORI. — Ici, je vais poser une question que je désire bien préciser ; je ne demande pas à M. le colonel Picquart ce que contient le document dont il a parlé et qui s'appliquerait à Esterhazy ; je lui demande quelle est sa nature ; est-ce une lettre, est-ce une pièce ?... Peut-il nous répondre ?

M. LE COLONEL PICQUART. — Ce sont là des choses tout à fait secrètes. Je désirerais beaucoup parler à cet égard ; seulement je considère que je ne puis pas le faire sans être délié du secret professionnel par M. le Ministre de la guerre. S'il veut bien m'en délier, je parlerai ; sinon, je ne parlerai pas.

Me LABORI. — Monsieur le Président veut-il me permettre de faire très rapidement une observation à M. le colonel Picquart. Je crois qu'ici, j'ai déjà eu l'honneur de poser la question à M. le général de Boisdeffre..., il ne saurait être question du secret professionnel, c'est beaucoup plutôt le secret d'Etat... Il me semble que M. le colonel Picquart n'est nullement lié par ce secret et j'insiste auprès de lui pour qu'il réponde.

M. LE COLONEL PICQUART. — Je maintiens ma réponse.

Mᵉ LABORI. — Alors, monsieur le Président, voulez-vous me permettre de vous demander de prier M. l'Avocat général de porter officiellement la demande de M. le colonel Picquart à la connaissance de M. le Ministre de la guerre?

M. LE PRÉSIDENT. — M. l'Avocat général fera ce qu'il croira devoir faire; mais la Cour n'a pas à statuer là-dessus.

Mᵉ LABORI. — Est-ce que M. le colonel Picquart a vu l'original du bordereau?

M. LE COLONEL PICQUART. — Je cherche dans mes souvenirs.. Je crois que oui, mais j'ai vu surtout les reproductions photographiques qui circulaient...

Mᵉ LABORI. — Qui circulaient, où?... Est-ce dans les bureaux de la guerre?

M. LE COLONEL PICQUART. — Oui.

Mᵉ LABORI. — Il en a donc été fait des reproductions officielles?

M. LE COLONEL PICQUART. — Parfaitement.

Mᵉ LABORI. — Est-ce que ces photographies ont été mises entre les mains des experts?

M. LE COLONEL PICQUART. — Je le crois, mais je ne puis l'affirmer; je n'étais pas au Service à ce moment-là.

Mᵉ LABORI. — En tout cas, ce qui est certain, c'est qu'on a fait des photographies du bordereau dans les bureaux de la guerre, qu'on les a faites officiellement, qu'elles ont une valeur officielle.

Est-ce que M. le colonel Picquart considère que le bordereau qui a été publié par le *Matin*, le 10 novembre 1896, diffère essentiellement, comme un faux de l'original authentique, du bordereau véritable?

M. LE COLONEL PICQUART. — Il en diffère si peu, qu'on se demandait d'où pouvait venir l'indiscrétion.

Mᵉ LABORI. — M. le colonel Picquart voudrait-il nous dire, s'il le peut, en combien de fragments était déchiré le *petit bleu*?

M. LE COLONEL PICQUART. — Je ne saurais dire le nombre, mais il y en avait beaucoup: il y avait des petits morceaux qui n'étaient pas plus gros que l'ongle.

Mᵉ LABORI. — Ce *petit bleu*, M. le colonel Picquart l'a fait reconstituer?

M. LE COLONEL PICQUART. — Oui.

Mᵉ LABORI. — Et sur quoi M. le colonel Picquart voulait-il faire disparaître les traces de collage?

M. LE COLONEL PICQUART. — Mais sur la photographie.

Mᵉ LABORI. — Et, avec quelque soin que les photographies eussent été prises, est-ce qu'on aurait pu faire disparaître les traces de collage sur l'original?

M. LE COLONEL PICQUART. — Il ne s'agissait pas de faire disparaître les traces sur l'original. L'original n'a jamais été modifié ; une fois collé, on n'y a plus touché. Ce n'est que sur les photographies que je désirais faire disparaître ces traces de collage qui étaient très nombreuses et rendaient l'épreuve peu claire ; et puis, il y avait aussi cette raison que je ne voulais pas que tout le monde sût d'où, par quelle voie, il nous était arrivé.

M⁰ LABORI. — En 1894, — ou plutôt ne nous reportons pas à cette affaire qui pourrait soulever des susceptibilités ; — mais, d'une manière générale, est-ce qu'on estime au ministère de la guerre que, quand on poursuit un accusé, on ne doit pas soumettre à ses juges l'original de la pièce pour laquelle on le poursuit ?

M. LE COLONEL PICQUART. — Si.

M⁰ LABORI. — C'est donc incontestablement l'original qu'on soumet aux juges ?

M. LE COLONEL PICQUART. — Oui.

M⁰ LABORI. — Par conséquent, si les juges avaient eu à statuer, à ce moment-là, sur la culpabilité éventuelle de M. le commandant Esterhazy, c'est l'original du *petit bleu* qui leur aurait été remis ?

M. LE COLONEL PICQUART. — Certainement.

M⁰ LABORI. — Alors, quelle peut avoir été la portée des accusations dirigées contre M. le colonel Picquart au point de vue des retouches faites sur la photographie ?

M. LE COLONEL PICQUART. — Je ne l'ai pas comprise.

M⁰ LABORI. — Est-ce que M. le colonel Picquart connaît le rapport Ravary ?

M. LE COLONEL PICQUART. — Je le connais.

M⁰ LABORI. — Est-ce que M. le colonel Picquart a vu le document qu'on appelle *le document libérateur ?*

M. LE COLONEL PICQUART. — Le général de Pellieux me l'a montré.

M⁰ LABORI. — Est-ce que M. le colonel Picquart connaissait le document antérieurement ?

M. LE COLONEL PICQUART. — Oui.

M⁰ LABORI. — Est-ce que ce document faisait partie du dossier secret ?

M. LE COLONEL PICQUART. — Ce document, c'est celui que le colonel Henry prétend avoir vu sur ma table, et vous voyez le lien qu'on met entre la disparition du *document libérateur* et la visite de M⁰ Leblois dans mon bureau !

M⁰ LABORI. — Mais ce document n'est-il pas la copie de celui auquel il a été fait allusion dans l'*Eclair* du 15 septembre 1896 ?

M. LE COLONEL PICQUART. — Je viens de répondre, puisque c'est la pièce où se trouvent ces mots : « Cette canaille de D... »

M⁰ LABORI. — A ce moment, M. le colonel Picquart a été ému de la publication, il nous en a parlé dans sa déposition ; n'a-t-il pas demandé une enquête ?

M. LE COLONEL PICQUART. — J'ai demandé une enquête par écrit.

Me LABORI. — L'a-t-on faite ?

M. LE COLONEL PICQUART. — Je ne crois pas qu'on l'ait faite ; en tous cas, on m'a dit : On ne peut pas faire cela... Je demandais même que l'on fit faire une saisie dans les bureaux du journal.

Me LABORI. — Est-ce que le fait de livrer une pièce de cette nature n'est pas un fait d'une gravité exceptionnelle ?

M. LE COLONEL PICQUART. — L'article de l'*Eclair* ne parlait que de la pièce, et même il en parlait d'une façon incomplète, ou, plutôt, d'une façon trop complète....

Me LABORI. — Mais le fait même de parler d'une pareille pièce, de la part de ceux qui en ont eu connaissance à raison de leurs fonctions, ne constitue-t-il pas un fait de la plus haute gravité ?

M. LE COLONEL PICQUART. — Oui.

M. LABORI. — Si M. le colonel Picquart l'avait commise, ou l'avait pu commettre, estime t-il que, pendant une seconde encore, on l'aurait maintenu à la tête du service si important des renseignements, dont il était le chef ?

M. LE COLONEL PICQUART. — Assurément non.

Me LABORI. — Comment M. le colonel Picquart explique-t-il que l'enquête n'ait pas été faite ou n'ait pas abouti ?

M. LE COLONEL PICQUART. — On ne voulait peut-être pas faire de bruit autour de cette affaire.

Me LABORI. — Est-ce que M. le colonel Picquart a entendu parler d'une certaine dame voilée, à propos de l'affaire Esterhazy ?

M. LE COLONEL PICQUART. — J'ai lu cela dans les journaux.

Me LABORI — Est-ce que cette dame voilée ne signe pas *Speranza*, ou, tout au moins, est-ce que ce nom peut lui être appliqué ? n'est-ce pas le même que celui dont étaient signés une lettre et un des télégrammes adressés à M. le colonel Picquart ?

M. LE COLONEL PICQUART. — Parfaitement, la lettre et le télégramme en question étaient signés *Speranza*.

Me LABORI. — Maintenant, j'aborde un autre ordre d'idées : j'arrive aux lettres du général Gonse... Est-ce que M. le colonel Picquart ne s'est pas opposé toujours à leur publication ?

M. LE COLONEL PICQUART. — Oui, de la façon la plus absolue.

Me LABORI. — Et cependant, est-ce qu'au point de vue moral, et, en raison des accusations de toute nature, d'un caractère infamant, qui étaient portées contre lui, la publication de ces lettres ne pouvait pas avoir une importance considérable ?

M. LE COLONEL PICQUART. — Je n'ai pas à le rechercher, mais j'ai agi de la façon la plus énergique, auprès des personnes qui en avaient pris copie, pour qu'elles ne publient pas ces lettres.

Me LABORI. — M. le colonel Picquart voudrait-il nous dire,

ou nous redire, à quelle époque il est allé chez M. Leblois pour la première fois?

M. LE COLONEL PICQUART. — Pour lui parler...

Mᵉ LABORI. — Je veux dire l'époque à laquelle M. le colonel Picquart a, pour la première fois, parlé à M. Leblois des choses personnelles dont il est question aujourd'hui, au sujet des indiscrétions commises?

M. LE COLONEL PICQUART. — C'est au mois de juin 1897.

Mᵉ LABORI. — Par conséquent, M. le colonel Picquart affirme qu'il est faux qu'en 1896, et notamment au mois de novembre, il ait communiqué à M. Leblois quoi que ce soit qui eût trait aux affaires dont nous nous occupons aujourd'hui?

M. LE COLONEL PICQUART. — De la façon la plus absolue?

Mᵉ LABORI. — Maintenant, M. le colonel Picquart voudrait-il nous expliquer dans quelle intention, dans quel dessein et pourquoi il est allé chez M. Leblois en 1897?

M. LE COLONEL PICQUART. — J'ai été chez M. Leblois, comme je l'ai déjà dit, après la réception de cette lettre du colonel Henry, qui était menaçante pour moi, qui m'accusait *après enquête* — le mot est dans la lettre — de faits très graves dont je n'étais pas coupable.

Mᵉ LABORI. — Est-ce que M. le colonel Picquart n'a pas été, au cours de sa mission, l'objet de paroles fort amicales et flatteuses de la part de M. le général Gonse?

M. LE COLONEL PICQUART. — La correspondance du général Gonse était toujours conçue dans les termes les plus amicaux.

Mᵉ LABORI. — Est-ce qu'on ne traitait pas M. le colonel Picquart, pendant ce temps, avec les plus grands égards? Lui facilitait-on les démarches qu'il pouvait avoir à faire, au point de vue des dépenses qu'elles comportaient...?

M. LE COLONEL PICQUART. — De la façon la plus complète.

Mᵉ LABORI. — ...lui faisant comprendre que si des indemnités lui étaient nécessaires, notamment à raison de son changement d'uniforme, tout lui serait payé largement?

Ne lui offrait-on pas d'expédier ses chevaux d'un endroit à l'autre, sans qu'il eût à revenir à Paris ou à faire des démarches, et tout cela aux frais du ministère?

M. LE COLONEL PICQUART. — On a eu les plus grands égards pour moi.

Mᵉ LABORI. — Est-ce que M. le commandant Henry était encore commandant, en juin 1897, quand il écrivait sa lettre à M. le colonel Picquart?

M. LE COLONEL PICQUART. — Oui.

Mᵉ LABORI. — Comment M. le colonel Picquart explique-t-il que M. le commandant Henry lui ait écrit à lui, qui était son chef, cette lettre menaçante?

M. LE COLONEL PICQUART. — C'est justement cela qui m'a fait penser qu'il y avait quelque chose de très grave; car autrement il était inadmissible qu'un subordonné pût écrire une pareille lettre.

Mᵉ Labori. — Il ne l'aurait donc écrite que parce qu'il se sentait soutenu ?

M. le colonel Picquart. — En tout cas, il croyait avoir quelque chose de très grave contre moi.

Mᵉ Labori. — Mais, en tout cas, dans les faits qu'on impute à M. le colonel Picquart aujourd'hui, y en a-t-il qui sont postérieurs à 1896 ? car tous les faits dont nous venons de parler se placent en 1896.

M. le colonel Picquart. — Non.

Mᵉ Labori. — Il n'y en a pas... Est-ce que tous les agissements de M. le colonel Picquart n'étaient pas à la connaissance de tous ses chefs et des officiers de son bureau ?

M. le colonel Picquart. — Absolument.

Mᵉ Labori. — Pourquoi alors n'a-t-on pas eu à ce moment-là l'attitude qu'on prend depuis ?

M. le colonel Picquart. — Je n'en sais rien.

Mᵉ Labori. — Qui a succédé à M. le colonel Picquart ?

M. le colonel Picquart. — J'ai remis le service au général Gonse ; mais, comme il est difficile que le sous-chef d'état-major général soit à la tête de ce service, car ses hautes fonctions sont déjà fort chargées, je crois que c'est le commandant Henry qui en remplit les fonctions.

Mᵉ Labori. — Est-ce que, dans un cas aussi grave que celui de M. le commandant Esterhazy, au moment où le chef des renseignements était sur la voie d'une grave inculpation de trahison, est-ce que, dis-je, l'arrestation de M. le commandant Esterhazy n'était pas une mesure presque nécessaire pour arriver à la découverte de la vérité ?

M. le colonel Picquart. — C'était mon avis ; mais mon avis ne devait pas prévaloir. J'avais des chefs qui pouvaient avoir une autre façon de voir.

Mᵉ Labori. — Mais, sans arrêter un officier, ne serait-il pas possible de le mettre en surveillance ? Ne serait-il pas possible de s'assurer en quelque sorte de sa personne et de le garder à vue, de manière à ne pas lui permettre de se livrer aux agissements les plus répréhensibles et de se mettre à l'abri ?

M. le colonel Picquart. — Certainement. Esterhazy avait à son actif de quoi être mis aux arrêts de rigueur... et même de forteresse. (*Rires.*)

Mᵉ Labori. — M. le colonel Picquart n'agissait-il pas, dans tout ce qu'il a fait à l'égard de M. Esterhazy, en 1896, en vertu d'un mandat, et à la connaissance de ses chefs, — je ne dis pas d'un mandat spécial, mais en vertu d'un mandat ; d'un mandat général qui relevait de sa situation même et de ses fonctions ?

M. le colonel Picquart. — Sauf la toute première partie de mon enquête sur Esterhazy, avant que je ne fusse bien fixé sur l'accusation de trahison à porter contre cet officier, j'ai toujours agi en rendant compte à mes chefs ; je n'ai pas toujours rendu compte à mes chefs directs, j'ai quelquefois sauté un échelon mais j'ai toujours rendu compte à l'un de mes chefs.

Mᵉ Labori. — Je voudrais maintenant, Monsieur le Président, si vous me le permettez, soumettre à M. le colonel Picquart un certain nombre de points qui ont été examinés dans l'audience d'hier et dans l'audience d'aujourd'hui, en présence de certains témoins qui sont en contradiction manifeste avec lui. Je voudrais d'abord m'occuper de la déposition de M. le général de Boisdeffre.

M. le colonel Picquart aurait été, dit M. de Boisdeffre, — je lis d'ailleurs la sténographie, — « dans un état d'esprit qui ne lui permettait pas de s'occuper d'une façon aussi satisfaisante qu'il le fallait de son service, il était absorbé par une seule idée ; le ministre a pensé qu'il était intéressant de lui donner une mission extérieure qui lui permit de rentrer dans des conditions d'esprit normales. »

Est-ce que jamais on a objecté à M. le colonel Picquart qu'il n'était pas en état de remplir son service?

M. LE COLONEL PICQUART. — On m'a bien dit que j'avais une idée fixe : mais je crois avoir rempli mon service comme d'habitude. Je sais même qu'une fois, on m'a dit : « Mais ne vous occupez pas toujours de cette affaire...! » Je crois avoir dit tout à l'heure que je m'occupais de beaucoup d'autres choses ; je m'occupais beaucoup de cette affaire, avec persévérance, mais non pas d'une façon absolue.

Mᵉ Labori. — Et pourquoi M. le colonel Picquart s'occupait-il de cette affaire d'une façon incessante?

M. LE COLONEL PICQUART. — Parce que je la jugeais très importante.

Mᵉ Labori. — Obéissiez-vous, en vous en occupant, à un devoir de conscience?

M. LE COLONEL PICQUART. — Certainement.

Mᵉ Labori. — Et si vous avez continué à vous en occuper, était-ce parce que vous obéissiez à un devoir de conscience?

M. LE COLONEL PICQUART. — Absolument.

Mᵉ Labori. — Avez-vous senti qu'en vous occupant de cette affaire, vous alliez contre votre carrière militaire et contre vos intérêts?

M. LE COLONEL PICQUART. — Mon Dieu!... Oui.

Mᵉ Labori. — Vous avez cependant continué?

M. LE COLONEL PICQUART. — Oui, mais je n'avais pas l'opposition absolue de mes chefs ; je sentais que je n'étais pas en communion d'idées complète avec eux, mais ils ne me disaient pas de m'arrêter ; sans cela, j'aurais rempli mon devoir d'officier, je me serais arrêté. Je ne sais pas trop ce que j'aurais fait après..., mais je me serais arrêté.

Mᵉ Labori. — Il a été un moment où M. le colonel Picquart s'est senti encouragé?

M. LE COLONEL PICQUART. — Oui.

Mᵉ Labori. — Puis, à un moment donné, cette disposition favorable de vos chefs a changé?

M. LE COLONEL PICQUART. — Oui, mais ils ne m'ont pas dit de m'arrêter.

Mᵉ LABORI. — Cependant, M. le colonel Picquart a senti que les dispositions de ses chefs n'étaient pas les mêmes?

M. LE COLONEL PICQUART. — De certains de mes chefs.

Mᵉ LABORI. — A ce moment-là, M. le colonel Picquart ne pouvait ignorer, et il a dû le comprendre, qu'en se heurtant aux sentiments de ses chefs, il pouvait briser son admirable carrière.

M. LE COLONEL PICQUART. — Mon Dieu!... Je répète que, si on m'avait donné l'ordre de cesser, j'aurais cessé; je sentais simplement que ce n'était pas très agréable; j'ai continué tout de même parce que j'ai pensé que c'était mon devoir; je n'aurais cessé que sur un ordre formel... Je le répète, je ne sais pas ce que j'aurais fait ensuite, mais j'aurais cessé.

Mᵉ LABORI. — Cet ordre formel, M. le lieutenant-colonel Picquart ne l'a jamais reçu?

M. LE COLONEL PICQUART. — Non.

Mᵉ LABORI. — Monsieur le colonel Picquart sait-il les explications que M. le général Gonse donne de sa correspondance, correspondance qui a été analysée, publiée dans un journal, ou dans certains journaux, et dont a parlé M. Scheurer-Kestner à la barre, ce qui fait que cette correspondance appartient à la justice?

M. LE COLONEL PICQUART. — Je n'en ai pas une idée très nette.

Mᵉ LABORI. — Eh bien! je vais demander à M. le colonel Picquart la permission de lui faire connaître les explications de M. le général Gonse :

Mes lettres, a-t-il dit, avaient un seul but, — je ne les réciterai pas, puisqu'un journal les a publiées ce matin, — elles n'avaient qu'un but, rechercher si le commandant Esterhazy était réellement coupable.

Puis, plus loin :

Il n'entrait pas dans ma pensée de demander au colonel Picquart de revenir sur l'affaire Dreyfus ; c'était l'affaire Esterhazy, seule, qui était en cause dans ces lettres.
Voilà ce que je tenais à établir.

Voilà ce que disait M. le général Gonse à l'audience d'avant-hier, et, à l'audience d'hier, M. le général Gonse, tenant à préciser ses déclarations au sujet de ces lettres, les reprenait.
Il disait encore — c'est le point que je me permets de signaler au témoin :

Je lui ai dit alors : « Il faut distinguer les deux affaires, d'une part celle du capitaine Dreyfus et de l'autre celle du commandant Esterhazy, et ne s'occuper que de l'affaire Esterhazy » et je lui dis que s'il était sûr d'avoir un traître sous la main, il fallait le poursuivre et arriver à la découverte de la vérité.

Je demande au témoin : Est-ce que le bordereau attribué en 1894 au capitaine Dreyfus n'était pas la base de l'accusation, ou de la présomption de culpabilité qui, aux yeux de M. le colonel Picquart, pesait sur Esterhazy, base plus solide même que la dépêche, le *petit bleu* ?

M. LE COLONEL PICQUART. — Pour moi, c'était la base la plus sérieuse.

Me LABORI. — Est-ce que M. le colonel Picquart en avait fait part à M. le général Gonse ?

M. LE COLONEL PICQUART. — Parfaitement.

Me LABORI. — Comment alors M. le le général Gonse pouvait-il dire qu'il fallait distinguer l'affaire Dreyfus de l'affaire Esterhazy ?

M. LE COLONEL PICQUART. — Cela, il me l'a dit, c'est très juste; il m'a dit qu'autant que possible il ne fallait pas confondre, qu'il fallait continuer l'affaire Esterhazy, mais ne pas la mêler à l'affaire Dreyfus.

Me LABORI. — Mais si M. le commandant Esterhazy avait été reconnu être l'auteur du bordereau, l'accusation portée de ce chef contre Dreyfus ne tombait-elle pas nécessairement ?

M. LE COLONEL PICQUART. — Oui, c'est pour cela que je n'ai jamais bien compris cette disjonction. (*Rires dans l'auditoire.*)

Me LABORI. — M. le général Gonse parle, dans la même déposition, de documents dont il était question relativement à M. le commandant Esterhazy :

Il (c'est le colonel Picquart) me disait, notamment, que le commandant Esterhazy allant sur les champs de tir au milieu des officiers d'artillerie, leur avait demandé des renseignements confidentiels et secrets, et qu'il leur avait fait des questions indiscrètes au point de vue de la défense nationale. Le colonel Picquart me dit, en outre, que, rentré à son régiment, il avait fait copier par des sous-officiers et des secrétaires des documents confidentiels ; il parlait aussi d'écriture ; nous n'en parlerons pas, c'est un fait connu.

Sont-ce les documents dont il est question dans une lettre de M. le général Gonse ?

M. LE COLONEL PICQUART. — Très probablement. Puisque le général Gonse ne voulait pas que je m'occupe de l'affaire Dreyfus, je ne devais pas faire rechercher si Esterhazy avait fait copier les documents cités dans le bordereau, mais je devais rechercher si Esterhazy avait fait copier d'autres documents.

Me LABORI. — Est-ce que M. le colonel Picquart a eu des rapports directs avec M. le Ministre de la guerre Billot ?

M. LE COLONEL PICQUART. — Un chef du service des renseignements a toujours des rapports directs avec le Ministre.

Mᵉ LABORI. — Mais à propos de cette affaire?

M. LE COLONEL PICQUART. — Je préfère ne pas répondre à la question.

Mᵉ LABORI. — M. le colonel Picquart dit que M. le commandant Lauth lui reproche d'avoir conservé par devers lui le dossier pendant trop longtemps, ou le cornet plus exactement... Voici la sténographie même de la déposition de M. le commandant Lauth :

> Le passage (*du rapport de M. le commandant Ravary*) où il est dit que le colonel Picquart avait gardé les fragments pendant plus d'un mois n'est pas tout à fait exact; il pouvait s'être écoulé six ou huit jours...

Et ici je me permets de faire remarquer que le rapport Ravary dit *un mois;* voilà donc un rapport officiel qui est en contradiction absolue avec l'observation d'un témoin. Mais il est intéressant de retenir la déclaration de M. le commandant Lauth sur ce point, car elle est absolument conforme à ce que nous a dit M. le colonel Picquart.

M. LE COLONEL PICQUART. — Mais le commandant Lauth n'était pas chef de service ; j'étais chef de service et, en cette qualité, j'avais parfaitement le droit de recevoir des documents et de les garder aussi longtemps que bon me semblait.

Mᵉ LABORI. — A quel titre M. le commandant Lauth pouvait-il s'étonner que M. le colonel Picquart eût gardé ces documents pendant quelques jours?

M. LE COLONEL PICQUART. — Cela provient d'une routine. Je vous ai dit qu'autrefois le commandant Henry repassait directement au capitaine Lauth, après en avoir trié une certaine partie, les pièces en langue étrangère, parce que le commandant Henry ne connaît pas les langues étrangères.

Mᵉ LABORI. — M. le colonel Picquart sait-il que M. le commandant Lauth a porté contre lui une certaine accusation de falsification de documents?

M. LE COLONEL PICQUART. — De falsification de documents!

Mᵉ LABORI. — Parfaitement; et, si M. le colonel Picquart veut me le permettre, je vais lui lire le passage de la déposition de M. le commandant Lauth; il verra de quoi il est question.

M. le commandant Lauth avait d'abord répondu à ce qui lui était demandé concernant les opérations sur le *petit bleu*; puis :

> Quant au point de savoir la manière dont j'ai pris la question *à ce moment*, je répondrai que je ne l'ai pas prise tout à fait comme une proposition en vue de me faire faire un faux... Je ne l'ai pas prise tout à fait comme telle *à ce moment-là.* Mais j'ai vu depuis l'usage que le colonel Picquart voulait faire de ce télégramme, je me suis rappelé alors la proposition qui m'avait été faite et je me suis rappelé le refus que j'avais opposé d'y obtempérer.

M. LE COLONEL PICQUART. — Le refus de faire quoi? Quelle opération?

Me LABORI. — Voici tout le passage...
Voici d'abord la question que je posais à M. le commandant Lauth :

Me LABORI. — Je désirerais savoir quelle est la portée exacte des paroles suivantes du commandant Lauth : « Je n'ai pas ainsi compris les choses, *à ce moment-là*. » Quelle est l'interprétation que donne M. le commandant Lauth ? Est-ce l'interprétation de ces sentiments *à ce moment-là*, ou celle d'*aujourd'hui* ?

M. LE COMMANDANT LAUTH. — A ce moment, j'ai refusé absolument et d'une voix si haute que le bruit de mon refus a passé à travers les murs et qu'au moment où je suis sorti du bureau du colonel, deux de mes camarades m'ont demandé : « Qu'y a-t-il, vous venez de vous disputer ? » Je leur répétai ce qui venait de se passer.

Me LABORI. — Je voudrais arriver à une grande précision dans la réponse. M. le commandant Lauth a dit : « *à ce moment-là* ». Je lui demande quelle a été son interprétation *à ce moment-là* et si elle était la même que celle d'*aujourd'hui*. Je lui demande enfin si l'interprétation qu'il nous a faite dans sa réponse est celle d'aujourd'hui ou celle d'alors ?

M. LE COMMANDANT LAUTH. — *A ce moment-là*, le colonel Picquart voulait me faire certifier que cette écriture, que je ne connaissais pas, était celle d'une personne dont, lui, il connaissait fort bien l'écriture, et pour laquelle il ne pouvait pas avoir le moindre doute ; car ces deux écritures n'étaient pas du tout semblables, ni comparables. Je n'ai pas insisté, parce que lui-même n'a pas insisté, et, devant mon refus, l'incident a été clos, et nous nous sommes séparés ainsi. Je n'avais pas à en rendre compte à mes chefs ; je n'en ai rendu compte que lorsqu'on m'a interrogé au moment des enquêtes à propos du commandant Esterhazy.

Il en résulte donc, et la déposition de M. le commandant Lauth a été très nette à cet égard, qu'il accusait M. le colonel Picquart d'avoir connu l'écriture du *petit bleu* et d'avoir exigé que M. le commandant Lauth certifiât que cette écriture était d'une autre personne, ce qui était inexact. Cela constituerait manifestement une opération frauduleuse, la pression d'un chef sur un subordonné pour arriver à ce qu'il certifiât comme exact un fait faux. Je pose la question à M. le colonel Picquart.

M. LE COLONEL PICQUART. — C'est absolument inexact. Je m'élève de la façon la plus formelle là contre ; il n'y a qu'à relire quelle a été ma demande au commandant Lauth. Je lui ai dit : « Vous serez là pour témoigner de qui cela vient ; vous savez que c'est d'un tel... » Et il me répondit : « Oh ! non... je vous assure en mon âme et conscience que je n'ai pas cette écriture dans la tête, absolument pas. »

Me LABORI, *au Président qui paraît vouloir interroger M. le colonel Picquart.* — Le témoin n'a-t-il pas encore quelque chose à dire ?

M. LE COLONEL PICQUART. — Je dis ceci : sur quoi se base l'interprétation du commandant Lauth ?

M. LE PRÉSIDENT, *à M. le colonel Picquart*. — Voulez-vous me permettre aussi quelques questions? Est-ce qu'à un moment donné et à une époque qu'il n'est pas possible de préciser, vous n'étiez pas dans votre bureau au ministère, ayant à côté de vous Me Leblois, et sur votre table, devant vous, n'y avait-il pas deux dossiers, l'un concernant les pigeons-voyageurs, l'autre qui était dans une enveloppe, cette enveloppe étant ouverte sur l'un de ses côtés?

M. LE COLONEL PICQUART. — Une enveloppe ouverte sur un de ses côtés?

M. LE PRÉSIDENT. — Une enveloppe contenant un dossier?

M. LE COLONEL PICQUART. — Je ne m'en souviens pas, monsieur le Président.

M. LE PRÉSIDENT. — Vous rappelez-vous avoir fait venir M. Leblois dans votre cabinet?

M. LE COLONEL PICQUART. — Oui, monsieur le Président.

M. LE PRÉSIDENT. — A quelle époque, vous le rappelez-vous?

M. LE COLONEL PICQUART. — Il est venu au printemps de 1896, pour deux affaires, une affaire Boullot et une affaire de pigeons voyageurs, sur laquelle je vous demanderai de dire deux mots.

M. LE PRÉSIDENT. — J'allais vous le demander : qu'est-ce que ce dossier de pigeons-voyageurs, n'est-ce pas un dossier secret?

M. LE COLONEL PICQUART. — Il y en a deux : l'un qui est renfermé dans un carton, qui ne contient que des textes relatifs aux pigeons, avec quelques articles de journaux sur la colombophilie : ce sont des choses qui ne sont pas secrètes ; c'est ce dossier que j'ai communiqué à M. Leblois. Maintenant, il y a un autre dossier de pigeons voyageurs qui, lui, est absolument secret ; il contient des renseignements auxquels M. Leblois n'avait rien à voir. C'est donc le premier dossier... et justement, comme il y avait déjà eu confusion sur ce point, j'avais demandé qu'on apportât au Conseil d'enquête le dossier des pigeons voyageurs ; et, comme par hasard, c'est le dossier secret qu'on a apporté! (*Rires.*)

M. LE PRÉSIDENT. — Vous aviez, à côté de ce dossier de pigeons voyageurs, un autre dossier ; sur ce dossier il y avait la lettre H écrite au crayon bleu...

M. LE COLONEL PICQUART. — Vous donnez, Monsieur le Président, le signalement de l'enveloppe du dossier secret ; or, jamais je n'ai eu ce dossier sur ma table quand M. Leblois était là. Du reste, il y en a une raison bien simple : ce dossier n'a été entre mes mains que de la fin d'août au commencement de novembre, et M. Leblois a quitté Paris le 5 août pour n'y rentrer que le 5 novembre.

M. LE PRÉSIDENT, *à l'Huissier-audiencier*. — Faites appeler M. Gribelin.

CONFRONTATION

de M. le lieutenant-colonel Picquart avec MM. Gribelin, le commandant Ravary, le commandant Lauth et le général de Pellieux.

M. LE PRÉSIDENT, *au témoin Gribelin*. — Avez-vous entendu de votre place les explications que vient de nous donner M. le colonel Picquart?

M. GRIBELIN. — Oui.

M. LE PRÉSIDENT. — Qu'avez-vous à y répondre?

M. GRIBELIN. — Je suis dans l'obligation de donner à mon colonel, non pas un démenti, cela ne serait pas poli, mais de lui dire qu'il se trompe... Je vais répéter ma déposition : Je suis rentré, un soir d'octobre 1896, dans le bureau du colonel Picquart pour prendre congé ; il était assis à sa table ayant à sa droite le dossier des pigeons voyageurs et à sa gauche le dossier que je lui avais remis entre le 28 août et le 5 septembre ; il était contenu dans une enveloppe qui portait le paraphe du commandant Henry ; c'est à cela que je l'ai reconnu.

M. LE PRÉSIDENT. — C'était le dossier qui vous avait été demandé longtemps auparavant?

M. GRIBELIN. — Le colonel me l'avait demandé fin août ou commencement septembre ; c'était certainement entre le 28 août et le 5 septembre, puisque j'étais parti en permission de vingt jours, accordée par le colonel le 5 septembre.

M. LE PRÉSIDENT. — Y avait-il un des côtés de cette enveloppe qui était ouvert?

M. GRIBELIN. — Au moment où je l'ai remise, je ne puis affirmer qu'elle était fermée ou ouverte ; mais quand je l'ai vue, il y avait un côté de l'enveloppe ouvert.

M. LE PRÉSIDENT. Vous n'aviez vu aucune pièce?

M. GRIBELIN. — Non, Monsieur le Président, le dossier était tout fermé.

M. LE PRÉSIDENT. — Vous n'avez constaté que le paraphe du colonel Henry... (*A M. le colonel Picquart*) Vous entendez, colonel, ce que dit le témoin?

M. LE COLONEL PICQUART. Parfaitement, Monsieur le Président. Voulez-vous me permettre de demander au témoin en quoi consiste ce paraphe?

M. GRIBELIN. — Il y avait une H puis un signe... et ce paraphe ressemble à sa signature.

M. LE COLONEL PICQUART. — Il y a là une question de date qui m'étonne beaucoup. Jamais je n'ai eu ce dossier sur ma table quand M. Leblois est venu me voir, par la raison que j'ai demandé le dossier fin août ou commencement septembre et que je ne l'avais plus en ma possession au commencement de novembre.

Oserais-je vous prier, monsieur le Président, de poser cette question au témoin : Se souvient-il comment ce dossier a été rendu au Service ?

M. Gribelin. — J'ai dit une première fois que je croyais que le général Gonse l'avait repris au départ du colonel Picquart ; mais le général Gonse l'avait repris au colonel Picquart quelques jours avant son départ ; je crois que c'est le 12 novembre.

M. le colonel Picquart. — Je tiens à faire remarquer cela, parce que je ne crois pas à la mauvaise foi de M. Gribelin, mais à un défaut de mémoire ou à une confusion de dossier ; je sais que M. Gribelin est un parfait honnête homme...

M. le Président. — J'ai demandé tout à l'heure des renseignements au général Gonse et il a donné sur son compte les meilleurs renseignements.

M. le colonel Picquart. — Je ne le crois pas capable de commettre une infamie ; mais je le crois capable de se tromper.

M. Gribelin. — Vous pouvez croire que, ce que je dis, je l'ai vu.

M. le colonel Picquart. — Mais, moi, je dis que non.

Me Labori. — Voulez-vous me permettre, monsieur le Président, de vous prier de demander à M. Ravary pourquoi ce fait ne figure pas à son rapport?

M. le Président, *à M. Ravary qui est appelé à la barre*. — Le défenseur me prie de vous demander pour quel motif les faits dont je viens de parler et sur lesquels le témoin vient de s'expliquer, ne figurent pas dans votre rapport?

M. le commandant Ravary. — C'est que le colonel Henry a fait une déclaration qui se trouve tout entière dans sa déposition ; il a dit qu'en entrant un soir chez le colonel Picquart, il avait vu assis à gauche M. Leblois, à droite le colonel, qu'au milieu d'eux se trouvait un dossier secret et qu'une pièce était étalée sur laquelle il y avait : « Cette canaille de D... » ; c'est la déposition exacte du commandant Henry.

M. le Président, *cherchant du regard dans l'auditoire*. — M. le colonel Henry est-il ici?

Me Clémenceau. — Monsieur le Président se rappelle que le colonel Henry était souffrant...

M. le Président. — Mais il devait revenir...

M. l'Huissier audiencier. — M. le général Gonse dit qu'il pourra venir demain.

Me Labori. — Je voudrais que M. le commandant Ravary ne s'en allât pas parce qu'il peut être utile... Voici ce qu'on lit dans son rapport :

> Un soir que le colonel Henry, de retour à Paris, était rentré chez le colonel Picquart, il aperçut M. Leblois, avocat, qui lui faisait de nombreuses visites ; ils étaient assis à son bureau compulsant le *dossier secret*, et une feuille comportant les mots « Cette canaille de D... » était sortie du dossier et étalée sur le bureau.

Or, M. le colonel Henry n'a rien dit de pareil, hier. On a fait venir M. Gribelin qui, lui, a vu le dossier non ouvert, et ensuite nous retrouvons le mélange des deux personnages, M. le colonel Henry et M. Gribelin, avec une autre version...

M. LE PRÉSIDENT. — Il serait préférable d'attendre le colonel Henry...

M. LE COMMANDANT RAVARY. — Il y a ici le greffier qui était avec moi et qui pourrait témoigner de la chose...

Me LABORI. — Il ne s'agit pas de savoir si c'est vrai ou pas vrai ; je ne me permets de douter de la parole d'aucun témoin, mais j'ai le droit, quand je me trouve en face de membres du Parquet militaire, d'examiner la manière dont sont faits les documents officiels qui émanent d'eux ; eh bien ! je constate une singulière contradiction !

On attache aujourd'hui à la déposition de M. Gribelin une importance que nous voyons... M. le commandant Ravary n'attachait pas moins d'importance au fait Henry. Or, du fait Henry, on n'en a pas déposé ; du fait Gribelin, on n'en a pas parlé ; je demande à M. Ravary, aujourd'hui, de nous dire pourquoi cette singulière composition de son rapport sur ce point.

M. LE COMMANDANT RAVARY. — Les faits que je viens de relater tout à l'heure étaient suffisants pour montrer l'incorrection de la conduite du colonel Picquart dans cette affaire. (*Bruyants murmures dans l'auditoire.*)

Me LABORI. — Je prie MM. les jurés de retenir les paroles que M. Ravary a prononcées... et je veux dire en passant qu'on semble, dans cette affaire, avoir un peu trop, d'une manière générale, procédé de la sorte. Il s'agit de savoir ici, non pas si un fait est de nature à porter atteinte à l'honneur d'un homme, mais s'il est vrai. Or, quand j'arrive à montrer qu'il n'est pas vrai, M. Ravary me montre qu'il est déshonorant pour M. Picquart. Voilà toute la question.

M. LE COMMANDANT RAVARY. — Voulez-vous me permettre d'ajouter un mot. J'avais à faire le procès du commandant Esterhazy, et l'accusation portée contre lui était basée sur deux faits : sur une identité d'écriture et sur une carte-télégramme. Eh bien ! la carte-télégramme, pour lui donner un caractère d'authenticité, il fallait au moins chercher les circonstances mystérieuses dans lesquelles elle avait été trouvée ; il a fallu par conséquent m'enquérir auprès de tous les officiers d'Etat-major du bureau des renseignements, pour savoir quels avaient été les agissements de M. le colonel Picquart, et c'est ainsi que j'ai été amené à savoir la visite de M. Leblois à M. le colonel Picquart.

Me LABORI. — Je crois que le témoin ne comprend pas, mais cela n'a pas d'importance. (*Murmures.*) Ce sont MM. les jurés qui doivent comprendre ; les témoins, il suffit qu'ils soient de bonne foi et sincères.

Me CLÉMENCEAU. — Monsieur le Président, j'ai une question à poser sur l'incident. M. le colonel Picquart a dit qu'il avait pour M. Gribelin...

M. LE COLONEL PICQUART. — La plus grande estime.

Me CLÉMENCEAU. — Je voudrais lui demander quelle opinion il a sur M. Leblois.

M. LE PRÉSIDENT. — Voyons, c'est l'ami de M. le colonel Picquart !

M. LE COLONEL PICQUART. — C'est un vieil ami dans la loyauté duquel j'ai la plus grande confiance.

Me CLÉMENCEAU. — Le témoin le croit-il capable d'une infamie ?

M. LE COLONEL PICQUART. — Absolument pas.

Me CLÉMENCEAU. — Eh bien ! je vous rappelle qu'il y a en contradiction ici deux témoins. M. le général Gonse, qui est sous-chef d'Etat-major général, ce qui est une haute situation dans tout pays, et surtout en France, — permettez-moi de le dire, — en ce moment-ci, M. le général Gonse nous a dit que M. Gribelin connaissait tous les secrets intéressant la défense nationale et qu'il était certain qu'il ne les divulguerait pas. Eh bien ! voilà un homme qui connaît tous les secrets de la défense nationale, et qui est en contradiction avec un autre honnête homme. Cela est suspect. Eh bien ! je demande dans l'intérêt de tous, dans l'intérêt de l'affaire, dans l'intérêt de M. Gribelin, dans l'intérêt de notre pays, qu'on confronte les deux témoins, que l'on consulte tous les documents et que l'on dise qui commet une erreur.

M. LE PRÉSIDENT. — Mais la Cour a déjà répondu sur ce point ; il est inutile d'insister.

Au colonel Picquart. — Monsieur Picquart, à un moment donné, n'avez-vous pas demandé à M. Gribelin s'il ne pourrait pas obtenir de la poste de timbrer une lettre, que vous n'avez pas autrement indiquée ?

M. LE COLONEL PICQUART. — De timbrer une lettre ?...

M. LE PRÉSIDENT. — De timbrer une lettre, non pas à la date où elle vous serait parvenue, mais à une date antérieure.

M. GRIBELIN. — Mon colonel, je vais préciser vos souvenirs : vous rentriez au bureau, il était deux heures ; vous m'avez fait appeler, et, en enlevant votre pardessus, vous m'avez dit : « Gribelin, pourriez-vous obtenir de la poste de faire apposer sur une lettre un timbre ? » Vous n'avez pas ajouté un mot ; vous ne m'en avez jamais reparlé ; mais, sur mon honneur de soldat, cela est vrai, et vous savez que je ne mens jamais !

M. LE COLONEL PICQUART. — Cela, je le sais. Je répondrai de la façon suivante : Mais il est arrivé très souvent qu'avec Gribelin, nous avons causé de la manière dont on pouvait envoyer des lettres à des espions ; eh bien ! il est possible que ce soit un de ces souvenirs qui soit resté dans son esprit ; mais, dans l'espèce, je dis : Non, je ne m'en souviens pas du tout.

M. LE PRÉSIDENT. — N'avez-vous pas, à peu près dans les mêmes termes, demandé ce renseignement à M. le commandant Lauth ?

M. LE COLONEL PICQUART. — Moi ? ah ! jamais, jamais, jamais !

Me LABORI, *s'adressant à M. le Président.* — Voulez-vous me permettre... N'est-il pas nécessaire de terminer cet incident de timbre auparavant... ?

M. LE PRÉSIDENT, *après avoir fait venir le commandant Lauth à la barre.* — Monsieur le commandant Lauth, voulez vous avoir l'obligeance de nous répéter, devant le colonel Picquart, ce que vous nous avez dit au sujet de cette question qui vous était adressée par M. le colonel Picquart ?

M. LE COMMANDANT LAUTH. — J'ai dit tout à l'heure que le jour même où le colonel Picquart m'a dit, au sujet du besoin de faire disparaître les traces de déchirure, alors que je lui ai demandé pourquoi il voulait les faire disparaître, que, par question incidente, il m'a dit : « Croyez-vous qu'à la poste on y mettrait un cachet ? » Et ma réponse est peut-être sténographiée ; je lui ai répondu qu'on n'y mettrait pas beaucoup de complaisance, que je croyais même qu'on ne le ferait pas.

M. LE PRÉSIDENT, *au colonel Picquart.* — Vous voyez que c'est à peu près la même chose.

M. LE COLONEL PICQUART. — Dans la déposition écrite du commandant Lauth, relativement à la proposition que je lui aurais faite de dire que l'écriture du *petit bleu* était celle de telle ou telle personne, le commandant Lauth se souvient-il d'avoir dit : « Cette pièce n'a pas le caractère authentique, il faudrait qu'elle eût le cachet de la poste » ?

M. LE COMMANDANT LAUTH. — Pour qu'elle ait un caractère authentique, il faudrait qu'elle ait un cachet.

M. LE PRÉSIDENT. — Et c'est à ce moment-là... ?

M. LE COMMANDANT LAUTH. — J'ai ajouté : « C'est une écriture que je ne connais pas ; on ne sait pas ce que c'est, ni d'où cela vient ».

J'ai dit ensuite, dans ma déposition, que jamais le colonel Picquart ne m'avait demandé de certifier la reconnaissance du *petit bleu*. Il m'a dit : « Vous seriez là pour certifier que c'est l'écriture d'un tel ou d'un tel, pour certifier que cette écriture est celle de telle personne. » Voilà ce qu'il m'a dit et ce à quoi j'ai répondu : « Cette écriture, je ne l'ai jamais vue, je ne puis certifier qu'elle est d'une telle personne. »

J'ajoute que M. le colonel Picquart avait eu vingt ou trente exemplaires de l'écriture en question... Non pas celle du *petit bleu*, mais de l'écriture en question, et, à l'heure qu'il est, je dis qu'il y en a des preuves, et qu'il y a des documents où cette écriture se retrouve avec des marques du colonel Picquart dessus, ce qui prouve bien qu'il les a vus. Si, à ce moment-là, il avait voulu se renseigner et voir l'armoire ou le coffre-fort où ils étaient enfermés, il aurait pu comparer.

M. LE COLONEL PICQUART. — Je ne comprends pas bien ce que dit le commandant Lauth. J'aurais demandé si c'était l'écriture de telle personne ?

M. LE COMMANDANT LAUTH. — Non, non ; je vous ai dit : « Mon colonel, pourquoi voulez-vous faire disparaître les traces de déchirures ? » — Vous m'avez répondu : « C'est pour pouvoir le dire *là-haut,* » *là-haut* signifiant l'Etat-major.

M. LE COLONEL PICQUART. — Je n'ai pas dit cela dans ces termes-là.

M. LE COMMANDANT LAUTH. — Moi, je certifie les termes.

M. LE COLONEL PICQUART. — Je vous ai dit : « C'est pour que l'on croie... » ?

M. LE COMMANDANT LAUTH. — Mais tous ceux auxquels le colonel Picquart avait à les soumettre, les connaissaient depuis longtemps, il n'y avait pas à les cacher ; cela ne pouvait être soumis qu'à des personnes qui ne les connaissaient pas.

M. LE COLONEL PICQUART. — Et les officiers d'ordonnance du Ministre qui voient les dossiers, qu'est-ce qu'on en dit ?

M. LE COMMANDANT LAUTH. — Cela, c'est l'affaire du Ministre.

M. LE COLONEL PICQUART. — J'avais le droit de prendre toutes précautions pour éviter certaines indiscrétions.

Me LABORI. — Puis-je poser certaines questions, monsieur le Président ?

M. LE PRÉSIDENT. — Je n'ai pas encore fini, laissez-moi terminer.

(*Au colonel Picquart*) Quand vous avez commencé l'instruction de l'affaire Esterhazy, n'avez-vous pas fait de nombreuses perquisitions chez lui ?

M. LE COLONEL PICQUART. — Non, j'ai raconté ce qui était arrivé un jour ; cela n'a pas été fait une autre fois. Je crois bien avoir dit qu'une fois un agent était entré chez le commandant Esterhazy ; que l'appartement était à louer à ce moment, et qu'il était entré de la façon que j'ai dit.

M. LE PRÉSIDENT. — Il est entré et il aurait fait lui-même la perquisition ?

M. LE COLONEL PICQUART. — Mais non, il ne m'a jamais rien rapporté.

M. LE PRÉSIDENT. — Mais, M. le général de Pellieux...

M. LE COLONEL PICQUART. — Le général de Pellieux a rapporté ce qu'a dit le commandant Esterhazy au Conseil de guerre.

M. LE PRÉSIDENT, *après avoir appelé le général de Pellieux à la barre*. — Monsieur le général de Pellieux, pouvez-vous nous donner des renseignements sur cette perquisition dont vous nous avez parlé hier, qui avait été si importante que vous nous avez dit que c'était un véritable cambriolage ?

M. LE GÉNÉRAL DE PELLIEUX. — Le colonel Picquart lui-même m'a avoué qu'un agent envoyé par lui était entré. Eh bien ! je me demande ce qu'il allait faire dans l'appartement ; je pense qu'il va me dire qu'il allait le louer.

M. LE COLONEL PICQUART. — Il me semble que j'ai expliqué la chose. Cet agent ne m'a pas rapporté autre chose qu'une carte sur laquelle il y avait quelques mots ; je lui ai fait reporter la carte ; je n'ai jamais eu autre chose.

M. LE PRÉSIDENT, *au général de Pellieux*. — Général, êtes-vous entré dans l'appartement ?

M. LE GÉNÉRAL DE PELLIEUX. — Non.

M. LE PRÉSIDENT. — Alors, vous ne savez pas l'état dans lequel il se trouvait.

M. LE GÉNÉRAL DE PELLIEUX. — Non.

M. LE PRÉSIDENT. — C'est qu'hier vous nous avez donné des détails.

M. LE GÉNÉRAL DE PELLIEUX. — Le commandant Esterhazy prétend qu'un meuble a été forcé et qu'il y a encore des traces.

Mᵉ CLÉMENCEAU. — Nous sommes d'accord : ce que M. le général de Pellieux a affirmé, il le tenait exclusivement du commandant Esterhazy.

M. LE GÉNÉRAL DE PELLIEUX. — Parfaitement... Le colonel Picquart m'avait dit qu'un agent avait été envoyé par lui dans l'appartement.

M. LE PRÉSIDENT, *au colonel Picquart*. — Pour quel motif avez-vous envoyé un agent dans cet appartement ?

M. LE COLONEL PICQUART. — Je l'ai dit tout à l'heure ; j'ai dit qu'à un moment donné il s'était agi de perquisitionner. La question de la perquisition avait été agitée (j'ai dit cela dans ma déposition) ; et je trouvais que le moment n'était pas opportun, l'article de l'*Eclair* venant de paraître. J'ai considéré Esterhazy comme prévenu déjà ; j'ai pensé qu'on ne trouverait rien. J'en ai parlé à cet agent, qui m'a dit : « C'est bien simple : l'appartement est à louer ; j'y entrerai, je verrai s'il a déménagé. »

M. LE PRÉSIDENT. — Enfin, vous chargiez sans aucune espèce de mandat l'agent d'entrer dans cet appartement ?

M. LE COLONEL PICQUART. — Mais il y entrait comme tout le monde pouvait le faire !

M. LE PRÉSIDENT. — C'était pour y faire quelque chose ?

Mᵉ CLÉMENCEAU. — On l'a bien fait chez M. le colonel Picquart... !

M. LE PRÉSIDENT. — C'était pour y faire une perquisition ?

M. LE COLONEL PICQUART. — Mais non !.. J'estimais que la perquisition n'était pas possible, parce que le commandant Esterhazy devait être prévenu, qu'à ce moment-là il était à Rouen, qu'il avait même probablement déménagé... L'agent y est entré et il m'a donné deux renseignements : 1° une carte, pour me montrer qu'il y était entré... Je lui dis qu'il avait eu tort de prendre cette carte et l'invitai à la reporter ; 2° il me dit ensuite qu'il y avait beaucoup de papier brûlé dans la cheminée. Pas autre chose, et j'en ai rendu compte.

M. LE PRÉSIDENT. — Mais vous avez toujours chargé cet agent d'entrer dans l'appartement ?

M. LE COLONEL PICQUART. — Oui, mais il y est entré par un moyen licite.

Mᵉ CLÉMENCEAU. — Et non pas comme un cambrioleur...

M. LE GÉNÉRAL DE PELLIEUX. — Quand on va visiter un appartement qui est habité, il me semble qu'on doit être acompagné par un commissaire.

Mᵉ CLÉMENCEAU. — Ou par le concierge.

M. LE GÉNÉRAL DE PELLIEUX. — Je demande simplement s'il est dans les habitudes qu'une personne entre dans un appartement qui est loué, qui est meublé, s'il est dans les habitudes que cette personne y entre seule.

M. LE COLONEL PICQUART. — Je ne sais pas s'il y est entré seul ou non... Voilà ce qu'il m'a dit.

M. LE GÉNÉRAL DE PELLIEUX. — Maintenant, le concierge a-t-il su que cet individu, que cet agent était entré dans l'appartement et s'il avait la qualité d'agent ?

M. LE COLONEL PICQUART. — Cela, je n'en sais rien. Cet agent m'a dit ce que j'ai raconté, et il n'a apporté que cette carte, que je lui ai dit qu'il avait eu tort de prendre.

Mᵉ LABORI. — Monsieur le Président, voulez-vous me permettre de poser une question à M. le général de Pellieux ?

Croit-il qu'il soit possible de demander au chef des renseignements du ministère de la guerre de surveiller l'espionnage au point de vue des intérêts de la défense nationale sans qu'il ait le droit, quand il est un officier honorable et au-dessus de tout soupçon, de faire faire une enquête ?...

M. LE GÉNÉRAL DE PELLIEUX. — Non, je crois qu'il en a le droit.

Mᵉ LABORI. — La réponse me suffit.

M. LE GÉNÉRAL DE PELLIEUX. — Mais, j'ajoute que je ne le lui reconnais pas sans mandat.

Mᵉ CLÉMENCEAU. — Je demande à M. le général de Pellieux, qui connaît le droit, et qui peut expliquer si une perquisition est légale, si la perquisition qui a été opérée chez le colonel Picquart est illégale !...

M. LE GÉNÉRAL DE PELLIEUX. — Qu'on me montre qu'elle est illégale !...

M. LE PRÉSIDENT. — Vous étiez officier de police judiciaire ?...

M. LE GÉNÉRAL DE PELLIEUX. — J'étais officier de police judiciaire, j'avais le droit de faire une perquisition. Il n'y a qu'à consulter le Code militaire.

Mᵉ CLÉMENCEAU. — Où il est dit que la perquisition doit, pour être valable, être faite en présence de l'intéressé ; autrement la perquisition n'a aucune valeur. Et si vous aviez trouvé une pièce ayant quelque valeur, M. le colonel Picquart aurait pu vous dire que quelqu'un avait apporté cette pièce en son absence...

Mᵉ LABORI. — Mais il n'y avait qu'un accusé, c'était le commandant Esterhazy ; il était accusé par le chef du bureau des renseignements, à qui on avait confié ce service, parce qu'il en était le plus digne, et c'est chez ce dernier qu'on perquisitionne !...

M. LE GÉNÉRAL DE PELLIEUX. — Je demande à dire un mot, monsieur le Président.

Je suis évidemment ignorant de la procédure. Toutes les fois que, dans cette enquête, j'ai pris ce que j'appelle une mesure légale, je me suis appuyé sur l'avis d'un magistrat ; je ne veux pas dire son nom. Je le dirai si on insiste... C'est M. Bertulus. Quand j'ai parlé à M. Bertulus de la perquisition chez le colonel Picquart, il m'a dit : « C'était votre droit, j'ajouterai même que c'était votre devoir, parce qu'on aurait dit que vous ne vouliez pas arriver à la recherche de la vérité, si vous ne l'aviez pas faite. »

Me CLÉMENCEAU. — Est-ce que M. le général de Pellieux a parlé de cela à M. Bertulus avant ou après la perquisition ?

M. LE GÉNÉRAL DE PELLIEUX. — Après.

Me CLÉMENCEAU. — Oh ! alors !

Me LABORI. — Est-ce M. Bertulus qui a donné l'idée à M. le général de Pellieux de rechercher s'il ne se faisait pas dans la maison de la contrebande d'allumettes chimiques?

M. LE GÉNÉRAL DE PELLIEUX. — J'ai donné à un commissaire de police un mandat de perquisitionner ; si le commissaire de police a pris ce prétexte pour exécuter son ordre, il en est responsable.

M. LE COLONEL PICQUART. — M. le général de Pellieux a donné un mandat au commissaire de police d'une façon correcte, mais le commissaire de police a agi d'une façon incorrecte en venant avec une simple lettre anonyme, si bien que mon gérant a refusé de signer le procès-verbal de perquisition, n'étant pas muni de pièces probantes.

M. LE GÉNÉRAL DE PELLIEUX. — Le commissaire de police avait un mandat légal entre les mains.

Me LABORI. — Monsieur de Pellieux voudrait-il nous dire, si vous voulez bien, monsieur le Président, lui poser la question. pourquoi il n'a pas, lorsqu'il était chargé de son enquête, intimé l'ordre à M. le commandant Esterhazy de garder la discrétion la plus absolue et de se tenir consigné à son domicile, au lieu de garder une liberté dont il usait pour se rendre chaque jour au *Jour* ou à la *Libre Parole* ou dans d'autres journaux? Pourquoi M. le général de Pellieux n'a-t-il pas pris une mesure de cette nature?

M. LE GÉNÉRAL DE PELLIEUX. — Je l'ai prise, et par écrit.

Me LABORI. — Comment le général de Pellieux trouve-t-il que ses ordres ont été exécutés par M. le commandant Esterhazy ?

M. LE GÉNÉRAL DE PELLIEUX. — Je ne dis pas que le commandant Esterhazy ait obéi complètement à mes ordres ; mais à partir du moment où il les a reçus, j'ai constaté que les communications à la presse étaient moins nombreuses. (*Bruits.*) Maintenant, j'ai rendu compte du fait à M. le Gouverneur militaire de Paris.

M. LE PRÉSIDENT, *à Me Labori*. — Avez-vous d'autres questions à poser?

Me LABORI. — J'ai d'autres questions à poser, mais pas sur l'incident actuel. Ces questions s'adressent à M. le commandant Lauth.

M. LE GÉNÉRAL DE PELLIEUX. — Je voudrais élucider un point qui a été discuté tout à l'heure; ce point se rapporte aux dépositions de M. le colonel Henry et de M. Gribelin. Comme j'ai fait l'instruction, j'ai reçu les dépositions de ces deux officiers. Je puis dire qu'il n'y a pas confusion ; tous les deux, à deux moments différents, *dans la même journée*, sont entrés dans le bureau du colonel Picquart et ont fait deux déclarations distinctes... Je suis sûr que le colonel Henry vous dira la même chose : le colonel Henry est entré dans le bureau du colonel Picquart dans la même journée que M. Gribelin ; mais il y a là des déclarations absolument distinctes.

Me LABORI. — M. de Pellieux n'a-t-il pas dit que c'était dans la même journée?

M. LE PRÉSIDENT. — Il l'a dit.

Me LABORI. — Cependant M. Gribelin n'a-t-il pas dit que cela s'était passé alors que le colonel Henry était en permission ? (*Bruits.*)

M. le général de Pellieux n'a pu établir que c'était dans la même journée, puisqu'à cette époque M. le colonel Henry était absent... on ne peut pas sortir de là.

M. LE PRÉSIDENT. — Le témoin Gribelin ne peut pas répondre à cette question.

Me LABORI. — M. Gribelin demande qu'on apporte le dossier, je m'associe à sa demande...

M. LE PRÉSIDENT. — Il a été répondu à cela par la Cour.

Me LABORI. — Cependant, M. le général de Pellieux, qui est un loyal soldat, pourrait apporter ce dossier...

M. LE PRÉSIDENT. — Je vous répète que la Cour a statué.

Me LABORI. — Cependant, si demain, M. le général de Pellieux se présente avec ce dossier, la Cour le recevra?

M. LE PRÉSIDENT. — La Cour ne le recevra pas.

M. LE GÉNÉRAL DE PELLIEUX. — Mais je ne l'ai pas, ce dossier !.. Je demande à faire une observation : Je crois qu'on ne se rend pas bien compte du rôle que j'ai eu à remplir dans cette affaire et que, même certains magistrats ne se rendent pas bien compte du fonctionnement de la justice militaire. (*Bruits.*)

Il n'y a certainement rien d'extraordinaire dans ce que je dis. Lorsqu'une plainte est portée, l'officier de police judiciaire fait faire une information préliminaire, qui n'a pas encore un caractère légal ; à la suite de cette information préliminaire, la plainte est envoyée au chef de la justice qui donne l'ordre d'informer, et l'information ne commence réellement qu'au Conseil de guerre. Ce que j'ai fait, c'est une information préliminaire qui ne pouvait absolument qu'éclairer M. le Gouverneur de Paris, pour savoir s'il y avait lieu de poursuivre ou de ne pas poursuivre le commandant Esterhazy.

Voilà ce que je voulais dire.

Me LABORI. — Quelle est la portée de l'explication fournie par le témoin? Veut-il dire par là que, son information étant préliminaire, il n'avait pas à prendre les mesures de nature à lui permettre d'arriver à la manifestation de la vérité?

M. LE GÉNÉRAL DE PELLIEUX. — Oh! pas du tout.

Me LABORI. — Alors, quelle est la portée de l'information?

M. LE GÉNÉRAL DE PELLIEUX. — Je veux dire que l'information devait être complétée par le commandant Ravary, que je ne pouvais pas élucider tous les points de la cause.

Me LABORI. — Comment M. le général de Pellieux peut-il dire cela, quand il nous a dit hier qu'il avait conclu à un non-lieu?

M. LE GÉNÉRAL DE PELLIEUX. — Moi!

Me LABORI. — Ou tout au moins que son sentiment, que son opinion était déjà faite au moment où le bordereau a été versé au débat, et que, dans son enquête militaire, M. le général de Pellieux avait acquis la conviction que les charges contre M. le commandant Esterhazy étaient insuffisantes.

M. LE GÉNÉRAL DE PELLIEUX. — Je vous demande pardon. Mais vous interprétez mal mes paroles; je vais répéter. J'ai dit que dans la première enquête, l'enquête militaire que j'ai faite, M. Mathieu Dreyfus n'avait apporté aucune preuve; que, par conséquent, mon enquête, à ce moment-là, pouvait être considérée comme virtuellement terminée, puisque je n'étais chargé, dans cette enquête militaire, que de mettre M. Mathieu Dreyfus en demeure de m'apporter des preuves.

Voilà tout.

Me CLÉMENCEAU. — M. le général de Pellieux l'a répété deux fois, mais comme c'est extrêmement important, je veux le lui faire répéter encore pour qu'il n'y ait pas ensuite de discussion : les deux visites dans le cabinet du lieutenant-colonel Picquart, alors que M. Leblois était présent, ont eu lieu *dans la même journée?*

M. LE GÉNÉRAL DE PELLIEUX. — Je n'ai pas la mémoire absolument présente de toutes les dépositions des témoins que j'ai entendus; mais le point que je tiens à préciser, c'est que chacun de ces témoins a déposé sur un fait identique. Par conséquent, il n'y a pas de confusion : le colonel Henry n'est pas à la place de M. Gribelin et M. Gribelin n'est pas à la place du colonel Henry; il y a eu deux fois le même fait qui s'est renouvelé. Je ne sais pas exactement si c'est dans la même journée; mais dans les deux dépositions, dans la déposition du colonel Henry et dans la déposition de M. Gribelin, le même fait est relaté.

Me CLÉMENCEAU. — Il n'y a pas deux faits identiques; je crois que M. le général de Pellieux se trompe. Précisons bien : une première fois, il paraît qu'il y avait une enveloppe coupée sur le côté, c'est-à-dire qu'on ne voyait pas ce qu'il y avait dans l'enveloppe; une seconde fois, il y avait un dossier, on voyait les pièces et on pouvait voir de loin ce qui était écrit. Est-ce là ce que M. le général de Pellieux appelle deux faits identiques?

M. LE GÉNÉRAL DE PELLIEUX. — Non, une première fois un officier est entré qui a vu sur la table l'enveloppe avec le paraphe du colonel Henry. A ce moment-là, l'enveloppe n'était pas ouverte, puisqu'il n'y avait pas de pièces qui en sortaient. La seconde fois, ou la première, je ne sais pas, les officiers s'expliqueront là-dessus, la même enveloppe se trouvait sur le bureau, mais elle était ouverte et une pièce en sortait.

M° CLÉMENCEAU. — Il y a une objection, c'est que la première fois on nous a dit que c'était un dossier secret, mais non pas le dossier secret de Dreyfus, et que la seconde fois, c'était le dossier Dreyfus, puisque M. Gribelin a vu les mots : « Cette canaille de D... ».

M. LE GÉNÉRAL DE PELLIEUX. — Je demande à fournir une explication. Je crois que le colonel Henry la fournira d'ailleurs à la Cour. Je crois qu'on a fait une confusion : le colonel Henry a dit dans sa déposition qu'il entendait parler du dossier judiciaire de Dreyfus. Or, ce dossier n'a jamais été ouvert. C'est là où est la confusion.

M° CLÉMENCEAU. — Est-ce que le dossier de Dreyfus a été entre les mains du colonel Picquart, ce dossier qui n'a jamais été ouvert ?

M. LE GÉNÉRAL DE PELLIEUX. — Le colonel Henry, quand je lui ai posé la question, a dit : « Mais non, ce dossier n'a jamais été ouvert » ; il entendait parler du dossier du procès.

M° CLÉMENCEAU. — On a dit que, les deux fois, il y avait sur la table un dossier entre M. Picquart et M. Leblois. La première fois, on nous a dit que c'était un dossier secret, mais non pas le dossier secret Dreyfus ; la seconde fois, on nous a dit que c'était un dossier secret d'où sortait une pièce sur laquelle il y avait : « Cette canaille de D... » ; c'était donc le dossier Dreyfus.

M. LE GÉNÉRAL DE PELLIEUX. — Il y a eu une confusion : quand vous avez parlé du dossier Dreyfus, le colonel Henry a compris le dossier secret judiciaire. Je demande qu'on lise la fin de sa déposition.

M° LABORI. — Pendant qu'on va chercher cette déposition, M. le général de Pellieux me permettra d'élucider un autre point. Je trouve le passage qui y est relatif dans le compte rendu sténographique et je vais reprendre le cours de mes questions, mais je veux d'abord montrer à M. le général de Pellieux ce qu'il disait hier :

> Le 14 novembre dernier, M. Mathieu Dreyfus adressait au Ministre de la guerre une plainte contre le commandant Esterhazy ; il l'accusait formellement d'être l'auteur du bordereau qui avait fait condamner son frère ; il se basait, dans son accusation, sur une similitude absolue d'écritures. Le 16, je reçus, du Gouverneur militaire de Paris, l'ordre de faire une enquête purement militaire. J'étais chargé de mettre M. Mathieu Dreyfus en demeure d'apporter la preuve de son accusation.

Suit tout le récit que M. le général de Pellieux a fait et que la Cour et MM. les jurés se rappellent. Puis j'arrive à sa conclusion :

> J'avais un compte rendu à fournir, je l'ai fourni au Gouverneur

militaire de Paris, et je puis vous dire quelles ont été mes conclusions; je disais : Contre le commandant Esterhazy, aucune preuve...

M. LE GÉNÉRAL DE PELLIEUX. — Eh bien !

Me LABORI. — ... mais, contre le colonel Picquart, une faute grave relevée au point de vue militaire.

M. LE GÉNÉRAL DE PELLIEUX. — Eh bien ! je n'ai pas pu dire autre chose. M. Mathieu Dreyfus ne m'a fourni aucune preuve.

Me LABORI. — Ne croyez pas, monsieur le général, que je veuille vous mettre en contradiction avec vous même ; je ne m'y efforcerai pas ; il ne peut y avoir entre nous que des confusions qu'il s'agit d'éclaircir. Je veux bien préciser la question pour en tirer la conclusion qui m'appartient en tant que défenseur, et je dis ceci : la première enquête militaire de M. le général de Pellieux, enquête militaire, judiciaire ou autre, a été faite avec la conscience dont était capable M. le général de Pellieux. Elle se terminait d'une manière très nette; il n'y avait qu'un accusé; c'était M. le lieutenant-colonel Picquart. Et alors, que peuvent signifier ces mots : « C'était au Conseil de guerre à la terminer? »

M. de Pellieux vous a dit hier : « Ce n'est pas un accusé qu'on poursuivait au Conseil de guerre », et M. le commandant Ravary avait procédé comme M. de Pellieux. J'arrive alors à ma question : Comment aurait-on pu, même coupable, condamner M. le commandant Esterhazy, étant donnée la façon dont l'instruction était faite. Je déclare, moi, que je l'aurais acquitté malgré ma virulence d'aujourd'hui. Comment était-il possible d'obtenir une condamnation, alors que c'était l'accusation qui demandait l'acquittement et qu'on excluait la contradiction, puisqu'on nous refusait d'être admis à l'audience ?

M. LE GÉNÉRAL DE PELLIEUX. — Je ne comprends pas.

M. LE PRÉSIDENT. — On prétend que votre enquête était faite dans un sens favorable à celui qui allait comparaître devant le Conseil de guerre, c'est-à-dire que votre enquête avait pour but d'établir la non-culpabilité du commandant Esterhazy.

M. LE GÉNÉRAL DE PELLIEUX. — Moi !...

Me LABORI. — Il ne s'agit pas des intentions de M. le général de Pellieux ; elles étaient très pures. Je dis ceci : D'après sa première enquête, c'est M. le colonel Picquart qui était l'accusé.

M. LE GÉNÉRAL DE PELLIEUX. — Mais non.

Me LABORI. — En tout cas, en ce qui concerne M. Esterhazy, l'enquête concluait au non-lieu, car il n'y avait pas une charge contre lui.

M. LE GÉNÉRAL DE PELLIEUX. — J'ai dit et je répète que M. Mathieu Dreyfus n'a apporté aucune preuve. Voilà tout ce que j'ai dit.

Maintenant, j'ai relevé, au cours de cette information, une faute militaire contre le lieutenant-colonel Picquart ; je l'ai prévenu, il vous dira que je lui ai dit dans mon cabinet : « Vous avez commis une faute militaire grave. » (*Se tournant vers le colonel Picquart.*) Vous l'ai-je dit, colonel?

M. LE COLONEL PICQUART. — Oui, mon général.

M. LE GÉNÉRAL DE PELLIEUX. — J'ai prévenu M. le colonel Picquart que j'avais relevé une faute grave contre lui ; j'en ai avisé le gouverneur militaire de Paris. Il n'était nullement question du Conseil de guerre, ni de rien du tout à ce moment-là.

M⁰ LABORI, *au Président.* — Encore une question.

M. LE PRÉSIDENT. — Abrégez, je vous en prie ; car vous plaidez en même temps que vous posez des questions.

M⁰ LABORI. — Toute la pitié que m'inspire l'ennui que je vous cause ne me fera pas abréger d'une minute...

M. LE PRÉSIDENT. — C'est bien simple cependant.

M⁰ LABORI. — Mais non, ce n'est pas simple... Je dis à M. le général de Pellieux : Votre première enquête militaire concluait ainsi : pas de charges...

M. LE GÉNÉRAL DE PELLIEUX. — Pas de *preuves*.

M⁰ LABORI. — J'aime mieux cela, je suis heureux de retenir la distinction et je dis : Est-ce qu'à ce moment-là le bordereau avait été expertisé ?

M. LE GÉNÉRAL DE PELLIEUX. — Je n'avais pas d'autre mission que celle de mettre M. Mathieu Dreyfus en mesure d'apporter la preuve de son accusation ; voilà tout ce qu'on m'avait demandé de faire ; j'ai fait ce qu'on m'avait demandé.

M⁰ LABORI. — Oui ou non, à ce moment-là, quand on disait : Pas de preuves ! le bordereau était-il expertisé ?

M. LE GÉNÉRAL DE PELLIEUX. — Non.

M⁰ LABORI. — Merci.

M. LE PRÉSIDENT, *à M⁰ Labori.* — Avez-vous d'autres questions ?

M⁰ LABORI. — Oui, monsieur le Président, j'ai encore d'autres questions à poser à M. le général de Pellieux.

On distingue un dossier judiciaire et un dossier secret ; qu'est-ce que M. le général de Pellieux entend par ce dossier secret ?

M. LE GÉNÉRAL DE PELLIEUX. — Je ne crois pas devoir répondre à cette question, le chef du service des renseignements n'ayant pas voulu y répondre.

M⁰ CLÉMENCEAU. — Cela prouve en quelle estime M. le général de Pellieux tient le colonel Picquart, puisqu'il a adopté sa ligne de conduite, et qu'il croit devoir ne pas s'en écarter.

M. LE PRÉSIDENT. — Ne plaidez pas en ce moment, posez des questions, voilà tout.

M⁰ LABORI. — Je n'ai plus de questions à poser à M. le général de Pellieux, mais j'ai une série de questions à poser à M. le commandant Lauth. (*Ce témoin arrive à la barre*).

M. Lauth était-il au courant de l'origine du *petit bleu* dont il a été question et qui constituait une charge contre M. Esterhazy ?

M. LE COMMANDANT LAUTH. — L'origine absolue ?

M⁰ LABORI. — Puisqu'on ne peut rien dire là-dessus, je ne veux pas être indiscret.

M. LE COMMANDANT LAUTH. — Vous me demandez l'origine,

je vais m'expliquer. Le colonel Picquart vous a dit tout à l'heure que, du temps de son prédécesseur, la première personne de notre service à laquelle étaient remis les dossiers, les paquets, était le commandant Henry ; que, du temps de son prédécesseur, le commandant Henry faisait un premier triage, gardait pour lui certains de ces documents et me remettait le surplus ; que cette façon de faire s'était toujours pratiquée ; qu'au moment où j'étais arrivé à ce bureau, mon prédécesseur n'était pas chargé de prendre une partie de ces pièces ; que c'était le commandant Henry qui se chargeait de tout. Mais, pour des raisons que je n'ai pas à expliquer ici, on a cru devoir adjoindre quelqu'un au commandant Henry et le commandant Henry ne gardait qu'une certaine partie des pièces et on me remettait les autres. Moi, de mon côté, à raison de ce qui s'était passé précédemment, je me croyais toujours sous les ordres du commandant Henry pour ces questions, alors que, pour le reste de mon service, j'étais complètement indépendant et correspondais directement avec le chef de service.

Donc, au moment où nous sommes, c'est-à-dire pendant l'hiver 1896, avant la découverte du *petit bleu*, — cette découverte date du commencement du mois de mars, — à ce moment-là le commandant Henry seul prenait livraison des paquets entiers. Il triait, retirait ce qui lui revenait et me donnait le reste. Au moment où le colonel Picquart prit son service, cette façon de procéder du commandant Henry, de prendre tous les paquets, d'en garder une partie pour lui et me donner le reste, a cessé ; le colonel Picquart, comme c'était son droit, a demandé qu'après en avoir pris livraison, le commandant Henry lui fît passer les paquets. Il les gardait un, deux, trois, quatre jours, autant qu'il était nécessaire, et me remettait la chose après.

Néanmoins, toujours avant de les donner au chef de service, le commandant Henry faisait son premier triage et retenait une certaine partie des pièces qu'il remettait lui-même au chef de service, quelquefois un ou deux jours après m'avoir donné le restant qui devait m'être transmis.

C'est dans ces conditions, qu'au mois de mars 1896, a eu lieu la remise au colonel Henry ; le colonel Henry a pris livraison du paquet, mais il ne se rappelle plus, il ne peut pas affirmer s'il a enlevé tous les papiers qui lui revenaient ou non ; il y a de cela dix-huit mois.

Il a ensuite remis le restant au colonel Picquart qui l'a gardé deux ou trois jours, comme d'habitude, et me l'a ensuite donné. Après avoir pris les papiers, les avoir examinés, j'ai remis ce *petit bleu* avec d'autres papiers au colonel Picquart, qui les a gardés quelques jours. C'est cela que j'estime à environ vingt jours. C'est là que s'est produite une petite confusion dans le rapport du commandant Ravary ; c'est la *seconde* fois que le colonel Picquart a gardé les pièces, peut-être quinze ou vingt jours avant de me les donner à photographier.

Le colonel Henry n'est pas sûr actuellement d'avoir tout enlevé, notamment le *petit bleu*, qui était une pièce qui ressortait de son service et qui ne devait pas me parvenir ; le paquet a été remis au colonel Picquart qui l'a gardé deux, trois ou quatre jours, et il m'a été remis ensuite. J'y ai trouvé une pièce qui ne m'était pas destinée, et le colonel Henry, dans la journée, aurait pu me dire : « Vous devez avoir trouvé une pièce que je n'ai pas. »

M⁰ LABORI. — Est-ce que le commandant Lauth accuse le colonel Picquart d'avoir mis le *petit bleu* dans le paquet ?

M. LE COMMANDANT LAUTH. — Non.

M⁰ LABORI. — Pourquoi ne l'en accusez-vous pas ?

M. LE COMMANDANT LAUTH. — Parce que je n'en ai pas de preuve.

M⁰ LABORI. — Le croyez-vous ?

M. LE COMMANDANT LAUTH. — Oui, mais je n'en ai pas la preuve.

M⁰ LABORI. — Depuis quand le croyez-vous ?

M. LE COMMANDANT LAUTH. — Depuis l'automne 1896.

M⁰ LABORI. — Comment M. le commandant Lauth a-t-il pu avoir dans l'esprit une idée pareille et n'en pas parler à ses chefs ?

M. LE COMMANDANT LAUTH. — Je n'en ai pas parlé à mes chefs parce que je n'avais pas à faire une dénonciation : mais le jour où les choses ont été connues, et où on m'a interrogé, ce jour-là j'ai été le premier à dire ce que je croyais. On ne m'a pas demandé à l'instruction quel était mon sentiment ; je n'accuse personne, je vous ai dit que je n'avais pas de preuve, et je n'ai rien dit ; je n'ai pas accusé, mais la chose m'a semblé étrange et je vais vous en dire la raison : c'est que c'était une écriture que je n'avais jamais vue auparavant et que je n'ai jamais vue après.

M⁰ LABORI. — Monsieur le Président, voulez-vous demander à M. le lieutenant-colonel Picquart s'il n'a pas d'explication à fournir sur ce point ?

M. LE COLONEL PICQUART. — J'ai à dire ceci, c'est que c'est précisément en automne 1896 que l'affaire Esterhazy a dévié dans l'affaire Dreyfus, et je pense que les préventions que pouvait avoir M. Lauth au sujet de cette carte, se sont accentuées ou sont nées à ce moment-là.

M⁰ LABORI. — Ne serait-il pas possible de retrouver l'agent qui a apporté le document, je ne dis pas, — qu'on comprenne bien ma pensée, car je suis aussi soucieux que personne des intérêts de la défense nationale, — je ne dis pas pour l'amener ici, mais pour le faire comparaître devant telle personne qu'on croirait devoir désigner. Il n'est pas possible que M. le lieutenant-colonel Picquart reste ici sous le coup de ces insinuations ; un fait pareil est d'une gravité telle qu'il faut qu'il soit élucidé dans un sens ou dans un autre.

M. LE PRÉSIDENT. — Ne recommencez pas à plaider, posez une question.

Mᵉ LABORI. — Je demande à ces Messieurs si on peut retrouver cet agent.

M. LE COMMANDANT LAUTH. — On pourrait le retrouver.

Mᵉ LABORI. — Je demande qu'on le retrouve.

M. LE COMMANDANT LAUTH. — Pourquoi? Pour savoir ce qu'il y avait dans le paquet? Il ne pouvait rien en savoir.

Mᵉ LABORI. — Voulez-vous me permettre d'expliquer...

M. LE PRÉSIDENT. — Mais, c'est à vous à le faire rechercher; c'est à vous à prouver la véracité des faits diffamatoires; ce n'est pas au Ministère public.

Mᵉ CLÉMENCEAU. — Il n'est pas vraisemblable que la défense puisse connaître les agents secrets du ministère de la guerre, si les secrets du ministère de la guerre sont bien gardés.

M. LE PRÉSIDENT. — C'est à vous à faire citer vos témoins, et non pas au Ministère public.

Mᵉ LABORI. — Il ne s'agit pas ici de faits diffamatoires, il s'agit de témoignages. Je n'ai pas à départager M. le colonel Picquart et M. le commandant Lauth, je les tiens tous les deux pour deux loyaux officiers. Mais nous savons quel rôle jouent dans la vie ce que M. le colonel Picquart appelait tout à l'heure — les préventions — et, si les préventions n'étaient pas maîtresses de l'humanité, je crois que nous ne serions pas si souvent divisés sur des questions très graves. Par conséquent, voilà deux hommes qui peuvent être de bonne foi tous les deux et commettre cependant une erreur l'un ou l'autre; il se peut aussi, mais je n'accepte pas cette possibilité, que l'un des deux soit de mauvaise foi; il y a un moyen d'éclaircir cela, c'est de retrouver l'agent qui a apporté le *petit bleu*, qui est le même que celui qui a apporté le *bordereau* et qui, par conséquent, a la confiance du ministère. Si on peut le retrouver, il nous dira si c'est lui qui a apporté le *petit bleu* ou si c'est le colonel Picquart qui l'a mis dans le dossier.

M. LE COMMANDANT LAUTH. — Il ne pourra pas vous le dire; il est incapable de discerner entre les pièces qu'il donne; il ne saura pas discerner l'écriture du *petit bleu* d'une autre écriture.

M. LE PRÉSIDENT. — Maître Labori, c'est à vous à produire vos témoins; vous auriez dû les signifier à M. le Procureur général.

Mᵉ LABORI. — C'est à moi à produire les témoins ou à ne pas les produire; j'en tirerai la conséquence que je voudrai et je vous réponds que j'en tirerai une grosse de celui-ci.

Mᵉ CLÉMENCEAU. — Mais nous sommes dans l'impossibilité matérielle de trouver cet homme, et si l'accusation le voulait, il lui serait facile de le trouver.

M. LE PRÉSIDENT. — Mais ce n'est pas à l'accusation de chercher vos témoins.

Mᵉ CLÉMENCEAU. — Si l'accusation le veut, elle le peut; si elle ne le veut pas, c'est qu'elle ne veut pas la lumière.

M. LE PRÉSIDENT. — Encore une fois, l'accusation n'a rien à voir dans cette affaire.

M⁰ LABORI. — M. le colonel Picquart est un de nos témoins et je n'accepterai pas qu'on apporte contre lui la moindre insinuation ; j'attends que M. l'Avocat général fasse sa preuve.

M. LE PRÉSIDENT. — Vous voilà encore reparti à plaider.

M⁰ LABORI. — Oui, monsieur le Président ; je trouve que cela est utile à mon affaire. (*Rires.*)

M. LE PRÉSIDENT. — Avez-vous d'autres questions ?

M⁰ LABORI. — Oui.

(*Se tournant vers le commandant Lauth.*) Le timbre dont vous avez parlé, monsieur le commandant Lauth, s'agissait-il de l'apposer sur la photographie ou sur le *petit bleu* lui-même ?

M. LE COMMANDANT LAUTH. — Sur le *petit bleu*... C'est du moins ainsi que je l'ai compris, puisque le colonel Picquart avait le *petit bleu* dans les mains.

M⁰ LABORI. — Quel était le but de M. le colonel Picquart ?

M. LE COMMANDANT LAUTH. — Il l'a dit lui-même : « Je veux pouvoir dire là-haut que j'ai intercepté cela à la poste. »

M⁰ LABORI. — Monsieur le Président veut-il demander à M. le colonel Picquart si cela est vrai ?

M. LE COLONEL PICQUART. — Non, je n'ai jamais dit cela... On dit toujours que j'ai eu l'intention de faire des masses de choses...

M. LE PRÉSIDENT, *à M. le colonel Picquart.* — Remarquez que vous êtes en présence de la déposition de M. Gribelin, qui a été très nette.

M. LE COLONEL PICQUART. — La déposition de M. Gribelin s'applique à autre chose ; c'était pour mettre un cachet sur une lettre.

M. LE PRÉSIDENT. — Mais c'est toujours le même procédé.

M. LE COMMANDANT LAUTH. — Le colonel m'a dit : « Croyez-vous qu'on mettrait un cachet ? »

M⁰ CLÉMENCEAU. — On ne peut grouper deux témoignages qui ne s'appliquent pas à la même chose.

Cela veut-il dire que M. Picquart avait l'intention de faire apposer des timbres faux sur des lettres et non sur un télégramme ?

M. LE COLONEL PICQUART. — Je demande à poser une question : « Ces Messieurs peuvent-ils dire qu'ils ont vu une seule lettre sur laquelle j'aie fait apposer un cachet ? »

M. LE PRÉSIDENT. — Mais on n'a pas dit que vous l'avez fait, on a dit simplement que vous aviez demandé s'il était possible de faire apposer le cachet de la poste.

M⁰ CLÉMENCEAU. — Ce n'est pas ce que dit M. le colonel Picquart ; il demande si on peut prouver qu'il a fait cela une seule fois, alors qu'il a été à ce bureau pendant deux années.

M. LE COLONEL PICQUART. — Non, pendant un an et demi ; j'ai rempli auparavant des fonctions dans d'autres bureaux.

M⁰ LABORI, *au Président.* — Voulez-vous demander à M. Ravary pourquoi, dans son rapport, où il a accumulé toutes les raisons susceptibles de mettre en la moindre valeur possible le mérite de M. Picquart, il a fait disparaître cet incident ? car on n'en trouve pas trace.

M. LE PRÉSIDENT, *au commandant Ravary, rappelé à la barre*. — Monsieur Ravary, vous venez d'entendre la question de Me Labori. Il demande pourquoi cet incident n'a pas été relaté dans votre rapport ?

M. LE COMMANDANT RAVARY. — Quel incident ?

Me LABORI. — L'incident relatif à la demande qu'aurait faite à un moment donné M. le colonel Picquart, de faire apposer des timbres, soit sur une lettre, soit sur une dépêche.

M. LE COMMANDANT RAVARY. — Il y avait déjà assez de faits que j'aurais pu invoquer et qui prouvaient des incorrections de la part du colonel Picquart ; je n'avais pas besoin de mettre tout dans mon rapport.

Me LABORI. — Dites-les donc, ces faits !

M. LE COMMANDANT RAVARY. — Si j'avais voulu invoquer l'article 378 du Code pénal, je ne vous aurais rien dit.

Me CLÉMENCEAU. — Mais, maintenant que vous ne l'avez pas invoqué, vous pouvez les dire ?

Me LABORI. — Je dis que M. le commandant Ravary doit observer le secret professionnel ou ne pas l'observer et, quand il dit qu'il y a bien d'autres charges, il n'observe pas le secret professionnel. Je ne tiens pas à ce qu'on invoque toujours le huis clos ou le secret professionnel ; mais, puisque M. le commandant Ravary a déjà violé le secret professionnel, il peut bien nous dire quelles sont les autres charges qu'il a relevées contre M. le colonel Picquart.

M. LE COMMANDANT RAVARY. — La justice militaire ne procède pas comme la vôtre...

Me CLÉMENCEAU. — Il n'y a qu'une justice, il n'y en a pas deux ; il y a *la vraie* !

M. LE COMMANDANT RAVARY. — Notre code n'est pas le même.

M. LE PRÉSIDENT. — Répondez à la question de Me Labori, si vous le jugez à propos.

M. LE COMMANDANT RAVARY. — Je ne répondrai rien, monsieur le Président.

Me LABORI. — Dans ces conditions, il ne doit rien rester de tout ce qu'a dit M. Ravary.

M. LE COLONEL PICQUART. — Je demande à poser une question. Je ne puis pas rester sous le coup d'une accusation semblable ! je demande que M. Ravary déclare hautement quelles sont les autres incorrections qu'il a relevées à ma charge.

M. LE COMMANDANT RAVARY. — Ce sont les deux dont on a parlé tout à l'heure, celle dont M. Gribelin a parlé et que je n'ai pas mise dans mon rapport, et celle que M. le commandant Lauth vient de relater.

M. LE COLONEL PICQUART. — Alors, en couvrant cela d'une insinuation, vous laissez supposer beaucoup d'autres choses !

Mᵉ Labori. — M. Ravary couvrait cela du secret professionnel ; quand il ne peut plus invoquer le secret professionnel, M. Ravary n'a plus rien à dire.

M. le Président, *à Mᵉ Labori.* — Avez-vous d'autres questions ?

Mᵉ Labori. — J'ai encore un grand nombre de questions à poser à M. Picquart ; ce sera peut-être un peu long.

M. le Président. — Alors, nous allons renvoyer la suite des débats à demain.

L'audience est levée.

SIXIÈME AUDIENCE

AUDIENCE DU 12 FÉVRIER

Sommaire. — Arrêt sur la demande d'excuse d'un juré malade. — Confrontation de M. le colonel Picquart avec M. le commandant Lauth. — Confrontation de M. le colonel Picquart et de M. Leblois avec M. le colonel Henry et M. le général Gonse. — Déposition de M. E. Demange. — Conclusions relatives à l'outrage commis par le colonel Henry contre le colonel Picquart, au cours de la déposition de ce dernier. — Dépositions de MM. Ranc, P. Quillard, Jaurès. — Incident. Demande d'apport du bordereau Dreyfus-Esterhazy. Conclusions. — Arrêt sur les conclusions relatives à l'outrage commis par le colonel Henry contre le colonel Picquart. — Arrêt sur les conclusions tendant à l'apport du bordereau Dreyfus-Esterhazy. — Déposition de M. Bertillon.

L'audience est ouverte à midi vingt.

(*Un garde républicain est placé devant le banc de la défense et empêche M° Labori de voir les jurés*).

Me LABORI. — Voulez-vous, monsieur le Président, être assez bon pour donner l'ordre à ce garde de s'en aller ailleurs, car vraiment je suis trop gardé.

(*Exit le garde.*)

ARRÊT
Sur la demande d'excuse d'un juré malade

M. LE PRÉSIDENT. — La parole est à M. l'Avocat général.

M. L'AVOCAT GÉNÉRAL. — J'ai l'honneur de déposer sur le bureau de la Cour un certificat médical duquel il résulte que l'un des jurés de la session, M. Leblond, est dans l'impossibilité de sortir de chez lui, à raison d'une crise aiguë qu'il subit en ce moment. Je prie par conséquent la Cour d'ordonner que le premier de MM. les jurés supplémentaires prendra sa place.

M. LE PRÉSIDENT. — La défense n'a pas d'observations à faire?

Mᵉ LABORI. — Aucune.

M. LE PRÉSIDENT :

La Cour,

Considérant que le sieur Leblond, juré titulaire, justifie qu'il est dans un état de maladie qui le met dans l'impossibilité de remplir ses fonctions ;
Le déclare excusé ;
Dit qu'il cessera de siéger parmi les jurés de jugement, et ordonne que le sieur Jourde, juré supplémentaire, remplacera immédiatement ledit sieur Leblond, et qu'il sera passé outre aux débats.

CONFRONTATION

De M. le colonel Picquart avec M. le commandant Lauth.

M. LE PRÉSIDENT, *à Mᵉ Labori*. — Vous avez, m'avez-vous dit hier soir, des questions à poser à M. le colonel Picquart?

Mᵉ LABORI. — Oui, monsieur le Président.

M. LE PRÉSIDENT, *à l'huissier-audiencier*. — Voulez-vous faire entrer M. le colonel Picquart?(*à Mᵉ Labori*) Quelle est la question que vous voulez poser?

M. LE COLONEL PICQUART. — Pourrais-je faire une courte déclaration avant de commencer? J'ai deux mots à dire pour bien préciser l'esprit dans lequel j'ai fait ma déposition d'hier.

Je crois que l'expression employée par M. Zola, lorsqu'il a dit que des juges militaires avaient acquitté par ordre, a quelque peu dépassé sa pensée. Voici ce qui s'est passé (c'est ainsi du moins que je le comprends) : M. le général de Pellieux, par respect pour la chose jugée, n'a pas cru devoir introduire dans son enquête la question du bordereau. M. le commandant Ravary, dont l'enquête a suivi celle du général de Pellieux, a été certainement influencé, peut-être sans s'en douter, par les conclusions de son chef. Il m'en a même donné une preuve — je puis le dire ici où on a dit bien des choses. — Comme je lui disais : « Les témoins ne sortiront de terre que lorsque vous aurez fait arrêter le commandant Esterhazy, » il m'a répondu : « Je ne puis pas le faire arrêter ; mes chefs n'ont pas jugé à propos de le faire, et je ne vois pas que ce qui est entre mes mains, en ce moment-ci, soit de nature à changer cette résolution. »

Les juges du Conseil de guerre se sont trouvés en face d'une instruction qui était, à mon avis, incomplète. Devant les preuves qui leur ont été données, ils ont jugé suivant leur conscience, et, pour vous montrer la liberté d'esprit qui a présidé à leurs délibérations, je déclare ici que l'un d'eux, vers la fin de la séance, a dit ceci, et j'admire son courage : « Je vois que le véritable accusé ici, c'est le colonel Picquart ; je demande donc qu'il soit appelé à dire tout ce qu'il jugera nécessaire en outre de sa déposition. »

Voilà, messieurs, ce que j'avais à dire.

M. LE PRÉSIDENT, à Mᵉ Labori. — Quelle est la question que vous désirez faire poser?

Mᵉ LABORI. — Je voudrais demander à M. le colonel Picquart s'il peut nous dire quels sont les points à raison desquels il a été poursuivi devant un Conseil d'enquête?

M. LE PRÉSIDENT. — Vous savez que tout ce qui se passe au Conseil d'enquête est secret?

Mᵉ LABORI. — Eh bien ! Monsieur le Président, c'est tellement secret, que voici la note de l'Agence Havas qui a été reproduite par tous les journaux — M. le colonel Picquart nous dira si elle est vraie — voici la note Havas qui a paru dans le *Messager de Toulouse*; c'est une note officieuse qui, je crois, a été reproduite dans d'autres journaux :

Le Conseil avait à répondre à cette question : Le colonel Picquart a-t-il commis des fautes graves entraînant une mesure disciplinaire, question basée sur les faits suivants : 1° Communication à un avocat de deux dossiers d'affaires, étrangères à l'affaire Dreyfus? Sur ce point, il a été exposé devant le Conseil d'enquête que l'avocat avait eu à s'occuper, en effet, de ces deux affaires, mais à titre d'avocat consultant, et qu'elles ont été traitées avec le lieutenant-colonel Picquart et le commandant Henry lui-même, au vu et au su de tout le monde ;

2° Le second fait a rapport à la question posée au commandant Lauth par le colonel Picquart au sujet de la carte télégraphique adressée au commandant Esterhazy. Sur ce point, le colonel Picquart aurait fourni toutes les explications, donnant à la question son véritable caractère ;

3° Le troisième fait se rapporte à la présence de Mᵉ Leblois dans le cabinet de M. Picquart. Cette présence n'a pu être constatée, Mᵉ Leblois n'étant pas à Paris à l'époque indiquée ;

4° Le quatrième fait reproché au colonel Picquart porte sur la communication des lettres du général Gonse à Mᵉ Leblois. Cette communication a été confirmée.

Est-il exact que ces quatre faits aient été soumis au Conseil d'enquête?

M. LE PRÉSIDENT. — Non, nous n'avons pas à nous occuper de ce qui a pu être écrit dans la presse, mais de ce qui se dit dans cette enceinte. Or, je viens de vous dire que tout ce qui se passe dans un Conseil d'enquête est absolument secret ; les témoins eux-mêmes sortent immédiatement de la salle après avoir fait leurs déclarations, et n'écoutent pas, n'entendent pas les déclarations des autres témoins ; par conséquent, je ne peux pas demander à M. le colonel Picquart ce qu'il ne peut et ne doit pas nous dire.

Me LABORI. — Je trouve étrange, permettez-moi de vous le faire observer très respectueusement, que non seulement vous disiez que vous ne poserez pas la question, mais encore que vous ajoutiez que M. le colonel Picquart ne doit pas y répondre. Je crois que le témoin est seul juge du point de savoir s'il doit répondre.

M. LE PRÉSIDENT. — Je vais le lui demander.

Me LABORI. — Mais vous venez de lui dire ce que vous considérez comme son devoir !

M. LE PRÉSIDENT. — C'est mon opinion.

Me LABORI. — Eh bien ! je vous demanderai de faire connaître la mienne avant que vous ne posiez la question, et de faire comprendre à M. le colonel Picquart que je suis d'un sentiment tout à fait opposé au vôtre, car il pourrait croire que l'opinion venant de vous, en raison de votre haute situation...

M. LE PRÉSIDENT. — Mettons que je n'ai rien dit. Je vais poser la question au colonel Picquart. *(Au colonel Picquart)*. Pouvez-vous répondre à cette question ?

M. LE COLONEL PICQUART. — Monsieur le Président, si le lendemain du Conseil d'enquête, il n'avait pas paru dans le *Petit Journal* une note qui émanait évidemment d'un officier et qui ne pouvait émaner que d'un officier, je ne répondrais pas, je dirais que je ne peux pas répondre. Étant donné qu'une communication indiscrète, ne pouvant provenir que d'un officier, a été faite, je dirai, sans entrer dans aucun détail, que la note de l'Agence Havas se rapproche de la vérité.

Me LABORI. — Mais il y a un point sur lequel M. le colonel Picquart pourra répondre, et j'insiste pour que la question lui soit posée : Les quatre faits mentionnés dans la note Havas sont-ils les seuls pour lesquels il a été poursuivi ?

M. LE COLONEL PICQUART. — Je m'en tiens à ma première réponse.

Me LABORI. — Monsieur le colonel Picquart a-t-il fait à cet égard la moindre communication aux journaux ?

M. LE COLONEL PICQUART. — Aucune, je n'en ai jamais fait.

Me LABORI. — Monsieur le colonel Picquart pourrait-il nous dire pourquoi la communication émanait nécessairement d'un officier ?

M. LE PRÉSIDENT. — Vous entendez la question ?

M. LE COLONEL PICQUART. — Parfaitement. Elle émanait nécessairement d'un officier parce qu'en dehors de M. Leblois, il n'y avait que des officiers qui eussent assisté à l'audience de ce conseil, et que la question qui était traitée dans le *Petit Journal* était le prétendu écrasement de M. Leblois ; alors, je ne pense pas que ce soit de lui que soit venue la communication.

M. LE PRÉSIDENT. — Il n'y avait pas d'autres personnes dans la salle d'audience ?

M. LE COLONEL PICQUART. — Personne.

M. LE PRÉSIDENT. — Les séances avaient lieu au Mont-Valérien ?

M. LE COLONEL PICQUART. — Oui.

Mᵉ LABORI. — En dehors des membres du Conseil d'enquête, est-ce qu'il assistait d'autres personnes au Conseil d'enquête ?

M. LE COLONEL PICQUART. — Aucune.

Mᵉ LABORI, *au Président*. — Avant d'aller plus loin, je désirerais, avant que je les pose également à M. le colonel Picquart, poser quelques questions à M. le commandant Lauth ; je vous serais reconnaissant de vouloir bien le faire venir à la barre.

M. LE PRÉSIDENT, *à Mᵉ Labori*. — Quelle question désirez-vous poser à M. le commandant Lauth ?

(*M. le commandant Lauth revient à la barre*).

Mᵉ LABORI. — Monsieur le Président, je voudrais demander à M. le commandant Lauth quelle aurait été, dans sa pensée, à supposer que la chose eût été faite, l'utilité d'un timbre de la poste et de son apposition sur la carte-télégramme, qu'on a appelée ici le *petit bleu* ?

M. LE COMMANDANT LAUTH. — L'utilité que cela aurait pu avoir ? Cela aurait montré que la chose était arrivée à destination, tandis que, sans timbre de la poste, elle n'était pas arrivée et devait être forcément restée à l'endroit d'où elle devait partir.

Mᵉ LABORI. — Pourquoi « à destination ? » Est-ce qu'on a demandé à M. le commandant Lauth de certifier que le commandant Esterhazy avait reçu le *petit bleu* ?

M. LE COMMANDANT LAUTH. — Non pas, les deux choses étaient connexes. Cela prouvait d'autant plus son authenticité, si le *petit bleu* avait été d'une écriture bien connue et si on avait su qu'il était arrivé à destination ; étant d'une écriture connue, la personne pouvait s'être ravisée et ne pas l'avoir envoyé à celui à qui il était adressé. Il arrive à des personnes d'écrire des lettres, puis de se raviser et de ne pas les envoyer.

Mᵉ LABORI. — Est-ce que M. le colonel Picquart et M. le commandant Lauth lui-même n'ont pas confirmé qu'il avait été constaté que l'origine du *petit bleu* était la même que l'origine du bordereau ?

M. LE COMMANDANT LAUTH. — Au moment où j'ai reçu le *petit bleu*, je ne peux pas dire que je pensais que l'origine ne fut pas la même, puisque je l'ai reçu de deuxième main.

Mᵉ LABORI. — Eh bien ! qu'est-ce que M. le colonel Picquart a dit ? A-t-il dit...

M. LE COMMANDANT LAUTH. — Cela ressortait d'enquêtes.

Mᵉ LABORI. — Je vais poser la question d'une manière telle que M. le commandant Lauth me donnera satisfaction, j'en suis sûr. Est-ce que les fragments de papier qui venaient de la sorte avaient la même origine ?

M. LE COMMANDANT LAUTH. — Parfaitement.

Mᵉ LABORI. — Est-ce que ces cornets, ces paquets, ou le bordereau ont jamais, à aucun moment, été considérés comme ayant été saisis chez M. le commandant Esterhazy ?

M. LE COMMANDANT LAUTH. — Non.

Mᵉ LABORI. — Cela me suffit. Alors, je voudrais savoir comment le *petit bleu*, ayant la même origine que le bordereau ou que les fragments de papier mêlés au *petit bleu*, aurait pu être considéré comme venant de chez M. le commandant Esterhazy ?

M. LE PRÉSIDENT, *au témoin*. — Vous entendez ? (*Le témoin fait signe qu'il n'a pas très bien compris.*) Veuillez répéter la question, maître Labori.

Mᵉ LABORI. — Oui, monsieur le Président, je vais surtout préciser. J'ai demandé à M. le commandant Lauth ceci : Pourquoi eût-il été efficace ou utile, à un point de vue quelconque, d'apposer un timbre sur le petit bleu ? M. le commandant Lauth m'a dit : « Parce qu'il aurait ainsi pu provenir du lieu de sa destination. » Or, il faut que MM. les jurés sachent qu'il n'a jamais été question que le *petit bleu* fût de la main de M. le commandant Esterhazy, et que l'écriture dont on aurait prié M. le commandant Lauth de certifier l'origine, n'était pas du tout de M. le commandant Esterhazy ; le *petit bleu* était adressé à M. le commandant Esterhazy, et il s'agissait de savoir quel était l'auteur de ce *petit bleu* et quelle était la main qui l'avait tracé. Sur la main, vous savez ce qui a été dit. En ce moment, je m'occupe de l'origine. M. le commandant Lauth dit : « L'utilité de l'apposition du timbre, c'était d'établir que le *petit bleu* était arrivé à domicile, c'est-à-dire chez M. le commandant Esterhazy. » Alors, passant par dessus les questions successives que j'ai posées, je dis à M. le commandant Lauth : Est-ce que le bordereau ou les papiers contenus dans le paquet où se trouvait le *petit bleu*, ou les papiers de la même provenance, ont été considérés comme venant de chez M. le commandant Esterhazy ?

M. LE COMMANDANT LAUTH. — Non.

Mᵉ LABORI. — Par conséquent, comment M. le commandant Lauth concilie-t-il l'affirmation que le *petit bleu* avait l'origine que lui avait donnée M. le colonel Picquart, et celle qu'il avait été placé dans le cornet que la Cour connaît ?

M. LE COMMANDANT LAUTH. — Je n'ai pas à donner d'explications sur ce que le colonel Picquart pouvait ou devait croire. Je n'ai pas à donner d'explications, car je ne lui en ai pas demandé à ce moment-là.

Mᵉ LABORI. — C'est entendu, je retiens cette première déclaration. Quelle était maintenant l'utilité de « caches » apposées sur la photographie pour cacher certaines choses et même faire disparaître des traces de déchirures ?

M. LE COMMANDANT LAUTH. — Pardon, je n'ai jamais dit que j'eusse mis des « caches » pour faire disparaître des traces de déchirures. Il est question d'une chose tout à fait différente, qui s'est passée quelques semaines après. C'était autre chose. J'ignorais absolument de chez qui provenaient les spécimens d'écriture et, chaque fois que j'ai dû faire une photographie, le colonel Picquart m'a demandé tantôt de masquer quelques lignes, tantôt quelques mots avec une ligne au milieu. J'ai chaque fois fait les clichés en masquant une partie. Il ne m'a pas donné l'explication du but qu'il poursuivait.

Me LABORI. — Je suis très heureux de la réponse, car elle précise ce point qui m'avait échappé : c'est que jamais M. Lauth n'a entendu dire qu'une opération singulière eût été faite en ce qui concerne la photographie du *petit bleu*.

M. LE COMMANDANT LAUTH. — Pardon, je dis que je n'ai rien masqué du texte. J'ai dû faire disparaître sur le cliché les traces de déchirures, de manière à donner l'apparence d'un *petit bleu* absolument neuf et intact.

Me LABORI. — Est-ce qu'on a jamais demandé à M. le commandant Lauth de faire disparaître les apparences de déchirures sur l'original ?

M. LE COMMANDANT LAUTH. — Oh ! cela n'aurait pas été possible.

Me LABORI. — La réponse me suffit. Une dernière question à M. Lauth : Est-ce que le bordereau n'a pas été lui-même en morceaux ?

M. LE COMMANDANT LAUTH. — Je l'ai vu une fois dans ma vie; à l'heure qu'il est, je serais incapable de dire s'il y en avait beaucoup ou peu; je sais qu'il a été en morceaux.

Me LABORI. — Est-ce qu'il a été photographié ?

M. LE COMMANDANT LAUTH. — Pas par moi, pas à notre service.

Me LABORI. — L'a-t-il été ?

M. LE COMMANDANT LAUTH. — Je crois que oui, je n'en sais rien.

Me LABORI. — En présence des déclarations de M. le commandant Lauth je n'ai, en ce qui me concerne, aucune question à poser à M. le colonel Picquart, car M. Lauth m'a donné satisfaction sur tous les points.

Me CLÉMENCEAU. — J'aurais une question à poser. M. Lauth voudrait-il nous dire de quelle manière le *petit bleu* était déchiré; était-ce en petits morceaux ?

M. LE COMMANDANT LAUTH. — Il y en avait peut-être une soixantaine.

Me CLÉMENCEAU. — Des morceaux simples, le *petit bleu* déplié ?

M. LE COMMANDANT LAUTH. — Oui, déplié.

Me CLÉMENCEAU. — Qu'est-ce que cela donnait comme grandeur pour *le plus grand* morceau ?

M. LE COMMANDANT LAUTH. — Peut-être le tiers d'un centimètre, un peu plus, pas tout à fait un centimètre carré.

Me CLÉMENCEAU. — M. le commandant Lauth voudrait-il nous dire comment on a recollé les morceaux ? comment matériellement on a reconstitué le *petit bleu* ?

M. LE COMMANDANT LAUTH. — Je n'ai pas d'explications à donner à ce point de vue.

Mᵉ Clémenceau. — Sans doute le témoin ne comprend pas ma question, car je veux parler d'un fait matériel qui ne peut pas intéresser la défense nationale.

Quand on trouve dans le cornet un *petit bleu* déchiré comme dans l'espèce, et qu'on veut le reconstituer, je demande, matériellement, par quel procédé on arrive à recoller les morceaux pour en faire un tout, un *petit bleu* entier? Je ne sais si je suis clair?

M. le commandant Lauth. — Il n'a été recollé que lorsque je l'ai eu reconstitué. Au moment où M. le colonel Picquart me l'a donné, c'étaient des fragments inertes de ce papier mélangés avec bien d'autres.

Mᵉ Clémenceau. — Quand le colonel Picquart a demandé à M. Lauth, d'après la version de ce dernier, s'il ne pourrait pas faire mettre le cachet de la poste, dans quel état était le *petit bleu?*

M. le commandant Lauth. — Le *petit bleu* était reconstitué.

Mᵉ Clémenceau. — Par quel procédé de collage a-t-on fait, de tous les morceaux, un *petit bleu* entier?

M. le commandant Lauth. — Avec un papier transparent coupé en lanières très minces, qui suivaient à peu près les traces des déchirures.

Mᵉ Clémenceau. — Comme M. Lauth a dit que le plus grand morceau avait peut-être un tiers de centimètre...

M. le commandant Lauth. — J'ai dit : peut-être un centimètre.

Mᵉ Clémenceau. — J'accepte un centimètre. Je demande alors à M. Lauth de bien vouloir nous expliquer de quel côté le *petit bleu* a été recollé.

M. le commandant Lauth. — A l'inverse, du côté de l'adresse.

Mᵉ Clémenceau. — Alors, que Monsieur Lauth veuille bien nous expliquer, dans le cas improbable où il aurait voulu céder au désir de M. le colonel Picquart, sur quelle partie il aurait fait apposer le timbre de la poste?

M. le commandant Lauth. — D'abord, il ne m'a pas demandé de faire apposer le timbre de la poste, il m'a dit : « Croyez-vous qu'on en mettrait un? » ou « qu'on en mettrait un ensuite? » Je n'ai pas à chercher comment il voulait faire pour cela ; cela ne me regarde pas.

Mᵉ Clémenceau. — Je voudrais savoir de M. Lauth comment il pourrait s'expliquer que le colonel Picquart ait demandé de faire apposer, par un tiers quelconque, un timbre de la poste destiné à donner de l'authenticité au document, alors que, d'après la déposition de M. Lauth, il n'y avait pas, sur ce *petit bleu*, la place nécessaire pour apposer le timbre de la poste, à moins qu'on ne l'apposât pour partie sur les bandes de papier gommé, ce qui eût dénoncé la supercherie.

M. le commandant Lauth. — Je n'ai pas d'explications à donner, je dépose sur les faits tels qu'ils se sont passés ; c'est au colonel Picquart à expliquer comment il s'y serait pris pour réaliser ce dont il parlait.

Me CLÉMENCEAU. — Je n'ai pas besoin d'explications non plus ; tout le monde m'a compris. Je me borne à résumer la question : M. le colonel Picquart — dit l'accusation — a trouvé dans le cornet des morceaux de *petit bleu* qu'il y avait mis lui-même ; il a dit au commandant Lauth et à un autre officier : « Voilà des morceaux de *petit bleu* qui viennent du cornet. » Donc M. le colonel Picquart a, dans son bureau, deux officiers qui savent que ce *petit bleu* vient du cornet, et l'on affirme qu'il voulait faire apposer le cachet de la poste sur ce *petit bleu !* Demandez-vous ce qui se serait passé, si le colonel Picquart s'était présenté *en haut*, comme on dit au ministère, chez ses chefs, et leur avait dit, après avoir fait apposer le timbre de la poste : « Voici un *petit bleu* venant du cornet qui a une authenticité certaine, puisqu'il y a le timbre de la poste », est-ce que ses supérieurs ne lui auraient pas répondu : « Puisqu'il y a le timbre de la poste, c'est que votre *petit bleu* ne vient pas du cornet, parce qu'il n'est pas d'usage que les employés de la poste aillent apposer leurs cachets dans des endroits — pour ne pas les nommer — où on prend les *petits bleus*. »

M. LE COMMANDANT LAUTH. — Il était alors inutile de me demander de certifier que c'était la signature de telle personne, et je crois que le colonel Picquart l'a reconnu dans sa déposition.

Me CLÉMENCEAU. — J'ai voulu me mettre, pour donner plus de force à mon raisonnement, dans la plus mauvaise situation. Il ne faut pas cependant croire que j'aie véritablement pensé, même un instant, que M. le colonel Picquart eût mis le *petit bleu* dans le cornet, après avoir commis un faux. Je vous ai montré, avec la théorie de l'accusation, que les sentiments que ses adversaires prêtent au colonel Picquart n'ont jamais existé dans sa pensée, parce qu'il se serait démenti lui-même. Je voudrais résumer la situation, sur la question du *petit bleu* déchiré, timbré. Ma question s'adresse d'abord à M. Lauth et ensuite à M. Picquart ; car je demande que M. le colonel Picquart parle le dernier. Eh bien ! si le *petit bleu* venait du cornet, n'était-il pas *indispensable* qu'il ne fût pas timbré ?

M. LE COMMANDANT LAUTH. — Oui.

Me CLÉMENCEAU. — Bien. Si le *petit bleu* avait été arrêté à la poste, ne devait-il pas être timbré, mais non déchiré ?

M. LE COMMANDANT LAUTH. — C'est précisément probablement pour cela — parce que moi je n'ai pas d'explications à donner — que le colonel Picquart a voulu, sur la photographie et sur le tirage sur papier, faire disparaître les traces de déchirures, ce qu'il ne peut pas nier, et qu'il m'a dit, quand je lui ai demandé des explications : « C'est pour pouvoir dire que je l'ai saisi à la poste. »

Me CLÉMENCEAU. — Quand un officier du service des renseignements vient trouver le chef de l'Etat-major et lui dit : « J'ai trouvé dans le cornet un *petit bleu* qui concerne un officier », je demande si le chef d'Etat-major se laisse représenter seulement une copie et s'il ne demande pas l'original?

M. LE COMMANDANT LAUTH. — Il est assez probable qu'il l'aurait demandé, et c'est pour cela que la chose m'a beaucoup étonné à ce moment-là.

Mᵉ CLÉMENCEAU. — Je me résume...

M. LE PRÉSIDENT. — Voyons...

Mᵉ CLÉMENCEAU. — Ah! je suis désolé d'être désagréable à la Cour...

M. LE PRÉSIDENT. — Vous n'êtes désagréable à personne, seulement vous êtes un peu long.

Mᵉ CLÉMENCEAU. — J'ai la prétention d'être extraordinairement désagréable à l'accusation en ce moment; c'est pour cela que je vous demande respectueusement la permission de continuer. Si le *petit bleu* vient du cornet, il est déchiré et pas timbré; — s'il vient de la poste, il est timbré mais non déchiré. Quand le chef d'Etat-major se fera représenter l'original, si on lui représente l'original déchiré, et timbré parce que venant de la poste, il demandera pourquoi il est déchiré. — Troisième hypothèse? Pour qu'on trouve le *petit bleu* déchiré et timbré, il ne peut avoir qu'une origine, il faut qu'il vienne de chez le commandant Esterhazy, parce que, timbré, il a passé à la poste; déchiré, il a été déchiré par le commandant Esterhazy. Or, M. le commandant Lauth a dit tout à l'heure : « On n'a jamais prétendu que le *petit bleu* vînt de chez M. le commandant Esterhazy.

Mᵉ LABORI. — J'ai quant à moi...

(*M. le Président fait un geste et semble vouloir arrêter Mᵉ Labori.*)

Mᵉ LABORI. — Oh! Monsieur le Président...

M. LE PRÉSIDENT. — Je n'ai rien dit; continuez.

Mᵉ LABORI. — Si vous saviez combien il est douloureux de vous faire souffrir de la sorte!... Je reprends la question de la déchirure. M. le commandant Lauth, pour lequel cependant il me semble que nous faisons des raisonnements extrêmement clairs, insiste sur ceci : « C'est précisément, dit-il, parce que le colonel Picquart m'avait demandé de faire disparaître ou avait songé à faire disparaître la trace des déchirures sur la photographie que j'ai été étonné. » Est-ce que M. Lauth n'a pas dit tout à l'heure qu'il était impossible de faire disparaître ces traces sur l'original?

M. LE COMMANDANT LAUTH. — Parfaitement.

Mᵉ LABORI. — Qu'est-ce qui constitue une pièce authentique? Est-ce une photographie ou un original?

M. LE COMMANDANT LAUTH. — C'est un original.

Mᵉ LABORI. — Alors la question des déchirures n'a plus d'intérêt?

M. LE COMMANDANT LAUTH. — C'est possible. Vous me demandez des explications pour savoir pour quel motif le colonel Picquart a voulu faire telle ou telle chose, ce qu'il avait l'intention de faire ; c'est à lui de l'indiquer.

M° LABORI. — Puisque M. le commandant Lauth nous indique quelle est sa pensée...

M. LE PRÉSIDENT. — Vous n'avez pas à discuter avec le commandant Lauth ; vous lui posez des questions, il y répond.

M° LABORI. — C'est entendu, et je trouve qu'il y répond d'une telle manière que je n'ai en effet rien à ajouter.

M. LE COLONEL PICQUART. — J'aurais un mot à dire. Je trouve que rien ne prouve mieux l'inexistence des intentions qu'on m'a prêtées, que la démonstration qui vient d'être faite par la défense, et qui montre plus parfaitement que c'aurait été illogique ; il ne peut entrer dans l'esprit de personne que j'aurais voulu faire une chose qui était impossible.

M. LE PRÉSIDENT, *au colonel Picquart*. — Maintenant, j'ai deux questions à vous poser. Au moment où vous compariez l'écriture du commandant Esterhazy avec le bordereau, aviez-vous sous les yeux l'original du bordereau ou des photographies ?

M. LE COLONEL PICQUART. — J'avais sous les yeux des photographies seulement ; l'original du bordereau était dans le dossier Dreyfus, le dossier judiciaire, qui était scellé et qui n'a été descellé que deux fois, le général Gonse ayant eu à en retirer des pièces.

M. LE PRÉSIDENT. — Alors, comment pouviez-vous penser que c'était l'écriture du commandant Esterhazy ?

M. LE COLONEL PICQUART. — Alors j'ai mal compris la première question.

M. LE PRÉSIDENT. — Au moment où vous compariez l'écriture du commandant Esterhazy avec l'écriture du bordereau, vous aviez sous les yeux l'original même du bordereau ou des photographies ?

M. LE COLONEL PICQUART. — Des photographies.

M. LE PRÉSIDENT. — Maintenant, les photographies étaient-elles absolument conformes à l'original ?

M. LE COLONEL PICQUART. — Elles ont servi à des experts.

M. LE PRÉSIDENT. — C'est là un point sur lequel je désirais être éclairé.

CONFRONTATION

de M. le colonel Picquart, de M. le colonel Henry et de M. le général Gonse.

M. LE PRÉSIDENT, *au colonel Picquart*. — Combien de fois avez-vous reçu M. Leblois au ministère ?

M. LE COLONEL PICQUART. — C'est assez difficile à préciser, mais enfin mettons de dix à quinze fois en tout, dans l'espace d'un an.

M. LE PRÉSIDENT. — Vous nous avez dit hier vingt à trente fois.

Me CLÉMENCEAU. — C'est une erreur matérielle que je me permets de vous signaler ; le témoin n'a jamais dit cela ; c'est un autre témoin, le général de Pellieux, je crois.

M. LE PRÉSIDENT. — Je dis qu'un témoin, je ne me rappelle plus si c'est le général de Pellieux ou un autre, avait dit vingt ou trente fois, mettons dix ou quinze.

M. LE COLONEL PICQUART. — Je ne peux pas préciser.

M. LE PRÉSIDENT. — L'avez-vous reçu notamment en novembre 1896, c'est-à-dire entre son retour à Paris et votre départ ?

M. LE COLONEL PICQUART. — Oui, Monsieur le Président, je me souviens très bien qu'il est venu une fois.

M. LE PRÉSIDENT. — C'est-à-dire entre le 7 et le 16 novembre ?

M. LE COLONEL PICQUART. — Il faudrait limiter ceci entre le 9 et le 14, parce que le 8 était un dimanche, jour auquel je ne me rendais pas au ministère, et que le 14 est le jour où j'ai cessé mon service. Dans l'intervalle de ces deux dates, je l'ai reçu une fois ; il est venu sans s'asseoir, autant que je m'en souviens, pour me dire : « Je suis rentré. » Il songeait à faire une démarche dont il m'a parlé. Je me vois le reconduisant à la porte — je crois qu'il ne s'était pas assis — et lui disant : « Je suis très occupé. » En effet, à ce moment-là venait de paraître le fac-similé du bordereau dans le *Matin*, et j'avais un tas de choses sur les bras.

M. LE PRÉSIDENT, *au colonel Henry, rappelé à la barre*. — Monsieur le colonel Henry, voulez-vous nous édifier plus complètement sur les circonstances dans lesquelles vous avez surpris l'entretien du colonel Picquart et de M. Leblois, à l'automne de 1896. Avez-vous vu le dossier secret et la pièce commençant par ces mots : « Cette canaille de D... » ?

M. LE COLONEL HENRY. — Voici ma déposition au Conseil de guerre... Je vous demande la permission de m'appuyer sur la barre, je suis souffrant.

M. LE PRÉSIDENT. — Voulez-vous une chaise ?

M. LE COLONEL HENRY. — Merci, comme ceci je suis très bien. C'était, je crois, dans le courant d'octobre, — je n'ai jamais pu préciser exactement, tout ce que je sais et que je me rappelle très bien, c'est qu'il y avait du feu dans la cheminée du bureau du colonel ; le colonel était assis sur la jambe gauche, il avait la main, je crois, comme ceci... ; à sa gauche était M. Leblois, et devant eux plusieurs dossiers sur le bureau, entre autres le dossier secret sur lequel j'avais écrit « *dossier secret* » et au verso duquel j'avais mis ma signature ou plutôt mon paraphe au crayon bleu dont j'ai parlé avant-hier. J'ai reconnu les mots « dossier secret ». L'enveloppe était ouverte, et de l'enveloppe était sortie la pièce dont vous venez de parler...

M. LE PRÉSIDENT. — Sur laquelle il y avait : « Cette canaille de D... » ?

M. LE COLONEL HENRY. — Parfaitement. Me rappeler exactement la date, ce n'est pas possible ; ce que je sais, ce que je peux indiquer comme date. c'est que, à ce moment certainement, il y avait du feu dans la chambre. Quelques jours après, — peut-être le général Gonse pourra-t-il mieux préciser que moi — j'ai rencontré le général Gonse qui m'a dit : « Comment cela va t-il? Comment va le colonel Picquart? » Je lui dis : « Cela va un peu cahin-caha ; le colonel Picquart est toujours absorbé par son affaire Esterhazy. » — « Ah ! c'est fâcheux, parce que les affaires du bureaux périclitent un peu. » — « Et les indiscrétions continuent ! » — « Ah ! les indiscrétions ! cela ne me regarde pas. » — Je lui dis : « En fait d'indiscrétions, vous feriez peut être bien de reprendre le *dossier secret*, car je l'ai vu il y a quelques jours sur son bureau en présence d'une tierce personne. » — Je n'ai pas indiqué la personne. Je crois que deux ou trois jours après, le général a dû le reprendre ou se le faire donner ; je ne sais pas dans quelles conditions. L'a-t-il repris lui-même ou se l'est-il fait remettre par le colonel Picquart ? Je n'en sais rien. Le colonel Picquart pourra vous le dire lui-même. Voilà ce que je puis dire, jurer et affirmer en ce qui concerne le *dossier secret*.

M. LE PRÉSIDENT. — Lorsque vous êtes entré dans le bureau et que vous avez trouvé le colonel Picquart s'entretenant avec M. Leblois, pensez-vous qu'on s'entretenait de ce dossier ?

M. LE COLONEL HENRY. — Ces messieurs causaient, comme je vous le disais ; le dossier était devant eux ; le colonel Picquart était comme ceci... et avait plutôt l'air d'être tourné du côté de M. Leblois. Je ne peux pas dire qu'ils causaient de ce dossier ; je n'ai fait qu'entrer et sortir.

M. LE PRÉSIDENT. — Vous avez vu le dossier des pigeons voyageurs ?

M. LE COLONEL HENRY. — Pas ce jour-là.

M. LE PRÉSIDENT. — C'était à quelle époque, ce dossier des pigeons voyageurs ?

M. LE COLONEL HENRY. — Oh ! ce dossier a été remis au colonel Picquart bien longtemps auparavant, et je ne l'ai plus revu qu'après son départ ; par conséquent, il a dû rester entre ses mains pendant de longs mois.

M. LE PRÉSIDENT, *au général Gonse, rappelé à la barre*. — Monsieur le général Gonse, ce dossier secret dont je viens de parler était-il ou n'était-il pas en désordre quand il vous a été rendu ?

M. LE GÉNÉRAL GONSE. — Autant que je peux me rappeler, il était un peu en désordre.

M. LE PRÉSIDENT, *au colonel Henry*. — Monsieur le colonel Henry, vous souvenez-vous dans quel état était ce dossier quand il a été rendu au général Gonse?

M. LE COLONEL HENRY. — Je ne l'ai jamais revu. Il m'a été remis par le colonel Sandherr en 1894 ; depuis, je ne l'ai jamais revu que sur le bureau du colonel Picquart, qui l'avait demandé pendant mon absence, le jour dont je vous parle.

M. LE PRÉSIDENT, *au général Gonse*. — Alors, général, ce dossier était en désordre quand il vous a été rendu?

M. LE GÉNÉRAL GONSE. — Oui, en désordre.

M. LE PRÉSIDENT, *au colonel Picquart*. — Monsieur le colonel Picquart, qu'avez-vous à répondre à toutes ces questions?

M. LE COLONEL PICQUART. — J'ai à répéter que je n'ai jamais eu le dossier ni ouvert ni fermé sur ma table, en présence de M. Leblois. Du reste, d'après la déposition du colonel Henry, il semble matériellement bien difficile que la chose ait pu avoir lieu, si M. Leblois prouve qu'il est rentré à Paris le 7 novembre. Le colonel Henry vient de vous dire que, quelques jours après avoir vu cette scène, il en a parlé au général Gonse, qu'il lui a conseillé de me redemander le dossier et que le général Gonse me l'a redemandé, en effet, quelques jours après. Or, le général Gonse a également, dans des occasions précédentes, certifié qu'il m'avait repris le dossier quelques jours avant mon départ. En additionnant tout cela, je crois qu'il est difficile de trouver un nombre de jours tel que j'aie pu matériellement communiquer le dossier.

M. LE PRÉSIDENT, *au colonel Henry*. — Vous entendez, monsieur le colonel Henry ; aviez-vous ce dossier secret?

M. LE COLONEL HENRY. — M. Leblois l'a reconnu au Conseil de guerre, les membres du Conseil de guerre pourraient venir l'affirmer. Il a dit : « Devant les affirmations précises du colonel Henry, je ne peux pas lui donner un démenti. » Vous pouvez faire appeler les membres du Conseil de guerre.

Mᵉ LABORI. — Je demande qu'on fasse appeler d'abord M. Leblois.

M. LE COLONEL HENRY. — M. Leblois a dit ceci : « Devant les affirmations précises du colonel Henry, je ne puis pas lui donner un démenti. »

M. LE PRÉSIDENT, *à M. Leblois, rappelé à la barre*. — Maître Leblois, vous avez entendu la déclaration du colonel Henry : pouvez-vous répondre?

M. LEBLOIS. — Je réponds, tout d'abord, sur la question des dates, que je suis allé...

M. LE PRÉSIDENT. — Non, répondez tout simplement à cette question : avez-vous reconnu devant le Conseil de guerre que vous étiez à côté du colonel Picquart, et qu'à côté de lui, il y avait deux dossiers, le dossier des pigeons voyageurs et, à côté, le dossier secret?

M. LEBLOIS. — Non, je ne l'ai pas reconnu. Voici ce qui s'est passé au Conseil de guerre. Le colonel Henry a gardé envers moi l'attitude la plus courtoise ; il a dit seulement, devant le Conseil, qu'il y avait sur la table du colonel Picquart un dossier ; il n'a pas du tout parlé du dossier des pigeons voyageurs ; je démontrerai tout à l'heure que ce dossier ne pouvait pas se trouver sur la table du colonel Picquart à ce moment. Il a dit qu'il y avait un dossier, une enveloppe sur laquelle se trouvaient les mots « *dossier secret* », et il n'a pas dit qu'une photographie était sortie de cette enveloppe.

M. LE PRÉSIDENT. — Le colonel Henry vous donne un démenti.

M. LE COLONEL HENRY. — Je n'ai pas parlé du dossier des pigeons voyageurs. M. Leblois a dit devant le Conseil de guerre : « En présence des affirmations précises du colonel Henry, je ne puis pas lui donner un démenti. »

M. LEBLOIS. — J'étais en train d'expliquer...

M. LE COLONEL HENRY. — Vous avez dit : « Je ne puis pas lui donner un démenti. »

M. LE PRÉSIDENT, *au colonel Henry*. — N'interrompez pas.

Mᵉ LEBLOIS. — J'expliquais que le colonel Henry avait simplement dit qu'il y avait un dossier et une enveloppe sur laquelle se trouvaient écrits ces mots « *dossier secret* ». Il n'a pas parlé de photographies. Il était dans l'impossibilité absolue de préciser la date de cette scène.

M. LE COLONEL HENRY, *s'adressant à la Cour et aux jurés*. — Vous voyez, il répond bien à ma question ; il y avait un *dossier secret*. Je n'ai pas pu préciser la date et je ne peux pas la préciser encore. Il a reconnu devant le Conseil de guerre qu'il ne pouvait pas me donner un démenti.

M. LEBLOIS. — Je demande à terminer ma déposition. Je dis donc que le colonel Henry n'a pas parlé de photographies et n'a pas précisé la date, et que je lui ai dit : « Colonel, je crois que vous vous trompez. Mais, comme je n'ai pas l'habitude de faire l'inventaire des pièces qui se trouvent sur la table des gens, quand je vais les voir, j'estime que ce n'est pas à moi, mais plutôt au colonel Picquart de dire si, à un moment quelconque, à une date quelconque, il y a eu sur sa table une enveloppe portant les mots « *dossier secret* ».

J'ai ajouté d'un ton très ferme, car j'étais certain d'être dans la vérité, j'ai dit d'un ton très ferme au colonel Henry : « Je ne veux pas vous infliger de démenti, non pas par politesse seulement, mais parce que j'estime que c'est au colonel Picquart qu'il appartient de démentir ce fait, s'il est inexact. Mais si vous précisiez, ou si vous ajoutiez quoi que ce fût, je vous opposerais une contradiction absolue. »

M. LE COLONEL HENRY. — Je donne le démenti le plus absolu à M. Leblois. Voici ce que j'ai dit devant le Conseil de guerre : « Il y avait devant ces messieurs un dossier secret et une pièce photographiée, pièce sortie à demi, comme je l'ai indiqué tout à l'heure, et qui commençait par ces mots « Cette canaille de D... »

M. LE PRÉSIDENT, *au colonel Henry*. — Avez-vous vu la pièce ?

M. LE COLONEL HENRY. — Oui.

Mᵉ LEBLOIS. — Mais le colonel vient de reconnaître qu'il a dit que la photographie n'avait pas quitté l'enveloppe !

M. LE COLONEL HENRY. — J'ai dit ceci : Il y avait un dossier secret, et en dehors de l'enveloppe, il y avait une photographie de la pièce qui sortait de l'enveloppe. Je maintiens ma déposition telle que je l'ai faite devant le Conseil de guerre.

M. LE PRÉSIDENT, *au colonel Henry*. — Nous n'avons pas à nous occuper de ce que vous avez dit devant le Conseil de guerre. Ce que vous avez dit ici est-il l'exacte vérité ?

M. LEBLOIS. - Permettez-moi de vous faire remarquer qu'il y a un certain intérêt, si le colonel Henry reconnaît.....

M. LE COLONEL HENRY. — Voyons, maître Leblois, il faut s'entendre. Vous avez dit vous-même que jamais vous n'étiez venu au ministère de la guerre. Avant-hier, vous avez fait la description de mon bureau. Il s'agit de s'entendre. Ne pataugeons pas à côté de la vérité, disons la vérité, rien autre chose.

Mᵉ LABORI, *au Président*. — Je vous demande de poser au colonel Henry cette question : A-t-il dit au Conseil de guerre qu'il y avait une pièce sortie de l'enveloppe ?

M. LE COLONEL HENRY. — Je viens de le dire et je le répète formellement. J'ai dit au Conseil de guerre : « Il y avait dans le bureau du colonel Picquart, sur la table, M. Leblois étant présent, un *dossier secret*, l'enveloppe tournée de cette façon, et en dehors de l'enveloppe sortait une photographie de la pièce sur laquelle il y avait écrit : « Cette canaille de D... » (*Bruit.*)

Mᵉ LABORI. — Cette salle, vraiment...

M. LE PRÉSIDENT. — Soyez calme.

Mᵉ LABORI. — Je vous prie alors, si vous le jugez convenable, de prendre des mesures contre moi, car vraiment...

M. LE COLONEL HENRY. — Voici l'enveloppe, par exemple, — elle était plus grande que celle là (*Le témoin tient à la main une enveloppe de format ordinaire*), elle était ouverte ; il y avait écrit dessus « *dossier secret* » ; la photographie sortait de l'enveloppe, à peu près au quart si vous voulez, ou au tiers, mais comme ceci.... dans cette proportion... (*Le témoin l'indique de la main*) C'est une photographie que je connaissais bien et sur laquelle il y avait écrit les mots : « Cette canaille de D... »

Mᵉ LABORI. — Il y avait une autre pièce sortie du dossier ?

M. LE COLONEL HENRY. — Non.

M. LE PRÉSIDENT. — Le reste du dossier était dans l'enveloppe ?

M. LE COLONEL HENRY. — Très probablement. Je n'ai vu que cette pièce de sortie.

Mᵉ LABORI. — Alors, M. le colonel Henry pourrait-il nous expliquer comment il concilie cette déposition avec celle qu'il a faite dans l'enquête et qui résulte du rapport de M. le commandant Ravary, qui a été lu en audience publique et est ainsi conçu :

Un soir que le colonel Henry, de retour à Paris, était entré brusquement chez M. Picquart, il aperçut M. Leblois, avocat, dont le colonel recevait de fréquentes et longues visites, assis auprès du bureau et compulsant avec lui le dossier secret.

On fait dire au colonel que M. Leblois était là compulsant le dossier secret.

M. LE COLONEL HENRY. — Compulsant...

Mᵉ LABORI. — Eh bien! ou le colonel Henry ne dit pas la vérité ou c'est le rapport de M. le commandant Ravary.

M. LE COLONEL HENRY, à Mᵉ Labori. — Je ne vous permettrai pas de mettre mes paroles en doute.

Mᵉ LABORI. — Je constate qu'il y a une contradiction entre le rapport Ravary et ce que dit le colonel.

M. LE COLONEL HENRY. — Je ne vous le permettrai pas, monsieur l'avocat.

Mᵉ LABORI. — Il y a un désaccord formel entre le rapport de M. le commandant Ravary et votre déposition.

M. LE COLONEL HENRY. — Ce n'est pas mon affaire.

Mᵉ LABORI. — C'est possible, mais c'est la mienne!

M. LE COLONEL HENRY. — Expliquez-vous avec le commandant Ravary.

Mᵉ LABORI. — Je ne puis pas m'expliquer autrement qu'avec vous qui êtes ici.

M. LE COLONEL HENRY. — Quand je dis « compulser », si ce n'est pas effectif, c'est au moins au figuré. (*Bruit.*) On a un dossier devant soi; pourquoi est-ce faire? Vous avez bien un dossier devant vous.

Mᵉ LABORI. — Si j'ai un dossier devant moi, je ne le *compulse* pas dans l'acception propre du mot. Nous savons ce que parler veut dire.

M. LE COLONEL PICQUART. — J'oppose le démenti le plus formel à l'affirmation du colonel Henry; je demande qu'on veuille bien lui poser la question suivante...

M. le colonel Henry est le seul témoin avec lequel j'aie été confronté au Conseil de guerre. Il a été dit au Conseil de guerre, lors de notre confrontation, que c'était à son retour de permission, vers le commencement d'octobre, qu'il avait vu cette scène et j'ai dit : « La chose est très grave, messieurs les membres du Conseil de guerre, veuillez prendre note de cette déclaration »

M. LE COLONEL HENRY. — J'ai dit : « Dans le courant d'octobre, en tout cas à mon retour de permission ». J'ai toujours dit « dans le courant d'octobre », je crois, et je ne puis pas dire autre chose.

M. LEBLOIS. — On varie sur les faits, on varie sur les dates; il est très difficile, même à un témoin de bonne volonté, de suivre des adversaires sur un terrain aussi mouvant.

Mᵉ LABORI. — Je désire poser une question sur le même point.

M. LE COLONEL PICQUART. — Je demande à ajouter ceci : Comment le colonel Henry est-il entré dans mon bureau ? Est-il entré par la porte qui était en face du bureau ou par la petite porte latérale?

M. LE COLONEL HENRY. — Par la grande porte.

M. LE COLONEL PICQUART. — A quelle distance est-il venu dans le bureau, à peu près?

M. LE COLONEL HENRY. — Je ne pourrais pas dire si c'est à dix centimètres ou un pas, évidemment.

M. LE COLONEL PICQUART. — Enfin, le colonel Henry était de l'autre côté de mon bureau, c'est-à-dire du côté opposé à celui où j'étais assis?

M. LE COLONEL HENRY. — En face de vous; et j'ai parfaitement vu la pièce, car c'est cette place qui m'a permis de voir la pièce et le dossier.

M. LE COLONEL PICQUART. — Je demanderai que l'on montre la pièce. Lors de l'enquête du général de Pellieux, mes souvenirs étaient déjà très effacés.

Le général de Pellieux m'a montré cette pièce dans son cabinet, et à distance. Il s'est même passé alors la scène suivante: Le général de Pellieux me dit en me la montrant: « Vous voyez cette pièce? » — Je me suis penché et j'ai dû regarder attentivement pour la reconnaître, car c'est une photographie très obscure et très brouillée. Il m'a interpellé et m'a dit brusquement: « Voyons, vous connaissez cette pièce? » Cette pièce est celle où il y a, non pas « cette canaille de D... » mais « ce canaille de D... »

M. LE COLONEL HENRY. — Moi, je la reconnaîtrais à dix pas.

M. LE COLONEL PICQUART. — J'oppose à cela le démenti le plus formel.

M. LE COLONEL HENRY. — Ceci ne se discute pas, surtout lorsqu'on a l'habitude de voir une pièce et j'ai vu celle-là plus d'une fois. Je le maintiens formellement et je le dis encore: *le colonel Picquart en a menti!*

M. LE COLONEL PICQUART, *arrêtant brusquement un mouvement de son bras qu'il levait.* — Vous n'avez pas le droit de dire cela!

M. LE PRÉSIDENT. — Vous êtes en désaccord tous les deux.

Me CLÉMENCEAU. — Permettez, monsieur le président, ai-je bien entendu, vous avez dit: *en désaccord!*... Voici la deuxième fois qu'un délit se commet à cette audience; un témoin a été insulté par un autre témoin et je constate que le Président a dit seulement: ces témoins ne sont pas d'accord!

M. LE PRÉSIDENT. — Vous constaterez tout ce que vous voudrez.

Me LABORI. — Puisque M. le colonel Picquart, au moment où il est l'objet d'une interpellation comme celle que vient de lui adresser M. le colonel Henry, s'entend dire simplement ceci: « Alors, vous êtes *en désaccord* », je demande qu'il s'explique sans réserve.

M. LE COLONEL PICQUART. — Je demande à m'expliquer et à dire aux jurés ce que signifie tout cela! (*Mouvements divers.*)

M° Labori, *s'adressant au colonel Henry qui est placé devant le colonel Picquart et le cache aux regards des jurés.* — Je prie M. le colonel Henry de vouloir bien se déplacer pour ne pas empêcher M. le colonel Picquart de s'adresser aux jurés.

M. LE COLONEL PICQUART, *d'un ton indigné*. — Messieurs les jurés, vous avez vu ici des hommes comme le colonel Henry, comme le commandant Lauth et comme l'archiviste Gribelin porter contre moi des accusations odieuses! Vous avez entendu le commandant Lauth émettre, sans preuves, une allégation aussi grave que celle qu'il a émise hier en disant que c'était moi — il n'en avait pas la preuve, — que ce devait être moi qui avais mis le *petit bleu* dans le cornet! Eh bien! messieurs les jurés, savez-vous pourquoi tout cela ce fait?

Vous le comprendrez quand vous saurez que les artisans de l'affaire précédente, qui se lie intimement à l'affaire Esterhazy, ceux qui ont travaillé en conscience, je le crois, pensant qu'ils étaient dans la vérité, le colonel Henry et l'archiviste Gribelin, aidés du colonel du Paty de Clam, sous la direction du général Gonse, ont reçu du regretté colonel Sandherr — qui déjà, au moment de cette affaire, était atteint de la grave maladie dont il est mort depuis, — comme par une sorte de testament, au moment où il quittait le service, le soin de défendre, contre toutes les attaques, cette affaire qui était l'honneur du bureau et que le bureau avait poursuivie avec conscience parce qu'il croyait que c'était la vérité.

Moi, j'ai pensé autrement lorsque j'étais à la tête de ce service, et comme j'ai eu des doutes, j'ai voulu m'éclairer et j'ai cru qu'il y avait une meilleure manière de défendre une cause que de se renfermer dans une foi aveugle et souvent peu justifiée.

Messieurs les jurés, voilà je ne sais combien de temps, voilà des mois que je suis abreuvé d'outrages par des journaux qui ont été payés pour répandre des calomnies et des erreurs...

M. ZOLA. — Parfaitement.

M. LE COLONEL PICQUART. — Pendant des mois je suis resté dans la situation la plus horrible pour un officier; car je me trouvais attaqué dans mon honneur sans pouvoir me défendre! Demain peut-être je serai chassé de cette armée que j'aime et à laquelle j'ai donné vingt-cinq ans de ma vie! Cela ne m'a pas arrêté lorsque j'ai pensé que je devais rechercher la vérité et la justice. Je l'ai fait et j'ai cru rendre en cela un plus grand service à mon pays et à l'armée! C'est ainsi que j'ai cru qu'il fallait faire mon devoir d'honnête homme!

Voilà ce que j'avais à dire. (*Mouvements divers.*)

Je suis sûr que MM. les jurés m'ont compris.

M. ZOLA. — Je l'espère.

M. LE COLONEL HENRY. — Je demande à m'expliquer. On vient de dire que le colonel Sandherr nous avait légué une succession sur une affaire D...; il n'a jamais été question de cela entre le colonel Sandherr et les officiers du bureau; chacun travaillait pour son compte, selon sa conscience, dans l'intérêt de la patrie et tout à fait isolément.

Quand le colonel Picquart vient nous dire qu'il a trouvé un *petit bleu* dans les papiers que j'ai reçus, je puis vous affirmer, moi, sur tout ce que j'ai de plus sacré au monde, que je n'ai jamais vu ce petit bleu, jamais ce petit bleu n'a été reçu par moi et j'étais le seul à recevoir les papiers. Voilà ce que j'avais à vous dire.

M. LE COLONEL PICQUART. — Je demande à présenter une observation.

M. LE PRÉSIDENT. — Monsieur le général Gonse, avez-vous des observations à faire ?

M. LE GÉNÉRAL GONSE. — Je n'ai qu'à confirmer ce qu'a dit le colonel Henry ; il n'a jamais été à la tête d'une machination, puisqu'on parle de machinations ou du moins que c'est sousentendu. Nous avons fonctionné chacun pour notre compte et suivant notre conscience. Le colonel Sandherr était dans la plénitude de son intelligence quand il dirigeait le service à l'époque dont on parle.

Par conséquent, nous ne nous sommes jamais entendus et n'avons jamais cherché à falsifier la vérité. Au contraire, nous avons toujours cherché à la rendre aussi éclatante que possible; c'est pour cela que je ne reviens pas sur la question dont on a parlé tout à l'heure et que, lorsqu'on a signalé le commandant Esterhazy, je n'ai pas hésité à rechercher la culpabilité et je l'ai fait dans l'ordre d'idées que j'ai déjà indiqué ici. A ce propos, je dirai qu'il y a un fait singulier ; on parle toujours du *petit bleu* ; ce petit bleu, qui est tant en question, a été trouvé vers le mois d'avril ou de mai, d'après ce que j'ai pu comprendre, c'est-à-dire que la pièce à laquelle le colonel Picquart attachait tant d'importance, puisqu'elle devait faire constater la culpabilité du commandant Esterhazy, le colonel Picquart ne l'a montrée à moi, son chef, que le 3 ou 4 septembre de la même année. Mai, juin, juillet, août, cela fait quatre mois après l'avoir trouvée. Je me suis demandé à ce moment-là et me demande encore comment il se fait que le chef du service des renseignements, trouvant une pièce à laquelle il attachait cette importance, ne l'a pas signalée immédiatement à son chef et qu'il a mis quatre mois à me la montrer.

M. LE COLONEL PICQUART. — Mes explications seront très brèves. Je les ai données ailleurs et elles ont été trouvées bonnes, car c'est la vérité. C'est au mois de mai que ce *petit bleu* a été trouvé, ou du moins reconstitué. J'ai dit ailleurs que je ne me croyais pas fondé à porter contre un officier français une accusation aussi grave que celle de trahison avant d'avoir pris des informations. J'ai dit au cours de l'enquête qui a été faite, qu'un deuil de famille très cruel avait interrompu mes investigations pendant près d'un mois et qu'un voyage d'état-major, auquel j'ai pris part ensuite, les a interrompues à nouveau. J'ai dit qu'au mois de juillet, j'ai rendu compte de la chose au général de Boisdeffre. Je ne voulais pas prononcer de noms ici, mais puisqu'il le faut, je dirai que le général de Boisdeffre a approuvé d'abord par écrit, ensuite directement, ce que je faisais, et m'a dit de continuer ; car je lui avais parlé du *petit bleu* à ce moment. Donc, au mois de juillet et pendant tout le mois d'août, j'ai continué comme il m'avait dit. Je lui avais dit l'affaire et je lui avais même écrit : « Je n'en ai parlé à personne, pas même au général Gonse. » C'est alors qu'au commencement de septembre, lorsque j'eus fait un rapport écrit sur la question et que je l'eus soumis d'abord au général de Boisdeffre, j'ai été trouver sur son ordre le général Gonse à la campagne et je lui ai raconté l'affaire.

M⁰ LABORI. — Je voudrais bien poser une question à M. le général Gonse. Voudrait-il nous dire pourquoi on ne s'est pas aperçu plus tôt de tous les faits dont il est question aujourd'hui avec tant de vivacité, et pourquoi on n'a pas fait plus tôt des reproches à M. le colonel Picquart ?

M. LE GÉNÉRAL GONSE. — Parce que je ne les connaissais pas complètement.

M⁰ LABORI. — Pardon, monsieur le Président, M. le général Gonse connaissait-il à ce moment-là tout ce que M. le colonel Picquart avait fait à propos du *petit bleu* et qu'est-ce qu'il en pensait ?

M. LE GÉNÉRAL GONSE. — Je ne le savais pas du tout.

M⁰ LABORI. — Au mois de novembre 1896, M. le général Gonse ne le savait pas !

M. LE GÉNÉRAL GONSE. — Je l'ai su après.

M⁰ LABORI. — Pardon. A quelle date ?

M. LE GÉNÉRAL GONSE. — Dans le courant de l'automne.

M⁰ LABORI. — De quelle année ?

M. LE GÉNÉRAL GONSE. — 1896.

M⁰ LABORI. — Pourquoi alors, postérieurement à cela, le général Gonse a-t-il écrit les lettres si affectueuses et si pleines d'encouragement, on peut le dire, qu'il adressait à M. le colonel Picquart et comment explique-t-il le contraste qu'il y a entre l'attitude qu'il avait au cours de cette correspondance et l'attitude que nous lui voyons prendre à la barre aujourd'hui ?

M. LE GÉNÉRAL GONSE. — Parce ce que je ne connaissais pas tous les faits qu'on a reprochés au colonel Picquart.

M⁰ LABORI. — Quels sont ces faits ?

M. LE GÉNÉRAL GONSE. — Je n'avais pas fait d'enquête ; je ne savais qu'une chose ; c'est que le colonel Picquart n'avait pas suivi complètement toutes les instructions que je lui avais données. Je savais aussi qu'il était pour ainsi dire hypnotisé par cette question Dreyfus-Esterhazy.

Je lui avais toujours dit de ne pas suivre cette piste dans les conditions qu'il indiquait ; il ne faisait pas complètement son service ; il était absorbé par cette affaire, et, comme vous l'a dit ici le chef d'Etat-major, on l'a envoyé en mission pour chercher à rectifier son jugement. C'est dans cet ordre d'idées que je lui ai donné des indications à cette époque, car c'était un officier qui avait très bien fait son service jusque-là, et qui est susceptible de le faire très bien dans l'avenir, s'il le veut. Je n'avais jamais voulu proposer une mesure exagérée contre lui ; on l'a donc envoyé en mission, et, après sa mission, on l'a, conformément aux ordres du ministre, attaché au 4ᵉ tirailleurs, de façon à ce que, après avoir changé le cours de ses idées, j'espérais, et nous espérions tous, qu'il se mettrait au service des troupes, comme je le lui ai écrit, qu'il reprendrait pied et redeviendrait ce qu'il avait été toujours, c'est-à-dire un bon officier.

Lorsque cette campagne à laquelle nous assistons aujourd'hui est devenue si active et si virulente, nous avons cherché de nouveau dans quelles conditions tout cela s'était passé, et c'est à ce moment-là — je ne sais pas exactement la date, attendu que je n'ai pas fait d'enquête judiciaire ni aucune espèce d'enquête officielle — que j'ai recherché d'où pouvaient provenir toutes les responsabilités. C'est à ce moment-là que j'ai appris tous les faits relatés ici ; quant aux dates, je ne puis pas vous les dire.

Mᵉ Labori. — Je désirerais que M. le colonel Picquart s'expliquât sur la première partie de la réponse de M. le général Gonse et sur la nature exacte des rapports qui ont eu lieu entre eux au moment où s'échangeait la correspondance que la Cour et le jury connaissent. Je voyais tout à l'heure M. le colonel Picquart qui me semblait éprouver le besoin de dire certaines paroles lors de diverses explications que donnait M. le général Gonse. C'est ce qu'il voulait dire à ce moment-là que je le prie de dire maintenant.

M. le colonel Picquart. — Voici : le général Gonse disait qu'on m'avait chargé d'une mission et qu'on pensait qu'à la suite de cette mission, je pourrais rentrer dans la troupe. Il disait que cette mission était faite pour m'arracher à ce qu'il appelait l'hypnotisme qui me hantait, selon lui. Je ne puis pas entrer dans les détails de mon service, il ne m'appartient pas surtout de faire ressortir quelles sont les améliorations qui y ont été apportées à l'époque dont parle le général Gonse ; mais il y a des choses très importantes et des résultats extrêmement importants qui ont été obtenus justement pendant la période durant laquelle je ne m'occupais que d'une affaire unique, paraît-il !

Ensuite, le général Gonse dit que, pour changer le cours de mes idées, on m'avait envoyé en mission. Je sentais si bien que je n'étais plus en communauté d'idés avec mes chefs, et qu'il fallait changer tout à fait de direction, que j'ai supplié le général Gonse, dans une lettre du mois de janvier, de me faire passer entièrement dans la troupe et de ne plus me donner de mission, puisque, à ses yeux, je n'étais plus capable de remplir un service d'Etat-major. Le général Gonse ne l'a pas voulu. Dans une lettre très affectueuse, comme toutes celles qu'il m'a écrites, il me disait qu'après ma mission, je rentrerais dans la troupe, mais qu'il fallait continuer ma mission. Je l'ai continuée toujours et la continue, je crois, encore, puisque j'ai comparu devant le Conseil d'enquête comme attaché provisoirement au 4ᵉ tirailleurs.

Mᵉ LABORI. — Je voudrais dire encore un mot à M. le général Gonse, ce sera le dernier. M. le colonel Henry, à propos d'un dossier secret, a raconté une scène qui se serait passée au ministère.....

M. LE GÉNÉRAL GONSE. — Est-ce que vous me permettrez de terminer mes explications sur cette partie ?

Mᵉ LABORI. — Certainement, général.

M. LE GÉNÉRAL GONSE. — Je répète ce que j'ai dit, et je le maintiens. J'ai dit que c'était dans un but de bienveillance qu'on avait agi à l'égard du colonel Picquart ; on lui avait continué la mission dont il parle jusqu'à ces temps derniers. Hier, il en a été question ici ; on a dit qu'il avait été envoyé sur les confins de la Tripolitaine dans un but que je ne qualifierai pas ; tout cela est du roman pur ; nous n'avons pas l'habitude d'envoyer faire tuer nos officiers pour rien du tout. Cette partie de sa mission résultait de la situation faite par la guerre de Macédoine, qui avait soulevé les esprits dans tout le monde musulman et particulièrement dans la Tripolitaine, où certains faits s'étaient passés. Nous avions le désir d'être renseignés très exactement sur ces faits que nous n'avions appris que par une voie détournée.

On s'est dit tout naturellement : « Voilà le colonel Picquart qui est en Tunisie ! Il peut bien diriger sur la frontière un service d'informations pour savoir ce qui se passe de l'autre côté de la frontière ». On lui a donc dit d'aller dans le Sud. Il ne s'agissait pas d'aller se promener dans des parages dangereux, mais d'aller dans les postes où nous avons des officiers, qui circulent tous les jours très facilement d'un poste à l'autre. Le poste le plus éloigné, c'est celui qui s'appelle Djenenn. Il y a des officiers français qui restent là et circulent avec deux ou trois cavaliers à certains moments de l'année, selon que les tribus sont plus ou moins en mouvement. Jusqu'à présent, depuis l'occupation de la Tunisie, il n'y a jamais eu aucun accident.

Tel est le fait simple qu'on a présenté hier sous la forme d'un roman et même, je puis le dire, d'un conte de journal. Je ne sais plus qui a fait un article, très spirituel, du reste, au commencement de janvier, intitulé « Gonse-Pilate ». Cela me flatte. C'est une manière de parler, parce que le personnage n'est pas très intéressant ! Gonse-Pilate avait fait condamner un Galiléen, un centurion honnête (je n'indiquerai pas qui, mais vous le sentez bien) ; on lui avait signalé Barrabas, officier criblé de dettes qui était le vrai coupable. Pilate n'a pas voulu substituer l'un à l'autre et a envoyé le centurion honnête chez les nomades pour tâcher de le faire tuer. Voilà le roman tel qu'on vous l'a présenté hier, mais c'est un roman. Il n'y a rien de plus faux.

M. LE COLONEL PICQUART. — Je demanderai à ajouter un mot à cette explication humoristique. Lorsque le général Leclerc a reçu l'ordre de m'envoyer à la frontière tripolitaine, il trouvait déjà depuis quelque temps que cette mission était singulière. Mais alors je dus m'expliquer, car le général me dit : « Il faut que vous me donniez des explications ? Qu'est-ce qu'il y a là-dessous ? » Par conséquent, ma mission ne paraissait pas si naturelle qu'on veut bien le dire.

Je n'entrerais pas dans ces détails si le général Gonse lui-même n'y était pas entré. Je ne dis pas qu'on a voulu me faire tuer....

M. LE GÉNÉRAL GONSE. — On l'a dit hier.

M. LE COLONEL PICQUART. — Je ne crois pas que le mot ait été prononcé par personne.

M. LE PRÉSIDENT. — C'était le sens de la réponse du colonel Picquart.

M. LE COLONEL PICQUART. — Le général Leclerc me parla du prétexte pour lequel je devais aller sur la frontière et qui était je ne sais quoi.... quelques cavaliers qu'on exerçait sur la frontière.... et il me dit : « Cela n'existe plus, cela vient d'être démenti. Tout cela ne tient pas debout et je ne veux pas que vous alliez plus loin que Gabès. »

M. LE PRÉSIDENT. — Avez-vous une question à poser, messieurs les défenseurs ?

Mᵉ CLÉMENCEAU. — Monsieur le Président, je me replace, si vous voulez bien, au moment où vous avez déclaré, par un euphémisme très apprécié, que les témoins n'étaient pas d'accord, je parle du colonel Henry et du colonel Picquart présents à la barre. Il y a ici deux officiers de l'armée française qui sont *en désaccord* sur un point important ; je demande au colonel Henry si j'ai bien compris tout à l'heure et s'il nous a dit que, quelques jours après avoir vu le dossier sur le bureau du colonel Picquart avec M. Leblois, il avait parlé de ce fait au général Gonse ?

M. LE COLONEL HENRY. — Peut-être deux ou trois jours après, je ne me souviens pas exactement.

Mᵉ CLÉMENCEAU. — Je ne demande qu'un à peu près. Le colonel Henry peut-il nous dire combien de temps après cette conversation avec le général Gonse, le colonel Picquart a quitté le bureau ?

M. LE COLONEL HENRY. — Une huitaine de jours après, je crois.

Mᵉ CLÉMENCEAU. — Résumons, et nous aurons la vérité. La présence de M. Leblois au ministère de la guerre...

M. LE PRÉSIDENT. — Ce ne sont plus des questions que vous posez.

Mᵉ CLÉMENCEAU. — Je vais faire éclater la vérité.

M. LE PRÉSIDENT. — Vous la direz dans votre plaidoirie.

Mᵉ CLÉMENCEAU. — Alors retirez-moi la parole. J'affirme que je vais faire éclater la vérité par les dépositions des témoins.....

M. LE PRÉSIDENT. — Posez des **questions**.

Mᵉ CLÉMENCEAU. — Non !

M. LE PRÉSIDENT. — Vous ferez ce que vous voudrez dans votre plaidoirie.

Mᵉ CLÉMENCEAU. — Alors empêchez-moi de prendre la parole et je me tairai.

M. LE PRÉSIDENT. — Je vous retire la parole au point de vue de la plaidoirie. Il faut poser des questions, si vous voulez.

Mᵉ CLÉMENCEAU. — Je veux, par les dépositions des deux témoins qui sont en désaccord, apporter la preuve de la vérité.

M. LE PRÉSIDENT. — Pas en ce moment-ci.

Mᵉ CLÉMENCEAU. — Mais...

M. LE PRÉSIDENT. — Quand vous plaiderez.

Mᵉ CLÉMENCEAU. — Je prétends qu'en deux mots je vais faire savoir quel est celui des deux officiers en présence, qui a commis une erreur involontaire. Je suis dans un incident, je m'y tiens.

M. LE PRÉSIDENT. — Posez des questions. Vous n'avez pas la parole pour plaider.

Mᵉ CLÉMENCEAU. — Me retirez-vous la parole pour prouver la vérité ?

M. LE PRÉSIDENT. — Je vous ôte la parole pour plaider, je vous le répète.

Mᵉ CLÉMENCEAU. — Je me permets de vous poser cette question, monsieur le Président : il y a une contradiction absolue entre les dires de deux officiers de l'armée française... Je ne plaide pas en ce moment-ci.

M. LE PRÉSIDENT. — Si. Vous n'avez pas la parole pour plaider. Déposez des conclusions, rien de plus.

Mᵉ CLÉMENCEAU. — Il y a une chose ici qui doit préoccuper tout le monde : Deux officiers se sont donné un démenti ici ; si vous m'accordez la parole, je vais en deux mots....

M. LE PRÉSIDENT. — Non, déposez des conclusions, je ne vous accorde pas la parole.

Mᵉ CLÉMENCEAU. — Dans ces conditions, je me rassieds.

Mᵉ LABORI. — Et moi, je me relève !

Je veux m'expliquer très rapidement, avec vous-même, monsieur le Président. Me le permettez-vous et me permettez-vous de vous faire connaître les raisons pour lesquelles je prends la parole ?

M. LE PRÉSIDENT. — Est-ce pour plaider ?

Mᵉ LABORI. — Avec vous ? Non, ce n'est pas pour plaider.

M. LE PRÉSIDENT. — Pendant l'interrogatoire des témoins, vous ne pouvez que poser des questions.

Mᵉ CLÉMENCEAU. — Je vous demande pardon, l'article 319 nous permet de prendre la parole.

M. LE PRÉSIDENT. — Pas pour plaider.

Mᵉ LABORI. — Il se présente un incident : je vous demande pardon, mais je voudrais vous adresser, monsieur le Président, respectueusement, des explications pour obtenir la parole de la manière que je l'entendrai, quand vous m'aurez compris.

M. LE PRÉSIDENT. — Maître Labori, vous n'avez la parole pendant le cours des débats que pour poser des questions...

Mᵉ Clémenceau. — Lisez l'article 319...

M. le Président. — ...mais vous n'avez pas le droit de plaider, vous le savez aussi bien que moi.

Mᵉ Labori. — C'est à vous, monsieur le Président des assises, qui êtes le maître souverain au point de vue de la direction des débats, et qui avez un pouvoir discrétionnaire, que je demande la parole, pour expliquer à vous-même et à la Cour, les raisons pour lesquelles j'ai voulu intervenir dans un incident, et les conditions dans lesquelles je veux le faire. Je demande la parole.

M. le Président. — Vous avez la parole pour expliquer vos questions, si vous en avez à poser, mais vous n'avez pas la parole pour autre chose. Déposez des conclusions.

Mᵉ Labori. — Monsieur le Président, il n'est pas possible que dans une affaire de cette gravité, où tous les jours naissent et renaissent d'eux-mêmes des incidents considérables et complexes, la Cour ne veuille pas nous permettre de nous expliquer par des raisonnements extrêmement clairs et topiques, au moment même où les témoins sont en présence du jury, parce que ces raisonnements peuvent nous conduire à la nécessité de poser de nouvelles questions.

Mᵉ Clémenceau. — C'est cela.

Mᵉ Labori. — Dans ces conditions, et uniquement pour arriver à une question, mon confrère Mᵉ Clémenceau, et moi, avons besoin de la parole, non pas pour discuter ni pour « plaider », mais pour « exposer » une question, et montrer ce que nous avons voulu dire aux témoins, afin que les jurés le comprennent.

M. le Président. — C'est ce que je viens de vous dire.

Mᵉ Labori. — Je vous demande donc, non seulement pour moi-même, mais pour mon confrère, Mᵉ Clémenceau, la parole avec cette liberté et cette étendue ; et si M. le Président ne croit pas devoir nous l'accorder, j'aviserai aux moyens de faire respecter ici les droits de la défense.

M. le Président. — Je vous ai dit que vous aviez la parole pour poser des questions et en expliquer le sens, mais pas pour faire des déductions.

Mᵉ Clémenceau. — Et l'article 319 !

M. le Président. — Je le connais.

Mᵉ Clémenceau. — Messieurs les jurés, permettez-moi de vous lire l'article 319.

M. le Président. — Je le connais.

Mᵉ Clémenceau. — C'est pour les jurés que je veux le lire.

M. le Président. — Lisez si vous voulez ; ce sera pour les jurés, qui n'ont rien à y voir.

Mᵉ Labori. — Messieurs les jurés ont tout à voir ici ! Je retiens cette parole, je ne permettrai pas qu'on dise devant le jury qu'il n'a rien à voir à quoi que ce soit de ce qui se passe ici. Si M. le Président maintient cette parole, je le prie de la répéter.

M. LE PRÉSIDENT. — Les jurés n'ont rien à voir dans la direction des débats.

Mᵉ LABORI. — Il ne s'agit pas de la direction des débats.

M. LE PRÉSIDENT. — C'est à moi seul qu'appartient la direction des débats, vous entendez bien, et quand je vous dis que vous ne plaiderez pas, vous ne plaiderez pas ! Je vous le répète une bonne fois.

Mᵉ LABORI. — Nous dirons ce que nous avons à dire.

M. LE PRÉSIDENT. — Vous ne le direz pas, parce que je vous retirerai immédiatement la parole. Vous poserez des questions, rien de plus.

Mᵉ LABORI. — Vous dites que je ne dirai pas ce que j'ai à dire, quand ce sera conforme à la loi !

M. LE PRÉSIDENT. — Quand le moment de plaider sera venu.

Mᵉ LABORI. — Mais avant de plaider, est-ce que je n'aurai pas le droit de dire tout ce que j'ai à dire, conformément à la loi ?

J'en demande acte et j'ai l'honneur de déposer des conclusions sur ce point.

Mᵉ CLÉMENCEAU. — Je demande la permission de lire l'article 319 pour MM. les jurés.

Voici l'article 319, deuxième partie :

Le témoin ne pourra être interrompu ; l'accusé ou son conseil pourra le questionner par l'organe du Président, après sa déposition, et dire, tant contre lui que contre son témoignage, tout ce qui pourra être utile à la défense de l'accusé.

Monsieur le Président, conformément aux termes de cet article, je demande la parole pour dire quel est celui de ces deux officiers qui est dans la vérité.

M. LE PRÉSIDENT. — Mais vous le direz dans votre plaidoirie.

Mᵉ CLÉMENCEAU. — Monsieur le Président, j'ai besoin de le dire devant ces deux officiers, parce que, si je me trompe, l'un des deux me rectifiera.

J'insiste : Je demande la parole pendant que ces deux officiers sont à la barre. Je vous rappelle qu'ils se sont infligé un démenti formel ; il n'y a rien de plus grave, dans la catégorie des injures, qu'un officier disant à un autre officier : « Vous en avez menti ! » Je demande la parole pour faire éclater la vérité sur cet incident. Je vous demande de me l'accorder ou de me la refuser. Mais en présence de ces deux officiers..

M. LE PRÉSIDENT. — Je vous refuse la parole pour plaider : je vous le répète, il est inutile d'insister.

Mᵉ CLÉMENCEAU. — Je demande la parole dans les conditions que je viens de dire.

M. LE PRÉSIDENT. — Je vous dis que non ; retenez-le bien : je dis que non !

Mᵉ CLÉMENCEAU. — Monsieur le Président, je demande la parole pour poser une question, et prouver que l'un de ces deux officiers est dans l'erreur.

M. LE PRÉSIDENT. — Expliquez alors la question que vous allez poser, je vais la poser.

Me CLEMENCEAU. — M. le colonel Henry a dit : « J'ai parlé au général Gonse de ce que j'avais vu dans le bureau du colonel Picquart trois jours après avoir vu Me Leblois dans le cabinet du colonel Picquart. » M. le colonel Henry a dit : « M. le colonel Picquart a quitté le service environ huit jours après que j'ai eu parlé au général Gonse. »

Je fais remarquer au témoin, et cela va être le but de ma question, qu'en bonne arithmétique, huit et trois font onze, et que la visite de Me Leblois, cela est établi d'une façon indéniable, ne peut se placer qu'entre le 9 novembre et le 14, — 9 novembre, rentrée à Paris de Me Leblois, 14 novembre, départ de M. le colonel Picquart ; — cela fait cinq jours. Entre cinq et onze jours, il y a une différence de six jours. Il s'en faut donc de six jours pour que l'affirmation du colonel Henry soit *possible*.

Je lui fais cette observation précise et je demande ce qu'il a à répondre : voilà ma question.

M. LE COLONEL HENRY. — J'ai dit deux ou trois jours : ensuite le colonel Picquart est parti le 17.

Me CLEMENCEAU. — Non, pardon : je demande à retenir la déposition du témoin. Il a dit...

M. LE COLONEL HENRY. — Le colonel Picquart est parti le 17 novembre.

Me CLEMENCEAU. — Le colonel Picquart a dit le 14 : c'est facile à vérifier.

M. LE COLONEL PICQUART. — J'ai quitté mon service le 14, j'ai quitté Paris le 16.

Me CLEMENCEAU. — Cela fait toujours quatre jours de différence.

M. LE COLONEL HENRY. — Ah, quatre jours ?

Me CLEMENCEAU. — Ah, quatre jours ! pour savoir si un officier a dit la vérité, cela est important.

M. LE COLONEL HENRY. — J'ai dit la vérité. Le colonel Picquart est parti le 17.

Me CLEMENCEAU. — Quand a-t-il quitté le service ?

M. LE COLONEL HENRY. — Je l'ai encore vu le 16 et le 17, dans tous les cas, au moins la veille.

M. LE COLONEL PICQUART. — J'ai quitté le service le 14 ; je l'ai remis dans les journées du 15 et du 16 au général Gonse. Je suis parti dans la soirée du 16, j'ai quitté Paris dans la soirée du 16. Et le général Gonse avait reçu de mes mains ce dossier secret, d'après la déposition qu'il a faite lui-même, quelques jours avant mon départ.

M. LE COLONEL HENRY. — Je ne parle pas du dossier secret ; vous voyez bien que c'est le 17 qu'il est parti !

Me LABORI. — C'est le 16.

M. LE COLONEL HENRY. — Vous comprenez que je ne précise pas à un jour près : je n'ai pas dit des dates.

Mᵉ CLEMENCEAU. — Permettez-moi de poser une question, et vous verrez que, d'après un témoin que vous ne récuserez pas — c'est vous-même — nous parlons du dossier secret.

Monsieur le Président, voulez-vous me donner la parole pour poser une question sous cette forme : Je vais lire d'abord la déposition du colonel Henry à cette audience, d'après la sténographie, puis je poserai une question :

« Quel était donc ce dossier?
M. HENRY. — C'était un dossier secret.
M. ZOLA. — Relatif à quoi ?
M. HENRY. — Un dossier secret.
M. ZOLA — C'était le dossier de l'affaire Dreyfus ?
M. HENRY. — Non, le dossier Dreyfus est sous scellés depuis 1895 : il n'a jamais été décacheté, à ma connaissance du moins.

Or, à l'audience d'aujourd'hui, M. le colonel Henry nous a dit, il a répété, que c'était si bien le dossier secret Dreyfus, que de ce dossier sortait le document libérateur : « Cette canaille de D... »

Je demande au colonel Henry comment il peut concilier sa déposition d'aujourd'hui avec sa déposition d'il y a deux jours ?

M. LE COLONEL HENRY. — Jamais la pièce « canaille de D... » n'a eu de rapport avec le dossier Dreyfus. Je le répète : jamais, jamais, puisque le dossier est resté sous scellés depuis 1895 jusqu'au jour où, au mois de novembre dernier, M. le général de Pellieux a eu besoin du bordereau pour enquêter au sujet de l'affaire Esterhazy ; par conséquent, la pièce « canaille de D... » n'a aucun rapport avec l'affaire Dreyfus, je le répète.

Alors, je me suis mal expliqué, ou on m'a mal compris. Mais je répète, devant ces Messieurs, que jamais ces deux pièces, le dossier Dreyfus et la pièce « canaille de D... », n'ont eu aucun rapport.

Je vais d'ailleurs m'expliquer sur ce dossier ; il y a déjà longtemps que j'en prends la responsabilité. (*S'adressant à Mᵉ Labori.*) Voulez-vous permettre, monsieur le défenseur ?

Mᵉ LABORI. — Certainement, monsieur le colonel.

M. LE COLONEL HENRY. — Eh bien, allons-y !

En 1894, j'ai l'honneur d'appeler votre attention sur ces dates, messieurs les jurés, au mois de novembre, un jour, le colonel Sandherr est entré dans mon bureau et m'a dit : « Il faut absolument que vous recherchiez dans vos dossiers secrets tout ce qui a trait aux affaires d'espionnage. »

« — Depuis quand ?
« — Depuis que vous êtes ici. — Vous les avez classés ? »

Je lui ai dit « Oh ! ce ne sera pas long ; j'y suis depuis un an, depuis 1893. »

— « Eh bien! recherchez tout ce que vous avez ; vous en constituerez un dossier. »

J'ai recherché ce que j'avais, et j'ai retrouvé, je crois, huit ou neuf pièces, — je ne me souviens plus exactement du nombre, — dont une très importante, ayant un caractère extra-confidentiel, si vous voulez même, extra-secret.

Je fis un bordereau de ces pièces, je pris copie de quelques-unes, et je remis le tout au colonel Sandherr.

C'était, comme je vous le disais tout à l'heure, messieurs les jurés, au mois de novembre 1894.

Le colonel le prit, le garda environ un mois. Vers le 15 ou le 16 décembre 1894, le colonel vint me trouver et me dit : « Voilà votre dossier ! »

Ah, pardon ! avant, il y a un détail important que j'oubliais.

Lorsque je remis le dossier au colonel Sandherr, je lui fis remarquer qu'une pièce secrète, pièce importante dont je vous parlais tout à l'heure, messieurs les jurés, ne devait pas sortir du bureau sans que nous en ayons la copie ou la photographie. Il me répondit : « J'en fais mon affaire, je ferai faire des photographies. »

Il a fait faire deux ou trois photographies — je ne me souviens plus exactement du nombre, dans tous les cas deux ou trois — et, comme je vous le disais tout à l'heure, il me remit le dossier le 15 ou le 16 décembre 1894.

J'appelle votre attention sur cette date, messieurs les jurés, parce qu'on a fait à ce dossier une légende, et je tiens à rétablir son histoire.

Puis, le 16 décembre, j'ai repris le dossier, sans faire le dépouillement des pièces qui s'y trouvaient ; j'ai remis le tout dans une enveloppe : la fameuse enveloppe dont je parlais tout à l'heure, sur laquelle j'ai écrit au crayon bleu : « Dossier secret » ; dans un coin de l'enveloppe, la lettre D, et, au verso, après avoir collé l'enveloppe, mon paraphe ou presque ma signature, au crayon bleu.

J'ai remis ce dossier dans le tiroir de mon armoire secrète et il n'en est plus sorti qu'au moment où le colonel Picquart l'a demandé à M. Gribelin, c'est-à-dire — il se souviendra mieux de la date que moi, j'étais en permission — à la fin d'août ou au commencement de septembre 1896 ; voilà l'histoire de ce dossier.

Il faut vous dire que, lorsque le colonel Sandherr m'a remis ce dossier, le 16 décembre 1894, je lui ai dit : « Mais comment se fait-il que vous n'ayez plus besoin de ce dossier-là ? »

Il m'a répondu : « J'en ai un plus important, et je vais vous montrer une lettre de ce dossier. »

Il m'a fait voir une lettre, en me faisant jurer de n'en jamais parler. J'ai juré. Il m'a montré une lettre plus importante encore que celles du dossier. Il m'a dit : « J'ai avec cela quelques documents, mais je les garde par devers moi, et je m'en servirai si besoin est. »

Je n'ai plus jamais entendu parler de ce second dossier ; jamais le colonel ne me l'a remis.

Voilà l'histoire du dossier : quant à l'autre, je ne sais pas ce qu'il est devenu : je ne l'ai jamais vu, le colonel Sandherr m'en a parlé une fois seulement, le 16 décembre 1894.

Voilà exactement l'histoire de ce fameux dossier qui, d'après certaines publications, avait couru par le monde, à droite, à gauche, avait été communiqué par-ci, par-là. Voilà ce qui s'est passé !

M. LE PRÉSIDENT. — Il n'y a plus de questions à poser ?

Mᵉ LABORI. — Non, monsieur le Président.

M. LE PRÉSIDENT. — Vous pouvez vous asseoir.

M. LE GÉNÉRAL GONSE. — J'avais un mot à dire, monsieur le Président, pour la remise de ce dossier.

Je ne sais pas si on s'est bien expliqué sur le moment où on m'a remis le dossier.....

M. LE PRÉSIDENT. — A quelle époque vous l'a-t-on remis ?

M. LE GÉNÉRAL GONSE. — Je suis allé le reprendre, comme le disait le colonel Henry, quelques jours après qu'il m'a eu parlé de la conversation qui avait eu lieu entre le colonel Picquart et un tiers — il ne m'avait pas dit le nom. — Je suis allé chez le colonel Picquart pour lui demander de me remettre ce dossier. Ceci se passait trois ou quatre jours avant le départ du colonel Picquart ; le colonel Picquart étant parti le 16, cela se passait à partir du 12 ou 13. Voilà quels sont mes souvenirs à ce point de vue-là, et je suis bien aise de compléter ma déposition sur ce sujet.

M. LE PRÉSIDENT. — Vous pouvez vous retirer.

Mᵉ CLÉMENCEAU. — M. le colonel Picquart fait signe qu'il voudrait répondre.

M. LE PRÉSIDENT, *au colonel Picquart*. — Vous voulez répondre ?

M. LE COLONEL PICQUART. — Non, non.

M. LE PRÉSIDENT. — Faites venir le témoin suivant.

DÉPOSITION DE Mᵉ DEMANGE

Avocat à la Cour d'appel.

M. LE PRÉSIDENT. — Maître Labori, quelle est la question ?

Mᵉ LABORI. — Maître Demange voudrait-il nous dire ce qu'il sait de l'affaire Esterhazy et de toutes questions qui pourraient s'y rattacher, au point de vue de la bonne foi de M. Zola dans l'affaire Esterhazy ?

M. LE PRÉSIDENT, *au témoin*. — Voulez-vous ne nous parler que de l'affaire Esterhazy, rien que de l'affaire Esterhazy, pas d'autre chose ?

Mᵉ DEMANGE. — Pardon, je n'entends pas.

M. LE PRÉSIDENT. — Voulez-vous nous parler de la bonne foi de M. Zola relativement à l'affaire Esterhazy, pas relativement à d'autres affaires ?

Mᵉ DEMANGE. — Parfaitement, monsieur le Président.

Messieurs,

Dans les derniers jours du mois d'octobre, j'ai appris, comme tout le monde, par la voie des journaux, que M. Scheurer-Kestner avait la conviction de l'innocence de M. Dreyfus, et qu'il entendait poursuivre sa réhabilitation.

J'ai été, on le comprendra, plus angoissé que tous les autres lecteurs des journaux. Je me suis même permis, parce que je trouvais le temps un peu long, d'écrire à M. Scheurer-Kestner pour lui demander de faire connaître publiquement, à la tribune ou ailleurs, les raisons pour lesquelles il affirmait l'innocence de M. Dreyfus.

M. Scheurer-Kestner ne m'a pas répondu : il était, je l'ai su plus tard, dans la période de quinze jours pendant laquelle il avait promis à M. le général Billot de garder le silence.

Je suis donc resté dans cet état d'esprit jusqu'à la veille du jour où M. Mathieu Dreyfus a dénoncé à M. le Ministre de la guerre, M. le commandant Esterhazy, comme l'auteur du bordereau.

M. Mathieu Dreyfus est arrivé chez moi au jour que j'indique extrêmement ému; il m'apportait cette écriture qui, en effet, est d'une ressemblance frappante avec celle du bordereau, et il me dit : « M. Scheurer-Kestner m'a dit que mon devoir était de dénoncer, comme l'auteur du bordereau M. Esterhazy, dont voici l'écriture. »

Il est évident, je viens de le dire, que cette écriture était identique à celle du bordereau.

J'ai, — et je crois qu'en cela j'obéissais à un sentiment de prudence, — j'ai dit à M. Mathieu Dreyfus : « Faites ce que vous a dit M. Scheurer-Kestner, mais je souhaiterais qu'auparavant, vous priiez M. Scheurer-Kestner de vouloir bien dire publiquement qu'il a signalé à M. le Ministre de la guerre, comme l'auteur du bordereau, celui que vous allez dénoncer; parce que, de cette façon là, on ne pourra pas mettre en doute votre bonne foi ; et, puisque vous n'avez que l'écriture, bornez-vous à dénoncer M. Esterhazy comme l'auteur du bordereau, et n'allez pas plus loin. » Voilà le conseil que je lui ai donné.

A ce moment-là, j'étais aussi très ému, cela se comprend, n'est-ce pas ? puisque j'entrevoyais un recours possible pour la revision du procès Dreyfus; j'étais déjà résolu d'ailleurs à m'adresser à M. le Ministre de la justice depuis que j'avais su, par M. Salles, qu'il y avait eu une violation de la loi. Mais je ne l'avais pas fait encore, pour une raison que je peux bien dire : c'est qu'avant d'employer le recours légal, et surtout celui qui m'appartenait, en vertu d'un article du Code d'instruction criminelle, c'est-à-dire l'annulation du jugement pour violation de la loi, je voulais être appuyé auprès de M. le Ministre de la justice, c'est-à-dire que je voulais avoir l'assistance de ceux qui, portant la robe comme moi, sont soucieux des droits de la défense; et je voulais avoir aussi l'appui d'hommes politiques épris du droit et de la justice, ayant de l'autorité près du gouvernement.

En effet, que pouvais-je faire ?

Je pouvais dire à M. le Ministre de la justice : j'ai la certitude morale qu'il y a eu violation de la loi. Mais, une preuve juridique, je ne pouvais pas la lui apporter.

Il fallait donc que je fisse ce que l'on fait dans les procès de revision, c'est-à-dire que je demandasse à M. le Ministre de la justice une enquête ; je devais le prier de vérifier, de rechercher si l'assertion que je lui apportais était une assertion exacte. Donc, je ne voulais pas m'avancer tout seul ; et je dois dire qu'à ce moment-là, je n'ai pas trouvé l'assistance que je souhaitais, soit autour de moi au Palais, soit parmi les hommes politiques. On m'a dit : « Ah ! prenez garde. Ne réveillez pas en ce moment l'affaire Dreyfus ; c'est trop tôt, il faut attendre ! » J'attendais, lorsque se sont révélés les faits que M. Scheurer-Kestner a portés à la connaissance du public.

A ce moment-là, je me suis dit : Eh bien ! j'ai maintenant deux recours possibles : la revision et l'annulation. J'ai donc attendu l'issue du procès de M. Esterhazy.

Il y avait deux cas de revision possibles ; comme ces jours passés M. l'avocat général vous le signalait dans l'exposé de faits que j'ai entendu, si M. Esterhazy avait été condamné, il y avait deux personnes condamnées pour un même fait et, par conséquent, la revision s'imposait ; si M. Esterhazy était acquitté, ce qui a eu lieu, il restait le recours du fait nouveau.

J'attendais donc très impatiemment les débats du procès Esterhazy. J'ai assisté à la partie publique ; j'avais même demandé une intervention pour qu'il y eût un contradicteur ; elle a été repoussée. Mais enfin, ce qui m'intéressait surtout, c'était la déposition des experts, parce que c'était là que je comptais trouver le fait nouveau ; en effet, puisque Dreyfus n'avait été condamné que sur le bordereau et sur l'écriture, l'expertise dans l'affaire de M. Esterhazy, en m'apportant des éléments, me permettait de dire à M. le Ministre de la justice : Eh bien ! voilà un fait nouveau !

Je savais bien — cela m'a été appris par le rapport de M. Ravary — que les experts concluaient que l'écriture n'était pas de M. Esterhazy, mais je ne connaissais pas leurs motifs et l'écriture du bordereau peut ne pas être celle de M. Esterhazy, sans pour cela être celle de Dreyfus.

Il y avait là un élément sur lequel je n'avais pas de renseignements, par suite du huis clos ; de telle sorte que la voie de la revision m'était fermée.

Il me restait, Messieurs, la voie de l'annulation. Mais, comme je vous le disais tout à l'heure, je ne pouvais m'adresser à M. le Ministre de la justice que si j'étais certain, en frappant à cette porte, de la voir s'ouvrir. Or, les conditions dans lesquelles s'est déroulé le procès de M. Esterhazy et sur lesquelles, moi, je n'ai rien à vous dire, m'avaient donné une conviction :

c'est que le gouvernement ne désirait pas à ce moment faire la lumière sur l'affaire Dreyfus.

Il y a M. le Ministre de la justice, me dira-t-on, c'est à lui seul que vous deviez vous adresser. C'est entendu, mais enfin, n'est-ce pas? il est bien certain que M. le Ministre de la justice n'aurait pas pris de résolution tout seul sans le concours de ses collègues du Cabinet; c'était donc en définitive au gouvernement que je devais m'adresser. Et j'avais besoin du gouvernement, vous entendez bien, pour arriver à faire admettre ma requête tendant à établir qu'il y avait eu violation de la loi.

J'avais besoin, permettez-moi de l'ajouter aussi, du gouvernement, même dans le cas où ma requête aurait été accueillie et où il y aurait eu annulation du jugement par la Cour de cassation; j'avais besoin d'un gouvernement désireux de faire la lumière complète sur l'affaire Dreyfus, parce que, qu'il me soit permis de le dire, si cette revision devait se faire, ou plutôt si le jugement devait avoir lieu à nouveau, il fallait le grand jour, il ne fallait plus le huis clos.

Vous entendez bien que quand sept officiers, qui sont la loyauté même, ont condamné un homme — pour moi, je crois qu'ils se sont trompés, mais enfin, — pour le faire admettre par l'opinion publique, il faut qu'elle puisse toucher l'erreur du doigt.

Par conséquent, il m'était nécessaire d'être certain que, si ce jugement devait de nouveau avoir lieu, j'aurais le plus grand jour, et pour cela il fallait le concours du gouvernement voulant la lumière complète. Eh bien! j'étais convaincu qu'on ne la voulait pas et, dans cet état d'esprit, je me demandais ce que j'allais faire?

Je me le demandais lorsque — c'est par cela que je vais terminer — se sont déchaînées les passions qui grondent encore aujourd'hui, — au-dessus desquelles certainement vous êtes, — qui font qu'on ne pense plus à mon malheureux client.

Maintenant, il ne s'agit plus de l'affaire Dreyfus; c'est l'honneur de l'armée qu'on a mis en cause, c'est la lutte entre sémites et antisémites. Quant à moi, je ne me suis jamais préoccupé que des intérêts de M. Dreyfus, que j'ai défendu; il n'y a que lui qui me préoccupe.

Par conséquent, je me suis dit: il faut attendre encore, il faut de l'apaisement. Voilà pourquoi j'ai dit à M. Mathieu Dreyfus et à Mme Dreyfus: Attendons, attendons un autre moment, attendons des temps plus calmes!

Et je suis heureux d'avoir une occasion de l'affirmer ici, car il y a dans votre exposé, monsieur l'Avocat général, permettez-moi de vous le dire, un passage qui m'a beaucoup touché; vous avez dit à MM. les jurés qu'on n'avait pas voulu employer les voies légales et qu'on avait eu recours aux voies révolutionnaires. Mais, ce reproche-là, vous ne pouvez l'adresser à M. Zola parce que lui n'avait aucune qualité pour recourir aux voies légales, n'est-ce pas ? Il n'y avait absolument que la famille Dreyfus qui pût y recourir ; par conséquent, c'est à elle que s'adressait le reproche, et à moi, indirectement.

Et je pourrais même vous dire à tous que, depuis longtemps, et surtout depuis que M. l'Avocat général vous a fait cet exposé, moi, je reçois tous les matins des lettres, les unes qui sont signées, les autres qui ne le sont pas — les premières sont polies, les secondes ne le sont pas du tout — lettres dans lesquelles on me reproche d'avoir manqué à mon devoir.

Eh bien ! moi, j'estime que je n'y ai pas manqué. J'ai toujours mon devoir devant les yeux, et vous pouvez être certains que ma conscience ne me fera jamais reculer devant l'accomplissement d'un devoir ! Mais je crois avoir été très prudent en conseillant à M. Dreyfus d'attendre. Et ce qu'il faut que vous reteniez, c'est que certainement on ne peut pas reprocher à M. Zola de n'avoir pas recouru aux voies légales, puisque cela lui était impossible. Voilà ce que je tenais à dire en dégageant M. Zola.

Et voilà comment l'affaire Esterhazy, qui m'avait fait espérer — puisque je reviens à elle — que je pouvais recourir aux voies légales pour obtenir la revision légale, me l'a en même temps fermée, cette voie, parce qu'elle m'a fait comprendre que le gouvernement ne voulait pas la lumière. Voilà tout ce que j'ai à dire.

Mᵉ Labori. — Mᵉ Demange voudrait-il dire ce qu'il pense de ce passage du rapport de M. le commandant Ravary, relatif à l'affaire Esterhazy :

En résumé, que reste-t-il ? Une impression pénible qui aura un écho dans tous les cœurs vraiment français. Des acteurs mis en scène, les uns ont marché à découvert, les autres sont restés dans la coulisse ; mais tous les moyens employés avaient le même but : la revision d'un jugement *légalement* et justement rendu.

Qu'est-ce que Mᵉ Demange pense de cela ? Cela lui paraît-il exact ? N'a-t-il pas une observation de fait à présenter sur ce point ?

Mᵉ Demange. — Mais, puisque je voulais m'adresser au Ministre de la justice pour faire annuler le jugement, c'est que je ne le considérais pas comme *légalement* rendu.

Mᵉ Labori. — Pourquoi ?

M. le Président. — La question ne sera pas posée.

Mᵉ Labori. — Il s'agit de l'affaire Esterhazy.

Mᵉ Demange. — Je l'ai dit tout à l'heure.

Mᵉ Labori. — Dites-le encore.

Mᵉ Demange. — J'avais su par M. Salles qu'il y avait eu violation de la loi : c'est pour cela que je voulais m'adresser au Ministre.

Mᵉ Labori. — Quelle violation ?

M. LE PRÉSIDENT. — Non, non, Maître Demange, ne répondez pas !

Mᵉ CLÉMENCEAU. — Permettez-moi de poser une question ?

Monsieur le Président, je vous fais d'abord remarquer qu'un incident, qui a occupé un long moment de cette audience, avec M. le colonel Henry, a porté exclusivement sur l'affaire Dreyfus. Sous le bénéfice de cette observation, en vous faisant remarquer également qu'un très long et très vif incident a eu lieu tout à l'heure, à propos de faits qui s'étaient passés pendant le huis clos et de faits très secrets, puisqu'il s'agissait de la pièce secrète, je vous fais observer qu'on a pu parler de tout cela, et je vous demande de poser à Mᵉ Demange la question suivante :

Mᵉ Demange vient de nous dire, — et il n'a pas à s'expliquer autrement, a dit M. le Président, — qu'il avait la certitude que le jugement n'avait pas été *légalement* rendu. Je lui demande s'il ne pourrait pas nous dire sur quoi il base cette certitude et, en particulier, voilà ma question : Si ce n'est pas parce qu'un juge du conseil de guerre l'a affirmé à M. Salles, qui l'a répété à Mᵉ Demange ?

Mᵉ DEMANGE. — Mais oui, parbleu ! *(Mouvements divers.)*

M. LE PRÉSIDENT. — Maître Demange, vous n'avez pas la parole.

Mᵉ CLÉMENCEAU. — Je vous demande, monsieur le Président, de poser la question.

M. LE PRÉSIDENT. — Non, non, je ne poserai pas la question. *(Rires.)*

Mᵉ LABORI. — Moi, monsieur le Président, j'ai une autre question à poser à Mᵉ Demange.

Il a paru, il y a quelques jours, dans le journal le *Matin*, une interview de trois colonnes qui contient les choses les plus intéressantes et dont le plus grand nombre, qui sont à ma connaissance personnelle, sont parfaitement exactes. Sans demander à Mᵉ Demange si l'interview a été prise chez lui, je lui demande de dire si les faits sont exacts ?

Mᵉ DEMANGE. — D'abord il n'y a pas eu d'interview.

J'avais reçu une lettre d'un professeur de l'Université, des Facultés de Paris, et une lettre de deux jeunes licenciés, qui parlaient au nom des étudiants, et il y a de cela plus d'un mois ; ces deux lettres qui étaient signées, — elles étaient toutes les deux très polies, — m'accusaient toutes les deux de manquer à mon devoir, et elles me disaient : « Vous savez, monsieur Demange, — *(se tournant vers les défenseurs)* ce que vous disiez tout à l'heure, — qu'il y a eu une *illégalité* commise, et pourquoi ne vous adressez-vous pas au Ministre de la justice ? »

Mᵉ CLÉMENCEAU. — C'est la pièce secrète ?

Mᵉ DEMANGE. — Oui.

Mᵉ LABORI. — Communiquée aux juges en dehors de l'accusé et de son défenseur ?

Mᵉ Demange. — Je n'ai jamais vu que le bordereau ; par conséquent, c'est certain.

Je disais donc que, dans leur lettre, ces messieurs m'accusent de manquer à mon devoir et prétendent que c'est moi qui suis cause de l'article de M. Zola. Ils disent que si je m'étais adressé au Ministre de la justice, très certainement tout ce bruit ne se produirait pas ; c'est moi qui suis rendu responsable, dans la lettre qu'ils m'adressent, du trouble dans le pays aujourd'hui.

Il ne s'agissait pas d'interview, n'est-ce pas ?

J'ai répondu au professeur et aux jeunes gens en leur demandant de venir me trouver. Ils sont venus me voir, et alors j'ai causé confidentiellement avec eux; le professeur a gardé ma confidence, mais les jeunes gens ne l'ont pas gardée.

Mᵉ Labori. — Par conséquent, tout ce qui est intéressant pour nous, c'est que les faits consignés dans l'article sont exacts. Quant à la parfaite correction de Mᵉ Demange, tout le monde la connaît, elle n'a jamais été mise en doute. Je voulais simplement être fixé sur l'exactitude du renseignement.

J'ai encore deux questions à poser à Mᵉ Demange. Mᵉ Demange ne sait-il pas que c'est le 15 novembre, pour la première fois, que M. Leblois a vu M. Mathieu Dreyfus chez M. Scheurer-Kestner ?

Mᵉ Demange. — Le lendemain du jour où M. Mathieu Dreyfus a eu fait sa dénonciation, M. Leblois est venu me voir en me disant qu'il était le conseil de M. Scheurer-Kestner, et c'est alors que M. Leblois m'a mis au courant de tout ce que j'ai appris et de tout ce que vous savez. C'est par lui que j'ai su comment, au mois de juin de l'année 1897, il avait reçu la visite de M. le colonel Picquart, qui arrivait de Tunisie ou d'Algérie; que ce dernier était sous le coup d'une menace de celui qui était devenu son successeur et qu'il était venu demander un conseil à M. Leblois et, parlant à son avocat, comme on parle à un avocat, c'est-à-dire sous le sceau du secret professionnel, il avait dit à M. Leblois : « Voilà ce qui s'est passé. »

A ce moment-là, M. Leblois m'a représenté les faits comme n'étant à sa connaissance que depuis le jour où il a reçu la visite du colonel Picquart. Voilà ce qu'il m'a dit.

Mᵉ Labori. — Alors, Mᵉ Demange sait que c'est le 15 novembre, ou à une date approchante, que M. Leblois aurait vu M. Mathieu Dreyfus chez M. Scheurer-Kestner ?

Mᵉ Demange. — Je ne sais qu'une chose, c'est que M. Mathieu Dreyfus était aussi ignorant que moi de ce que faisait M. Scheurer-Kestner. Je sais qu'il a dû être mis en rapport avec M. Scheurer-Kestner, puisqu'il m'a dit que c'était vers le 8 ou le 10 novembre qu'il avait apporté à M. Scheurer-Kestner une écriture qu'il tenait de M. de Castro, écriture identique à celle du bordereau. Il m'a même expliqué que M. Scheurer-Kestner avait levé les bras, puis avait dit : « Maintenant que vous savez quel est l'auteur du bordereau, je suis délié de mon secret, et il est de votre devoir de dénoncer Esterhazy. »

M⁰ LABORI. — M⁰ Demange pourrait-il nous dire à quelle date M⁰ Leblois lui a parlé de cette affaire Esterhazy ?

M⁰ DEMANGE. — Il m'a raconté cela lorsqu'il est venu me voir après que la dénonciation avait été faite ; il ne m'en a pas parlé avant ; je ne le connaissais pas.

M. LABORI. — M⁰ Demange ne sait-il pas que M. Mathieu Dreyfus s'est plaint fréquemment et avec insistance que M⁰ Leblois ne lui ait fait parvenir aucun avis direct ou indirect sur la culpabilité d'un autre ?

M⁰ DEMANGE. — Il s'en est plaint souvent.

M⁰ LABORI. — Est-il à la connaissance du témoin que M⁰ Leblois n'a jamais fait aucune communication à M. Mathieu Dreyfus à ce moment-là ?

M⁰ DEMANGE. — Jamais de la vie.

M⁰ LABORI. — M⁰ Demange connaît-il les raisons pour lesquelles M⁰ Leblois n'est jamais entré en relations avec la famille Dreyfus ou avec M⁰ Demange ?

M⁰ DEMANGE. — Il ne me l'a pas dit. Je le lui ai même reproché. Je lui ai dit que nous aurions pu alors précisément nous adresser au ministère de la justice.

M⁰ LABORI. — M⁰ Demange a-t-il vu le bordereau qui était versé dans l'affaire Esterhazy ?

M. DEMANGE. — Je crois bien que je l'ai vu !

M⁰ LABORI. — M⁰ Demange l'a-t-il vu en original ?

M⁰ DEMANGE — Certainement.

M⁰ LABORI. — L'a-t-il vu en photographie ?

M⁰ DEMANGE. — J'ai vu l'original dans le dossier. Lorsque les débats se sont ouverts, on en avait fait faire des fac-similés ; chacun des juges en avait un et moi aussi. Quand le débat a été clos, M. le Président s'est fait restituer par chacun des juges et par moi les fac-similés que nous avions. Je ne me rappelle plus si on les a brûlés à l'audience, mais enfin on les a détruits.

M⁰ LABORI. — Quoi qu'il en soit, il y avait des photographies au dossier?

M⁰ DEMANGE. — Je vous répète que, dans le dossier, il n'y avait que l'original, mais on avait fait faire des photographies.

M⁰ LABORI. — Ces photographies avaient été faites par les soins du Parquet militaire?

M⁰ DEMANGE. — C'est M. Bertillon qui les avait fait faire, je crois, et on les avait données, pour les débats. aux juges, au Commissaire du gouvernement et à moi ; et, quand les débats ont été terminés, nous avons tous restitué nos photographies à M. le Président qui, je crois... je ne sais pas si c'est à l'audience qu'il les a brûlées, mais enfin il les a emportées dans une enveloppe pour les détruire.

M⁰ LABORI. — M⁰ Demange connaît-il le fac-similé qui a été publié par le *Matin* ?

M⁰ DEMANGE. — Je crois bien que je le connais ! Sitôt que j'ai vu ce fac-similé, ne me rappelant plus que je n'avais plus la photographie entre les mains, je me suis dit : On est capable de dire que c'est moi qui l'ai donné au *Matin!*

M⁰ LABORI. — Il y avait donc une ressemblance entre ce fac-similé et le bordereau ?

M⁰ DEMANGE. — C'était saisissant... Vous ne l'avez donc pas, l'original ?

M⁰ LABORI. — Non, mais nous voudrions bien l'avoir.

M⁰ Demange sait-il que M. le général de Pellieux a déclaré, qu'entre le fac-similé et l'original, il n'y avait aucune ressemblance ? Que pense M⁰ Demange de cela ?

M⁰ DEMANGE. — Je pense que deux hommes de bonne foi peuvent avoir une opinion différente.

M⁰ CLÉMENCEAU. — Les juges du Conseil avaient des photographies entre les mains, ils ont jugé sur ces photographies; mais où était l'original ?

M. LE PRÉSIDENT. — Dans le dossier, vient de vous dire M⁰ Demange.

M⁰ CLÉMENCEAU. — Mais on avait remis à chacun des juges une photographie. M⁰ Demange nous a dit qu'on avait, à la fin, brûlé les photographies.

M⁰ DEMANGE. — Je le crois... Bien entendu le Président n'est pas descendu de son siège pour venir les brûler dans la salle, mais ces photographies devaient être brûlées.

M⁰ CLÉMENCEAU. — A qui a-t-on redemandé les photographies ?

M⁰ DEMANGE. — Mais, aux juges, au Commissaire du gouvernement, à la défense.

M⁰ CLÉMENCEAU. — Les a-t-on demandées aux experts ?

M⁰ DEMANGE. — Je ne sais pas ; ils n'étaient pas là, on ne pouvait pas les leur demander.

M⁰ CLÉMENCEAU. — Qui a fait faire ces photographies ?

M⁰ DEMANGE. — Je crois que c'est M. Bertillon qui les a faites ; je n'en suis pas sûr, vous le lui demanderez.

M⁰ CLÉMENCEAU. — Le cliché n'a pas été détruit en présence de M⁰ Demange ?

M⁰ DEMANGE. — Non.

M⁰ LABORI. — M⁰ Demange a-t-il conservé la photographie qui lui avait été remise ?

M⁰ DEMANGE. — Mais non, puisque je viens de vous dire que je l'ai remise à la fin du procès ! C'est pourquoi, ayant été très ému en voyant la photographie publiée dans le *Matin*, je me suis rassuré en pensant que je n'avais plus cette photographie et que, par conséquent, je ne pouvais être accusé de l'avoir communiquée au journal.

M⁰ CLÉMENCEAU. — Maître Demange sait-il si le rapport des experts a été fait sur l'original ou sur la photographie ?

M⁰ DEMANGE. — J'imagine que c'est sur l'original.

L'audience est suspendue.

L'audience est reprise à deux heures cinquante-cinq.

CONCLUSIONS

relatives à l'outrage commis par le colonel Henry contre le colonel Picquart, à l'occasion de la déposition de ce dernier.

Mᵉ LABORI. — Monsieur le Président, avant qu'on fasse appeler le premier témoin, voulez-vous me permettre de déposer, au nom de mon client, les conclusions suivantes :

Plaise à la Cour,

Attendu que la déposition de M. le lieutenant-colonel Picquart a été interrompue par M. le lieutenant-colonel Henry, qui s'est écrié : « Vous en avez menti ! »

Attendu que, malgré les observations de la défense, M. l'Avocat général n'est pas intervenu pour relever et réprimer les injures proférées à l'égard d'un témoin, injures d'autant plus graves, que le témoin, militaire, est aux arrêts ;

Attendu que, dans ces conditions, l'autorité du témoin cité par la défense peut, dans l'esprit du jury, se trouver atteinte, et, par suite, la valeur de son témoignage diminuée ;

Attendu que les faits susrelatés causent par conséquent, le plus grave préjudice aux intérêts et aux droits de la défense ;

Par ces motifs ;

Donner acte aux concluants de ce que M. le lieutenant-colonel Picquart a été interrompu dans sa déposition par M. le lieutenant-colonel Henry qui s'est écrié : « Vous en avez menti ! » et de ce que, malgré les observations de la défense, M. l'Avocat général n'est pas intervenu pour relever et réprimer les injures proférées à l'égard d'un témoin, injures d'autant plus graves que ce témoin, militaire, est aux arrêts.

Nous renonçons à la déposition de M. Collenot à raison de la déposition de Mᵉ Demange.

M. LE PRÉSIDENT. — Seulement, quant aux conclusions, je vous ferai remarquer que ceci ne concerne pas la Cour, vous avez l'air de demander acte d'un délit qui aurait été commis ; la Cour n'a pas à statuer là-dessus.

Mᵉ LABORI. — Nous demandons acte d'un incident.

M. LE PRÉSIDENT. — Je ne saisis pas bien.

Mᵉ LABORI. — En ce qui concerne M. le Président des assises, l'observation n'a pas d'intérêt, mais nous parlons de M. l'Avocat général, parce qu'un délit a été commis à cette audience et que M. l'Avocat général ne s'est pas levé pour en demander la répression.

Mᵉ CLÉMENCEAU. — Nous demandons acte du fait matériel et rien de plus.

M. LE PRÉSIDENT. — Bien, à lundi pour arrêt.

DÉPOSITION DE M. RANC
Sénateur.

M. LE PRÉSIDENT. — Maître Labori, quelles questions ?

Mᵉ LABORI. — Monsieur Ranc voudrait-il avoir la bonté de nous dire ce qu'il pense de l'affaire Esterhazy et, en particulier, de M. Emile Zola et de sa bonne foi ?

M. RANC. — Pour moi, Messieurs, la bonne foi de M. Zola est entière, absolue. Je sais, monsieur le Président, que vous ne me laisserez pas parler de la *violation* de la loi et des droits de la défense, qui a été commise dans le procès de 1894 par suite de la non-communication à la défense d'une pièce secrète.

Je dirai donc seulement, monsieur le Président, que M. Zola a dû être légitimement surpris par la manière dont le second procès a été conduit, par ce qui a été un simulacre d'instruction — ce qui, du moins, a paru n'être pour beaucoup de gens qu'un simulacre d'instruction — ce qui, certainement, n'a été qu'un simulacre de débat contradictoire, puisque le plaignant n'y était pas représenté, puisqu'il n'y pas eu de contre-expertise d'écritures, puisqu'après avoir donné lecture de l'acte d'accusation — qui était en réalité un plaidoyer en faveur de l'accusé — on a fait le huis clos partiel, on a fait le silence autour du témoignage du colonel Picquart et des dépositions des experts en écritures.

Cela seul, à mon sens, suffit pour expliquer et pour justifier les sentiments de généreuse indignation auxquels a obéi M. Zola. M. Zola a cherché la vérité, il a voulu la justice ; ce qu'il a fait est, à mes yeux, l'acte d'un homme de cœur et de grand courage.

M. LE PRÉSIDENT. — Maître Labori, avez-vous d'autres questions à poser ?

Mᵉ LABORI. — Non, monsieur le Président.

M. LE PRÉSIDENT. — Monsieur Ranc, vous pouvez vous retirer.

DÉPOSITION DE M. PIERRE QUILLARD
Homme de lettres.

(*Le témoin prête serment.*)

Mᵉ LABORI. — Je crois que M. Quillard a assisté comme publiciste au procès de M. le commandant Esterhazy ou, tout au moins, à la partie publique de ce procès. Je vous prierais, monsieur le Président, de vouloir bien lui demander de nous faire connaître ses impressions d'audience ?

M. QUILLARD. — J'ai assisté aux audiences du Conseil de

guerre qui a jugé et acquitté M. Walsin-Esterhazy. Comme on accuse M. Émile Zola d'avoir commis le délit de diffamation à l'égard des membres du Conseil de guerre, leur reprochant d'avoir acquitté par ordre, je crois que les impressions d'audience d'un témoin désintéressé pourront être de quelque utilité pour éclairer la religion de MM. les jurés.

Nous avons d'abord entendu la lecture de l'acte d'accusation dressé par M. Ravary — je suppose que MM. les jurés connaissent ce document.

C'est, en effet, un document remarquable — très remarquable — par une admiration touchante pour l'éloquence de M. le général Billot, mais surtout par la bienveillance tout à fait inusitée à l'égard de l'accusé ; et cette bienveillance nous a paru bien remarquable, à nous qui connaissions déjà l'acte d'accusation de M. d'Ormescheville, quand nous avons vu que les mêmes faits qui étaient portés à charge vis-à-vis d'un officier, étaient portés à la glorification du commandant Esterhazy, par exemple, le fait d'être polyglotte ou de s'intéresser à des questions en dehors de son service.

Je rappellerai donc à MM. les jurés que cet acte d'accusation était en réalité plutôt un formidable réquisitoire contre un des témoins, le lieutenant-colonel Picquart. Nous avons entendu, nous, hommes de bonne foi, spectateurs désintéressés, nous avons entendu la lecture de ce document avec quelque surprise. J'ai eu dès lors comme une idée que les dispositions de la Cour militaire étaient plutôt favorables à M. Esterhazy. Cette impression a été confirmée par la façon dont l'interrogatoire a été mené et par l'attitude du tribunal à l'égard des témoins.

Je ne voudrais pas paraître adresser ici, pour les besoins de la cause, des flatteries inconvenantes à la magistrature civile ; mais je crois qu'en général les magistrats civils étudient eux-mêmes et en détail les dossiers des affaires qui leur sont soumises. Ici, rien de tel, du moins en apparence. Toutes les fois qu'un document précis a été allégué, le général président du Conseil de guerre et le greffier ont dû faire appel à l'obligeance de Me Tézenas, avocat de M. Esterhazy. Nous voulons croire que quelques-unes des pièces ainsi alléguées n'étaient pas d'une grande importance ; mais voici un incident qui me semble tout à fait notable et caractéristique.

Au cours de sa déposition, M. Mathieu Dreyfus avait déclaré qu'à une certaine date, au mois de juin 1894, je crois, M. Esterhazy avait écrit une lettre dans laquelle il déclarait lui-même être dans une situation tellement épouvantable que, pour se soustraire, lui et les siens, à cette situation, il serait peut-être obligé de recourir à un crime. Je crois que c'était là, dans l'affaire, un document capital. Il semble bien que le président du Conseil de guerre l'avait oublié, ce document, puisque c'est encore Me Tézenas qui dut en fournir la cote ; le document fut remis au général de Luxer ; celui-ci le prit et le regarda quelque temps ; puis, déclara-t-il : « Il y a quatre pages, c'est bien long. » Et alors c'est M. Mathieu Dreyfus qui monta vers le tribunal et qui mit sous les yeux du Président la phrase accusatrice.

Cet incident m'avait vivement frappé. Je fus également très frappé de la façon véritablement bienveillante dont fut conduit l'interrogatoire à l'égard de M. Esterhazy. S'il arrivait à celui-ci d'avoir des lacunes de mémoire profitables à sa cause, il lui suffisait de déclarer ensuite : « Ce n'est pas important », pour que l'interrogatoire n'insistât pas sur ce point. De même, quand M. Scheurer-Kestner, au cours de sa déposition, vint à dire : « Étant un homme, je puis me tromper », cette parole d'honnête homme fut accueillie par des ricanements des personnes qui se trouvaient en face de lui.

Tout cela, je dois le dire, ne nous avait pas donné l'impression d'une très grande impartialité. Puis, enfin, le huis clos ; et si l'on pouvait comprendre qu'il fût prononcé pour certaines dépositions, personne encore n'a pu se rendre compte de l'intérêt que présentait, pour la défense nationale, la forme des s et des x. On était venu là pour chercher la lumière, pour chercher la lumière avec angoisse et avec anxiété, et j'affirme que nulle personne, attentive et réfléchie, n'en est sortie sans cette conviction qu'au lieu de la lumière, des hommes très puissants avaient, sinon donné l'ordre, du moins manifesté le désir... (*Murmures au fond de la salle.*) manifesté le désir qu'on fît l'ombre et qu'on épaissît les ténèbres.

Si M. Émile Zola est coupable pour avoir exprimé cette conviction avec violence, je crois que beaucoup d'autres en France ont partagé aussi son émotion et, parmi eux, celui qui vous parle, ayant assisté à ces choses avec anxiété.

M. LE PRÉSIDENT. — Maître Labori, avez-vous d'autres questions ?

M⁰ LABORI. — Non, monsieur le Président. Je remercie M. Quillard... Je crois cependant que le témoin a encore quelques explications à fournir.

M. QUILLARD. — M. Émile Zola appartient à une génération littéraire absolument différente de la mienne ; et généralement les hommes de lettres, en possession de la faveur publique trouvent, dans leurs successeurs immédiats, les pires des adversaires et les plus clairvoyants des critiques. Nous n'avons pas failli à ce devoir envers M. Émile Zola, et même, tout en rendant hautement hommage à son œuvre admirable, qui honore les lettres françaises, j'ai exprimé les réserves les plus vives à son égard. Ce n'est donc pas du tout en disciple fidèle que je viens parler ici ; je n'en suis que plus libre pour dire combien l'attitude de M. Émile Zola m'a semblé belle, généreuse et héroïque. (*Mouvements divers.*)

M. Émile Zola aurait pu se taire, il aurait pu écouter les conseils de ce que Victor Hugo, en 1871, appelait la *complaisance à la colère publique*.

M. Emile Zola savait qu'en écrivant la lettre qu'il a écrite, il se vouait d'avance à toutes les injures et à toutes les infamies ; il savait qu'il mettait en péril non seulement son repos, mais, nous le savons actuellement, sa vie, qu'il mettait en péril son honneur, puisque nous en sommes venus, paraît-il, à un tel point de pourriture sociale qu'aucun homme ne puisse exprimer son opinion sans être accusé de vénalité.

Eh bien! je trouve ce fait, sachant les circonstances où nous vivons, sachant l'ignominie de l'antisémitisme (*Bruit*)... Parfaitement!... je trouve ce fait, dans ces circonstances, d'avoir dit ce qu'on croyait la vérité, d'avoir estimé qu'au dessus de la *chose jugée*, il y avait peut-être la *chose vraie*, je trouve ce fait-là digne d'un homme honnête et honorant M. Emile Zola, plus que beaucoup de ses œuvres. Je suis heureux de lui apporter ici l'hommage de ma profonde et respectueuse admiration.

DÉPOSITION DE M. JAURÈS

Député.

(*Le témoin prête serment.*)

Mᵉ LABORI. — M. Jean Jaurès n'a-t-il pas assisté aux débats du procès Esterhazy, et, si oui, voudrait-il nous faire part de ses impressions d'audience ?

M. JAURÈS. — J'ai assisté, en effet, à la partie publique du procès Esterhazy, et c'est parce que j'ai assisté à la partie publique du procès Esterhazy que je viens affirmer à cette barre, non seulement l'entière bonne foi de M. Zola, mais la haute valeur morale et sociale de son acte.

J'estime que la conduite du procès Esterhazy justifie, en effet, les indignations les plus véhémentes de M. Zola; elles justifient aussi les inquiétudes de ceux qui, profondément respectueux de l'armée nationale, ne veulent pas que le pouvoir militaire s'élève au-dessus de tout contrôle et de toute loi.

J'ajoute que les défaillances parlementaires et gouvernementales, qui se sont produites depuis le commencement de cette affaire, ont obligé les citoyens à intervenir et à suppléer, pour la défense de la liberté et du droit, les pouvoirs responsables qui se dérobaient.

Dans l'affaire Esterhazy, dans le procès Esterhazy, trois faits décisifs m'ont particulièrement frappé.

En premier lieu, pourquoi le huis clos a-t-il été prononcé sur les expertises d'écritures ? C'était là l'objet essentiel de l'accusation. M. Esterhazy était accusé d'avoir écrit le bordereau ; pourquoi avoir discuté dans le mystère et le secret du huis clos, les expertises d'écritures qui devaient trancher cette question ? Le huis clos, qui soustrait le débat à la publicité, au contrôle de l'opinion, si utile, non seulement à celui qui est accusé, mais à ceux qui le jugent, le huis clos ne peut s'expliquer que par des raisons supérieures d'intérêt national, et il est impossible de prétendre qu'il y avait un intérêt national quelconque à cacher au pays les expertises d'écritures relatives à l'attribution du bordereau.

Ce qui explique le huis clos sur les expertises, c'est simplement qu'il y avait intérêt, un intérêt qui n'était point celui de la justice, à cacher les conclusions d'experts du premier procès de 1894 et les conclusions d'expertises du procès Esterhazy. Mais il n'y avait pas que les constatations de ces contradictions à voiler; il y avait, pour l'attribution du bordereau à M. Esterhazy, d'autres indices qu'il était important de recueillir et d'examiner publiquement.

Pour ma part, je sais, et je puis en apporter à cette barre le témoignage positif, que le commandant Esterhazy avait produit sur le bordereau des affirmations singulièrement inquiétantes. Je le sais, et je puis invoquer ici le témoignage d'un de nos confrères loyal, qui ne me démentira pas, et je tiens, négligeant toutes les convenances secondaires qui n'ont rien à voir dans ce procès, à aller tout droit à la vérité, parce que j'estime que le premier devoir de tous les citoyens dans cette affaire, où les obscurités ont été accumulées à plaisir, c'est d'apporter toutes les parcelles de vérité qu'ils détiennent et dont sera faite plus tard la vérité définitive. Eh bien ! voici ce que j'ai entendu dire deux fois par M. Papillaud, rédacteur à la *Libre Parole*. Il m'a fait cette déclaration une fois que nous sortions ensemble du Sénat, après la séance où M. Scheurer-Kestner interpellait; il l'a faite encore publiquement, devant un groupe qui se formait dans la salle des Pas-Perdus de la Chambre, salle ouverte à tout venant et où les propos qui se tiennent sont des propos publics.

Eh bien ! M. Papillaud m'a dit, et a dit à bien d'autres personnes ceci : « Je crois profondément à la culpabilité de Dreyfus; j'y crois parce qu'il me paraît impossible que des officiers français, ayant à juger un autre officier français, l'aient condamné sans des charges accablantes; j'y crois, parce que la puissance juive, très influente, il y a quatre ans comme aujourd'hui, aurait arraché Dreyfus à la Justice, s'il y avait eu en sa faveur la moindre possibilité de salut, et le bordereau, d'ailleurs, n'est qu'un élément accessoire du procès. Mais, en ce qui concerne le bordereau, j'ai la conviction absolue qu'il est d'Esterhazy, et voici pourquoi : Dans les deux jours qui ont suivi la lettre de dénonciation de M. Mathieu Dreyfus, M. Esterhazy, qui ne semblait pas avoir recouvré l'entière possession de lui-même, allait beaucoup dans les bureaux de rédaction. Il est venu dans les bureaux de la rédaction de la *Libre Parole*, et là, devant mes camarades et moi, il a dit : « Oui, il y a entre l'écriture du bordereau et la mienne une *ressemblance effrayante*, et lorsque le journal *Le Matin* a publié le fac-similé du bordereau, je me suis senti perdu. »

Je fais remarquer à MM. les jurés que le fac-similé était

publié quinze mois, je crois, avant la lettre d'accusation, à un moment où le nom d'Esterhazy n'avait en rien été mêlé à cette affaire, et je les laisse juges de la gravité morale d'un tel propos.

C'est cet ensemble d'indices que le huis clos sur les expertises d'écritures avait, je ne dis pas pour objet, mais en tout cas, pour résultat d'abriter.

Il y a un second point qui m'a frappé dans la conduite du procès, c'est l'attitude observée envers le lieutenant-colonel Picquart. Contre lui, les accusations les plus violentes ont été produites; il a été accusé de faux, il a été accusé de toutes sortes de manœuvres coupables et viles, et l'accusation a été publique, le rapport qui chargeait le lieutenant-colonel Picquart a été lu publiquement et, lorsqu'est venu, pour le lieutenant-colonel Picquart, l'heure de se défendre, ceux qui reprochent à M. Zola de porter atteinte à l'honneur de l'armée ont interdit la publicité de la défense à cet officier, contre lequel s'était produite la publicité de l'accusation.

Je dis qu'il y a là un fait grave : ici, devant le jury, dans la publicité de cette audience, toutes les accusations contre le lieutenant-colonel Picquart ont été produites, et je me garderai bien — je n'en ai pas le droit et ce n'est pas mon affaire — de dire un mot quelconque sur le fond des accusations qui ont été portées contre lui; mais, du moins, s'il était accusé ici devant le pays, devant les jurés, qui sont la conscience légale du pays, c'est devant le pays aussi, c'est devant les jurés qu'il était admis à se défendre. Je le demande à MM. les jurés qui ont entendu les accusations de M. le général de Pellieux contre le colonel Picquart : qu'auraient-ils pensé si, après avoir donné ici la parole publique à M. le général de Pellieux pour écraser M. le colonel Picquart, on avait refusé au colonel Picquart le droit de se défendre publiquement aussi ?

Eh bien! messieurs, c'est là ce qui s'est produit dans le procès Esterhazy.

Qu'on ne vienne pas parler encore une fois de la nécessité de la défense nationale, du secret national, puisqu'ici, sans que jamais la défense nationale ait été compromise, sans que jamais un secret redoutable se soit échappé, il a été permis au colonel Picquart de se défendre publiquement, comme publiquement il était attaqué.

Ce qui a le plus révolté les consciences, je ne parle pas seulement de la mienne, je parle de celle de beaucoup d'hommes indépendants qui vivent loin des affaires publiques, de professeurs, de mes camarades d'école, d'hommes qui ont été toute leur vie absorbés par des recherches désintéressées, ce qui les a décidés en grand nombre à sortir de leur service et de leur neutralité et à descendre sur la place publique pour défendre le droit, c'est précisément ce contraste outrageant de la publicité de l'attaque contre un homme, et du huis clos de la défense.

Eh bien! M. Zola a ressenti comme d'autres — pas plus que

d'autres — l'indignation naturelle, légitime, devant de pareils procédés !

Mais, Messieurs, il y a eu dans le procès Esterhazy un troisième fait très inquiétant, c'est l'absence de toute enquête sérieuse relativement à l'histoire de la dame voilée et à la provenance du document secret communiqué à M. Esterhazy.

Vraiment ! il faut que nous soyons étrangement blasés sur certaines choses ou que des affirmations superbes aient le don de supprimer en nous tout esprit de critique et de réflexion, pour que nous ne soyons pas émus et troublés par ce fait. Il y a une pièce secrète, cette pièce intéresse la défense nationale, cette pièce a, paraît-il, une valeur internationale, elle peut créer des difficultés diplomatiques à notre pays, elle est enfermée à triple clef dans l'armoire la plus secrète et la mieux gardée du sanctuaire le plus reculé de l'Etat-major, et cette pièce, ce secret, une photographie en est remise par des procédés de mélodrame à une femme mystérieuse, qui la transmet à un officier déjà prévenu, et l'autorité militaire, gardienne du secret national, gardienne de la sécurité du pays, l'autorité militaire n'ébauche même pas un commencement d'enquête sur les mouvements de cette pièce et sur son origine ! En vérité, c'est singulier !

Et pourquoi ne l'a-t-on pas fait ? Pourquoi ? Parce que l'enquête aurait démontré assurément que cette photographie de la pièce secrète ne pouvait avoir été transmise à M. Esterhazy que par les soins de l'Etat-major. Il y en a deux raisons décisives : la première, c'est que si l'Etat-major n'avait pas su que c'était lui qui avait fait parvenir ce document à M. Esterhazy, lorsque le commandant Esterhazy, officier responsable de la discipline militaire, s'est présenté au ministère de la guerre, et lorsqu'il a apporté un document secret sans pouvoir expliquer la provenance de ce document secret, s'il n'y avait pas eu une connivence évidente de l'Etat-major général et du commandant Esterhazy, le premier soin et le premier devoir de l'Etat-major général eussent été de mettre en état d'arrestation le commandant Esterhazy apportant une pièce dérobée et intéressant la défense nationale, sans qu'il lui fût possible d'en indiquer la provenance.

Il y a une deuxième raison, c'est que cette pièce, messieurs les jurés, je vous prie d'y prendre garde, cette pièce ne pouvait avoir d'intérêt pour Esterhazy qu'à la condition qu'il sût qu'elle venait de l'Etat-major. En effet, de quoi était-il accusé ? Il était accusé d'avoir écrit le bordereau. Or, en quoi la possession d'une pièce contenant ces mots : « Cet animal de D... » en quoi la possession de cette pièce pouvait-elle aider Esterhazy à démontrer qu'il n'avait pas écrit le bordereau ?

Cette pièce secrète qu'on faisait passer à Esterhazy, elle ne pouvait pas lui être utile par son contenu, elle ne pouvait lui être utile que par son origine, elle ne pouvait lui être utile qu'en lui apprenant que l'Etat-major veillait sur lui, que l'Etat-major était décidé à ne pas remettre en question la chose, que l'Etat-

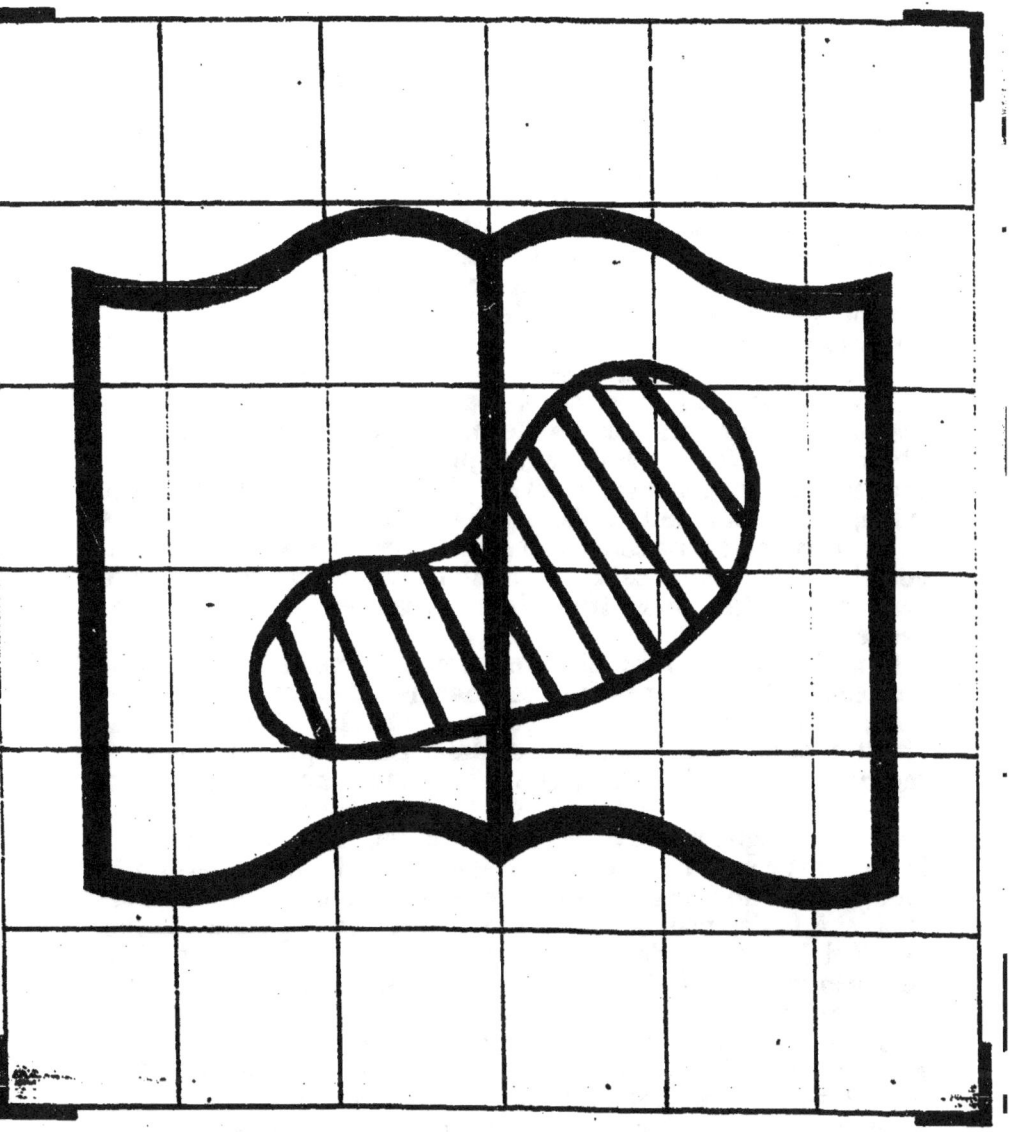

major disposait de nouveaux moyens de combat, qu'il ne se laisserait pas abattre et que, lui, Esterhazy, protégé par les grands chefs, devait marcher tranquille et ne pas perdre pied, ne pas perdre la tête, ne pas se troubler, ne s'abandonner à aucun aveu.

Voilà l'intérêt, le seul intérêt possible de la pièce communiquée à Esterhazy! Ce n'était pas une cartouche que lui faisait passer l'Etat-major, c'était un cordial à la veille de la bataille, c'est-à-dire du procès. (*Mouvements divers.*)

Ainsi, il apparaît dans toute la procédure du procès Esterhazy, dans le huis clos sur les expertises d'écritures, dans le procédé d'étranglement à huis clos dont on a usé envers le colonel Picquart, dans l'absence de toute enquête sur la provenance de la pièce secrète, il apparaît partout que le procès a été conduit non en vue de la vérité et de la justice, mais pour la justification systématique des grands chefs militaires.

Et alors, messieurs les jurés, le pays a d'autant plus le droit de s'émouvoir et de s'indigner qu'on se sert pour l'entraîner de mots plus nobles. Il n'est pas de paroles plus belles, plus grandes, plus sacrées que celles de patrie, de défense nationale, d'honneur national! Mais c'est précisément parce que ces paroles sont les plus sacrées et les plus grandes qu'il y ait dans la langue des hommes, qu'on n'a pas le droit de les profaner et de les prostituer pour couvrir des habiletés de procédure... Non, non! il y avait, dans cette profanation de la patrie, de quoi soulever toutes les âmes françaises et toutes les consciences droites.

Et maintenant, pourquoi des citoyens comme M. Zola, comme beaucoup d'autres avec lui, se sont-ils jetés dans la bataille, pourquoi sont-ils intervenus, pourquoi ont ils jeté ce cri de leur émotion et de leur conscience? Mais, parce que les pouvoirs responsables, voués à l'intrigue et à l'impuissance, n'agissaient pas, ne paraissaient pas. Est-ce que ce n'était pas le premier devoir des législateurs et des gouvernants, depuis l'heure où le bruit avait couru qu'une *pièce secrète* avait été communiquée aux juges d'un procès criminel, sans être communiquée à l'accusé et à la défense, est-ce que ce n'était pas le premier devoir des législateurs et des gouvernants de s'assurer si, en effet, cette *violation* de la loi républicaine et des droits humains avait été commise?

Et pourquoi ne l'a-t-on pas fait? Nous avons essayé d'obtenir sur ce point du gouvernement responsable les déclarations qu'il devait au pays; il a été fait, à cette violation de la loi et du droit, une allusion à la tribune du Sénat. Je me suis permis de préciser la question à la tribune de la Chambre et j'ai demandé nettement à M. le Président du Conseil : « Oui ou non, une pièce pouvant intéresser un accusé, pouvant établir ou confirmer sa culpabilité, oui ou non, cette pièce a-t-elle été communiquée aux juges sans être communiquée à l'accusé et à son défenseur?... » Et je n'ai pu obtenir une réponse précise!

On se réfugie toujours dans l'équivoque de la *vérité légale!*... Oui, c'est la vérité légale qu'un homme est coupable quand il a été légalement condamné et c'est aussi la vérité légale, paraît-il, que cet homme est coupable et qu'il a été légalement jugé lorsque son pourvoi en revision a été rejeté ; mais cela ne dit pas si la communication, inconnue à l'heure ou le pourvoi en revision a été formé, si la communication d'une pièce secrète, en dehors de toutes les garanties légales, a été faite ou non.

Et à cette question, posée par les représentants responsables du pays, au gouvernement responsable, pourquoi s'est-on refusé toujours à faire une réponse claire? Je me trompe ; M. Méline, M. le Président du conseil, m'a répondu : « Je ne peux pas vous répondre sans servir vos calculs... » Il paraît que c'est un calcul, dans le pays de la déclaration des Droits de l'homme, d'affirmer que l'on ne peut pas être jugé sur des pièces secrètes !

Mais il m'a dit, et ses paroles sont au *Journal officiel* : « On vous répondra ailleurs... » Ailleurs ! Je pensais que ce serait à la Cour d'assises, et il est vrai qu'on m'a dit qu'ici, comme par surprise, la vérité avait fini enfin par sortir de terre ; mais je ne sache pas qu'aucun des représentants responsables du pouvoir soit venu ici, pas plus qu'au Parlement, répondre à la question que le pays a le droit de poser, et il est vraiment prodigieux qu'un pays qui se croit libre, ne puisse savoir si la loi a été respectée, ni dans le palais où l'on fait la loi, ni dans le palais où on l'applique.

Eh bien! cette violation, on la devine, tout le monde la pressent! Il n'y a pas à la Chambre quatre députés qui en doutent ; et pourquoi n'en parlent-ils pas, et pourquoi n'agissent-ils pas?... L'autre jour, lorsque très simplement j'ai posé cette question décisive, il y avait un petit groupe d'amis, quinze ou vingt, qui me soutenait, et, dans l'ensemble de la Chambre, silence passif! Mais quand je suis descendu de la tribune, dans les couloirs, là où l'âme parlementaire retrouve son élasticité et sa liberté, dans les couloirs, des députés sans nombre, de tous les groupes et de tous les partis, me disaient : « Vous avez raison, mais quel dommage que cette affaire ait éclaté quelques mois avant les élections ! »

Eh bien ! je crois qu'ils se trompent ! je crois que, malgré tout, malgré tous les brouillards qui passent sur lui, malgré toutes les injures et toutes les menaces, je crois que ce pays aura encore la franchise de la lumière et de la vérité. Mais si la vérité devait être vaincue, il vaut mieux être vaincu avec elle que se faire le complice de toutes ces équivoques et de tous ces abaissements ! (*Approbation.*)

Mais, Messieurs, il n'y a pas eu seulement *violation* de la loi. Cette *violation*, elle s'est accomplie dans des circonstances particulièrement aggravantes ; non seulement le Ministre de la guerre a communiqué, on n'en doute plus aujourd'hui, une pièce secrète, dans des conditions qui n'étaient pas légales, mais il n'a même pas pris ce que j'appellerai les précautions humaines contre l'erreur, il n'a même pas consulté à titre amical, à titre officieux, ses collègues du ministère !

J'ai entendu dire — je viole ici le secret professionnel des autres (*sourires*) — j'ai entendu dire par M. Charles Dupuy, j'ai entendu dire par M. Delcassé, qui étaient alors ministres avec le général Mercier, qu'on n'avait parlé au Conseil des ministres, comme pièce secrète, que du bordereau, qu'aucune allusion n'avait été faite à d'autres pièces secrètes, à celles dont on a parlé depuis...

(*Depuis un moment, M. Jaurès est tourné plutôt vers le fond de la salle que vers le jury.*)

M. LE PRÉSIDENT. — Voulez-vous vous adresser à MM. les jurés ?...

M. JAURÈS. — Oh !... je vous demande pardon, monsieur le Président.

Eh bien, messieurs les jurés, il résulte donc de ce fait, non seulement que la communication a été illégale, mais qu'un homme, un seul, sans consulter officieusement ses amis, a pris sur lui de jeter dans la balance du procès une pièce dont seul il avait osé mesurer la valeur. Je dis que cet homme, malgré l'éclat des services et des galons, malgré la superbe du pouvoir, cet homme est un homme, c'est-à-dire un être misérable et fragile, fait de ténèbres et d'orgueil, de faiblesses et d'erreur, et je ne comprends pas que, dans ce pays républicain, un homme, un seul, ose assumer sur sa seule conscience, sur sa seule raison, sur sa seule tête, de décider de la vie, de la liberté, de l'honneur d'un autre homme ; et je dis que si de pareilles mœurs, de pareilles habitudes étaient tolérées dans notre pays, c'en serait fait de toute liberté et de toute justice ! (*Sensation.*)

Et voilà pourquoi les citoyens comme M. Zola ont eu raison de se dresser et de protester. Pendant que le Gouvernement, prisonnier de ses combinaisons, intriguait ou équivoquait, pendant que les partis parlementaires, prisonniers de la peur, se taisaient ou abdiquaient, pendant que la justice militaire installait l'arbitraire du huis clos, des citoyens se sont levés dans leur fierté, dans leur liberté, dans leur indépendance, pour protester contre la violation du droit et c'est le plus grand service qu'ils aient pu rendre à notre pays.

Ah ! je sais bien que M. Zola est en train d'expier par des haines et des attaques passionnées ce noble service rendu au pays, et je sais aussi pourquoi certains hommes le haïssent et le poursuivent !

Ils poursuivent en lui l'homme qui a maintenu l'interprétation rationnelle et scientifique du miracle ; ils poursuivent en lui l'homme qui a annoncé, dans *Germinal*, l'éclosion d'une humanité nouvelle, la poussée du prolétariat misérable germant des profondeurs de la souffrance et montant vers le soleil ; ils poursuivent en lui l'homme qui vient d'arracher l'Etat-major à cette irresponsabilité funeste et superbe où se préparent inconsciemment tous les désastres de la Patrie. (*Bruit.*) Aussi, on peut le poursuivre et le traquer, mais je crois traduire le sentiment des citoyens libres en disant que devant lui nous nous inclinons respectueusement. (*Mouvement prolongé.*)

INCIDENT

Demande d'apport du bordereau Dreyfus-Esterhazy.

M. LE PRÉSIDENT. — Maître Labori, quel témoin voulez-vous faire entendre ?

Me LABORI. — Vous pourriez faire appeler M. Bertillon, monsieur le Président.

M. L'HUISSIER AUDIENCIER. — M. Bertillon est à son bureau, on est allé le chercher.

Me LABORI. — Alors, monsieur le Président, nous pourrions peut-être vider un incident que certainement la présence de M. Bertillon va faire naître.

Nous abordons maintenant la discussion du bordereau. M. le général de Pellieux, seul d'ailleurs de tous ceux qui ont vu le bordereau, a apporté à cette audience une déclaration qui rend absolument nécessaire, pour la discussion, la production aux débats du bordereau original. Comme ce bordereau ne concerne en rien la défense nationale, que nous en avons notifié des copies et même des fac-similés à M. le Procureur général, qu'en conséquence, à aucun degré ni à aucun titre, l'article 52 de la loi de 1881 ne peut nous être objecté pour nous empêcher de demander la mise aux débats de cette pièce, j'ai l'honneur de déposer sur le bureau de la Cour les conclusions suivantes qui tendent à sa production...

M. LE PRÉSIDENT. — Mais la Cour a déjà répondu... La Cour a rejeté la demande de production des dossiers Dreyfus et Esterhazy.

Me LABORI. — Pardon, nous avions demandé les dossiers en bloc : nous demandons maintenant une pièce.

M. LE PRÉSIDENT. — C'est toujours la même chose.

Me LABORI. — Eh bien ! la Cour répondra à nouveau ! Je suis bien tranquille et je n'ai pas d'émotion ; mais, au point de vue de l'avenir, je suis obligé de déposer des conclusions :

Plaise à la Cour ;

Attendu que, dans sa déposition devant la Cour, M. le général de Pellieux a déclaré que le fac-similé du bordereau attribué au capitaine Dreyfus en 1894 et versé au dossier de l'affaire Esterhazy en 1898, ne reproduit pas l'original du bordereau exactement, et qu'il a l'apparence évidente de faux fac-similés ;

Que toutes les expertises faites sur ces fac-similés ne pourraient donc avoir aucun caractère sérieux ;

Attendu que cette affirmation de M. le général de Pellieux ne peut être discutée et contrôlée sans que l'original dudit bordereau soit produit et versé aux débats ;

Attendu que, s'il n'était point fait droit sur ce point à la demande expresse des concluants, la défense se trouverait alors dans l'impossibilité de contrôler et de discuter la déposition d'un témoin, et que les droits de la défense seraient, par suite, considérablement lésés ;

Par ces motifs :

Ordonner que l'original du bordereau attribué en 1894 à l'ex-capitaine Dreyfus et versé au dossier de l'affaire Esterhazy en 1898, sera versé aux débats.

J'ajoute, monsieur le Président, comme très bref commentaire aux conclusions que j'ai l'honneur de déposer, qu'il n'est pas possible que l'arrêt de la Cour qui a été rendu au début de ces audiences engage en quoi que ce soit la décision à intervenir. Je n'ai plus très présents à l'esprit les motifs de ce premier arrêt...

M. LE PRÉSIDENT. — Ce n'est pas du premier arrêt ; c'est de l'arrêt qui rejette la production des dossiers Dreyfus et Esterhazy.

Me LABORI. — Parfaitement. Mais, si je ne me trompe, il s'agit d'un arrêt rendu pour ce motif que nous n'avons pas fait, en ce qui concerne ces pièces, les notifications nécessaires dans les termes voulus par la loi, parce que nous n'avions pas donné copie.

M. LE PRÉSIDENT. — C'est une des raisons.

Me LABORI. — Cela m'a paru, quant à moi, une des principales. En tout cas, cette raison a complètement disparu dans l'espèce spéciale qui nous occupe. Le bordereau a été communiqué en plus de vingt-cinq copies ou fac-similés sous toutes sortes de formes, notifiés, enregistrés, à M. le Procureur général ; cette pièce, qui est une pièce déterminée, la Cour peut fort bien se la faire représenter. J'ajoute même que je n'ai pris des conclusions d'avance qu'à raison de l'indication que M. le Président avait bien voulu me fournir, qu'il n'userait pas de son pouvoir discrétionnaire pour faire mettre la pièce aux débats.

M. LE PRÉSIDENT. — Je n'ai pas qualité, en vertu de mon pouvoir discrétionnaire, pour faire produire une pièce dans une affaire qui a été jugée à huis clos.

Me LABORI. — Nous avons discuté tout cela... Mais alors je ne discute plus en droit et je me place au point de vue de la bonne foi, de la moralité, de l'équité.

Qu'est-ce que je veux donc faire ? Je veux qu'il soit possible d'éclairer le jury, je veux qu'il soit possible de savoir exactement quel est celui de ces deux hommes, Me Demange ou M. le général de Pellieux, qui a raison. Quand j'ai interrogé Me Demange sur la question du bordereau, il a répondu, avec la grande intelligence et la grande loyauté qui lui sont habituelles, et aussi avec la fine et charmante ironie qu'il a mise dans sa déposition :

« Que voulez-vous? deux hommes de bonne foi peuvent avoir sur une même chose des impressions singulièrement différentes... »

Eh bien! ce n'est pas l'opinion de M. le général de Pellieux qui est nécessaire ici, ce n'est pas l'opinion de Me Demange, c'est l'opinion des douze citoyens composant le jury, qui doivent se dire que véritablement la France, quand elle est réunie ici, ou plutôt la « conscience légale » de la patrie, comme on appelait le jury tout à l'heure dans une si belle image, a bien peu de droits lorsqu'il lui faut cependant juger un accusé.

Eh bien! messieurs les jurés, si on n'apporte pas la pièce, il restera que la déclaration de M. le général de Pellieux ne doit plus compter dans le débat, et voilà pourquoi je crois que la question qui se pose en ce moment devant la Cour ne se présente pas dans les mêmes conditions que celle qui a été jugée, que celle à laquelle M. le Président faisait allusion.

Voilà pourquoi, à tous les points de vue, non pas seulement au point de vue de ma défense, mais au point de vue du respect et des égards mêmes qui sont dus au jury qui nous juge, au point de vue de la vérité, au point de vue de la lumière rendue nécessaire tous les jours davantage par suite de l'angoisse publique, je vous supplie, Messieurs de la Cour, vous qui aussi jouez autre chose qu'un rôle juridique, qui jouez un rôle moral, un rôle patriotique dans cette affaire, je vous supplie de délibérer mûrement avant de rendre votre décision. Je suis convaincu que si vous le faites dans l'esprit où je vous sollicite de le faire, reconnaissant qu'il n'y a, à la demande que je vous adresse, aucune espèce de fin de non-recevoir décisive et absolue à opposer, vous ordonnerez, que le bordereau sera versé aux débats.

M. LE PRÉSIDENT. — Je vous rappelle, maître Labori, que la Cour a déjà statué...

Me LABORI. — Eh bien la Cour dira...

M. LE PRÉSIDENT. — Vous ne me laissez même pas achever!

Me LABORI. — Je vous demande pardon, monsieur le Président.

M. LE PRÉSIDENT. — La Cour a jugé non seulement en fait, mais en droit, qu'il n'était pas possible de demander communication de ces deux dossiers. Or, le bordereau dont vous parlez fait actuellement partie, soit du dossier concernant l'affaire Dreyfus, soit du dossier concernant l'affaire Esterhazy, et comme il n'était pas possible pour la Cour de demander communication de ces deux dossiers, la Cour a donc statué et ce serait absolument la même chose à recommencer.

Me CLÉMENCEAU. — La Cour rendra son arrêt.

M. LE PRÉSIDENT. — Ce serait un arrêt inutile.

Me CLÉMENCEAU. — Les arrêts que la Cour peut rendre ne sont jamais inutiles; ils confirment une première opinion ou ils la démentent, selon le cas.

M. LE PRÉSIDENT. — Du moment qu'il en a été rendu un, il est inutile d'en rendre deux.

Me CLÉMENCEAU. — Voulez-vous, Monsieur le Président, me permettre une remarque ? Si à la suite des conclusions que vient de déposer mon confrère Labori, la Cour rend un arrêt semblable au premier, sans le vouloir, elle va causer un grave préjudice à la défense. La Cour a laissé, en effet ou plutôt M. le Président a laissé M. le général de Pellieux parler de ces documents, que nous ne pouvons avoir, et dire que les photographies, que nous en possédons, ressemblaient au bordereau primitif comme un faux à un original.

Si l'on nous refuse la production du bordereau, j'aurai le droit de retenir ceci : c'est qu'à cette barre, un homme a pu venir, envers et contre tous les arrêts de la Cour, produire une affirmation défavorable à la défense et qu'on a refusé à la défense le moyen de répondre à cette affirmation. Ainsi, par suite d'une raison juridique, que je n'ai pas à discuter, il se sera trouvé que, dans cette affaire, les témoins auront pu venir à cette barre, à loisir, nous accuser. Mais, quand nous protestons, quand nous vous disons : Messieurs, on a affirmé telle chose, et vous avez un moyen d'établir que cette affirmation est inexacte, toujours une raison de droit interdit de recourir à ce moyen. Je vous demande donc, monsieur le Président, la permission, en terminant, de m'adresser à MM. les jurés et de leur dire : Messieurs les jurés, retenez des faits, car c'est seulement sur des faits que vous pourrez baser une opinion ; retenez donc, que sans cesse des accusations se produisent à cette barre, que sans cesse, nous indiquons la manière de prouver l'exactitude ou le néant de ces accusations, et que jamais on ne veut recourir aux vérifications par nous offertes. De cela vous tirerez les conclusions qui naturellement en découlent.

M. LE PRÉSIDENT. — Vous savez que nous sommes dans une affaire absolument spéciale, qui tombe sous le coup de la loi de 1881. La loi exige que vous ayez en mains toutes les pièces ; elle n'oblige en aucune façon l'accusation à vous donner des armes contre elle. C'est une législation spéciale, ce n'est pas le droit commun ; nous sommes tenus, nous, en Cour d'assises, de faire respecter la loi ; nous l'avons fait respecter dans un arrêt qui a déjà été rendu.

Me CLÉMENCEAU. — Monsieur le Président, vous avez dit que l'accusation n'avait pas à fournir des armes contre elle ; cela veut dire que si l'accusation nous fournissait le bordereau, elle nous fournirait des armes contre elle... ?

M. LE PRÉSIDENT. — Je n'en sais rien.

Me CLÉMENCEAU. — Voulez-vous me permettre ? Je croyais que M. l'Avocat général n'avait ici qu'un idéal : la vérité, et que, comme nous, il tiendrait à honneur d'apporter tous les documents utiles, même si ces documents devaient contredire ses prétentions ?

M. LE PRÉSIDENT. — M. l'Avocat général n'a que les termes

incriminés de l'article de M. Emile Zola ; il n'a pas fait citer un seul témoin.

Me CLÉMENCEAU. — Non, parce que nous les avons fait tous citer nous-mêmes, adversaires ou amis, et c'est à notre honneur !

M. LE PRÉSIDENT. — C'était à vous de faire venir et de notifier au Ministère public tous les témoins que vous deviez faire entendre. Puisque vous avez cité tous les témoins, produisez toutes les pièces que vous croyez devoir produire ; mais je n'ai moi, personnellement, en vertu de mon pouvoir discrétionnaire, aucune pièce à fournir ; nous sommes dans une matière tout à fait spéciale, en matière de presse, qui est régie par la loi de 1881.

Me CLÉMENCEAU. — Je croyais qu'il n'y avait d'autre justice que celle qui consiste dans la recherche de la vérité.

M. LE PRÉSIDENT. — Il y a un mode spécial indiqué par la loi de 1881 ; cette loi, la Cour l'a fait respecter dans un premier arrêt. Déposez des conclusions ; mais je vous préviens que ce sera absolument le même arrêt.

Me CLÉMENCEAU. — Alors, comme dernier mot, je retiens, moi, que si M. le Ministre de la guerre n'avait pas seulement poursuivi quinze lignes, dans un article de quinze pages, nous aurions pu faire la preuve de tous les faits !

M. LE PRÉSIDENT. — Nous n'avons pas à apprécier la pensée de M. le Ministre de la guerre : nous sommes saisis d'une citation ; nous ne devons pas sortir des faits qui sont précisés et formulés dans cette citation ; conformément à l'article 52 de la loi de 1881, nous devons rester dans les termes et dans les limites de cette citation, vous le savez aussi bien que moi.

Me CLÉMENCEAU. — Je constate que personne ne veut nous aider à faire éclater la vérité.

M. LE PRÉSIDENT. — Soit ! Mais c'est à vous à la faire éclater.

Me LABORI. — Voulez-vous, monsieur le Président, me permettre de m'adresser à M. l'Avocat général, non pas sans avoir répondu un mot à vous-même.

Je suis convaincu que nous touchons ici à une partie capitale du débat et c'est pourquoi j'insiste. Je crois, monsieur le Président, ou plutôt messieurs de la Cour, je crois que ce débat, qui fait tant de bruit et qui remue tant d'esprits, qui soulève tant d'émotion, peut encore comporter des résolutions calmes, rapides et pacifiques. Et je pense qu'il dépend de la justice civile, devant laquelle nous sommes, d'aider beaucoup à la solution de ce procès, en ne mettant pas à la manifestation de la vérité, des obstacles toujours plus grands et plus infranchissables. Pour qu'il soit encore possible d'arriver à la solution par les voies légales, dont on nous parle, il faut qu'on ne nous rende pas toute discussion impossible, il faut qu'après avoir restreint le débat, on ne vienne pas encore, dans les limites étroites où on le restreint, l'étrangler.

Quels sont les droits de la Cour ? Je ne suis pas, à cet égard, de l'opinion de M. le Président. Il n'y a pas deux questions qui se posent dans les mêmes termes.

M. LE PRÉSIDENT. — Maître Labori, ce n'est pas l'opinion du Président, c'est l'opinion de la Cour.

Me LABORI. — Alors, je dis que je ne suis pas de l'opinion de la Cour...; mais je vois avec regret que la Cour a, sur des conclusions de la défense, une opinion avant d'avoir entendu ses explications orales. Je suis convaincu que la pensée de M. le Président dépasse la pensée de la Cour et sa propre pensée, et je suis convaincu que si, dans mes paroles, quelque chose était de nature à modifier l'opinion de la Cour, la Cour se rendrait à la force de mon argumentation. Voilà pourquoi je continue.

Il est, en tous cas, un homme ici dont nous savons le talent et l'habileté de parole, c'est M. l'Avocat général; il nous a bien peu été donné de l'entendre jusqu'à présent, et, cependant, il semble qu'au moment où nous en sommes venus, il a vraiment le moyen d'intervenir utilement dans le débat!

M. l'Avocat général a été saisi d'une plainte par M. le Ministre de la guerre. Le droit!... Comme des juges, d'après ce qu'on a révélé aujourd'hui, n'ont pas craint, à un moment donné, de le violer... Le droit!... il ne faut pas qu'il nous embarrasse à l'excès. Mais il s'agit de faits, il s'agit d'équité, il s'agit de moralité, il s'agit de la moralité non pas seulement de M. Émile Zola, mais de la moralité publique. Eh bien! M. l'Avocat général n'a qu'un mot à dire à M. le Ministre de la guerre pour que le bordereau soit apporté ici.

J'ai déjà demandé diverses choses de cet ordre à M. l'Avocat général, je lui ai demandé d'intervenir auprès de M. le Ministre de la guerre pour faire délier M. le colonel Picquart du secret professionnel. Je lui demande aujourd'hui d'intervenir auprès de M. le Ministre de la guerre pour que le bordereau soit versé au débat; s'il ne l'est pas, nous discuterons, devant MM. les jurés, la portée d'une telle attitude qui, déjà, j'en suis sûr, ne leur a pas échappé. Et, soyez-en bien sûrs, Messieurs, tous ces incidents ne diminuent pas l'angoisse générale, tous ces incidents augmentent le nombre de ceux dont vous parlait tout à l'heure M. Jaurès et qui sentent qu'en réalité ce sont les libertés de ce pays qui sont en cause dans ce procès. Par conséquent, soyez bien tranquille, les incidents peuvent nous fatiguer, les incidents peuvent nous épuiser, ils ne nous inquiètent pas, parce que chaque jour, quoiqu'on fasse, notre idée, qui est la vérité, en sort plus robuste et plus sûre d'elle-même.

M. LE PRÉSIDENT. — Désirez-vous prendre des conclusions?

Me LABORI. — Oui, monsieur le Président. Nous allons les déposer.

M. l'AVOCAT GÉNÉRAL. — Je m'excuse, Messieurs, de prendre la parole, mais ce ne sera pas pour longtemps. La défense me reproche de ne pas parler; il me semble que ce n'est pas lui faire une situation difficile, puisque les plaidoiries se succèdent à la barre... J'écoute, j'entends, j'en prends ma part et je conclurai, vous pouvez en être sûr, au moment où cela est indiqué, c'est-à-dire quand M. le Président m'aura définitivement donné la parole pour exposer à MM. les jurés l'affaire telle que je la comprends ; et alors, comme je suis ménager des instants de la Cour et du jury, je dirai seulement ceci : c'est que déjà sur cette question, j'ai eu l'honneur de m'expliquer d'une façon très explicite, non seulement verbalement, mais par écrit, et, par conséquent, je ne peux que m'en référer aux explications que j'ai données sous ces deux formes.

M. LE PRÉSIDENT. — A lundi, pour arrêt... *(A l'huissier audiencier)* Appelez M. Bertillon.

Mᵉ LABORI. — Monsieur le Président, il n'est pas possible d'entendre M. Bertillon avant que la Cour n'ait répondu aux conclusions que nous avons l'honneur de lui transmettre.

M. LE PRÉSIDENT. — N'avez-vous pas d'autres témoins dans le même ordre d'idées ?

Mᵉ LABORI. — Monsieur le Président, nous désirons que les autres témoins ne soient entendus qu'après les experts ; il en est ainsi, notamment, pour M. le commandant Esterhazy.

M. LE PRÉSIDENT. — L'audience est suspendue.

L'audience est reprise à quatre heures trente

ARRÊT

Sur les conclusions relatives à l'outrage commis par le colonel Henry contre le colonel Picquart

M. LE PRÉSIDENT *donne lecture des deux arrêts suivants* :

La Cour,

Statuant sur les premières conclusions prises par Zola et Perrenx,

Considérant que la déposition du colonel Picquart a été terminée à l'audience d'hier et que le témoin n'a comparu aujourd'hui que pour répondre à diverses questions qui devaient lui être posées ;

Considérant qu'après une confrontation, le colonel Henry, se tournant vers le colonel Picquart, a dit à ce dernier : « Vous en avez menti », que le Ministère public n'a pris aucune réquisition ;

Par ces motifs,

Donne acte à Perrenx et Zola des actes ci-dessus relatés.

ARRÊT

Sur les conclusions relatives à la demande d'apport du bordereau Dreyfus-Esterhazy.

La Cour,

Statuant sur les deuxièmes conclusions prises par Perreux et Zola,

Après avoir entendu les prévenus et leurs défenseurs en leurs observations, le Ministère public en ses réquisitions et après en avoir délibéré conformément à la loi,

Considérant que le bordereau dont la défense demande communication fait partie, soit du dossier Dreyfus, soit du dossier Esterhazy; que les débats de ces deux affaires ont donné lieu, soit en partie, soit en totalité, au huis clos; que la communication de toutes ou partie des pièces de la procédure, si elle était ordonnée, aurait pour résultat de détruire l'effet des décisions rendues par les deux conseils de guerre et de porter atteinte à l'autorité de la chose jugée;

Par ces motifs,

Dit que la communication de la pièce demandée ne sera pas ordonnée;

Adoptant au surplus les motifs de l'arrêt rendu à la date du 10 février, dit qu'il sera passé outre aux débats.

M. LE PRÉSIDENT. — Maître Labori, combien de temps la déposition de M. Bertillon pourra-t-elle demander?

Me LABORI. — Oh! monsieur le Président elle sera certainement assez longue.

M. LE PRÉSIDENT. — Alors, nous n'en entendrons pas une très grande partie, car nous devons lever l'audience aujourd'hui à cinq heures.

DÉPOSITION DE M. BERTILLON

Chef du service anthropométrique de la Ville de Paris.

(*Le témoin prête serment.*)

Me LABORI. — Est-ce que M. Bertillon n'a pas connu le bordereau qui a été versé au débat Esterhazy et qui était, d'ailleurs, le même que le bordereau qui a été versé au procès Dreyfus?

M. BERTILLON. — Je l'ai connu.

Me LABORI. — Est-ce que M. Bertillon voudrait nous dire ce qu'il en pense et nous faire connaître les conclusions de son expertise?

M. LE PRÉSIDENT, *au témoin*. — Vous avez entendu la question de Me Labori? Il vous demande quelles ont été les conclusions de votre expertise?

M. Bertillon. — Mes conclusions sont que Dreyfus...

M. le Président. — Il n'est pas question de l'affaire Dreyfus ; on vous demande les conclusions de votre expertise dans l'affaire Esterhazy.

M. Bertillon. — Mais, dans l'affaire Esterhazy, je n'ai pas de conclusions ; je ne me suis pas occupé de l'affaire Esterhazy.

Mᵉ Labori. — Alors, je demande à M. Bertillon, qui est un expert en écritures, de nous faire connaître ses conclusions sur le bordereau qui a été imputé à M. le commandant Esterhazy ? M. Bertillon n'a pas été expert dans l'affaire Esterhazy ; il a été expert dans l'affaire Dreyfus et, comme tel, il a vu le bordereau qui a été attribué à M. Esterhazy. Qu'il ait vu ce bordereau dans l'affaire Dreyfus ou qu'il l'ait vu dans l'affaire Esterhazy, cela n'a pas changé sa situation d'expert en écritures, pas plus que cela n'a changé le bordereau.

M. le Président. — Si vous demandez à M. Bertillon ses conclusions, nous allons entrer dans l'examen de l'affaire Dreyfus ; ce n'est pas possible.

Mᵉ Labori. — Pardon, dans l'examen du bordereau.

M. le Président. — Oui, mais relativement à l'affaire Dreyfus.

Mᵉ Labori. — M. Bertillon a connu un bordereau qui a été attribué à M. le commandant Esterhazy. Je demande à M. Bertillon de nous dire ce qu'il sait sur ce bordereau, ce qu'il en pense, et je le prie de faire sur ce point la déposition la plus complète qu'il pourra. Je lui poserai ensuite des questions.

M. le Président. — Parfaitement ; mais, monsieur Bertillon, ne nous parlez pas de l'affaire Dreyfus.

M. Bertillon. — Je suis absolument sûr que Dreyfus a écrit le bordereau, je suis absolument sûr qu'il est impossible que ce soit une autre personne qui l'ait écrit.

On arrivera peut-être à la revision, par un effort d'imagination, revision qui peut être suivie d'un acquittement ; mais ce dont je réponds et ce que je jure de la façon la plus absolue, c'est qu'il est impossible qu'on puisse prouver qu'un autre individu que le premier condamné a réuni les conditions graphiques qui sont sur ce bordereau ; il n'a pu être écrit qu'au domicile du premier condamné.

Mᵉ Labori. — Voilà qui est très intéressant. Nous prétendons établir que le bordereau est de M. le commandant Esterhazy, nous sommes bien dans notre affaire.

M. Zola. — Absolument.

Mᵉ Labori. — M. Bertillon nous dit : Il ne peut être que d'un seul homme. Eh bien ! si M. Bertillon arrive à démontrer cela, il faut avouer que la situation de la défense pourra en être gênée, si nous ne trouvons pas de réponse à faire. Je demande donc à M. Bertillon de nous dire comment le bordereau ne peut pas être du commandant Esterhazy et comment il est nécessairement d'un autre.

M. LE PRÉSIDENT. — Avez-vous vu l'écriture du commandant Esterhazy ?

M. BERTILLON. — Non. J'ai des preuves qui ne sont pas précisément des preuves graphiques. Je n'ai pas confiance dans l'expertise en écritures ; je crois que c'est une chose qui est bonne pour une élimination, mais qu'ensuite il faut en faire table rase. Quant à moi, j'ai des preuves convaincantes et démonstratives. Ce ne sont pas des preuves de flair, c'est une démonstration que le bordereau a été écrit par le premier condamné...

M. LE PRÉSIDENT. — Et qu'il n'a pas pu être écrit par une seconde personne ?

M. BERTILLON. — Non. Le bordereau, quoi qu'on en dise, n'est pas d'une écriture courante ; il obéit à un rythme géométrique dont l'équation se trouvait dans le buvard du premier condamné, et, avec le buvard, on peut rétablir l'écriture du premier condamné. Je le ferai, si on le désire.

Mᵉ LABORI. — C'est précisément là ce que nous demandons. C'est tout à fait important. Il faut absolument que le témoin qui nous parle nous fasse la démonstration nécessaire, et c'est là le point auquel je voulais arriver. Nous avons ici un tableau noir ; si M. Bertillon veut s'en servir, il est à sa disposition.

M. BERTILLON. — Faites-moi remettre les pièces de conviction, non pas les pièces de comparaison, mais les pièces de conviction qui ont été saisies au domicile du premier condamné, et je vous ferai ma démonstration. Maintenant, j'ajoute, pour que vous ne me preniez pas pour un *fumiste*, que cette démonstration est longue et difficile. Néanmoins, la pratique en est aisée. Je m'expliquerai peut-être un jour à ce sujet. Je puis vous reconstituer le bordereau avec des éléments qui sont indépendants ; mais donnez-moi ces éléments, je ne peux pas parler à vide.

Mᵉ LABORI. — Eh bien ! monsieur Bertillon, nous allons faire tout notre possible pour cela ; je vous promets que, si nous n'avons pas ces éléments, ce ne sera pas de ma faute. Monsieur le Président voudrait-il demander à M. Bertillon s'il connaît ce petit papier, que je fais passer d'abord à la Cour ? (1).

M. LE PRÉSIDENT. — Qu'est-ce que cela ?

Mᵉ LABORI. — C'est un plan qui a été tracé pour son expertise, par M. Bertillon. Je voudrais savoir s'il le reconnaît ; cette pièce a été notifiée à M. l'Avocat général et publiée dans le journal *l'Aurore*. (*Murmures.*) Seulement, ici, nous en avons fait faire un fac-similé un peu plus net.

M. BERTILLON. — Ce n'est pas du tout le plan de ma déposition, c'est un schéma pour un point spécial de ma déposition. Je ne le nie pas du tout, je l'accepte ; seulement, je m'étonne

---

(1) Voir à la fin du deuxième volume le fac-similé du diagramme de M. Bertillon, communiqué à MM. les jurés.

que vous ne l'ayez pas reproduit en entier, parce qu'il y avait un point très important qui n'a pas été indiqué, qu'il fallait y mettre, c'est justement le point du buvard.

M° LABORI. — M. Bertillon fera la correction nécessaire. Maintenant, je demande la permission de faire passer à M. le Président un de ces schémas, et je prie messieurs les jurés de se partager entre eux les quelques exemplaires que voici.

M. BERTILLON. — C'est absolument incomplet.

M. LE PRÉSIDENT. — Mais M. Bertillon dit que c'est absolument incomplet.

M° LABORI. — M. Bertillon va compléter.

M. BERTILLON. — Oui, si vous me donnez les pièces dont j'ai parlé, les pièces de perquisition.

M° LABORI. — Est-ce que vous avez fait mention des pièces de perquisition dans votre expertise écrite ?

M. BERTILLON. — Je n'ai pas fait d'expertise écrite.

M. LE PRÉSIDENT. — Voudriez-vous, Maître Labori, avant toute autre chose, commencer par nous dire ce que c'est que ce plan ?

M° LABORI. — Je serais bien embarrassé de vous le dire.... (*Rires.*)

M. LE PRÉSIDENT. — Eh bien ! alors, que voulez-vous tirer de là ?

M° LABORI. — Je puis vous dire ce que c'est en principe, mais je ne puis vous en donner l'explication. C'est un schéma dont l'honorable M. Bertillon s'est servi, sauf le complément qu'il a à y ajouter, dans son expertise devant le Conseil de guerre en 1894. Ce schéma, je l'ai regardé de très près, je l'ai trouvé très intéressant, je m'en expliquerai s'il y a lieu. Pour le moment, mon but est d'obtenir des explications de M. Bertillon. Je lui ai demandé : « Le reconnaissez-vous ? » M. Bertillon m'a dit qu'il le reconnaissait, sauf sur un point où il y a quelque chose à compléter ; il faut mettre le buvard, paraît-il, à un certain endroit. Eh bien ! nous mettrons ce buvard.

M. LE PRÉSIDENT (*à M. Bertillon*). — Pouvez-vous actuellement nous donner quelques explications afin que nous sachions ce que c'est ?

M. BERTILLON. — Je vous ferai remarquer que l'intérêt de ce plan est assez grand dans l'affaire, en ce sens que c'est une preuve matérielle que les experts du premier procès ont été du même avis que ceux du second, attendu que l'épithète « faux » figure sur ce schéma. D'après ce que j'ai entendu dire par les journaux, comme les experts du deuxième procès se sont exprimés dans l'affaire Esterhazy, il n'y a pas de désaccord entre les expertises qui concernent le bordereau ainsi qu'on a tenté de le dire. Mais je suis absolument décidé à ne rien dire, si on ne me donne pas les pièces de conviction, aussi bien celles qui ont été saisies au buvard que celles du ministère de la guerre.

M° LABORI. — Est-ce que M. Bertillon a eu connaissance du dossier de l'affaire dont nous nous occupons ?

M. BERTILLON. — Mais non.

Mᵉ LABORI, *au Président.* — Alors, qu'entend-il par pièces ? (*Au témoin*) Comment les appelez-vous ?

M. BERTILLON. — Des pièces de conviction, non pas des pièces de comparaison.

Mᵉ LABORI. — Voudriez-vous, monsieur le Président, demander à M. Bertillon pourquoi ces pièces, non pas de comparaison, — parce que cela voudrait dire des pièces de la personne soupçonnée et des pièces d'autres personnes, pour établir simplement une comparaison entre les écritures, — pourquoi ces pièces sont des pièces de conviction pour M. Bertillon ?

M. BERTILLON. — C'est là une façon détournée de me faire entrer dans ma démonstration ; je ne demande pas mieux que de la rendre publique, mais je demande que la Cour me mette à même de la faire, qu'elle me fasse fournir ces pièces.

Mᵉ LABORI. — Nous ne pouvons rien demander à la Cour sur ce point sans savoir d'abord quelles sont ces pièces. Voulez-vous nous en donner l'énumération ?

M. BERTILLON. — Vous comprenez que ma bonne foi est absolue. Je parlerai un jour ; il est possible que je fasse cette démonstration, mais aujourd'hui je ne peux pas la faire sans avoir ces pièces.

Mᵉ LABORI. — Je tiens à dire au témoin que si je doutais un instant de sa bonne foi, je n'insisterais pas comme je le fais ; c'est parce que j'ai confiance en sa bonne foi que je lui pose des questions.

M. BERTILLON. — Encore une fois, fournissez-moi les pièces, je vous ferai la démonstration. Par exemple, je vous préviens que ce sera un peu long ; il faudra peut-être deux séances.

Mᵉ LABORI. — Quelles sont ces pièces ?

M. LE PRÉSIDENT. — Les pièces en question doivent être dans le dossier Dreyfus.

Mᵉ LABORI. — Je crois que ce sont seulement des pièces de comparaison, c'est-à-dire des écritures auxquelles M. Bertillon donne le titre de pièces à conviction.

M. BERTILLON. — C'est cela, elles m'ont été remises en partie.

Mᵉ LABORI. — Je crois qu'il n'y a rien là de secret, c'est pourquoi j'insiste et je demande à M. Bertillon de nous donner l'indication des pièces.

M. BERTILLON. — Vous donner l'indication? Mais je ne connais pas les titres ! C'est une note de ceci, une note de cela, etc.

Mᵉ CLÉMENCEAU. — Enfin, par à peu près ?

M. LE PRÉSIDENT, *au témoin.* — Vous ne pouvez pas résumer ce que vous avez dit dans votre rapport?

M. BERTILLON. — Je n'ai pas fait de rapport écrit. Les pièces de comparaison du ministère de la guerre se composent de différentes notes de service, ce sont des écrits sur des questions diverses.

Quant aux documents saisis dans le buvard, ce sont des lettres, si vous voulez le savoir, ce sont des lettres de M. Mathieu Dreyfus, l'une sur les fusils de chasse et l'autre sur une émission d'obligations. Le sens n'a rien à faire là-dedans. Il faut voir ces pièces pour être à même d'entrer dans la discussion et dans l'analyse... Je ne peux pas aller plus loin.

M⁰ LABORI. — Ce sont bien des lettres de M. Mathieu Dreyfus, du frère du condamné?

M. BERTILLON. — Oui.

M⁰ LABORI. — Est-ce que vraiment M. Bertillon n'a pas déposé un rapport écrit?

M. BERTILLON. — J'ai déposé plusieurs rapports administratifs : un premier rapport le jour de mon expertise, un deuxième rapport huit jours après ; je ne crois pas avoir ensuite déposé d'autres rapports.

M. LE PRÉSIDENT. — Alors, vous n'avez pas été consulté dans l'affaire Esterhazy?

M. BERTILLON. — Non, j'ai reçu la visite du colonel Picquart ; j'ai appris tout de suite que cela se rapportait à l'affaire Esterhazy...

M⁰ LABORI. — Puisque nous en sommes sur ce point, M. Bertillon pourrait-il nous dire ce qui s'est passé dans cette visite, et ce que lui a dit le colonel Picquart?

M. BERTILLON. — Le 16 mai 1896, j'ai reçu la visite du colonel Picquart qui m'a apporté une petite photographie de quelques lignes d'écriture, du format le plus petit, photographie extrêmement mal faite, avec des mots rapportés dans tous les sens, en me demandant mon avis sur cette écriture. Avant même de regarder le papier, j'ai préjugé, et c'était dans la logique de la situation, qu'il s'agissait de l'affaire Dreyfus ou d'un incident de l'affaire Dreyfus ; car, s'il s'était agi d'une nouvelle expertise pour un autre ordre, ou d'une affaire importante, le colonel Picquart aurait dû passer par mon chef hiérarchique, M. le Préfet de police.

En déposant le papier sur la table, je lui ai dit : « C'est encore l'affaire Dreyfus? » Il m'a dit : « Oui... Enfin, je voudrais savoir votre opinion. » J'ai regardé cette écriture et, au premier coup d'œil, je lui ai dit : « Cela ressemble singulièrement à l'écriture du bordereau ou à l'écriture de Mathieu Dreyfus, ou c'est une imitation de cette écriture ! cela se rapporte à cette affaire-là? »

Il me dit alors : « Mais, non, cela ne se rapporte pas à cette affaire-là ; ce n'est pas cela, étudiez, et vous m'en reparlerez. Ayez donc l'obligeance de repasser demain au ministère pour me rendre l'original. »

Je fis ce que me demandait le colonel Picquart ; je fis photographier le document, et, ma foi je vous dirai que je ne m'en suis pas occupé plus longuement. J'avais une écriture qui ressemblait à celle du bordereau ; or, j'ai la démonstration absolue que le bordereau ne peut pas être d'une autre personne que le condamné. Qu'est-ce que cela me fait qu'il y ait d'autres écritures semblables à celles-là ? Il y aurait cent officiers au ministère de la guerre qui auraient cette écriture, cela me serait absolument égal, car, pour moi, la démonstration est faite.

Mᵉ Labori. — Je crois que M. Bertillon rendra grand service à tout le monde, et en particulier à la défense, en nous expliquant autant que possible ses moyens d'investigation.

En ce qui concerne les pièces elles-mêmes, je sais bien que nous allons éprouver les plus grandes difficultés pour les avoir. M. le Président, auprès duquel nous allons insister pour les obtenir, va être aussi ennuyé que nous-mêmes; ce sera encore une discussion! Sous la réserve de ces pièces, que la Cour ferait apporter, pourriez-vous nous expliquer quels sont les moyens à l'aide desquels vous arrivez à votre conviction? Avec la connaissance tout à fait spéciale que vous possédez de la graphologie, je suis convaincu que si vous dites: Voici comment je procède, voici comment j'arrive à mes conclusions, voilà comment je raisonne avec mes schémas, vous nous rendrez un grand service, et c'est ce que je vous demande très respectueusement.

M. Bertillon. — Je suis absolument résolu à ne rien dire, du moment que vous ne me fournirez pas les pièces de comparaison.

Mᵉ Clémenceau. — Il y aurait peut-être un moyen d'arranger tout cela. Si j'ai bien entendu, le témoin a dit tout à l'heure, en parlant de deux ou trois pièces, que ces pièces étaient de M. Mathieu Dreyfus? Oui, n'est-ce pas? Alors, est-il nécessaire d'avoir les mêmes lettres? D'autres lettres de M. Mathieu Dreyfus permettraient-elles à M. Bertillon d'expliquer sa théorie?

M. Bertillon. — Oh, mais non!

Mᵉ Labori. — M. Bertillon vient de nous dire qu'il n'a aucune confiance dans les expertises d'écritures. Il est impossible que le témoin, dont la conviction est celle que la Cour voit, ne nous explique pas comment cette pièce peut avoir, dans son esprit, la portée qu'il indique: je lui demanderai donc de vouloir bien tout au moins nous indiquer, sur ce petit graphique, l'endroit où se trouverait la pièce dont il parle?

Je vois: *arsenal, souterrains, forteresse, artillerie*, des flèches, un cœur, etc., etc.

Je demanderai à M. Bertillon à quel endroit il faut mettre la pièce du buvard? Où sera-t-elle? Dans l'*arsenal*, dans la *citadelle*, aux *buttes* ou dans la *tranchée*?

M. Bertillon. — Je crois que l'affaire est assez sérieuse pour ne pas se livrer à des plaisanteries.

Mᵉ Clémenceau. — Comment, vous trouvez que la lecture de votre expertise constitue une plaisanterie?... Je suis sûr que si c'était nous qui l'avions dit, on aurait crié bien haut que nous insultions le témoin.

Mᵉ Labori. — En ce qui me concerne, je demanderai simplement où il faut placer la pièce de conviction qui a été trouvée dans le buvard?

M. Bertillon. — Livrez-la moi et je vous le dirai.

Me Clémenceau. — M. Bertillon veut-il donner à M. le Président une liste des documents qui sont nécessaires à ses démonstrations? Nous tâcherons d'avoir ces documents et nous verrons alors si M. Bertillon peut faire sa démonstration.

M. le Président. — Vous n'allez pas encore recommencer à déposer des conclusions dans le même sens?

Me Clémenceau. — Ce n'est pas là un secret d'État! Nous avons ici un expert, et un expert important; c'est lui qui a installé le service anthropométrique au Palais; nous avons, je crois, le droit d'insister pour qu'il donne des renseignements.

M. Bertillon est l'expert du Parquet; ce n'est pas un expert choisi par nous, c'est notre ennemi que nous avons fait citer; nous vous supplions de l'entendre.

M. le Président. — Je vous répéterai toujours la même chose : l'article 52 de la loi de 1881 est formel.

Me Clémenceau. — Je dis, cette fois, qu'il s'agit de papiers qui ne font pas partie des dossiers visés par l'arrêt de la Cour. Il est impossible que dans des dossiers mystérieux visés par l'arrêt de la Cour, il y ait des lettres signées de M. Mathieu Dreyfus qui soient relatives à un fusil de chasse.

M. le Président. — Vous n'êtes pas sûr qu'elles sont dans le dossier... Il faut que nous sachions où elles sont...

Me Clémenceau. — Aussi nous disons : monsieur le Président veut-il demander au témoin où sont les pièces qui lui paraissent nécessaires à sa démonstration?

M. le Président, *au témoin*. — Sont-ce des pièces qui fassent partie soit du dossier Dreyfus, soit du dossier Esterhazy?

M. Bertillon. — Evidemment du dossier Dreyfus.

M. le Président. — Font-elles partie intégrante du dossier?

M. Bertillon. — Je ne sais pas.

M. le Président, *à Me Clémenceau*. — Nous ne pouvons faire ouvrir ni le dossier Dreyfus, ni le dossier Esterhazy.

Me Clémenceau. — Si M. Bertillon veut bien nous dire quelles pièces il désire, quand nous aurons ce renseignement entre les mains, nous déposerons des conclusions pour obtenir la production de ces pièces. Si elles ne sont pas dans les dossiers secrets, la Cour autorisera la production.

M. le Président. — Mais nous ne savons pas où elles sont!

Me Clémenceau. — Aussi je reviens toujours à ma question : M. Bertillon veut-il avoir l'obligeance de nous indiquer les pièces dont il a besoin pour faire la démonstration dont il a parlé?

M. le Président. — Et, alors, vous vous chargez de les apporter?

Me Clémenceau. — Nous ferons notre possible.

M. le Président. — Monsieur Bertillon, vous entendez la question? Quelles sont les pièces dont vous avez besoin pour faire votre démonstration?

M. Bertillon. — Ce sont les pièces qui ont été saisies et qui m'ont été données comme pièces de conviction, il y a trois ans.

M. LE PRÉSIDENT. — Vous rappelez-vous quelles sont ces pièces?

M. BERTILLON. — Elles portent une série de numéros; de 1 à 30...

M. LE PRÉSIDENT. — Y avait il des lettres de Mathieu Dreyfus ?

M. BERTILLON. — Il y en avait trois ou quatre.

Mᵉ CLEMENCEAU. — Eh bien! nous savons déjà qu'il s'agit de trois ou quatre lettres de M. Mathieu Dreyfus ; peut-on dire ce qu'elles contenaient?

M. LE PRÉSIDENT. — Et les autres?

M. BERTILLON. — Ce sont des notes de service, des brouillons, des minutes... je ne connais pas leur contexte... des rapports administratifs...

M. LE PRÉSIDENT. — Et ces rapports que vous appelez *administratifs*, vous rappelez-vous s'ils ont été joints au dossier Dreyfus ou s'ils ont été classés parmi les pièces administratives ?

M. BERTILLON. — Ils ont été joints à la procédure, c'est absolument certain.

Mᵉ LABORI. — Est-ce au point de vue des écritures, est-ce au point de vue graphique que le témoin a besoin de ces pièces pour sa démonstration ?

M. BERTILLON. — C'est entrer de nouveau dans le corps de ma démonstration; je vous l'ai dit, je la présenterai en entier ou pas du tout.

Mᵉ LABORI. — Il n'est pas possible que l'honorable M. Bertillon oublie qu'il dépose ici devant la justice...

M. BERTILLON. — Je déclare que c'est impossible ; et si un jour je puis faire cette démonstration, vous vous rendrez compte qu'en effet, j'ai besoin des documents pour faire comprendre...

M. LE PRÉSIDENT. — Nous sommes en matière d'identité judiciaire; il y aurait, d'après vous, une certitude absolue?

M. BERTILLON. — Je la regarde comme supérieure en certitude à un signalement anthropométrique; c'est une démonstration spéciale à ce cas tout à fait spécial.

Mᵉ LABORI. — M. Bertillon est un homme fort intelligent et il est impossible qu'il se refuse à nous parler non pas de la démonstration qui nous occupe, mais de sa méthode; c'est à ce point de vue là même que je le questionnerai. Ici, je suis bien tranquille; nous sommes dans le domaine abstrait de la science, non plus dans le domaine de l'affaire Dreyfus ou de l'affaire Esterhazy. Je lui demande s'il ne peut pas nous faire connaître sa méthode, puisqu'il est entendu que l'expertise en écritures est sans valeur quand elle est seule. Le témoin veut-il nous dire sur quoi il base son complément de démonstration?

M. BERTILLON. — Je ne peux pas faire un cours d'expertise de police et d'enquête *ex abrupto* et dans de pareilles circonstances...

Mᵉ LABORI. — Mais, si le témoin a besoin de se préparer, nous pourrions remettre à lundi.

Mᵉ CLÉMENCEAU (*au Président*). — Est-ce que, par hasard, le témoin aurait gardé une photographie de ces pièces de comparaison ?

M. LE PRÉSIDENT. — Auriez-vous gardé la photographie de ces pièces de comparaison ?

M. BERTILLON. — J'ai des photographies, mais je ne peux les apporter que sur un ordre écrit de la Cour, et après en avoir référé à mes chefs.

M. LE PRÉSIDENT. — La Cour n'a pas à vous donner d'ordre écrit, mais vous pouvez en référer à vos chefs.

M. BERTILLON. — Mes chefs ne m'autoriseront pas sans en référer au Ministre de la guerre.

Mᵉ LABORI. — Oh ! alors, vous pouvez être sûr qu'on ne vous autorisera pas.

Mᵉ CLÉMENCEAU. — La question va donc se poser ainsi : Est-ce que le Ministre de la guerre autorisera qu'on verse au débat des pièces qui condamneront ses prétentions ?

M. LE PRÉSIDENT. — Laissons d'abord M. Bertillon s'informer s'il peut avoir ces pièces, nous verrons ensuite ce que nous ferons.

Mᵉ CLÉMENCEAU. — Mais nous saurons que si M. Bertillon ne nous apporte pas ces pièces, c'est qu'on les lui aura refusées au ministère de la guerre.

M. LE PRÉSIDENT. — Nous verrons cela lundi.

Monsieur Bertillon, vous aurez l'obligeance de vous présenter au commencement de l'audience.

L'audience est levée.

SEPTIÈME AUDIENCE

AUDIENCE DU 13 FÉVRIER

Sommaire. — Lettre de M. Le Provost de Launay et dépêche de M. Papillaud au sujet de la déposition de M. Jaurès. — Déclaration de Mᵉ Labori relative à la publication dans la *Libre Parole* d'un article calomnieux le concernant. — Rappel de M. Jaurès. — Dépositions de MM. Bertillon (suite), Hubbard, Yves Guyot, Teyssonnières. — Confrontation de M. Teyssonnières avec M. Trarieux. — Dépositions de MM. Charavay, Pelletier, Gobert, Couart, Belhomme, Varinard.

L'audience est ouverte à midi dix minutes.

INCIDENT

Lettre de M. Le Provost de Launay et dépêche de M. Papillaud au sujet de la déposition de M. Jaurès

M. le Président. — Messieurs les jurés, à l'audience de samedi, M. le député Jaurès a fait une déclaration dont il m'est impossible de me rappeler les termes exacts, mais dont voici à peu près le sens : Dans les bureaux de la *Libre Parole*, M. le commandant Esterhazy aurait dit, en parlant de l'écriture du bordereau, que cette écriture ressemblait étrangement à la sienne et qu'il se sentait perdu.

Voilà ce que M. le député Jaurès a dit à l'audience de samedi. Cette déclaration a été reproduite dans toute la presse, et voici la lettre et la dépêche que j'ai reçues, dont je dois vous donner connaissance.

C'est d'abord une lettre de M. Le Provost de Launay, sénateur :

> Monsieur le Président,
>
> Je lis la déposition de M. Jaurès.
> M. Jaurès doit se tromper ; car M. Papillaud, que j'ai vu la veille du jour où il rencontra le commandant Esterhazy, et que j'ai revu le lendemain, m'a tenu un langage tout différent.
> Je suis prêt à en témoigner.
> Recevez, etc...

Voici également la dépêche reçue de M. Papillaud :

Beaulieu (Alpes-Maritimes).

En convalescence ici, je lis déposition Jaurès : ai déjà démenti dans *Libre Parole*. Vous prie, monsieur le Président, de bien vouloir excuser mon absence et donner au jury lecture de la déclaration suivante :

Jamais je n'ai tenu les propos rapportés par Jaurès ; jamais je n'ai entendu Esterhazy tenir pareil langage. Un jour, Esterhazy dit devant moi : « On m'a cru perdu à cause de la ressemblance d'écriture, si ressemblance il y a. Prouverai que Dreyfus a calqué mon écriture. » Je vis Esterhazy sept fois : jamais je ne lui ai entendu faire une autre déclaration. Je proteste donc contre le récit Jaurès qui constitue un véritable faux, d'autant plus blâmable que, malade ici, je ne peux pas me présenter devant la Cour. Je compte sur vous, monsieur le Président, pour rétablir la vérité et vous prie d'agréer l'assurance de mes sentiments distingués.

Maître Labori, je vais vous donner communication de ces deux pièces.

M⁰ LABORI. — Monsieur le Président, nous recevons ces pièces et nous ne nous plaignons nullement qu'elles soient versées aux débats. Je me permets seulement de vous faire observer qu'elles n'ont pas été notifiées, et nous demandons, pour les pièces qui émaneront de nous, le même privilège.

M. LE PRÉSIDENT. — Ce ne sont pas des pièces du débat.

M⁰ LABORI. — Mais, si au cours du débat, nous recevons des pièces de même nature, nous demandons à M. le Président de vouloir bien en donner lecture.

M. LE PRÉSIDENT. — J'en ai donné donné lecture en vertu de mon pouvoir discrétionnaire.

M⁰ LABORI. — C'est, monsieur le Président, à votre pouvoir discrétionnaire que nous ferons appel.

DÉCLARATION DE M⁰ LABORI

Relative à la publication dans la « Libre Parole » d'un article calomnieux le concernant.

M. LE PRÉSIDENT, *à l'huissier audiencier*. — Faites appeler le premier témoin.

M⁰ LABORI. — Pardon, monsieur le Président, voulez-vous me donner un instant la parole pour donner à MM. les jurés une explication personnelle que je crois nécessaire ?

Certains journaux ne se contentent pas d'attaquer M. Emile Zola, d'attaquer la défense elle-même, par des appréciations, qu'on peut toujours laisser passer, quelque injurieuses qu'elles soient, parce qu'elles peuvent s'expliquer, soit par l'erreur, soit par la prévention, soit même par des passions malheureuses, mais honorables et légitimes ; ces journaux ont recours en outre à la publication de faits calomnieux. Ces faits sont de nature à impressionner MM. les jurés et je demande, sur ce point, à donner trois minutes d'explications d'un ordre purement matériel.

(*M. le Président fait un signe d'assentiment.*)

Messieurs les jurés, la *Libre Parole* publie ce matin l'entrefilet suivant :

Un de nos lecteurs nous demande si nous connaissons au barreau de Paris...

Et le filet est sous la rubrique : « Le Défenseur de Zola »; il est donc impossible de se méprendre sur la portée de l'article :

..... un avocat d'origine germanique, naturalisé Français, qui a épousé une juive Anglaise, et dont le père, resté Allemand, est présentement inspecteur dans une Compagnie de chemins de fer d'outre-Rhin.

Et la *Libre Parole* continue :

Cette question vise-t-elle Me Labori, le théâtral défenseur de Zola ?

Ce qui est certain, c'est que, comme tous ceux qui, de près ou de loin, ont trempé dans le complot antifrançais, Me Labori a des attaches étrangères.

Il a en effet épousé une demoiselle Ockey, protestante anglaise, après son divorce d'avec M. de Pachmann, un Allemand, si je ne me trompe, dont elle a deux enfants que leur père vient visiter dans leur nouvelle famille.

Je ne donne ce renseignement qu'afin d'établir que Me Labori a pu subir des influences qui ne sont pas précisément nationalistes, me gardant bien de l'imiter en faisant intervenir des femmes qui n'ont rien à faire dans le débat.

Je ne me livrerai, messieurs les jurés, à aucun commentaire. Je répondrai par des faits. D'autre part, comme je suis décidé à ne me laisser arrêter par rien dans la tâche que j'ai entreprise, et que je m'attends à d'autres attaques, je déclare que je réponds pour l'unique et dernière fois.

Voici ma réponse :

« Je ne suis pas naturalisé français ; je suis né à Reims d'un père français. Ma femme n'est pas israélite. M. de Pachmann vient si peu faire des visites chez moi, que je n'ai pas l'honneur de le connaître personnellement. Il n'est pas Allemand, il est Russe; il est né à Odessa; son père était professeur à l'Université d'Odessa, son frère est actuellement conseiller privé et sénateur russe à Saint-Pétersbourg.

Mon père est Alsacien ; il est depuis quarante-cinq ans au service de la Compagnie des Chemins de fer de l'Est; il a fait comme tel la campagne de 1870 pendant laquelle il a été chargé, au camp de Châlons, de l'embarquement de toutes les troupes françaises. En 1871, il a été délégué pour reprendre à la gare de

Reims, des mains des Prussiens, le service des chemins de fer français et c'est peut-être la période de sa vie où il a dû donner la plus grande preuve de patriotisme. Depuis, en sa qualité d'Inspecteur principal, il est chargé, d'accord avec les commissions militaires, d'organiser, pour le cas de guerre, la défense nationale sur sa section, en ce qui concerne le service des chemins de fer. Enfin, il y a sept ans, au mois de janvier 1891, mon père a été décoré de l'ordre de la Légion d'honneur, sur la demande et par l'intermédiaire du 4e bureau de l'Etat-major de la guerre, et c'est M. le général de Boisdeffre qui lui a annoncé sa décoration avec les félicitations qu'il a cru devoir y joindre.

Voilà, messieurs les jurés, ma réponse ! je n'ai rien à ajouter ; je vous demande seulement d'apprécier, par cet incident, ce que valent certaines attaques et certaines affirmations.

M. LE PRÉSIDENT, *à l'huissier audiencier*. — Faites venir le premier témoin.

Me LABORI. — Monsieur le Président, M. Jaurès demande à être entendu.

M. LE PRÉSIDENT, *à l'huissier audiencier*. — Appelez M. Jaurès.

RAPPEL DE M. JAURÈS

M. JAURÈS. — Monsieur le Président, je regrette plus que personne que l'état de santé de M. Papillaud ne lui permette pas d'être ici, car je suis sûr que devant la netteté de mes affirmations, la précision de mes souvenirs, il ne pourrait pas maintenir une minute sa dénégation.

J'affirme une fois de plus, sous la foi du serment, que M. Papillaud m'a déclaré, à deux reprises, qu'il avait entendu M. Esterhazy lui dire : « Lorsque le journal *le Matin* a publié le fac-similé du bordereau, *je me suis senti perdu.* » Je précise les circonstances : Une fois M. Papillaud me l'a dit au sortir de la séance du Sénat, où M. Scheurer-Kestner avait interpellé. Nous nous sommes rencontrés au bas du grand escalier ; nous avons parlé du résultat de la séance et nous avons été d'accord pour dire, qu'en somme, malgré les apparences, M. Scheurer-Kestner avait obtenu un résultat important, puisqu'il avait obtenu que le bordereau serait officiellement versé à l'enquête.

Ce fut le point de départ, lorsque nous sortîmes ensemble, d'une conversation sur le bordereau, au cours de laquelle Papillaud me dit : « S'il n'y avait que le bordereau, la chose serait bientôt jugée ; car je suis convaincu que le bordereau est d'Esterhazy. Je ne peux m'expliquer que par là le trouble qu'il nous a montré, alors que son nom n'avait jamais été prononcé, qu'il n'avait été mêlé en rien au procès ; car, en voyant le fac-similé du journal le *Matin*, il s'était senti perdu. »

Une autre fois, à la Chambre, dans la salle des Pas-Perdus, j'ai abordé M. Papillaud dans un groupe très nombreux de journalistes et, alors, je lui ai dit : « Comment pouvez-vous encore marcher derrière cet homme, après la publication des lettres du *Figaro* ? » Il m'a répondu : « Nous pouvons d'autant moins marcher derrière lui que, lorsqu'il est venu à la *Libre Parole*, il a manifesté un trouble singulier en voyant le bordereau du *Matin* : il s'était senti perdu. A partir de ce moment-là, moi qui étais et qui reste convaincu de la culpabilité de Dreyfus, j'ai dit à mes amis de la *Libre Parole* : « En tout cas, nous ne marchons pas derrière Esterhazy. »

Voilà, messieurs, des affirmations précises et, monsieur le Président, puisque je n'étais pas là tout à l'heure au moment où il a été donné connaissance du télégramme de M. Papillaud, il me sera permis de faire remarquer à MM. les jurés dans quelles conditions singulières ce démenti a été obtenu. Pour faciliter à M. Papillaud le démenti de sa déclaration, on lui a télégraphié une version inexacte de ma déposition. La *Libre Parole* reproduit ce matin le télégramme qu'on a envoyé à M. Papillaud ; or, dans ce télégramme, il est dit que j'ai affirmé que M. Esterhazy avait déclaré à Papillaud : *Je me sens perdu*. Ce n'est pas là ce que j'ai dit. J'ai répété un propos exact et qui est beaucoup plus grave, à savoir que, quinze mois avant, en voyant le fac-similé du bordereau, Esterhazy *s'était senti perdu*.

Je m'étonne qu'on ait pu obtenir ce désaveu de M. Papillaud, à moins qu'on ait dénaturé le sens et le texte des paroles que je lui avais prêtées ; je m'en étonne d'autant plus que tous les journaux, à l'exception de la *Libre Parole*, ont répété exactement ma déposition, et il est surprenant que, seule, elle ne l'ait pas reproduite exactement, et c'est précisément le journal qui était directement intéressé dans l'incident.

Mais je comprends très bien l'intérêt qu'on a à nier le propos qui m'a été tenu ; on y a un double intérêt : c'est d'abord qu'il est d'une gravité extrême en soi, comme indice moral de l'état d'esprit de M. Esterhazy il y a quinze mois, et ensuite, c'est qu'il démontre, contrairement à l'allégation de M. le général de Pellieux, qu'entre le fac-similé du bordereau sur lequel certaines expertises ont été faites, et le bordereau lui-même, il n'y a pas la différence qu'il a dit et la preuve, c'est que M. Esterhazy, à l'audience publique du Conseil de guerre à laquelle j'ai assisté, reconnaissait une ressemblance frappante de son écriture avec celle du bordereau, et auparavant avait reconnu la même ressemblance de son écriture avec celle du fac-similé du bordereau ; il n'y a donc pas, entre le fac-similé et le bordereau, de différence.

M. LE PRÉSIDENT. — Monsieur Jaurès, vous n'étiez pas là lorsque j'ai donné lecture de la dépêche ?

M. JAURÈS. — Non, monsieur le Président, mais j'ai supposé que c'était un texte analogue à celui de la *Libre Parole*.

M. LE PRÉSIDENT. — Je vais vous en donner lecture...., c'est une dépêche que j'ai reçue hier.

(*M. le Président donne à nouveau lecture de la dépêche de M. Papillaud.*)

M. JAURÈS. — Monsieur le Président, je répète à nouveau, avec les circonstances les plus précises, que je confirme de la manière la plus absolue les deux affirmations de ma déposition ; j'ajoute que dans les controverses entre amis, — car depuis bien des semaines les amis les plus intimes sont divisés, et il y a de mes amis qui n'éprouvent pas, sur le cas de M. Esterhazy et sur la conduite du procès, le même sentiment que moi, — je me suis souvent servi auprès d'eux, notamment auprès de mes amis du journal *La Dépêche*, qui n'ont pas sur l'affaire les mêmes conceptions que moi, je me suis servi des affirmations très précises qu'avait faites M. Papillaud.

Je répète à nouveau que je confirme de la manière la plus absolue, la plus nette, la plus ferme et la plus précise, ma déposition d'avant-hier.

J'ajoute que cette question a suscité, entre les amis les plus intimes, bien des controverses qui les ont divisés. J'avais des amis qui n'avaient pas le même sentiment que moi sur le cas du commandant Esterhazy et je me suis souvent servi, dans la discussion, auprès d'eux, du récit que m'avait fait M. Papillaud.

M. LE PRÉSIDENT, *à l'huissier audiencier*. — Faites venir M. Bertillon.

DÉPOSITION DE M. BERTILLON

(*Suite*)

M. LE PRÉSIDENT. — Témoin, avez-vous pu obtenir les pièces dont vous nous avez parlé, au ministère de la guerre ?

M. BERTILLON. — Non.

Me LABORI. — J'aurais diverses questions à poser au témoin.

Me CLÉMENCEAU. — Est-ce que nous ne pourrions pas avoir plus de détails sur la non-obtention de ces pièces ? Je voudrais que M. Bertillon nous fît connaître dans quelles conditions il les a demandées et dans quelles conditions on les lui a refusées.

M. BERTILLON. — Je reste sur le terrain de ma dernière déposition.

M. LE PRÉSIDENT. — Témoin, Me Clémenceau vous demande comment vous avez demandé ces pièces et comment on vous les a refusées ! (*A Me Clémenceau.*) C'est bien la question ?

Me CLÉMENCEAU. — Oui.

M. BERTILLON. — Ces pièces sont la propriété du ministère de la guerre. Quand j'ai agi en 1894, ce n'est pas comme fonctionnaire, c'est comme expert, c'est-à-dire comme un particulier. Ces pièces ont été payées 800 francs par le ministère de la guerre. J'ai versé cette somme à la caisse municipale, attendu que ces pièces avaient été faites avec les produits de mon laboratoire. Ces documents restent donc la propriété du ministère de la guerre; j'en suis détenteur par occasion. En réalité, j'aurais dû les déposer au greffe du ministère de la guerre.

Je ne suis qu'un témoin, je ne suis pas chargé de faire les commissions.

M⁰ CLÉMENCEAU. — J'ai écouté avec plaisir les explications du témoin. M. Bertillon nous a dit avant-hier soir qu'il ne pouvait pas nous produire les pièces et les apporter sans l'autorisation de ses supérieurs hiérarchiques. Il a ajouté alors : « Mes supérieurs sont le Préfet de police et le Ministre de la guerre. » Ce point était important; car c'est le Ministre de la guerre qui nous poursuit dans le procès actuel. C'est alors que M. le Président a dit au témoin : « Voulez-vous, d'ici à lundi, demander à vos supérieurs l'autorisation d'apporter ces pièces et vous nous répondrez. »

Aujourd'hui, M. Bertillon nous dit qu'il n'a pas obtenu ces pièces. Je lui demande, vu la gravité de la situation, de nous faire savoir dans quelles conditions il les a demandées, et dans quelles conditions elles lui ont été refusées.

M. BERTILLON. — J'ai répondu à cette question.

M⁰ CLÉMENCEAU. — Non. Je la répéterai.

Pour demander ces pièces, M. Bertillon a dû matériellement faire quelque démarche ; il s'est rendu chez le Ministre de la guerre et a dû parler à quelqu'un qui lui a répondu quelque chose. Je demande dans quelles conditions il s'est rendu chez le Préfet de police, ce qu'il a dit au Préfet de police et ce que le Préfet de police lui a répondu. Je lui demande dans quelles conditions il s'est rendu ensuite chez le général Billot, s'il a vu le général Billot, ce qu'il a dit au général et ce que celui-ci lui a répondu ? Est-ce que M. Bertillon comprend ?

M. BERTILLON. — Je crois avoir expliqué suffisamment que j'ai agi comme particulier vis-à-vis du ministère de la guerre.

M⁰ CLÉMENCEAU. — Vous ne répondez pas à ma question.

M. LE PRÉSIDENT. — On vous demande quelles sont les démarches que vous avez pu faire pour obtenir les pièces dont il avait été question samedi, et que vous demandiez pour pouvoir faire votre déposition ?

M. BERTILLON. — J'ai réfléchi à la situation et je me suis rendu compte que ces clichés étaient la propriété du ministère de la guerre.

M⁰ CLÉMENCEAU. — Alors, contrairement à ce que le témoin a affirmé tout à l'heure, on ne lui a pas défendu de produire ces pièces?

M. BERTILLON. — On ne m'a rien défendu du tout.

M⁰ CLÉMENCEAU. — Alors, le témoin n'a vu personne?

M. BERTILLON. — Je n'ai vu personne. J'ai consulté la situation.

M⁰ CLÉMENCEAU. — Alors, le témoin, contrairement à ce qu'il

avait dit, au lieu de consulter le Préfet de police et le Ministre de la guerre, a consulté.... *la situation*?

M. BERTILLON. — Je ne suis pas le subordonné du Ministre de la guerre, je suis le subordonné du Préfet de police. Mais quand j'agis comme expert, je n'ai à consulter personne ; c'était même mon devoir de ne consulter personne. J'ai ici des clichés, le Ministre de la guerre peut venir les chercher ; mais je ne suis pas sous ses ordres et ce n'est pas à moi de les lui porter.

Mᵉ CLÉMENCEAU. — Je m'en tiens aux affirmations que le témoin a produites à cette barre. Dans sa déposition précédente, qui a été fidèlement reproduite par la sténographie, M. Bertillon a dit, samedi soir, à cinq heures moins cinq minutes : « Je ne puis pas apporter à la barre les pièces qu'on me demande, parce que je n'ai pas l'autorisation de mes chefs hiérarchiques. »

M. BERTILLON. — Je n'ai pas dit que je n'avais pas l'autorisation de mes chefs.

Mᵉ CLÉMENCEAU. — Je m'en rapporte à la sténographie. Le témoin se rappelle-t-il avoir ajouté : « Je demanderai l'autorisation à mes chefs hiérarchiques, le Préfet de police et le Ministre de la guerre ? »

M. BERTILLON. — J'ai dit que j'en référerais à mes chefs, mais un moment de réflexion m'a montré que j'étais dans l'erreur ; je n'ai pas à référer à mes supérieurs de faits qui me regardent personnellement, surtout quand j'opère comme témoin. C'est contraire à ce que je devais faire.

M. LE PRÉSIDENT. — C'est la réponse à votre question, maître Clémenceau.

Mᵉ CLÉMENCEAU. — Pas du tout, et vous l'allez voir.

Samedi, le témoin nous a dit qu'il allait en référer à ses chefs hiérarchiques, et alors M. le Président a levé l'audience en disant : « Lundi, M. Bertillon nous dira si ses chefs l'ont autorisé à apporter les documents. » Or, au début de cette audience, quand on a dit : « Monsieur Bertillon, avez-vous été autorisé à apporter les pièces en question ? » M. Bertillon a répondu : « Non. » Les débats allaient continuer quand je suis intervenu. Il en résulte donc que M. Bertillon a répondu : « Non », et que ce *non* voulait dire, étant données les paroles échangées samedi soir : « Je n'ai pas apporté ces pièces, parce que M. le Ministre de la guerre ne me l'a pas permis. » Ainsi, au lieu de consulter le Préfet de police et le Ministre de la guerre, comme les affirmations de M. Bertillon devaient nous le faire croire, il reste acquis qu'après avoir affirmé qu'il les consulterait, M. Bertillon a simplement consulté ce qu'il appelle... *la situation*. Ce n'est pas la même chose.

M. LE PRÉSIDENT. — M. Bertillon vient de vous répondre qu'il a réfléchi et qu'il avait cru qu'il ne devait pas demander cette autorisation.

M. BERTILLON. — Je crois être sûr de ne pas avoir dit que je demanderais l'autorisation ; j'ai dit que j'en référerais au sortir de cette audience ; mais j'ai réfléchi et je me suis dit : Je n'ai pas à référer de choses qui ne regardent que moi. C'est au Ministre de la guerre à me retirer ses clichés.

M⁰ CLÉMENCEAU. — Je ne tire pas de conclusions, je veux seulement constater des faits. Quand M. Bertillon nous a proposé samedi de consulter ses supérieurs hiérarchiques, la défense a fait remarquer combien il était curieux qu'on consultât, sur une question intéressant la défense, le Ministre de la guerre qui nous poursuit dans ce procès. Aujourd'hui, M. Bertillon nous a dit qu'il avait réfléchi et qu'il n'avait pas vu le Ministre de la guerre.

M. LE PRÉSIDENT. — Je n'ai pas à apprécier la réponse de M. Bertillon.

M⁰ CLÉMENCEAU. — Je n'apprécie pas non plus, monsieur le Président. Je constate, voilà tout !

M. LE PRÉSIDENT, à M⁰ *Labori*. — Avez-vous d'autres questions à poser au témoin ?

M⁰ LABORI. — J'en ai beaucoup. Puisque nous ne pouvons pas obtenir de M. Bertillon spontanément des explications, je vais essayer de lui poser des questions successives qui nous apporteront, non pas la lumière complète, mais la lumière partielle, à laquelle il faut se résigner dans cette affaire.

Monsieur le Président, voulez-vous demander à M. Bertillon, après en avoir pris connaissance vous-même, si le petit travail que je vais lui montrer est, cette fois, la représentation exacte des bastions, retranchements et lignes de bataille qu'il a présentés au Conseil de guerre après son expertise en écritures ? (*M⁰ Labori présente au Président un nouveau fac-similé du diagramme qui est reproduit, tome II, aux Annexes.*)

M. LE PRÉSIDENT. — Maître Labori, voulez-vous nous expliquer ce que c'est que cette pièce ?

M⁰ LABORI. — J'ai remis, à l'audience d'avant-hier, un petit travail à M. Bertillon.

M. LE PRÉSIDENT. — Voulez-vous nous expliquer en quoi consiste ce travail, maître Labori ?

M⁰ LABORI. — C'est l'explication à laquelle je voudrais arriver. J'en ai seulement deux exemplaires, je voudrais les faire passer à MM. les jurés en demandant que l'un des deux me soit retourné après examen, parce que je n'en ai pas d'autre.

Je dis maintenant ce que c'est : samedi dernier, j'ai eu l'honneur de faire passer sous les yeux de M. Bertillon un petit dessin que M. Bertillon a reconnu comme exact au point de vue de l'aspect général, mais dont il a contesté l'exactitude au point de vue des détails ; on aurait oublié certains points et certaines écritures. Or, j'ai pu, par une bonne fortune, me procurer pour l'audience d'aujourd'hui un dessin qui est, m'affirme-t-on, le dessin exact, même comme dimensions, de la pièce qui a servi à M. Bertillon pour la démonstration de ses conclusions dans son expertise.

M. LE PRÉSIDENT. — Voulez-vous avoir l'obligeance, maître

Labori, de remettre ces deux exemplaires à MM. les jurés? N'en avez-vous pas un troisième?

M° LABORI. — Je n'en ai que deux, monsieur le Président. Je voudrais demander à M. Bertillon si ce petit travail lui paraît à la fois exact et complet?

M. BERTILLON à M° Labori. — Quelle question me posez-vous? (Rumeurs.)

M° LABORI. — Je demande si ce petit travail émane bien de M. Bertillon, je veux dire l'original, car bien entendu mes deux exemplaires ne sont pas l'original même ; et je demande à M. Bertillon s'ils sont exacts et complets?

M. LE PRÉSIDENT. — Témoin, reconnaissez-vous avoir fait ce travail?

M. BERTILLON. — Ce travail se réfère à ma déposition de 1894 dans l'affaire Dreyfus.

M° CLÉMENCEAU. — Quelle est la conclusion que le témoin en tire?

M. BERTILLON. — Je reconnais que j'ai eu tort, samedi, de me laisser entraîner sur ce terrain. (*Bruit.*) Mais j'ajouterai un mot, si monsieur le Président le permet, pour trancher cette question. C'est que le point que j'avais signalé continue à manquer.

Je suis bien décidé à l'avenir à m'abriter derrière l'arrêt de la Cour qui interdit de parler de l'affaire Dreyfus.

M° LABORI. — Je suis bien décidé, comme défenseur, à demander qu'on observe l'arrêt de la Cour complètement ou pas du tout.

Moi, j'affirme que ceci est le calque exact de ce qui a servi à M. Bertillon en 1894. M. Bertillon aura beau affirmer le contraire ici, s'il n'apporte qu'une affirmation, je la conteste et j'attends des explications de détail. J'affirme, et j'ai des raisons pour cela.

M° CLÉMENCEAU. — Ce sont des questions de principe que nous discutons ; il faudrait pourtant savoir si le témoin entend s'abriter pour se taire derrière un arrêt de la Cour. M. le Président voudrait-il demander au témoin si c'est la *situation* qu'il a consultée hier soir qui lui a donné l'idée de s'abriter aujourd'hui derrière un arrêt de la Cour? Je crois que ma question est claire.

M. LE PRÉSIDENT. — Il est difficile que le témoin réponde, puisqu'il dit : « Je m'abrite derrière un arrêt de la Cour. »

M° CLÉMENCEAU. — C'est une explication que je demande. Quelle est la *situation* qui a conseillé au témoin de changer d'attitude? M. Bertillon n'a vu ni le Ministre de la guerre ni le Préfet de police ; il nous dit qu'il a consulté une *situation*. Nous demandons comment cette *situation* lui a conseillé de se refuser à parler aujourd'hui des choses dont il nous avait entretenu avant-hier soir. Ma question est claire et M. Bertillon doit la comprendre.

M. BERTILLON. — Le défenseur comprendra que, dans ma

situation personnelle, après avoir été mêlé à l'affaire si grave de 1894, j'éprouve de temps en temps des bouillonnements intérieurs et que ma situation est pénible et embêtante!

Mᵉ CLÉMENCEAU. — Le témoin vient de dire que sa situation est *embêtante*; le mot est à retenir.

M. BERTILLON. — Je vous demande pardon pour l'expression.

Mᵉ CLÉMENCEAU. — Elle ne me gêne pas; j'en comprends le sens. M. Bertillon veut dire qu'il est fonctionnaire et que, comme tel, il y a des choses dont il ne peut librement parler.

M. BERTILLON. — Ce n'est pas cela du tout.

Mᵉ CLÉMENCEAU. — Alors, je demande l'explication du mot « embêtante »; ce mot est aux débats et je le retiens. Il faut s'expliquer, car la question est très grosse.

M. LE PRÉSIDENT. — Mettons que le témoin ne veut pas parler.

M. BERTILLON (*avec colère*). — Je ne brûle que d'une chose, c'est de faire connaître ma déposition! Mais j'ai mille obstacles qui s'y opposent; je suis tourmenté tous les jours par mille machines; alors, de temps en temps, la digue se rompt, sapristi!!

M. LE PRÉSIDENT. — Vous voyez que le témoin ne veut pas parler.

Mᵉ CLÉMENCEAU. — Monsieur le Président, vous voudrez bien accorder au témoin vingt minutes pour s'expliquer sur son schéma, après avoir reconnu que vous êtes plus à même que M. Bertillon d'apprécier la portée des arrêts de la Cour.

M. LE PRÉSIDENT. — La voici : Y a-t-il une ressemblance quelconque entre l'écriture du bordereau et l'écriture du commandant Esterhazy? Je ne puis pas sortir de là.

Mᵉ CLÉMENCEAU. — M. Bertillon ayant dit avant-hier : « Je vais prouver que le bordereau ne peut pas avoir été écrit par une autre personne que Dreyfus », si M. Bertillon fait cette démonstration, nous avons, *a contrario*, la vérité sur les questions posées dans ce procès.

M. LE PRÉSIDENT. — M. Bertillon vous a répondu qu'il n'avait pas les pièces et qu'il était impossible pour lui de faire cette démonstration.

Maître Labori, avez-vous une autre question à poser?

Mᵉ LABORI. — Oui. Je crois que M. Bertillon, si j'ai bien compris ses explications, a les pièces.

Voulez-vous être assez bon, monsieur le Président, pour lui demander s'il a les pièces à sa disposition?

M. BERTILLON. — Quelles pièces? (*Murmures.*)

M. LE PRÉSIDENT. — M. Bertillon avait demandé la photographie, non seulement des pièces, mais des lettres.

Mᵉ LABORI. — Je croyais que c'était simplement la photographie du bordereau.

M. BERTILLON. — Non.

Mᵉ LABORI. — Si je le comprends bien, les pièces dont parle M. Bertillon sont les photographies des pièces de comparaison des écritures.

M. Bertillon. — Monsieur le Président, je n'ai pas saisi. (*Nouveaux murmures.*)

M. le Président. — Monsieur Bertillon, avez-vous les photographies des lettres qui ont servi de pièces de comparaison ?

M. Bertillon. — Dans quelle affaire ?

M. le Président. — Dans la première, puisque vous avez déclaré que vous ne vous étiez pas occupé de la seconde.

M. Bertillon. — Dans l'affaire de l'ex-capitaine Dreyfus ? Je croyais que cette affaire ne devait pas être traitée ici ?

M. le Président. — On vous demande si vous avez des pièces ?

M. Bertillon. — C'est reparler de cette affaire. Moi, j'en ai en dépôt ; seulement, elles appartiennent au ministère de la guerre. Je ne les ai pas toutes, mais j'en ai suffisamment. Du reste, elles devraient être au greffe du ministère de la guerre.

Mᵉ Labori. — Monsieur le Président, voulez-vous me permettre de demander au témoin comment il se fait que, comme tant d'autres, il ne s'aperçoive de l'obligation de garder le silence sur l'affaire Dreyfus que devant la justice, et qu'on trouve dans les journaux le récit détaillé d'interviews auxquelles il s'est prêté sur l'affaire Dreyfus ?

M. le Président. — Témoin, vous avez bien compris la question ?

M. Bertillon. — En fait d'interviews dans les journaux relatives à l'affaire Dreyfus, on n'en trouvera pas beaucoup de moi ; j'ai reçu beaucoup de reporters et j'en ai congédié autant.

Mᵉ Labori. — Je vais soumettre à l'honorable témoin une seule interview, où nous allons trouver d'importants renseignements.

M. Bertillon. — On m'a prêté énormément de propos qui ne sont pas exacts.

Mᵉ Labori. — Voici d'abord l'*Echo de Paris* du 3 décembre 1897. Je ne veux pas vous lire toute l'interview, ce serait trop long, mais seulement une partie ; elle est intitulée : « Grave déclaration de M. Bertillon. » Ce n'est pas, à proprement parler, une interview, mais la Cour va voir que les renseignements émanent de M. Bertillon :

> Un député a raconté à plusieurs de ses collègues qu'il avait rencontré M. Bertillon, avec lequel il s'était entretenu quelques minutes de l'affaire Dreyfus. D'après lui, M. Bertillon aurait déclaré que la culpabilité de l'ex-capitaine ne faisait pour lui aucun doute, et que le bordereau n'était pas la seule pièce importante du procès. D'ailleurs, M. Bertillon aurait dit : « Tant que je n'ai eu connaissance que du bordereau, j'ai déconseillé les poursuites. »

Puis, écoutez bien ceci, messieurs les jurés, et vous verrez si cela peut émaner d'un autre que de M. Bertillon :

> C'est une pièce importante saisie dans le buvard de M. Mathieu Dreyfus qui a achevé de me convaincre.

M. Bertillon a-t-il dit cela?

M. BERTILLON. — Autant de mots, autant d'inexactitudes; mais pour les rectifier, il me faudrait entrer dans l'affaire de 1894.

D'ailleurs, est-ce qu'on m'a jamais consulté pour faire le procès de Dreyfus? Enfin, je ne veux pas entrer dans l'affaire Dreyfus!

M° LABORI. — Ceci ne peut être une inexactitude : « La pièce importante qui a achevé de me convaincre a été une pièce saisie dans le buvard de M. Mathieu Dreyfus. » M. Bertillon nous a dit cela lui-même.

Puis, un rédacteur du *Soir* s'est rendu chez M. Bertillon. Suit une sorte d'interview et vous allez retrouver les paroles de M. Bertillon. M. Bertillon dit ceci :

Evidemment, ce que j'ai dit n'a pas été caché, mais le propos n'est pas fidèlement rapporté : ce n'est pas dans le buvard de M. Mathieu Dreyfus qu'une pièce a été saisie, mais dans celui d'Alfred Dreyfus lui-même. Quant à vous en dire plus long, je ne le puis, tout cela regarde le Ministre de la guerre ; c'est à lui seul qu'il appartient de donner des éclaircissements s'il le juge utile. Soyez tranquille, vous n'avez qu'à attendre, tout cela viendra à son heure. M. Bertillon s'est décidé alors à nous faire la déclaration suivante :

Nous allons retrouver les paroles mêmes du témoin.

(*M. Bertillon fait des gestes d'impatience.*)

Ce serait beaucoup trop long à vous expliquer et cela ne peut se faire dans une conversation — continua M. Bertillon. Pour que vous compreniez bien la chose, il faudrait vous lire la déposition que j'ai faite devant le Conseil de guerre. Par cette déposition, j'ai démontré d'une façon irréfutable, avec de petits croquis que les juges ont vus, la culpabilité de Dreyfus et cela, par une suite de raisonnements et de déductions qui m'ont conduit à des preuves matérielles indiscutables. Il faudrait plus de deux longues colonnes pour reproduire ma déposition, et, le jour où j'y serai autorisé, je suis prêt à la publier.

Messieurs, je regrette de constater que le témoin en dit trop ou trop peu, et je fais remarquer très respectueusement — en ceci j'explique ma question — qu'il nous est difficile d'admettre que M. Bertillon, avec tant d'autres, et après tant d'autres, vienne dire ici : « Je suis sûr de la culpabilité de Dreyfus », et se refuse ensuite à répondre aux questions. Qu'est-ce qu'il fait donc, en parlant ainsi, des arrêts de la Cour et même des observations de M. le Président, qui défend de parler de l'affaire Dreyfus? Au contraire, quand on lui pose une question sur un point aussi important que celui de l'expertise, M. Bertillon ne veut pas y répondre!

J'ajoute qu'il est impossible de nous interdire ici la discussion des expertises. Il y a en cause dans cette affaire un seul bordereau; ce bordereau a beau avoir été coupé en un certain nombre de petits papiers, il nous est impossible de les diviser au point de vue de la discussion. Si on a la preuve que le bordereau est de Dreyfus, il n'est pas d'Esterhazy. Je dis donc à M. Bertillon : veuillez nous faire, par tous les moyens si intéressants qui vous sont propres, non pas la preuve que le bordereau est de Dreyfus, parce que M. le Président vous arrêterait, mais qu'il ne peut pas être d'Esterhazy.

M. LE PRÉSIDENT. — Vous entendez la question ? Je puis vous la poser dans ces conditions.

M. BERTILLON. — Je demande pardon à Mᵉ Labori de l'avoir interrompu quand il nous lisait l'article de ce journal. J'ai encore présentes à l'esprit les conditions dans lesquelles j'ai reçu le reporter du *Soir*. Je l'ai reçu à la porte de mon antichambre, devant trois ou quatre de mes agents ; il venait m'interroger sur des bruits qui venaient je ne sais d'où. Je me suis contenté de le renvoyer très poliment en lui disant : « Je ne demande pas mieux que de publier ma déposition ». Je ne lui en ai pas dit plus long ; tout le reste de l'article a été ramassé de droite et de gauche. J'ai été l'objet dix fois et vingt fois de tentatives de ce genre.

Ma déposition a eu lieu devant beaucoup de témoins. Elle est faussée dans les brochures de M. Bernard Lazare ; les phrases n'y ont plus le même sens et les mots s'y suivent sans rime ni raison. On est venu m'interviewer là-dessus et on m'a prêté toutes sortes de propos.

M. LE PRÉSIDENT. — En votre âme et conscience, est-il possible que le bordereau émane de la main du commandant Esterhazy ?

M. BERTILLON. — C'est impossible ! (*Bruit.*)

Mᵉ LABORI. — Les experts ne sont pas encore devenus des oracles et nous leur demandons des explications.

M. LE PRÉSIDENT. — Attendez. Je n'ai pas demandé pourquoi.

Mᵉ LABORI. — Il y a longtemps que j'attends !

M. LE PRÉSIDENT. — Témoin, qu'est-ce qui vous fait penser que le bordereau n'est pas de la main du commandant Esterhazy ?

M. BERTILLON. — C'est qu'il est de la main d'un autre.

Mᵉ CLÉMENCEAU. — Qu'est-ce qui lui fait penser qu'il est de la main d'un autre ?

M. BERTILLON. — Alors nous retombons dans mes déclarations de samedi ; cela ne finira jamais.

Mᵉ CLEMENCEAU. — Il y a peut-être une question intermédiaire qu'il nous serait utile de poser. Est-ce que le témoin n'a pas fait, depuis l'affaire de 1894, à quelque personne étrangère ou à des amis, une démonstration, je ne dis pas de la culpabilité de Dreyfus, mais de son système de raisonnement ?

M. LE PRÉSIDENT. — Vous comprenez ce qu'on veut vous faire dire ? Avez-vous fait la démonstration de votre système, comme en matière anthropométrique ? Quel est le système que vous avez employé pour arriver au résultat que vous venez de nous dire ? C'est bien cela, n'est-ce pas, maître Clemenceau ? J'estime que vous voulez faire dire au témoin quel est son système pour arriver au résultat qu'il vient de nous indiquer ?

M⁰ CLÉMENCEAU. — Oui...

M. BERTILLON. — C'est alors un cours théorique d'expertise en écritures que je devrais faire. J'ai publié, il y a quelques semaines, dans la *Revue scientifique*, deux articles sur ce sujet.

M⁰ CLÉMENCEAU. — Nous les avons lus ; mais précisément je n'y vois pas du tout ce que je demande ; au contraire, j'y vois les expertises en écritures démolies de main de maître par le témoin, sans qu'il en reste rien, et M. Bertillon peut bien compter que je ferai connaître son opinion là-dessus à MM. les jurés. M. Bertillon a déjà commencé à nous dire d'ailleurs avant-hier que les expertises toutes seules ne signifient rien et que cela pouvait tout au plus servir d'éléments d'appréciation. Mais je ne vois rien du système général qui a amené M. Bertillon à une démonstration mathématique ; c'est ce que nous lui demandons.

M. BERTILLON. — C'est un cas tout particulier. A la fin de l'article auquel vous faites allusion, je dis que seules les preuves matérielles peuvent amener à la vérité ou quelque chose dans ce genre-là. Ces preuves matérielles sont dans le dossier de 1894.

M⁰ LABORI. — Il ne faudrait pas d'équivoque. Moi, j'ai l'honneur de connaître le dossier de 1894, puisque je suis l'avocat de Mme Alfred Dreyfus, tutrice de Dreyfus. Je connais ce dossier ainsi que l'expertise de M. Bertillon ; la copie en est là ! (*M⁰ Labori montre son dossier.*) Je ne dis rien de plus, mais il ne faudrait pas que M. Bertillon essayât de faire croire qu'il a jugé, comme un juge, sur des preuves matérielles qui touchaient le fond du débat. M. Bertillon donne à des pièces de comparaison la valeur de pièces à conviction. Je demande si les pièces qui lui ont été remises sont des pièces secrètes sur la trahison, des pièces d'espionnage, ou des pièces d'écritures dont il a tiré des conclusions complémentaires ?

M. LE PRÉSIDENT. — Voulez-vous répondre ?

M. BERTILLON. — Je ne saisis pas.

M⁰ LABORI. — Il faut que le témoin saisisse. La question est simple.

M. LE PRÉSIDENT. — Vous demandez si des pièces de comparaison sont pour le témoin des pièces à conviction ?

M⁰ LABORI. — Oui.

Il s'agit de savoir si le témoin a été consulté comme expert. Lui a-t-on remis un bordereau et des pièces d'écriture sur lesquels il a fait ses conclusions, ou lui a-t-on remis autre chose, et lui a-t-on fait connaître les pièces les plus mystérieuses du dossier, même celles que l'avocat n'a pas connues ?

M. BERTILLON. — De quelle affaire s'agit-il ? (*Murmures.*)

M⁰ LABORI. — De l'affaire Dreyfus.

M. Bertillon. — Je croyais qu'il y avait un arrêt de la Cour interdisant d'en parler?

Me Labori. — Messieurs les jurés, vous apprécierez! Nous sommes fixés.

Me Clémenceau. — Le témoin n'a pas à apprendre à M. le Président quelle est la portée des arrêts de la Cour.

Me Labori. — Il s'agit donc bien de pièces de comparaison dont le témoin a fait des pièces de conviction. Pourquoi? — car vous voyez bien que nous finirons par l'amener à s'expliquer! — Parce que le témoin, avec une profondeur d'esprit à laquelle il est facile de rendre hommage et qu'on peut comprendre quand on a l'honneur de le voir à la barre (*Rires*), pénètre le sens secret des choses les plus mystérieuses, et même d'une correspondance de M. Mathieu Dreyfus dans l'affaire Alfred Dreyfus; car la pièce essentielle, le témoin l'a dit et vous pouvez le croire, la pièce du buvard est de M. Mathieu Dreyfus à propos d'un fusil de chasse! C'est avec cela que le témoin, — dans quelles conditions merveilleuses, je l'ignore, — arrive à prouver la culpabilité de Dreyfus! C'est cette démonstration savante et mathématique, tirée des profondeurs de la science universelle que je lui demande. Cela ne regarde en rien la défense nationale.

Que le témoin nous fasse donc la preuve scientifique par les écritures, en y ajoutant toutes les conclusions morales, scientifiques et autres qu'il voudra, de la culpabilité de Dreyfus, parce que si le bordereau est de Dreyfus, il n'est pas du commandant Esterhazy.

Lorsque je demande : le bordereau est-il du commandant Esterhazy? M. Bertillon répond : « Non. » — « Pourquoi? » — « Parce qu'il est d'un autre. »

Le témoin dit : « Apportez-moi cent, apportez-moi mille écritures, le bordereau ne peut être que d'une seule, celle de Dreyfus. » Il faut que le témoin nous explique cela, c'est indispensable.

M. le Président, *au témoin*. — Pouvez-vous répondre?

M. Bertillon. — Je me suis laissé aller samedi à dire qu'il me fallait des documents — appelez-les comme vous voudrez, dossiers 1894 si vous voulez — pour faire ma démonstration. Tout ce que je dirai sans ces documents sera vide de sens. D'ailleurs, je ne puis pas répéter ma déposition de 1894, laquelle a eu lieu à huis clos.

Me Labori. — Je demande d'abord à M. Bertillon combien de temps il a mis à expliquer sa déposition devant le Conseil de guerre?

M. Bertillon. — Je me retranche derrière le huis clos.

Me Labori. — Je ne veux pas insister, parce que nous en aurions pour un mois. Mais M. Bertillon pourrait-il nous dire la différence qu'il y a entre les écritures dextrogyres et les écritures sinistrogyres et les conséquences qu'il en tire au point de vue d'une expertise?

M. BERTILLON. — Je connais la théorie des écritures dextrogyres et sinistrogyres; mais je n'en ai pas encore fait usage d'une façon sérieuse dans les expertises. Il y a six mois, je ne m'en étais jamais encore servi.

M⁰ LABORI. — Sans nous occuper de l'affaire Dreyfus, je prends le mot *A. Dreyfus* et le mot *adresse*, et je lui demande quelle conséquence scientifique il peut tirer de la superposition possible des mots *adresse* d'une part et *A. Dreyfus* de l'autre, lequel commence par *adr*, l'autre par *adr* également, mais le second avec un point entre *A.* et *D*? Le témoin voudrait-il nous expliquer par quelle méthode on peut comparer les écritures de ces deux mots : *adresse* et *A. Dreyfus* ?

M. BERTILLON. — Cette question se rattache à ma déposition de 1894, et, d'ailleurs, à un point sans importance de cette déposition.

M⁰ LABORI. — Le témoin voudrait-il nous dire si le bordereau est d'une écriture à main courante?

M. LE PRÉSIDENT, *au témoin*. — Pouvez-vous vous rappeler cela ?

M. BERTILLON. — Il m'est absolument impossible de répondre à cette question sans entrer dans ma déposition de 1894. Je ne puis pas répondre à la question de savoir si c'est de l'écriture à main courante, sans entrer dans ma démonstration de 1894.

M⁰ LABORI. — Permettez, monsieur le Président, je n'ai pas à m'occuper de cette démonstration; elle n'a pas mis un bâillon éternel sur la bouche de M. Bertillon. Je ne sais qu'une chose. Nous avons ici un témoin, c'est même, on peut le dire, un témoin officiel; il est tenu de déposer, et je lui pose une question capitale. Je ne m'occupe pas de l'affaire Dreyfus, et je l'oublie pour le moment; je lui parle du bordereau d'Esterhazy. Je sais pourquoi le témoin ne peut pas répondre et je le dirai dans ma plaidoirie. Voici ma question : L'écriture du bordereau est-elle à main courante ou faite de mots rapportés ? Si le témoin ne répond pas, je laisse au jury le soin d'apprécier.

M. LE PRÉSIDENT, *au témoin*. — Est-ce, oui ou non, une écriture à main courante ?

M. BERTILLON. — Il est impossible de répondre à cette question sans entrer dans ma déposition de 1894. Ce n'est ni l'une ni l'autre. C'est de l'écriture courante et cela n'en est pas. J'éclaircirai tout cela quand on me l'ordonnera. Il y a là-dedans des quiproquos, je suis forcé d'entrer dans le vif de la question ou de ne rien dire du tout.

M⁰ LABORI. — Les jurés veulent des preuves. Moi, je les fournirai en opposant les trois experts officiels de 1894 aux trois experts officiels de 1898, qui ont travaillé sur le même bordereau; car il est impossible de concilier les deux expertises. Voilà pourquoi le témoin ne veut pas répondre.

Je répète : le bordereau — ici je ne m'occupe pas de Dreyfus, appelez-le Tartempion si vous voulez, mais répondez-moi — est-il écrit d'une main courante ou fait de mots rapportés ?

M. LE PRÉSIDENT, *au témoin* : Pouvez-vous vous rappeler cela ?

M. BERTILLON. — Il est impossible de répondre à cela d'un seul mot.

Mᵉ LABORI. — Nous n'en demandons pas qu'un seul.

M. BERTILLON. — C'est entrer dans ma déposition de 1894, je ne le puis pas.

M. LE PRÉSIDENT, *aux défenseurs*. — Passons à une autre question.

Mᵉ CLÉMENCEAU. — Avant cela, un mot encore, s'il vous plaît. La question est extrêmement importante ; je demande à préciser un fait dont j'entends prendre acte plus tard. Il ne faut pas qu'il y ait de surprises. Mᵉ Labori a demandé à M. le Président de poser une question au témoin. M. le Président a apprécié qu'elle pouvait être posée, puisqu'il l'a posée. Le témoin a refusé de répondre, et M. l'Avocat général, qui seul a pouvoir pour forcer le témoin à répondre, n'est pas intervenu. C'est une situation de droit que je retiens.

M. LE PRÉSIDENT. — M. l'Avocat général ne peut pas forcer un témoin à parler.

Mᵉ CLÉMENCEAU. — L'Avocat général est le seul qui puisse requérir l'application de la loi contre un témoin qui refuse de déposer. Quand un témoin refuse de comparaître en justice, M. l'Avocat général n'est pas tenu de l'aller chercher lui-même ; mais il peut l'obliger, le Code en main, à venir. Il peut de la même façon requérir contre un témoin qui refuse de parler.

M. LE PRÉSIDENT. — On ne peut pas faire de sommation au témoin, car on ne peut le forcer à entrer dans sa déposition de 1894 ; en vertu de l'arrêt de la Cour, il peut ne pas parler.

Mᵉ CLÉMENCEAU. — Ce n'est pas l'opinion du Président des assises, qui a posé les questions auxquelles le témoin ne répond pas.

M. BERTILLON. — Je ne puis répondre ni par oui ni par non, il me faudrait entrer dans des développements.

Mᵉ CLÉMENCEAU. — Nous avons réussi, ce me semble, à ébranler les convictions de l'expert. Il nous dit qu'il faudrait entrer dans des développements. Eh bien ! qu'il entre dans ces développements et nous dise si l'écriture du bordereau d'Esterhazy est courante ou faite de mots rapportés.

M. BERTILLON : La question n'est pas susceptible d'une réponse.

M. LE PRÉSIDENT, *aux défenseurs*. — Vous voyez !

Mᵉ LABORI. — Je vous assure, monsieur le Président, que le témoin a des velléités de parler ; il se décidera.

M. BERTILLON. — Pas du tout.

Mᵉ LABORI, *au témoin*. — Le bordereau Esterhazy a-t-il été décalqué ?

M. BERTILLON. — C'est toujours la même chose, je ne peux répondre ni par oui, ni par non.

Mᵉ LABORI. — Nous sommes en face d'un refus manifeste de déposer.

M. LE PRÉSIDENT. — Le témoin dit qu'il ne peut pas parler sans entrer dans sa déposition de 1894.

M⁰ LABORI. — Si c'est ainsi, le témoin ne nous répondra jamais à rien du tout. Or, je ne parle pas de l'affaire Dreyfus.

M. LE PRÉSIDENT. — Le témoin n'a pas été mêlé à l'affaire Esterhazy.

M⁰ LABORI. — L'honorable témoin connaît le bordereau, personne ne le connaît mieux que lui. A-t-il vu l'original?

M⁰ CLEMENCEAU. — Le témoin a-t-il vu l'original du bordereau Esterhazy, qui du reste est le même que celui de l'affaire Dreyfus?

M. LE PRÉSIDENT. — C'est pour arriver à faire parler de l'affaire Dreyfus.

M⁰ LABORI. — Je voudrais le faire parler de n'importe quoi, et nous y arriverons, parce que, s'il ne parle pas, je lirai son rapport dans l'affaire Dreyfus.

M. LE PRÉSIDENT. — Dans votre plaidoirie, vous direz ce que vous voudrez.

M⁰ CLEMENCEAU. — Je pose une question. Le témoin a-t-il vu le bordereau Esterhazy?

M. LE PRÉSIDENT. — Il ne l'a vu que dans l'affaire Dreyfus.

M⁰ LABORI. — Enfin, a-t-il vu le bordereau Esterhazy? S'il ne répond pas, nous resterons jusqu'à six heures du soir sur la même question.

M. LE PRÉSIDENT. — Ce n'est pas sérieux! Le témoin ne veut pas parler, c'est entendu.

M. BERTILLON, *aux défenseurs*. — Vous me tourmentez de questions!

M⁰ LABORI. — L'honorable témoin a-t-il vu l'original, sur papier pelure, du bordereau soumis au commandant Esterhazy, comme pouvant émaner de lui, dans la poursuite du Conseil de guerre de 1898, lequel est le même qui a fait condamner le capitaine Dreyfus en 1894?

M. BERTILLON. — Je veux bien répondre oui.

M⁰ CLEMENCEAU. — C'est gentil cela!

M⁰ LABORI. — C'est déjà quelque chose!

M⁰ BERTILLON. — J'ai peut-être eu tort.

M⁰ LABORI. — Non, vous n'avez pas eu tort.

Le témoin a-t-il fait son expertise sur l'original du bordereau ou sur des photographies, ou sur des décalques, ou sur les trois réunis?

M. BERTILLON. — Cette fois, nous entrons en plein dans l'affaire Dreyfus. Il est évident que je brûle de parler de ces questions, sur lesquelles on m'a attribué une foule d'erreurs.

M⁰ LABORI. — Monsieur le Président, voulez-vous me permettre d'adresser la parole à MM. les jurés pour commenter le silence du témoin et l'expliquer d'un seul mot?

M. LE PRÉSIDENT. — Il vous l'a expliqué; c'est en vertu d'un arrêt de la Cour. Parlez, si vous avez deux mots à dire.

M⁰ LABORI. — Messieurs les jurés, je vous rappelle que vous avez le droit de poser des questions quand vous le jugez utile, et je vous serais très reconnaissant de faire usage de votre droit, parce que je suis convaincu que, si l'un des points vous semble important au point de vue de la preuve, la Cour vous saura gré de le lui indiquer et ne manquera pas de faire tout ce qui dépendra d'elle pour vous donner satisfaction.

Ensuite, je vous dirai que nous avons été amenés ici par le Ministre de la guerre; j'ai le droit d'en parler devant vous, puisqu'il est mon adversaire, et je puis dire qu'il a mis toutes les entraves à la défense. Mais il y a un point sur lequel la lumière doit nécessairement être faite et où on ne peut pas nous défendre de la faire, c'est le bordereau. Nous avons ici un témoin qui, toutes les fois qu'on lui demande ce qu'il pense du bordereau, est prêt à vous dire : « Je suis sûr que Dreyfus est coupable », et, quand on le pousse, il ne veut pas se montrer, il se dérobe. Ce n'est pas le premier témoin de ce genre. Je dis que des affirmations comme celle-là ne comptent pas, de si haut qu'elles émanent, parce qu'une affirmation n'a de valeur qu'à la condition d'être livrée à la discussion. Je voulais vous signaler l'attitude du témoin. Je vais insister auprès de M. le Président pour obtenir de ce témoin une réponse, sinon je vous laisse juges de la situation qui nous est faite.

Monsieur le Président, je vous prie de demander à M. Bertillon si l'écriture du bordereau est une écriture naturelle ou déguisée, et je suis dans les généralités les plus absolues...

M. LE PRÉSIDENT. — Pouvez-vous répondre à cette question ?

M. BERTILLON. — Absolument non, sans entrer dans ma déposition de 1894.

Me LABORI. — Mais non : que veut dire ce « non » ?

M. BERTILLON. — Je ne peux pas répondre.

Me LABORI. — Ah! le témoin ne peut pas répondre !

Enfin, monsieur le Président, vraiment, est-ce que vous ne pouvez pas me permettre...

M. LE PRÉSIDENT. — Parce qu'alors vous entrez dans le dossier Dreyfus.

Me LABORI. — Permettez! Dans le dossier de l'affaire Dreyfus? Nous allons avoir des experts qui vont venir nous dire certaines choses, par exemple...

M. LE PRÉSIDENT. — Oh! je ne sais ce qu'ils viendront nous dire. Il n'y a pas d'instruction, de dossier; nous ne savons pas ce qu'ils diront.

Me LABORI. — Pardon! si je démontre que trois experts disent que l'écriture du bordereau est une écriture à main courante, que trois disent que c'est une écriture déguisée, trois que c'est écrit par Dreyfus, et trois que c'est écrit par Esterhazy, je ne dis pas que nous aurons fait du chemin vers la manifestation de la vérité, mais nous en aurons fait un peu, pour parvenir à une opinion sur la valeur des expertises judiciaires, et c'est là que je veux en arriver.

Par conséquent, je demanderai à M. le Président de poser au témoin la question suivante : D'une manière générale, le bordereau de l'affaire Esterhazy, et je l'appelle simplement comme cela, puisqu'il est le même que l'autre, le bordereau Esterhazy est-il d'une écriture naturelle ou d'une écriture déguisée ?

M⁰ CLÉMENCEAU. — Le témoin a juré de dire toute la vérité !

M⁰ LABORI. — C'est cela : Voilà un témoin qui a juré de dire toute la vérité !

M. LE PRÉSIDENT. — Oh! oui, mais la situation est très délicate. M. Bertillon n'a été mêlé qu'à l'affaire Dreyfus, il n'a jamais été mêlé à l'affaire Esterhazy et vous l'interrogez sur des questions relatives au procès Dreyfus. Voyons!

M⁰ CLÉMENCEAU. — Il y a peut-être une façon de sortir de cette situation, qui paraît à tous, je puis bien le dire, un peu ridicule.

Je pose au témoin une première question : N'avez-vous jamais fait à des amis la démonstration des principes de votre système que nous vous demandons à cette audience ?

M. LE PRÉSIDENT. — Oui, cela est en dehors de toute espèce de procédure.

M⁰ CLÉMENCEAU. — Oh! tout à fait.

M. LE PRÉSIDENT. — Tout à fait.

(*Au témoin.*) On demande si vous avez fait à vos amis la démonstration du système...

M⁰ CLÉMENCEAU. — Du système d'expertise appliqué au bordereau Esterhazy ? Avez-vous fait à des amis...

M. BERTILLON. — J'ai été l'objet de mille tentatives, de mille machines, mais...

M⁰ CLÉMENCEAU. — Le témoin a-t-il fait spontanément, à un ami qui ne lui demandait rien, la démonstration de son système ?

Oui ou non ?

M. BERTILLON. — Non.

M⁰ CLÉMENCEAU. — Le témoin n'a-t-il pas fait spontanément à un avocat de la Cour d'appel de Paris la démonstration de son système ?

M. LE PRÉSIDENT. — Pouvez-vous répondre ?

M. BERTILLON. — Mais non !

M⁰ CLÉMENCEAU. — Il n'y a pas à dire : « Mais non » ; est-ce « non » ?

M. BERTILLON. — On m'a parlé mille fois et partout de l'affaire Dreyfus...

M⁰ CLÉMENCEAU. — Puisque vous ne répondez pas à ma question par oui ou par non, je vais encore préciser. Le témoin a-t-il fait pendant vingt minutes, à un avocat à la Cour d'appel de Paris, la démonstration de son système, et à un avocat qui ne lui demandait rien ?

M. LE PRÉSIDENT. — Mais vingt minutes, c'est bien peu ! Le témoin disait hier qu'il faudrait deux séances !

M⁰ CLÉMENCEAU. — M. Bertillon a dit cela hier pour nous effrayer ; mais il paraît qu'en vingt minutes, il peut exposer les principes de son système.

M. LE PRÉSIDENT, *au témoin*. — Est-ce exact ?

M. Bertillon. — Le principe ? Certainement non, je ne l'ai pas fait ; je me suis défendu contre les imputations de Bernard Lazare et Cie souvent ; cela oui ; mais on m'a prêté les propos les plus saugrenus.

Me Clémenceau. — M. Bernard Lazare n'est pas avocat à la Cour de Paris. Je vais reprendre ma question :

Le témoin a-t-il, pendant vingt minutes, causé du principe de son système avec un avocat à la Cour d'appel de Paris que je peux nommer ?

M. Bertillon. — Quand vous préciserez votre question, je pourrai préciser mes souvenirs.

Je vous ai dit et répété qu'on ne peut parler de l'affaire Dreyfus en toute connaissance de cause et d'une façon compréhensible et admissible qu'avec les pièces de comparaison sous les yeux ; et en dehors de cela, on ne peut en parler, on jette le doute dans les esprits.

Évidemment... depuis trois ans... si vous saviez ce que j'ai été l'objet de tracas de toutes sortes ; on pose des questions insidieuses ; on vous accuse de ceci, de cela ! Combien ai-je eu d'amis avec lesquels j'ai eu des refroidissements d'amitié à cause du rôle qu'on m'a prêté dans cette affaire ! Je vous assure, allez, ce n'est pas... ma conscience est tranquille, mais j'ai eu bien souvent à souffrir du rôle que j'ai eu à jouer depuis trois ans.

Enfin, on me transforme en accusé ici ! Cela n'a rien à faire avec le procès de M. Zola.

Me Clémenceau. — On m'a dit de préciser ma question, je vais la préciser : Le témoin a-t-il, pendant vingt minutes, causé avec notre confrère Decori, avocat à la Cour d'appel de Paris, du principe de son système ?

M. le Président, *au témoin*. — Ainsi, maintenant on vous dit simplement ceci : « Avez-vous causé avec Me Decori de votre système ? »

M. Bertillon. — Je n'ai certainement pas fait connaître le principe. Ah ! il est possible que j'aie parlé à Me Decori, comme à beaucoup d'autres, de l'affaire Dreyfus et des demandes qu'on m'a faites à ce sujet.

Me Clémenceau. — Est-ce que le témoin ne se souvient pas d'avoir fait monter le confrère dont je parle au service anthropométrique ?

M. le Président. — Vous entendez la question ?

M. Bertillon. — J'ai le souvenir d'avoir reçu plusieurs fois la visite de Me Decori.

Me Clémenceau. — Nous allons passer à un autre ordre d'idées.

Si demain on découvrait en France un nouveau traître et si l'on demandait à M. Bertillon de démontrer la culpabilité de ce nouveau traître par une expertise de la même nature que celle dont on parle, le système de M. Bertillon pourrait-il s'appliquer à ce nouveau traître et à son écriture ?

M. LE PRÉSIDENT. — En d'autres termes : se servirait-il du même système ?

(Au témoin.) On demande, dans le cas où il y aurait un autre traître, si vous vous serviriez du même système pour faire votre expertise ?

M. BERTILLON. — Toutes ces questions ont rapport à l'affaire Dreyfus.

M. LE PRÉSIDENT. — Non, non, c'est d'une manière générale ; cela n'a plus trait à l'affaire Dreyfus.

M. BERTILLON. — C'est-à-dire que vous transformez en accusation...

M. LE PRÉSIDENT. — On demande, s'il venait à se produire une affaire semblable, si vous vous serviriez du même système ? Cela n'a plus de rapport avec l'affaire Dreyfus, c'est d'une manière générale.

Mᵉ CLEMENCEAU. — Je vais préciser la question, monsieur le Président, dans l'espoir que le témoin voudra y répondre.

M. BERTILLON. — C'est toujours revenir sur l'affaire de 1894. C'est une affaire toute spéciale, particulièrement, absolument spéciale : ce n'est pas.....

M. LE PRÉSIDENT. — Alors, vous prétendez qu'à moins de parler absolument de l'affaire dont vous n'avez pas le droit de parler, il ne vous est pas possible de vous expliquer ?

M. BERTILLON. — Absolument.

Mᵉ CLEMENCEAU. — Permettez-moi de préciser : Je suis, par la pensée, Ministre de la guerre ; je fais appeler M. Bertillon, et je lui dis : « Monsieur Bertillon, voilà un bordereau que j'attribue à un officier de l'armée française » ; et puis j'ajoute : « Monsieur Bertillon, voici deux lettres du frère de cet officier », et je termine en disant : « Monsieur Bertillon, au moyen de ce bordereau, que je crois être de la main d'un officier français, et au moyen des deux lettres de son frère, voulez-vous me dire si cette écriture est bien celle de l'officier français ? » Dans ces conditions, M. Bertillon pourrait-il faire application de son système pour résoudre la question que lui poserait le Ministre de la guerre ?

M. LE PRÉSIDENT. — Vous entendez la question.

M. BERTILLON. — Je ne puis répondre à cette question ; c'est tout ce qu'il y a de faux ; elle a l'air saugrenu...

Mᵉ CLEMENCEAU. — Je vous remercie ; mais je dis qu'elle ne devrait pas être saugrenue, parce que c'est ce qu'a fait le Ministre de la guerre dans l'affaire Dreyfus !

M. LE PRÉSIDENT. — Ne parlons pas de l'affaire Dreyfus.

Mᵉ CLEMENCEAU. — Mais pourquoi ne dirais-je pas après, et avec le témoin, que c'est une question saugrenue ? Parce qu'elle a été posée par le Ministre de la guerre ? Alors quand je pose cette question, moi, elle est saugrenue ; quand c'est le Ministre de la guerre, elle cesse de l'être ! Bizarre !

Je répète ce qu'on a dit à M. Bertillon en 1894.

Me LABORI. — Je ne peux dire à MM. les jurés qu'une chose : l'accusation de 1894, la voilà !

Et maintenant j'ai fini avec ce témoin !

M. LE PRÉSIDENT. — Nous ne connaissons pas l'affaire de 1894 ; aucun de nous n'avait le dossier.

Me LABORI. — Il y a une charge : le bordereau ; et voilà l'expert, voilà le principal expert !

M. LE PRÉSIDENT, *aux défenseurs*. — Il n'y a plus de questions ?

Me CLÉMENCEAU. — Oh non !

Me LABORI. — Oh non !

M. LE PRÉSIDENT, *au témoin*. — Vous pouvez vous asseoir.

DÉPOSITION DE M. HUBBARD

Avocat, Député.

(Le témoin prête serment.)

M. LE PRÉSIDENT. — Maître Labori, quelle question ?

Me LABORI. — Monsieur le Président, voudriez-vous être assez bon pour demander à M. Hubbard s'il n'a pas eu avec M. Bertillon une conversation qu'il serait intéressant de rapporter à MM. les jurés et qui, d'ailleurs, pourrait se rattacher à l'affaire Esterhazy ?

M. LE PRÉSIDENT. — *Pourrait !*

Me LABORI. — *Qui se rattache à l'affaire Esterhazy.*

M. LE PRÉSIDENT. — Vous entendez la question ? Ne parlez pas de l'affaire Esterhazy.

M. HUBBARD. — Messieurs les jurés, voici ce que j'ai à vous dire : Je ne me suis jamais occupé du procès de 1894, malgré ce qui avait pu être dit à cette époque, au moment du procès, par le général Lung, qui se plaignait de l'attitude du Ministre de la guerre et la jugeait très sévèrement.

Très exactement, le 15 novembre, le dimanche 15 novembre 1896, mon cousin germain, M. Alphonse Bertillon, est venu me voir, après m'avoir préalablement fait demander un rendez-vous, et il a tenu à ce moment-là expressément à me mettre moi-même au courant de certains détails au sujet de son expertise d'écriture, et de ce qu'on pouvait dire sur le bordereau qui venait de paraître dans le journal *le Matin* quelques jours auparavant.

J'ai accepté très volontiers d'entendre ce que mon cousin avait à me communiquer, d'autant plus qu'il était très loin de me demander un secret quelconque et qu'il cherchait à me demander à moi-même certaines opinions sur des faits appréciés de différentes façons dans le public.

Mon cousin, à cette époque, m'a fait le long exposé que vous connaissez en partie par la déposition de M. Bertillon, que je n'ai pas bien saisi dans tous ses détails, sur son plan, le schéma, les comparaisons d'écritures, exposé qui se résumait très nettement pour lui en ceci : que l'original du bordereau était de l'écriture de Dreyfus, décalquée sur Dreyfus.

Il me disait qu'il avait eu d'autres pièces entre les mains, qui lui avaient permis, au moyen du repérage de la marge et d'autres déductions mathématiques, de se rendre compte que c'était la seule conclusion à formuler. Et il me donna cet avis que je n'avais pas à m'émouvoir de ce que j'entendrais de ce procès.

Je suis resté sous cette impression et, toutes les fois que, dans les conversations, dans le monde où je me suis trouvé, on parlait de cela, je m'empressais, n'ayant eu aucune demande de secret de mon cousin, de donner cette opinion qu'il m'avait transmise, et j'en indiquais les motifs.

Lorsque le *Matin* a publié le premier le fac-similé du bordereau, attribué à ce moment-là à M. Esterhazy, je me suis rappelé cette conversation avec mon cousin Alphonse, et j'ai recommencé moi-même, sur l'écriture du commandant Esterhazy, pour le bordereau qui lui était attribué, les mêmes observations que mon cousin m'avait fait faire sur le même bordereau dont il m'avait apporté la photographie. Immédiatement, il m'est apparu que les différences de texte étaient absolument exactes, mais que les écritures corroboraient avec celles que les journaux donnaient.

J'ai été extrêmement ému ; je me suis rendu auprès de mon cousin et je lui ai dit : « Tu es venu en 1896, tu m'as dit que le bordereau était de l'écriture de Dreyfus calquée sur Dreyfus ; voilà une écriture qui me semble bien pourtant être celle d'Esterhazy ! »

Je lui ai dit : « Je te supplie, en mon âme et conscience, de recommencer la critique que tu m'avais faite pendant de longues heures pour me faire une opinion ; tu ne peux, après m'avoir apporté une conviction me laisser dans le doute, en présence des accusations qui courent contre Esterhazy. »

Immédiatement, mon cousin m'a dit : « Je ne veux pas voir l'écriture ; je ne veux pas la voir, je la connais, c'est celle d'Esterhazy. Je sais qu'Esterhazy est l'homme de paille des juifs, et il finira par avouer. Le bordereau n'est ni daté ni signé : ce ne serait pas un faux, ce serait une pièce quelconque, un élément d'escroquerie, et c'est comme cela qu'on espère se tirer d'affaire ! Mais je ne veux pas voir l'écriture. D'ailleurs, on ne peut pas, il ne faut pas faire la révision ! On ne peut pas ! si on la faisait, ce serait la guerre civile, on descendrait dans la rue, ce serait une émeute ; on ne peut pas, on ne doit pas ! »

J'ai répondu : « Cela, c'est de la politique ; c'est une opinion qu'on peut avoir, mais ce n'est plus de la critique scientifique, ce n'est plus une expertise scientifique basée sur une vérification de pièces. Voilà ce que tu m'as dit il y a un an ! J'ai remarqué la gravité de ta réponse et de tes paroles ; tu m'as dit que, entré au ministère de la guerre avec ta démonstration, on n'en avait pas voulu et qu'on t'avait dit : « Votre démonstration serait de nature à faire acquitter Dreyfus. » Puis, aujourd'hui, tu viens dire que tu ne veux pas examiner la question des écritures ! Tu vas me laisser dans un trouble profond. »

Mon cousin m'a dit alors : « On n'a pas voulu faire ce que je voulais au moyen des comparaisons d'écritures, des ressemblances, des identités que j'avais relevées. » Et il a même ajouté, de très bonne foi, devant sa femme, qui était présente : « Il y a des moments où les préfets de police disent de parler et il y en a d'autres où ils disent de se taire. »

J'ai compris que « les moments où les préfets de police disent de parler », cela se rapportait à la soirée de 1896, dans laquelle il était venu me faire, préventivement, sa démonstration.

J'ai eu avec mon cousin, M. Bertillon, les relations les plus amicales ; je l'ai en grande estime, même encore, et tout ce qu'il pouvait me dire était de nature à faire ma conviction comme celle de mes amis.

Je n'avais pas plus à garder le secret sur cette conversation que sur la première, et j'ai raconté à mes amis et collègues cet entretien comme je l'avais fait une première fois pour cette longue conversation, qui ne pouvait que créer dans mon esprit et dans celui de mes amis les doutes les plus grands, les plus considérables, remplaçant une conviction à laquelle je me tenais, en face et au milieu des hésitations de tout le monde, par un trouble et un étonnement profonds, que je partage à l'heure qu'il est, et complètement.

Je dois dire encore ceci, car j'ai juré de dire la vérité, toute la vérité : Il est certain qu'autant je m'étais attaché d'abord à cette pensée qu'on avait la preuve certaine que l'écriture du bordereau était de Dreyfus calquée sur Dreyfus, autant plus tard j'ai compris qu'il devait y avoir des doutes, parce que l'écriture d'Esterhazy avait une telle ressemblance avec celle du bordereau qu'on ne peut l'attribuer simplement au hasard.

Les incidents qui ont eu lieu depuis, à la Chambre et au Sénat, ont été pour moi l'objet d'une grande attention ; ils m'ont laissé troublé, inquiet.

Puis il y a eu, dans le procès Esterhazy, le huis clos partiel, l'absence de faits exposés que je pouvais attendre comme particulièrement intéressants, étant donné ce qui m'avait été dit par mon cousin.

Et lorsqu'à la Chambre, M. Jaurès a posé une question à M. le Président du conseil, lui demandant s'il y avait eu communication d'une pièce secrète, j'ai été profondément ému de voir le silence du gouvernement.

Voilà ce que j'avais à dire.

M. LE PRÉSIDENT. — Avez-vous d'autres questions ?

Me LABORI. — Si j'ai bien entendu M. Hubbard, il a fait allusion à certaines paroles du général Iung. Voudrait-il préciser, si cela est possible ?

M. HUBBARD. — Messieurs les jurés, il est difficile de préciser dans tous les détails les paroles de M. le général Iung, qui était un collègue, un ami pour lequel j'avais une grande estime.

Le sens général des déclarations qu'il a faites à mes collègues, à beaucoup de ses amis, était qu'il avait une suspicion absolue sur le procès de 1894. Le général Iung a employé une expression que je ne prendrai pas pour mon compte, mais qui était la sienne sur ce qui avait été fait dans les bureaux de la Guerre : Il disait très nettement que c'était *abominable!*

M. LE PRÉSIDENT. — Maître Labori, avez-vous d'autres questions ? Et vous, maître Clemenceau ?

Au témoin. — Vous pouvez vous asseoir.

DÉPOSITION DE M. YVES GUYOT

Publiciste, ancien Ministre

(*Le témoin prête serment.*)

M. LE PRÉSIDENT. — Maître Labori, quelle est la question ?

Mᵉ LABORI. — Je prierais M. Yves Guyot de vouloir bien nous dire s'il a eu une conversation avec M. Bertillon, et quelle a été cette conversation ?

M. LE PRÉSIDENT. — Vous avez entendu ?

M. YVES GUYOT. — Parfaitement, monsieur le Président.
Messieurs les jurés,
J'ai depuis longtemps des relations avec la famille Bertillon. Je connaissais M. Bertillon père comme statisticien ; il était professeur de démographie à l'Ecole d'anthropologie, dont je suis président honoraire.

Je suis lié avec M. Jacques Bertillon, le directeur de la statistique municipale, et il m'a succédé comme président de la Société de statistique.

J'ai aidé M. Alphonse Bertillon, quand j'étais conseiller municipal, à établir son service d'anthropométrie à la Préfecture de police ; je l'ai aider à triompher des résistances qu'il rencontrait dans la vieille police, parce que je trouvais qu'il valait mieux mensurer les gens que de les passer à tabac.

Il en résulte que j'ai conservé des relations avec M. Alphonse Bertillon et, qu'au cours de ces dernières années, je l'ai vu plusieurs fois.

Un jour, M. Alphonse Bertillon me parla de son rôle dans une *cause célèbre*. Je lui dis : « Je ne veux pas de secrets, parce que je ne veux pas m'engager à les conserver ; mais, si vous voulez me parler de votre méthode, je suis tout disposé à vous écouter. »

J'avoue que je n'ai aucune compétence en expertises d'écritures, et M. Alphonse Bertillon voulut bien me donner une leçon. Il m'apprit qu'il y avait deux sortes d'écritures : l'écriture sinistrogyre et l'écriture dextrogyre. Il paraît que, dans l'écriture sinistrogyre, les courbes et les boucles sont à gauche, tandis que dans l'écriture dextrogyre, les courbes et les boucles sont à droite. Je vous avoue qu'aujourd'hui il me serait aussi impossible qu'avant cette leçon, de reconnaître une écriture sinistrogyre d'une écriture dextrogyre.

Alors je dis à M. Bertillon : « Eh bien ! quand vous avez comparé la pièce incriminée et l'écriture de l'accusé, vous avez sans doute constaté que les deux pièces étaient d'une écriture sinistrogyre ? »

— « Pas du tout, dit M. Bertillon, l'écriture de l'accusé était dextrogyre, l'écriture du document était sinistrogyre ; mais j'ai reconnu, à certaines contractions de la plume, que l'accusé avait changé son écriture dextrogyre en écriture sinistrogyre. »

Alors, je lui dis : « Ce n'est donc pas sur une *identité* d'écriture que vous avez constaté que la pièce incriminée venait de l'accusé, mais sur une *divergence* d'écriture ? » Il me dit : « Oui ! »

Je lui ai répondu que j'étais surpris qu'il eût produit une pareille affirmation sur une *divergence* d'écriture.

Il me dit alors : — « Mais, pardon ! moi, je n'ai pas fait l'instruction ; j'avais proposé qu'on employât d'autres moyens ; j'avais dit, par exemple, qu'on pouvait mettre une composition chimique dans l'encrier de l'accusé et, si on avait ensuite retrouvé une pièce avec un réactif chimique, on aurait pu constater que cette pièce venait de l'encrier. J'avais encore, disait-il, indiqué quatre ou cinq autres moyens de déterminer s'il y avait des probabilités pour que ce fût l'accusé qui fût bien le véritable coupable, mais on n'a pas suivi mes conseils ; moi, j'ai donné mon opinion et ma conviction ; j'ai déclaré qu'une pièce écrite d'une écriture sinistrogyre devait venir d'un homme qui avait une écriture dextrogyre, et l'accusation n'a pas suivi les demandes que je lui avais faites. »

Voilà, monsieur le Président, ce que j'avais à répondre à la question de Me Labori.

M. LE PRÉSIDENT. — Avez-vous d'autres questions ?

Me LABORI. — Monsieur le Président, je voudrais demander à M. Yves Guyot quelle est son opinion sur l'affaire Esterhazy ?

M. YVES GUYOT. — Monsieur le défenseur, mon opinion sur l'affaire Esterhazy est connue. Mais, puisque vous me posez cette question, je me permettrai de donner l'opinion d'autres personnes.

Messieurs, il faut bien dire que j'ai une opinion très nette pour mon compte, mais cette opinion je la partage avec l'élite..., (*Murmures*) oui, oui, parfaitement !... avec l'élite intellectuelle de la France ; et, en dehors des noms que vous avez trouvés sur les listes, il y a une foule de personnes qui n'ont pas manifesté leur opinion parce que, dans un pays centralisé comme la France, il y a beaucoup de personnes qui sont retenues par diverses considérations, et n'osent affirmer librement leurs convictions.

J'ajoute qu'il y a toutes espèces de faits d'intimidation pour empêcher les personnes de manifester leur opinion. Ainsi, dans les journaux, on a fait des enquêtes au point de vue de la situation militaire des rédacteurs, afin de leur faire comprendre que, s'ils allaient faire leurs treize jours ou leurs vingt-huit jours, ils eussent à prendre garde. (*Bruit.*)

(*Se tournant vers l'auditoire.*) Vous protestez? Vous désavouez donc ces moyens!

Ayant été trois ans ministre, j'ai conservé un certain nombre de relations dans le personnel des administrations, — et je puis dire qu'il y a dans ce haut personnel des hommes qui, s'ils ne manifestent pas, sont pour la plupart absolument convaincus et ne se gênent pas pour le dire dans des conversations privées, qui sont absolument convaincus que le procès Esterhazy n'a été qu'une parodie de justice. Toutes ces personnes ont la conviction profonde que M. Émile Zola a agi avec une entière bonne foi.

Ayant, par suite de mes travaux spéciaux, de nombreuses relations à l'étranger, et en ce moment-ci faisant une des plus grandes enquêtes industrielles et commerciales qui aient été jamais faites, je puis dire que cette conviction est partagée par toute la civilisation extérieure, par les hommes spéciaux, les hommes de science, par les hauts industriels et les commerçants.

Dans les *post-scriptum* des lettres que je reçois, je trouve partout cette impression : « Mais qu'est-ce que vous faites donc en France? Mais à quoi pensez-vous donc? »

Et, Messieurs, je vous demande à ajouter un mot : c'est que je suis véritablement humilié pour la France de cette impression extérieure.

Nous pouvons bien, en France, nous cantonner entre nous et essayer, — on peut essayer et il peut y avoir des gens qui essaient — de dissimuler la vérité. Mais à quoi bon! Elle est connue complètement en dehors de nos frontières, et quand nous l'étoufferions ici, elle n'en existerait pas moins.

Dans tous les états-majors étrangers, dans le monde diplomatique, dans tous les gouvernements, on connaît exactement ce qu'il en est de l'affaire Esterhazy.

M. LE PRÉSIDENT, *à M*e *Labori.* — Avez-vous encore une question?

Me LABORI. — Oui, je voudrais bien que M. Yves Guyot eût la bonté de nous dire ce qu'il pense de cette dernière partie du rapport Ravary, qui est le rapport de l'affaire Esterhazy :

Que reste-t-il de cette affaire si savamment machinée? Une impression pénible, etc.

Mais tous les moyens avaient le même but : La revision d'un jugement légalement — *légalement* — et justement rendu.

M. Yves Guyot sait-il quelque chose sur ce point?

M. LE PRÉSIDENT, *au témoin.* — Ne parlons pas de l'affaire Dreyfus!

M. Yves Guyot. — Oh ! monsieur le Président, vous voyez que je n'ai pas prononcé un mot sur l'affaire Dreyfus, et lorsque j'ai parlé de M. Bertillon je me suis contenté de dire « cause célèbre ».

M. le Président. — C'est en raison de la dernière question qui vient d'être posée que je vous ai fait mon observation.

M. Yves Guyot. — Monsieur le Président, vous pouvez être sûr que je ne parlerai pas de l'affaire Dreyfus.

Dans la phrase du rapport de M. le commandant Ravary, qu'a lue Me Labori, il y a des choses multiples.

Me Labori me demande ce que je pense des machinations, etc. Quant à moi, je déclare que je n'ai connu aucune espèce de machination.

J'ai vu, pour la première fois depuis le commencement de cette affaire, M. Scheurer-Kestner il y a une quinzaine de jours seulement, et il est évident que les nombreuses personnes qui ont signé les listes de protestation n'étaient pas non plus en rapport les unes avec les autres. Par conséquent, au point de vue des machinations, je ne comprends pas bien.

Quant à la « douloureuse impression », cette douloureuse impression, mais je viens de vous l'indiquer tout à l'heure, je vous la donnais en disant que l'on a considéré, dans tous les milieux où l'on réfléchit froidement et tranquillement, on a considéré que, dans l'affaire Esterhazy, il n'y avait pas eu d'accusateurs, mais qu'il n'y avait eu en vérité que des défenseurs de l'accusé.

M. le Président. — Maître Labori, vous n'avez plus de questions?

Me Labori. — Non, monsieur le Président.

M. le Président. — Monsieur Yves Guyot, vous pouvez vous asseoir.

DÉPOSITION DE M. TEYSSONNIÈRES
expert écrivain.

(*Le témoin prête serment.*)

M. le Président. — Maître Labori, quelle question désirez-vous poser?

Me Labori. — Monsieur le Président, M. Teyssonnières a eu, comme expert, à s'occuper de l'écriture du bordereau qui a été versé en 1898 dans l'affaire Esterhazy et qui est le même que le bordereau de l'affaire Dreyfus, dans laquelle M. Teyssonnières était expert. Je désirerais que M. Teyssonnières voulût bien nous dire ce qu'il pense de cette écriture ou de ce bordereau.

M. le Président. — M. Teyssonnières n'a pas été expert dans l'affaire Esterhazy.

Me Labori. — Non, monsieur le Président ; c'est à titre de simple témoin qu'il est ici, comme M. Bertillon. Il se trouve qu'il a connu le bordereau, qu'il a fait une expertise, et, comme ce bordereau a été versé dans l'affaire Esterhazy, nous désirerions avoir l'opinion de M. Teyssonnières sur les particularités qu'il présente, sur cette écriture, sur son expertise et sur les différents points qui lui ont paru susceptibles d'être relevés dans son examen.

M. LE PRÉSIDENT. — Ne parlons pas de Dreyfus. (*Au témoin*) Donnez des explications sur ce bordereau comme s'il s'appliquait à l'affaire Esterhazy; parlez simplement de l'écriture.

M. TEYSSONNIÈRES. — J'ai eu l'occasion de voir l'écriture d'Esterhazy, comme j'ai eu l'occasion de voir le bordereau lui-même, et voici dans quelles circonstances...

Je suis obligé, tout d'abord, d'expliquer une situation toute particulière qui m'a été faite dans cette affaire-là. Lorsque M. Trarieux a été nommé Ministre de la justice, j'avais l'avantage de connaître M. Trarieux depuis une vingtaine d'années; j'ai alors prié M. Descubes, député, de vouloir bien intercéder auprès de M. le Ministre de la justice et l'informer de la situation qui m'avait été faite précisément à l'occasion de l'affaire Dreyfus, où j'étais expert. M. Descubes expliqua à M. Trarieux, dont je connaissais l'amour de la justice et de l'équité, ceci : c'est que, dix jours après que j'eus déposé mon rapport, je fus rayé de la liste des experts.

C'est dans ces douloureuses conditions que j'ai été obligé de me présenter devant le Conseil de guerre, et la première chose qui fut dite, c'est que j'étais un expert rejeté de la justice et que cela devait fatalement infirmer en grande partie ma déposition. Il restait bien mon rapport qui avait été fait dans les conditions voulues, c'est-à-dire qu'à ce moment-là j'étais réellement expert, et comme Mᵉ Demange prétendait qu'à ce moment-là, je ne l'étais plus, j'ai voulu expliquer devant le Conseil de guerre la situation qui m'avait été faite. Alors, M. Maurel dit : « C'est bien, faites votre déposition, nous sommes fixés. »

M. LE PRÉSIDENT. — M. Maurel, c'était le Président du Conseil de guerre?

M. TEYSSONNIÈRES. — Oui, monsieur le Président.

M. LE PRÉSIDENT. — En 1894?

M. TEYSSONNIÈRES. — Oui !... J'avais apporté sur moi des certificats que les magistrats ne délivrent pas ordinairement, parce que j'ai appris plus tard qu'effectivement, ni la magistrature assise, ni la magistrature debout ne délivrent jamais de certificats aux experts. Néanmoins, comme j'avais quitté Bordeaux dans des circonstances encore très douloureuses, mais qui ne touchaient en rien à l'affaire, — c'était la mort qui avait fauché autour de moi, — je vins à Paris à peu près ruiné par une série de malheurs. Les avocats, les avoués, les magistrats, la Cour, tout le monde s'empressa de me délivrer des certificats constatant que j'avais rempli pendant vingt ans mes fonctions d'expert avec la plus grande honorabilité, la plus grande indépendance et surtout la plus grande probité.

J'exhibai ces deux certificats, l'un signé par vingt-cinq

avoués, et l'autre signé par les magistrats du Tribunal et de la Cour de Bordeaux. C'est alors que M. le Président du Conseil de guerre me dit : C'est bien, nous sommes fixés !

Je fis ma déposition ; elle fut conforme absolument à toutes les conclusions de mon rapport, et j'eus l'occasion de remarquer que le procédé que j'avais employé, et que, jusqu'à présent, je croyais m'être personnel — c'étaient certaines démonstrations qui touchent bien plus à la science géométrique — et comme j'appartiens à l'administration des Ponts et Chaussées, et que j'ai été élevé au plus haut grade auquel on puisse arriver comme Conducteur des Ponts et Chaussées, c'est-à-dire que j'étais le chef de bureau du directeur et du secrétaire général des chemins de fer de l'Etat, je dois me connaître un peu en mathématiques.

Appliquant mes connaissances mathématiques aux questions d'écriture, j'avais essayé d'appliquer le principe des figures semblables, c'est-à-dire dont les angles sont égaux et les côtés proportionnels, j'ai appliqué ce principe aux expertises en écritures, d'autant plus... je demande pardon à la Cour d'être obligé de faire mon propre éloge, mais, enfin !... qu'étant vingt-cinq fois médaillé comme artiste peintre-graveur, je pourrais, même vues de dos, dessiner et donner la physionomie de certaines personnes.

Par conséquent, je me suis attaché d'abord à la figure géométrique, puis, surtout, à la physionomie générale d'écritures. C'est dans cette expertise que j'ai pu faire valoir les résultats de ces longues recherches et que j'ai démontré, je pourrais dire péremptoirement, l'identité de l'écriture de la pièce incriminée avec les pièces de comparaison qui m'avaient été remises. Au moyen de calques, j'ai trouvé ce qu'en trente-six ans de fonctions comme expert écrivain, je n'avais pas encore rencontré d'une manière aussi frappante : j'ai trouvé plusieurs mots, des lettres, des chiffres, se rapportant d'une manière telle qu'en les calquant comme graveur, ou en les gravant du moins sur gélatine, avec la précision que je peux apporter à des choses de ce genre-là, c'est-à-dire aussi exactement que possible, j'avais calqué sur la pièce incriminée certains mots, certaines lettres qui se sont rapportées d'une manière aussi exacte que possible sur les mots ou les pièces de comparaison similaires.

Cette démonstration parut toucher énormément le Conseil de guerre, — car je le lisais dans les yeux des juges, et comme il y a trente-six ans que je me présente à la barre des Cours et des Tribunaux, j'ai l'habitude de voir un peu si je produis une impression ou non.

Je voyais qu'effectivement on s'intéressait à cette question et que j'avais fait une démonstration qui paraissait tangible.

Je n'ai pas autre chose à dire au sujet de l'expertise en écritures. Mais voici comment j'ai eu connaissance de l'écriture d'Esterhazy.

M. Descoubes ayant été trouver M. Trarieux, je le priai d'intercéder et de trouver les vrais motifs qui avaient pu servir de prétexte à ma radiation.

Malgré mes instances auprès de M. le Président, après des démarches personnelles auprès de tous les magistrats, non seulement de la Cour d'appel, mais aussi de la Cour de cassation, je n'ai pu obtenir aucune raison de ma radiation. J'adressai donc M. Descubes à M. Trarieux qui prit en mains cette cause. Après plusieurs convocations ou réunions entre M. le Ministre et M. le Président, je fus accusé d'avoir volé 2,000 francs aux banquiers Halphen-Dauphin dans une expertise pour laquelle j'avais été commis. M. Trarieux protesta et dit : « Je ne sais pas ce qui s'est passé, mais je pourrais presque garantir l'honorabilité de M. Teyssonnières, ainsi que son honnêteté ; je lui ferai part de votre accusation. » Je produisis un mémoire autant que je pouvais le faire, avec les quelques indications de mon rapport, et dans ce mémoire, j'ai démontré que non seulement je n'avais pas volé les 2,000 francs...

M. LE PRÉSIDENT. — Mais ce n'est pas ce que l'on vous demande, cela !

M TEYSSONNIÈRES. — Pardon, monsieur le Président, cela a une importance capitale au point de vue de mes visites à M. Trarieux et à M. Scheurer-Kestner, parce que c'est cela qui les a motivées, c'est cela qui en a été le point de départ.

Il fut donc démontré qu'au lieu d'être un voleur, j'avais été volé de la somme de 600 francs par les clients, puisque mon état de frais avait été taxé à 1,750 francs et que je n'en avais reçu que 1,150.

En présence de ce fait, l'accusation portée contre moi devenait calomnieuse, tout au moins, puisque je me justifiais, non seulement par l'enquête faite, mais par l'attestation du juge d'instruction. On demanda ma réintégration, mais on ne put l'obtenir. Ce fut dans cette circonstance que M. le Président de la Cour d'appel, auquel M. Trarieux fit part de ma situation, indiqua qu'il me prendrait à la Cour comme expert. Je fus rendre visite, sur une lettre de M. Trarieux, à M. le premier Président de la Cour d'appel. Je partis ensuite pour Binic ; je fus convoqué, dès mon arrivée, pour prêter serment, et le lendemain, je prêtais serment, le 31 juillet 1895. Je fus donc réhabilité complètement, mais, depuis ce moment-là, je n'ai pas fait une seule expertise pour le Tribunal ni pour la Cour.

Dans cette circonstance, j'étais donc redevable à M. Trarieux, non seulement de ma vie, mais de mon honneur, qui m'est plus cher, lorsque, le 19 juin, je reçus une lettre de M. Trarieux, à peu près ainsi conçue... Je sais que je ne puis rien produire, mais j'affirme que j'ai toutes les lettres sur moi. Cette lettre était à peu près ainsi conçue : « Mon cher monsieur Teyssonnières... Un de mes amis, M. Scheurer-Kestner, et mon collègue, désirerait vous voir ; je vous serais reconnaissant de vous rendre chez lui demain, si possible. »

Le lendemain étant un dimanche ; ne voulant faire de confidences à personne, car je n'en avais fait encore aucune, et redoutant des indiscrétions ou des paroles qui auraient pu m'échapper, j'allais voir, le matin, M. Trarieux, et je lui demandais ce que j'avais à faire auprès de M. Scheurer-Kestner. C'est alors que M. Trarieux me dit : « Vous pouvez avoir confiance ; d'abord, c'est un des premiers magistrats de France ; il est vice-président du Sénat, vous n'avez rien à redouter ; vous pouvez vous expliquer avec lui comme avec moi-même. »

Des quelques mots échappés, il me sembla, et je savais par des amis qu'il avait au tribunal, que sa conviction avait été un peu ébranlée sur la culpabilité de Dreyfus. Je lui demandai s'il avait confiance en moi, parce qu'il me connaissait comme expert depuis vingt-cinq ans ; il me répondit : « Certainement, mais j'ai été l'objet de certaines visites, de certaines démarches qui m'ont ébranlé. » Je lui dis : « Comment pouvez-vous vous laisser ébranler, vous ?... »

M. Trarieux n'était plus Ministre de la justice à ce moment-là, puisque nous sommes au 19 juin 1897.

Je lui dis : « Vous, ancien Ministre de la justice, vous pouviez vous assurer de ce qui avait été fait dans cette affaire. » Il me répondit : « Oui, mais ma conviction est fortement ébranlée. » J'essayai de le ramener, lorsqu'il me répondit : « J'ai reçu une visite de Me Demange alors que j'étais Ministre de la justice ; il a pleuré, il s'est jeté à mes pieds, invoquant l'innocence de son client, disant qu'il y avait eu une erreur aussi bien dans l'expertise que dans le reste ; enfin, je suis fortement ébranlé. » Je lui dis : « Je le déplore, mais enfin, qu'ai-je à faire avec M. Scheurer-Kestner ? partage-t-il votre opinion ? » — « Non, mais allez le voir tout de même. »

Le soir, à 1 heure, je me rendis chez M. Scheurer-Kestner qui m'accueillit avec une très grande bienveillance, et je dois dire que M. Scheurer-Kestner, à ce moment-là, me parut un homme qui cherchait réellement à s'éclairer ; toutes les interrogations, toutes les demandes qu'il m'a posées indiquaient un homme qui cherchait à s'éclairer. Je fis de mon mieux et il me remercia par cette bonne parole : « Jusqu'ici, on ne m'avait produit que des histoires, des racontars, vous venez de me donner des preuves de la culpabilité de Dreyfus. »

Je sortis donc parfaitement convaincu que M. Trarieux ne m'avait pas envoyé auprès d'une personne susceptible de pouvoir me compromettre, et c'est à ce moment-là que M. Scheurer-Kestner, en se retirant, me dit : « J'ai reçu la visite de Me Demange ; il est venu plaider la cause de son client, cela s'explique, s'il croit à son innocence, il a parfaitement raison, mais combien il doit être payé pour faire des démarches aussi pénibles ! » M. Scheurer-Kestner, en me quittant, me dit ceci : « Je me suis rendu auprès du Ministre de la guerre pour l'informer qu'au mois d'octobre prochain, on s'organiserait pour la défense de Dreyfus. » — « Et que vous a appris M. le Ministre de la guerre ? » — « Il m'a refusé de me faire voir le bordereau en même temps que les pièces, prétendant que toutes ces pièces étaient dans un coffre-fort dont il n'avait pas la clef et qu'il était impossible qu'il me montrât la moindre chose. » J'insistai en lui disant : « Mais, enfin, si on fait cette campagne? »

C'est alors que M. le Ministre de la guerre, d'après M. Scheurer-Kestner, lui aurait repondu : « Qu'ils y viennent, je les assomme d'un coup de massue ! ».. C'est ce « coup de massue » que j'avais répété à un journaliste, qui a fait le tour de la presse, et je savais moi-même à quelle pièce il voulait faire allusion. J'interrogeais discrètement M. Scheurer-Kestner, et je lui dis que j'avais eu connaissance du bruit de la déclaration de M. Le Brun-Renaud. Il me dit : « Non, c'est une nouvelle pièce qui prouve absolument la culpabilité de Dreyfus. » Je dis : « Tant mieux; je désirerais bien que cette affaire fût terminée à tout jamais, car elle me porte un préjudice énorme » et, de fait, j'ai été à peu près ruiné depuis ce moment.

Nous en étions là lorsque, le 9 juillet, je reçus une nouvelle lettre de M. Scheurer-Kestner ainsi conçue : « Je serais bien reconnaissant à M. Teyssonnières s'il pouvait venir me voir demain, par exemple vers dix heures du matin ». Je me rendis à cette nouvelle invitation, et M. Scheurer-Kestner me montra des fac-similés imprimés typographiquement de l'écriture d'Esterhazy et de celle de Dreyfus. J'ai même vu des originaux des deux écritures, mais il ne me posa absolument aucune question. A un certain moment, il me passa une pièce ; à son aspect, — car ne l'ai pas eue un quart de minute entre les mains — je lui dis : « Ça, c'est une écriture naturelle ! »

Il me dit : « Non, cette écriture est d'Esterhazy. » Je n'attachai pas d'autre importance à cette chose-là ; pourtant, il m'était resté l'impression de cette lettre. Il me demanda : « Qu'est-ce qu'elle vous dit? » — « Elle ne me dit rien. » — « Eh bien, voici des fac-similés ; il paraît que, dans votre rapport, il y avait un mot : *officier* écrit comme vous l'avez signalé ; eh bien! voilà le mot *officier* écrit comme vous l'avez relevé sur le bordereau. » Je lui répondis : « Oui, j'ai retrouvé si exactement ce mot *officier* qu'il a fait l'objet d'un calque se superposant pour la partie *cier* ». En effet, dans l'écriture des pièces de comparaison, aussi bien que dans celle du bordereau, l'*i* est supprimé et est remplacé par un point qui forme une *r* avec la lettre qui le suit, particularité bien personnelle en expertise d'écriture. Ce sont des particularités appelées idiotismes, cette chose naturelle qui échappe,... ici le mot idiotisme ne veut pas dire un idiot, mais une chose personnelle et naturelle à l'écrivain, c'est-à-dire des mouvements inconscients comme lorsqu'on se mouche, comme lorsqu'on fait un mouvement qui vous est naturel. Je faisais donc remarquer cela à M. Scheurer-Kestner, lorsqu'il me fit observer que, sur le bordereau, il n'y avait pas d'alinéas, tandis que Dreyfus faisait des alinéas.

Je lui dis : « C'est possible, je ne discute pas le fait que vous m'indiquez ; je ne sais pas si, en cherchant des pièces de comparaison, on n'en trouverait pas sans alinéas; mais ceci n'indique pas grand'chose, d'autant plus que cette nomenclature de pièces ne peut comporter d'alinéas. » Enfin, nous discutâmes quelques minutes là-dessus, et c'est à ce moment-là que je remarquai que la conviction de M. Scheurer-Kestner n'était pas la même que celle qu'il avait eue lors de ma première visite, c'est-à-dire un mois auparavant. Je lui dis : « Mais il me semble que vous me faites des observations... Est-ce que vous ne seriez pas convaincu de la culpabilité de Dreyfus ? Il me répondit : « Je ne sais pas trop, je cherche... » et j'ai senti qu'il y avait une légère insinuation pour me faire comprendre que, peut-être, je pouvais avoir fait quelque erreur, sans qu'il me l'ait jamais dit, oh ! il ne m'a jamais parlé de cela.

M. Scheurer-Kestner ajouta : « J'avais oublié de vous dire que, lorsque je quittai le Ministre de la guerre, je suis entré dans les bureaux et, qu'ayant demandé si quelqu'un avait connaissance du rapport de M. Teyssonnières, on m'avait répondu : « Ne nous parlez pas de cette canaille ; c'est un voleur, il n'y a que Bertillon qui ait fait condamner Dreyfus. » Je lui dis : « Je suis très étonné de cette opinion de l'Etat-major ; je ne crois pas qu'elle subsiste, car j'ai été réintégré dans mes fonctions, mon honneur est sauf... » Mais il ajouta : « Oui, oui, je sais, vous êtes un homme très honorable ; mais, enfin, ne vous êtes-vous pas trompé dans votre première expertise ? »

Je n'ai plus revu M. Scheurer-Kestner, je n'ai plus revu M. Trarieux, et ici se place une petite erreur que je suppose involontaire de la part de M. Trarieux et de la part de M. Scheurer-Kestner, car je ne puis pas ne pas savoir ce que je sais ; je suis dans la salle des témoins depuis six jours ; assurément je n'entends rien de ce qui se passe dans cette audience, mais enfin ! — les journaux ont raconté, les uns disent que c'est la sténographie — je veux bien m'en rapporter à eux, et croire que c'est la vérité. Dans le cas où ce serait la vérité, M. Trarieux a dit qu'il n'avait eu connaissance de l'affaire qu'à la rentrée des Chambres, vers le mois d'octobre. Or, ici, il y a eu une erreur, puisque c'était le 19 juin, quatre mois avant, qu'il m'avait envoyé à M. Scheurer-Kestner. M. Scheurer-Kestner lui-même a dit qu'il n'avait vu le Ministre de la guerre qu'au mois d'octobre ; c'est encore une erreur, puisqu'il m'en a parlé au mois de juin ou juillet, c'est-à-dire bien avant les vacances. Me Demange lui-même a dit qu'il n'en a eu connaissance que vers cette époque, fin octobre ou fin novembre ; mais il me semble qu'il en avait bien connaissance avant, puisqu'il avait fait des démarches auprès de M. le Ministre de la justice lui-même et auprès de M. Scheurer-Kestner, à qui il était allé plaider sa cause.

Je n'ai plus autre chose à dire sur M. Trarieux, ni d'autres rectifications. Pourtant, il y en a une : M. Trarieux est entré en plein dans la démonstration des experts, qui ne l'ont pas convaincu.

Or, je tiens à déclarer ici que mon rapport ne contient absolument aucune restriction, que mon rapport n'a jamais parlé de dissemblance, qu'il n'en est nullement question dans mon rapport. J'ai formé un tableau dans lequel il y a trente comparaisons qui s'identifient de la manière la plus formelle, il y a cinq superpositions qui s'adaptent absolument comme ma main droite s'adapte à ma main gauche ; il y a peut-être de petites différences, mais pas de si grandes qu'on puisse dire que ce ne sont pas les mêmes mains. Ce n'est donc pas de mon rapport dont a voulu probablement parler M. Trarieux, mais des rapports des autres experts.

Puisque tout a été publié, je ne sais plus s'il existe de huis clos ou des pièces secrètes ! Moi qui ai été au courant de tout, je vois que tout a été raconté, que tout a été dit ; il n'y a plus rien à apprendre. Mais ce que je voudrais apprendre à MM. les jurés, c'est ceci : c'est que, le 19 juillet, il m'est arrivé un grave accident qui a été le point de départ des manœuvres que je vais vous indiquer.

Le 19 juillet, à une heure de l'après-midi, j'ai glissé dans ma salle à manger, je me suis coupé le bras jusqu'à l'os, au point que je serai peut-être estropié pour le restant de ma vie. Le 19 juillet, à six heures du soir, en rentrant de l'hôpital, j'ai rencontré M. Crépieux-Jamin, qui était un commensal de la maison et un intime ami. — J'ai été l'intime ami de l'abbé Michon, graphologue, l'intime ami de Varinard père, graphologue, qui tous ont été mes commensaux, qui venaient déjeuner ou dîner à la maison. C'est vous dire l'intimité grande dans laquelle nous nous trouvions. Comme graveur, j'avais fait le portrait de l'abbé Michon, le portrait de Varinard, pour illustrer leurs ouvrages ; M. Crépieux-Jamin m'avait demandé lui-même de faire son portrait. Je fis donc son portrait ; il est vrai de dire qu'en échange, M. Crépieux-Jamin fit le mien comme graphologue. Nos relations s'établirent ainsi, et toutes les fois que M. Crépieux-Jamin venait à Paris, il venait sans façon me demander à déjeuner ou à dîner, je le recevais toujours avec le plus grand plaisir.

Le 19 juillet, en rentrant, il me dit : « Quel malheur ! Je vous attends depuis une heure, j'ai très peu de temps à passer à Paris, parce qu'il faut que je prenne le train à dix heures du soir ; mais je tenais à vous dire que Bernard Lazare m'a demandé de faire un rapport sur le bordereau. » Je lui répondis : « Mon cher ami, j'ai confiance en votre loyauté, votre science et votre talent, je suis certain que nous nous rencontrerons. » Il me dit : « Certainement, d'autant plus que j'ai déjà eu l'occasion de me prononcer deux fois : une première fois au cercle du Lloyd rouennais, où, sur le vu du bordereau qui avait été publié par le *Matin*, j'avais pu reconnaître l'écriture de Dreyfus. Et, la seconde fois, on m'avait envoyé une lettre dont la signature était à peu près illisible, ce qui m'importe peu comme graphologue ; sur le vu de cette lettre, j'avais déclaré que l'individu était un homme peu recommandable, que l'individu avait des instincts mauvais... Il est inutile de m'étendre... un portrait aussi mauvais que possible. J'appris plus tard que j'avais fait un portrait graphologique de Dreyfus. Ayant donc dit au *Lloyd rouennais* mon opinion sur l'écriture de Dreyfus, l'ayant donnée, d'autre part, par écrit, je ne puis pas maintenant me déjuger. Néanmoins, on m'offre une jolie somme pour cela, je ne suis pas assez riche pour refuser, mais on se gardera bien de montrer mon rapport. Je lui dis : « On le montrera ou non, mais enfin je suis sûr qu'il sera bien fait, avec toutes les connaissances et toute la science qu'un expert dans l'art graphologique doit apporter à son travail. » Nous nous quittâmes, parce que ma blessure ne comportait pas un plus long entretien ; et, pourtant, à ce moment-là, il me dit : « Avant de vous retirer, voulez-vous me dire sur quoi vous vous êtes basé pour établir votre rapport ? » Je lui dis : « Mon cher ami, trente figures ou mots absolument identiques qui pourraient presque se superposer. » Il me dit : « Je connais votre talent, je suis certain de conclure de même. »

On se mit à table. Après le dîner, il fut obligé de quitter précipitamment la table. Au moment de partir, je lui remis un rapport en lui disant : « Veuillez examiner ce rapport et me donner votre opinion. » Il me répondit la lettre suivante : « J'ai examiné votre rapport, il est certainement le mieux fait, le mieux ordonné de tout ce que j'ai vu jusqu'à ce jour ; je vous en fais tous mes compliments, et, comme vous le verrez par l'apostille que j'y ai mise, je n'ai qu'à dire : *Amen*. Quel malheur que j'aie été obligé de vous quitter si promptement ! Nous aurions eu tant de choses sérieuses à nous dire ! Demain, je vais me mettre à la rédaction du rapport Dreyfus, ce qui me casse bras et jambes, au figuré (*rires*)... » Je lis la lettre... « ... ce qui me casse bras et jambes, au figuré, attendu que c'est un mauvais clichage qui me laisse très indécis, qui ne me guide pas et qui m'obligera tout le temps à faire des réserves. »

Or, la presse dit que M. le général de Pellieux avait déclaré que la reproduction typographique du bordereau qui avait été publiée dans les journaux, n'était pour ainsi dire qu'un faux. Eh bien ! j'affirme, moi aussi, qu'il a été fort mal reproduit, et les journaux le reproduisent si mal, que M. Crépieux-Jamin, le premier graphologue, dont on a surtout demandé les lumières, déclare lui-même que c'est un mauvais clichage avec lequel on n'est certain de rien, et qui l'obligera à faire des réserves. Il est certain que M. le général de Pellieux ne s'est pas trompé en disant que c'était une mauvaise reproduction ! Ce que j'affirme aussi, et je serais très heureux si, parmi MM. les jurés, il y avait un imprimeur ou un typographe ou quelqu'un qui connaisse l'imprimerie.

On a truqué la reproduction de la manière suivante : il y a une forme sur laquelle sont les caractères d'imprimerie, un rouleau qui tourne sur cette forme ; entre les deux, passe une feuille de papier qui sert à l'impression. Or, selon qu'on veut faire apparaître plus ou moins les caractères, on fait ce que l'on appelle une mise en train, on colle sur les parties qu'on veut faire plus grosses, trois, quatre, cinq ou six feuilles de papier, afin qu'en passant sous la presse, ces parties prennent le plus d'encre possible, ce qui fait que les parties que l'on veut faire ressortir sont plus noires que les autres ; cela s'appelle « plonger » en terme d'imprimerie. Or, lorsque j'ai vu la publication, toujours suspecte dans les journaux, parce qu'ils ne peuvent pas reproduire exactement le bordereau, j'ai vu qu'il y avait ce maquillage ; que tantôt on faisait « plonger », tantôt on « soulageait », de manière à rendre similaires l'écriture d'Esterhazy et l'écriture du bordereau pour tromper le public ; mais ce n'était pas fait pour me tromper, moi, qui ai été chef de l'imprimerie des chemins de fer de l'Etat et des Travaux publics, et qui sais ce que c'est que l'impression, puisque je suis en même temps graveur.

Donc, je répète que je suis de l'avis de M. le général de Pellieux et que les reproductions sont, pour ainsi dire, des faux ; la preuve, c'est que M. Crépieux-Jamin le constate lui-même.

Je partis huit jours après pour Binic. A la fin août, je vis arriver sur la plage deux bicyclistes, un monsieur et une dame. C'étaient M. Crépieux-Jamin et Mme Crépieux-Jamin, que je ne connaissais pas. Nos relations si amicales firent que j'accueillis avec d'autant plus de plaisir M. Crépieux-Jamin que je le savais médecin, — je ne sais pas de quelle faculté, — mais je sais qu'il est médecin, et qu'alors sa présence, à propos de ma blessure, pouvait m'être d'une certaine utilité. Effectivement, la première chose qu'il fit, fut de me demander des nouvelles de ma blessure, et il me proposa de me masser. Ce massage dura quatre jours...

M. LE PRÉSIDENT. — Mais, cela n'a aucun rapport avec l'affaire !

M. TEYSSONNIÈRES. — Je vous demande pardon, monsieur le Président ; vous allez voir, nous arrivons à la question...

Pendant ces quatre jours, M. Crépieux-Jamin m'interrogea considérablement... (*Rires*) (*Se tournant vers le fond de la salle.*) Vous verrez que la chose n'est pas risible.

M. LE PRÉSIDENT. — Mais, passez sur tous ces détails !

M. TEYSSONNIÈRES. — J'ai fini, mais il me fallait bien expliquer comment il était resté quatre jours. Il n'a cessé de me parler de mon rapport, de celui qu'il avait à faire, des petites notes que j'avais prises, etc. Quel fut mon étonnement lorsqu'au bout de deux jours, il me dit : « Mais, vous savez, votre rapport ne me convient pas du tout ! » — « Comment, lui dis-je, vous avez changé d'avis ? » — « Oui, je ne trouve pas que votre rapport soit à la hauteur de ce que vous avez l'habitude de faire. » — « Je le regrette. » La conversation cessa immédiatement, mais le lendemain, elle reprit sur le même chapitre. Bref, il resta chez moi. Le 23, au soir, à huit heures, M. Crépieux-

Jamin se retournant, me posa *ex abrupto* cette question : « Combien vous a rapporté votre rapport sur l'affaire Dreyfus ? » — « Deux cents francs. » — « Deux cents francs, dit-il, cela pourrait vous rapporter cent mille... » Je l'arrêtai. Il ne m'en a pas dit plus long. Dans tous les cas, cela me produisit une impression terrible.

Cent mille francs ! Deux cent mille francs ! ce serait bon pour mes vieux jours, mais j'ai 4 fr. 50 que me rapporte ma retraite comme conducteur des ponts et chaussées, la maison m'appartient et je n'ai plus besoin de rien pour conserver ma liberté et mon honneur.

Le lendemain, M. Crépieux-Jamin partait ; mais, avant de partir — j'ai interprété sa dernière démarche comme un repentir de ce qu'il avait fait la veille — il se jeta dans mes bras, m'embrassa avec la plus grande effusion, embrassa ma femme, ce fut un tableau ! Et, Messieurs, ces circonstances sont douloureuses à rappeler, car à peine venait-il de tourner à l'angle du quai que ma femme, à laquelle je disais : « Tiens, il a un certain repentir ! » — Les femmes ont quelquefois des visions plus claires pour certaines choses que les hommes, — ma femme me répondit : « Cela, ce sont des baisers de Judas. » C'était la vérité. Immédiatement après, arrivèrent des personnes, dont je pourrai dire les noms quand on voudra. C'étaient cinq personnes de Binic et un pharmacien de Paris. Spontanément, je leur dis : « Ces personnes qui viennent de partir sont venues chez moi fouiller, scruter ; car M. Crépieux-Jamin m'a dit ces mots : « N'avez-vous pas le moindre doute sur votre rapport, sur vos conclusions ? » — Certainement on ne me demandait pas encore de revenir sur les conclusions de mon rapport ; mais si j'avais pu exprimer un doute, il paraît que cela m'aurait été payé. Ma déposition est terminée. Je n'ai absolument plus rien à dire, mais j'ai cru que l'amitié et la profonde reconnaissance que j'ai pour M. Trarieux doivent passer après la vérité et la justice.

(*L'audience est suspendue.*)

(*L'audience est reprise à deux heures cinquante-cinq minutes.*)

M. LE PRÉSIDENT. — M. Teyssonnières, pour résumer en trois mots ce que vous avez dit dans votre déposition, il résulte que vos conclusions ont été contraires à Dreyfus, et qu'à un moment donné, on a cherché à vous faire changer vos conclusions en vous offrant même de l'argent ?

M. TEYSSONNIÈRES. — J'ai arrêté en route la phrase qui contenait l'offre d'argent.

M. LE PRÉSIDENT. — C'est le résumé de votre déclaration.

Mᵉ CLÉMENCEAU. — Je crois que le témoin n'a pas dit cela.

M. LE PRÉSIDENT. — Vous a-t-on proposé de l'argent, vous a-t-on dit que cela pourrait vous rapporter ?

M. ZOLA. — Mais à quel moment l'argent aurait-il été offert, est-ce en 1894 ?

M. Teyssonnières. — Le 24 août 1897.

M. Zola. — Pourquoi faire, pour un rapport qui avait été déposé depuis 1894? Pourquoi offrait-on de l'argent?

Me Clémenceau. — Je voudrais faire préciser ce qu'on aurait dit au témoin. C'est en 1897 qu'on lui a commencé cette phrase qu'il vient de rappeler, mais on ne lui aurait rien dit de plus?

M. le Président. — Le témoin dit qu'il a répété exactement.

Me Clémenceau. — Le témoin peut-il, sous la foi du serment, affirmer qu'on lui a offert de l'argent pour lui faire changer ses conclusions, comme disait M. le Président?

M. Teyssonnières. — Je ne puis rien ajouter à ce que j'ai dit : « Quelle somme avez-vous touchée pour votre expertise ? » — « Deux cents francs. » — « Cela pouvait vous rapporter cent — mille... ! » — il me semble que j'ai coupé le mot mille en deux... Mais il faut voir les précédents. M. Crépieux-Jamin avait toujours constaté — et j'ai ici trois lettres de lui — M. Crépieux-Jamin avait toujours été de mon avis. Je suis obligé de dire qu'après l'interpellation de M. Castelin, en novembre 1896, M. Crépieux-Jamin m'a écrit la lettre suivante: « Bravo, bravissimo, vous êtes un brave homme; s'il n'y avait sur la terre que des hommes de cœur et de courage comme vous... » — cela m'ennuie à dire — « la terre serait un paradis. »

Voilà, Messieurs, quelle a été l'opinion de M. Crépieux-Jamin relativement à cette affaire! Puis, tout d'un coup, il vient me dire : « Votre rapport ne vaut absolument rien, votre rapport ne convainc personne ! »

Me Clémenceau. — Le témoin peut-il, sous la foi du serment, répondre à cette question : Lui a-t-on offert de l'argent pour changer ses conclusions premières?

M. Teyssonnières. — Je n'ai pas laissé finir. Mais, depuis trois jours, on me conduisait à me faire exprimer des doutes, car on ne pouvait pas espérer que j'allais revenir...

Me Clémenceau. — Oui ou non, lui a-t-on proposé de l'argent pour le faire changer d'opinion?

M. Teyssonnières. — J'ai raconté la chose sténographiquement et je ne peux pas dire autre chose.

Me Labori. — D'abord le témoin ne dit pas qu'on lui ait offert de l'argent et, comme il n'y a pas moyen d'obtenir de lui un *oui* ou un *non*, passons à autre chose.

Est-ce que M. Crépieux-Jamin lui parlait au nom de quelqu'un?

M. Teyssonnières. — Non.

Me Labori. — Avait-il qualité pour lui parler au nom de quelqu'un?

M. Teyssonnières. — Je n'en sais rien.

Me Labori. — Lui a-t-il demandé de faire quelque chose?

M. Teyssonnières. — Il ne m'a pas demandé de faire quelque chose. Telle qu'il me posait la phrase, il semblait m'indiquer que je m'étais trompé dans mon premier rapport, que mon rapport ne convainquait personne... enfin, il faisait des insinuations qui indiquaient très bien qu'il désirait que j'exprime un doute sur mon premier rapport.

M⁰ LABORI. — Ce M. Crépieux-Jamin, nous ne le connaissons pas.

M. TEYSSONNIÈRES. — Sous la foi du serment, j'ai, pendant trois ou quatre jours, été travaillé dans ce sens par M. Crépieux-Jamin.

M⁰ LABORI. — M. Crépieux-Jamin était-il mandataire de quelqu'un ? A-t-il agi en vertu d'un ordre ou à l'instigation de quelqu'un ?

M. TEYSSONNIÈRES. — Je l'ignore.

M⁰ CLÉMENCEAU. — Vous vous êtes laissé masser pendant quatre jours par cet intermédiaire qui venait vous acheter ?

M. LE PRÉSIDENT. — Le témoin a dit que c'était petit à petit, pas tout d'un coup.

M. TEYSSONNIÈRES. — Comme avec une vrille...

M⁰ CLÉMENCEAU. — Je demande quel jour la vrille est entrée, pour me servir de l'expression du témoin ?

M. TEYSSONNIÈRES. — Dès le premier jour.

M⁰ CLÉMENCEAU. — J'avais raison de dire que le témoin a continué à se laisser soigner par M. Crépieux-Jamin, alors qu'il pensait que celui-ci venait l'acheter.

M. TEYSSONNIÈRES. — Je vais m'expliquer. Il est certain que, le premier jour, il y a des insinuations auxquelles on ne fait pas attention et qu'on ne peut s'expliquer, parce qu'on ne peut s'imaginer qu'un ami vienne en traître chez vous ; je n'ai pas l'esprit si mal fait que cela. Le premier jour, ce fut une question, le second ce furent deux, puis trois questions, mais le quatrième jour, la question fut posée plus carrément; c'est alors qu'il comprit qu'il n'avait qu'à s'en aller. Cela se passait à huit heures du soir.

M⁰ CLÉMENCEAU. — Je voudrais en sortir par un *oui* ou par un *non* (*Clameurs*). Le tapage de la salle prouve que j'ai raison de poser la question. Le témoin, sous la foi du serment, peut-il affirmer qu'on lui a proposé de l'argent pour le faire changer d'avis ?

M. LE PRÉSIDENT. — Le témoin vient de répondre.

M⁰ CLÉMENCEAU. — Je veux, monsieur le Président, que vous posiez la question ou que vous refusiez de la poser.

M. TEYSSONNIÈRES. — Je ne peux répondre ni oui, ni non ; on m'a insinué tout doucement que je pouvais avoir des doutes, qu'il pouvait y avoir des erreurs dans mon premier rapport. Je n'avais que le droit qu'a un expert de n'être pas de l'avis d'un autre expert. Je ne vois pas en cela un crime. Voilà pourquoi je n'ai pas flanqué M. Crépieux-Jamin et sa femme à la porte ; on peut n'être pas de la même opinion et rester bons amis.

M. LE PRÉSIDENT. — Arrivez au fait.

M. TEYSSONNIÈRES. — Quand le 24 août, le dernier jour, il m'a posé nettement la question : « Quelle somme avez-vous touchée pour l'expertise ? » — « Deux cents francs. » — « Deux cents francs ! Cela pourrait vous rapporter cent mille... » — C'est là que je l'ai arrêté. Je ne vais pas plus loin, je ne peux pas vous dire autre chose.

M° LABORI. — M. Crépieux-Jamin peut avoir eu toutes les conversations qu'on voudra ! Nous verrons en tous cas si on a pu acheter tous les membres de l'Institut, les élèves de l'école des Chartes et tous les autres témoins qui viendront à cette barre ! (*Rumeurs prolongées.*)

(*Se tournant vers la Cour*). Je me permets de faire observer qu'il y a quelques jours, nous étions continuellement applaudis, cela a été blâmé ; que depuis que le public est composé autrement, nous ne sommes plus que blâmés ; je demande donc que la salle soit rappelée au respect des droits de la défense. Nous sommes obligés de défendre nos droits pied à pied et à toute minute.

M. LE PRÉSIDENT, à M° *Labori*. — Posez les questions.

M° LABORI. — Je reviens aux écritures. Je serais désolé qu'il ait changé d'opinion, M. Teyssonnières, car c'est avec son opinion que je discuterai.

M. LE PRÉSIDENT. — Enfin !

M° LABORI. — Oui, monsieur le Président, oui... Le témoin veut-il nous dire si l'écriture du bordereau est une écriture à main courante, ou une écriture faite de mots rapportés ?

M. TEYSSONNIÈRES. — Le bordereau est écrit sur une feuille de papier pelure, excessivement léger ; or, pour écrire sur ce papier avec une plume en fer, on est obligé de maintenir le papier, de manière à ce qu'il ne glisse pas sous la main ; par conséquent, cette position de tenir le papier entre deux doigts pour qu'il n'aille ni à droite ni à gauche, peut avoir fait faire des écarts qui peuvent être pris pour un déguisement. Mais ce déguisement, dont je parle dans mon rapport, est détruit en ce sens que je constate dans le bordereau douze forme de *d* différentes ; il n'y a pas de lettre *P* majuscule dans le bordereau ; je trouve dix-huit lettres *P* majuscules de formes très variées, les lettres *V*, *R*, toutes les lettres sont variées ; et je constate dans les vingt-neuf pièces de comparaison, assez volumineuses, car elles étaient d'un format assez considérable, que c'est l'habitude de l'écrivain de varier considérablement la forme de ses lettres. Et je ne m'étonne pas de la première impression de M. Crépieux-Jamin qui avait dit : « C'est un dissimulateur ! » La graphologie, — et puisque je parle de graphologie, j'ai dit que j'avais été l'ami de l'abbé Michon, de M. Varinard père, de M. Varinard fils, — la graphologie, pour moi, c'est le sabre de M. Prud'homme !

M. LE PRÉSIDENT, à M° *Labori*. — Avez-vous d'autres questions ?

M° LABORI. — Non, monsieur le Président, je reviens à la même, parce que je trouve que le témoin n'y a pas répondu.

L'écriture du bordereau est-elle une écriture à main courante ou faite de mots rapportés?

M. TEYSSONNIÈRES. — L'écriture est faite de mots à main courante, ainsi que dans les pièces de comparaison; chacun a son écriture !...

Mᵉ LABORI. — Le bordereau a-t-il été écrit par quelqu'un d'une main courante et naturellement, ou est-il fait de mots rapportés sur une écriture, soit celle de l'auteur, soit celle d'un autre?... Cela ne comporte pas de bien longues explications.

M. TEYSSONNIÈRES. — Chacun a son écriture à soi.

Mᵉ LABORI. — C'est entendu.

M. TEYSSONNIÈRES. — Eh bien! si je trouve que l'écriture du bordereau m'offre les mêmes particularités que celle des pièces de comparaison et que je sois appuyé par des tics, des habitudes, enfin, ces choses qui font la conviction de l'expert, je suis bien obligé de dire que c'est de la même main, que les mots soient écrits en saccades, en mots hachés... Je n'ai pas parlé de cela dans mon rapport; vous me posez là une question que je ne me suis pas posé moi-même : je n'ai pas dit que c'étaient des mots découpés.

Mᵉ LABORI. — Nous ne pouvons pas demander au témoin des renseignements sur une expertise faite par un autre expert...

M. TEYSSONNIÈRES. — Je n'en ai pas parlé dans mon rapport, voilà ce que je puis dire.

Mᵉ LABORI. — Voici ce que je demande au témoin : L'écriture du bordereau est-elle une écriture naturelle et courante ou une écriture faite de mots rapportés et calqués? C'est clair... Oui ou non?

M. TEYSSONNIÈRES. — Je répète : je trouve dans le bordereau les mêmes irrégularités d'écriture que je trouve sur les pièces de comparaison. Quant à moi, je n'ai pas constaté du tout qu'il y eût ni coupure, ni hachure, ni rien de ces choses-là.

Mᵉ LABORI. — L'écriture du bordereau est-elle l'œuvre naturelle de la personne qui l'a écrit, quelle qu'elle soit? Voilà ma question.

M. TEYSSONNIÈRES. — Oui.

Mᵉ LABORI. — Est-ce une écriture déguisée?

M. TEYSSONNIÈRES. — Non.

Mᵉ LABORI. — Le témoin voudrait-il écouter la phrase que voici :

Il y a des dissimulations, mais l'écrivain supposait déguiser son écriture en employant, dans les trente lignes de cette missive, toutes sortes de variétés, alors qu'il ne faisait que reproduire toutes ces variétés dont il avait l'habitude de se servir, selon les fantaisies du jour, de l'heure, auxquels il écrivait...

M. TEYSSONNIÈRES. — C'est ce que je dis... L'écriture varie selon le lieu, le jour, l'heure où l'on écrit, suivant les dispositions de l'esprit. Donc, étant donné que l'on écrit sur un papier pelure, sur lequel on n'a pas l'habitude d'écrire, qu'on est obligé de le tenir avec ses doigts, qu'on est obligé de prendre des précautions, cela peut arrêter la plume, cela peut amener des saccades, des hachures, des lettres qui semblent rapportées.

Me LABORI. — Ce qu'il peut y avoir dans l'écriture qui donne l'impression d'une dissimulation, d'un déguisement ou d'une incertitude, proviendrait-il, d'après le témoin, et du papier et des circonstances dans lesquelles la missive a été écrite. Est-ce cela que le témoin veut dire ?

M. TEYSSONNIÈRES. — Oui.

Me LABORI. — Par conséquent, comme conclusion, c'est l'écriture naturelle de l'auteur de la missive, modifiée par les circonstances ?

M. TEYSSONNIÈRES. — Nous sommes d'accord.

Me LABORI. — Est-ce que le témoin n'a pas, à plusieurs reprises, montré son dossier à diverses personnes ?

M. TEYSSONNIÈRES. — J'ai déjà dit que je l'avais montré à M. Trarieux et à M. Scheurer-Kestner.

Me LABORI. — Le témoin n'a-t-il pas montré également son dossier à M. Crépieux-Jamin, au docteur Bois et à Mme Crépieux-Jamin ?

M. TEYSSONNIÈRES. — J'ai montré à M. Crépieux-Jamin, le 19 juillet, une partie de mes observations, de mes calques, parce qu'avant de les transcrire, je suis obligé de le faire pour m'exercer la main. Je lui ai montré ce qui faisait ma démonstration, convaincu que j'avais affaire à un homme dont les déclarations étaient formelles. Je les lui ai donc montrées.

Me LABORI. — Est-ce que M. Teyssonnières a restitué son dossier au ministère ?

M. TEYSSONNIÈRES. — Non.

Me LABORI. — L'a-t-il encore ?

M. TEYSSONNIÈRES. — Oui.

Me LABORI. — Bien. Est-ce que M. Teyssonnières n'a pas été prié de ne plus revenir au ministère après la publication faite, par le *Matin*, du bordereau, le 10 novembre 1896 ?

M. TEYSSONNIÈRES. — Je n'ai jamais été au ministère qu'une seule fois... Je regrette encore d'être obligé de parler de ce petit incident. C'est trois jours après la condamnation de Dreyfus, qu'ayant eu l'occasion, dans l'affaire fameuse des faux-poinçons, de passer onze jours à l'audience, avec M. Romanet, qui était le secrétaire de la Présidence, je fus le trouver et je lui racontai les mesures graves qui avaient été prises à mon égard, celle de ma radiation du tableau des experts, et je lui demandai s'il n'y aurait pas possibilité de m'accorder une compensation quelconque. Il me renvoya au ministère de la guerre. Je fis passer ma carte à M. le Ministre de la guerre qui me fit répondre par l'huissier de m'adresser au général Rau. Je fus reçu par le général Rau et dès que j'eus dit : « Je suis M. Teyssonnières, l'expert de l'affaire Dreyfus », M. le général Rau me menaça de me faire arrêter.

C'est la seule fois que je suis allé au ministère.

Mᵉ LABORI. — Le témoin sait-il par qui le bordereau ou son fac-similé a été communiqué au journal le *Matin* le 10 novembre 1896 ?

M. TEYSSONNIÈRES — Je n'en sais rien.

Mᵉ CLÉMENCEAU. — Le témoin a dit tout à l'heure qu'il avait communiqué son dossier, son expertise, à diverses personnes...

Mᵉ TEYSSONNIÈRES. — Oh ! entendons-nous, mon expertise !

Mᵉ CLÉMENCEAU. — Attendez, je n'ai pas terminé ma phrase. Je veux dire : le témoin a reconnu avoir communiqué certaines parties de son dossier à certaines personnes. Je lui demande alors : n'a-t-il pas communiqué son dossier d'une façon complète à *une* personne et n'a-t-il pas expliqué son expertise à ladite personne ?

M. TEYSSONNIÈRES. — Oui, à M. Trarieux, à M. Scheurer-Kestner et à M. Crépieux-Jamin.

Mᵉ CLÉMENCEAU. — Et le témoin a bien expliqué à M. Trarieux toutes les raisons qui l'avaient conduit à une conclusion déterminée ?

M. TEYSSONNIÈRES. — Oui.

Mᵉ CLÉMENCEAU. — Est ce que M. Trarieux a été convaincu ?

M. TEYSSONNIÈRES. — La première fois, oui ; mais je n'avais pas mon dossier, je ne lui ai donné que des explications verbales.

M. LE PRÉSIDENT. — A quelle époque cela se passait-il ?

M. TEYSSONNIÈRES. — Deux mois après que M. Trarieux eut quitté le ministère de la justice... je crois que c'est au mois d'avril que le ministère a été changé.

M. LE PRÉSIDENT. — Ce serait par conséquent au mois de juin ?

M. TEYSSONNIÈRES. — Je parle de 1895, je ne me rappelle plus bien les dates.

Mᵉ CLÉMENCEAU. — En sorte que le témoin dit ceci : M. Trarieux a été convaincu la première fois, lorsque M. Teyssonnières n'avait pas son dossier ; et la seconde fois, quand il lui a montré son dossier, sa façon de procéder, M. Trarieux a cessé d'être convaincu ?

M. TEYSSONNIÈRES. — Oui.

Mᵉ CLÉMENCEAU. — Autre chose : Je n'ai pas bien compris ce que le témoin a dit au sujet de sa radiation du tableau des experts au Tribunal de la Seine. Le témoin nous a dit qu'il était expert au Tribunal lorsqu'il a fait son expertise. Combien de temps après, a-t-il été rayé ?

M. TEYSSONNIÈRES. — Une dizaine de jours après le dépôt de mon rapport. Le dépôt du rapport est du 29, c'est le 17 octobre que j'ai été radié, cela fait donc quinze jours.

Mᵉ CLÉMENCEAU. — Le témoin nous a dit que, comme motif de radiation, on l'avait accusé d'avoir volé de l'argent.

M. Teyssonnières. — Non. J'ai été accusé d'avoir fait chanter un client dans une expertise où j'avais été commis.

Mᵉ Clémenceau. — Comment le témoin a-t-il su cela ? Est-ce que ce fut directement par le président du Tribunal ?

M. Teyssonnières. — C'est par l'organe de M. Descubes, car je n'ai jamais vu directement le Ministre de la justice. Etant fonctionnaire, je n'avais pas à aller trouver le Ministre de la justice pour me plaindre d'un magistrat ; j'ai envoyé M. Descubes, et M. Descubes m'a rapporté que j'étais accusé d'avoir voulu faire chanter un client — je me sers de l'expression voulue — pour une somme de deux mille francs. J'ai produit alors un mémoire dans lequel j'ai rappelé les faits. Ce mémoire a été — c'est ce que M. Descubes m'a raconté, et c'est ce que M. Trarieux m'a dit lui-même — ce mémoire a été remis à M. le Président, et, une enquête ayant été faite, le juge d'instruction a dit : « Non seulement M. Teyssonnières n'a pas voulu faire chanter le client, mais il a même déposé son rapport sans demander une provision. » Voilà pourquoi, déposant son rapport, qui n'était pas favorable à MM. Halphen-Dauphin, ces messieurs ont refusé de verser une provision, et plutôt que de prendre un exécutoire et de les poursuivre, j'ai préféré perdre une somme de six cents francs.

Mᵉ Clémenceau. — Le témoin vient de parler d'un juge d'instruction. Est-ce qu'il y a eu une instruction ?

M. Teyssonnières. — Dans toutes les enquêtes, il y a un juge d'instruction commis.

Mᵉ Clémenceau. — Mais y a-t-il eu un juge d'instruction commis dans l'affaire de M. Teyssonnières ?

M. Teyssonnières. — Non.

Mᵉ Clémenceau. — Est-ce que le témoin n'a pas fait insister auprès de M. le Président Baudouin pour se faire réintégrer sur la liste des experts ?

M. Teyssonnières. — Oui.

Mᵉ Clémenceau. — Est-ce que M. le Président Baudouin a consenti ?

M. Teyssonnières. — Je n'en sais rien. J'ai fait une démarche auprès d'un de mes amis, qui est conseiller à la Cour de cassation ; il m'a répondu : « Je ne crois pas devoir faire la démarche. » Cela me semblait indiquer qu'il avait déjà fait une démarche infructueuse.

Mᵉ Clémenceau. — Est-ce que le témoin a une opinion sur le motif qui a décidé M. le Président Baudouin à prononcer sa radiation ?

Mᵉ Teyssonnières. — Aucune, j'ai cherché pendant six mois, et je n'ai pas trouvé.

Mᵉ Clémenceau. — Le témoin nous a dit qu'il avait été porté ensuite sur la liste des experts près la Cour d'appel de Paris. Dans quelles conditions cela a-t-il eu lieu ?

M. Teyssonnières. — Comme M. le premier Président de la Cour d'appel était dans les meilleures intentions à mon égard, je me rendis chez lui pour lui rendre visite. Il me fit répondre par son domestique : « C'est bien, je sais ce que c'est. » Plein de confiance dans ces paroles, je partis pour Binic, et le lendemain je reçus ma convocation pour venir prêter mon serment à la Cour.

M⁰ CLÉMENCEAU. — Le témoin n'avait-il pas dit que c'était sur la demande de M. Trarieux que M. le premier Président avait consenti à l'inscrire ?

M. TEYSSONNIÈRES. — Je l'ai dit. J'ai conservé à M. Trarieux la plus grande reconnaissance, parce que c'est un homme qui recherche la justice et qui la veut. Je lui rends cet hommage public ; ma reconnaissance, quoi qu'il arrive, sera aussi longue que mes jours.

M⁰ CLÉMENCEAU. — Le témoin a dit, mais je tiens à ce qu'il le répète, que, depuis qu'il est inscrit comme expert à la Cour de Paris, il n'a jamais été commis dans aucune affaire ?

M⁰ TEYSSONNIÈRES. — Dans aucune.

M⁰ LABORI. — Je crois, monsieur le Président, qu'il serait utile que vous voulussiez bien appeler M. Trarieux ?

M. LE PRÉSIDENT. — Il me semble que ce n'est guère nécessaire. Cela n'a pas d'importance.

M⁰ LABORI. — C'est M. Trarieux lui-même qui m'a dit qu'il désirait être confronté avec le témoin.

M. LE PRÉSIDENT. — Enfin, si vous y tenez, nous allons faire revenir M. Trarieux.

M⁰ CLÉMENCEAU. — Je voudrais encore poser une question au témoin : Ne s'est-il pas produit un incident particulier, à propos d'un dossier qui aurait été trouvé chez le témoin alors qu'il ne s'y attendait pas ?

M. LE PRÉSIDENT, *au témoin*. — Est-ce exact ?

M. TEYSSONNIÈRES. — C'est vrai.

M⁰ CLÉMENCEAU. - Le témoin veut-il nous conter l'histoire dont il s'agit.

M. TEYSSONNIÈRES. — Je vais vous la dire. Néanmoins, il est dur pour nous d'être obligés de dire ces choses-là, car nous ne sommes véritablement plus des témoins, mais des accusés. Enfin ! je répondrai à toutes vos questions.

(*M. Trarieux s'avance à la barre.*)

M. LE PRÉSIDENT, *à M⁰ Labori*. — Voici M. Trarieux. Quelles sont les questions que vous avez à lui poser ?

CONFRONTATION

de M. Trarieux avec M. Teyssonnières.

M° LABORI. — Je voudrais que M. Trarieux s'explique aussi complètement que possible sur les relations qu'il a eues avec M. Teyssonnières, sur l'heure où sa conviction est née, et qu'il nous dise dans quelle circonstance elle est née.

M. TRARIEUX. — Vous vous rappelez, Messieurs, que, dans ma déposition, je me suis borné à dire que le hasard des circonstances avait mis dans mes mains une des enquêtes, et qu'elle m'avait permis de faire certaines constatations dont je vous ai rendu compte. Je n'avais pas précisé, je n'avais pas cru utile de préciser à ce moment les circonstances de cette communication; mais, puisque je suis invité à le faire, voici, dans le détail et très exactement, ce qui s'est passé :

Pendant le cours de 1895, sans que je puisse, du reste, préciser exactement les dates, lorsque j'avais l'honneur d'être Ministre de la justice, je reçus un jour la visite d'un membre de la Chambre des députés, M. le député Descubes, du département de la Corrèze, qui me demanda si je consentirais à recevoir la visite de M. Teyssonnières qui avait à se plaindre d'une injustice dont il se croyait victime et qui venait d'être rayé du tableau des experts du Tribunal civil de la Seine.

Je consentis d'autant plus volontiers à adhérer à cette demande que le nom de M. Teyssonnières n'était pas inconnu de moi, qu'il est d'origine bordelaise, et que j'ai l'honneur de représenter le département de la Gironde. Je reçus M. Teyssonnières, et M. Teyssonnières m'exposa sa situation.

Je crois que, dans son propre intérêt, il vaut mieux que j'explique les faits, car si je ne les expliquais pas, on pourrait leur donner peut-être une plus grande gravité qu'ils n'en présentent en réalité.

M. Teyssonnières m'expliqua qu'il craignait que la mesure prise à son égard n'eût été provoquée par les intrigues d'un magistrat israélite, et qu'elle avait très probablement pour but de discréditer un des experts du procès Dreyfus.

Je ne pouvais croire à la réalité de ces inquiétudes; mais enfin, je dus me renseigner et je priai M. le Président du Tribunal civil de venir m'expliquer les causes exactes de la mesure qu'il avait dû prendre, et voici les explications qui me furent données par ce magistrat.

Il m'expliqua que M. Teyssonnières, dans une expertise dont il avait été chargé, avait commis une irrégularité, une incorrection : il avait sollicité, de l'une des parties en cause, une provision, c'est-à-dire la remise d'une somme d'argent dont le chiffre était assez élevé, si je ne me trompe, une somme de deux mille francs......, je crois bien que c'est le chiffre exact, ans que je puisse l'affirmer.

M. Teyssonnières. — C'est parfaitement exact.

M. Trarieux. — ... Cela, dans une expertise qui n'était pas encore commencée.

Je ne pouvais évidemment blâmer la mesure prise, et, quand le magistrat m'expliqua qu'il voulait faire un exemple, faire cesser un abus qui s'est trop souvent produit parmi MM. les experts-comptables au Tribunal civil, je ne pus qu'approuver et je n'eus pas à insister auprès de lui pour le faire revenir sur cette mesure.

Mais, en même temps que je l'approuvais, je me permis de lui faire observer qu'en définitive, il était notoire que d'autres experts, en diverses circonstances, avaient commis la même irrégularité, que c'était peut-être frapper d'une manière bien sévère, car M. Teyssonnières allait être atteint dans tout son avenir et qu'en outre, la mesure prise pouvait avoir des conséquences d'une certaine gravité, celles que j'indiquais tout à l'heure, et je lui demandai s'il verrait un inconvénient à ce que, dans une certaine mesure, je m'intéresse à lui.

M. le Président du tribunal ne l'en crut pas indigne, et c'est ainsi que je priai M. le Premier Président de la Cour d'appel de venir me voir. Je lui communiquai les faits et je lui demandai s'il verrait un inconvénient à accepter M. Teyssonnières sur la liste des experts de la Cour où le rôle des experts est beaucoup moins important qu'au tribunal. M. le Premier Président accepta et M. Teyssonnières fut inscrit à partir de cette date — je ne sais pas s'il y figure encore — au tableau des experts de la Cour d'appel.

M. Teyssonnières vit là un service rendu. Je croyais n'avoir accompli qu'un acte de bonne administration et d'équitable justice; mais enfin il me fut d'une extrême reconnaissance. Il m'a témoigné sa gratitude en plus d'une occasion; il est venu me la témoigner à domicile et j'ai reçu plusieurs fois ses visites dans le courant de l'année 1896, après ma sortie du ministère de la justice. (*A M. Teyssonnières.*) Elles ont été rares, il est vrai; vous êtes peut-être venu en 1896 trois ou quatre fois; je ne crois pas que vous soyez venu plus souvent.

Dans ces diverses visites, il fut fait allusion à l'affaire Dreyfus, et M. Teyssonnières m'affirma, avec une très grande conviction, que M. Dreyfus devait être coupable.

Je l'écoutai sans discuter avec lui, je n'en avais pas du reste, à cette époque, les éléments, car si vous vous le rappelez, Messieurs, j'ai eu l'occasion de vous dire que ce n'est guère que vers la fin de l'année 1896, lorsque l'*Éclair* fit publier son article du 15 septembre, qu'une première inquiétude sérieuse entra dans mon esprit, lorsque je vis affirmer que des pièces secrètes avaient été communiquées au Conseil de guerre, hors de la présence de l'accusé et de son défenseur.

J'ai eu l'occasion de vous dire que ce jour-là mon esprit fut rempli d'inquiétude; c'était la violation des droits les plus manifestes! Mais je n'avais pas encore toutes les preuves utiles qui pouvaient me permettre et qui m'ont permis plus tard d'affirmer la conviction que j'ai apportée à la barre, lorsque j'ai déposé devant vous.

J'écoutais donc M. Teyssonnières, qui visiblement voulait me convaincre à mon tour, mais qui ne m'apportait pas de démonstrations convaincantes.

J'en étais là, lorsque le 2 janvier 1897 — je puis ici préciser la date — M. Teyssonnières m'écrivit une lettre, une lettre que je désirerais lire à MM. les jurés, si M. le Président voulait, usant de son pouvoir discrétionnaire, me le permettre...

M. LE PRÉSIDENT. — Ce n'est pas possible, vous pouvez en dire le sens.

M. TEYSSONNIÈRES. — Je la sais par cœur.

M. TRARIEUX. — Je vais donc analyser la lettre; je crois qu'il vaut mieux que je conserve la parole, car M. le Président ne souffrirait pas que je fusse interrompu par M. Teyssonnières. Si ce que je vais dire, en analysant cette lettre, n'était pas exact, M. Teyssonnières voudrait bien le rectifier.

Dans cette lettre, M. Teyssonnières me renouvelait, en termes chaleureux, sa reconnaissance pour le service que je lui avais rendu et M. Teyssonnières ajoutait : « Il n'est qu'une chose que je regrette, c'est que vous ne paraissiez pas convaincu de la culpabilité de Dreyfus. Cependant, vous avez été Ministre de la justice, vous aviez tous les moyens de vous enquérir et de vous faire une opinion ; du reste, les expertises ne sont plus un mystère, elles ont été publiées, elles appartiennent à la publicité, je voudrais bien que vous puissiez aller au fond des choses. »

Ce n'était pas la proposition formelle de me soumettre les documents qu'il pouvait avoir en mains ; mais, enfin, c'était l'équivalent de cette proposition, et pour qui lisait entre les lignes, c'était évidemment l'offre indirecte de la part de M. Teyssonnières de mettre à ma disposition les documents dont il pouvait disposer et qui pouvaient être de nature à m'éclairer.

Je n'usai cependant pas de cette offre indirecte pour immédiatement demander à M. Teyssonnières ces communications. Il s'écoula encore un certain temps. Ce n'est, en effet, que dans le courant de la même année 1897 que ces communications m'ont été faites et, comme tout à l'heure on m'a dit que sur ce point M. Teyssonnières aurait rectifié ma déposition, je tiens à lui faire remarquer qu'il se trompe et qu'il n'y a pas de rectification à y apporter. Ma déposition première est parfaitement exacte, et sur tous ces points.

J'ai dit comment, en 1895, j'avais eu quelques premières communications qui m'avaient troublé ; j'ai dit comment, en 1896, le 15 septembre, la publication du journal *l'Eclair* m'avait troublé, et j'ai dit que plus tard le hasard des circonstances avait mis dans mes mains une expertise. Ce hasard des circonstances, c'était M. Teyssonnières qui, au mois de juin 1897 —, je n'avais pas indiqué la date précise, mais je la précise aujourd'hui et je suis d'accord avec lui —, c'était M. Teyssonnières qui, au mois de juin 1897, me fit donner cette expertise. Je l'examinai avec lui très attentivement.

Outre que la démonstration de M. Teyssonnières semblait reposer sur la similitude qui existait entre un certain nombre de lettres empruntées au bordereau et empruntées aux pièces de comparaison, il avait fait des relevés photographiques de ces lettres ; c'était la lettre *u*, c'étaient d'autres lettres...

M. TEYSSONNIÈRES. — C'était des calques sur gélatine.

M. TRARIEUX. — C'est possible, j'ai pu m'y tromper, cela avait l'apparence de la photographie ; c'étaient des calques, si vous voulez... C'étaient des calques dont M. Teyssonnières m'affirmait l'authenticité.

Je ne disconviens pas que le travail me parut très ingénieux ; je ne dis pas que je n'en eusse pas été sur le moment assez frappé. Mais, après avoir pris connaissance de tous les détails, je pris les pièces dans leur ensemble, j'examinai, et c'est alors que je fus frappé, comme j'ai eu l'honneur de le dire dans ma déposition première, des dissemblances dans l'ensemble, dans la physionomie générale de l'écriture, dissemblances aussi dans des détails qui avaient leur importance.

Quant à la physionomie générale de l'écriture, je fus notamment frappé de ceci : l'écriture du bordereau est une écriture assez peu lisible, l'écriture de Dreyfus est une écriture très nette et très lisible.

Quant aux détails, je me rappelle notamment ceci : je relevai un mot dans le bordereau, le mot *adresse*... c'est peut-être M. Teyssonnières lui-même qui me l'a signalé ?

M. TEYSSONNIÈRES. — Non, je n'ai pas relevé le mot *adresse* dans mon rapport.

M. TRARIEUX. — Alors, c'est moi qui l'ai relevé ; enfin, c'est l'un de nous... Dans le mot *adresse*, il y a deux *s*. Dans le bordereau, ces deux *s* sont ainsi tracés : le premier *s* est un petit *s*, le second *s* est un *s* allemand, c'est-à-dire un *s* en forme d'*f*. Retrouvant le même mot dans les écritures de Dreyfus, je vis à l'inverse le mot *adresse* écrit d'abord avec un *s* allemand, c'est-à-dire une sorte d'*f* comme première lettre et un petit *s* comme seconde lettre. Je dis alors : Voilà une écriture qui n'est pas la même !

M. Teyssonnières me répondit : « Oh ! mais, c'est que sur l'ensemble, le traître, — car dans son indignation, c'est bien ainsi qu'il appelait tout à l'heure Dreyfus, — le traître a évidemment voulu dissimuler ses habitudes, il avait l'habitude d'user d'un *s* alphabétique et d'un *s* allemand ensuite ; dans la circonstance, il a fait passer l'*s* allemand avant le petit *s*. Toutes ces dissimulations — me dit-il — sont des dissimulations volontaires...

Eh bien ! c'est sur ce point que la dissimulation volontaire, je l'affirme, me parut détruire l'expertise tout entière. Je ne le dis pas à M. Teyssonnières, car enfin ! il voulait me convaincre, mais je n'étais pas tenu de le convaincre. Je ne voulus pas discuter avec lui. Je gardai pour moi mes impressions, qui étaient vives et qui se sont confirmées plus tard par tout ce qui m'est venu ensuite.

M. Teysssonnières s'appuyait sur ce que le capitaine Dreyfus avait voulu qu'il y ait des dissemblances entre le bordereau et sa propre écriture. Je ne sais si tout ce que j'ai dit à cet égard dans ma première déposition, MM. les membres du jury l'ont très bien retenu ; mais je suis beaucoup plus touché par des dissemblances qui ne pouvaient pas s'expliquer, que je ne fus frappé des quelques similitudes, des quelques points de contact qui pouvaient exister entre les écritures.

Voilà, Messieurs, comment ma conviction s'est faite sur ce premier point. Ce ne fut peut-être pas tout, et il est ici, puisque je dois toute la vérité à la justice, un détail qui a aussi son importance ; je demandai à M. Teyssonnières : « Avez-vous été d'accord avec vos collègues de l'expertise sur tous ces points ? On dit que deux experts ont été contre, que trois experts ont été pour. Cette majorité est-elle bien compacte, est-elle bien unie, est-ce par les mêmes raisons de décider qu'elle arrive à la même conclusion ? » M. Teyssonnières me répondit : « Non, nos méthodes n'ont pas été les mêmes ; je vous donne mon procédé personnel. Quant à mes collègues, M. Charavay a été moins affirmatif. » Je ne me rappelle plus beaucoup, du reste, les détails qu'il m'a fournis sur cette expertise : « Quant à M. Bertillon — me dit-il — il aurait tout perdu ; M. Bertillon a fait devant le Conseil une déposition absolument incompréhensible, et si je n'avais pas été là — ajoutait M. Teysonnières — il eût été absolument impossible de condamner. »

Je ne suis pas très surpris de l'appréciation de M. Teysonnières, après avoir entendu M. Bertillon à cette audience. Je comprends…

M. TEYSONNIÈRES. — Je n'ai pas entendu M. Bertillon.

M. TRARIEUX. — Mais moi, je l'ai entendu, et je crois que vous auriez été dans un bien grand embarras pour le comprendre ; tous ceux qui l'ont écouté ont fait de très grands efforts ; et, malgré toute la bonne volonté qu'il y a mise, il a été difficile à M. Bertillon de faire accepter ses démonstrations au moyen de ce schéma extraordinaire qui a été placé sous vos yeux. Ç'a été l'opinion de M. Teyssonnières. Il m'a formellement dit que la déposition de son collègue au Conseil de guerre, non seulement ne reposait sur aucun de ses éléments de démonstration personnels, mais reposait sur des procédés de démonstration qui étaient tellement extraordinaires qu'ils auraient certainement compromis le résultat de l'affaire, si l'expertise de M. Teysonnières n'avait pas figuré au procès à côté de celle de M. Bertillon.

Voilà, Messieurs, tout ce qui s'est passé entre nous au mois de juin 1897.

Et maintenant, si vous voulez me permettre d'ajouter un mot, je vais compléter ma déposition. Comme je savais que M. Scheurer-Kestner, qui est mon voisin au Sénat, et avec qui j'ai causé souvent de cette affaire, comme je savais que M. Scheurer-Kestner était à la poursuite de la vérité, j'eus la pensée, comme élément de contrôle, de faire passer sous ses yeux ces expertises qu'on venait de me montrer, et je demandai à M. Teyssonnières s'il pourrait fournir à mon collègue la même démonstration que celle qu'il m'avait faite à moi-même. M. Teyssonnières voulut bien accepter ; il prit rendez-vous avec M. Scheurer-Kestner. Je tins, je dois le dire, à rester étranger à leur entrevue, pour ne pas influencer par ma présence les impressions que pourrait recevoir mon collègue. Je crois que M. Scheurer-Kestner a reçu à deux reprises différentes M. Teyssonnières.

M. Scheurer-Kestner, la première fois, m'a-t-il dit, si j'ai bonne souvenance, fut assez impressionné des démonstrations de détail que lui apportait M. Teyssonnières ; puis, la seconde fois, son impression fut définitivement fixée, mais en sens inverse. Les dissemblances le frappèrent, comme elles m'avaient frappé moi-même. De telle sorte qu'il ne put pas admettre que M. Teyssonnières eut fait dans ce procès, comme il l'avait prétendu, la lumière et eût apporté la certitude. C'est tout au moins ce que m'a dit M. Scheurer-Kestner.

Voilà, Messieurs, tous mes rapports avec M. Teyssonnières, en ce qui concerne la communication de ses expertises ! Cependant, Messieurs, il me reste encore à indiquer à MM. les jurés un autre détail qui peut avoir son importance, quoiqu'il soit d'une extrême obscurité.

A quelque temps de là — c'était au mois de juillet, je crois, quelque temps après cette communication de l'expertise — M. Teyssonnières vint me voir de nouveau ; il me paraissait extrêmement troublé, et il me fit cette communication tout à fait étrange : il me dit que sa cuisinière ou sa femme de chambre, enfin une femme à son service avait trouvé...

M. Teyssonnières. — Voulez-vous me permettre de dire ce que je vous ai dit à ce moment-là ?...

M. le Président. — N'interrompez pas ! laissez M. Trarieux s'expliquer, vous parlerez après.

M. Trarieux, *au témoin*. — Il vaut peut-être mieux que je continue ma déposition ; vous me rectifierez s'il y a lieu.

Vous m'avez dit qu'une femme à votre service avait trouvé, derrière la porte de votre appartement, le dossier Dreyfus, que vous ne saviez pas comment expliquer un pareil dépôt dans votre demeure. « Le dossier Dreyfus, dis-je, quel dossier ? Un dossier qui devrait être au ministère de la guerre ? » Je ne fus pas moins stupéfait que M. Teyssonnières. Je me demandais si la chose était possible. Mais M. Teyssonnières insista, et insista de telle façon, et en termes tellement sérieux, que je finis par me demander si ce n'était pas vrai. Alors il me dit :

« D'où cela peut-il venir? c'est de la main des juifs, de la main des partisans de Dreyfus qui veulent me compromettre. »

Je lui répondis : « Ce sont peut-être aussi d'autres mains; car, enfin, il ne faut pas témérairement conclure, vous n'en savez rien. » Enfin, c'est quelqu'un, dans tous les cas, qui avait intérêt à se débarrasser de ce dossier, c'est incontestable. Si ce dossier avait été apporté chez M. Teyssonnières, c'est qu'il embarrassait quelqu'un qui voulait le mettre en d'autres mains, ou peut-être y avait-il dans cette communication une intention cachée qui m'échappe. Je me bornais à dire à M. Teyssonnières : « Ce qu'il y aurait à faire, c'est de ramener ce dossier à son gîte naturel, ou, si vous croyez ne pouvoir le faire, si vous craignez d'être compromis, c'est de le mettre en lieu sûr jusqu'à ce que vous ayiez découvert la personne qui a fait chez vous cette étrange communication, et jusqu'à ce que vous puissiez la signaler à la justice. »

M. Teyssonnières me dit : « En effet, je crois que c'est là ce qu'il y a de plus sage à faire. »

Est-ce le même jour ou plus tard? Je n'en sais rien ; mais M. Teyssonnières me fit une communication qui me parut encore très inquiétante, pour lui, bien entendu, je ne dis pas contre lui... Il me raconta qu'il avait eu l'occasion d'aller dans les bureaux de la guerre pour demander je ne sais quel renseignement, et qu'il y avait été très mal reçu, et que même, l'officier auquel il s'adressa lui dit qu'il s'étonnait que M. Teyssonnières osât se représenter dans les bureaux de la guerre. M. Teyssonnières ne s'expliquait pas une pareille attitude vis-à-vis d'un expert qui avait, dans le procès Dreyfus, rempli son devoir de telle sorte qu'il avait reçu les félicitations de l'Etat-major après la condamnation.

Je ne me l'expliquai pas davantage; je livre le fait aux interprétations. Peut-être, depuis cette époque, M. Teyssonnières est-il mieux renseigné que je ne puis l'être moi-même à cette heure? car je ne l'ai plus revu depuis; je n'eus plus l'occasion, en effet, de recevoir les visites de M. Teyssonnières depuis cette époque.

M. Teyssonnières. — Depuis le 19 juin 1897.

M. Trarieux. — Depuis le 19 juin 1897. Cependant, Messieurs, j'ai voulu le voir, et je dois, c'est par là que se termineront mes explications, je dois dire pourquoi et dans quelles circonstance.

Au mois de novembre dernier, au moment où cette affaire a pris naissance, ou un peu plus tard, — c'est peut-être au mois de décembre, au moment où une grande agitation existait déjà dans les esprits, — on est venu me dire que M. Teyssonnières était soupçonné, dans les régions gouvernementales, d'avoir communiqué au *Matin* le bordereau dont le *Matin* a donné le fac-similé en novembre 1896. Cette affirmation m'a été faite par plusieurs personnes touchant de très près au ministère.

Je crus le fait assez grave, Messieurs, pour que M. Teyssonnières en fût informé; pour M. Teyssonnières d'abord, pour la vérité ensuite, si M. Teyssonnière avait quelque chose à dire. Seulement, je crus devoir agir avec une certaine circonspection, parce qu'enfin!... M. Teyssonnières me permettra de le dire, jusque-là, ma conviction avait été entière; mais je commençai à être un peu préoccupé. J'y mis certaines précautions; il me les pardonnera si elles étaient injustes. Ce n'est pas à lui que j'écrivis directement; j'écrivis à M. Descubes, à celui qui, à l'origine, avait été l'intermédiaire entre nous lorsque ce député était venu me demander de recevoir M. Teyssonnières.

J'écrivis donc à M. Descubes et je lui dis les rumeurs qui circulaient et qui pouvaient devenir très inquiétantes pour M. Teyssonnières, si elles entraient dans la publicité; je lui dis que j'étais tout disposé à recevoir M. Teyssonnières si celui-ci croyait avoir des justifications à fournir, justifications que je me serais chargé volontiers moi-même d'apporter au gouvernement pour écarter ses soupçons. J'ajoutai que je serais même bien aise que M. Descubes voulût bien, à l'avenir, assister à l'entretien que je me proposais d'avoir avec M. Teyssonnières.

M. Descubes me répondit le 26 janvier qu'il comprenait l'importance de cette communication, qu'il allait s'empresser d'écrire à M. Teyssonnières, qu'il espérait bien que M. Teyssonnières s'empresserait d'accourir, que lui-même probablement l'accompagnerait à mon cabinet. Depuis cette époque (26 janvier), je n'ai plus reçu aucune nouvelle, ni de M. Descubes, ni de M. Teyssonnières.

Voilà, Messieurs, le très exact récit des faits, en ce qui concerne mes relations avec M. Teyssonnières.

M. LE PRÉSIDENT. — Monsieur Teyssonnières, avez-vous à présenter des observations ?

M. TEYSSONNIÈRES. — Oui, monsieur le Président.

Voici l'histoire exacte de ce que M. Trarieux a appelé *le dossier*. On nous avait assigné, le 29 novembre, à dix heures du matin, pour déposer nos rapports. Nous ignorions complètement quelles pouvaient être les opinions personnelles de chacun, attendu que M. le Préfet de police nous avait priés, et nous avait même fait promettre, sur notre honneur, que nous ne communiquerions aucune impression.

Je me rendis à l'heure exacte (dix heures) à la Préfecture de police pour déposer mon rapport; je ne trouvai aucun de mes confrères. J'appris, lorsque j'entrai, qu'il y en avait un qui avait déposé son rapport le samedi et qu'un autre venait de le déposer il y avait une demi-heure. Il y a eu des scènes qui m'ont été répétées. — On parut très étonné de ma conclusion aussi ferme. Je portais ma serviette, dans laquelle il y avait mon rapport et les photographies des documents qui nous avaient servi pour travailler, attendu que tous les jours, à dix ou onze heures du matin, nous venions à la Préfecture de police contrôler sur le bordereau original le travail que nous avions pu faire au moyen des photographies.

J'avais donc là-dedans les photographies numérotées par ligne, numérotées par pièce, avec les indications que nous avons l'habitude de souligner pour que les recherches soient plus faciles. Je sortis donc mon rapport; on s'empressa; il y avait sept ou huit personnes dans le bureau de M. Puybaraud, et je déposai ma serviette sur la table à côté, table que je vois encore. Une fois qu'on eut connaissance de mon rapport, je repris ma serviette et je rentrai chez moi.

Comme, dans cette serviette, il n'y avait absolument pas d'autres pièces que celles que j'avais emportées à la Préfecture de police, je remis la serviette à sa place, et, n'en ayant plus besoin que quinze jours après, j'y mis d'autres pièces, et... dans mon portefeuille, il n'y avait absolument rien !!

J'avais déposé ou j'étais censé avoir déposé — car c'est là ce que je ne puis me rappeler dans ce moment d'émotion et il y avait de quoi ! — je ne puis me rappeler si j'ai déposé ces photographies à côté de mon rapport, si j'ai déposé mes photographies autre part; bref, j'ai toujours cru les avoir réellement déposées, et en voici la raison : c'est qu'en comparaissant devant le Conseil de guerre, j'indiquais, sur certaines pièces, trois points de repère, de façon à placer mes calques bien exactement dans la position qui convenait le mieux pour me faire comprendre.

Or, quand je faisais ma déposition, je voyais que les membres du Conseil de guerre suivaient avec attention ce que je faisais; j'étais donc persuadé que mes pièces étaient bien celles que j'avais déposées.

Lorsque le 16 novembre, un lundi, jour de réception chez Mme Teyssonnières, à cinq heures du soir, je prends mon chapeau pour aller faire une course et je trouve..., non pas derrière la porte, mais bien sur ma table, sur ma table qui est dans le vestibule..., un paquet ficelé dans un journal avec une ficelle rose; je vois : « Monsieur Teyssonnières »; je prends ce paquet et, comme il faisait nuit ou presque nuit, je vais près de la fenêtre et je me dis : « Qu'est-ce que cela, des photographies?... » J'allais abandonner le paquet et dire : « Je le verrai tout à l'heure », quand la curiosité fit que je l'ouvris et j'y retrouvais toutes les photographies qui avaient servi à mon rapport!

Cela n'a aucune importance, car j'ai demandé aux membres du Conseil de guerre comment il se faisait qu'ils avaient pu suivre mon rapport sans les pièces; alors, on m'a expliqué qu'on avait suivi de point en point toutes mes indications et que cela n'avait fait aucune difficulté, qu'on n'avait pas réclamé les pièces parce que cela n'avait aucune importance. Voilà ce qu'on m'a répondu. Cela me troublait énormément.

Grâce à la très grande reconnaissance que je devais à M. Trarieux, — je l'ai toujours pris pour un homme d'excellent conseil, comme un homme tout à fait dévoué aux petites choses que je pouvais lui demander — c'est à lui que j'ai fait cette première confidence.

Comme il fallait faire une démonstration à M. Scheurer-

Kestner, je me suis servi de ces mêmes pièces, puisque le hasard les faisait se retrouver entre mes mains et c'est sur les conseils de M. Scheurer-Kestner, à qui j'ai dit : « Qu'est-ce qu'il faut que je fasse de tout cela? Faut-il que je les renvoie au ministère? » M. Trarieux m'a dit : « Le mieux est de les mettre en lieu sûr ». C'est ce que j'ai fait ; je les ai mises en lieu sûr. Je me suis exagéré très certainement la portée de cette affaire.

Quant au bordereau publié dans le *Matin*, il y a eu quelqu'un qui était aussi un homme dévoué et un ami, c'est M. Bertillon ; M. Trarieux a peut-être un peu exagéré mon impression à son égard, et, je tiens à dire que M. Bertillon fait des démonstrations qui, n'étant pas à la portée absolument de tout le monde, peuvent paraître des choses excessivement fantastiques, excessivement originales. Voilà pourquoi moi-même, j'ai souvent bataillé avec lui. J'ai dit : « Si vous alliez faire une démonstration devant les jurés, qui ne sont pas des spécialistes, qui ne sont pas des mathématiciens, qui ne sont pas des hommes à comprendre, vous perdriez votre temps. » Voilà ce que j'ai pu dire à M. Trarieux, mais il n'en est pas moins vrai que le talent et la science de M. Bertillon soient un grand point dans l'expertise.

Tout n'a pas été dit, et même les choses les plus extraordinaires finissent à la longue par être des choses très ordinaires et très compréhensibles, mais quand elles sont à l'état d'enfantement, de création, on ne les saisit pas... Nos ancêtres n'aurait pas cru à l'électricité si on avait voulu la leur expliquer.

Je tiens à constater que M. Trarieux a raconté très exactement, comme je l'ai fait, les choses comme elles se sont passées, et je lui en témoigne ici publiquement toute ma reconnaissance.

Mᵉ CLÉMENCEAU. — Il résulte bien, n'est-ce pas, de la déposition de M. Teyssonnières, que les juges du Conseil de guerre ont eu son rapport, mais n'ont pas eu les pièces leur permettant de contrôler ce rapport?

M. TEYSSONNIÈRES. — Ce n'était pas nécessaire.

Mᵉ CLÉMENCEAU. — Je ne discute pas.

M. TEYSSONNIÈRES. — Je n'en sais rien. C'est le 16 juin 1897 qu'elles me sont revenues entre les mains.

Mᵉ CLÉMENCEAU. — Je dis que les juges du Conseil de guerre ont compris, paraît-il, le rapport de M. Teyssonnières, mais qu'ils n'avaient pas entre les mains les pièces de comparaison.

Nous savons, d'autre part, que si M. Bertillon n'a pas voulu nous expliquer son système, c'est qu'il a pensé que MM. les jurés n'étaient pas assez intelligents pour le comprendre. C'est M. Teyssonnières qui vient de nous expliquer qu'il fallait être un mathématicien pour comprendre ce système.

Mᵉ LABORI. — M. Trarieux nous a bien dit que, dans les explications que M. Teyssonnières lui avaient fournies sur le bordereau, il avait parlé de *dissimulations volontaires?*

M. Teyssonnières. — Vous exagérez la chose...

M⁰ Labori. — Permettez, monsieur Teyssonnières, ce n'est pas à vous que ma question s'adresse.

M. Trarieux. — C'est incontestable, vous trouverez cette constatation dans le rapport de M. Ravary; M. Ravary lui-même signale qu'il y a des *dissemblances*, mais qu'elles étaient *volontaires*.

M. Teyssonnières. — Ce n'est pas dans mon rapport.

M⁰ Labori. — Maintenant, je demande si M. Teyssonnières les reconnaît.

M. Teyssonnières. — Je ne parle jamais, dans mes rapports, des dissemblances.

M. Trarieux. — Il est bon d'en parler quand elles existent.

M. Teyssonnières. — Parce que si je trouvais des dissemblances, je déclarerais que les pièces ne correspondent pas; voilà tout.

M. Trarieux. — Vous ne pouvez pas dire que vous n'avez pas trouvé de *dissemblances* avec moi, car vous me les avez expliquées.

M. Teyssonnières. — Je ne dis pas le contraire... Il y a dans mon rapport, une simple phrase, mais cette phrase est un correctif de l'alinéa suivant.

M⁰ Labori. — Il s'agit de savoir si M. Teyssonnières reconnaît que l'auteur du bordereau, en écrivant, a volontairement dissimulé son écriture?

M. Teyssonnières. — Je n'ai pas dit cela dans mon rapport.

M. Trarieux. — M. Teyssonnières vient de le reconnaître, il est inutile de le lui faire dire de nouveau.

Je n'ai pas assisté à la déposition de M. Teyssonnières; mais on m'a dit que M. Teyssonnières, dans sa déposition, indique qu'il existait, entre les photographies du bordereau et les fac-similés des reproductions qui ont été faites, et sur lesquelles j'aurais pu comparer l'écriture du commandant Esterhazy, des différences telles que ces dissemblances paraissaient indiquer des faux, — c'est du moins ce qu'on m'a dit. — S'il a dit cela, je tiens à apporter mon appréciation personnelle.

J'ai vu les reproductions photographiques, et j'affirme que la reproduction du *Matin*, — je ne parle pas de toutes les autres reproductions qui ont pu être faites ensuite, — j'affirme que la reproduction du *Matin*, qui doit être une reproduction sur cliché, ressemble autant que possible au fac-similé photographique que j'ai vu, voilà ce que je puis affirmer. Et c'est sur la reproduction du *Matin* que mes comparaisons se sont faites, se sont établies. Voilà ce que je puis dire.

M. Teyssonnières. — J'ajoute que le *Matin*, dans sa première édition, a reproduit suffisamment bien le bordereau; seulement, voilà pourquoi je demandais s'il y avait un imprimeur ici... Lorsqu'il se trouve un délié filiforme — je demande pardon d'entrer dans des détails techniques, mais tout le monde comprend ce que c'est qu'un trait finissant à zéro — dans le châssis cela plonge, et, au lieu d'un trait filiforme, vous avez au contraire un trait très gros. Or, si ces messieurs de la défense pensent qu'un trait filiforme et un trait massué, ce soit la même chose, alors nous sommes d'accord. Dans tous les cas, il est impossible d'imprimer typographiquement à la presse, dans un journal, quelque chose qui ne présente pas cette particularité. Or, c'est principalement dans le commencement et la fin des mots que gît l'expertise en écritures... Je crois que c'est en avril qu'a été publié le fac-similé du *Matin* ; je ne parle pas de celui-là qui était à peu près bien ; mais ce sont tous ceux qui ont paru depuis, ce que je me permettrai d'appeler la nouvelle campagne... c'est alors qu'on a fait des reproductions qui sont aussi mauvaises et aussi peu ressemblantes que possible. Il n'y a qu'à prendre le premier journal qui l'ait reproduit pour s'en convaincre. Vous imprimez avec des clichés, et ces clichés se cintrent, ce qui altère les traits. Tous les dessinateurs qui sont là peuvent vous dire que leurs dessins sont abîmés.

M. TRARIEUX. — Je voudrais, Messieurs, sur un point, donner encore mes appréciations.

Il est évident que plus le cliché se reproduira et plus les empâtements pourront se reproduire dans l'écriture ; mais j'affirme cependant que, dans les spécimens relativement difformes, — pourrait dire M. Teyssonnières, — qui ont passé sous mes yeux, — j'en ai vu un très grand nombre, — il est inexact de dire qu'on peut voir des faux. On y a trouvé, au contraire, la plus grande similitude. Voulez-vous que je fasse une comparaison : la différence qui pourrait exister, c'est la différence qui existe dans l'écriture d'un homme qui écrirait une première fois avec une plume fine et qui écrirait une seconde fois avec une plume qui donnerait des traits plus empâtés. Et les différences d'encre pourraient même quelquefois suffire à produire ces différences de reproduction, mais c'est toujours la même écriture dans sa physionomie générale.

M. TEYSSONNIÈRES. — J'ajoute ceci, que j'ai déjà expliqué, parce qu'il faut que cette question soit finie : M. Crépieux-Jamin lui-même constate : « Ce qui me casse bras et jambes, c'est la défectuosité du clichage. On n'est sûr de rien, et je serai obligé tout le temps de faire des réserves »... J'ai la lettre-là.

Mᵉ LABORI. — Mais, qu'est-ce que nous fait M. Crépieux-Jamin ?

M. LE PRÉSIDENT, *à l'huissier audiencier*. — Faites appeler un autre témoin.

Mᵉ LABORI. — Monsieur le Président, j'ai encore une autre question à poser à M. Trarieux : M. Trarieux n'a-t-il pas eu beaucoup de rapports avec M. Scheurer-Kestner depuis plusieurs mois ; l'a-t-il vu souvent et cause-t-il avec lui de l'affaire Esterhazy ?

M. TRARIEUX. — Constamment.

Mᵉ LABORI. — Considère-t-il comme vraisemblable et comme

possible ce propos que M. Teyssonnières prête à M. Scheurer-Kestner, en ce qui concerne M⁰ Demange : « Il faut qu'il soit largement payé pour faire de pareilles démarches en faveur de Dreyfus » ?

M. TRARIEUX. — C'est d'une grossière invraisemblance, à moins que M. Scheurer-Kestner ne l'ai dit en riant à M. Teyssonnières.

M. TEYSSONNIÈRES. — Peut-être bien !

M. TRARIEUX. — Si M. Teyssonnières, emporté par sa conviction, a maintenu que Dreyfus était coupable et que sa culpabilité était démontrée par son expertise... je ne sais pas... mais il ne serait peut-être pas impossible que, en se moquant de lui, une pareille réflexion ait été faite par M. Scheurer-Kestner. Ce que je puis dire, en tous cas, c'est que ce serait une infamie de supposer qu'une pareille pensée ait traversé l'esprit de M. Scheurer-Kestner !

M⁰ LABORI. — Encore un mot, monsieur le Président.

M. LE PRÉSIDENT, *à l'huissier audiencier*. — Appelez un autre témoin.

M⁰ LABORI. — Encore une question, monsieur le Président. Je voudrais demander à M. Trarieux de nous dire, en un mot, s'il n'a pas l'impression que les convictions de M. Teyssonnières sur la culpabilité de Dreyfus et sur le mérite de son expertise l'amènent à s'aveugler lui-même et à suivre toujours la même piste, son esprit étant la dupe d'une *auto-suggestion*, qui peut lui faire voir les choses *suggestivement*, c'est-à-dire autrement qu'elles ne sont en réalité ?

M. LE PRÉSIDENT. — C'est une opinion que vous demandez-là, ce n'est pas un fait.

M. TRARIEUX. — Je dirais qu'en effet, souvent, on crée des montagnes qui enfantent des souris et, quand une idée prédomine, on peut arriver à un parti pris dans lequel on s'obstine, qui peut conduire à ces résultats. Je ne puis dire autre chose.

M. LE PRÉSIDENT, *à l'huissier audiencier*. — Faites venir le témoin suivant.

DÉPOSITION DE M. CHARAVAY

Archiviste paléographe.

(*Le témoin prête serment.*)

M⁰ LABORI. — Monsieur le Président, est-ce que M. Charavay sait si le bordereau Esterhazy-Dreyfus est une pièce qui a été écrite à main courante ou qui est faite de mots rapportés et calqués ?

M. CHARAVAY. — Monsieur le Président, je ne peux répondre en aucune façon à la question qui m'est posée. Il est de règle, parmi les experts en écriture, de ne se préoccuper d'un rapport que quand ils sont appelés pour l'affaire pendante. Or, en ce moment, je n'ai pas été cité pour l'affaire pendante ; par conséquent, je n'ai rien à dire.

Me LABORI. — Est-ce que le témoin ne veut pas me permettre de lui faire remarquer que — car, enfin, les règles des experts en écriture sont évidemment un code fort respectable... pour les experts en écriture —, mais MM. les jurés sont une juridiction devant laquelle on a toujours le droit de s'expliquer. Par conséquent, monsieur le Président, j'espère qu'avec un mot de vous, faisant comprendre au témoin que les règles des experts ne s'appliquent pas ici, nous obtiendrons de lui une réponse à cette question si simple.

M. LE PRÉSIDENT. — Je vous pose la question.

M. CHARAVAY, *se tournant vers Me Labori*. — Eh bien ! je continue à répondre que si j'entre dans ces considérations, il faut que vous ayez l'obligeance de me rappeler... C'est une affaire qui date de très longtemps, que je n'ai pas revue, et je demande que vous me produisiez des pièces, car je ne puis faire ici une expertise en écritures.

Me LABORI. — Est-ce que M. Charavay connaît le petit travail de M. Bertillon ?

M. CHARAVAY. — Non, je ne le connais pas, et n'ai pas à le connaître ; ce n'est pas de mon ressort.

Me LABORI, *au Président*. — Voici, monsieur le Président, un ensemble de spécimens d'écritures qui comprend des facsimilés du bordereau et de l'écriture du capitaine Dreyfus..., celle-ci s'y trouve comme par hasard et nous ne pouvons pas la faire disparaître. Mais, à côté, se trouve l'écriture de M. le commandant Esterhazy ; M. Charavay pourra donc nous fournir quelques explications.

M. LE PRÉSIDENT. — Mais on ne peut pas faire séance tenante une expertise en écritures ; vous exigez des choses impossibles.

Me LABORI. — Non, monsieur le Président, nous n'exigeons pas de choses impossibles, nous en faisons.

Me CLÉMENCEAU. — Il ne s'agit pas de faire une expertise.

Me LABORI. — Voilà des spécimens qui ont été notifiés en facsimilés et en copies à M. l'Avocat général. Voulez-vous me permettre, monsieur le Président, de passer les exemplaires ; cela facilitera, pour la suite des débats, les explications que MM. les jurés auront à entendre.

Monsieur le Président, remarquez bien que je ne demande pas à M. Charavay de faire une expertise en écritures sur ces spécimens ; je sais bien ce que le témoin me répondrait, mais je veux simplement rafraîchir ses souvenirs. M. Charavay répond à ma question : « Mon Dieu ! le bordereau Esterhazy-Dreyfus, je l'ai vu en 1895 ; il y a longtemps... » Je crois, d'ailleurs, que les souvenirs de l'honorable expert ont dû se rafraîchir depuis quelque temps ; car il eût fallu qu'il fût bien peu curieux pour qu'il n'ait pas pensé à l'affaire de 1894 depuis quelques mois.

Maintenant je lui demande : l'écriture du bordereau est-elle une écriture déguisée ?

M. CHARAVAY. — Je ne répondrai à aucune question de cette nature, parce que le procès Dreyfus ne me paraît pas le moins du monde en cause et parce que je n'ai pas été cité par le Ministère public pour un procès de revision. Moi, expert officiel dans la première affaire, je n'ai pas à reprendre mon expertise, et à donner un témoignage quelconque ici sur des faits de cette nature.

M⁰ LABORI. — Alors, je passe. M. l'expert Charavay nous dira-t-il si, lors de cette fameuse affaire, il a opéré des agrandissements du bordereau ?

M. CHARAVAY. — Toutes ces questions reviennent au même. Si je dois ici faire un exposé de cette affaire, alors je n'y comprends plus rien du tout pour ma part, parce que j'ai cru comprendre qu'il n'y avait pas de revision de procès ici, et que je n'avais pas de témoignage à apporter.

M. LE PRÉSIDENT. — La Cour d'assises n'est pas, en effet, une cour de revision.

M⁰ LABORI, *au témoin*. — Je vous dirai que ce n'est pas la première fois que l'incident se présente ici avec une netteté particulière.

Au Président. — Je demande donc à M. le Président la permission de faire un effort auprès du témoin. Il ne s'agit pas de Dreyfus, il s'agit du bordereau Esterhazy, qui est le même...

M. CHARAVAY. — Je me déclare absolument incompétent, n'ayant jamais eu cette question à traiter.

M⁰ LABORI. — Je ne veux pas insister parce que nous n'en finirions pas. Je vais poser une simple question au témoin, convaincu que celle-ci, ayant un intérêt général, il y voudra bien répondre : M. Charavay condamnerait-il un homme sur un nombre, même considérable, d'expertises...?

M. LE PRÉSIDENT. — C'est une question d'opinion que vous posez au témoin.

M⁰ LABORI. — Oh !... si vous voulez nous renvoyer chez nous en nous acquittant tout de suite, je ne demande pas mieux et je m'arrêterai là. Mais, puisque M. Charavay ne veut pas déposer sur des faits, je suis bien obligé de lui demander une opinion. Condamnerait-il un homme sur une expertise unique ?

M. CHARAVAY, *s'adressant au Président*. — Dois-je répondre à une question de cette nature ?

M. LE PRÉSIDENT. — Je vous y autorise si vous croyez devoir le faire.

M⁰ CLEMENCEAU. — M. Trarieux a répondu sur des questions d'opinion.

M. LE PRÉSIDENT, *au témoin*. — Répondez, puisqu'on insiste.

M. CHARAVAY. — Je réponds, avec votre autorisation, monsieur le Président.

Je répondrai purement et simplement que, comme je ne crois pas à mon infaillibilité, et ni à l'infaillibilité de qui que ce soit dans ces circonstances, jamais de ma vie je ne condamnerais sur une expertise en écritures, s'il n'y avait pas de faits moraux qui pussent arriver à me donner une preuve.

M. LE PRÉSIDENT. — C'est une opinion toute naturelle, mais cela ne change rien à la situation.

Mᵉ LABORI. — Vous ajoutez votre impression, monsieur le Président, à celle de M. l'expert, et je l'invoquerai en plaidant.

DÉPOSITION DE M. PELLETIER

Expert en Ecritures

(*Au moment où M. le Président lui demande de prêter serment, M. Pelletier déclare* :

Je le ferai sous réserve du secret professionnel, parce que j'ai été commis en 1894 dans une affaire qui a été jugée à huis clos.

Mᵉ LABORI. — M. Pelletier est un des experts qui, en effet, en 1894, ont déclaré que le bordereau n'était pas de Dreyfus. Je voudrais bien qu'il nous dise ce qu'il pense de l'écriture, s'il l'a comparée avec l'écriture du commandant Esterhazy, s'il persiste dans son opinion de 1894...

M. PELLETIER. — Je ne connais pas du tout l'écriture d'Esterhazy; je ne puis donc que maintenir mes conclusions à l'égard du numéro 1. Je n'ai su que plus tard, comme le public, qu'il s'agissait d'un nommé Dreyfus. Je maintiens donc mes conclusions.

Mᵉ LABORI. — Est-ce que M. l'expert pourrait nous dire si le bordereau était d'une écriture courante?

M. PELLETIER. — J'ai déclaré que le bordereau avait toutes les apparences d'une écriture courante. Mais, j'ai là mon rapport, et si vous voulez me permettre...

M. LE PRÉSIDENT. — Non, non, c'est inutile.

Mᵉ LABORI. — Mais, monsieur le Président, je ne serais pas fâché d'entendre le rapport de l'honorable expert, j'insiste même pour la lecture au moins du résumé de ce rapport.

M. LE PRÉSIDENT, *au témoin*. — Non, ne le lisez pas, mais vous pouvez le résumer.

M. PELLETIER. — J'ai été chargé d'examiner la pièce d'écriture qu'on a depuis appelée le bordereau; j'étais chargé de comparer ce bordereau avec l'écriture de deux personnes soupçonnées, la première personne étant désignée sous le n° 1.

Nous avions à notre disposition une vingtaine de corps d'écritures ; ces corps d'écritures avaient été exécutés de différentes façons. Ils avaient été tracés debout, assis, main nue et main gantée. Ces corps d'écritures étaient suffisants pour donner une idée suffisante des aptitudes graphiques de leur auteur.

La comparaison avec le fameux bordereau m'a certainement donné des analogies, analogies banales que l'on rencontre fréquemment sous différentes mains; mais il y avait de sérieuses dissimilitudes, dissimilitudes que j'ai notées dans mon rapport. En présence de ces dissimilitudes, je conclus que rien n'autorisait à attribuer ce bordereau à l'une ou à l'autre des personnes soupçonnées.

M. LE PRÉSIDENT, *à l'huissier audiencier.* — Appelez un autre témoin.

DÉPOSITION DE M. GOBERT

Expert de la Banque de France et de la Cour d'appel de Paris.

(*Le témoin prête serment.*)

Mᵉ LABORI. — Monsieur le Président, voudriez-vous demander à l'honorable M. Gobert s'il pourrait nous parler des différents incidents qui se sont produits au cours de l'information de l'affaire Dreyfus entre lui et M. du Paty de Clam?

M. GOBERT. — Au cours de l'information, il ne s'est produit aucun incident entre moi et le commandant du Paty de Clam; il y a eu au Conseil de guerre un petit incident dont je ne vois guère l'intérêt actuellement.

Mᵉ LABORI. — Cependant, monsieur Gobert?

M. GOBERT. — Je suis à vos ordres, monsieur le défenseur?

M. LE PRÉSIDENT. — Mais, c'était à huis clos?

M. GOBERT. — Oui, monsieur le Président.

Mᵉ LABORI. — Je voudrais demander à M. Gobert, et je m'attends bien à la réponse, de nous faire connaître les conclusions de son rapport dans l'affaire de 1894?

M. LE PRÉSIDENT. — Non, le témoin ne peut pas répondre.

Mᵉ LABORI. — Ce que je tiens à ce que MM. les jurés sachent, c'est que M. Gobert a conclu dans le même sens que M. Pelletier.

DÉPOSITION DE M. COUART

Archiviste du département de Seine-et-Oise, expert en écritures près le Tribunal de Versailles.

(*Le témoin prête serment.*)

Mᵉ LABORI. — Monsieur le Président, voulez-vous demander à M. l'expert quelle est la question exacte qui lui a été posée dans le procès Esterhazy, en 1898, en ce qui concerne l'écriture?

M. COUART. — Ai-je le droit de répondre en ce qui concerne l'affaire Esterhazy? Car nous avons intenté un procès à M. Zola en police correctionnelle et nous le maintenons actuellement...

Mᵉ CLÉMENCEAU. — Mais même en Cour d'assises, nous avons

eu ici un commencement de procès...; il n'a pas été heureux pour les experts, mais il ne faut tout de même pas l'oublier.

M. LE PRÉSIDENT, *au témoin*. — La question dont on parle vous a-t-elle été posée dans l'affaire Esterhazy au moment du huis clos ?

M. COUART. — Elle nous a été posée à deux reprises, monsieur le Président.

M. LE PRÉSIDENT. — Mais est-ce à l'audience publique ou à huis clos ?

M. COUART. — A huis clos.

M. LE PRÉSIDENT. — Alors, n'en parlons pas.

Mᵉ LABORI. — Oh! monsieur le Président, voyons! on ne parle que de ce qui s'est passé à huis clos, depuis deux jours...

Mᵉ CLÉMENCEAU. — Le général de Pellieux a parlé pendant vingt minutes de faits qui s'étaient passés durant le huis clos.

M. LE PRÉSIDENT. — Il n'a pas parlé de ce qui s'était passé pendant le huis clos.

Mᵉ LABORI. — Monsieur le Président, je voudrais m'adresser à votre courtoisie, je suis convaincu que j'obtiendrais davantage que par des conclusions... Voici ce que je voudrais vous demander : L'honorable expert a fait sa déposition évidemment à huis clos, mais il a préparé son rapport dans son cabinet et avant le huis clos; eh bien! qu'il ne nous parle pas de sa déposition orale, mais qu'il ait la bonté de nous parler de ses travaux dans son cabinet et dans son laboratoire, lesquels ne sont pas couverts par le huis clos...

M. LE PRÉSIDENT, *au témoin*. — Je vous pose la question, mais non pas en ce qui concerne ce que vous avez dit à l'audience du Conseil de guerre, qui a eu lieu à huis clos lorsqu'on vous a interrogé. C'est entendu ?

M. COUART. — Je répondrai que les experts sont tenus par le secret professionnel ; mais si l'on désire que je parle, eh bien! je dirai quelque chose.

M. LE PRÉSIDENT. — Pas en ce qui concerne l'audience, surtout.

M. COUART. — Pas en ce qui concerne l'audience... J'ai dit tout à l'heure que j'étais archiviste du département de Seine-et-Oise, ancien élève de l'Ecole des Chartes et expert en écritures auprès du Tribunal. Ce n'est pas du tout comme ancien élève de l'Ecole des Chartes que je me suis occupé de cette affaire ; car, à l'Ecole des Chartes, on ne s'occupe jamais des écritures du XIXe siècle. Je me suis occupé de cette affaire parce que, depuis dix ans, je m'occupe librement et d'une façon indépendante d'expertises en écritures. Seulement, quand j'étais élève de l'Ecole des Chartes, on nous enseignait un principe qui a sa place marquée partout, et c'est celui-ci : on nous disait : « Quand vous aurez à vous occuper d'un document, exigez toujours la production de ce document, car toute reproduction peut être inexacte ou incomplète. »

Voilà pourquoi, quand on m'a demandé si je m'occuperais

de l'affaire Esterhazy, la première question que je posai avant d'examiner l'affaire, a été celle-ci : Opérerai-je sur le bordereau ou opérerai-je sur des photographies ou des fac-similés ? Si c'eut été pour opérer sur des reproductions, j'aurais refusé, parce que je considère la reproduction comme mauvaise et parce que je considère que celles qui se trouvent dans des lettres qui m'ont été présentées depuis, et que je n'avais pas vues alors, ce sont des reproductions fausses et ce sont des reproductions telles que toutes les personnes qui se basent sur ces reproductions arriveront forcément à une conclusion qui sera fausse, tandis que si les mêmes personnes étaient placées en présence du document lui-même, c'est-à-dire du bordereau de l'affaire Esterhazy, que nous avons eu sous les yeux, ces personnes, agissant honnêtement, loyalement, arriveraient forcément à la conclusion à laquelle nous sommes arrivés tous les trois en ayant travaillé séparément sur le document, parce qu'on ne peut pas aboutir à une conclusion différente de celle à laquelle nous sommes tous arrivés. Voilà ce que j'avais à dire.

M. LE PRÉSIDENT — C'est très net.

Mᵉ LABORI. — C'est très net; seulement cela ne répond pas à ma question.

M. le témoin voudrait-il nous dire quelle est la question qui a été posée à ses collègues et à lui pour amener les travaux auxquels il s'est livré ?

M. COUART. — Ici, je suis tenu par le secret professionnel... Mais, quelle question peut se poser à des experts quand on leur montre d'une part un bordereau et d'autre part des lettres, sinon celle-ci : L'auteur du bordereau est-il l'auteur des lettres ? Je ne vois pas trop qu'on puisse demander autre chose.

Mᵉ LABORI. — Mais alors, c'est là la question ?

M. COUART. — Mais quelle question voulez-vous qu'on nous eût posée ?

Mᵉ LABORI. — On aurait pu vous demander si le bordereau était de la main d'une certaine personne...

M. LE PRÉSIDENT. — C'est inutile cela, maître Labori... Avez-vous une autre question à poser ?...

Mᵉ LABORI. — Non, monsieur le Président, j'insiste pour celle-là. Quelle est la question qui, avant tout huis clos, a été posée au témoin, en ce qui concerne l'affaire Esterhazy ? A-t-on demandé au témoin si c'était de l'écriture à main courante, de l'écriture calquée par Esterhazy ou par une autre personne ?... (Se tournant vers le témoin.) Vous voyez bien qu'on a pu vous en poser beaucoup.

M. COUART. — Je n'ai pas à répondre à ces questions, parce que les experts sont tenus par le secret professionnel; l'honorable avocat doit le savoir aussi bien que moi.

Mᵉ LABORI. — Comment cela ?

M. COUART. — Il me semble que les experts sont tenus par le secret professionnel; c'est du moins ce qui a toujours été professé comme théorie.

Mᵉ Clemenceau. — Dans la pratique, nous avons eu cinq experts qui ont eu à cette audience cinq théories différentes.

Mᵉ Labori. — Moi, voici ce que je constate : un expert qui poursuit en police correctionnelle, parce qu'on ne peut rien y dire sur son compte ; qui essaie de venir ici comme partie civile, parce qu'il ne veut pas y comparaître comme témoin ; et quand on le pousse pour discuter avec lui, il se retranche derrière un secret professionnel qui n'existe pas.

M. le Président. — Si vous désirez poser des conclusions, posez des conclusions.

Mᵉ Labori. — Eh bien ! mais je trouve que cela en vaut la peine.

Le témoin a dit à très haute voix, et M. le Président a dit après lui, que c'était très net, qu'on ne pouvait rien dire quand on n'avait pas sous les yeux un original ; je pense donc que M. le Président m'approuvera également si je fais remarquer que si nous n'avons pas l'original, ce n'est pas notre faute...

M. le Président. — Si c'est pour nous dire cela que vous prenez la parole, nous le savons tous.

Mᵉ Clemenceau. — Moi, je tiens à ce que MM. les jurés se rappellent que nous faisons notre possible pour faire apporter l'original.

M. le Président. — Eh bien ! permettez-moi de vous faire une réponse à laquelle il n'y a rien à répondre. Nous ne sommes pas en matière de droit commun, nous sommes régis par la loi de 1881. Eh bien ! d'après cette loi, lorsque quelqu'un écrit un article diffamatoire, il doit avoir la preuve, à ce moment-là, que ce qu'il dit est vrai et il doit, lorsqu'il est poursuivi, signifier, dans les cinq jours de la citation, et ses témoins et les papiers dont il entend se servir. Voilà ce qu'a dit la loi de 1881. C'est une matière spéciale, ce n'est pas le droit commun. Vous devez signifier toutes vos pièces, vous devez indiquer au Ministère public tous les témoins que vous devez faire entendre et toutes les pièces dont vous entendez vous servir ; si vous ne l'avez pas fait, c'est votre faute.

Mᵉ Clemenceau. — Ce que vous venez de dire est le droit, mais il faut parfois allier le fait au droit. Eh bien ! en fait, nous étions dans l'obligation, de par la loi, de signifier un bordereau qui était entre les mains de nos adversaires, entre les mains du demandeur, M. le général Billot, Ministre de la guerre...

M. le Président. — Qui n'était pas tenu de vous le donner.

M. le Président. — Mais cela n'a pas de rapport...

Mᵉ Labori. — Je vous demande bien pardon, mais je voudrais vous demander la permission de dire d'abord un mot du droit. Nous ne sommes pas tenus de notifier des originaux, nous sommes tenus de notifier des copies ; or, le bordereau a été notifié à M. le Procureur général en copie, en photographie et en fac-similé. Par conséquent, nous sommes absolument dans les termes de l'article 52 de la loi de 1881. Seulement, il se produit ici, en vertu d'un système, ce fait que, sur ce point, on nous met dans l'impossibilité de nous défendre. Si nous apportons des affirmations à propos du bordereau, affirmations fondées sur l'examen des fac-similés que nous produisons, on parle d'inexactitude, on parle de faux. Eh bien ! moi, je dis que s'il y avait inexactitude, que s'il y avait faux, messieurs les jurés, comme le gouvernement désire beaucoup que la lumière se fasse si nous sommes coupables, on les prouverait contre nous, ces faux, et on apporterait le bordereau ; si on ne l'apporte pas, c'est qu'il est identique aux fac-similés.

Un point, c'est tout ! Je ne demande plus rien, mais jusqu'à nouvel ordre, je n'accepterai plus, quant à moi, sans protester, qu'on parle de fac-similés qui ne ressemblent pas au bordereau. Le bordereau ou les fac-similés, c'est la même chose, je l'affirme. (*Murmures.*) Oh ! la salle peut protester, cela ne m'inquiète pas !

M. LE PRÉSIDENT, *au témoin.* — Vous pouvez vous retirer.

Me LABORI. — Oh ! monsieur le Président, j'insiste au point de vue du secret professionnel, derrière lequel s'est retranché le témoin ; j'aurai des conclusions à faire passer à la Cour.

DÉPOSITION DE M. BELHOMME

Expert écrivain.

M. BELHOMME. — Je me trouve dans la même position que M. Couart, qui vient de comparaître à cette barre, en raison de ma qualité d'expert-écrivain, à raison du huis clos, à raison encore de ce que je suis plaignant devant une autre juridiction, ce qui me crée une position...

M. LE PRÉSIDENT. — Permettez... Je suis obligé tout d'abord de vous faire prêter serment à peine de nullité. Vous allez donc prêter serment, et ensuite vous vous retrancherez derrière le secret professionnel, si vous voulez.

M. BELHOMME. — Je vais donc prêter serment, mais, bien entendu, sous la réserve que je viens d'indiquer.

M. LE PRÉSIDENT. — Parfaitement.

(*Le témoin prête serment.*)

Me LABORI. — Monsieur le Président, voudriez-vous demander au témoin quelle est la question qui a été posée aux experts en écritures dans l'affaire Esterhazy ?

M. LE PRÉSIDENT. — Pas à l'audience ?

Me LABORI. — Non, avant l'audience.

M. BELHOMME. — La réponse se trouve dans le rapport de M. Ravary. On nous a demandé purement et simplement : Le commandant Esterhazy est-il l'auteur du bordereau ? Et nous avons répondu à l'unanimité : Non.

Me LABORI. — Est-ce que le témoin peut nous dire si le bordereau a été écrit à main courante ou s'il a été décalqué ?

M. BELHOMME. — La plus grande partie a été écrite à main courante. Ceci est visible dans le cliché; c'est pour cela que j'en parle, car je ne dirai pas ici un seul mot de ce qui se trouve dans nos rapports; je n'en ai pas le droit.

Mᵉ LABORI. — Le témoin a répondu en partie; je le prierai de répondre d'une manière complète : Le bordereau est-il écrit à main-courante ou est-il décalqué?

M. BELHOMME. — Il est en grande partie à main courante et en partie calqué...

Mᵉ LABORI. — La partie calquée... Je vais tâcher de me faire bien comprendre du témoin...

M. BELHOMME. — Oui, je comprends très bien où vous voulez en venir, mais je ne vous suivrai pas sur ce terrain; ce que vous me demandez est dans mon rapport. Demandez-en la communication si bon vous semble, mais je n'ai pas le droit de vous le dire, je tomberais sous le coup de la loi; vous ne pouvez pas m'amener à désobéir à la loi.

M. LE PRÉSIDENT. — Il n'en est pas question en ce moment-ci.

Mᵉ LABORI. — Il y a cependant un point qu'il faudrait dire au témoin, c'est qu'il se trompe tout à fait, et il ne faudrait pas qu'il y ait de surprise à ce sujet dans l'esprit de MM. les jurés; il ne faut pas de confusion ni d'équivoque. Le témoin est ici devant la justice, et il ne tomberait sous le coup d'aucune loi s'il répondait à une question posée par M. le Président.

M. BELHOMME. — C'est l'avis de mes avocats; permettez-moi de vous dire que j'aime mieux les croire que vous.

Mᵉ LABORI, *au Président*. — Alors, je vais être obligé de prendre des conclusions.

Mᵉ CLÉMENCEAU. — Je me permettrai, avant que le témoin ne quitte la barre, de vous faire une petite remarque : Est-ce que M. le général de Pellieux n'a pas autorisé le témoin à publier son rapport?

M. LE PRÉSIDENT. — Je ne vois pas bien le rapport...?

M. BELHOMME. — Je ne sais pas s'il a autorisé la publication, mais en tout cas, il pourrait bien autoriser la publication de la lettre dite du *uhlan*; mais il n'a pas, je crois, le droit d'autoriser la publication du rapport fait à la demande de M. Esterhazy.

M. LE PRÉSIDENT, *s'adressant au général de Pellieux, assis dans la salle*. — Monsieur le général de Pellieux, avez-vous autorisé la publication de ces rapports?

M. LE GÉNÉRAL DE PELLIEUX, *qui est venu à la barre*. — Je n'ai aucunement autorisé les experts...

Mᵉ CLÉMENCEAU. — Ce n'est pas cela que j'ai dit. J'ai demandé si M. le général de Pellieux avait autorisé le commandant Esterhazy?

M. LE GÉNÉRAL DE PELLIEUX. — J'ai autorisé le commandant Esterhazy à demander communication du rapport des experts dans l'affaire de Boulancy, qui n'a rien à voir avec le huis clos.

Mᵉ LABORI. — Est-ce que M. le général de Pellieux a qualité pour autoriser cette publication ?

M. LE GÉNÉRAL DE PELLIEUX. — Pas du tout, je n'ai pas autorisé la publication ; j'ai autorisé le commandant Esterhazy à demander... Mais je vous demande de vouloir bien préciser votre question.

Mᵉ LABORI. — Je voulais vous demander si vous avez qualité, à l'heure actuelle, pour dire au témoin si vous l'autorisez à parler?

M. LE GÉNÉRAL DE PELLIEUX. — Oui, dans l'affaire de Boulancy.

Mᵉ LABORI. — Et dans l'affaire Esterhazy ?

M. LE GÉNÉRAL DE PELLIEUX. — Pas du tout.

Mᵉ LABORI. — Pourquoi cette distinction ?

M. LE GÉNÉRAL DE PELLIEUX. — Mais, parce que le rapport des experts dans l'affaire Esterhazy est à huis clos, tandis que dans l'affaire de Boulancy, il n'est pas à huis clos.

DÉPOSITION DE M. VARINARD
Expert en écritures.

(*Le témoin prête serment.*)

Mᵉ LABORI, *au Président*. — Voudriez-vous demander au témoin quelle est la conclusion de son rapport dans l'affaire Esterhazy?

M. VARINARD. — Le rapport pour lequel j'ai été commis dans l'affaire Esterhazy a été soumis au huis clos ; je ne puis donc pas répondre à cette question.

Mᵉ LABORI. — Nous allons donc prendre des conclusions.

(*Le témoin se retire.*)

Mᵉ CLEMENCEAU, *au Président*. — La Cour ne pourrait-elle pas nous faire connaître les procès-verbaux de M. Bertulus dans l'affaire Boulancy?

M. LE PRÉSIDENT. — Ils viennent d'arriver, il y a environ dix minutes, mais il faut les copier ; je vais les envoyer au greffe, vous les aurez demain.

(*A Mᵉ Labori.*) Quels sont les témoins que vous désirez faire entendre maintenant?

Mᵉ LABORI. — Ce sont encore des experts, notamment M. Meyer, directeur de l'Ecole des Chartes. Cependant, je voudrais que la Cour, avant de les entendre, ait statué sur les conclusions que nous avons à déposer, car je tiendrais à ce que ces témoins ne déposent pas avant que la situation n'ait été réglée en ce qui concerne MM. Couart, Varinard et Belhomme.

M. LE PRÉSIDENT. — Alors, nous allons renvoyer l'audience à demain, vous déposerez vos conclusions.

L'audience est levée à quatre heures cinquante.

HUITIÈME AUDIENCE

AUDIENCE DU 15 FÉVRIER

SOMMAIRE. — Conclusions relatives au secret professionnel invoqué par les experts, MM. Couard, Belhomme et Varinard ; Arrêt. — Rappel de M. le général Gonse. — Dépositions de MM. Crépieux-Jamin et Paul Meyer. — Incident. Refus par le Président de poser une question aux experts, MM. Couard Belhomme et Varinard. Conclusions et arrêt. — Déposition de M. Auguste Molinier. — Lecture des procès-verbaux des interrogatoires de Mme de Boulancy et de Mlle de Comminges par M. Bertulus, juge d'instruction. — Conclusions relatives à un supplément d'information demandé en ce qui concerne Mme de Boulancy. — Dépositions de MM. Emile Molinier, Célerier, Bourmont, Louis Franck, E. Grimaux, Louis Havet.

L'audience est ouverte à midi un quart.

CONCLUSIONS

relatives au secret professionnel invoqué par les experts MM. Couard, Belhomme et Varinard

A l'ouverture de l'audience, Me Labori donne lecture des conclusions suivantes, qu'il avait déposées sur le bureau de la Cour, à la fin de l'audience de la veille.

Plaise à la Cour.

Attendu que MM. Couard, Belhomme et Varinard, cités comme témoins, et présents à la barre, déclarent se retrancher derrière le secret professionnel et refusent de déposer ; qu'ils invoquent à l'appui leur qualité d'expert et le huis clos prononcé au Conseil de guerre ;

Attendu qu'un expert n'agit pas à titre privé, mais au contraire en vertu d'un mandat de justice ; qu'en conséquence, loin de pouvoir se retrancher derrière un prétendu secret professionnel, il doit au con traire faire connaître à la justice les résultats de sa mission lorsqu'il est interpellé par elle ;

Attendu, en ce qui concerne le huis clos, qu'il n'a été prononcé que partiellement et que, si les témoins susnommés ne sauraient faire connaître leur déposition, ils sont cependant tenus de répondre sur les questions qui intéressent la mission à eux confiée par le Parquet militaire et sur les diverses opérations de leur expertise, dont le rapport lu en audience fait état ;

Attendu que le huis clos prononcé devant une juridication ne s'étend pas à une autre ; qu'aucun texte de loi n'interdit la reproduction de faits et témoignages ayant eu lieu à huis clos ;

Attendu, d'ailleurs, que le huis clos pourrait également être prononcé par la Cour pour entendre les dépositions desdits témoins ;

Par ces motifs :

Dire que c'est à tort que les susnommés ont refusé de déposer, ordonner qu'ils y seront contraints par toutes les voies de droit.

Sous toutes réserves.

Le Président lit ensuite l'arrêt suivant :

ARRÊT

sur les conclusions précédentes

La Cour,

Après avoir délibéré sans le concours de M. le conseiller Lévrier,

Statuant sur les conclusions prises, à l'audience d'hier, par Perrenx et Zola,

Considérant que Couard, Belhomme et Varinard ont été désignés comme experts par la justice militaire afin d'examiner le bordereau à l'aide de pièces de comparaison et dire si l'inculpé pouvait en être l'auteur ;

Considérant que lesdits experts ont déposé leur rapport entre les mains de qui de droit et que les questions posées aujourd'hui auxdits experts visent des faits appréciés par eux dans ce même rapport ;

Considérant en outre que les débats de cette affaire ont eu lieu, sinon en totalité, du moins en partie, à huis clos ;

Considérant dès lors, que les faits, en raison desquels les questions ont été posées, ne sont arrivés à la connaissance des témoins qu'en qualité d'experts et en raison de leurs fonctions ; que, dès lors, à bon droit, ils peuvent invoquer les dispositions de l'article 378 du Code pénal.

Par ces motifs,

Rejette les conclusions prises par Perrenx et Zola.

RAPPEL DE M. LE GÉNÉRAL GONSE

M. LE PRÉSIDENT, *au général Gonse qui s'est approché de la barre.* — Monsieur le général Gonse, vous demandez à être entendu, sur quel point?

M. LE GÉNÉRAL GONSE. — Monsieur le Président, c'est à propos de la déposition de M. Jaurès. Dans sa déposition, M. Jaurès a dit que l'Etat-major de l'armée avait fait passer au commandant Esterhazy une pièce secrète qui devait être un *cordial*, c'est-à-dire un encouragement, si j'ai bien compris ; il a ajouté qu'on n'avait pas voulu faire la lumière sur ce point ou, du moins, qu'on n'avait pas voulu faire une enquête sur ce point, parce que l'Etat-major général de l'armée voulait éviter la lumière.

Je proteste de la façon la plus complète et la plus énergique contre cette affirmation ; non seulement nous ne craignons pas la lumière, mais nous la désirons vivement et, pour ma part, j'y aiderai le plus que je pourrai. Dans l'enquête préliminaire qui a été faite à propos de l'affaire Esterhazy, on a cherché, on a commencé à ouvrir la voie pour retrouver comment cette pièce avait été mise entre les mains du commandant Esterhazy.

Mais comme l'enquête a été faite très rapidement, on n'a pas pu arriver jusqu'au bout et la lumière n'était pas faite complètement. Je répète que nous la désirons vivement et, si je puis y aider, ce sera un grand soulagement pour nous, d'autant plus que cette pièce, qui était dans un dossier secret, dont on vous a parlé déjà, est passée entre plusieurs mains, ou du moins le dossier qui comprend cette pièce est passé entre les mains du colonel Henry, de M. Gribelin qui avait la clef de l'armoire dans laquelle il se trouvait, entre les mains de M. le colonel Picquart et entre les miennes. Eh bien! je connais le colonel Henry, j'en réponds comme de moi-même ; il en est de même de M. Gribelin dont je vous ai parlé ici ; quant à moi, je n'en parlerai pas, bien entendu.

La fin de ma déclaration sera une protestation énergique contre les allégations qui ont été présentées ici.

Il y a un deuxième point sur lequel on me fait parler d'une façon inexacte et que je demande à rectifier. Lorsque je parlai de l'envoi en mission de M. le colonel Picquart en novembre 1896, j'ai dit qu'il avait été envoyé en mission d'après les ordres du Ministre de la guerre parce qu'il était toujours hanté de son idée du procès Dreyfus-Esterhazy et que, par conséquent, il fallait changer le cours de ses idées, et j'ajoutai qu'il avait été jusque-là un très bon officier et que, par conséquent, on espérait qu'une mission modifierait ses sentiments et surtout rectifierait son jugement ; j'ajoutais également qu'il avait été un très bon officier et qu'il *serait* susceptible dans l'avenir, de continuer à être un très bon officier.

On a mis dans le compte rendu le verbe *est*, ce qui n'est pas la même chose. C'était mon sentiment à l'époque où il a été envoyé en mission, tandis que dans le compte rendu on a mis *qui est susceptible*, comme si c'était mon sentiment actuel. Mon sentiment actuel, je n'ai pas à le faire connaître, attendu que je l'ai donné au Conseil d'enquête d'une façon très nette et que le Conseil d'enquête a opéré à huis clos; il me semble, par conséquent, que je n'ai rien à dire de mon sentiment actuel. Voilà, monsieur le Président, ce que j'avais à dire.

M⁰ LABORI. — Voulez-vous me permettre de faire une observation et de vous prier, monsieur le Président, de poser quelques questions à M. le général Gonse?

M. le général Gonse vient de déclarer que l'Etat-major veut la lumière, qu'en ce qui le concerne, et j'imagine, en ce qui concerne aussi ses chefs — je suis persuadé que ses paroles sont l'expression du sentiment de ses chefs, — il était prêt à faire cette lumière ou du moins à y contribuer le plus largement possible.

En conséquence, monsieur le Président, j'ai l'honneur de vous demander de vouloir bien prier M. le général Gonse d'obtenir de M. le Ministre de la guerre — je ne prends ici que quelques points — : 1º que M. le général Mercier s'explique sur la communication de pièces secrètes, qui est aujourd'hui prouvée; 2º que M. le lieutenant-colonel Picquart soit délié du secret professionnel, sauf sur les points qui peuvent intéresser la défense nationale; 3º que le bordereau original soit apporté à la barre; 4º que les papiers sans aucune espèce d'intérêt au point de vue de la défense nationale, mais qui ont servi à M. Bertillon pour son expertise, soient également apportés; 5º que M. Bertillon soit invité à déposer; 6º que MM. les experts du procès Esterhazy soient également invités à déposer.

J'ajoute que si je me borne à cette nomenclature qui me vient au courant de l'improvisation de l'audience, c'est que je ne veux pas retenir trop longtemps l'attention du jury et de la Cour.

M. LE GÉNÉRAL GONSE. — Monsieur le Président, je n'ai pas qualité pour parler de ces questions, et je n'ai pas qualité pour les transmettre.

M⁰ LABORI. — C'est entendu! mais qu'on ne vienne plus nous parler de lumière et qu'on ne vienne pas nous dire qu'on est amoureux de la lumière!

M. LE GÉNÉRAL GONSE. — J'ai parlé sur un point qui avait été soulevé par M. Jaurès, mais je n'avais pas à parler sur les autres points.

M. LE PRÉSIDENT. — Vous n'avez rien de plus à dire, maître Labori?

M⁰ LABORI. — Je n'ai rien de plus à dire.

M. LE PRÉSIDENT, *au témoin*. — Vous pouvez vous retirer, général. (*A l'huissier audiencier.*) Faites venir le témoin suivant.

L'HUISSIER AUDIENCIER. — M. Crépieux-Jamin...

DÉPOSITION DE M. CRÉPIEUX-JAMIN

M. LE PRÉSIDENT. — Ce témoin n'est pas cité.

Mᵉ LABORI. — Monsieur le Président, j'ai eu l'honneur de vous voir avant l'audience et je vous ai demandé d'être assez bon pour entendre, comme vous l'avez fait hier en ce qui concerne certaines pièces relatives à la déposition de M. Jaurès, qui ont été produites seulement au cours des débats, je vous ai, dis-je, demandé d'être assez bon pour entendre M. Crépieux-Jamin et obtenir de lui des renseignements sur les imputations calomnieuses dont il a été l'objet à l'audience d'hier. Vous avez bien voulu m'accorder ce que je vous demandais ; je note que dans ces conditions la citation du témoin est sans importance. Si cependant la citation est nécessaire...

M. LE PRÉSIDENT. — Les citations ne peuvent plus se produire.

Mᵉ LABORI. — Pardon, monsieur le Président.

M. LE PRÉSIDENT. — Mais c'est écrit en toutes lettres dans la loi.

Mᵉ LABORI. — Non, monsieur le Président, pas en ce qui concerne les témoins de moralité...

M. LE PRÉSIDENT. — Mais c'est la même chose pour tous les témoins.

Mᵉ LABORI. — C'est là le sentiment de la Cour, mais j'ajoute que, quelle que puisse être l'opinion de la Cour, il restera au-dessus d'elle la juridiction de la Cour de Cassation pour laquelle MM. les jurés comprennent surtout que les conclusions sont nécessaires.

M. LE PRÉSIDENT. — Monsieur l'Avocat général, mettez-vous obstacle à l'audition du témoin ?

M. l'Avocat général fait un signe négatif.

M. LE PRÉSIDENT, *au témoin*. — Vous n'avez pas été cité comme témoin ?

M. CRÉPIEUX-JAMIN. — Non.

M. LE PRÉSIDENT. — Alors, c'est en vertu de mon pouvoir discrétionnaire que vous allez être entendu.

M. CRÉPIEUX-JAMIN. — Je vous remercie, monsieur le Président.

Mᵉ LABORI. — M. Crépieux-Jamin a été hier l'objet d'une imputation assez vague, mais pleine de sous-entendus très graves de la part de M. Teyssonnières.

M. LE PRÉSIDENT, *au témoin*. — Vous n'avez pas prêté serment, mais vous devez dire toute la vérité.

Mᵉ LABORI. — Je suppose que M. Crémieux Jamin a déjà connaissance de la déposition de M. Teyssonnières ?

M. CRÉPIEUX-JAMIN. — Je la connais.

Mᵉ LABORI. — Je serais obligé au témoin de bien vouloir nous faire connaître d'une manière générale, en réponse à cette déposition, les points qui, à sa connaissance, peuvent intéresser MM. les jurés.

M. LE PRÉSIDENT, *au témoin*. — Vous avez entendu la question, résumez votre réponse en quelques mots.

M. CRÉPIEUX-JAMIN. — En général, à la suite d'allégations comme celles qui ont été faites contre moi, on est désarmé : il y a des sous-entendus, il n'y a pas de faits, il y a des insinuations vagues, des insinuations sans précision. Eh bien! il n'y pas là seulement une perfidie; je me fais fort de prouver qu'il y a là une invention, un pur roman d'un bout à l'autre.

Tout d'abord, cette insinuation porte la marque de fabrique de son auteur : il n'y a qu'un seul homme qui estime M. Teyssonnières cent mille francs, c'est M. Teyssonnières lui-même. Lorsque je suis allé chez M. Teyssonnières, j'ignorais absolument son rapport, contrairement à ce qu'il dit quand il affirme que je l'avais vu un mois auparavant. Il m'invita à dîner et nous ne causâmes pas de l'affaire. Après dîner, M. Teyssonnière me dit : « Venez, nous allons parler de *l'affaire*. — De quelle affaire? — De l'affaire Dreyfus. » Aujourd'hui, tout le monde comprendrait *l'affaire Dreyfus*; dans ce temps-là, on pouvait bien se voir sans parler de l'affaire Dreyfus.

Ma femme était en train de faire un petit travail. M. Teyssonnières lui dit d'un ton théâtral : « Madame, laissez-là ce que vous faites, je vais vous montrer des choses bien plus intéressantes ! » et, à ma stupéfaction, M. Teyssonnières dépouilla devant moi tout le dossier du premier Conseil de guerre. Nous fîmes de longues conversations sur ce dossier; j'eus en mains toutes les pièces, qui étaient des pièces secrètes; et M. Teyssonnières me dit : « Promettez-moi de ne rien dire. »

J'ai tenu ma promesse jusqu'à ce jour, et c'est aujourd'hui seulement, pour me défendre, que je dis : M. Teyssonnières m'a montré le dossier qu'il tenait de je ne sais où, de je ne sais qui, et qu'il n'avait certainement pas le droit de me montrer.

Je me bornai à écouter M. Teyssonnières me raconter son rapport. M. Teyssonnières est extrêmement violent, il ne supporte pas aisément la contradiction et je vous assure que j'aurais été très mal venu, chez lui, à dire quoi que ce soit contre son rapport; ce monsieur m'aurait tout simplement flanqué à la porte de chez lui, parce que ce sont ses façons habituelles. Aussi, pendant qu'il me montrait son rapport, je me tins dans l'expectative, mais je remarquai qu'à chaque instant, il me posait cette question : « Mais, enfin, vous êtes convaincu? » — « Oh! mon Dieu non; et je vous assure que vos preuves ne sont pas des quarts de preuve; il n'y a dans votre rapport absolument rien qui puisse me convaincre. »

M. Teyssonnières semble oublier quelque chose: il n'est pas psychologue, il ne se doute pas que rien n'est plus difficile que de faire tenir debout un mensonge. Eh bien! sa déposition est pleine d'inexactitudes, toutes les dates s'entremêlent, il me fait dire que je venais pour avoir des renseignements, alors que j'ignorais tout à fait qu'il eût ce dossier, et, d'autre part, alors qu'il y avait déjà quinze jours que j'avais moi-même donné mon rapport. Par conséquent, ce n'était pas pour m'éclairer ni pour éclairer M. Teyssonnières.

Comment aurais-je pu dire à M. Teyssonnières : « Je viens » — il ne l'a pas dit d'une façon aussi précise — mais comment aurais je pu lui dire : « Vous auriez pu gagner cent mille francs... ! » Cent mille francs, à propos de quoi?... A propos d'un rapport fait deux ans auparavant ! Je ne pouvais pas lui offrir cent mille francs à un moment où il n'y avait pas encore d'affaire Esterhazy...

M. LE PRÉSIDENT. — Il n'a pas dit que c'était vous qui lui aviez offert cent ou deux cent mille francs...

M. CRÉPIEUX-JAMIN. — Oui, mais l'insinuation tend à dire que j'étais un agent de la famille Dreyfus.

Mᵉ CLÉMENCEAU, *au Président*. — Le témoin n'était pas présent hier; il serait peut-être bon de répéter ce qu'a dit M. Teyssonnières.

M. LE PRÉSIDENT. — Si vous voulez ; mais en deux mots.

Mᵉ CLÉMENCEAU, *au témoin*. — M. Teyssonnières a dit que vous étiez arrivé un jour chez lui avec Mᵐᵉ Crépieux-Jamin, et que vous y étiez restés quatre jours; le quatrième jour, au moment de partir, vous lui auriez dit : « Combien avez-vous touché comme expert de l'affaire Dreyfus ? » Il a répondu : « Deux cents francs » et vous lui auriez dit : « Deux cents francs !... Vous auriez pu toucher cent mille... » et il vous aurait coupé la parole.

M. LE PRÉSIDENT. — C'est à peu près cela. M. Teyssonnières n'a pas dit que c'était le témoin qui lui avait offert cent mille francs; M. Crépieux-Jamin aurait dit simplement: « Vous auriez pu avoir cent mille, deux cent mille francs. »

Mᵉ LABORI. — M. Teyssonnières a dit que, dans cette affaire, M. Crépieux-Jamin « entrait tout doucement comme une vrille. »

Mᵉ CLÉMENCEAU. — Et cela depuis le premier jour.

M. CRÉPIEUX-JAMIN. — Il y a là un pur roman ; non seulement je n'ai pas dit cela à M. Teyssonnières, mais tout démontre que je ne l'ai pas dit.

M. Teyssonnières, — je reprends le fil de mes idées, — m'avait montré tout le dossier du Conseil de guerre ; nous avons causé longuement du bordereau, et de la reproduction du *Matin* et de leur différence. Le bordereau reproduit par le *Matin* n'avait qu'une seule petite différence, c'était qu'au bas, le cliché était légèrement écrasé. Mais ce qui fait que nous avons étudié si longtemps la différence entre le bordereau et la reproduction du *Matin*, c'est que M. Teyssonnières disait : « Ce qui m'ennuie, c'est qu'on m'accuse ou m'accusera d'avoir fourni le bordereau au journal le *Matin*. »

Je lui dis : « Pourquoi ? » — « Oh ! dit-il, parce que, d'après

M. Bertillon, chaque photographie a été notée ; il y a eu sur chacune des points de repère ; et il paraît que la photographie remise au journal le *Matin* reproduit le point de repère de la photographie que j'ai possédée et qui m'a servie à faire mon rapport. » — « Mon Dieu, lui dis-je, c'est d'autant plus vrai que la communication ne peut avoir été faite que par deux sortes de personnes : par les officiers du Conseil de guerre, ou bien par vous. Or, comme je respecte infiniment l'armée, je ne crois pas que ce soit un officier du Conseil de guerre qui ait fait cela ; donc c'est vous. »

Il parut assurément ennuyé de cela, il en fut tellement ennuyé qu'il me dit : « Mais, qu'en pensez-vous ? qu'est-ce qu'il faut faire ? » — « A votre place, je prendrais ce dossier et je le mettrais au feu. » Je vois qu'il ne l'a pas fait. Quelques jours après, il me remerciait du conseil que je lui avais donné ; mais il ne l'avait pas suivi.

Or, M. Teyssonnières m'avait démontré avec beaucoup de soin toutes les indications fournies au Conseil de guerre, entre autres la déposition de M. Bertillon.

— « Au Conseil de guerre, dit-il, je suis resté pendant la déposition de Bertillon ; c'est ainsi que j'ai pu voler ce document : on en a distribué à toutes les personnes qui étaient là et quand on est venu pour reprendre le mien, je l'ai mis dans ma poche. »

— « C'est vraiment curieux ! — lui répondis-je, — et je comprends que vous ayiez été tenté de conserver un pareil document... Je vous en prie, laissez-moi copier ces deux lignes qui sont parfaitement folles. »

— Non, dit-il, écrivez-moi dans quelques jours et demandez-moi le paragraphe ; je vous répondrai. »

Je compris qu'il y avait là un parfait amorçage pour me compromettre.

M. Teyssonnières me dit : « A l'audience du Conseil de guerre, tous les officiers ricanaient. Il y en a un qui, à un moment donné, se pencha et dit à mi-voix : « Cet imbécile va le faire acquitter ! »... C'est moi qui ai fait condamner Dreyfus, ce n'est pas Bertillon. Bertillon est un fou et s'il n'y avait eu que lui, Dreyfus eût été acquitté. C'est moi qui l'ai fait condamner ; j'ai fait une démonstration superbe. »

— « S'il n'y a pas, lui dis-je, d'autre preuve que votre rapport, je ne comprends pas qu'on ait pu le condamner sur votre rapport... »

En effet, il y avait seulement, dans le rapport de M. Teyssonnières, des fragments qui se superposaient ; c'étaient des parties de mots qui étaient rapprochées et, aussitôt qu'on bougeait quelque chose, cela n'allait plus.

— « Enfin, dit-il, je ne vous ai pas convaincu ? » Et cette question revenait continuellement.

— « Non, et je crois que, de tous vos rapports (je n'en ai pas vu beaucoup) celui-ci est le plus mauvais. Vous prétendez à l'infaillibilité et votre rapport est incontestablement faux. »

Enfin, Messieurs, si j'avais été l'artisan de la famille Dreyfus, pour venir « enfoncer la vrille », comme le dit M. Teyssonnières, évidemment il n'aurait pas attendu quatre jours, il m'aurait prestement chassé de sa maison. Eh bien! pas du tout!

Je ne logeais pas chez M. Teyssonnières, j'étais dans une auberge. Au moment de mon départ, M. Teyssonnières me dit: « Laissez-moi; j'ai quelque chose à faire; attendez-moi cinq minutes. » Il part.

Quand je revins à l'auberge, je demandai ma note. M. Teyssonnières me dit : « Cher ami, je suis trop heureux de vous avoir eu; j'ai tout payé. »

Ce n'était pas là la conduite d'un homme qui venait de recevoir des déclarations impudentes.

Quinze jours après, M. Teyssonnières m'écrivit... J'ai sa lettre dans ma poche.

M. LE PRÉSIDENT. — Ne lisez pas de lettre; laissez-la dans votre poche.

M. CRÉPIEUX JAMIN. — Je ne la lirai pas, mais je la tiens à votre disposition.

Mᵉ LABORI. — Le témoin peut en dire le contenu.

M. CRÉPIEUX-JAMIN. — Cette lettre est extrêmement affectueuse. Ma visite était du 23 août; c'était le 3 septembre que M. Teyssonnières me donnait ces marques d'affection. Si j'avais été chez lui pour le soudoyer, il serait curieux que quinze jours après, il m'eût écrit dans des termes pareils!

Plus tard, M. Teyssonnières, poussé par je ne sais quel entraînement, livra toute ma correspondance à la *Libre Parole*. Il s'agissait d'y trouver les quatre lignes qui, au dire de Laubardemont, peuvent faire pendre un homme. Ces quatre lignes, on ne les a pas trouvées. J'en prends à témoin l'article de la *Libre Parole* qui dit : « Tout cela ne prouve pas que Dreyfus soit innocent; cela ne prouve pas non plus qu'il soit coupable. »

Messieurs, quand on a fait une mauvaise action vis-à-vis de quelqu'un, on devient son pire ennemi. On aime la plante que l'on a fait vivre, mais on déteste l'ami auquel on a fait du mal.

M. Teyssonnières m'avait fait du mal : à partir de ce moment, il devenait mon ennemi.

Mais, voici la preuve de l'invention de M. Teyssonnières!

Il livre ma correspondance à la *Libre Parole* pour prouver un fait contre moi. Et alors qu'il aurait eu un fait pareil dans son sac, il ne l'aurait pas sorti!.. Ce n'est pas raisonnable. S'il avait un reproche de ce genre à me faire, il n'aurait pas payé ma note à l'auberge, il m'aurait chassé de chez lui, ou il n'aurait pas rempli son devoir d'honnête homme! Il ne m'aurait pas écrit la lettre affectueuse que j'ai reçue; il n'aurait pas été à la *Libre Parole*, sans livrer le fait capital, qui était autre chose que les potins de la correspondance!

M. Teyssonnières a donc fait cette invention peu à peu. C'est

un homme du Midi, il s'est monté lui-même et enfin il s'est dit :
« Si je disais ceci ou cela, je produirais mon petit effet ! » et il a
déposé. Mais je crois que j'ai prouvé que ce monsieur a dit une
contre-vérité.

M. Teyssonnières prétend qu'à un moment donné, j'ai été
d'accord avec lui. Eh bien ! j'ai livré mon rapport le 12 août ; à
cette date, je n'avais pas connaissance de celui de M. Teyssonnières, je l'ignorais complètement ; j'ignorais aussi qu'il eût le
dossier du Conseil de guerre. Jusqu'au 24 juillet, je n'avais pas
fait mon rapport d'expertise. J'ai réfléchi longuement avant de
m'y mettre. C'était une chose grave évidemment ; cette affaire
me préoccupait beaucoup. Mais, comme j'avais eu un préjugé
que tout le monde avait... Il y a dans cette salle certainement
des personnes qui croient à l'innocence de Dreyfus, eh bien ! je
fais appel à ces personnes pour leur dire : « N'avez-vous pas
changé d'opinion ? » Eh bien ! moi aussi, j'ai changé d'opinion,
parce que tout le monde en a changé. Au lendemain de la condamnation, on aurait pu compter sur les dix doigts les noms des
personnes qui ne pensaient pas que le Conseil de guerre avait
bien jugé. Puis, le doute est venu à l'esprit de chacun, surtout
au mien quand j'ai pu comparer le bordereau...

M. LE PRÉSIDENT. — Nous n'avons pas à nous occuper de
l'affaire Dreyfus.

M. CRÉPIEUX-JAMIN. — Oui, mais M. Teyssonnières a dit que
j'avais été d'accord avec son rapport, et ce rapport, je ne le
connaissais pas.

M. LE PRÉSIDENT. — Parlez-nous de la lettre que vous lui
avez écrite, et qui commençait par ces mots : « Bravo, bravissimo ?... »

M. CRÉPIEUX-JAMIN. — Elle a été écrite au lendemain de
l'interpellation Castelin ; elle n'a aucun rapport avec mon rapport ni avec l'affaire Dreyfus.

Me LABORI. — M. Crépieux-Jamin pourrait-il nous dire s'il est
de famille israélite ?

M. CRÉPIEUX-JAMIN. — Je suis de famille catholique et de
vieille famille française.

Me LABORI. — Ne pourrait-il pas dire ensuite s'il n'a pas
refusé de déposer comme expert dans ce procès ?

M. CRÉPIEUX-JAMIN. — Ceci est une preuve de ma droiture et
de mon indépendance. Si la famille Dreyfus avait eu en moi
un agent, si elle avait payé mon dévouement, je n'aurais pas
pu refuser une chose pareille. Quand on a été payé par quelqu'un, on est entraîné malgré soi, on est dans un engrenage
fatal. Je n'étais pas dans un engrenage ; j'étais un homme qui
avait quelques connaissances dans une partie spéciale. Quand
on est venu me parler de l'affaire, j'ai dit : « Je vous remercie,
cette affaire n'est pas drôle ; je suis médecin-dentiste, je ne
suis pas expert en écritures. » Si j'avais été l'agent de la
famille Dreyfus, je n'aurais pas pu agir comme je l'ai fait, en
homme libre et indépendant.

Mᵉ LABORI. — Si je suis bien renseigné, c'est une question de prudence qui aurait empêché le témoin de déposer ?

M. CRÉPIEUX-JAMIN. — Oui, je n'aime pas trop qu'on casse les carreaux de ma maison. (*Rires.*)

Mᵉ LABORI. — Je précise ma question : M. Zola avait fait demander à M. Crépieux-Jamin de déposer comme témoin dans l'affaire actuelle. M. Crépieux, qui avait fait connaître son opinion comme expert au profit de la famille Dreyfus, a refusé de déposer. Je lui demande pourquoi?

M. CRÉPIEUX-JAMIN. — D'abord parce que je ne suis pas un expert en écritures professionnel. Celui qui est professionnel dans cette partie a un devoir professionnel à remplir. Je répète que je suis médecin-dentiste ; je suis dans cette affaire en amateur. Quand on m'a demandé un premier rapport, je l'ai fait parce qu'il me convenait de le faire ; quand on m'en a demandé un second, j'ai refusé de le faire, parce que cela ne me convenait pas et que j'y voyais un danger pour ma situation. Je ne voulais pas qu'on vînt me dire : « Vous avez fait ces choses !... Nous ne viendrons plus chez vous nous faire soigner les dents. »

Mᵉ LABORI. — Au fond, le témoin a préféré ne pas venir, par prudence, et s'il vient aujourd'hui, c'est parce que M. Teyssonnières l'y a obligé.

Le témoin n'a-t-il pas vu les photographies qui étaient entre les mains de M. Teyssonnières?

M. CRÉPIEUX-JAMIN. — Je les ai vues, et ces photographies sont semblables à la reproduction du *Matin*. Il est incompréhensible qu'on le nie !

Un fait, cela a la vie dure, cela finit toujours par se manifester. Eh bien ! un moment viendra, tôt ou tard, où la photographie originale du bordereau sera entre les mains de tout le monde et où les personnes qui ont soutenu que ces fac-similés étaient faux s'apercevront qu'elles ont commis une imprudence extrême qui met leur honneur en cause.

Mᵉ LABORI. — M. Crépieux-Jamin peut-il dire la différence qu'il y a entre les photographies officielles et le fac-similé du *Matin*? M. Crépieux-Jamin a eu ces fac-similés entre les mains ; il les a comparés, chez M. Teyssonnières, avec les photographies officielles ; s'il y a des différences, en quoi consistent-elles ?

M. CRÉPIEUX-JAMIN. — La différence est faible ; elle est plus ou moins accentuée suivant qu'on examine le bon ou le moins bon tirage du *Matin*. J'estime qu'au journal le *Matin*, il a dû y avoir plusieurs clichés. Un de ces clichés a dû recevoir à la partie inférieure droite un coup qui a fait qu'un certain nombre de mots sont écrasés. Le reste, dans les bons tirages, est tellement typique qu'il n'y a pas la plus petite différence. On peut dire que c'est identiquement la photographie.

Du reste — j'ai lu cela dernièrement et cela m'a beaucoup frappé — s'il y avait ici un faussaire, ce serait le soleil, parce que ces choses sont obtenues par des procédés purement mécaniques. Il faut être ignorant des procédés de reproduction pour dire qu'on altère un cliché. On n'altère pas plus un cliché de ce genre qu'on n'altère un cliché photographique. Quelle retouche aurait-on pu faire subir? Il aurait fallu effacer des mots entiers et les remplacer par d'autres mots.

Mais, je le répète, les faits ont la vie dure, ils ont le temps de vivre, et la vérité de ce que je dis finira par éclater à un moment donné.

M° CLÉMENCEAU. — Je voudrais faire préciser par le témoin deux dates. Quel jour le témoin a-t-il déposé son rapport?

M. CRÉPIEUX-JAMIN. — Le 12 août.

M° CLÉMENCEAU. — Quel jour est-il arrivé au bord de la mer, chez M Teyssonnières?

M. CRÉPIEUX-JAMIN. — Le 23 août.

DÉPOSITION DE M. PAUL MEYER

Membre de l'Institut, professeur au Collège de France, Directeur de l'École des Chartes.

(*Le témoin prête serment.*)

M° LABORI. — Je voudrais d'abord répéter à MM. les jurés que M. Meyer est directeur de l'Ecole des Chartes, membre de l'Institut, professeur au Collège de France.

M. LE PRÉSIDENT. — C'est ce que le témoin vient de dire.

M° LABORI. — Après avoir répété ceci, que j'ai cru utile, je vais lui poser une question : Est-il israélite?

M. P. MEYER. — Je comptais dire un mot là-dessus.

Il est exact qu'en 1883, lorsque j'ai eu à l'Institut, l'année où j'y suis entré, le grand prix biennal, M. Drumont, en trois pages odieuses de la *France juive* (la seule d'ailleurs qui se soit vendue) a déclaré que j'étais le fils d'un juif allemand et que c'était pour cette raison que j'avais eu ce prix, le seul qui soit décerné par l'Institut entier, toutes classes réunies. J'ai écrit à M. Drumont et au *Temps* pour démentir la chose.

Je suis né à Paris, de parents français. Mon grand-père du côté de mon père était de Strasbourg, c'est ce qui explique mon nom alsacien.

J'ai été baptisé à Notre-Dame; j'ai fait ma première communion à Saint-Sulpice; j'ai confirmé à Saint-Sulpice; j'ai même été élève du catéchisme de persévérance de Saint-Sulpice jusqu'à l'âge de seize ans.

Il est fâcheux que, sans preuves, on imprime que je suis d'une autre religion ou que j'ai changé de religion, ce que je déclare n'avoir pas fait et n'avoir pas l'intention de faire.

Je fais cette déclaration pour épargner des lignes inutiles à des journaux auxquels je serais obligé d'adresser des lettres rectificatives, et dans lesquels je ne serais pas aise de me voir imprimé.

M⁰ LABORI. — M. Meyer aurait-il la bonté de nous dire quelles conclusions résultent pour lui de l'examen auquel il s'est livré sur le bordereau ? s'il pense que ce bordereau est ou peut être de l'écriture du commandant Esterhazy ou d'un autre ? D'une manière générale, veut-il nous dire l'ensemble des conclusions que son étude l'a amené à formuler ?

M. LE PRÉSIDENT. — M. Meyer n'a pas vu l'original !

M. P. MEYER. — Je m'expliquerai là-dessus.

M⁰ LABORI. — Peut-être M. Meyer et M. le Président me permettront-ils de dire encore un mot au jury au point de vue des fac-similés du bordereau, sur lesquels nous allons nous expliquer... Ceci est d'un ordre technique, c'est une question de fait. Je vous demande, monsieur le Président, la permission de fournir une explication à MM. les jurés.

Il a paru un nombre considérable de fac-similés du bordereau. Il y en a un certain nombre qui sont moins bons que les autres ; j'en ai précisément sous la main de diverses sortes. Ce qu'il faut que vous sachiez — vous l'avez déjà compris au travers des dépositions faites, mais je crois utile de le préciser — c'est que le point de départ de toutes les expertises et de la conviction de beaucoup d'hommes, en ce qui concerne l'attribution de l'écriture, c'est le fac-similé publié dans le journal le *Matin* du 10 novembre 1896. A cette date, paraissait en effet dans le *Matin* un fac-similé du bordereau.

Ce fac-similé est remarquable entre tous par sa netteté, pour des raisons diverses que M. Meyer et les autres experts vous expliqueront mieux que moi, mais notamment pour cette raison que c'était le premier tirage, la première reproduction qui était faite. Les autres reproductions distribuées sont des reproductions prises sur le fac-similé du *Matin*, et au fur à mesure qu'on reproduisait à nouveau, la perfection de la reproduction diminuait ; vous avez entendu hier M. Teyssonnières lui-même reconnaître que le fac-similé du *Matin* était en somme aussi parfait que possible. Je l'ai là, je vais demander à MM. les jurés d'être assez bons pour le regarder, après M. le Président et après M. l'Avocat général, et de le comparer avec les deux autres fac-similés que j'ai également ici, qui sont moins bons, mais qui sont encore, vous le remarquerez, sensiblement exacts ; car si, au point vue de la netteté des déliés ou de la précision de certains traits ou de certains points, ces fac-similés sont moins bons que le premier qui est collé sur carton et que je vous signale, il n'en est pas moins vrai que le mouvement de l'écriture est, dans tous, identique, et qu'en définitive, s'il y a des empâtements dans certains fac-similés, ils se reproduisent partout d'une manière semblable ; si vous comparez les deux spécimens, vous en voyez un apparaître avec une netteté particulière, mais les autres n'ont pas du tout l'apparence de faux.

Ces derniers fac-similés sont extraits d'une brochure publiée par M. Bernard Lazare, dans laquelle il a réuni un certain nombre d'expertises et mis en tête et à la fin un double fac-similé, afin qu'on pût comparer continuellement les écritures, soit qu'on lise d'un côté de la brochure, soit qu'on lise de l'autre côté. Eh bien ! ce qu'il y a de curieux, c'est que ces deux spécimens, qui sont moins bons que celui du *Matin*, parce qu'ils en proviennent d'une façon plus ou moins immédiate ou médiate, ne sont pas eux-mêmes d'une valeur égale : il y en a un qui est excellent ; l'autre est moins bon. Mais le meilleur de tous est incomparablement le cliché du *Matin*.

Je crois que les experts — et je poserai la question aux divers experts qui viendront, sans bien entendu reprendre cette explication... — Mais je vous demanderai, monsieur le Président, de vouloir bien examiner ces divers spécimens et de consulter M. Meyer sur le point de savoir si c'est sur le spécimen du *Matin* qu'il a travaillé. Enfin, je vous serai reconnaissant de faire passer le tout à MM. les jurés, afin qu'ils comparent.

(*M⁰ Labori fait passer au Président le fac-similé du Matin et d'autres fac-similés.*)

M. LE PRÉSIDENT. — Nous connaissons tout cela.

Mᵉ LABORI. — Je ne tiens pas à ce que vous le regardiez, mais je désire que MM. les jurés le regardent et M. Paul Meyer aussi.

M. P. MEYER. — J'ai connu ces différents fac-similés ; je me suis servi plutôt de celui de la brochure de M. Bernard Lazare, que j'avais sous la main, quoi qu'il soit plus grossier que l'autre ; mais il suffisait à mon objet.

L'opinion que j'ai sur ces fac-similés, je vais vous la dire, parce qu'on a contesté la valeur de ces fac-similés : un témoin a même dit qu'ils ressemblaient beaucoup à des faux et que rien ne ressemblait moins aux originaux que ces fac-similés ; il est clair que, s'ils ressemblent à des faux, ils ne ressemblent pas aux originaux ; mais je crois que ce témoin, peu habitué à formuler sa pensée avec précision, a été plus loin qu'il ne voulait. Je vais tâcher de disséquer un peu cette déclaration pour voir ce qu'il y a dedans.

Ces fac-similés sont faits par le procédé qu'on appelle dans l'industrie le procédé du *gillotage*, inventé par Gillot ; c'est de la zincographie en relief...

Mᵉ LABORI, *au Président*. — M. l'audiencier demande la permission de faire passer à MM. les jurés...

M. LE PRÉSIDENT. — Faites passer.

M. P. MEYER. — Parmi tous les procédés à base photographique, ce procédé est celui qui laisse le plus à désirer. A l'Ecole des Chartes, nous nous servons de l'héliogravure qui donne plus de finesse ; seulement, l'héliogravure comporte un tirage à la main qui est fort coûteux. Il y a un autre procédé qui est un report sur gélatine et qui vaut encore mieux que celui qu'on a employé ici. Mais le *gillotage*, s'il a certains inconvénients, a l'avantage du bon marché.

Je vais indiquer l'altération que comporte ce procédé. C'est du zinc en relief : on fait mordre le zinc à certains endroits et on obtient un relief. Lorsqu'on tire un cliché de ce genre à la machine rotative, le zinc s'écrase un peu. Il en résulte que tous les traits s'empâtent, que l'œil de certaines lettres devient plein. Mais, comme ce genre d'altération est prévu, on peut l'escompter d'avance, et toute personne qui voudra comparer des écritures reproduites d'après ce procédé, devra s'abstenir de faire porter son argumentation sur la différence des pleins avec les déliés. Le procédé n'est pas parfait; mais, outre l'avantage d'être bon marché, je ne crois pas qu'il comporte facilement des retouches; c'est donc une garantie de sincérité.

En somme, le tirage n'altère en aucune façon la direction des traits et la forme des lettres : si quelqu'un a l'habitude de barrer ses *t* en faisant aller la barre en biais, cela reste ainsi ; s'il les barre tout droit, c'est la même chose. Le procédé ne comporte pas d'erreur sur ce qui est vraiment important.

Reprenons l'assertion du témoin à qui je faisais allusion. Il a dit : « Cela ressemble à des faux. » Je confesse qu'il y a, outre le genre d'altération que j'ai dit, une autre altération dont vous allez apprécier le peu d'importance : c'est que l'original est écrit sur deux pages, tandis que le fac-similé l'est sur une seule page, parce que c'était plus commode pour la publication ; mais il n'est personne qui ne voie qu'il y a là une différence tout extérieure et sans portée, dès qu'il s'agit de comparer la forme des lettres. Je ne vois donc pas bien ce qu'on veut dire quand on dit que cela ne ressemble pas aux originaux.

Pour le dire, en passant, j'ai eu avec M. Bertillon une conversation sur bien des choses. M. Bertillon, dont je peux invoquer l'opinion, parce qu'il s'agit d'un point de fait et non d'un point de raisonnement, m'a dit : « Ils ne sont pas si mauvais, ces fac-similés ! » M. Bertillon entend la photographie et connaît ce procédé de reproduction ; par conséquent, je trouve audacieux qu'on dise, de ces fac-similés, qu'ils ressemblent à des faux.

Le lendemain de la déposition, certains journaux étaient arrivés à dire : « C'est un faux. » C'est ainsi que se forme la légende. Il y a d'abord un rapport inexact, puis le mensonge s'y mêle, et ainsi se fait la légende.

Eh bien ! il faut détruire la légende, absolument.

Je dis donc qu'en somme ces fac-similés méritent confiance. Je ferai remarquer à l'appui — et je dirai tout à l'heure quelle est la valeur exacte et précise de l'observation que je fais — que pour une partie des fac-similés publiés, pour ceux des lettres du condamné de l'Ile du Diable ou pour les fac-similés de M. Esterhazy, nous avons beaucoup d'éléments de comparaison. J'ai vu comme tout le monde a pu en voir, des originaux, ou de bonnes reproductions sur papier photographique, dont l'examen m'a prouvé que les fac-similés faits par le procédé Gillot, au moins en ce qui concerne cette dernière série de textes comparatifs, sont très bons.

De là une présomption que le fac-similé du bordereau ne doit pas être mauvais. Je dis *présomption*, monsieur le Président, parce qu'il est évident qu'on peut, avant de faire le clichage, avoir truqué le fac-similé du bordereau, de manière à lui donner une ressemblance avec une écriture quelconque; mais cette hypothèse est, dans le cas présent, bien invraisemblable.

Je voudrais bien que le témoin qui a dit : « Ce fac-similé ressemble à un faux », ou « ces fac-similés », — car on a parlé d'une façon générale, sans précision, — « ressemblent à des faux », m'expliquât comment, quand ces fac-similés ont été publiés en 1896, — on pouvait avoir l'idée de faire (et j'en arrive à l'objet précis de ma déposition) — des fac-similés représentant l'écriture de M. Esterhazy, que personne ne connaissait ou, du moins, à qui personne ne pensait à ce moment-là, en connexion avec l'affaire que vous savez ? Il y a là une très grande difficulté qu'il faudrait expliquer.

Eh bien ! vous entrevoyez mon opinion. Retenez le fond : ces fac-similés, dont je reconnais l'imperfection — je n'aimerais pas à faire travailler mes élèves de l'Ecole des Chartes là-dessus ; ce n'est pas assez net, il y a trop d'empâtement — je dis que c'est *l'écriture*... veuillez considérer, monsieur le Président, que je dis *l'écriture*, je fais une réserve — que c'est l'écriture du commandant Esterhazy. Je n'ai là-dessus aucune espèce de doute.

Est-ce aussi la *main* du commandant Esterhazy ? Ah ! ici il y a une distinction que je suis obligé de faire ; elle est subtile, elle me paraît subtile, et je crois bien qu'elle l'est au fond. Elle paraît résulter du rapport des experts du second procès ; je ne suis pas renseigné sur ce qu'il y a dans leur rapport ; mon ancien élève, M. Couard, a été d'une discrétion absolument louable ; mais j'ai entrevu, j'ai lu dans un journal que la théorie à laquelle s'arrêtaient les experts du second procès était que c'était bien *l'écriture* de M. Esterhazy — et cela me saute aux yeux, que voulez-vous, tout le monde reconnaît cela ! — mais que ce n'était pas de sa *main*.

Cela peut être, mais je ne sais pas comment on peut arriver à le prouver.

J'ai essayé — il faut toujours procéder ainsi — j'ai essayé pour ma part deux ou trois hypothèses pour expliquer cette dualité : d'un côté *l'écriture* et de l'autre la *main*. Aucune n'est admissible. Je vous en ferai grâce : surtout, je crois qu'il serait peu charitable de ma part de les attribuer aux experts du second procès, puisque je les trouve absurdes ! J'espère que ces Messieurs en auront trouvé une qui m'a échappé et qui rendra compte de toutes les difficultés.

Pour en revenir aux fac-similés, je dis qu'il y a un moyen absolument certain de me confondre si j'ai tort ; et il est bien simple, ce moyen ! je ne demande pas qu'on apporte ici l'original même ; mais je demande qu'on veuille bien nous communiquer une photographie qui donnera plus de finesse. Mieux encore, je préférerais les clichés en verre, les négatifs, parce que... Oh! ce n'est pas que je suspecte le moins du monde la bonne foi de ceux qui fourniraient ces fac-similés, mais enfin ! il faut s'entourer toujours de toutes les garanties... Quand on fait un tirage d'une photographie, on a toujours fait un négatif : il vaut autant apporter le négatif. Car, si vous examinez sur le négatif, vous verrez du côté de la gélatine s'il a été retouché ou non. Pour moi, le cliché de verre vaut l'original — sauf sur un point : la nature du papier, qu'on ne peut pas reconnaître sur un cliché ; — on pourrait alors constater s'il y a dissemblance ou différence entre l'original, représenté par la photographie, et les fac-similés qu'on a publiés. Eh bien ! je le déclare franchement, et je compléterai tout à l'heure cette déclaration : si on me les fait voir, s'il est vrai que les fac-similés au procédé Gillot publiés dans le *Matin* sont mauvais, je le dirai franchement.

Au fond, je n'ai pas d'opinion arrêtée sur le fond de l'affaire dans laquelle je viens témoigner ; j'attends. Mon opinion se forme peu à peu. Si donc je voyais qu'il y a réellement une différence, je dirais au témoin dont j'ai discuté l'assertion : Vous aviez raison, je suis collé, absolument.

Mais si le témoin qui dit : « Ces fac-similés qu'on a publiés ressemblent à des faux », refuse d'apporter la preuve que je demande, alors je dirai que j'ai raison, qu'on n'a rien prouvé contre moi.

Maintenant, je voulais ajouter quelques mots pour bien indiquer...

M. LE PRÉSIDENT. — Il ne faut pas lire.

M. PAUL MEYER. — Je ne lis jamais, monsieur le Président. Seulement, je suis professeur, et comme je suis très peu pourvu de mémoire, je suis toujours obligé de noter, par un mot ou deux, les idées que je veux exprimer.

Eh bien ! je veux vous indiquer en quelques mots l'esprit que j'apporte ici : je ne suis pas de ceux qui arrivent ici avec leur siège fait, comme l'abbé de Vertot, à qui on disait : « Eh bien ! voici des documents sur le siège de Rhodes. » — Et il répondait : « Trop tard, mon siège est fait. » Je ne suis pas dans ces idées-là : je suis disposé à former mon opinion d'après les faits. De plus, ce qui m'intéresse le plus ici, ce sont les questions de procédés employés pour arriver à la vérité, les questions de méthode. Je vois là une matière à recherches scientifiques, recherches qui, dans cette affaire, ne me paraissent pas avoir été conduites avec l'esprit suffisamment dégagé de préoccupations.

Il y a vraiment trop de personnes qui ont leur siège fait, et à mesure que nous avançons et que je puis lire les dépositions qui ont précédé la mienne, j'éprouve souvent un sentiment de tristesse, en voyant combien on s'entête dans des opinions qui souvent portent sur des questions secondaires, questions qui peuvent être résolues sans grande importance dans un sens ou dans un autre ; on s'y entête parce qu'une fois on s'y est arrêté : ce n'est pas l'esprit scientifique.

J'étudie ces questions d'écriture absolument comme j'étudierais une page d'un texte difficile, me souciant très peu au fond de savoir si cette page que j'ai tenu à comprendre soutient une doctrine ou une autre, mais voulant par-dessus tout savoir ce que cette page veut dire.

Et je dois dire, puisque j'ai parlé de l'écriture du bordereau, que véritablement j'ai été affligé et attristé lorsque j'ai lu la déposition d'un expert, qui a été reproduite par la sténographie, et qui ne m'a pas étonné ; car j'avais causé auparavant avec cet expert, qui est un homme bien remarquable à certains égards et qui a fait, qui a créé une chose vraiment magnifique : l'anthropométrie.

Eh bien ! cette conversation m'avait d'abord intéressé ; on trouve toujours à apprendre ; — ensuite, par moments, elle m'a amusé ; enfin j'en suis sorti navré, Messieurs, navré ! en pensant qu'il était possible de confier une expertise si grave, si pleine de responsabilité, d'une responsabilité effrayante, à un homme dont les procédés d'investigation échappent à toute contradiction, à toute critique, parce que ces procédés sont en dehors de toute méthode et de tout bon sens.

M. LE PRÉSIDENT. — Avez-vous une autre question, maître Labori ?

Me LABORI. — Monsieur le Président, est-ce que M. Paul Meyer nous a fait connaître ses conclusions d'une manière complète en ce qui concerne M. le commandant Esterhazy ?

M. PAUL MEYER. — J'ai dit que le fac-similé du bordereau reproduisait absolument son écriture, que je ne voyais pas de raison pour faire une distinction entre l'*écriture* et la *main*. Cependant, je fais cette réserve prudente et parfaitement scientifique, parce que je ne sais pas ce qu'il y a dans le rapport où on explique que cette écriture n'a pas été tracée par le commandant Esterhazy. Je ne crois pas que, même avec une hypothèse compliquée, on puisse arriver à le démontrer ; mais, enfin ! je ne puis pas discuter ce que je ne connais pas : je ne parle jamais que des choses que je sais.

Me LABORI. — Eh bien ! monsieur le Président, il serait peut-être utile d'entendre ici M. Couard, M. Belhomme et M. Varinard ?

M. P. MEYER. — Ils ne diront rien.

M. LE PRÉSIDENT. — Ils ont déclaré : « Nous avons statué dans un rapport ; nous sommes liés par le secret professionnel. »

Me LABORI. — Mais, monsieur le Président, je vous en prie...

M. LE PRÉSIDENT. — Non, non ! Ils ont eu raison.

Me LABORI. — Nous avons une question à poser à M. Paul Meyer. M. Couard a déclaré hier qu'à l'Ecole des Chartes on ne connaissait rien en fait d'écritures...

M. P. MEYER. — Mon Dieu ! la question...

Mᵉ Labori. — ... Je serais heureux que M. Meyer nous dise ce qu'il pense des procédés de l'Ecole des Chartes pour ce qui concerne les écritures.

M. P. Meyer. — Ce n'est pas gentil de la part de Couard d'avoir dit cela !

Mon Dieu ! il peut bien avoir raison. Vous comprenez qu'il ne m'appartient pas à moi, qui suis professeur dans cet établissement depuis 1869 et qui le dirige depuis 1882, de vanter ce que nous faisons. M. Couard a peut-être ses raisons pour parler comme il a fait.

Seulement, je dis que la question de l'identité de l'écriture du bordereau et de celle de M. Esterhazy se présente dans des conditions d'une telle simplicité, d'une telle évidence, qu'il suffit d'avoir l'habitude de l'observation, l'habitude de la critique pour arriver à la conclusion que j'ai formulée, sauf réserve.

M. le Président, à Mᵉ Labori. — Encore une question ?

Mᵉ Labori. — Oui, monsieur le Président, je suis obligé de m'excuser d'en poser, mais je les pose tout de même.

M. Paul Meyer nous a bien dit, si j'ai compris, que toutes les hypothèses auxquelles il s'était livré pour arriver à comprendre que, tout en étant de l'*écriture d'Esterhazy*, le bordereau ne fût pas de sa *main*, lui avaient paru impossibles ? Ai-je bien compris ?

M. P. Meyer. — Parfaitement.

Mᵉ Labori. — Alors, il n'en voit aucune qui puisse être une certitude et qui puisse expliquer cette contradiction ?

M. P. Meyer. — Je n'en vois aucune ; mais les experts du second procès ont peut-être trouvé quelque chose qui m'a échappé.

INCIDENT

Refus par M. le Président de poser une question aux experts MM. Couard, Belhomme et Varinard.

Mᵉ Labori. — Je vous demande pardon, monsieur le Président, d'intervenir, mais il serait intéressant d'entendre MM. Couard, Belhomme et Varinard.

M. le Président. — Non, non ; j'ai dit...

Mᵉ Labori. — Mais j'ai une question à poser.

M. le Président. — Vous ne la poserez pas.

Mᵉ Labori. — J'insiste, monsieur le Président.

M. le Président. — Je vous dis que vous ne la poserez pas.

Mᵉ Labori. — Oh ! monsieur le Président ! il est intéressant..

M. le Président. — C'est inutile de crier si fort.

Mᵉ Labori. — Je crie parce que j'ai besoin de me faire entendre.

M. le Président. — La question ne sera pas posée.

Me LABORI. — Permettez, vous dites cela ; mais je dis que je veux la poser.

M. LE PRÉSIDENT. — Eh bien! je dis que non, et c'est une affaire entendue! Le Président doit écarter du débat tout ce qui peut allonger les débats sans aucune utilité; c'est mon droit de le faire.

Me LABORI. — Vous ne connaissez pas la question; vous ne savez pas quelle est la question?

M. LE PRÉSIDENT. — Je sais parfaitement ce que vous allez demander.

Me LABORI. — Eh bien! je dépose des conclusions pour avoir un arrêt de la Cour sur ce point.

M. LE PRÉSIDENT. — Toutes les conclusions que vous voudrez.

Me LABORI. — Si vous croyez que cela va raccourcir les débats, vous vous trompez.

M. LE PRÉSIDENT. — Eh bien! nous statuerons sur les conclusions pendant la suspension d'audience.

(A l'huissier audiencier.) Un autre témoin.

(M. Auguste Molinier se présente à la barre et prête serment.)

M. LE PRÉSIDENT, au greffier. — Le témoin est-il cité régulièrement.

M. LE GREFFIER. — Oui, monsieur le Président.

M. LE PRÉSIDENT. — Quelle est la question, maître Labori?

Me LABORI. — Je vous demande pardon, je rédige des conclusions, et je considère qu'il est absolument indispensable que la déposition de M. Paul Meyer et les incidents qu'elle comporte comme discussion soient finis avant la déposition du nouveau témoin.

Je n'ai besoin que de deux minutes; je demande respectueusement que vous me les accordiez et j'interrogerai ensuite le témoin.

M. LE PRÉSIDENT. — Mais le témoin vient de prêter serment; il faut absolument qu'on l'interroge maintenant.

Me CLÉMENCEAU. — C'est une question de deux minutes.

M. LE PRÉSIDENT. — Mais posez votre question dès maintenant; c'est inutile de perdre notre temps.

Me LABORI. — Je crois que l'audition de MM. Couard, Belhomme et Varinard est indispensable à la manifestation de la vérité et je tiens à ce que le refus de l'ordonner soit constaté avant que le témoin dépose : je considère cela comme indispensable au point de vue de la défense.

(M. le Président feuillette le Code d'instruction criminelle.)

M. LE PRÉSIDENT, à M. A. Molinier. — Monsieur, voulez-vous vous retirer, s'il vous plaît.

(A l'huissier audiencier.) Voulez-vous faire retirer le témoin, s'il vous plaît.

(Me Labori rédige ses conclusions.)

Mᵉ LABORI. — Monsieur le Président, je suis aux ordres de la Cour. (*Mᵉ Labori se dispose à lire des conclusions.*)

M. LE PRÉSIDENT. — Oh! vous voulez lire.

Mᵉ Labori fait un geste affirmatif et donne lecture des conclusions suivantes :

Conclusions

Plaise à la Cour :

Attendu que M. le Président a refusé, malgré la demande du défenseur de M. Emile Zola, de faire appeler les témoins Couard, Belhomme et Varinard, et a déclaré qu'il refusait de leur poser une question avant que celle-ci ait été formulée et alors que le défenseur la considérait comme nécessaire à la défense ;

Attendu qu'il s'agit, pour les concluants, d'interroger lesdits témoins sur des interviews auxquelles ils se seraient prêtés dans la presse ; qu'il ne saurait donc être question de secret professionnel ni de huis clos ;

Par ces motifs,

Donner acte de ce que M. le Président a déclaré qu'il refusait de poser une question à MM. Couard, Belhomme et Varinard, alors que ladite question n'avait pas même été formulée ;

Ordonner que lesdits témoins seront entendus sur la question de savoir si ces interviews sont exactes et de leur fait.

M. LE PRÉSIDENT. — La Cour se retire pour délibérer.

(*La Cour rentre au bout de quelques instants, pendant lesquels l'audience a été suspendue.*)

M. LE PRÉSIDENT, *à l'Avocat général*. — Monsieur l'Avocat général, vous n'avez rien à dire sur les conclusions qui ont été prises ?

(*M. l'Avocat général fait un signe négatif*).

M. le Président lit l'arrêt suivant :

Arrêt

La Cour,

Considérant qu'aux termes de l'article 270 du Code d'instruction criminelle, le Président devra rejeter tout ce qui tendrait à prolonger les débats sans donner lieu d'espérer plus de certitude dans les résultats ;

Considérant que les témoins Couard, Varinard et Belhomme, qui avaient refusé de déposer, ont été autorisés par l'arrêt en date de ce jour à se retrancher derrière le secret professionnel ;

Considérant que la confrontation sollicitée par la défense et la question, telle qu'elle est indiquée par les conclusions, ne serviraient qu'à prolonger les débats sans donner lieu d'espérer plus de certitude dans les résultats ;

Par ces motifs,

Dit que le Président a refusé avec raison la confrontation, et de poser la question sollicitée par la défense, et dit qu'il sera passé outre au débats.

M. LE PRÉSIDENT. — Voilà l'arrêt de principe posé. Chaque fois que vous insisterez, le même arrêt sera rendu : ainsi, que ce soit une affaire entendue.

Me LABORI. — Eh bien! monsieur le Président, c'est un *arrêt de règlement*, alors ?

M. LE PRÉSIDENT. — C'est un *arrêt de règlement*.

Me LABORI. — Il n'y en avait que sous l'ancien régime. Voilà qu'on l'a inauguré à la barre de la Cour d'assises ! je ne puis que le saluer avec respect.

M. LE PRÉSIDENT. — C'est la loi ; c'est l'article 270 du Code d'instruction criminelle.

Me LABORI. — C'est la première fois qu'une Cour de justice déclare qu'un arrêt rendu constitue un *arrêt de règlement* et que tous les incidents qui se produiront seront réglés dans les mêmes conditions et terminés par le même arrêt ! C'est la première fois, et je ne puis, tout en m'inclinant devant vos paroles, que protester !

M. LE PRÉSIDENT. — Protestez tant que vous voudrez, mais ce sera rendu dans les mêmes conditions chaque fois.

Me CLÉMENCEAU. — On vient de nous communiquer la copie des interrogatoires de Mme de Boulancy par M. Bertulus. Voulez-vous, monsieur le Président, me donner la parole pour faire la lecture de ces interrogatoires et déposer des conclusions additionnelles ?

M. LE PRÉSIDENT. — Laissez entendre le témoin.

Me CLÉMENCEAU. — J'attendrai l'audition du premier témoin donc, s'il y a une question de droit, parce qu'il a prêté serment.

M. LE PRÉSIDENT. — Il n'y a pas de questions de droit ; mais, puisque le témoin a prêté serment, nous allons l'entendre.

DÉPOSITION DE M. AUGUSTE MOLINIER

Professeur à l'Ecole des Chartes.

(*M. Auguste Molinier prête serment à nouveau.*)

M. LE PRÉSIDENT. — Quelle est la question, maître Labori ?

Me LABORI. — Monsieur le Président, M. Molinier voudrait-il nous faire part des conclusions de son examen relatif au bordereau de l'affaire Esterhazy, et voudrait-il également nous faire connaître quelles sont les conclusions qui se dégagent pour lui de la comparaison qu'il en a faite avec des lettres et écritures du commandant Esterhazy ?

M. A. MOLINIER. — Messieurs les jurés, il y a déjà vingt-cinq ans que je vis au milieu des manuscrits : il m'est passé entre les mains des milliers de chartes, pièces de toute époque, depuis les temps les plus anciens jusqu'à nos jours.

A la suite de cette étude très prolongée, qui a porté sur des milliers de manuscrits, je le répète, j'ai fini par contracter une méthode toute particulière d'observation : j'ai pour ainsi dire contracté un tact spécial, si bien que, à des signes presque imperceptibles pour d'autres, j'arrive à reconnaître l'identité des écritures ou à dater exactement des manuscrits.

J'ai appliqué cette méthode personnelle, méthode que je qualifie d'absolument scientifique, à l'examen du bordereau en question et à l'examen des pièces de comparaison.

De ce bordereau, j'ai eu, comme tout le monde, entre les mains un fac-similé. Sur ce fac-similé, les opinions les plus diverses ont été exprimées devant vous ; mais, étant donné que ce bordereau a été publié pour prouver la culpabilité d'une personne que je ne nommerai pas ici, je crois que le fac-similé doit être exact.

Alors, me méfiant des reproductions d'écriture, puisque je n'ai pu comparer ces reproductions avec des originaux, je me suis attaché à relever, dans ce bordereau que j'avais en fac-similé, uniquement ce que j'appelle les signes physiologiques de l'écriture, c'est-à-dire non point l'épaisseur des lettres, qui peut être altérée, renforcée par un fac-similé, si bien fait qu'il soit, mais je me suis attaché aux liaisons des lettres, à l'aspect général de l'écriture, si elle est courante ou non courante.

Je me suis attaché également à la place, je vous demande pardon de ces détails, de ces aperçus — des points sur les *i*. Eh bien ! voici quelques-uns des signes que j'ai relevés. Je les indique par ordre d'importance, à mon sens. Tout d'abord, dans cette écriture, nous trouvons une main extrêmement courante, aucune hésitation à mon sens ; en second lieu, les points sur les *i* sont généralement liés à la lettre suivante ; en troisième lieu, signe à mon sens tout à fait particulier, certaines majuscules comme les *A*, reçoivent un accent.

Enfin, j'ai également étudié la forme des majuscules, et je recommande à votre attention la forme de la majuscule du mot *Madagascar* qui se trouve dans l'intérieur du bordereau.

Pour terminer, voici une preuve qui, à mon sens, est la plus forte et la plus remarquable de toutes ; les doubles *s*, quand elles se présentent dans l'intérieur des mots, se présentent dans la forme suivante, un *s* bas, puis un *s* allongé ; c'est-là une forme absolument physiologique.

Et, si quelques-uns d'entre vous ont l'habitude d'écrire ainsi les doubles *s*, si, par exemple, l'un de vous a l'habitude de mettre l'*s* long avant l'*s* bas, s'il voulait renverser l'ordre des deux formes de cette lettre, il s'apercevrait qu'il aurait une hésitation ; or, cette hésitation n'existe pas dans le bordereau.

En un mot, pour conclure, en mon âme et conscience, après avoir étudié, non seulement le bordereau, mais tout ce que j'ai pu me procurer de fac-similés d'écritures du commandant Esterhazy ; après avoir notamment examiné les formes de l'écriture des lettres et l'écriture du bordereau, je crois pouvoir affirmer, en mon âme et conscience, que dans ces lettres j'ai retrouvé toutes les formes principales physiologiques que j'avais retrouvées dans le bordereau, dans l'écriture du commandant Esterhazy.

M. LE PRÉSIDENT. — Vous n'avez eu que des fac-similés, aussi bien de l'écriture du commandant Esterhazy que du bordereau ?

M. A. MOLINIER. — Bien entendu.

M. LE PRÉSIDENT. — Vous n'avez eu aucun original ?

M. A. MOLINIER. — Je n'ai pas eu d'originaux ; je n'ai pas vu l'écriture du commandant Esterhazy.

M. LE PRÉSIDENT. — A la requête de qui avez-vous fait cet examen ?

M. MOLINIER. — Personnellement, car cette affaire m'intéresse, comme tous les Français.

M. LE PRÉSIDENT. — Maître Labori, avez-vous des questions à poser ?

Me LABORI. — Je voudrais, monsieur le Président... d'ailleurs MM. les jurés entendront tout à l'heure les experts qui ont vu les originaux ; au besoin je soumettrais immédiatement ces originaux à M. Molinier si c'était nécessaire — je voudrais prier M. Molinier de vouloir bien continuer à suivre les débats, et si des contestations se présentaient, nous soumettrions les originaux.

En ce qui me concerne, je ne crois pas devoir sortir les originaux qui sont dans mes dossiers sans qu'ils soient tout d'abord reconnus par M. Esterhazy lui-même.

Eh bien ! je demande à M. le Président de vouloir bien demander au témoin si les fac-similés dont il s'est servi n'étaient pas très suffisants pour établir ses conclusions ?

M. A. MOLINIER. — Je parlerai tout d'abord des fac-similés des lettres du commandant Esterhazy : ces fac-similés sont zincographiés ; ils viennent d'une photographie par conséquent. Or, bien qu'on ait dit le contraire dans la journée, une photographie peut trahir et ne pas donner exactement la forme. Je démontrerai que j'ai laissé de côté tous les signes de l'écriture qui peuvent être altérés d'une façon quelconque. Mais j'affirme que ces signes, notamment les doubles s, subsistent à travers vingt fac-similés faits les uns sur les autres.

Je dirai ensuite qu'à l'époque où je faisais mes études à l'Ecole des Chartes, c'est-à-dire en 1869, j'ai eu, pour étudier le Moyen-Age, des fac-similés beaucoup plus importants et qui étaient dessinés à la plume par des artistes très inférieurs ;

eh bien! c'est après un an de cette étude que j'ai pu arriver à distinguer à première vue l'âge d'une pièce, d'un manuscrit.

M. LE PRÉSIDENT. — Vous pouvez vous asseoir.

LECTURE DES PROCÈS-VERBAUX

des interrogatoires de Mme de Boulancy et de Mlle de Comminges par M. Bertulus, juge d'instruction.

Me CLÉMENCEAU. — Monsieur le Président, vous aviez bien voulu me dire que vous me donneriez la parole après l'audition de ce témoin.

M. LE PRÉSIDENT. — Il y a encore des experts.

Me LABORI. — Il y en a encore quinze ou seize.

Me CLÉMENCEAU. — Je suis aux ordres de la Cour en ce qui concerne le moment où je ferai cette lecture, mais, aux termes des conclusions que je vais avoir l'honneur de déposer entre les mains de la Cour...

M. LE PRÉSIDENT. — Mais, puisqu'il s'agit d'un autre ordre d'idées...

Me LABORI. — Je crois que les experts vont tenir toute l'audience; je crois même qu'ils ne termineront pas aujourd'hui. Tout à l'heure, certains témoins vont faire des démonstrations tout à fait complètes de leur système scientifique devant MM. les jurés. Or, je crois que Me Clémenceau conclura devant la Cour à un complément d'information relativement à l'incident de Boulancy. Je crois qu'il serait intéressant que la question puisse être réglée par un arrêt de la Cour, afin que si une nouvelle démarche de M. Bertulus était nécessaire, elle puisse être faite soit aujourd'hui même, soit dans la matinée de demain.

M. CLÉMENCEAU. — Messieurs de la Cour, vous vous souvenez et MM. les jurés se souviennent dans quelles conditions, après conclusions prises par nous, M. Bertulus a été nommé par la Cour pour interroger Mme de Boulancy. Vous vous souvenez tous de la succession des épisodes concernant cette dame. Elle a d'abord fait présenter un certificat de médecin, il y a eu ensuite nomination d'un expert, M. le docteur Socquet, qui a fait son rapport; nous avons enfin demandé la nomination de trois médecins experts, nomination que la Cour nous a refusée. En désespoir de cause, nous avons demandé que Mme de Boulancy fût interrogée, et voilà le résultat de cet interrogatoire, auquel M. Bertulus a procédé :

L'an 1898, le 12 février, nous Bertulus, juge d'instruction au Tribunal de première instance... etc.

Nous avons donné lecture à cette dernière de l'arrêt susvisé et, par suite des huit questions que nous avions le devoir de lui pose Mme de Boulancy, après avoir donné ses nom et prénom son âge, prêté serment de dire toute la vérité, rien que la vérité, et déclaré qu'elle n'était ni parente, ni alliée, ni serviteur de l'inculpé, que celui-ci n'était pas à son service, a fait sa déposition ainsi qu'il suit:

Veuve de Boulancy (Eugénie-Marie-Gabrielle Cartiet), cinquante-deux ans, sans profession, 54, avenue de Neuilly (Seine).

1° Demande. — Avez-vous, entre les mains ou déposées chez des tiers des lettres du commandant Esterhazy?

Réponse. — Oui, monsieur, ces lettres sont en lieu sûr, je les réserve pour ma défense, le cas échéant.

2° Demande. — Avez-vous reçu récemment deux télégrammes du commandant Esterhazy?

Réponse. — Oui, monsieur, ces télégrammes sont, comme les lettres, en lieu sûr.

3° Demande. — Ces télégrammes ne contiendraient-ils pas, sous forme de menace, la demande de restitution des lettres qui sont, ou ont été récemment entre les mains de l'un de vos conseils?

Réponse. — Ces télégrammes ne contiennent aucune menace; ils sont rédigés dans la forme la plus polie et aussi la plus pressante, dans le but d'obtenir de moi la restitution des lettres qu'Esterhazy m'a écrites de 1881 à 1884, et que j'ai mises en lieu sûr.

4° Demande. — Ces lettres contiennent-elles des invectives ou des outrages à l'armée ou à la France?

Réponse. — Ces lettres sont peut-être aussi compromettantes que celle dite *du uhlan*. Elles contiennent à l'encontre de l'armée et de la France des propos d'une certaine gravité.

5° Demande. — Consentez-vous à les faire remettre à M. le Président des assises par les tiers qui les détiennent?

Réponse. — Non, j'ai déjà été accusée de faux en ce qui touche la lettre dite *du uhlan*, je tiens à rester armée pour bien prouver que je ne suis pas une faussaire.

6° Demande. — Le commandant Esterhazy n'est-il pas venu chez vous, madame, boulevard des Batignolles, et ne vous a-t-il pas fait passer par la porte entre-bâillée une carte de visite avec quelques lignes écrites au crayon?

Réponse. — Le commandant Esterhazy ne m'a jamais fait passer sa carte de visite avec quelques lignes écrites au crayon. Il s'est présenté quatre ou cinq fois à mon domicile. Je n'ai jamais consenti à le faire entrer dans mon appartement.

Trois ou quatre fois, voyant qu'il ne voulait pas quitter le palier, ou tout au moins qu'il insistait par trop auprès de ma domestique, je me suis dérangée, je suis venue à la porte entre-bâillée et maintenue par la chaîne de sûreté, pour le prier de se retirer, lui faisant remarquer qu'il se compromettait.

Chaque fois, c'était pour me demander de lui rendre les lettres et aussi les petits bleus ou cartes-télégrammes dont je viens de vous parler plus haut. Je lui ai toujours répondu que je lui promettais de ne pas les publier, mais que j'étais obligée de les garder pour ma défense. Je lui ai affirmé que si la lettre *du uhlan* et les trois ou quatre autres ont été publiées par les journaux, ce n'a été que contre ma volonté et grâce à ma trop grande confiance dans la parole d'une personne que je croyais être ami dévoué.

Le commandant Esterhazy, répondant à mon refus, ne m'a jamais dit qu'il se tuerait.

7° La réponse de Mme de Boulancy à la question n° 6 rendant la question n° 7 sans objet, cette dernière question reste sans réponse.

8° La première partie de la question n° 8 reste également sans réponse pour la même raison exposée au sujet de la question n° 7.

Demande (deuxième partie de la question n° 8). — Le commandant Esterhazy n'a-t-il pas réitéré ses demandes de vive voix, et ne s'est-il pas retiré qu'en entendant un locataire d'un étage supérieur?

Réponse. — Je l'ai déjà dit, le commandant Esterhazy est venu plusieurs fois chez moi pour obtenir la restitution des lettres et des petits bleus, mais il n'a jamais pénétré dans mon appartement.

C'est samedi dernier, alors que j'étais venue m'installer à Neuilly, que le commandant Esterhazy a été vu 22, boulevard des Batignolles, dans mon escalier, par un locataire d'un étage supérieur au mien. Je ne sais pas quelle a été l'attitude du commandant Esterhazy quand il a entendu venir ce locataire; cet incident m'a été rapporté.

Il y avait déjà trois jours que j'étais installée à Neuilly.

Me CLÉMENCEAU. — Cette copie nous a été notifiée par le Parquet.

Vous connaissez maintenant, messieurs les jurés, l'interrogatoire de Mme de Boulancy auquel a procédé M. Bertulus. Voici maintenant les conclusions que j'ai l'honneur de prendre et qui tendent à un nouvel interrogatoire.....

M. LE PRÉSIDENT. — Il serait peut-être bon de lire auparavant l'interrogatoire de Mlle de Comminges pour que MM. les jurés connaissent également le résultat de cet interrogatoire.

Me LABORI. — Très volontiers, monsieur le Président. Voici, messieurs les jurés, l'interrogatoire de Mlle de Comminges auquel il a été procédé par M. Bertulus :

Demande. — Savez-vous qu'on ait employé votre nom pour écrire à M. le lieutenant colonel Picquart?

Réponse. — Oui, monsieur.

D. — Comment le savez-vous?

R. — Depuis quelques jours seulement, par la lecture du compte rendu du procès Zola.

D. — Ne donniez-vous pas le sobriquet de *Demi-Dieu* au capitaine de Lallemand?

R. — Oui, M. le capitaine de Lallemand était un wagnérien si distingué, si remarquable, que les habitués de mon salon lui donnaient volontiers le nom de *Demi-Dieu*.

D. — Savez-vous si ce mot n'a pas été employé dans un télégramme argué de faux?

R. — Oui, monsieur, je le sais.

D. — M. le commandant du Paty de Clam n'avait pas contre vous et contre votre famille des motifs de rancune?

R. — Je ne répondrai pas à cette question. Il y a des secrets de famille qui ne regardent personne.

D. — N'est-il pas à votre connaissance que le commandant du Paty de Clam ait eu recours, en 1892, à des manœuvres très graves, notamment à l'emploi de lettres anonymes?

R. — Je ne crois pas devoir répondre.

D. — M. Lozé, préfet de police n'a-t-il pas été saisi de cette affaire, et M. le général D... n'a-t-il pas eu à intervenir?

R. — Je ne crois pas devoir répondre.

D. — M. le lieutenant-colonel du Paty de Clam n'a-t-il pas organisé, pour la restitution d'une lettre, une scène qui se passait au Cours la Reine et où il a fait intervenir une dame voilée?

R. — Je ne puis répondre à ces questions d'ordre intime.

M. LE PRÉSIDENT. — Quelles sont maintenant, Messieurs, les conclusions que vous voulez déposer?

Me CLÉMENCEAU. — La Cour a retenu, de la lecture précédemment faite, que Mme de Boulancy a déclaré que les lettres qu'elle détenait contenaient des propos aussi compromettants que la lettre dite *du uhlan* et notamment des injures à l'armée et à la France. Je me borne, comme préambule aux conclusions que je dépose, à rappeler que les faits affirmés par nous dans les questions que nous avions posées, ont été reconnus exacts par le témoin. La Cour comprendra que nous tenions à être renseignés d'une façon plus précise encore, et voilà pourquoi nous avons l'honneur de déposer les conclusions suivantes :

Conclusions.

relatives à un supplément d'information demandé en ce qui concerne Mme de Boulancy

Plaise à la Cour,

Attendu que, dans l'interrogatoire auquel il a été procédé, Mme de Boulancy a reconnu qu'elle possédait encore des lettres du commandant Esterhazy et que ces lettres contenaient des outrages à l'armée et à la France;

Attendu que l'importance de ces faits justifie un supplément d'instruction et la confrontation des accusés avec le témoin, pour que ce dernier réponde en leur présence aux questions qui lui seront posées;

Par ces motifs,

Dire que, par tel magistrat qu'il plaira à la Cour de désigner, Mme de Boulancy sera à nouveau interrogée, et qu'il lui sera notamment posée la question suivante :

Est-ce qu'il est énoncé, dans ces lettres ou dans l'une d'elles, par le commandant Esterhazy, rapportant des propos qu'il dit avoir été tenus devant lui par des officiers prussiens : 1° que le général Saussier est un clown et que chez eux les Allemands le mettraient dans un cirque; 2° que si les Prussiens arrivaient jusqu'à Lyon, ils pourraient jeter leurs fusils en gardant seulement leurs baguettes pour chasser les Français devant eux ;

Dire que les accusés seront confrontés avec Mme de Boulancy, admis à assister à cet interrogatoire et à faire poser, par M. le magistrat commis, à Mme de Boulancy toutes questions qu'ils jugeraient utiles dans l'intérêt de leur défense.

Messieurs, je n'ai qu'un mot à ajouter pour compléter mes conclusions, et je pense que, une fois du moins nous allons tous être d'accord : Vous voyez ce qu'a affirmé déjà Mme de Boulancy, c'est que ces lettres contiennent des outrages à l'armée et à la France. Vous savez que ces outrages à l'armée et à la France ont été proférés par un officier français. Eh bien ! alors qu'il y a ici, tout au moins — s'il n'y a pas d'autre affaire — alors qu'il y a ici une affaire Esterhazy, je crois qu'il est indispensable de savoir quels sont les outrages à l'armée et à la France, au moins aussi graves que ceux contenus dans la lettre *du uhlan*, qui peuvent se trouver dans les nouvelles lettres du commandant Esterhazy. Je pense que les amis de M. le commandant Esterhazy, que le commandant Esterhazy lui-même, vont être les premiers à se joindre à nous pour souhaiter de connaître le texte de ces lettres. La Cour sait que nous ne pouvons pas faire venir ici Mme de Boulancy. La question est extraordinairement grave; elle concerne le commandant Esterhazy dont l'affaire est jugée ici. Dans ces conditions, j'insiste pour que la Cour réponde affirmativement aux conclusions que j'ai l'honneur de déposer entre ses mains.

M. LE PRÉSIDENT. — La Cour remet à demain pour statuer.

(*A l'huissier audiencier.*) Faites venir un autre témoin.

DÉPOSITION DE M. ÉMILE MOLINIER

Conservateur au Musée du Louvre, archiviste paléographe

(*Le témoin prête serment.*)

M. LE PRÉSIDENT. — Maître Labori, quelle question ?

Me LABORI. — M. Molinier voudrait-il bien nous faire connaître quel est le résultat de l'examen auquel il s'est livré en ce qui concerne le bordereau de l'affaire Esterhazy, et quelles sont les conclusions auxquelles il est arrivé à la suite de ses études ?

M. E. MOLINIER. — Messieurs les jurés, je vous dirai d'abord que je n'ai eu entre les mains que des fac-similés du bordereau et, en particulier, le fac-similé qui a été publié par le journal *Le Matin*.

Or, comme j'ai l'habitude de me servir de ce genre de fac-similés, que, depuis vingt ans, je fais constamment reproduire, soit des manuscrits, soit des documents graphiques quelconques par les mêmes procédés, je puis assurer qu'un document reproduit par le *gillotage* peut, pour les constatations que j'ai pu faire en gros sur le bordereau, avoir la valeur d'un original. Que le bordereau, tel qu'il a été publié par le journal *Le Matin*, soit une reproduction d'après une photographie du susdit bordereau, que ce soit la reproduction d'un calque exécuté sur l'original du bordereau, peu importe ! Pour moi, dans ce bordereau, je retrouve en somme l'original ; car si, par l'impression, par les différentes opérations de clichage, il peut se produire quelques différences dans l'épaisseur des traits, par contre, les signes caractéristiques de l'écriture, l'allure générale, la façon de tracer les lettres ne peuvent être changés ; certaines lettres caractéristiques ne peuvent être interverties. Et, de l'étude à laquelle je me suis livré sur ce fac-similé du bordereau, il résulte pour moi que, dans cette écriture, il y a un certain nombre de caractères absolument personnels.

Je vous citerai, par exemple l'*M* majuscule, qui est très particulière, la double *s* qui est très particulière également, et sur laquelle mon attention a été appelée tout d'abord, et pour une raison très topique que je ne dois pas vous cacher, messieurs les jurés, c'est que, moi-même, je fais la même double *s* que l'auteur du bordereau. Or, à quelle circonstance dois-je cette similitude entre mon écriture et l'écriture du bordereau ? Vous me permettrez de vous raconter ce petit fait de mon existence, ce sera très court, du reste.

Ayant vingt ou vingt-deux ans, j'ai été amené, en entrant à l'Ecole des Chartes, à copier pendant plusieurs mois, à transcrire des copies faites par un savant allemand, d'après des manuscrits anciens, copies excessivement exactes, pour ainsi dire calligraphiées, dont l'écriture avait un caractère très personnel.

Ces copies avaient été exécutées par un nommé Bussemacher, qui travaillait à cette époque en collaboration avec le savant d'Aremberg, et qui était chargé de la publication des médecins grecs et aussi des traductions, en latin du moyen âge, d'ouvrages de médecine grecque. Dans l'écriture de Bussemacher se trouvait cette double *s* que j'ai retrouvée dans le bordereau ; et, de cette cohabitation pendant quelques mois avec l'écriture de Bussemacher, l'idiotisme de cette écriture est passé dans la mienne. D'autres idiotismes également se sont introduits dans mon écriture, comme, par exemple, la forme des *x*. C'est vous dire combien mon attention devait être appelée précisément sur l'un de ces idiotismes, que j'ai rencontré dans le bordereau.

J'ai été amené ensuite, après avoir examiné le bordereau, à le comparer avec les fac-similés qui ont été publiés dans différents journaux et dans les brochures de Bernard Lazare. Pour moi, la similitude est absolument complète entre l'écriture du bordereau et l'écriture du commandant Esterhazy. Je dirai même que si un savant, si un érudit, trouvant dans un volume de la Bibliothèque nationale, dans un de ces volumes que nous consultons tous si souvent, accolé à des lettres du commandant Esterhazy, l'original du bordereau, il serait pour ainsi dire disqualifié s'il ne disait pas que le bordereau et la lettre sont de la même écriture, sont de la même main, ont été écrits par le même personnage.

C'est ce que j'avais à dire, messieurs les jurés.

M. LE PRÉSIDENT. — Vous n'avez eu qu'un fac-similé des lettres du commandant Esterhazy ?

M. E. MOLINIER. — J'ai eu des fac-similés des lettres du commandant Esterhazy ; mais j'ai eu entre les mains de très nombreuses lettres d'Esterhazy, j'ai eu également des lettres de Dreyfus en originaux.

Je demande la permission de me retirer.

M° LABORI. — Je ne ferai qu'une seule observation : c'est que, si un incident d'audience nous obligeait à demander au témoin un complément d'information, nous le ferions prier de revenir.

DÉPOSITION DE M. CÉLERIER

Professeur au collège de Fontenay-le-Comte, expert écrivain

(*Le témoin prête serment.*)

M. LE PRÉSIDENT. — Maître Labori, quelle question ?

M° LABORI. — M. l'expert voudrait-il nous faire connaître quelles sont les études auxquelles il s'est livré relativement à l'écriture du commandant Esterhazy, relativement au bordereau qui a été versé à l'affaire Esterhazy, et quelles sont les conclusions auxquelles il est arrivé ?

M. CÉLERIER. — Messieurs les jurés, j'ai examiné l'écriture de la pièce appelée communément le *bordereau*, puis l'écriture de M. Esterhazy, et je suis arrivé à la conclusion, après avoir comparé les écritures, que l'écriture du bordereau était la même que celle de M. Esterhazy.

M. LE PRÉSIDENT. — Qu'est-ce que vous aviez entre les mains, un fac-similé du bordereau ?

M. CÉLERIER. — J'avais entre les mains un fac-similé pris dans une brochure de M. Bernard Lazare... Voici la pièce...

M. LE PRÉSIDENT. — Oh ! non, il faut laisser les papiers dans votre poche. Et puis, comme lettre de M. Esterhazy ?

M. CÉLERIER. — J'avais une lettre commençant par ces mots : « Je reçois avec surprise... », une lettre de quatre pages et d'autres papiers.

M. LE PRÉSIDENT. — Mais, ce n'était pas un original ?

M. CÉLERIER. — Ce n'étaient pas des originaux, ce n'étaient que des fac-similés.

M. LE PRÉSIDENT. — Vous n'aviez donc aucun original, ni l'original du bordereau, ni l'original des lettres du commandant Esterhazy ? C'est sur des fac-similés que vous avez travaillé ?... Continuez maintenant.

M. CÉLERIER. — Voici, Messieurs, quelques preuves à l'appui de mes conclusions : J'ai remarqué, par exemple, la forme de la lettre *f* dans le bordereau ; j'ai retrouvé cette lettre sous la même forme dans la lettre du commandant que j'avais entre les mains. La double *s* est également la même de part et d'autre, surtout la seconde qui forme avec l'*e* final, par exemple dans les mots *adresse*, *interesse*, un coup de plume absolument identique. J'ai remarqué aussi les différentes formes de la lettre *t* ; parmi ces formes, il en est une qui est assez rare. Cette forme du *t* présente au milieu une espèce de renflement, dans l'écriture du bordereau ; eh bien ! cette particularité se retrouve dans l'écriture du commandant Esterhazy.

J'ai remarqué également la forme de la lettre *a* minuscule ; cette lettre *a* est faite d'une façon régulière dans certain cas ; mais le plus souvent elle affecte une forme ressemblant un peu à un *x*, c'est-à-dire qu'elle est commencée à l'envers, comme quand on fait un *x*. C'est encore là un caractère du bordereau ; or, c'est aussi un caractère de l'écriture du commandant Esterhazy, du moins dans la lettre que j'ai eue entre les mains. J'ai examiné toutes les lettres avec leurs différentes formes, car il en est qui ont quatre à cinq formes différentes, et j'ai trouvé que, dans l'écriture de comparaison, toutes ces formes, sans exception, existaient. J'ai vu des mots qui étaient identiques de part et d'autre ; je n'en citerai qu'un seul, c'est le mot *moins*, que je trouve dans le bordereau dans cette expression : *à moins que vous ne vouliez que je fasse copier*... Voici comment ce mot est obtenu :

L'*o* se réduit à un simple petit point ; dans l'*i*, le point sur l'*i* se continue avec l'*n* et l's. Dans la pièce de comparaison, je retrouve ce même mot : *Il le dit du moins*..., dans la première page de la lettre dont je parlais tout à l'heure. Ce mot *moins* est obtenu également de la même façon, ce sont des coups de plume absolument identiques comparés entre eux : m o i... le point sur l'*i* qui se continue avec l'*n* et l's.

Je pourrais citer d'autres ressemblances en d'autres mots, par exemple le mot *manœuvres*. Bref, il m'est absolument impossible d'arriver à une autre conclusion, à savoir que c'est absolument la même écriture... La lettre *n* a une forme assez étrange ; la lettre *n* est tantôt régulière, tantôt c'est un *x* ; ainsi, on peut lire tantôt le mot *tenir*, et tantôt le mot *texir*. Eh bien ! si je regarde l'écriture de comparaison, j'y vois cinq, ou six fois sur dix, l'*n* se transformer en *x*.

Il n'y a absolument qu'à ouvrir les yeux pour voir la chose ; c'est absolument la même écriture... Voilà, Messieurs, ce que j'avais à dire.

M. LE PRÉSIDENT. — Qui vous avait chargé de faire cette expertise ?

M. CÉLERIER. — C'est M. Bernard Lazare ; il m'a demandé si je voulais faire cette expertise. Je lui ai répondu que oui et je lui ai envoyé quelques lignes de rapport et des conclusions.

M. LE PRÉSIDENT, *à M° Labori*. — Vous n'avez pas d'autres questions ?

(*M° Labori fait un signe négatif.*)

M. L'AVOCAT GÉNÉRAL. — Je voudrais demander au témoin s'il ne s'est pas trouvé en présence des trois experts qui ont été commis dans l'affaire Esterhazy, devant une autre Cour d'assises ?

M. CÉLERIER. — Comment s'appellent-ils ?

M. L'Avocat général. — Ceux de l'affaire Esterhazy, M. Charavay et autres.

Me Clémenceau. — Ne serait-ce pas le huis clos qu'on veut violer, monsieur le Président ?

M. L'Avocat général. — Non, il n'y avait pas de huis clos... le témoin doit savoir de quels experts je veux parler.

M. Célerier. — Je me suis trouvé, en effet, à la Roche-sur-Yon, devant la Cour d'assises, en présence de MM. Charavay et Belhomme et un troisième expert dont je ne me rappelle pas le nom... Là, nous sommes arrivés, pour une affaire qui a été bien simple, à mon avis, nous sommes arrivés à des conclusions différentes. J'ai affirmé qu'il y avait trente-deux faux, qu'ils avaient été faits par une femme, qu'ils n'avaient pu être faits par un homme qui ne sait pas écrire, qui est illettré... Il sait à peine signer son nom.

MM. Belhomme et Charavay sont venus affirmer qu'il n'y avait pas de faux, et qu'à la rigueur, ce pouvait être cet homme, qui ne savait qu'écrire les six lettres de son nom, qu'à la rigueur ce pouvait être cet homme qui avait fait ces faux.

M. L'Avocat général. — Vous étiez en contradiction avec les mêmes experts ?

Me Labori. — Puisque M. l'Avocat général se préoccupe de ces questions, je serais très désireux qu'on demande à M. Varinard si, il y a quinze jours à peine, devant la Cour de Paris, il n'a pas été rendu une décision dans une affaire dans laquelle plaidaient mes confrères Prévost et Foucault, où on n'a pas reconnu ce que disait M. Varinard ; la Cour a tout simplement rejeté les conclusions de ce dernier.

M. le Président. — Il n'est pas question de cela maintenant; M. Célerier n'est pas expert près le Tribunal de la Seine.

M. Varinard, *de sa place*. — Ce n'est pas moi qui étais dans cette affaire.

Me Labori. — Alors, c'est un autre. (*Murmures.*)

Nous ne pouvons pas dire un mot qui soit contre nos adversaires, sans qu'immédiatement cette salle proteste, alors qu'après tout, on a pris des mesures exceptionnelles afin que l'entrée en soit rendue plus difficile.

Me Clémenceau. — Si vous refusez de faire appelez M. Belhomme, monsieur le Président, je vous prie de constater ceci, c'est que M. l'Avocat général vient de poser à un expert une question qui était de nature à affaiblir sa déposition ; que, dans des conditions identiques, la défense ayant demandé à poser des questions analogues à d'autres experts, M. le Président nous a refusé la parole pour poser ces questions.

M. le Président. — Parfaitement, parce que cela ne sert à rien.

Me Clémenceau. — Du moment où il est entendu que la question de M. l'Avocat général « ne sert à rien », je n'insiste pas pour poser la mienne.

M. Célerier. — Monsieur le Président, est-ce que je puis me retirer ?

M. le Président. — La défense ne s'y oppose pas ? (M⁸ *Labori fait un signe négatif.*)

(*A l'huissier audiencier.*) Faites venir un autre témoin.

DÉPOSITION DE M. BOURMONT

Archiviste paléographe.

(*Le témoin prête serment.*)

M. le Président. — Maître Labori, quelle question ?

M⁸ Labori. — Je demanderai au témoin de vouloir bien nous faire connaître ses conclusions, à la suite de l'examen auquel il s'est livré, en ce qui concerne l'écriture du bordereau et l'écriture d'Esterhazy.

M. Bourmont. — Je dois d'abord déclarer que je n'ai jamais eu entre les mains l'original du bordereau, que mes études de comparaison n'ont pu porter que sur des fac-similés.

Mais je suis porté à croire que, si dans les fac-similés, s'il y a quelques empâtements pouvant modifier d'une façon légère les caractères des documents, ces empâtements ne peuvent pas modifier ces documents au point que l'inclinaison de l'écriture soit changée, que le dessin général soit modifié. Ceci dit...

M. le Président. — Vous n'avez pas eu l'original du bordereau... ? Avez-vous eu des lettres, en original, sous les yeux, du commandant Esterhazy ?

M. Bourmont. — Oui, monsieur le Président, j'ai eu sous les yeux des originaux de lettres.

M⁸ Labori. — MM. les jurés retiendront que voilà déjà trois experts qui ont vu les originaux.

Le témoin a-t-il également eu des fac-similés ?

M. Bourmont. — J'ai eu des originaux et des fac-similés.

M⁸ Labori. — Eh bien ! les fac-similés étaient-ils exacts ?

M. Bourmont. — Absolument.

M⁸ Labori. — Eh bien ! est-ce que les confrères de M. Bourmont qui n'ont eu que des fac-similés pouvaient s'éclairer ou surtout..., car il est venu ici M. Meyer, M. Célerier, qui n'avaient eu que des fac-similés... ou surtout ces éléments étaient-ils suffisants pour faire une expertise ?

M. Bourmont. — Sans aucun doute.

M. le Président. — Continuez.

M. Bourmont. — J'affirme de la façon la plus formelle que le fac-similé du bordereau est la représentation exacte de l'écriture du commandant Esterhazy.

M. le Président. — Qui est-ce qui vous avait chargé de cette mission ?

M. Bourmont. — J'ai été cité par la défense.

M. LE PRÉSIDENT. — Non, qui est-ce qui vous avait prié de faire cette expertise ?

M. BOURMONT. — C'est moi-même.

M. LE PRÉSIDENT. — Ah ! c'est vous-même !

M. BOURMONT. — Absolument !

M. LE PRÉSIDENT. — Qui est-ce qui vous a remis les originaux des lettres du commandant Esterhazy ?

M. BOURMONT. — Ils m'ont été remis par d'autres experts qui les avaient entre les mains.

M. LE PRÉSIDENT. — Alors, vous avez eu certains originaux de lettres, mais vous n'avez eu que des fac-similés du bordereau ?

M. BOURMONT. — Oui, monsieur le Président, je n'étais pas expert dans l'une ou l'autre affaire.

DÉPOSITION DE M. FRANCK

avocat, docteur en droit, publiciste.

Me LABORI. — Je prierai M. Franck de vouloir bien nous faire connaître les recherches auxquelles il s'est livré en ce qui concerne l'écriture du bordereau et celle du commandant Esterhazy, de nous faire connaître ses procédés et de nous expliquer, en nous faisant assister avec lui à un résumé de son travail, les conclusions auxquelles il est parvenu. J'ajoute que si M. Franck croyait nécessaire que MM. les jurés eussent entre les mains des spécimens d'écritures, nous pourrions leur en faire passer.

M. LE PRÉSIDENT. — Il ne faut sortir aucune pièce.

Me LABORI. — Ce sont, Messieurs, les spécimens qui ont été versés au dossier... mais, Messieurs, pour suivre la démonstration, il est nécessaire que je fasse passer ces pièces à MM. les jurés; une démonstration de graphologie ne peut pas se faire sans mettre entre leurs mains les spécimens du bordereau et les spécimens de l'écriture du commandant Esterhazy.

M. LE PRÉSIDENT. — Pourquoi ces pièces ont-elles été copiées ou photographiées ?

Me LABORI. — Ce sont les pièces du dossier, ce ne sont que des exemplaires...

(*M. Franck demande qu'on lui donne un tableau noir pour faire sa démonstration.*)

M. LE PRÉSIDENT. — Il n'y a pas de tableau noir.

Me LABORI. — Si, monsieur le Président, j'ai eu soin d'en apporter un et je rappelle à la Cour, que dans une précédente affaire en Cour d'assises, M. le Président Poupardin a bien voulu autoriser qu'on apportât un tableau noir pour faire une démonstration, et cette affaire est assez grave pour qu'on puisse invoquer ce précédent.

M. le Président. — Combien de temps votre démonstration va-t-elle durer ?

M. Franck. — Environ une heure, monsieur le Président.

(L'audience est suspendue.)

(L'audience est reprise à trois heures cinq.)

M. le Président. — Monsieur Franck, vous avez la parole.

M. Franck. — Messieurs de la Cour, messieurs les jurés, avant d'examiner devant vous et d'établir nettement les caractères d'identité existant entre l'écriture du bordereau et l'écriture de M. Esterhazy, je dois vous indiquer quelques points extrêmement importants de nature à établir que les erreurs en matière d'expertise en écritures peuvent être fréquentes et peuvent être compréhensibles dans certains cas. Lorsque, par exemple, on se trouve en présence d'une écriture déguisée ou d'une écriture imitée, il est évident que, dans un tel cas, l'expert en écritures peut se tromper, parce qu'alors il peut prendre pour des caractères naturels de l'écriture ce qui constitue en quelque sorte les traits de l'imitation ou les traits de l'assimilation.

Si, par exemple, moi, je veux déguiser, si je veux échapper à des poursuites, si je veux dissimuler mon écriture, en imitant l'écriture d'un autre, il est évident que je dissimulerai de telle manière que le jour où je serai pincé, le jour où j'aurai à prouver que je ne suis pas l'auteur du faux, je dirai : « Mais, cette écriture n'est pas la mienne, attendu que vous trouvez là des éléments qui ne sont pas des éléments de mon écriture ! » — L'erreur des premiers experts provient de ce qu'ils sont partis de ceci : dans la première affaire, dont nous n'avons pas à parler, ils sont partis de cette idée, que l'auteur de la pièce incriminée avait dissimulé son écriture.

Mais l'expertise des seconds experts a été extrêmement commode et extrêmement facile. Pourquoi cela ? Parce que l'écriture du bordereau, — et c'est pour cela qu'on a fait le huis clos, parce qu'on ne voulait pas avouer cette vérité élémentaire, — parce que l'écriture du bordereau est une écriture naturelle, courante, une écriture spontanée, et celui qui a écrit le bordereau n'a pas du tout contrefait son écriture, il a écrit d'une manière naturelle.

Or, tous les experts qui ont été appelés à se prononcer sur la question ont été d'un accord unanime; tous les experts ont reconnu, les experts de Bruxelles, de Paris, comme ceux d'Issoudun, que le bordereau était d'une écriture naturelle. On n'a pas osé venir le dire ici, et pour cause, nous verrons pourquoi.

Nous avons donc, Messieurs, à examiner ici quels sont les éléments caractéristiques de l'écriture du bordereau, quels sont les traits essentiels de cette écriture, et puis alors notre mission est bien simple, nous avons à rechercher quels sont les éléments caractéristiques de l'écriture de M. Esterhazy. Nous verrons que tous les éléments essentiels de l'écriture du bordereau se retrouvent exactement dans l'écriture de M. Esterhazy, dans une proportion identique et dans une uniformité absolue de traits. C'est ce que je vais démontrer.

Prenons d'abord les caractères généraux de l'écriture qui sont extrêmement importants.

Le bordereau se compose de deux feuillets. Le premier part de la ligne 1 jusqu'à la ligne 18, et c'est facile à établir, attendu que l'on voit des juxtapositions de lettres qui ne sont pas exactement bien faites et qui prouvent que cette partie du bordereau a été déchirée jusque-là; à partir de la ligne 19, nous arrivons au second feuillet qui se trouvait au verso de la page suivante (1).

Si nous examinons ce second feuillet à partir de la ligne 19, et si nous traçons une ligne droite, que voyons-nous? C'est que l'auteur du bordereau écrit en rentrant dans la ligne, il rentre à droite; si nous prenons l'écriture de M. Esterhazy et si nous traçons une ligne marginale, nous voyons que M. Esterhazy rentre aussi dans la ligne, en commençant et au fur et à mesure que l'alinéa s'achève. Si nous prenons par hasard l'écriture de Dreyfus, nous trouvons le contraire, il passe à gauche, tandis qu'Esterhazy passe à droite.

M. LE PRÉSIDENT. — Ne parlez pas de Dreyfus, ne parlez que d'Esterhazy.

M. FRANCK. — Parfaitement. Je constate que l'écriture du bordereau et l'écriture d'Esterhazy présentent ce caractère d'identité absolue qu'on ne retrouve pas ailleurs.

Autre observation : Quand l'auteur du bordereau commence un alinéa, il ne laisse aucun blanc, et si vous examinez l'autre partie de la *Clé de l'affaire* que nous appellerons la *Clé de l'affaire Esterhazy*, puisqu'on ne peut pas dire la Clé de l'affaire Dreyfus, vous constatez que l'écriture du bordereau ne laisse pas de blanc en commençant l'alinéa. Prenez ce dernier document, il n'y a pas de blanc. Prenez, par exemple, à la page 3, ligne 14 : *Vous me parlez des héritiers*, il n'y a pas de blanc au commencement de l'alinéa. Par conséquent, second caractère d'identité, pas de blanc au commencement de l'alinéa.

Mais si vous prenez la fin de la lettre de M. Esterhazy, de ce monsieur qui ne laisse pas de blanc au commencement de ses alinéas, vous découvrez que vers la finale de la lettre, il laisse un très grand blanc entre les dernières lignes. Esterhazy, à la ligne 7 de la page 4, par exemple, laisse aussi un blanc, et un très grand blanc. A cet alinéa final : *Veuillez croire, Monsieur, à mes sentiments distingués*, il laisse un blanc, alors qu'il n'en laisse jamais au commencement de ses alinéas. Or, si vous prenez le bordereau, vous retrouverez le même signe d'identité

---

(1) Voir, à la fin du deuxième volume, les fac-similés du bordereau, des lettres de M. le commandant Walsin-Esterhazy et de M. A. Dreyfus.

qui trahit l'auteur exact du bordereau ; il y a un blanc entre la ligne 29 et le dernier alinéa.

Un autre trait d'identité, Messieurs ! Je vous ai dit que M. Esterhazy ne laisse pas de blanc au commencement de ses alinéas, et c'est là un caractère très curieux. Il en est de même dans le bordereau. Mais, si vous prenez, par hasard, l'intérieur des phrases, à l'intérieur d'un alinéa, vous remarquerez, par exemple, à la ligne 18, et il suffit de mesurer avec une réglette ordinaire, vous remarquerez, entre le mot *jours* et le mot *Le*, un intervalle de 10 millimètres entre les deux phrases du même alinéa. De même, un intervalle de 10 millimètres, entre les mots : *je prendrai*, et les mots : *A moins que*. Il y a là un intervalle de 10 millimètres dans le même alinéa, alors qu'il ne laisse pas de blanc dans l'alinéa.

Je vois que cette particularité est très caractéristique et je la retrouve constamment chez M. Esterhazy. Il laisse des blancs de 10 millimètres entre deux phrases du même alinéa. Prenez par exemple — il vous suffira de mesurer avec n'importe quelle réglette — prenez la page 1, ligne 11, vous trouverez entre les deux alinéas 10 millimètres de blanc.

Je remarque aussi, comme caractère général établissant l'identité des écritures, je remarque une grande variabilité dans les traits ; vous avez chez Esterhazy des lettres qui ont ce qu'on appelle une *amplitude* verticale de 9, 10, 11 millimètres, et à côté de ces lettres ayant 11 millimètres d'amplitude verticale, vous trouvez des lettres n'ayant que 2 millimètres d'amplitude verticale ; aussi lorsqu'on interrogeait M. Esterhazy, disait-il : « Mon écriture est extrêmement fantaisiste. » C'est très vrai, mais l'écriture du bordereau est aussi extrêmement fantaisiste.

Prenez le bordereau, voici le mot *frein*, la lettre *f* est une des plus longues lettres du bordereau, le mot *frein* a une amplitude de 9 millimètres, et si vous passez à la treizième ligne, et que vous mesuriez le *t* du mot *projet*, vous voyez que ce *t* n'a que 2 millimètres d'amplitude ; il passe de 9 à 2 millimètres.

Prenez maintenant une lettre d'Esterhazy, vous verrez des *f* de 9, 10 et 11 millimètres d'amplitude verticale, et vous verrez aussi des lettres ne mesurant que 2 millimètres d'amplitude verticale ; c'est ainsi que si vous prenez à la quatrième ligne, le mot *temps*, par exemple, dans cette phrase : *à l'époque de mon mariage et dans le temps qui suivit*, vous verrez que le *p* ne mesure que 2 millimètres. Il y a donc une grande variabilité dans l'écriture, une véritable fantaisie qui montre l'identité des deux écritures.

Si nous prenons alors les caractères généraux de l'écriture, nous remarquons que l'écriture du bordereau, comme l'écriture d'Esterhazy, présente ces deux caractères que je vais vous indiquer et qu'on appelle d'une manière technique, une écriture à traits *centripètes*, c'est-à-dire qu'il rapproche les traits vers lui, tandis que celui qui a été condamné pour avoir écrit ce bordereau et que je n'ai pas à nommer, a des traits *centrifuges*, c'est-à-dire exactement le contraire. Esterhazy, au point de vue graphologique, d'après ses caractères, a des signes d'égoïsme. (*Bruits dans l'auditoire.*)

Je disais donc que l'écriture de M. Esterhazy se manifeste par des traits centripètes, c'est-à-dire qu'il ramène les traits vers lui, tandis que l'autre que je n'ai pas à nommer, a une écriture à traits centrifuges. D'autre part, Esterhazy a une écriture *dextrogyre*, c'est-à-dire une écriture dont tous les mouvements vont vers la droite, tandis que celui qui a été condamné a une écriture *sinistrogyre*; c'est donc tout le contraire.

Si on examine les lettres du bordereau et les lettres de M. Esterhazy, on constate ceci, c'est que l'auteur du bordereau et M. Esterhazy ont tous les deux une écriture extrêmement sténographique, c'est-à-dire qu'ils font abstraction de tous les traits calligraphiques, de ce qu'on peut appeler les traits calligraphiques d'une écriture; en d'autres termes, M. Esterhazy, comme l'auteur du bordereau, au lieu d'écrire un *f* comme nous l'écrivons tous, d'une manière plus ou moins calligraphique, l'écrivent avec une écriture sténographique comme ceci.....

Prenons maintenant quelques lettres au hasard, prenons d'abord la lettre *a*. Dans la lettre *a* du bordereau, comme dans la lettre *a* de M. Esterhazy, nous retrouvons des formes différentes; si vous analysez l'écriture du bordereau et l'écriture de M. Esterhazy, vous y trouverez dix formes d'*a* : l'*a* bien fait, comme par exemple, à la ligne 28, l'*a* du mot *adresse*; mais c'est une exception très grande, parce que l'*a* dégénère, il devient poché, empâté, pour finir par n'être plus qu'un accent circonflexe, ce qui vous démontre encore que l'écriture du bordereau, comme l'écriture d'Esterhazy, est une écriture centripète et une écriture dextrogyre, et vous allez en avoir d'autres exemples.

Prenons la lettre *d*. Je crois que M. Teyssonnières a insisté sur les particularités de cette lettre, et nous allons voir qu'il a malheureusement insisté sur un fait erroné, parce que c'est la condamnation la plus absolue de l'expertise à laquelle il s'est livré.

Il y a dans le bordereau 29 *d*. Sur ces 29 *d*, nous trouvons des *d* à hampe bouclée, bien arrondie; il y a, sur ces 29 *d*, 27 *d* bouclés à hampe bien caractérisée, et deux *d* droits à l'anglaise. Retenez cette proportion, 29 *d*, dont 27 bouclés et 2 droits à l'anglaise. Je prends un passage de M. Esterhazy, et je trouve 27 *d*, dont 25 *d* bouclés de forme dextrogyre et 2 *d* à l'anglaise, proportion identique à celle du bordereau. Il y a là un trait inconscient, un trait naturel, un signe inconscient qui se retrouve à la foi dans l'écriture d'Esterhazy et dans l'écriture du bordereau.

J'arrive, messieurs les jurés, à la lettre *f*, et ici l'observation que je vais faire est très importante. Le *f* est une des particularités les plus curieuses du bordereau et de l'écriture de M. Esterhazy. Je vous disais que l'écriture de M. Esterhazy comme celle du bordereau est une écriture centripète.

On nous a appris, à tous, à faire un *j* à boucle. M. Esterhazy, qui a une écriture essentiellement sténographique, ne perd pas son temps à mettre des boucles aux lettres, et si nous examinons le *j* du bordereau, nous voyons que les *j* du bordereau sont de simples traits mesurant de 4 à 6 millimètres d'amplitude verticale. Dans le bordereau, je trouve une seule exception : à la ligne 18, je trouve un *j* à boucle; sur 6 *j* que contient le bordereau, 5 sont un simple trait à gauche, et il y a un seul *j* à boucle, le *j* du mot *jour*, qui se trouve à la ligne 18.

Je prends alors au hasard une lettre de M. Esterhazy, et je trouve que, dans cette lettre, il y a 34 *j*; sur ces 34 *j*, 32 sont un simple trait oblique à gauche, avec un point sur le *j* à la mode hongroise, et je remarque que 2 *j* sont à boucle, précisément les 2 *j* qui se trouvent à la ligne 9 et à la ligne 10 de la page 2, les 2 *j* du mot *jour*, précisément comme dans le bordereau; il ne met de boucle que dans certains cas, par exemple dans le mot *jour*. Dans le mot *jour*, il a laissé le signe de facture, pour ainsi dire sa marque de fabrique.

Prenons la lettre *m*. Dans le bordereau, la lettre *m* est une lettre essentiellement calligraphique, et je remarque que le caractère calligraphique de l'*m* se trouve également dans l'écriture de M. Esterhazy. L'*m* se compose de trois jambages à peu près égaux et aigus. A raison du caractère sténographique de l'écriture de M. Esterhazy, on remarque que l'auteur du bordereau, comme M. Esterhazy, ne met jamais de trait de départ. L'auteur du bordereau et M. Esterhazy n'emploient jamais ces traits de départ, tandis qu'on les rencontre toujours chez Dreyfus.

Nous arrivons à l'*n* du bordereau. Cet *n* du bordereau, comme l'*n* de M. Esterhazy, est un *n* composé de traits centripètes et d'un mouvement dextrogyre, et cette combinaison du mouvement centripète et du mouvement dextrogyre produit ceci, qui est extrêmement caractéristique et qui se retrouve à la fois chez M. Esterhazy et chez l'auteur du bordereau : c'est que l'*n* a parfois la forme de l'*x*; c'est ce qu'on appelle en graphologie un « idiotisme scriptural ». Eh bien, cet idiotisme scriptural se retrouve dans la lettre de M. Esterhazy à la ligne 9, page 1 : *indignes manœuvres*. Cette combinaison de traits centripètes et dextrogyres produit l'*x*; c'est pour cela qu'Esterhazy confond l'*x* et l'*n*, et réciproquement.

Je ne puis, Messieurs, vous indiquer les caractéristiques de toutes les lettres; je passerai sous silence les particularités relatives aux *s*, vous savez ce qui vous a été dit à cet égard par d'autres témoins. Cependant, je dois vous rappeler ceci : c'est qu'en raison du caractère dextrogyre de l'écriture du bordereau, comme l'auteur du bordereau a son coup de plume tourné vers la droite, il lui est presque toujours impossible de faire le mouvement contraire, tandis que vous, comme moi, avons été habitués à écrire les *s* avec une sorte de boucle vers la gauche,

M. Esterhazy, lui, ne sait pas faire ce mouvement, parce que son mouvement est essentiellement dextrogyre ; de sorte que le mouvement vers la droite, il le fait très bien, mais le mouvement vers la gauche, il ne sait pas le faire. C'est pourquoi, chez Esterhazy, comme dans le bordereau, les *s* ont la forme d'un *t*. Si vous prenez, par exemple, dans le bordereau, les mots : *ce dernier document est extrêmement difficile à se procurer*, vous verrez que l's a la forme d'un *t*, et si vous recherchez dans l'écriture d'Esterhazy, vous trouverez que l's a fréquemment la forme d'un simple *t*. Vous verrez que l'auteur du bordereau ne parvient pas à faire un *s* régulier et qu'il en est de même dans l'écriture d'Esterhazy.

J'arrive à une lettre extrêmement curieuse, la lettre *t*. Cette lettre, que j'ai analysée soigneusement, m'a amené à faire une série d'observations très intéressantes. D'abord, chez Esterhazy, comme chez l'auteur du bordereau, nous ne trouvons pas, dans la lettre *t*, de trait de départ ; de même, les déliés n'existent pas. Chez Esterhazy, en raison de son écriture essentiellement sténographique, le trait de départ n'existe pas ; c'est perdre du temps, il le supprime, il ne le fait pas ; il en est de même pour les déliés, il trace une simple barre.

Nous arrivons alors à ce caractère extrêmement curieux, qui se retrouve dans le bordereau et également chez M. Esterhazy, c'est que, quand il y a deux *t* qui se suivent, le premier est un simple trait et le second est relié à la lettre suivante par un petit trait, ce qui donne à ce second *t* la forme d'un *b*. Prenez le bordereau à la ligne 6 : « *Cette* » pièce, et prenez au hasard un mot d'Esterhazy : *Tentative fort « nette » de chantage*, vous verrez que les deux *t* sont faits dans ces conditions, le second ayant la forme d'un *b*.

Après avoir examiné les caractères de la lettre, j'ai été appelé à faire une série de recherches extrêmement curieuses, extrêmement intéressantes ; quelques observations sur la barre du *t*, — car notez que, quand on n'a à analyser que trente lignes de l'écriture d'une personne, et qu'il s'agit de la faire condamner sur ces trente lignes, il faut examiner les moindres détails des lettres — eh bien ! que vois-je ? c'est que, chez Esterhazy, comme chez l'auteur du bordereau, la barre du *t* est toujours droite, horizontale, elle n'est ni ascensionnelle, ni descendante, tandis que chez Dreyfus, elle est toujours ascensionnelle, c'est-à-dire le contraire.

J'ai mesuré la dimension des barres des *t*, et j'ai remarqué que chez Esterhazy, comme chez l'auteur du bordereau, cette barre a une grande variabilité de dimension : elle varie entre 2 millimètres et 11 millimètres.

J'ai analysé barre par barre, j'ai donné tous les chiffres dans un rapport que nous ferons paraître à ce sujet ; je ne puis vous indiquer tous les chiffres, mais le chiffre minimum est de 2 millimètres et le chiffre maximum de 11 millimètres. Si je prends une lettre d'Esterhazy, je trouve toujours une barre dont le minimum est de 2 millimètres, ce qui démontre que le coup de plume est toujours le même.

J'ai analysé, comme seconde opération, tous les *t* du bordereau et tous les *t* chez Esterhazy ; je ne peux pas vous donner tous les chiffres de mes observations ; je ne pourrai vous donner que la synthèse. La proportion est absolument la même, le rythme, je ne dirai pas géométrique, mais le rythme arithmétique, la proportion est la même chez Esterhazy et chez l'auteur du bordereau, c'est-à-dire que l'auteur du bordereau barre deux tiers de ses *t*, alors qu'un tiers des *t* n'est pas barré ; autrement dit, 68 0/0 des *t* du bordereau sont barrés et 32 0/0 ne sont pas barrés.

Si je prends l'écriture d'Esterhazy, j'analyse tous les *t* et j'arrive à cette proportion : 65 0/0 des *t* sont barrés et 35 0/0 de *t* ne sont pas barrés, c'est-à-dire que chez Esterhazy, comme chez l'auteur du bordereau, cette opération mécanique du barrage des *t* se reproduit avec une uniformité absolue.

Mais, Messieurs, cela aurait pu être une simple coïncidence, et quand un expert est scrupuleux et consciencieux, il ne se contente pas d'éléments de coïncidence, il pousse à fond les observations qu'il est appelé à faire. Je me suis dit : de ce que 68 0/0 des *t* du bordereau sont barrés et de ce que 65 0/0 des *t* d'Esterhazy sont barrés, il ne faut pas en conclure que l'auteur du bordereau et Esterhazy font une seule et même personne. J'ai eu alors recours à une autre opération, et j'ai analysé les *t* à la fin des mots. J'ai trouvé qu'il y avait douze *t* à la fin des mots, dont quatre étaient barrés et huit non barrés ; j'ai pris alors les lettres d'Esterhazy et j'ai constaté que, dans ces lettres, il y avait quatre-vingt-huit *t* finaux, dont vingt-deux barrés et soixante-dix non barrés, ce qui donne la même proportion arithmétique, c'est-à-dire que le rythme est ici le même, l'opération mécanique est la même. Tandis que l'auteur du bordereau et Esterhazy barrent deux tiers des *t*, et ne barrent pas un tiers des *t*, par contre, le *t* final nous donne cette statistique, c'est qu'un quart est barré chez Esterhazy et dans le bordereau, tandis que les trois quarts ne sont pas barrés.

Autre particularité à propos du *t*. M. Esterhazy ne se contente pas seulement de barrer son *t*, mais il continue à barrer aussi les lettres voisines à boucles, c'est-à-dire que quand il a à faire une barre à un *t*, il ne se contente pas de barrer son *t*, mais il barre les *l* ou les *f* qui précèdent ou qui suivent le *t*. Prenez les lignes 11 et 14 du bordereau, vous verrez que l'auteur du bordereau a barré les *l* du mot *artillerie*. Prenez maintenant une lettre de M. Esterhazy, n'importe laquelle — j'en ai dans mon portefeuille, mais je ne puis vous les montrer — vous remarquerez toujours que les *l* sont également barrés après un *t*. Ainsi, dans *inutile de dire que*, vous verrez que la barre du *t* s'applique également à l'*l* du mot *inutile*.

Si vous voulez me le permettre, j'examinerai encore devant vous, avant de passer à un autre point, la lettre *o*. Je vous disais que M. Esterhazy, comme l'auteur du bordereau, avait une écriture dextrogyre, accompagnée de mouvements centripètes ; eh bien ! nous remarquerons tout cela pour les x.

Au point de vue calligraphique, l'x normal se fait par un mouvement vers la gauche et ensuite un trait vers la droite. M. Esterhazy, comme l'auteur du bordereau, simplifie, et chose étrange, c'est que la simplification du bordereau correspond identiquement à la simplification de M. Esterhazy ; c'est ainsi que M. Esterhazy fait l'x, non pas comme on nous l'apprend à l'école, mais il fait un trait dextrogyre concilié avec un trait centripète. Prenez, à la ligne 15 du bordereau : *Ce dernier document est extrèmement difficile*..., vous verrez que l'x de *extrèmement* est fait comme je vous l'indique ; c'est toujours le même coup de plume. De même, si vous prenez le mot *explication*, à la page 2, ligne 16 de la lettre d'Esterhazy, c'est encore la même chose.

L'écriture du bordereau, comme l'écriture d'Esterhazy, sont encore les mêmes en ce qui concerne les majuscules. Le bordereau comprend huit majuscules qui ont entre 5 et 11 millimètres d'amplitude verticale. Si je prends une lettre de M. Esterhazy, celle que vous avez devant vous, je remarque qu'il y a ici trente-deux majuscules, et parmi ces trente deux majuscules, trente ont l'amplitude variant entre 5 et 11 millimètres, c'est-à-dire que l'alphabet graphique de M. Esterhazy est absolument identique à l'alphabet graphique de l'auteur du bordereau.

Comme majuscules qui méritent votre attention particulière, je n'en citerai que trois : dans *Ce dernier document*, à la ligne 15, le *C* majuscule est identique au *C* majuscule qui se trouve à la page 1, ligne 9 de la lettre.

Autre lettre, la lettre *M*. La lettre *M* a la forme calligraphique, telle qu'on l'enseigne dans les écoles de Hongrie ; le second jambage s'arrête à un millimètre du premier, c'est-à-dire que le second jambage de l'*M* a un millimètre d'amplitude en moins que le premier jambage. Prenez l'*M* de *Monsieur* et l'*M* de *Madagascar*, vous verrez que l'*M* majuscule est toujours calligraphié, conserve sa forme pure et calligraphique, et cette forme calligraphique se retrouve dans les *M* de M. Esterhazy ; c'est la lettre qu'il atrophie le moins, c'est la lettre à laquelle il conserve la forme la plus nette et la plus caractéristique.

Autre majuscule très importante à noter, c'est la lettre *A*. Prenez au hasard une lettre qui vous viendra de Hongrie, vous trouverez que l'*A* majuscule a la forme de l'*a* minuscule, et je remarque que l'*A* majuscule du bordereau a la même forme, et sur cet *A* majuscule se trouve l'accent grave.

Donc, double particularité : l'*A* majuscule a la forme d'un *a* minuscule et cet *A* majuscule porte l'accent grave. Cette particularité, qui est encore une marque de fabrique, je la vois à la ligne 26 du bordereau, et je la retrouve à la ligne 3 de la page 1 chez M. Esterhazy.

J'arrive à quelques particularités relatives à l'accentuation

Je remarque, quant à l'accentuation, que M. Esterhazy, comme l'auteur du bordereau, place sur l'*i* un point épais, lourd. Si on prend les lettres de M. Esterhazy et l'écriture du bordereau, on remarque que le point sur l'*i* est un point épais et lourd.

Autre particularité : Dans le bordereau, nous trouvons à la ligne 5 un *i* simplement pointé, l'*i* de *manière* ; si nous prenons un autre mot, le mot *disposition* à la ligne 17, nous trouvons un *i* sur lequel se trouvent deux points. L'auteur du bordereau pointe donc d'une manière irrégulière ses *i* ; tantôt il met deux points, tantôt il met trois points ; eh bien ! si je prends les lettres de M. Esterhazy, je remarque que cette particularité est très fréquente chez lui. Ainsi à la page 3, ligne 3, vous verrez au mot *inverse* deux points sur l'*i*.

Je remarque encore une autre particularité, c'est que M. Esterhazy met parfois le point avant l'*i* ; ainsi, au mot *relative* de la phrase, *une note relative à Madagascar*, à la ligne 12, vous verrez que le point se trouve avant l'*i*, et si vous prenez l'écriture de M. Esterhazy, au mot *monsieur*, à la page 2, ligne 16, vous verrez que le point se trouve avant l'*i*. Très fréquemment encore, le point est uni à la lettre suivante. M. Esterhazy écrira *in*, non pas comme vous et moi, mais il écrit *i*, et il relie le point de l'*i* à la lettre suivante. — Je ne sais pas quel est cet esprit, au point de vue graphologique ; il attache plus d'importance au point qu'à la lettre elle-même. — Cette particularité de la liaison du point à la lettre suivante, je la retrouve également dans le bordereau.

Autre particularité quant à l'accentuation, c'est que M. Esterhazy met toujours un point sur le *j* ; il écrit le *j* par un simple trait, mais avec un point sur le *j*. Ce point sur le *j* amène une particularité extrêmement importante, en ce qui concerne la liaison du *j* à la lettre suivante, c'est que M. Esterhazy, comme l'auteur du bordereau, qui met un point sur le *j*, n'unit jamais le *j* à la lettre suivante, c'est-à-dire que, dans cette phrase qui se trouve à la ligne 27 : *à moins que je le fasse*... dans ce mot *je*, M. Esterhazy fait un *j*, puis un point sur le *j*, et en raison du mouvement dextrogyre dont je parlais tout à l'heure, l'*e* qui suit a la forme d'un accent grave.

Maintenant que j'ai examiné devant vous la manière dont l'auteur du bordereau et M. Esterhazy forment leurs lettres, j'ai quelques particularités à vous signaler en ce qui concerne la formation des mots.

Nous savons comment M. Esterhazy forme ses lettres, nous allons voir comment il forme ses mots, et, en ce qui concerne la formation des mots, nous avons à examiner d'abord les initiales, la liaison des lettres et les finales. Cela est très important, Messieurs, et voici pourquoi.

Pour juger de l'authenticité d'une écriture, pour voir à qui l'on peut attribuer une écriture, il est très important et très intéressant de tenir compte de ces trois éléments, parce que c'est par ces petits signes-là que le faussaire révèle presque toujours sa personnalité ; et ici, il ne peut pas être question de faux ni de faussaire, attendu que le bordereau, comme je vous le disais tout à l'heure, est d'une écriture naturelle, d'une écriture spontanée, d'une écriture courante. Eh bien ! si nous prenons d'abord les initiales, que remarquons-nous ? C'est que, pour les lettres *F*, *B*, *j*, *i*, *p*, *t*, *s*, *v*, M. Esterhazy les fait d'une manière sténographique, et que cette manière sténographique de commencer les mots est absolument identique chez l'auteur du bordereau, c'est-à-dire qu'en mettant la plume sur le papier, en prenant la plume pour commencer le mot, il n'y a jamais de trait de départ. Vous ne trouverez jamais de traits de départ, ni dans le bordereau, ni dans l'écriture d'Esterhazy.

Prenons la manière dont les lettres sont liées. Si vous prenez la peine d'examiner à tête reposée l'écriture du bordereau et l'écriture d'Esterhazy, vous serez effrayé de ce que l'on appelle, en graphologie, la forme *inhibée*. Il y a des lettres constamment coupées ; par exemple, dans le mot *indiquant*, l'*i* est séparé du *q*, l'*n* est séparé de l'*i*.

J'ai étudié longuement, Messieurs, ces formes inhibées, c'est-à-dire ces mots coupés en morceaux, et je me suis dit : « Il est curieux de voir des mots en tronçons, constamment coupés en morceaux. Pour quelle cause ces mots se présentent-ils en hachures ? » Alors, j'ai examiné, et j'ai vu que ces coupures avaient lieu après certaines lettres. Les coupures ont lieu après les *f*, les *s*, après les *i*, après les *j*, après les *t* ; après ces cinq lettres-là, vous pouvez être certain de trouver des hachures de mots dans le bordereau.

J'ai alors fait une étude comparative de chaque lettre, et je suis arrivé à cette constatation que, dans le bordereau, 38 0/0 des *f* sont liés à la lettre suivante, et chez M. Esterhazy, 41 0/0, c'est-à-dire que le rythme, je ne dirai pas géométrique, mais le rythme arithmétique, est le même chez M. Esterhazy et chez l'auteur du bordereau.

Je prends alors les *i* et je remarque que 40 à 45 0/0 des *i* sont séparés chez Esterhazy comme chez l'auteur du bordereau. Je remarque, quant au *j*, qu'il est toujours séparé de la lettre suivante. Quant au *g*, je remarque que les quatre *g* du bordereau, le *g* du mot *renseignement* (ligne 3), le *g* du mot *Madagascar*, le *g* du mot *guerre*, le *g* du mot *campagne*, sont séparés de la lettre suivante ; et si je prends l'écriture de M. Esterhazy, je remarque que la plupart des *g* sont séparés de la lettre suivante.

Je calcule tous les *s* et je remarque qu'il y a 53 0/0 d'*s* liés et 47 0/0 d'*s* non liés dans le bordereau, et que chez M. Esterhazy, il y a précisément le même rythme arithmétique : 58 0/0 d'*s* liés et 42 0/0 d'*s* non liés.

Pour les *t*, proportion encore identique : 60 0/0 de *t* liés et 40 0/0 de *t* non liés ; la proportion arithmétique, le rythme, comme dirait M. Bertillon, est absolument le même chez M. Esterhazy et chez l'auteur du bordereau.

Et si je poursuis mes investigations en examinant comment M. Esterhazy et l'auteur du bordereau terminent leurs lettres, terminent leurs mots, je remarque que les finales des mots sont les mêmes chez M. Esterhazy et chez l'auteur du bordereau.

Prenons, en effet, les *r*. M. Esterhazy fait un *r* final, qui a la forme d'un *v* microscopique, d'un *v* de forme typographique... Maintenant, je vous ai dit que M. Esterhazy et l'auteur du bordereau, étaient tous les deux, — c'est encore une particularité à noter —, incapables de faire un *s* normal, parce que leur coup de plume est un coup de plume purement dextrogyre et que la boucle de l'*s* exige un coup de plume sinistrogyre. Prenons l'*s* du mot *intéressants*, vous verrez que c'est un *s* tout petit, minuscule.

Maintenant, quant aux finales en *t*, — j'insiste encore parce que vous verrez que le coup de plume est identique chez M. Esterhazy et chez l'auteur du bordereau, — quand au *t* final, vous verrez qu'il est très souvent diminué et il se termine par un appendice qui indique toujours un mouvement dextrogyre; et, comme je vous le disais, dans ces *t* de la fin des mots, il y en a seulement un quart qui est barré, alors que dans le corps du texte, il y a deux tiers de *t* barrés.

Vous voyez ce trait dextrogyre... Si vous prenez le bordereau, vous voyez cet appendice à la fin des lettres; si vous prenez l'écriture de M. Esterhazy, vous trouverez ce trait accompagné d'un appendice dextrogyre. Il y a donc une identité absolue dans la manière de terminer la lettre chez M. Esterhazy comme chez l'auteur du bordereau.

Je prends une autre finale, la finale *e*; c'est extrêmement important, Messieurs, parce que la personne qui a été condamnée pour avoir écrit le bordereau écrit ses *e* de la manière que vous voyez...

M. LE PRÉSIDENT. — Ne parlons pas de l'affaire Dreyfus, parlons de l'affaire Esterhazy.

M. FRANCK. — Parfaitement, monsieur le Président.

Il y a des personnes qui terminent des *e* de cette manière; eh bien! M. Esterhazy ne termine pas ainsi; chez lui le délié est très courbe, et parfois il termine par un trait horizontal qui a jusqu'à 6 millimètres d'étendue. Dans le bordereau, il y a 62 finales qui se terminent, soit par un trait arrondi et une courbe, soit par un trait horizontal ayant jusqu'à 6 millimètres d'amplitude. Je prends une lettre de M. Esterhazy où je vois qu'il y a 170 finales en *e*, et je remarque que toutes ces 170 finales sont absolument identiques aux 62 finales en *e* du bordereau.

Une dernière finale, messieurs, qui est extrêmement caractéristique, c'est la finale en *z*. On vous a appris, comme à moi, à l'école, à faire un *z* de forme calligraphique; eh bien! M. Esterhazy ne fait pas le *z* calligraphique, il emploi une méthode sténographique, et coïncidence très curieuse, ce mode spécial de faire le *z* final se retrouve précisément dans le bordereau. Je remarque d'abord que la tête du *z* n'est pas calligraphique ; M. Esterhazy donne à son *z* une forme courbe, suivant la mode allemande ; c'est ainsi qu'on fait le *z* en Allemagne ; puis le trait descend de droite à gauche et se termine par un petit crochet extêmement élégant à droite. Il y a trois *z* dans le bordereau et je remarque que le *z* final du bordereau est identique au *z* final de M. Esterhazy.

Je remarque encore dans le bordereau que le trait final du *z* est beaucoup plus étendu que le jambage des autres lettres, qu'il pénètre dans le corps d'écriture de la ligne suivante ; si vous prenez l'écriture de M. Esterhazy, vous retrouverez la même particularité.

Quand j'examine tous les éléments caractéristiques de ces deux écritures, lorsque je les compare, lorsque je vois que les traits essentiels de formation des lettres sont absolument identiques chez Esterhazy et dans le bordereau, quand j'ai des yeux et que je vois, lorsque non seulement je vois, mais je désire voir, j'en arrive à cette conclusion, c'est qu'il y a entre ces deux écritures des identités telles qu'on ne peut les expliquer que par un seul phénomène, c'est que ces deux écritures émanent d'un seule et même personne. Une seule et même personne a écrit ces deux documents et celui qui a écrit le bordereau ne peut-être que M. Esterhazy, lui seul au monde !

M. Bertillon nous a dit que si cent officiers français avaient pu avoir une écriture semblable, il n'en concluerait pas que le bordereau est de M. Esterhazy ; eh bien ! M. Bertillon ne pourrait pas nous montrer, parmi les 40 ou 50,000 officiers de l'armée française, un seul officier dont l'écriture approche de l'écriture du bordereau et où on trouve tous les éléments de similitude avec un rythme arithmétique aussi probant. Toutes les particularités s'y retrouvent, et dans la liaison des mots, et dans la liaison des lettres, et dans les initiales des mots et dans les finales. Qu'on m'explique cela !

Mais, Messieurs, j'ai deux particularités encore à vous indiquer... (*Murmures dans l'auditoire. Le témoin se tourne vers le fond de la salle*).

M. LE PRÉSIDENT. — Adressez-vous à MM. les jurés.

M. FRANCK. — Il est incontestable que je m'adresse à MM. les jurés... J'avais l'intention de terminer, mais puisqu'on m'interrompt, je continue.

M. LE PRÉSIDENT. — Ne prenez pas ce ton, je vous en prie...

M. FRANCK. — Comment, monsieur le Président ?

M. LE PRÉSIDENT. — Je vous dis de ne pas prendre ce ton devant la Cour d'assises ; il est absolument inconvenant.

Mᵉ LABORI. — Demandez-vous, monsieur le Président, si ce sont les avocats qui font ce bruit ?

M. LE PRÉSIDENT. — Voyons, maître Labori, calmez-vous.

Mᵉ LABORI. — Oh ! monsieur le Président, calmez la salle si vous pouvez.

M. LE PRÉSIDENT. — Témoin, continuez.

M. FRANCK. — Si je n'avais que de simples observations graphologiques, je ne dis pas que j'hésiterais, car il n'y a pas d'hésitation possible, mais toutes les observations de style se retrouvent encore à la fois dans le bordereau et chez M. Esterhazy.

D'abord, et je puis en parler en parfaite connaissance de cause — ce n'est pas pour donner une leçon de français que je me suis présenté ici ; mais, dans notre pays, où on nous enseigne la langue française et où nous devons tous lutter chaque jour pour l'expansion de la langue française, nous devons nous heurter à un élément qui est la langue flamande, d'origine germanique. Chez nous, on nous prémunit constamment contre les formules germaniques qu'on emploie constamment, que je retrouve ici dans le bordereau et qu'on retrouve dans l'écriture de M. Esterhazy.

J'y trouve, par exemple, un abus du relatif, contre lequel on nous prémunit constamment ; ainsi : *A moins que vous ne vouliez que je ne le fasse...*, etc. Dans l'écriture de M. Esterhazy vous trouverez le même abus du relatif : *Sur explications, je dis à ce monsieur qui m'apprit qu'il était ancien officier, ce qu'il en était, pensant qu'il suffirait de cette information pour qu'il se refusât à prêter la main à qui que ce soit qui touchât à ces manœuvres.* Voyez l'abus du relatif !

A côté de l'abus du relatif, je remarque dans le bordereau un abus des adjectifs démonstratifs, que je ne m'explique pas, que je ne me permets pas de vous expliquer. Dans cette lettre, nous trouvons dix-huit adjectifs démonstratifs, toujours : *ce, cet, cette...* Chez M. Esterhazy, le même abus des adjectifs démonstratifs.

Une dernière particularité, c'est celle-ci : M. Esterhazy comme l'auteur du bordereau, intercale, dans la première phrase, le mot : *Monsieur*. Au lieu d'écrire : *Monsieur, je reçois votre lettre du*, M. Esterhazy écrit : *Je reçois, Monsieur, avec surprise, votre lettre*, etc... De même, l'auteur du bordereau dit : *Sans nouvelles indiquant que vous désirez me voir, je vous adresse cependant, Monsieur...* L'un et l'autre intercalent le mot *Monsieur* dans la première phrase.

Les observations que je vous ai présentées, Messieurs, ont été peut-être un peu longues ; mais je crois pouvoir, en toute conscience, conclure qu'il y a une identité absolue, non seulement dans les écritures, mais dans la facture du bordereau et des lettres de M. Esterhazy, et je suis persuadé qu'un jour, je ne sais pas si ce jour sera lointain ou prochain, mais qu'un jour on reconnaîtra la vérité des observations que nous produisons devant vous.

M. LE PRÉSIDENT. — Qui vous a chargé de faire cette expertise ?

M. FRANCK. — Moi-même, et si vous voulez que je vous indique... (*Murmures dans le fond de l'auditoire.*)

Je vais vous répondre, monsieur le Président, puisque vous me posez la question.

Il y a deux mois, deux mois et demi, j'avais été appelé à Paris pour m'occuper d'une affaire dont vous avez entendu parler, l'affaire de Mlle Chauvin ; Mlle Chauvin m'avait demandé de m'occuper de la défense de ses intérêts. J'ai été mis en rapport avec énormément de monde ici, à Paris, avec énormément de journalistes.

L'affaire Dreyfus venait d'attirer de nouveau l'attention, ce qui, je vous l'avoue, m'a fortement contrarié.

Un jour, je reçus la confidence de deux ou trois journalistes qui appartenaient à ce qu'on a appelé le *Syndicat de la rue Saint-Dominique*. Je vous avoue que quand j'ai lu dans le *Figaro* les lettres de Mme de Boulancy et le bordereau, j'ai eu la conviction absolue, ou du moins l'intuition, que celui qui avait écrit le bordereau ne devait pas être étranger à la personne qui avait écrit ces lettres ; il y a eu un grand doute dans mon esprit. C'est alors que, me trouvant en présence d'un de ces journalistes, je lui exprimai ce grand doute ; il a cherché à me donner des explications qui m'ont paru absolument insuffisantes, et c'est alors que, pour ma satisfaction personnelle, j'ai cherché à m'éclairer.

De retour en Belgique, j'ai travaillé cette question, j'ai examiné ces écritures ; c'est alors que j'ai fait un travail complet. Quand est arrivé le procès de M. Zola, j'ai écrit à un ami de M. Zola pour lui dire : « J'ai un travail complet sur cette question ; s'il peut vous être utile, je vous le donnerai », et c'est alors, pour éviter qu'un intermédiaire présentât mes explications, que je suis venu moi-même.

M. LE PRÉSIDENT. — Vous nous avez dit tout à l'heure que vous aviez l'original d'un certain nombre de lettres du commandant Esterhazy ?

M. FRANCK. — Parfaitement, voici comment : j'ai fait moi-même une enquête en Belgique — et je pourrais vous dire où se rendait M. Esterhazy — une enquête officieuse ; je n'ai pas besoin de vous donner des détails ici, attendu qu'ils paraîtraient fastidieux, mais si vous les voulez, personnellement, je vous les donnerai.

Avant de formuler mon opinion, j'ai essayé d'obtenir de l'écriture de M. Esterhazy, de même que j'ai essayé de faire une enquête sur le bordereau qui avait paru dans le *Matin* du 10 novembre 1896. Je voulais savoir si le document qui avait paru dans le *Matin* était conforme à l'original et, me trouvant à Paris, il y a deux mois et demi, j'ai fait une enquête personnelle qui m'a amené à cette constatation — je ne dis pas qu'elle est fondée — mais que le bordereau ou le *fac-similé* qui avait paru dans le *Matin* avait été communiqué au *Matin* par M. Teyssonnières ; j'ai même publié l'information dans un journal de Bruxelles, *Le Soir*, dont le correspondant se trouve ici ; il serait facile de vérifier si mon affirmation est exacte.

J'ai donc procédé à une information complète pour savoir, d'une part, si le *fac-similé* sur lequel je travaillais était conforme à l'original ; d'autre part, j'ai essayé de savoir si la reproduction, *la Clé de l'affaire Dreyfus*, qui donnait l'écriture de M. Esterhazy, si cette écriture était conforme à l'écriture de M. Esterhazy lui-même. Et c'est alors que j'ai pu juger.

M. LE PRÉSIDENT. — Cela ne répond pas à ma question.

M. FRANCK. — C'est par M. Bernard Lazare... (*Murmures*). Ce n'est pas M. Bernard Lazare qui a contrefait l'écriture de M. Esterhazy !

M. LE PRÉSIDENT. — Je ne vous posais que cette question, rien de plus ; si vous reconnaissez que c'est M. Bernard Lazare, n'en parlons plus.

M. FRANCK. — Je vous ai indiqué les conditions dans lesquelles j'ai été amené à m'occuper de cette affaire.

Me LABORI. — Monsieur le Président, je vous demande la permission d'interrompre la déposition de MM. les experts en faisant entendre aujourd'hui, bien que ce ne soit pas la place à laquelle j'espérais le faire entendre, M. Grimaux, membre de l'Institut, professeur à l'Ecole polytechnique. M. Grimaux est pris en ce moment d'un commencement d'aphonie et désire si vivement apporter l'expression de son sentiment à MM. les jurés, qu'il demande à faire sa déposition ce soir, dans la crainte de ne pouvoir la faire demain.

M. LE PRÉSIDENT. — Nous allons faire enlever le tableau ; vous n'en avez pas besoin, maître Labori !

Me LABORI. — Pas pour le moment, monsieur le Président.

M. LE PRÉSIDENT, *à l'huissier audiencier*. — Appelez M. Grimaux.

DÉPOSITION DE M. EDOUARD GRIMAUX

Membre de l'Institut,

Agrégé honoraire de la Faculté de médecine, Professeur à l'Ecole polytechnique.

Me LABORI. — M. Grimaux est ce que l'on peut appeler un témoin de moralité ; je lui demande de vouloir bien nous faire connaître pour quelles raisons il a signé une des listes de protestation qui ont paru et ce qu'il pense de l'affaire qui est actuellement soumise au jury ?

M. LE PRÉSIDENT. — Vous entendez la question ; veuillez vous tourner du côté de MM. les jurés et y répondre.

M. ED. GRIMAUX. — Messieurs les jurés, la défense m'a fait citer parce que j'ai signé une pétition à la Chambre des députés, dans laquelle nous disions qu'émus des irrégularités du procès de 1894, du mystère qui a enveloppé le procès Esterhazy, des perquisitions illégales faites chez le colonel Picquart, aussi bien que de celles qu'on lui attribuait, enfin, émus surtout des procédés d'information judiciaire de l'autorité militaire, nous demandions que la Chambre des députés maintînt la garantie légale des citoyens.

Pourquoi j'ai signé cette protestation, et tant d'autres avec moi ? Je vais vous le dire. Mais d'abord je dois vous signaler ce mouvement singulier de tant d'hommes de science, tant d'hommes de lettres, d'artistes, de ces hommes qui ne suivent pas les fluctuations de la politique quotidienne et dont beaucoup ignorent même les noms des ministres! Ces hommes sont sortis de leurs laboratoires, de leurs cabinets de travail, de leurs ateliers, pour faire entendre leurs voix, parce qu'ils ont compris qu'il s'agit aujourd'hui de la Liberté et de l'honneur de la Patrie.

Des doutes me sont d'abord venus ; puis peu à peu, lentement, progressivement, par l'examen des pièces officielles non démenties, ma conviction s'est faite. Tout d'abord, j'ai vu, sans être graphologue, ni expert en écritures, que l'écriture de M. Esterhazy se confondait avec celle du bordereau. Les rapports des derniers experts m'ont donné raison. Puis, j'ai examiné les actes d'accusation, je les ai minutieusement étudiés, j'en ai pesé moi-même la valeur et j'en ai tiré une conclusion. Cette conclusion, c'est que jamais homme qui a l'habitude de raisonner, jamais magistrat, jamais homme de science n'aurait voulu signer de telles pièces. On n'y trouve que des insinuations sans preuves, des racontars, des commérages, et enfin les rapports contradictoires des experts. Un examen rigoureux de ces pièces nous montre qu'elles n'ont aucune valeur ; soumises à une critique sévère, il n'en reste rien, rien, rien !

C'est qu'en effet, Messieurs, nous autres, hommes de science, nous avons une autre manière de raisonner. Quand nous découvrons un fait, croyez-vous que nous nous empressons de le publier ? Non, nous répétons encore l'expérience, nous en vérifions les conditions ; et ce n'est que quand notre certitude est faite, inébranlable, que nous publions le fait. Et pensez-vous alors — car je dois vous dire qu'en science, quelques faits nouveaux ne sont rien ; ce qui a de l'importance, ce sont des conclusions générales qu'on en tire — pensez-vous que tout d'abord nous allons présenter, comme des vérités, les hypothèses que nous en tirons ? Non, nous les présentons comme des hypothèses, nous disons : Il est probable que... et ce n'est qu'après des expériences nouvelles que nous les proclamons comme loi.

Voilà la vraie méthode scientifique ! voilà la méthode qui a manqué aux actes de l'accusation !

Et alors ma conviction s'est faite inébranlable, lors du procès d'Esterhazy. D'abord le rapport du commandant Ravary, qui paraît celui d'un ami de l'accusé, plutôt que celui du Ministère public ; cet acte dans lequel il accuse de faux, d'après les seuls racontars d'Esterhazy, un de ces brillants et jeunes officiers, qui sont l'espoir du pays ; et, dans ce rapport, nous voyons encore cette chose étrange : qu'il est dit qu'une pièce secrète a été volée au ministère de la guerre, qu'elle a passé par les mains d'une dame voilée, au Sacré-Cœur, qu'elle revient dans les mains de M. Esterhazy, et M. Ravary ne s'en étonne pas ! Il semble trouver la chose toute naturelle, et, tout naturel que cette pièce secrète, que le ministère de la guerre a refusé de communiquer au probe et loyal M. Scheurer-Kestner, ce soient des dames voilées qui la promènent !!!

Voilà, Messieurs, une des causes de ma conviction ! Il en est d'autres encore. La singulière façon dont les débats ont été menés ; ce président, quand il voit l'accusé embarrassé, lui soufflant ses réponses, et, enfin, cette contradiction des experts ! Les experts, en effet, dans ce procès, ont déclaré que la pièce n'avait pas été écrite par M. Esterhazy ; mais ils ont déclaré qu'elle était de son écriture, en contradiction avec les premiers experts qui avaient déclaré qu'elle était de l'écriture de Dreyfus. C'est ainsi que les premiers experts se sont grossièrement trompés et qu'ils ont trompé, avec eux, sept officiers, les sept juges qui, dans la loyauté de leur âme, ont condamné Dreyfus. On vient dire encore que cette pièce est un décalque de l'écriture Esterhazy, et M. Ravary trouve cela tout naturel, et il ne cherche pas qui a pu faire ce décalque ! On arrive à ce singulier raisonnement : C'est Dreyfus qui a fait ce décalque, parce qu'il est un traître, et la preuve qu'il est un traître, c'est qu'il n'a pas fait de décalque et qu'il a fait le bordereau.

Je ne veux pas, Messieurs, abuser de votre patience, mais je dois vous dire que j'ai fait ma conviction inébranlable, malgré les menaces déguisées, et les procédés d'intimidation. Pour nous tous, pour tous ceux qui ont signé avec moi, la revision du procès Dreyfus s'impose. Nous voulons la lumière, toute la lumière, encore plus de lumière !

M. LE PRÉSIDENT. — Maître Labori, avez-vous encore une question à poser ?

Me LABORI. — M. Grimaux vient de parler de menaces et de procédés d'intimidation ; je lui serais reconnaissant de vouloir bien nous faire connaître lesquels.

M. ED. GRIMAUX. — Si Me Labori pense que cela puisse être nécessaire à la défense...

Me LABORI. — Je pense que c'est indispensable, monsieur Grimaux, et je vous prie d'achever le grand acte de courage que vous accomplissez, en disant la vérité tout entière.

M. ED. GRIMAUX. — J'ai juré de dire la vérité tout entière ; je ne puis me refuser à répondre à la demande de la défense. Je dirai tout.

Le 16 janvier, le ministère de la guerre me fit demander officiellement si c'était bien moi qui avais signé la protestation dont j'ai parlé tout à l'heure. Immédiatement, j'écrivis une lettre dans laquelle je disais : « Voici la protestation que j'ai signée, en voici le texte ; je l'ai signée, je le reconnais. » Il paraît que, le lendemain, au Conseil des Ministres, un décret de révocation du professeur à l'Ecole Polytechnique, qui a trente-quatre ans de services à l'Etat et de services à la science, était présenté. Mais le Conseil le déclara illégal; le Conseil déclara que ma pétition était respectueuse et que je n'avais fait qu'user du droit de tout citoyen en signant cette pétition à la Chambre.

Huit jours après, une dénonciation paraissait dans un journal de scandale, de chantage, la *Libre Parole*; il était dit de moi : « M. Grimaux, professeur à l'Ecole Polytechnique, qui instruit les officiers, est de ceux qui vilipendent l'armée ».

Dans un journal qui, huit mois auparavant, m'avait traité, alors que je suis catholique, de youtre nauséabond, de juif renégat passé au protestantisme, parce que j'étais candidat républicain à un siège sénatorial... dans un tel journal, cette injure m'est indifférente. Mais, dernièrement, il y a trois ou quatre jours — c'est vendredi, je crois, la veille du jour où je pensais déposer — le Ministre de la guerre fit demander à M. le général commandant l'Ecole polytechnique, une enquête, un rapport sur mon compte. Cette lettre du Ministre de la guerre disait : « Général, il nous revient que M. Grimaux a signé des protestations ou a pris part à des manifestations hostiles à à l'armée. »

Messieurs, à la première phrase *a signé des protestations*, je répondis : « On le sait bien ; depuis un mois, au ministère, on a mon aveu, écrit de ma main. » Quant au passage *a pris part à des manifestations hostiles à l'armée*, je proteste avec énergie ; je suis un patriote, et je dis au général :

« Je suis un de ces patriote qu'on croit flétrir quand on les appelle chauvins ; je suis de ceux qui courent quand les régiments défilent. Et, quand le drapeau passe, je le salue respectueusement, le cœur ému et palpitant ; car ce glorieux drapeau, je l'ai vu arracher des mains héroïques de l'armée de Metz par la trahison ; et ce drapeau, j'espère le voir flotter au lendemain des batailles victorieuses qui nous rendront nos chères provinces. » (*Applaudissements.*)

Moi, ne pas être un patriote ! Le général m'a demandé ma famille, mon passé ! Ma famille ?... Mon père, en 1806, était à bord de la frégate la *Minerve*, qui combattait une frégate anglaise ; en 1814, il chevauchait les plaines de la Champagne, en combattant l'envahisseur. Mon oncle, jeune aspirant de marine, en 1813, sauvait la ville de Berg-op-Zom. Deux mille Anglais s'y étaient introduits par surprise ; il se jette sur eux à la tête de sa compagnie de marins ; il les repousse hors des portes et délivre la ville !

Mon aïeul par alliance était lieutenant de dragons, aide de camp du maréchal Brune, et, il y a trente ans, il me racontait encore l'entrevue de Tilsitt à laquelle il avait assisté.

Messieurs, où n'aurais-je pas pris de leçons de patriotisme ? J'ai été bercé sur les genoux de ces vieux capitaines de vaisseau qui, pendant les guerres de la Révolution et de l'Empire, avaient couru sus à l'Anglais, et, plus récemment encore, des deuils cruels à mon cœur sont venus me frapper : un des miens, Jean Bérar, qui, pendant son cours de Saint-Cyr, était l'enfant chéri de ma maison, a succombé glorieusement devant l'ennemi ! Je vois encore sa jeune figure imberbe, toute vaillante : Lieutenant de dragons, il demanda à partir pour le Soudan ; il était d'une lignée guerrière, car son grand-père était le héros de Berg-op-Zom, et son père, capitaine de frégate, avait été général auxiliaire pendant la guerre de 1870. C'était un vrai officier, loyal comme une épée, brave comme un sabre. A peine était-il à Kayes, qu'avec son capitaine et huit spahis, il repousse quatre-vingt Maures arabes. Puis, bientôt, il est à Tombouctou ; là, dans un engagement avec les Touaregs, chargeant en tête, il est entouré par l'ennemi ; une lance lui traverse le flanc ; il tombe sur le sol, au moment où ses cavaliers vont le dégager, et ce jeune héros meurt le sourire aux lèvres, comme l'a rapporté son capitaine qui a reçu son dernier soupir. Il meurt le sourire aux lèvres, comme s'il voyait l'image de la Patrie flotter devant lui, cette Patrie à laquelle il donnait sa jeune existence.

Voilà la famille de mauvais patriotes à laquelle j'appartiens ! Voilà l'homme hostile à l'armée que je suis !

Messieurs, je voudrais m'arrêter ici ; mais, parce que je suis témoin, il ne faut pas qu'il reste de doutes sur ma moralité ; il ne faut pas qu'on dise que je suis un mauvais citoyen et, si je repousse cette injure, ce n'est pas parce qu'elle était dans la *Libre Parole*, c'est parce qu'elle est dans un document officiel, c'est parce que je veux qu'il n'en reste rien, rien ! Et ici, je suis obligé de parler de moi..., et j'en demande pardon à Messieurs les jurés.

Il y a quarante-quatre ans, en 1853, j'étais officier de santé, sous-aide de la marine, au port de Toulon ; je portais l'épée au côté, j'avais le grade et les avantages d'un officier. Je servis dans les hôpitaux maritimes de Toulon pendant cette guerre de Crimée ; car les hôpitaux et les épidémies sont pour nous, médecins et pharmaciens, des champs de bataille.

Messieurs, quand on veut juger la conduite des hommes, des hommes âgés, il faut leur demander ce qu'ils ont fait en 1870... Je regrette de faire mon apologie, mais j'y suis forcé. En 1870, professeur agrégé à la faculté de médecine, j'étais, au moment des désastres, au mois d'août, bien loin du danger, sur les côtes de l'Ouest, en Vendée. Quand je vis ces désastres, quand je vis que l'ennemi s'avançait sur Paris, j'ai pensé que mon devoir était là où était le danger.

Je dis aux miens, je pars. C'est alors qu'une amie chère, qui est le soutien de ma conscience depuis quarante années, me dit : « Pars », et je partis. J'arrivai à Paris. Avec mon titre de docteur, je pouvais me placer dans un hôpital militaire avec de bons appointements ; je préférais prendre le fusil de garde national ; je montai la garde sur les remparts, et, pendant les loisirs que me laissait ma garde, je m'occupai de la défense, j'allais donner mes soins de médecin aux réfugiés malades de la banlieue ; je m'occupai de la fonte des canons de bronze... Enfin, les jours de bataille, j'allai avec les ambulances des volontaires.

Ah ! celui-là ne serait pas un patriote qui a vu le plateau de Villiers couvert de nos morts ? Je les ai vus, ces morts glorieux, et je me rappelle, entre autres, cinq officiers d'artillerie, couchés côte à côte, frappés par l'obus et la balle, élégants, soignés, rasés de frais, en brillant uniforme..., car l'officier français va à la bataille paré comme un fiancé ; car il sait qu'il est le fiancé de la Mort !

Messieurs, j'ai été ensuite honoré de grandes amitiés, de l'amitié de Gambetta, qui était un patriote, celui-là ! J'ai collaboré avec lui à la fondation de la *République française* ; j'ai compté et je compte des amitiés dans l'armée et dans la marine, depuis les jeunes sous-lieutenants de Fontainebleau jusqu'aux amiraux et aux généraux de division. Je suis aussi, depuis vingt-deux ans, à cette grande École Polytechnique, dont on connaît la glorieuse devise, et où il n'y a que des exemples de patriotisme.

Je crois, Messieurs, qu'il ne restera aucun doute sur mon patriotisme, et je dois dire que c'est dans nos rangs, chez ceux qui pensent comme moi, que se trouvent les patriotes les plus éclairés, qui voient le mieux l'intérêt de la Patrie. Les vrais insulteurs de l'armée, ce sont ces journalistes véreux, qui accusent un Ministre de la guerre de s'être vendu 30,000 francs à un prétendu syndicat juif ! Ces insulteurs de l'armée, ce sont les héros de la peur, qui vous disaient au commencement de l'affaire : « Laissez l'innocent souffrir un supplice immérité, plutôt que d'éveiller les susceptibilités d'une puissance étrangère. »

Quoi ! nous avons une armée de deux millions d'hommes, la nation tout entière pour défendre le pays avec vingt mille officiers instruits, travailleurs, prêts à verser leur sang sur le champ de bataille, vingt mille officiers qui, pendant la paix, nous préparent des armes perfectionnées, et nous aurions peur !

Les insulteurs de l'armée sont ceux qui parcourent les rues en criant Vive l'armée ! sans crier Vive la République ! ces deux cris qui ne peuvent pas être séparés. Ce sont ceux qui crient : Vive l'armée ! mort à Zola ! mort aux juifs !

Car, enfin, l'armée... qui ne compte pas parmi elle un frère, un fils, un parent, un ami ?... Mais l'armée, c'est la chair de notre chair, c'est le sang de notre sang... Demandez plutôt à cet accusé si noble, à ce courageux citoyen qui est ici sur le banc d'infamie, dont il fera un banc de gloire, demandez-lui s'il ne partage pas mon sentiment ?

M. Émile Zola. — Absolument.

M. Ed. Grimaux. — Messieurs, je crois avoir dit tout ce que je voulais dire pour laver mon honneur d'imputations qui ne doivent pas rester dans un document officiel ; mais j'ose ajouter que ma conviction s'affirme de plus en plus; je l'affirme de nouveau! Les injures, les menaces, la révocation, rien ne me touchera; car la vérité m'a revêtu d'une impénétrable cuirasse.

Oui! nous sommes tous dans une voie où nous persévérerons. La revision, nous la voulons, et nous l'aurons; nous irons sans cesse dans cette voie et rien ne nous rebutera; car nous sommes de ceux qui veulent la lumière, toute la lumière, encore la lumière! Nos conscience ont soif de justice! (*Murmures.*)

M⁰ LABORI. — Je ne comprends pas que la salle ne sente pas que la pudeur devrait lui imposer le silence!

M. ED. GRIMAUX. — Nos consciences ont soif de justice, je le répète! J'ai terminé, monsieur le Président.

M. LE PRÉSIDENT. — Vous pouvez vous asseoir.

M⁰ LABORI. — Non pas sans que je vous salue, monsieur Grimaux.

M. LE PRÉSIDENT, *à M⁰ Labori*. — Avez-vous un témoin dont la déposition ne doive pas durer plus d'un quart d'heure ou plus de vingt minutes?...

M. Grimaux s'approche de M. Zola, lui serre la main et lui parle un instant à voix basse.

M⁰ LABORI. — Soyez assez bon, monsieur Grimaux, pour dire tout haut ce que vous venez de dire à M. Zola.

M. GRIMAUX. — Je n'avais jamais vu M. Zola, je le vois pour la première fois. (*Applaudissements prolongés.*)

M. LE PRÉSIDENT. — Maître Labori, quel témoin?

M⁰ LABORI. — M. Louis Havet.

DÉPOSITION DE M. LOUIS HAVET

membre de l'Institut, professeur au Collège de France et à la Sorbonne.

(*Le témoin prête serment. Il tire de sa poche quelques papiers.*)

M. LE PRÉSIDENT. — Il ne faut pas lire, monsieur.

M. L. HAVET. — Ce sont des notes pour aider ma mémoire... J'aurai des phrases à citer tout à l'heure.

M. LE PRÉSIDENT. — Il ne faut pas lire du tout; veuillez mettre cela dans votre poche.

M⁰ LABORI. — Je crois que M. Havet a examiné l'écriture de M. Esterhazy et le bordereau; je lui serais très reconnaissant de nous dire ce qu'il en pense et à quelles conclusions il est parvenu.

M. L. HAVET. — J'ai examiné le bordereau au point de vue de l'écriture et aussi à d'autres point de vue, qui sont connexes à celui-ci, au point de vue des habitudes orthographiques et au point de vue de la langue même, du français qu'écrit l'auteur du bordereau.

Sur le premier point, l'écriture, je serai très bref ; je dois seulement indiquer par quel moyen je suis arrivé à une conviction, car pour pouvoir juger des questions d'écriture, il faut, le mieux qu'on peut, se renseigner sur cette écriture.

Je me suis procuré, en dehors des facs-similés qui sont à la disposition de tout le monde, des lettres autographes du capitaine Dreyfus et j'ai eu également des lettres autographes du commandant Esterhazy. Pour le bordereau, je ne pouvais pas me procurer l'original, j'ai donc dû me contenter du fac-similé qui a paru dans le *Matin*, qui a été reproduit dans la brochure de M. Bernard-Lazare et aussi dans le placard *La clé de l'affaire Dreyfus*. Pour ce fac-similé, je sais qu'il a été émis des doutes sur sa ressemblance avec l'original. Je ne suis pas en état de vérifier, naturellement. Ce qui me paraît clair, c'est que ce fac-similé — qui a été publié en novembre 1896 — correspond très probablement une à photographie faite pour le procès de 1894 ; il nous représente l'état du bordereau en 1894, ou si par hasard on a fait en 1896 une photographie nouvelle pour fabriquer le fac-similé du *Matin*, ce serait, en tout cas, l'état du bordereau en 1896. C'est donc un état qui remonte à quelques années ou à quelques mois au moins en arrière. S'il y a aujourd'hui une autre aspect de l'écriture — comme je sais que M. le général de Pellieux, qui a eu postérieurement le bordereau entre les mains, l'a déclaré, — il va sans dire que, puisque je n'ai pas eu le bordereau entre les mains en 1897 ou en 1898, je ne peux pas répondre de ces divergences.

J'ai donc fait mon examen avec des originaux, et aussi des fac-similés de lettres pour multiplier les exemples d'écritures, et avec les fac-similés du bordereau qui, pour moi, représentent l'état antérieur du document. Pour l'écriture, je suis arrivé tout de suite et sans faire de recherches dignes de ce nom, simplement par l'évidence, par le saisissement des yeux, à une conviction pour moi tout à fait certaine. C'est là l'écriture du commandant Esterhazy, ce n'est pas l'écriture du capitaine Dreyfus ; cela me paraît sauter aux yeux, avant même qu'on ait commencé à analyser l'écriture.

Je ne voudrais pas fatiguer MM. les jurés par beaucoup d'exemples en matière d'écriture ; je crois qu'ils ont entendu déjà beaucoup de démonstrations de ce genre, qu'ils en entendront encore et que je ne ferais que répéter des choses qui reviendront plusieurs fois dans la bouche de plusieurs témoins. Je me bornerai à citer un point tout à fait précis, un détail.

Le bordereau contient un *J* majuscule qui dépasse la ligne en dessous. Il y a, en effet, deux façons de faire le *J* majuscule, les uns l'arrêtent au niveau de la ligne ; les autres descendent plus bas. Eh bien ! Esterhazy, dans toutes les lettres que j'ai vues, fait toujours le *J* majuscule en descendant au-dessous de la ligne ; le capitaine Dreyfus, lui, fait son *J* en s'arrêtant au niveau de la ligne, et voici l'exemple spécial que je voulais citer : dans une des lettres du capitaine Dreyfus à sa femme, se trouve cette phrase que je vais citer de mémoire — je vous demande pardon si quelque détail n'est pas tout à fait conforme au texte — il écrit : « *D'ailleurs, comme je te l'ai dit, j'ai légué à ceux qui m'ont fait condamner un devoir auquel il ne faibliront pas, j'en ai l'absolue certitude.* » Dans cette phrase, il y a...

M. LE PRÉSIDENT. — C'est relatif à l'affaire Dreyfus, cela.

M. L. HAVET. — Oh! je ne parle pas de l'affaire Dreyfus.

M. LE PRÉSIDENT. — Ne parlons que de l'affaire Esterhazy.

Me LABORI. — Voulez-vous me permettre, très respectueusement, d'intervenir et de faire une observation? Il s'agit simplement ici d'une pièce de comparaison postérieure à la condamnation de Dreyfus et attribuée à Dreyfus.

M. LE PRÉSIDENT. — Cette pièce est postérieure à la condamnation?

M. L. HAVET. — Cette pièce a été envoyée des îles du Salut, si je me souviens bien, et cette lettre est certainement postérieure à la condamnation; je suis sûr qu'elle l'est, sans pouvoir cependant en donner la date, car Dreyfus fait allusion, dans ce passage, à la lettre célèbre qu'il a écrite à M. le général Mercier, Ministre de la guerre : « *Monsieur le Ministre, je n'ai pas de grâce à demander, puisque je suis un condamné; mais j'ai toujours le droit de demander la justice; moi parti, qu'on cherche encore...* » Je me rappelle la phrase... C'est à cette lettre qu'il fait allusion; il dit à Mme Dreyfus : « *Je te l'ai dit, j'ai légué à ceux qui m'ont fait condamner un devoir auquel ils ne failliront pas, j'en ai l'absolue certitude.* »

Il y a, dans cette phrase, deux phrases l'une dans l'autre; il y a d'abord : « *Je te l'ai déjà dit* »; puis, en second lieu : « *J'ai légué à ceux qui m'ont fait condamner un devoir, etc...* » Le capitaine Dreyfus avait commencé par mettre, au commencement de cette seconde phrase, un *j* minuscule, et ce *j* descendait au-dessous de la ligne; puis il s'est ravisé, il s'est dit : « C'est le commencement d'une phrase nouvelle, ce n'est pas la suite de ce qui précède; c'est la suite de la pensée que je lui avais déjà écrite antérieurement », et il a remplacé ce *j* minuscule par un *J* majuscule; il a refait le *J* majuscule qui s'arrête au niveau de la ligne. Tout autre aurait utilisé la boucle du bas de ce *j* minuscule, au-dessous de la ligne. Pour ma part, si j'avais transformé un *j* minuscule en un *J* majuscule, j'aurais utilisé cette boucle. Dreyfus ne l'a pas fait; c'est un trait tout à fait caractéristique, qui suffirait pour que l'on ne puisse pas lui attribuer la fameuse phrase : « *Je vais partir en manœuvres.* »

Il y aurait bien d'autres choses; mais je suis convaincu que je ne pourrais pas apporter à MM. les jurés autre chose que la répétition des exemples qu'ils ont entendus ou qu'ils entendront, et je crois que je puis seulement leur dire, avec une conviction entière, sans aucune réserve, que ce n'est pas l'écriture du capitaine Dreyfus, et que c'est l'écriture du commandant Esterhazy. Pour moi, cela ne fait pas l'ombre d'un doute, à aucun degré.

J'arrive au second point : les habitudes orthographiques de l'auteur du bordereau.

En pareille matière, on ne peut pas dire, avec une absolue certitude, d'après les habitudes orthographiques, que cette pièce est de telle personne déterminée, parce que deux personnes différentes peuvent avoir en gros les mêmes habitudes orthographiques; mais il y a quelque chose qu'on peut dire très sérieusement. Sans arriver à cette précision, on peut dire : « Telle pièce n'est pas de telle personne, parce que ses habitudes orthographiques sont différentes »; ou bien : « Telle pièce peut être de telle personne, s'il y a d'ailleurs d'autres raisons de la lui attribuer, parce que les habitudes orthographiques sont les mêmes. »

Eh bien ! voici les habitudes orthographiques du capitaine Dreyfus et du commandant Esterhazy dans leurs lettres. Tous deux mettent bien l'orthographe, ils ne se trompent pas pour les *s* du pluriel ou pour des choses de ce genre. Je parle ici des petites minuties orthographiques, des accents, des cédilles. Le capitaine Dreyfus n'est pas très grammairien, il n'est pas grammairien dans l'âme et il lui arrive d'oublier une cédille là où il en faut, d'écrire *francais* ou *facon* en oubliant la cédille, ou de mettre une cédille là où il n'en faut pas, de mettre *forçe*, *souffrançe* avec une cédille ; cela est chez lui capricieux. Le même mot, *innocent*, est écrit tantôt avec une cédille tantôt sans cédille.

Pour les accents, c'est la même chose ; s'il écrit la préposition *à*, le mot *à* doit avoir un accent grave d'après les habitudes correctes de typographie et d'écriture ; eh bien ! Dreyfus met de temps en temps cet accent grave et d'autres fois il ne le met pas. Il arrive aussi qu'il met des accents inutiles ; il y a des accents qui manquent dans les fac-similés accessibles au public, et, dans une des lettres dont j'ai eu l'original entre les mains, j'ai vu, au contraire, des accents inutiles sur des lettres qui n'en comportent pas : le mot *nécessaire* qui s'écrit avec un accent aigu sur la première voyelle, est écrit avec un accent sur les deux *e*. Le capitaine Dreyfus n'a donc pas l'attention orthographique très précise et très éveillée.

Pour Esterhazy, c'est tout le contraire, il met scrupuleusement les accents ; il met scrupuleusement les traits d'union, tous ces petits accessoires de l'orthographe. C'est un homme qui sait bien la minutie orthographique et qui la pratique. Il y a un détail curieux qui mérite d'être rappelé à ce propos, c'est qu'il met l'accent grave sur la préposition *à*, non seulement quand c'est un *à* minuscule, à l'intérieur d'une phrase, mais même quand c'est un *A* majuscule au commencement d'une phrase.

Eh bien ! les habitudes orthographiques sont absolument les mêmes dans le bordereau et dans les lettres du commandant Esterhazy. Le bordereau diffère totalement, à cet égard, des lettres du capitaine Dreyfus.

Il y a la même régularité pour l'emploi ou la suppression de l'accent ou de la cédille ; il y a un point très caractéristique, très personnel, qui ne s'applique qu'à un bien petit nombre de personnes : l'A majuscule de la préposition *à*, muni d'un accent grave, se trouve dans le bordereau et, à ma connaissance, dans deux lettres au moins du commandant Esterhazy, parmi celles qui m'ont été accessibles. Je crois qu'on pourrait chercher parmi bien des milliers de personnes avant d'en trouver une qui mette des accents graves dans ce cas.

Bien que ces exemples-là ne suffiraient pas pour affirmer, avec la même certitude qu'à propos de l'écriture, que le bordereau est du commandant Esterhazy et non pas du capitaine Dreyfus, mais pour dire qu'il est presque impossible qu'il ne soit pas du commandant Esterhazy, parce qu'on aurait de la peine à trouver un autre officier ayant cet ensemble d'habitudes orthographiques et en particulier ce trait de l'*A* accent grave majuscule.

Un détail encore doit être mentionné dans cet ordre d'idées, c'est l'emploi du trait d'union après le mot *très*, comme dans *très grand, très peu*. Il y a, à cet égard, deux habitudes orthographiques en France, qui tiennent à un changement d'orthographe officielle apporté par l'Académie en 1878.

Autrefois, on mettait un trait d'union après *très* ; les personnes un peu plus jeunes ne mettent pas ce trait d'union, que l'Académie a supprimé. Le trait d'union est commun à beaucoup de personnes certainement, surtout parmi celles qui ont dépassé quarante ans ; mais, enfin, c'est encore un trait caractéristique dans les lettres de Dreyfus, où il n'y a pas de trait d'union après le mot *très*.

Chez M. Esterhazy, j'en connais deux exemples qui sont tous les deux réunis sur le placard intitulé *la Clé*. Dans le bordereau, il y a cette phrase : « *Je n'aurai ce document que pour très-peu de jours* » ; entre *très* et *peu*, il y a un trait d'union. Voilà encore un détail orthographique, moins précis, mais qui signalerait M. Esterhazy parmi beaucoup d'autres !

J'arrive maintenant à la question de la langue. Par langue, j'entends le choix des mots. Il y a bien des façons de parler français : on peut parler français avec correction ou en commettant des fautes. Je me suis placé au point de vue où se placerait un professeur qui aurait à donner des notes à un élève dans une classe, et à noter s'il a écrit bien ou s'il a écrit mal, au point de vue du choix des mots ou de la tournure correcte ou incorrecte.

Eh bien ! dans le bordereau, il y a des tournures incorrectes et des tournures impropres qui semblent indiquer quelqu'un qui ne connaît pas bien la langue ou qui penserait en une langue étrangère, des phrases comme celles qu'écrirait un Anglais ou un Allemand : « *Sans nouvelles m'indiquant que vous désirez me voir, je vous adresse cependant, monsieur, quelques renseignements* » Le mot *nouvelles* est ici un mot impropre, qui ne viendrait jamais à l'esprit d'un Français qui sait bien écrire sa langue; il dirait : *Sans avis*. L'auteur a pensé en allemand et mis le mot français dans un sens étranger à notre langue.

Mais suivons : « *Sans nouvelles m'indiquant que vous désirez me voir, je vous adresse cependant, monsieur...* » Un Français parlant bien le français, comme un Français qui a de l'éducation et qui a l'instinct vraiment national de sa langue, dirait : « *Quoique je n'aie pas reçu d'avis me disant que vous désirez me voir, je vous adresse, monsieur...* » Ou bien il couperait la phrase : « *Je n'ai pas reçu... mais...* »

La tournure du bordereau se rencontre peut-être dans le style commercial, mais pas du tout dans le style littéraire, et elle se rencontre surtout sous la plume des étrangers qui savent ou qui écrivent mal le français, parce qu'ils sont étrangers.

Plus loin, à propos d'un certain document, il y a : « *Chaque corps en reçoit un nombre fixe* ». Un nombre *fixe* voudrait dire que c'est toujours le même nombre pour tous les corps, que chaque corps, par exemple, on reçoit 50. Ce n'est pas là ce que l'auteur du bordereau a voulu dire, il a voulu dire que chaque corps en reçoit un nombre *précis* ou *déterminé*, un nombre prévu d'avance et qui permet de reconnaître si on rend tous les exemplaires. Il n'a pas su trouver le mot propre; c'est encore une incorrection qu'un professeur considérerait comme une preuve que l'élève sait mal le français ou qu'il est étranger.

« *Ce document est extrêmement difficile à se procurer* ». Ceci est contraire à la grammaire. Il n'y a pas de professeur qui ne mettrait en note de cette phrase « *difficile à se procurer* », cette mention : ce n'est pas français.

Une autre remarque : il offre à son correspondant un certain document qu'il n'a que pour très peu de jours à sa disposition : « *Si vous voulez* » — dit-il — « *y prendre ce qui vous intéresse, vous le ferez mettre à ma disposition, je le prendrai.* » C'est encore une tournure exotique; quelqu'un qui a bien l'instinct de la langue dirait : « *Je passerai ou j'irai le prendre* ». Mais la tournure employée n'est pas une tournure normale de la langue française.

Voilà donc, Messieurs, dans ce texte si court, cinq ou six petites choses, toutes très caractéristiques, qui permettent de dire, avec une certitude égale à celle de l'écriture, que l'auteur du bordereau ne peut pas être n'importe qui : il n'y a qu'un petit nombre de personnes qui aient pu écrire ce document : ou bien ce sont des gens qui savent mal le français, parce qu'ils l'ont mal appris, ou bien ce sont des gens qui pensent dans une langue étrangère.

Ceci restreint singulièrement le cercle des personnes auxquelles on peut attribuer le bordereau. Le capitaine Dreyfus écrit un français d'une correction parfaite; jamais il n'y a de mots incorrects ou impropres dans les lettres du capitaine Dreyfus; je citerai, par exemple, cette même phrase : « *J'ai légué à ceux qui m'ont fait condamner un devoir, etc.* », il est impossible de trouver une phrase mieux écrite; s'il s'agissait d'une copie de collégien, le professeur mettrait en marge « très bien ».

J'ai cherché en vain dans toutes les lettres du capitaine Dreyfus une incorrection. Au contraire, dans les lettres du commandant Esterhazy, les incorrections de ce genre fourmillent. Dans une lettre où il se débat contre des préoccupations pécuniaires, il dit : « *Telles et telles personnes doivent avoir conservé toutes traces de cette affaire.* » Cette tournure, pour dire « *toutes les traces imaginables* », est une tournure qui se retrouve dans la fameuse lettre du *uhlan*; « *je ferai toutes tentatives pour aller en Algérie* ». C'est une tournure qui lui est personnelle.

Dans une lettre antipatriotique, autre que la lettre du *uhlan*, il dit : « *Voilà la belle armée de France* ». Jamais un Français n'aurait écrit cela, il aurait écrit: » la *belle armée française,* » ou « *la belle armée de la France* ».

Dans ses lettres encore, il y a d'autres tournures particulières ; je vois, par exemple: « *Je serai certainement parfaitement heureux* »; ce n'est pas encore du bon français.

Je conclus ainsi : l'écriture est incontestablement, sans l'ombre d'un doute possible du commandant Esterhazy, les habitudes orthographiques sont les habitudes du commandant Esterhazy, et cela sur des points extrêmement remarquables, comme l'accent grave de l'*A* majuscule. Enfin, au point de vue de la langue, il est tout à fait impossible que le bordereau soit du capitaine Dreyfus; il est au contraire très naturel qu'il soit du commandant Esterhazy.

C'est le même genre de français au point de vue du choix des mots, au point de vue des incorrections; c'est tout à fait le même type de langue, et je crois devoir appuyer sur l'importance particulière de cette dernière façon d'apprécier le bordereau; car c'est ce qui a entraîné ma conviction définitive.

On pourrait imaginer que les ressemblances d'écriture s'expliquent par je ne sais quelle intention bizarre, compliquée, de calquer l'écriture d'une autre personne en passant la plume sur tous les traits ; on pourrait aussi admettre une imitation d'écriture au moyen de calques, mais l'indication tirée de la langue ne permet aucune échappatoire de ce genre.

Ce n'est pas que je crois le calque le moins du monde possible ; cette hypothèse d'ailleurs, que je n'admets pas — même un instant, — il n'est plus possible de la faire en présence des incorrections de langue que l'on constate dans le bordereau.

Je suppose le capitaine Dreyfus calquant l'écriture d'Esterhazy; il n'a pu se mettre à parler mal le français, parce que sa plume suivait une écriture étrangère !

Le bordereau a donc été, non pas seulement écrit par le commandant Esterhazy, mais il a été pensé, rédigé par le commandant Esterhazy lui-même ; le texte est de lui. C'est le style du bordereau qui est du commandant Esterhazy, et c'est l'écriture par dessus le marché, qui est du commandant Esterhazy.

Me LABORI. — M. Havet pourrait peut-être compléter son exposé sur ce point. Si j'ai bien compris M. Havet, il considère que le calque est impossible au point de vue de la rédaction. Pense-t-il de même au point de vue graphique ?

M. L. HAVET. — Je ne pourrais pas en faire une démonstration précise ; je parle surtout ici des difficultés de raisonnement qu'on éprouverait à imaginer une situation où quelqu'un puisse faire un faux dans ces conditions. Comment est-il possible d'imaginer un homme qui, pour dissimuler sa personnalité, emprunte l'écriture d'autrui et qui se donne le mal prodigieux qu'il faudrait se donner pour calquer, non pas des mots, mais des lettres, en prenant à chaque instant des modèles différents et en transportant son calque d'un mot sur un autre ?

Il y a, dans le bordereau, des mots qu'on n'a pas tous les jours sous la main pour les calquer, par exemple le mot : *Madagascar*, le mot *hydraulique* ; on peut bien avoir sous la main un mot comme *je*, comme *vous*, mais on n'a pas sous la main, à point pour savoir où le trouver, le mot *Madagascar* ou le mot *hydraulique*, juste au moment où on en a besoin. Pour cela, il faudrait avoir toute une collection de documents énormes avec un répertoire pour y trouver le mot dont on a besoin. Il faudrait donc, pour exécuter par calque le bordereau, composer le mot *Madagascar* à l'aide du mot *Ma*, puis avec le commencement du mot *dame*, le commencement d'un troisième mot. Cela aurait coûté cinq ou six opérations différentes pour un mot unique.

Ce travail est absolument hors de proportion avec les besoins d'un faussaire qui travaille ainsi ; il serait beaucoup plus court de prendre tout autre moyen de falsification : une écriture dissimulée, des caractères d'impression, découpés, qu'on applique, qu'on colle, ou même, si on emprunte l'écriture d'autrui, le procédé plus simple de découper des portions d'écritures et de les coller au lieu de les décalquer.

C'est là une hypothèse qui n'est défendable que si on avait des raisons particulières de trouver qu'il y a un calque.

J'ajoute que je ne crois pas, pour ma part, à l'argument que j'ai vu traîner dans des journaux qui soutenaient que le bordereau était de Dreyfus et non pas d'Esterhazy ; il prétendaient qu'il y a des portions de mots qui se répètent, parce qu'ils ont été calqués sur la même matrice, qu'il y a deux fois la même syllabe.

Quand nous retrouvons plusieurs fois la même syllabe, il n'y a jamais superposition absolue. Il y a des syllabes qui se répètent un grand nombre de fois ; par exemple, dans le mot *quelque*, il y a deux fois la syllabe *que*, et cette syllabe revient plusieurs fois ; le mot *note* revient également plusieurs fois. Eh bien! j'ai étudié avec soin toutes ces syllabes et je n'ai jamais vu que deux portions de mots fussent rigoureusement pareilles et qu'on pût se vanter de les superposer. Je crois donc que toutes les hypothèses tirées d'un calque se heurtent à des difficultés matérielles et absolues.

Je ne parle pas ici des arguments qui ne sont pas ceux d'un témoin, qui seraient plutôt ceux d'un avocat : par exemple si Dreyfus avait composé le bordereau à l'aide d'un calque, sachant sur qui il avait calqué, il aurait probablement dénoncé l'auteur de l'écriture, afin de se décharger sur quelqu'un, dont il aurait ainsi *fac-similé* l'écriture. C'est un argument que je donne pour mémoire et qui ne rentre pas dans l'ordre d'une déposition.

Au point de vue du calque, je n'arrive pas à comprendre du tout comment il l'aurait exécuté ; il avait mille moyens beaucoup plus simples de dissimuler son écriture.

Je termine par un autre argument: le bordereau n'est pas signé ; comment le destinataire pouvait-il savoir d'où venait le bordereau ? Pour le destinataire, la signature, c'est l'écriture ; cela voulait donc dire, pour le destinataire : c'est Esterhazy qui m'envoie le document. Voilà, Messieurs, ce que j'avais à dire.

L'audience est levée à cinq heures un quart.

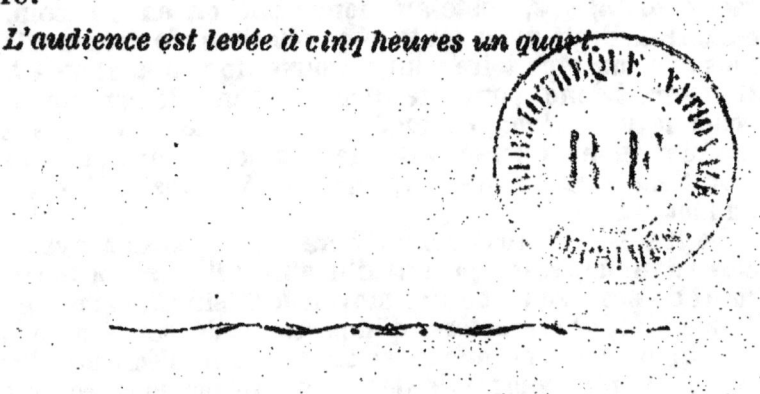

TABLE DES MATIÈRES

I. — LE PROCÈS DEVANT LA COUR D'ASSISES

LES LETTRES DE M. ÉMILE ZOLA ET LES POURSUITES

Pages.

Lettre de M. Emile Zola au Président de la République. — L'assignation. — Lettre de M. Emile Zola au Ministre de la guerre. — La signification au Parquet. — Liste des jurés 3

INTERROGATOIRE DES PRÉVENUS ET AUDITION DES TÉMOINS

Première audience. — *Audience du 7 février.*

Interrogatoire des prévenus. — Tirage au sort des Jurés. — Plainte de M. le Ministre de la Guerre. — Assignation. — Exposé et conclusions de M. l'Avocat général. — Réponse et conclusions de M⁰ Labori. — Incident. Demande d'intervention des experts : MM. Belhomme, Varinard et Couard. Conclusions pour les experts. — Arrêt sur les conclusions de M⁰ Labori, en réponse à celles de M. l'Avocat général précisant le débat. — Arrêt sur les conclusions déposées pour les experts. — Lettres d'excuse d'un certain nombre de témoins. Incident relatif à la lettre d'excuse de M. le lieutenant-colonel du Paty de Clam et conclusions. Incident relatif à la lettre d'excuse de M⁰⁰ de Boulancy. Incident relatif à la lettre d'excuse de M. le capitaine Le Brun-Renaud. Conclusions relatives à M¹¹⁰ Blanche de Comminges. Conclusions relatives à l'audition de M. Casimir-Perier. Conclusions relatives à l'audition de divers témoins 33

Deuxième audience. — *Audience du 8 février.*

Lettres d'excuse de divers témoins (*suite*). — Appel des témoins. — Conclusions relatives à l'audition de M. le commandant Esterhazy. — Conclusions relatives à l'audition de M⁰⁰ Chapelon. — Conclusions relatives à l'audition des témoins non comparants. — Déposition de M⁰⁰ Alfred Dreyfus. Incident. Conclusions. Observations de M. l'Avocat général et réponse de M⁰ Labori. Arrêt. — Dépositions de MM. Leblois, Scheurer-Kestner, Casimir-Perier. — Conclusions relatives à l'audition de M. Casimir-Perier et arrêt. — Déposition de M. J. de Castro 79

Troisième audience. — *Audience du 9 février.*

Incident relatif à l'audition de Mme A. Dreyfus. — Conclusions relatives à la présence dans la salle de témoins non encore entendus. — Conclusions nouvelles relatives à l'audition de Mme A. Dreyfus. — Incident. Déclaration de Me Labori relativement à la distribution aux jurés de documents et de brochures. — Incident. Visites de M. le docteur Socquet à Mme de Boulancy, Mlle de Comminges, Mme Chapelon et M. Autant. — Déposition de M. le général de Boisdeffre. Conclusions relatives au secret professionnel invoqué par M. le général de Boisdeffre. — Déposition de M. le général Gonse. Incident. — Déposition de M. le général Gonse (*suite*). — Déposition de M. le commandant Lauth, de M. Gribelin. — Confrontation de M. Gribelin avec M. Leblois. Incident. Conclusions relatives à l'apport des dépositions de MM. Leblois et Gribelin dans l'affaire Esterhazy. Conclusions de M. l'Avocat général. — Déposition de M. le général Mercier. Conclusions relatives à l'audition de M. le général Mercier. — Arrêt sur les conclusions nouvelles relatives à l'audition de Mme Dreyfus. — Arrêt sur les conclusions relatives à la présence dans la salle de témoins non encore entendus. — Arrêt sur les conclusions relatives au secret professionnel invoqué par M. le général de Boisdeffre. — Arrêt sur les conclusions relatives à l'audition de M. le général Mercier. — Déposition de M. Trarieux.. 125

Quatrième audience. — *Audience du 10 février*

Arrêt sur les conclusions relatives à l'apport de pièces ou dossiers demandé par la défense. — Déposition de M. Trarieux (*suite*). — Incident relatif à l'audition de M. le commandant Forzinetti, de M. le capitaine Le Brun-Renaud et d'un groupe de témoins. — Incident relatif à l'examen médical de Mme de Boulancy par M. le docteur Socquet. Conclusions. — Dépositions de M. le lieutenant-colonel du Paty de Clam, de M. le capitaine de Comminges, de M. le lieutenant-colonel Henry. — Rappel de M. le général Gonse. — Déposition de M. le lieutenant-colonel Henry (*suite*). — Confrontation de M. Leblois avec M. le lieutenant-colonel Henry, M. Gribelin et M. le général Gonse. — Arrêt sur les conclusions relatives à la demande de commission de trois médecins pour examiner l'état de santé de Mme de Boulancy. — Conclusions à l'effet d'obtenir que Mme de Boulancy soit interrogée par voie de commission rogatoire. — Dépositions de M. de la Batut, de M. le commandant Besson d'Ormescheville, de M. Vallecalle, de M. le colonel Maurel, de M. le colonel Echemann, de M. le commandant Patron, de M. le commandant Ravary, de M. le général de Pellieux. — Confrontation de M. du Paty de Clam avec M. de la Batut. — Dépositions de M. le commandant Pauffin de Saint-Morel, de M. Dupuy, de M. Guérin, de M. Thévenet. — Déposition de M. E. Salles ; conclusions et arrêt.. 193

Cinquième audience. — *Audience du 11 février*

Déposition de M. le général de Pellieux (*suite*). — Rappel de M. le général Gonse. — Rappel de M. Gribelin. — Rappel de M. le commandant Lauth. — Déposition de M. le lieutenant-colonel Picquart. — Conclusions nouvelles à l'effet d'obtenir que Mme de Boulancy soit interrogée par voie de commission rogatoire. — Arrêt sur les conclusions à l'effet d'obtenir que Mme de Boulancy et Mlle de Comminges soient interrogées par voie de commission rogatoire. — Déposition de M. le colonel Picquart (*suite*). — Confrontation de M. le lieutenant-colonel Picquart avec MM. Gribelin, le commandant Ravary, le commandant Lauth, le général de Pellieux............... 264

Pages.

Sixième audience. — *Audience du 12 février*

Arrêt sur la demande d'excuse d'un juré malade. — Confrontation de M. le colonel Picquart et M. le commandant Lauth. — Confrontation de M. le colonel Picquart et de M. Leblois avec M. le colonel Henry et M. le général Gonse. — Déposition de M. E. Demange. — Conclusions relatives à l'outrage commis par le colonel Henry contre le colonel Picquart, au cours de la déposition de ce dernier. — Dépositions de MM. Ranc, P. Quillard, Jaurès. — Incident. Demande d'apport du bordereau Dreyfus-Esterhazy. Conclusions. — Arrêt sur les conclusions relatives à l'outrage commis par le colonel Henry contre le colonel Picquart. — Arrêt sur les conclusions tendant à l'apport du bordereau Dreyfus-Esterhazy. — Déposition de M. Bertillon... 347

Septième audience. — *Audience du 13 février*

Lettre de M. Le Provost de Launay et dépêche de M. Papillaud au sujet de la déposition de M. Jaurès. — Déclaration de M· Labori relative à la publication dans la *Libre Parole* d'un article calomnieux le concernant. — Rappel de M. Jaurès. — Dépositions de MM. Bertillon (*suite*), Hubbard, Yves Guyot, Teyssonnières. — Confrontation de M. Teyssonnières avec M. Trarieux. — Dépositions de MM. Charavay, Pelletier, Gobert, Couard, Belhomme, Varinard............... 414

Huitième audience. — *Audience du 15 février*

Conclusions relatives au secret professionnel invoqué par les experts, MM. Couard, Belhomme et Varinard. Arrêt. — Rappel de M. le général Gonse. — Dépositions de MM. Crépieux-Jamin et Paul Meyer. — Incident. Refus par le Président de poser une question aux experts, MM. Couard, Belhomme et Varinard. Conclusions et arrêt. — Déposition de M. Auguste Molinier. — Lecture des procès-verbaux des interrogatoires de Mme de Boulancy et de Mlle de Comminges par M. Bertulus, juge d'instruction. — Conclusions relatives a un supplément d'information demandé en ce qui concerne Mme de Boulancy. — Dépositions de MM. Emile Molinier, Célerier, Bourmont, Louis Franck, E. Grimaux, Louis Havet............................. 485

Société anonyme de l'Imprimerie Kugelmann (G. Balitout, directeur), 12, rue de la Grange-Batelière, Paris.

Le Siècle

61e Année — 61e Année

Directeur-politique : M. Yves GUYOT
Directeur-Administrateur : M. A. MASSIP

« Le *Siècle* représente la défense de la liberté, de la propriété, de la légalité, de la paix sociale, de la patrie contre l'anarchie, contre la tyrannie socialiste, contre le collectivisme, contre la guerre sociale et contre l'internationalisme révolutionnaire.

» Absolu dans les principes, modéré dans l'application, réclamant des ministres et des fonctionnaires la rigoureuse observation des lois à l'égard de tous, sans acception de personnes, il soutient avec énergie la politique de gouvernement et de légalité. »

Le *Siècle* a deux éditions : la première est expédiée par les derniers courriers du soir ; la deuxième (Paris), contenant les dernières dépêches de la nuit est envoyée dans les départements par les premiers courriers du matin.

PRIX DE L'ABONNEMENT

	Trois mois	Six mois	Un an
Paris	7 fr.	14 fr.	25 fr.
Départements	8 fr.	15 fr.	30 fr.
Union Postale	10 fr.	18 fr.	35 fr.

Le numéro 10 centimes

L'envoi du *Siècle* sera fait à titre gratuit pendant huit jours à toute personne qui en adressera la demande à l'Administration :

12, rue de la Grange-Batelière, Paris.

Paris. — Société anon. de l'Imprimerie Kugelmann (G. Balitout, direct.),
12, rue de la Grange-Batelière.

www.ingramcontent.com/pod-product-compliance
Lightning Source LLC
Chambersburg PA
CBHW070832230426
43667CB00011B/1775